वजूद औरत का

[स्त्री विमर्श : प्रतिनिधि पाठ]

The Essential Gloria Steinem Reader : As If Women Matter का अनुवाद

वजूद औरत का

स्त्री विमर्श : प्रतिनिधि पाठ

ग्लोरिया स्टायनेम

भूमिका एवं सम्पादन

रुचिरा गुप्ता

अनुवाद

भावना मिश्र

अनुवाद सम्पादन

अनुराग चतुर्वेदी, अनिल सिन्हा

सारंग उपाध्याय

राजकमल प्रकाशन

The Essential Gloria Steinem Reader : As If Women Matter का अनुवाद

ISBN : 978-93-89577-09-9

मूल्य : ₹950

पहला संस्करण : 2020

प्रकाशक : राजकमल प्रकाशन प्रा.लि.
1-बी, नेताजी सुभाष मार्ग, दरियागंज
नई दिल्ली-110 002

शाखाएँ : अशोक राजपथ, साइंस कॉलेज के सामने, पटना-800 006
पहली मंजिल, दरबारी बिल्डिंग, महात्मा गांधी मार्ग, इलाहाबाद-211 001
36 ए, शेक्सपियर सरणी, कोलकाता-700 017

वेबसाइट : www.rajkamalprakashan.com
ई-मेल : info@rajkamalprakashan.com

मुद्रक : बी.के. ऑफसेट
नवीन शाहदरा, दिल्ली-110 032

VAJOOD AURAT KA
Women discourse by Gloria Steinem
Edited & Introduced by Ruchira Gupta
Translated by Bhavna Mishra

मित्र देवकी जैन
और
कमला देवी चट्टोपाध्याय के लिए
जिनसे हम दोनों को प्रेरणा मिली

—ग्लोरिया स्टायनेम

*

माँ के लिए, जिनसे
मैंने सवाल करना सीखा,
पिता के लिए, जिनसे जाना कि जवाब
आंदोलनों से निकलते हैं,
और
ज्योति सिंह पांडे के
संक्रामक साहस को

—रुचिरा गुप्ता

क्रम

भूमिका

यह किताब मेरी मित्र और साथी, रुचिरा गुप्ता, की नेकदिली से अस्तित्व में आ पाई है।

उन्हें ही सबसे पहले यह विचार आया कि इतने सालों में मैंने जो कुछ लिखा है वह उन अनेक भारतीय पुरुषों और महिलाओं के लिए उपयोगी सिद्ध हो सकता है जो अपने देश में महिलाओं और पुरुषों के बीच अधिक समानुभूति व समानता स्थापित करने—और हिंसा के ख़ात्मे—के लिए काम कर रहे हैं।

मैं पूरी शिद्दत से उम्मीद करती हूँ कि इन पन्नों में आपको कुछ उपयोगी तथ्य या विचार या सहचारिता की भावना वाली सामग्री मिल सकेगी। मेरे देश में भी यह ज़रूरत बनी हुई है कि हम स्त्री और पुरुष के बीच की दूरी को पाट सकें और 'पुरुषोचित' और 'स्त्रियोचित' कार्यों के बीच के अंतर को भी ख़त्म कर सकें, क्योंकि वास्तव में तो ये सभी काम मानवीय हैं, इनसे लैंगिक विभेद का कोई संबंध नहीं है। लैंगिक विचारों पर आधारित भूमिकाएँ भी नस्ल, जाति या वर्ग या किसी भी ऐसे आधार पर टिकी भूमिकाओं की तरह ही अमानवीय हैं जो ख़ुद अर्जित अथवा चुनी गई न हों। जानने की बात यह है कि भूमिकाओं का यह निर्धारण किसी भी ढंग से अपरिहार्य अथवा अनिवार्य नहीं है।

सही कहूँ तो, मैं यह मानने लगी हूँ कि स्वतंत्र 'पुरुषोचित' और परतंत्र 'स्त्रियोचित'—शासक व शासित, सक्रिय व निष्क्रिय—ये सभी सार्वभौमिक मानवीय गुणों को दिए गए उपनाम भर हैं। वे लैंगिक आधार पर असमानता का सामान्यीकरण उसी तरह कर सकते हैं जिस तरह रूढ़िवादी अवधारणाएँ नस्ल, जाति, वर्ग और ऐसे अन्य आविष्कृत विभाजनों का करते हैं।

लेकिन याद रखने लायक़ महत्त्वपूर्ण बात यह है कि स्त्री-शरीर प्रजनन का माध्यम है, इसलिए अन्य विभाजनों के दाँव पर लगने पर, इसके प्रतिबंधित होने की संभावना दोगुनी हो जाती है—और यही कारण है कि मेरे देश में लैंगिकवाद और नस्लवाद आपस में गुँथे हुए हैं, और आपके देश (भारत) में लैंगिकवाद और जातिवाद आपस में गुँथे हुए हैं, और इसी कारण लिंग/नस्ल या लिंग/जाति को एक ही साथ जड़ से उखाड़ना ज़रूरी है।

अधिकांश मामलों में लैंगिक असमानता वह घटना है जिससे हमारा सामना पहले-पहल अपने परिवार में बच्चे के रूप में होता है, इसलिए हम सोचते हैं कि भूमिकाओं का यह वर्गीकरण प्राकृतिक है, बल्कि अच्छा ही है, और इस तरह एक लिंग का दूसरे लिंग पर प्रभुत्व हमें सामान्य लगने लगता है। यदि हमें इस तरह का लैंगिक भेदभाव बुरा भी लगता है, तो भी हम सोच लेते हैं कि यह अपरिहार्य है। अंततः हम अपने घर के भीतर और अपने प्रेम करनेवाले लोगों के बीच रहते हुए इस असमानता को स्वीकार करने लगते हैं और इस तरह इसे लगभग हर जगह स्वीकृति दे देते हैं।

लेकिन उन वर्षों के दौरान जब मैं इस किताब के लिए निबंध लिख रही थी, जनजातीय समाजों पर किए गए अध्ययन पहले ही यह सिद्ध कर रहे थे कि किसी भी समाज में प्रचलित ध्रुवीकृत लैंगिक भूमिकाएँ उस समाज में व्याप्त हिंसा के अन्य प्रकारों के संबंध में सबसे सटीक संकेत होती हैं और साथ ही इस बात का भी कि उस समाज द्वारा बाहरी लोगों पर हिंसा के प्रयोग की संभावना कितनी हो सकती है। मानवविज्ञानी ज्यॉफ्री गोरर ने यह दिखाया है कि अटल लैंगिक भूमिकाएँ हिंसात्मक संस्कृति की परिचायक हैं और लैंगिक भूमिकाओं में सख़्ती का अभाव यह बताता है कि वह समाज अहिंसात्मक संस्कृति में विश्वास करता है।

उसके बाद, वैलरी हडसन और तीन अन्य विद्वानों द्वारा लिखी गई और 2012 में आई किताब *सेक्स एंड वर्ल्ड पीस* ने सैकड़ों देशों में स्त्रियों के ख़िलाफ़ हुई हिंसा की वर्तमान दरों को दस्तावेज़ीकृत किया। इस किताब ने ग़रीबी, प्राकृतिक संसाधनों तक पहुँच, लोकतंत्र की अवस्था और क़ानून पर धर्म के प्रभाव से संबंधित दरों का भी दस्तावेज़ीकरण किया है।[1] किसी देश में हिंसा की भविष्यवाणी करने का सर्वोत्तम माध्यम—साथ ही किसी अन्य देश के विरुद्ध हिंसक साधनों का प्रयोग करने के संबंध में उस देश की इच्छा का भी—ग़रीबी, प्राकृतिक संसाधन, धर्म या लोकतंत्र जैसे सामान्य संदिग्ध कारण नहीं थे; वह कारण था स्त्रियों के विरुद्ध हिंसा।

जैसा कि लेखक ने स्पष्ट किया है : "वे राज्य जो लैंगिक समानता को प्रोत्साहित करते हैं और इनसे संबंधित क़ानूनों को लागू करते हैं, उनकी युद्ध में शामिल होने की संभावना बहुत कम होती है। संघर्ष के दौरान, पहले उनके द्वारा सेना अथवा बल प्रयोग की संभावना भी कम होती है...। अन्य कारणों के साथ-साथ, पेट्रोलियम और दुर्लभ संसाधनों के मसलों पर राष्ट्रों के बीच युद्ध होते हैं, लेकिन उनके द्वारा ऐसा किए जाने की संभावना भी उस अवस्था में अधिक होती है जब उनके समाज में लैंगिक भेदभाव के फलस्वरूप हिंसात्मक प्रवृत्ति का चलन हो...।"[2]

और अगर आपको आश्चर्य होता है कि आख़िर मेरा देश इस श्रेणी में कैसे आ गया, तो यह कोई अजब बात नहीं है। अपने संविधान में स्त्री-अधिकारों की कोई

गारंटी न देने वाले, शिशु-कल्याण या अभिभावकीय अवकाश के लिए कोई राष्ट्रीय प्रबंध न करने वाले, महिलाओं के विरुद्ध सभी प्रकार के भेदभावों को ख़त्म करने की प्रतिज्ञा का समर्थन न करने वाले, और उच्च मातृमृत्यु-दर वाले, कुछ आधुनिक राष्ट्रों में से एक, संयुक्त राज्य अमेरिका, हमारे अधिकारों की गारंटी देने की बजाय स्त्रियों को ख़ुद अपना बचाव करने के लिए छोड़ देने की प्रवृत्ति रखने वाला देश है। उदाहरण के तौर पर, महिला आंदोलनों को घरेलू हिंसा को आपराधिक श्रेणी में शामिल करवाने के लिए लंबा संघर्ष करना पड़ा, फिर भी अभियोग की दृष्टि से यह बहुत पीछे है, इस श्रेणी के अपराधों पर रोक लगाने के लिए शायद ही इसे कभी पर्याप्त गंभीरता से लिया जाता हो, और इस क़ानून के अंतर्गत आश्रयस्थल भी सीमित बजट और कटौती के चलते तेजी से ग़ायब हो रहे हैं। फिर भी यदि आप 9/11 के बाद से अपने पतियों या प्रेमियों द्वारा क़त्ल की गई सभी स्त्रियों की संख्या जोड़ें—और 9/11 में इराक और अफगानिस्तान में संयुक्त रूप से मारे गए सभी अमरीकियों की संख्या जोड़ें--तो पाएँगे कि घरेलू आतंकवाद के कारण जान गँवाने वाली स्त्रियों की संख्या कहीं अधिक है। जैसा कि हडसन और उनके सहलेखक ने चुनौती के रूप में लिखा : "आपको यह सिखाया गया कि सभ्यताओं के संघर्ष प्रजातीय-राजनैतिक विभेदों पर आधारित होते हैं, लेकिन क्या आपको यह पता चला कि सभ्यताओं के बीच वास्तविक संघर्ष लैंगिक विश्वासों पर आधारित भी हो सकता है?"[3]

*

अब, जब मैं ये निबंध लिख रही थी, उस समय से भी कहीं अधिक गहराई से, मैं यह समझ पा रही हूँ कि मैंने यह सब क्यों लिखा था। उदाहरण के तौर पर, मैं पौरुष के प्रति हिटलर की सनक पर किए गए अपने शोध को पलटकर देखती हूँ तो मुझे भीतर ही भीतर पक रही हिंसा की लैंगिक समझ दिखाई पड़ती है। 'मैं भोजन पर राजनीति' शीर्षक निबंध को फिर से पढ़ती हूँ, और जैविक रूप से उत्परिवर्तित बीजों और भारत में किसानों की आत्महत्याओं के बारे में सोचती हूँ।[4]

मैं देख रही हूँ कि पोर्नोग्राफी किस तरह पूरी दुनिया में इंटरनेट के माध्यम से फैलती जा रही है, और मैं पोर्नोग्राफ़ी और कामुकता के बीच के अंतर को लेकर अब और भी सजग और सचेत हूँ; कह लें कि, 'कामसूत्र' के पारस्परिक आनंद और एकपक्षीय मनोरंजन के बीच जो रेखा है उसे देख पा रही हूँ। मैं उस कल्पना से पैदा होनेवाले हास्य को देख रही हूँ कि क्या होता अगर पुरुषों को मासिक धर्म होता—उस दशा में इसे श्रेष्ठता का प्रमाण घोषित कर दिया जाता—लेकिन मैं हम दोनों के देशों (भारत और अमरीका) में अतिशय अमीरों की किलेबंदी भी देख रही हूँ, और सोचती हूँ कि वह हर चीज़ जो शक्तिशाली वर्ग के पास है, श्रेष्ठ नहीं है।

अब, असली लिंडा लवलेस की भी एक फ़िल्म है, इसलिए पहले से अधिक लोग जानते हैं कि वह दरअसल बंधक थी, लेकिन मैं यह भी जानती हूँ कि वह बहुत जल्दी हमें छोड़कर चली गई और अंतिम समय तक वह आंतरिक चोटों से जूझती रही। मैंने कभी कल्पना भी नहीं की थी कि 'प्लेबॉय क्लब' का निर्यात भारत में भी होगा—यहाँ, 1991 में इस क्लब की शृंखला को खारिज कर दिया गया—लेकिन फिर भी मैं अपने अनुभव को एक चेतावनी के रूप में तो रख ही सकती हूँ। 'महिलाओं की शारीरिक सुंदरता की प्रशंसा में' शीर्षक निबंध के बारे में जब मैं सोचती हूँ तो इच्छा होती है कि काश हम कम्प्यूटर द्वारा बदली गई छवियों की जगह शरीर को उसके वास्तविक स्वरूप में देख और सराह पाते।

मैं अब भी अपनी माँ की क्षत-विक्षत आत्मा के लिए दुख मनाती हूँ और मैं अब भी तमाम स्त्रियों को वह जीवन गुज़ारते देखती हूँ जो उनकी माँओं को मयस्सर नहीं हुआ था। फिर भी न जाने कितनी माँएँ ऐसी भी हैं जो अपनी प्रतिभाओं का उपयोग अपने जीवन में कर रही हैं और जिन्होंने अपनी बेटियों को मुक्त छोड़ रखा है।

सबसे महत्त्वपूर्ण यह कि, अब मैं स्त्रियों के विरुद्ध होनेवाली हिंसा के मूल मुद्दे को समझ पाती हूँ जो इन सभी निबंधों में एक साझे धागे की तरह मौजूद है। शायद मानव-इतिहास में पहली बार, अब स्त्रियाँ सिर्फ़ मानव नस्ल की आधी आबादी नहीं रह गई हैं। स्त्री-संहार के सभी स्वरूपों के कारण आज विश्व में स्त्री-पुरुष अनुपात, प्रति 101.3 पुरुष पर 100 स्त्री है।

आख़िर यह कैसे हुआ ? कुछ तो इस कारण कि यात्रा और तकनीक के माध्यम से पूर्वग्रह और हिंसा का प्रसार पहले से कहीं अधिक गति से हुआ है और इसलिए भी कि शरणार्थियों में अधिकतर स्त्रियाँ और बच्चे होते हैं। स्वाभाविक रूप से ऐसा युद्ध-क्षेत्रों में होनेवाली यौन हिंसा के कारण होता है, साथ ही इसका एक कारण यह भी है कि अफ्रीका में एड्स के कारण होनेवाली मौतों में पुरुषों की अपेक्षा स्त्रियों की संख्या अधिक होती है, और स्त्रियों के यौनांग काटने के द्वारा भी उन्हें अज्ञात और गुप्त मौत दे दी जाती है। कम उम्र की लड़कियाँ भी बच्चों को जन्म देती हैं जिसके दौरान मौत का ख़तरा अधिक होता है, स्त्रियाँ ही ऑनर किलिंग की भी शिकार होती हैं—ऐसे और भी तमाम कारण हैं।

कुछ पितृसत्तात्मक प्रजातीय समूहों और धर्मों ने अपनी आबादी को अन्य समूहों और धर्मों की आबादी से अधिक गति से बढ़ाने के लिए प्रजनन के अधिकार का नियंत्रण स्त्रियों से लेने के प्रयास किए हैं, और इसीलिए जबरन बाल विवाह, गर्भपात और गर्भनिरोध पर प्रतिबंध जैसे काम भी किए हैं। इनका नतीजा यह हुआ कि विश्व-स्तर पर किशोर युवतियों में अब गर्भधारण ही मृत्यु का प्रमुख कारण हो गया है।

और भारत में, मुझे कहने की ज़रूरत नहीं कि—अनेकों बढ़िया और सफल शैक्षिक अभियानों के बावजूद—बेटों के प्रति और बेटियों के विरुद्ध पक्षपात ने लैंगिक आधार पर गर्भपात को बढ़ावा दिया और साथ ही लड़कियों को पोषण और स्वास्थ्य से वंचित रखने की प्रवृत्ति में भी बढ़ोतरी हुई। पूरे विश्व में, आज बेटों की अधिकता है और बेटियों की कमी है। पिछले पचास वर्षों में लड़की होने के कारण ही इतनी लड़कियाँ मारी गई हैं जितने कि पूरी बीसवीं शताब्दी में हुए संयुक्त रूप से सभी युद्धों में पुरुष नहीं मारे गए होंगे।[5]

अंततः, कुछ स्त्रियों के शरीर को सिर्फ़ प्रजनन के माध्यम के रूप में सीमित करने—और स्त्री यौनिकता को दंडित करने—का अर्थ यही है कि अन्य स्त्रियाँ सिर्फ़ सेक्स के लिए उपलब्ध वस्तु हैं। वेश्यावृत्ति विश्व का सबसे पुराना धंधा बाद में माना जाएगा पहले तो यह विश्व के सबसे पुराने अत्याचारों में से एक गिना जाएगा। जहाँ भी स्त्रियों के लिए समानता के अधिकारों का अभाव या कमी होती है वहाँ सेक्स का व्यापारीकरण और सेक्स को लेकर विवशता का माहौल अधिक होता है। प्रतिवर्ष कम से कम दस लाख महिलाएँ और लड़कियाँ सेक्स के धंधे में ख़रीद-फरोख्त का शिकार होती हैं।[6] मेरे देश में, वेश्यावृत्ति की शुरुआत की औसत आयु तेरह वर्ष है—प्रायः एक भागी हुई, निकाली गई और उत्पीड़ित लड़की इसके लिए विवश कर दी जाती है, जिसे वह 'सर्वाइवल सेक्स' कहती है।[7] इस धंधे में बहुत सारी महिलाएँ और लड़कियाँ ऐसी हैं जो दूसरे देशों से लाई जाती हैं। पूरी दुनिया में संयुक्त रूप से देखें तो सेक्स व्यापार वह उद्योग है जिसने मुनाफ़े के मामले में ड्रग व्यापार को भी पीछे छोड़ दिया, और मुनाफ़े की दृष्टि से सिर्फ़ हथियार उद्योग ही इससे अधिक कमाई करनेवाला उद्योग है। इसके अलावा, श्रम व्यापार भी एक उद्योग है जिसमें महिलाओं और लड़कियों का व्यापार होता है, पर यह प्रायः घरेलू ही होता है।

यदि अधिक समानता और कम हिंसा की ओर पहले क़दम की कल्पना करना हो, तो हमें अपने-अपने उपमहाद्वीपों के पहले 95 प्रतिशत मानव-इतिहास का अध्ययन करना चाहिए। हम दोनों के ही इतिहासों में मातृवंशीय संस्कृतियों के कुछ अवशेष और कुछ जीवित उदाहरण हैं, ध्यान दें कि ये मातृवंशीय हैं, मातृसत्तात्मक नहीं, जिसका अर्थ सामान्य रूप से बस पितृसत्तात्मक पुरुष प्रभुत्व को पलट देना है—लेकिन ये संतुलन की संस्कृतियाँ रही होंगी जिनका आदर्श वृत्तीय (अर्थात सभी समान श्रेणी पर होंगे) होगा। राजाओं और पितृसत्तावादियों के महाद्वीप से यूरोपियों के आगमन से पूर्व, टर्टल आइलैंड के रूप में जाने जाने वाले भूभाग में लगभग पाँच सौ मूल संस्कृतियों में स्त्रियों के पास समान अधिकार थे, वे अपने जीवन को स्वयं नियंत्रित करती थीं, कृषि पर नियंत्रण रखती थीं, जड़ी-बूटियों और गर्भस्त्रावकों के द्वारा प्रजनन पर नियंत्रण रखती थीं। इतना ही नहीं, वे कृषि की

पैदावार और युद्ध व शांति के सवालों के निर्णयों के लिए भी ज़िम्मेदार होती थीं। वे ऐसी भाषाएँ बोलती थीं जिनमें चेरोकी की तरह लिंगवाचक सर्वनाम प्रयुक्त नहीं होते थे।

भारत में यूरोपियनों, उपनिवेशवाद और ईसाइयत के आने से पहले, केरल से लेकर हिमालय तक मातृवंशीय संस्कृति थी, जैसे कि चीन और अफ्रीका के कुछ हिस्सों में। अब भी, मैंने यह देखा है कि दलितों (अफ्रीका से प्रवासित कई समूहों में से एक, जो जाति-व्यवस्था में सबसे निचले पायदान पर आते हैं) की राजनैतिक माँग भूमिहीनों के लिए भूमि है जिसे वे किसी दलित महिला के नाम पर पंजीकृत कराने की माँग करते हैं।

शायद जो आज हम चाहते हैं वह हम दोनों की मातृभूमियों पर पहले किसी समय मौजूद था।

*

यह सोच मुझे मेरे अतीत की ओर ले जाती है। एक बाईस वर्षीया, अनिश्चितता से घिरी युवती के रूप में भारत पहुँचने की कल्पना भी बहुत कठिन है। ऐसी युवती, जिसे जो वह करना चाहती है (अपनी पसंद का काम खोजना), उसके बारे में बहुत कम जानकारी थी लेकिन वह जो नहीं करना चाहती है (घर पर रहकर शादीशुदा ज़िंदगी बिताना), इसके बारे में पूरी तरह आश्वस्त थी।

मुझे इस बात का जरा भी इल्म नहीं था कि भारत में बिताए गए वे दो वर्ष मेरे जीवन को इस तरह आकार देंगे कि मैं उन गांधीवादियों से ख़ुद को नियोजित करना सीखूँगी जो एक गाँव से दूसरे गाँव पैदल यात्रा करते हैं। आप इस किताब में दिए एक निबंध 'वह भारत जिसने मुझे आकार दिया' में पढ़ेंगे और आप उस निबंध के माध्यम से उन स्त्रियों और पुरुषों से भी परिचित होंगे जो बाद में मेरे जीवन के सबसे पुराने और स्थायी दोस्तों में शामिल रहे। उस निबंध में देवकी जैन का ज़िक्र है—उस समय जो देवकी श्रीनिवासन थीं—मेरी बहन के समान, लेखक, नारीवादी आयोजनकर्ता और गांधीवादी अर्थशास्त्री। उनके स्वर्गवासी पति, लक्ष्मी जैन, एक दयालु और महान व्यक्तित्व थे जिनकी ज़रूरत मैं अक्सर महसूस करती हूँ। मेरे जीवन के और भी कई नायक/नायिकाएँ जैसे इला भट्ट, स्वनियोजित भारतीय महिला संघ की संस्थापक, और अब पिछले एक दशक से, सौभाग्य से जिनके साथ मुझे काम और यात्राएँ करने का मौक़ा मिलता है, रुचिरा गुप्ता, पत्रकार और संस्थापक 'अपने-आप', जो सेक्स व्यापार को ख़त्म करने का एक बुनियादी आंदोलन है। हमारी पहली मुलाक़ात 2007 की शुरुआत में भारत में हुई थी जब मैं एक साझे मित्र के कहने पर उनके काम को देखने भारत आई थी। फिर उसी साल के अंत में, महिलाओं और लड़कियों के अधिकारों के लिए काम करनेवाले एक

वैश्विक समूह 'इक्वैलिटी नाउ' द्वारा आयोजित एक लंबी बैठक में नेपाल में हम एक साथ मौजूद थे।

वहाँ कंबोडिया और केन्या, लात्विया और पेरू जैसे अलग-अलग देशों से आए महिला समूहों ने सेक्स कारोबार के विरुद्ध किए जा रहे हमारे कार्यों के बारे में समझा और जाना। हम सबने यह महसूस किया कि हम अकेले और अलग नहीं हैं और हमने एक दूसरे के आयोजन-कौशल व मुसीबतों के दलदल से निकल कर आई स्त्रियों और उनके बच्चों के सशक्तिकरण के तरीक़ों से सीख हासिल की। अंत तक, रुचिरा और मुझमें अच्छी दोस्ती हो गई थी। एक दूसरे से बातचीत के दौरान हमने जाना कि हम दोनों ही पत्रकार हैं जो उन भीषण अन्यायों के ख़िलाफ़ रिपोर्ट तैयार करती हैं जिनके बारे में सिर्फ़ लिखना-भर ही पर्याप्त नहीं होगा।

हम दोनों की उम्र में लगभग तीस वर्ष का फासला होगा, और हमारे बीच महाद्वीपों और भाषाओं के साथ जन्मजात संस्कृति के भी बड़े अंतर हैं, फिर भी हमारे जीवन और काम आपस में गुँथे हुए हैं। दोस्ती तो ख़ुद में ही एक देश है। और अब इस किताब के साथ रुचिरा ने मेरे जीवन के चक्र को पूर्ण कर दिया है।

इसलिए मैं अपनी यह किताब रुचिरा को समर्पित करती हूँ, और उन सब भारतीय महिलाओं और पुरुषों को भी भेंट करती हूँ जिन्होंने यौन हिंसा के ख़िलाफ़ सड़कों पर प्रदर्शन किया और त्रासदियों को एक वैश्विक आंदोलन में बदल दिया, ऐसा आंदोलन जो हम सब के लिए चेतना और क़ानूनों को बदल रहा है।

'सेक्स एंड वर्ल्ड पीस' के अंत में एक चित्र है जो मेरे अंतस में बस गया है। मानव नस्ल दो पंखों वाली एक चिड़िया है। जब तक स्त्रियों के विरुद्ध हिंसा की घटनाएँ होती रहेंगी, एक पंख टूटा और ज़ख़्मी ही रहेगा। जब वह पंख घाव भरने के बाद अपनी प्राकृतिक मज़बूती प्राप्त कर लेगा तभी हम मनुष्यों के रूप में उड़ान भर पाएँगे।

और तभी हम सब ऊँचाइयों को छू पाएँगे।

—ग्लोरिया स्टायनेम

यह किताब अस्तित्व में क्यों आई?

मानसून के पहले की एक उमस-भरी दोपहर में, दिल्ली की मलिन बस्ती में रहने वाली औरतों का एक छोटा-सा समूह पूरी तन्मयता से ग्लोरिया स्टायनेम को सुन रहा था। वह अंग्रेज़ी में बोल रही थीं, इसी बीच हलकी फुहारें भी गिरने लगीं। हम एक सँकरी-सी गली में कुत्तों, दौड़ते-भागते बच्चों और चिल्लाते हुए अपना सामान बेचनेवालों के बीच खड़े थे। मैं यह देखकर हैरान थी कि उमस और बूँदाबाँदी के बावजूद उनमें से एक भी औरत अपने घर के पड़े ज़रूरी कामों को करने के लिए वहाँ से उठकर नहीं गई। ग्लोरिया ने उनसे एक रिश्ता जोड़ लिया था, भाषा, धर्म, संस्कृति, वर्ग और राष्ट्रीयता की सभी सीमाओं को पार करके। ग्लोरिया उन्हें बता रही थीं कि क्यों उन्हें गर्भपात करवाना पड़ा था और क्यों इस बात को उन्होंने लंबे समय तक एक रहस्य की तरह सबसे छिपाकर रखा था।

जैसे-जैसे ग्लोरिया की अपनी कहानी उनके सामने खुलती गई, वे औरतें ग्लोरिया के साथ निजी से राजनैतिक और स्थानीय से वैश्विक यात्रा करने लगीं। उन्होंने हमारी असमानताओं को एक-दूसरे से जोड़कर और उस सत्तातंत्र से जोड़कर दिखाया जो हम सबको नियंत्रित करता है। बात करते हुए उन्होंने वहाँ मौजूद औरतों से कहा : "याद रखिए कि आप अकेली नहीं हैं, आपके साथ ऐसी अनगिनत बहनें हैं जो आपको सुन रही हैं और समानता के लिए जारी आपके संघर्ष में आपके साथ खड़ी हैं। मेरा देश जो आपके देश से इतनी दूर है, वहाँ की स्त्रियाँ भी आपके साथ हैं। हम सब वैश्विक बहनें हैं। हमें सिर्फ़ इतना करते रहना है कि हम सच के साथ एक दूसरे का सम्मान करें।"

उनकी कही बातें इतनी साधारण थीं कि मामूली जान पड़ती थीं। लेकिन आने वाले सालों में मैंने औरतों के समूह के साथ उनका यह तरीक़ा अपनी सभाओं में आज़माया और मैंने देखा कि जब मैं किसी भी महिला समूह के सामने अपने निजी सत्य उजागर करती हूँ तो हमारे बीच एक अदृश्य रिश्ता स्थापित हो जाता है। ग्लोरिया ने मुझे एक अमूल्य राजनीतिक तोहफ़ा दिया था। 2007 की उस फरवरी में हम पहली बार मिले थे। वे एक सामाजिक कार्यकर्ता और पारस्परिक मित्र के सुझाव पर 'अपने आप' का काम देखने के लिए आई थीं।

उस साल के अंत में, मैं और ग्लोरिया एक बार फिर 'इक्वेलिटी नाउ' द्वारा नेपाल में आयोजित एक दीर्घ गोष्ठी में मिले। वहीं हमने मिलकर यह निर्णय लिया कि हम नेपाल के बॉर्डर पर स्थित बिहार में आनेवाले मेरे गाँव 'फोरबिसगंज' जाएँगे और वहाँ 'अपने आप' के बैनर तले काम कर रही उन नट महिलाओं से मुलाक़ात करेंगे जो अपने समुदाय में अंतर-वंशीय वेश्यावृत्ति के विरुद्ध संघर्ष कर रही हैं।

अब जब मैं ठहरकर उन दिनों के बारे में सोचती हूँ तो सोचती हूँ कि क्यों वह पथप्रदर्शक प्रतिष्ठित नारीवादी दिल्ली में एक ऑटोरिक्शा में बैठकर मेरे साथ बीस महिलाओं के एक समूह से बात करने गई थीं, या फोरबिसगंज के एक रेडलाइट इलाक़े में जाकर इससे भी कम संख्या में उपस्थित महिलाओं से बात करने के लिए क्यों उन्होंने जेन फॉन्डा की जन्मदिन की पार्टी का निमंत्रण ठुकरा दिया था, तो मुझे याद आता है कि ग्लोरिया ने मुझे दो और राजनीतिक सबक दिए थे :

''सीधे संपर्क के द्वारा क़रीब आने, साथ आने का जो अनुभव होता है उसका स्थान ले पाने की क्षमता दुनिया के और किसी अनुभव में नहीं है, वह अद्वितीय है; आप को उन्हें सुनना होगा...आपको जानना होगा...आपको उनकी आँखों में आँखें डालकर बैठना होगा।''

और

''जिस वक़्त आप कोई भी काम कर रहे होते हैं, आप नहीं जानते कि वह छोटा है या बड़ा; यह तो सिर्फ़ समय ही बताता है—लेकिन फिर भी आपको वह काम उसी तरह करना हाता है जैसे कि वह बेहद ज़रूरी हो।''

आज फोरबिसगंज रेडलाइट क्षेत्र की सौ से भी अधिक लड़कियाँ स्कूल जा रही हैं और अपने उन पिताओं के आदेशों से इनकार कर रही हैं जो इसी विश्वास के साथ पैदा और बड़े हुए हैं कि उनकी लड़कियाँ ही घर के लिए धन कमाकर लाएँगी। उनके सहयोग और समर्थन के लिए ख़ुद का और अपनी बेटियों का प्रतिनिधित्व करनेवाली पाँच सौ अन्य महिलाएँ हैं जो दलालों, ग्राहकों और यहाँ तक कि अपने प्रिय परिवारों की ओर से भी जोखिम उठाकर इस मुहिम में शामिल हैं।

अपनी वेश्यावृत्ति की अनिवार्यता को बदलते हुए उन्होंने हमारे गाँव में अपनी जाति में तहलका मचा दिया। उन्होंने बहुत ही प्रभावी और गंभीर ढंग से यह सब किया है जिसके अंतर्गत उन्होंने सबसे पहले अपने घरों में अपने पतियों और पिताओं की नाफ़रमानी की है और फिर अपने समुदाय व स्थानीय अधिकारियों की। इस समुदाय की चार लड़कियों द्वारा पटना के एक कॉलेज में पढ़ाई करने से जाति व लिंग, दोनों के पारंपरिक सत्तात्मक ढाँचे की चूलें एक साथ हिल रही हैं।

मैंने यह कभी नहीं सोचा था कि हमारे छोटे-से प्रयास के फलस्वरूप रेडलाइट क्षेत्र का दायरा इस तरह सिमटने लगेगा और बस्तियों के चकले उनमें रहने वाली लड़कियों और महिलाओं के लिए वास्तविक घरों में तब्दील हो जाएँगे।

महिलाओं के लिए वर्तमान मध्यमवर्गीय पेशों या कामकाजी वर्ग के सिद्धांतों वाले साँचे में जगह बनाने की जगह स्टायनेम का नारीवाद इस अवधारणा पर चलता है कि कोई भी सिद्धांत स्त्रियों के अनुभव के आधार पर ही निर्मित होना चाहिए। 'यदि हिटलर जीवित होते—वह किसकी ओर होते', शीर्षक निबंध में ग्लोरिया लिखती हैं, "यदि हमें तानाशाही को इसके सभी रूपों में पहचानना है तो हमें तानाशाही इकाइयों की तीन चरणीय श्रेणी का अध्ययन अवश्य करना होगा—'परिवार, राष्ट्र, ईश्वर के बनाए नियम।' यदि हम अपने शुरुआती जीवन में ही अपने सबसे आत्मीय संसार, परिवार के सदस्यों के बीच सत्तात्मक अंतर के प्रति कठोर हो जाते हैं, तो फिर वर्गीकरण के अन्य स्वरूपों को स्वीकार करना तो कितना सहज हो जाएगा ? यदि एक लिंग का जन्म ही अधिक अधिकारों और सत्ता के लिए होगा, तो फिर भला एक पूरी नस्ल के लिए यह सही क्यों न होगा (या भारत के संदर्भ में हम इसे जाति या धर्म भी कह सकते हैं) ? यदि स्त्रियों को अपनी पसंद के पुरुष से विवाह करने और संतान को जन्म देने का अधिकार होता, तो फिर भला नस्ल और वर्ग की 'शुद्धता' कैसे बरक़रार रखी जाती ? यदि एक पुरुष को अपनी पत्नी और बच्चों पर शासन करने और रुआब झाड़ने का अधिकार नहीं होगा तो भला वह पुरुष अपने ऊपर के लोगों से अनिवार्य रूप से मिलने वाले हुक्म भला कैसे बजाएगा ?"

'संपत्ति का पितृकरण' शीर्षक निबंध में ग्लोरिया इसी तरह वर्ग और लिंग के बीच के संबंध पर रोशनी डालती हैं और बताती हैं कि किस तरह अमीर व ग़रीब दोनों ही वर्गों में स्त्रियों को बराबरी का दर्जा नहीं दिया जाता ताकि वे उत्पादन और प्रजनन, दोनों को ही नियंत्रित न कर पाएँ और शासक वर्ग के उत्तराधिकार का क्रम सुचारु ढंग से चलता रहे, या तो स्त्री वर्ग सस्ते श्रम के रूप में उपलब्ध रहे या सस्ता श्रम पैदा करता रहे।

एक बार फिर समस्या की जड़ में जाकर वह समानुभूति ज़ाहिर करती हैं कि स्थिति के अनुरूप सुविधाजनक भूमिकाएँ न सिर्फ़ अधिक लोकतांत्रिक हैं बल्कि अधिक सहज भी हैं। 'काम का महत्त्व' और 'यदि पुरुषों में मासिक धर्म होता', शीर्षक दोनों निबंधों में ग्लोरिया रेखांकित करती हैं कि न सिर्फ़ पुरुषों द्वारा किया जाने वाला काम धन अर्जित करता है और स्त्रियों के काम के बदले कुछ नहीं मिलता, साथ ही, इस बात पर भी ज़ोर देती हैं कि पुरुषों को बच्चों **के पालन**-पोषण में और महिलाओं को गृहस्थी चलाने के लिए धनार्जन में और **अधिक** भूमिका निभाने की आवश्यकता है।

ग्लोरिया स्टायनेम के मूलगामी विश्वास समाजवाद, साम्यवाद, मार्क्सवाद, पूँजीवाद के प्रभावी राजनैतिक सिद्धांतों के परे जाते हैं। इतना ही नहीं उनका विश्लेषण उन नारीवादों के भी आगे जाता है जिनकी समानता की कल्पना का

साधारण सा अर्थ स्त्रियों के लिए व्यवस्था में अपना स्थान बनाने हेतु अधिक निष्पक्ष तरीक़ों से है, न कि समाज के ढाँचे में बदलाव से।

'वह भारत जिसने मुझे आकार दिया' शीर्षक निबंध में ग्लोरिया उल्लेख करती हैं कि उन्होंने सीखा है 'रेडिकल' का अर्थ विशाल, हिंसात्मक, अतिवादी, या सनकी होना नहीं होता जैसा कि अमरीकी अख़बारों में कहा जाता है। रेडिकल का अर्थ बिलकुल वही होता है जो शब्दकोष में दिया गया है : जड़ की ओर जाना, जो उन्होंने जातिवादी दंगों को रोकने के प्रयासों के दौरान गांधीवादी कार्यकर्ताओं के साथ बिहार के गाँवों में पैदल घूमने के दौरान प्रत्यक्ष, सहज और निजी सक्रिय कार्यकर्ता-सुलभ भागीदारी से सीखा। स्टायनेम के बदलाव के ढाँचे के मूल में गांधीजी का यह सुझाव निहित है कि हमें अपने किसी भी कार्य के महत्त्व का मापन इस दृष्टि से करना चहिए कि उसके द्वारा सबसे कम समर्थ समूह का क्या भला होगा, उनको सुनकर, उनकी आँखों में आँखें डालकर यह जानना होगा। वे कहती हैं कि आँसुओं की कोई प्रतियोगिता नहीं होती—पीड़ा तो पीड़ा ही है—इसलिए प्रत्येक व्यक्ति की परिस्थिति के बारे में सुनना ज़रूरी है, चाहे वह अमरीका में कोई अश्वेत व्यक्ति हो या भारत में निचली जाति से संबंधित कोई व्यक्ति, या फिर दोनों ही देशों के शक्तिशाली और समर्थ लोग जो सुविधाओं के अपने पिंजरों में अपने समुदाय से बिलकुल अलग और कटे हुए जी रहे हैं।

उदाहरण के लिए एक श्वेत स्त्री की स्थिति कभी-कभी किसी अश्वेत पुरुष के मुक़ाबले बदतर हो सकती है; या हरियाणा के किसी गाँव की उच्च जाति की कोई लड़की, दिल्ली में रहनेवाली किसी दलित लड़की से बुरी स्थिति में हो सकती है—या फिर इसके विपरीत। हमें अपने कानों को हमेशा खुला रखना होगा ताकि कमजोर से भी कमजोर की पहचान की जा सके, उसके ऊपर ध्यान दिया जा सके।

'स्वाभिमान क्या है' शीर्षक निबंध में स्टायनेम एक क्रांति की व्याख्या करती हैं जो व्यक्तिगत स्तर पर शुरू होती है और सत्ता—नस्ल, जाति, वर्ग, धर्म व लिंग के सभी संदर्भों को चुनौती देती है। हममें से प्रत्येक को यह देखने की आवश्यकता है कि यदि हम श्रेणीबद्ध होने की बजाय आपस में एक ही स्तर पर जुड़ें तो इससे हमारा क्या फ़ायदा होगा।

नस्ल, वर्ग, जाति और लिंग के अत्याचारों को आपस में जोड़ते हुए ग्लोरिया 'मर्लिन मुनरो—वह स्त्री जो हमारे बीच से बहुत जल्दी चली गई', 'रोमांस बनाम प्रेम', 'मोहकता बनाम अश्लीलता', 'लिंडा लवलेस का असली चरित्र' और 'मैं थी एक प्लेबॉय बनी' आदि निबंधों में विश्लेषण करती हैं कि किस तरह लालच और मुनाफ़ाखोरी स्त्री-शरीर को अपने नियंत्रण में रखने की इच्छा को प्रोत्साहित करते हैं। वे यह ख़ुलासा भी करती हैं कि बाज़ार की प्रभुता और पुरुष सत्ता का हिमायती पंथ किस तरह स्त्रियों के वस्तुकरण और उन्हें बरबाद करने के लिए मिल गए हैं।

चालीस सालों के अपने समस्त लेखन में, ग्लोरिया उन स्त्रियों की कहानियों से उम्मीद का संचार करती हैं जिन्होंने अमरीका में लैंगिकवाद, नस्लवाद, तानाशाही के बुरे से बुरे दौर का सामना किया है। मैंने उनके बेहद प्रासंगिक निबंधों का चयन भारत के लिए किया है। हम ग्लोरिया के सुधारवादी (परिवर्तनवादी) नारीवाद से कई मूल्यवान सबक़ ले सकते हैं।

उत्तरी विश्व में जो नुक़सानदेह है अक्सर वह दक्षिणी विश्व में बिक जाता है—जैसे सिगरेट, शिशु आहार, हानिकारक कीटनाशक दवाएँ, आनुवांशिक रूप से रूपांतरित बीज, प्लेबॉय क्लब, पोर्नोग्राफ़ी और सुविधाभोगी तथा हाशिए की आबादी के बीच समानुभूति को ख़त्म करने के लिए बनाए गए विकास के मॉडल। पौरुष की तरक़्क़ी के लिए जब सीमाओं को लाँघकर बड़ा पैसा और बड़ा हथियार आपस में संयुक्त होते हैं तो हम नारीवादियों को भी, चाहे हम श्वेत हों या अश्वेत, किसी भी राष्ट्रीयता, नस्ल, जाति या वर्ग से हों, सहयोग करना चहिए, ताकि हम उस व्यवस्था को चुनौती दे सकें जो हम पर अत्याचार करती है।

जब मैंने पुरुष उपभोक्ताओं की रक्षा करने वाले, न कि वेश्यावृत्ति का शिकार हुई महिलाओं और लड़कियों को पुरुष उपभोक्ताओं से बचाने वाले, बिल एंड मिलिंडा गेट्स फाउंडेशन के एड्स नियंत्रण कार्यक्रम को चुनौती दी तो स्टायनेम मेरी सबसे सशक्त साथी बनीं। वह न सिर्फ़ उन कुछ लोगों में से एक थीं जो इस विराट संपत्ति के सामने मेरे पक्ष में खड़े होने को तैयार थीं बल्कि वे यह भी समझ पा रही थीं कि कार्यक्रम ऊपर से नीचे के मॉडल पर तैयार किया गया है और इसमें उस निर्धनतम और दुर्बलतम लड़की के हितों की अनदेखी की गई है। उन्होंने इस बारे में ख़ूब लिखा और बोला कि किस तरह हानि के स्रोत को जड़ से मिटाए बिना, सिर्फ़ उसे कम करने से हानि का वह स्रोत और भी सशक्त होता है और ग्लोरिया इस बात को अपनी सबसे गहरी सच्चाई तक ले गईं कि साधन ही परिणाम हैं।

सोनागाछी के रेड लाइट क्षेत्र से गुज़रते हुए या सेक्स व्यापार के क़ानूनों में बदलाव के लिए न्यूयॉर्क असेंबली के पुरुषों के साथ अल्बानी में अपने पक्ष में जनमत तैयार करते हुए, हमारा जीवन लेखन-सत्रों, रैलियों, सभाओं, डिनर, किताबों, संवादों, देर रात फ़ोन पर होनेवाली बातचीत, विचार-विमर्श और कभी-कभी फ़िल्मों के माध्यम से आपस में गुँथा और जुड़ा रहा। उनकी बैठक में, उनकी लेखन डेस्क के सामने रखी डेस्क मेरी लेखन डेस्क बन गई और उनका अतिथि कक्ष बहुत दिनों तक न्यूयॉर्क में मेरा घर बना रहा, ठीक वैसे ही जैसे दिल्ली में मेरी डेस्क पर अब भी पीले काग़ज़ पर लिखे उनके नोट्स दराज में सुरक्षित रखे हैं जो वे पिछली यात्रा के दौरान छोड़ गई थीं।

ग्लोरिया के साथ मैंने जाना कि आंदोलन किस तरह आगे बढ़ते हैं और वास्तव में हमारा आंदोलन कितना विशाल है। अनुभव में इस तरह का रोमांच बहुत ही कम

घटित होता है—जहाँ भारतीय अथवा अमरीकी होने का भाव दिमाग़ में नहीं रह जाता और जहाँ साधारणतम सत्य भी अथाह राजनीतिक गहराई लिये हुए होता है।

उन्होंने मुझे सिखाया कि विकल्प हमेशा दो से अधिक होते हैं। गेट्स फाउंडेशन के विरोध और यौन श्रम की अवधारणा आम मान्यता, जिसके अनुसार ग़रीब और निम्न जाति की स्त्रियों द्वारा वेश्यावृत्ति अपरिहार्य है, के विरोध में भी ग्लोरिया ने जवाहर लाल नेहरू विश्वविद्यालय में पहली बार एक तीसरे रास्ते के बारे में बताया : जिसके अनुसार जॉन्स (ग्राहकों) को दंडित करना, दलालों, चकलाघरों के संचालकों, वहाँ भर्ती करने के लिए स्त्रियों को लाने वालों व परिवाहकों को सज़ा देना और इसमें फँसी स्त्रियों को अपराधमुक्त करना भी एक विकल्प है। यह भाषण ही इस किताब में सेक्स व्यापार पर लिखे गए उनके निबंध का आधार बना।

कार्यवाही के लिए तीसरे रास्ते के प्रमाण उपलब्ध हैं, ऐसा रास्ता जो मानव अनुभव के लिए नया और अनजाना नहीं है : बाज़ार के अवशेष, बंदरगाहों के अवशेष, मंदिर और तीर्थस्थल, प्राचीन विश्वविद्यालयों की बेंचें, व्यापारिक मार्गों के अवशेष, जैसे सिल्क रोड, एम्बर या सहारन। इन जगहों और रास्तों पर लोग हर मोड़ पर एक दूसरे से टकराते थे, वैचारिक आदान-प्रदान होता था और सुझावों और वस्तुओं का भी, लेन-देन के रूप में व्यापार होता था, लोगों में मेल-जोल होता था और मैत्रीपूर्ण संबंध बनते थे, इस क्रम में उन्हें साझा उद्देश्य और मूल्य प्राप्त थे। ग्लोरिया ने देशों, पीढ़ियों, वर्गों, जातियों और अन्य सभी नकली सीमाओं से परे उस जगह पर नारीवादियों और अन्य स्त्री-पुरुषों के बीच संवाद की सहूलियत पैदा की है जिसे वे 'छोटा अंतरिक्षयान-धरती' कहती हैं।

उनके साथ मैंने भविष्य में झाँककर देखा है और हमारे सपनों, खुशियों, दुखों, आकांक्षाओं, उम्मीदों को एकाकार पाया है। उनका साहस संक्रामक है। इस किताब के संपादन द्वारा मैं ग्लोरिया के साहस और उम्मीद को उस भारत की तमाम बहनों के साथ साझा करने की उम्मीद रखती हूँ, जहाँ आंदोलन सच में बढ़ रहा है!

—रुचिरा गुप्ता

भारत जिसने मुझे सँवारा

ग्रेजुएशन के बाद मैं एक साल की फैलोशिप पर भारत आई थी। भारत सिर्फ़ इसलिए महत्त्वपूर्ण नहीं था कि मैं हमेशा से वहाँ जाना चाहती थी बल्कि उस वक़्त भारत मेरे लिए एक बहुत ही उदार और मोहक व्यक्ति से पलायन का माध्यम भी था, जिसके साथ मैं प्रेम संबंध में थी, लेकिन जानती थी कि मुझे उससे विवाह नहीं करना चाहिए।

मैं यह देखकर आश्चर्यचकित थी कि भारत में रहने पर मैं जितना जुड़ाव और घरेलूपन महसूस कर रही थी, वैसा अनुभव मुझे अपने देश के अलावा और कहीं नहीं हुआ था। स्वतंत्र लेखक के तौर पर काम करते हुए मैं एक और साल भारत में रही। उस विविधतापूर्ण देश में, जो विदेशियों का स्वागत भी उसी भाव से करता है, जिस भाव से शताब्दियों से विदेशी संस्कृति को आत्मसात करते हुए अद्वितीय और अनुपम रहा है। दिल्ली विश्वविद्यालय के महिला विद्यालय की छात्राओं ने मुझे वहाँ रहने वाली दो पश्चिमी(विदेशी) महिलाओं में से एक के रूप में स्वीकार कर लिया था। उन्होंने मुझे साड़ी पहनना सिखाया और वे आमतौर पर मुझे वहाँ के पाठ्यक्रम से अधिक भारत के विषय में निर्देशित करती थीं, वह पाठ्यक्रम जो अब भी अंग्रेजी प्रणाली पर आधारित था।

इसी समय, मेरी दोस्ती सामाजिक कार्यकर्ताओं और बुद्धिजीवियों के एक सभ्य समूह से हुई, जो सुधारवादी मानवतावादियों के रूप में जाने जाते थे। विश्व की घटनाओं पर उनके ओजस्वी विश्लेषण को सुनकर मैंने सीखा कि 'रेडिकल' का अर्थ हिंसक, अतिवादी या सनकी नहीं होता, जैसा कि अमरीकी अख़बारों को पढ़ते-पढ़ते मैं मानने लगी थी। इसका अर्थ ठीक वह भी हो सकता है जो शब्दकोश में दिया गया है : जड़ों की ओर, मौलिक।

कई सुधारवादी मानवतावादी महिला और पुरुष जिन्होंने भारतीय कम्युनिस्ट पार्टी द्वारा भारत के स्वतंत्रता आंदोलन का समर्थन करने के दौरान, उसके सदस्यों के रूप में जीवन की शुरुआत की थी, उन्होंने द्वितीय विश्वयुद्ध के दौरान पार्टी द्वारा अंग्रेजों का साथ दिए जाने के बाद पार्टी छोड़ दी थी—अंग्रेजों का यह समर्थन भारतीय सदस्यों की बजाय सोवियत संघ की आवश्यकताओं के प्रति पार्टी की वफ़ादारी का प्रमाण

भी था। बहुत सारे गांधीवादी दोस्तों की तरह, जो मुझे अन्य विकल्प दिखाना चाहते थे। ये सामाजिक कार्यकर्ता मानते थे कि वे 'साध्य ही साधन का औचित्य सिद्ध करता है' जैसे मार्क्सवादी सिद्धान्तों से आगे बढ़ चुके हैं।

उनके अनुभव ने मार्क्सवाद के मेरे उस रूमानी ख़याल पर मुझे फिर से सोचने के लिए विवश किया, जो कॉलेज में उस समय बना था जब वास्तविक या काल्पनिक कम्युनिस्टों पर जोसेफ़ मैकार्थी द्वारा किया गया अत्याचार उन्हें तुलनात्मक रूप से प्रशंसनीय प्रस्तुत करता था। सुधारवादी मानवतावादियों ने ध्यान दिलाया कि वे साधन जिनका हम चुनाव करते हैं, हमारे द्वारा प्राप्त किए जाने वाले साध्यों को निर्धारित करते हैं—इतना अधिक कि, ठीक-ठीक ढंग से इसे इस प्रकार भी कहा जा सकता है कि 'साधन ही साध्य हैं'। उनके संस्थापकों में से एक, एम.एन. रॉय ने लिखा कि "साध्य ही साधन का औचित्य सिद्ध करता है।" यही उक्ति अंततः अंतर्राष्ट्रीय कम्युनिस्ट आंदोलन की नैतिक अधोगति लेकर आई।[1]

गांधीवादियों की व्याख्या के अनुसार, उनका लक्ष्य स्वराज था—एक हिंदी शब्द जिसका अर्थ स्वतंत्रता और स्वशासन दोनों है। गांधी हमेशा स्वाभाविक कल्पना-चित्रों का प्रयोग करते थे : 'साधन को एक बीज के रूप में समझा जा सकता है और साध्य को वृक्ष के रूप में।'[2]

एक्टिविज़्म का मेरा पहला व्यावहारिक अनुभव वह था जिसमें मुझे अपनी वर्तमान गतिविधियों के भविष्य की रूपरेखा दिखाई दी। उत्तर भारत में अनेक दोस्ताना सुधारवादी मानवतावादियों से मिलने के बाद, मैं अकेले दक्षिण भारत की यात्रा कर रही थी। कलकत्ता से जब मैं तटीय रेखा पर आगे बढ़ी तो मैंने पाया कि वहाँ पर भारत के अन्य सुदूर भाग से आई कोई महिला भी उतनी ही अपरिचित थी, जितनी कि साड़ी पहने हुए कोई विदेशी महिला। और यह भी कि थोड़ी-बहुत हिंदी के साथ मेरी अंग्रेजी उतनी ही उपयोगी (या बेकार) थी जितनी कि भारत की अन्य चौदह प्रमुख भाषाएँ।

रेल के तृतीय श्रेणी के महिला डिब्बे या सार्वजनिक छात्रावासों में, मैंने अक्सर ख़ुद को मुझसे पूछे गए निजी प्रश्नों के उत्तर देने की नितांत गैर-ब्रिटिश और पूर्णतया भारतीय आदत से जूझते पाया था। मेरे संबंध में यह ऐसा था कि वे मुझसे हर प्रकार के निजी प्रश्न कर रहे थे, जैसे कि मैं अविवाहित क्यों हूँ से लेकर यह भी कि, क्या मैं गर्भधारण से बचने के तरीक़े जानती हूँ ताकि बच्चों की संख्या कम रहे—वह भी ऐसे तरीक़े जिनके बारे में उनके पतियों को पता न लगे।

जब मैं भारत के आंतरिक क्षेत्रों में एक जर्जर बस से यात्रा करते हुए विनोबा भावे—गांधी जी के एक शिष्य जो गाँव के ज़मींदारों से अपनी ज़मीनों का कुछ भाग ग़रीबों को देने के लिए कह रहे थे—द्वारा शुरू किया गया एक आश्रम देखने पहुँची तब विनोबा भावे और उनके बहुत सारे साथी वहाँ से पहले ही जा चुके थे; इस बार

वे भूदान की अपनी नियमित यात्रा पर न जाकर रमनाड से होते हुए एक गाँव से दूसरे गाँव की यात्रा कर रहे थे, जहाँ उस समय जातीय दंगे हो रहे थे। दूर दिल्ली में बैठे सरकारी अधिकारियों ने इस घटना पर प्रतिक्रिया के रूप में उस क्षेत्र से आने वाली हर खबर को प्रतिबंधित कर दिया था और इस उम्मीद में इसे समाप्त हो चुका बता रहे थे कि शायद इस तरह खबरों को दबाने से आगजनी और हत्याओं को फैलने से रोका जा सकेगा। इसके बावजूद विनोबा भावे का दल स्वयं ही पैदल वहाँ तक पहुँचा। लोगों को घरों के अंदर रहने की हिदायत देने की बजाय वे गाँव में सभाएँ कर रहे थे। प्रतिशोध की बातें करने की बजाय वे लोगों को गांधी जी का अहिंसा का सिद्धांत समझा रहे थे। हथियारों की बजाय वे केवल एक कंघा और एक प्याला लेकर घूम रहे थे। वे जानते थे कि यदि गाँववासी शांति चाहते होंगे तो वे इन शांतिदूतों को भोजन देंगे, रहने की जगह देंगे, और इस तरह ख़ुद भी इस व्यवस्था का हिस्सा बन जाएँगे।

समस्या यह थी कि आश्रम में कोई महिला नहीं रह गई थी जो तीन व्यक्तियों के आख़िरी दल के साथ जा सके। पुरुष महिलाओं के घरों में जाकर उन्हें सभा के लिए आमंत्रित नहीं कर सकते थे, और यदि सभा में कोई महिला न हो तो अन्य महिलाओं के आने की संभावना भी नहीं होती। अब प्रश्न यह था कि : क्या मैं उनके साथ जा सकती थी ? भावे के साथियों ने मुझे भरोसा दिलाया कि मैं उन लोगों के लिए वैसी ही हूँ जैसे उस क्षेत्र के बाहर से आई कोई भी महिला। यहाँ मेरे विदेशी होने से कोई फ़र्क़ नहीं पड़ता था। उनका कहना था कि वे ख़ुद ग़रीबों के लिए भूमि ट्रस्ट बनाने के अपने काम के कारण विश्वसनीय हैं। इसके अलावा, उनके मिशन का एक भाग गाँव वालों को यह दिखाना भी था कि इस गुमनाम क्षेत्र से बाहर रहने वाले लोग भी यहाँ की घटनाओं और लोगों के विषय में जानते हैं और चिंतित हैं।

अगले कुछ दिन हम एक से दूसरे गाँव यात्रा करते रहे—सुबह के ठंडे मौसम में सभाओं के लिए पेड़ों के नीचे बैठा करते, दिन की गरमी में पैदल चलते हुए रास्ते तय करते और रात में लालटेन की रोशनी में फिर से सभाएँ होतीं। अधिकतर हम सिर्फ़ कहने वालों की बातें सुना करते थे। वहाँ प्रतिशोध और नृशंसता की असंख्य कहानियाँ थीं, इतना भय और ग़ुस्सा कि इसके ख़त्म होने की कल्पना कर पाना भी असंभव था। लेकिन धीरे-धीरे, जब लोगों की बातें सुनी गईं, जब उन्होंने अब तक डर से अपने घरों में छिपे बैठे पड़ोसियों को बाहर निकलते देखा और भावे के दल द्वारा बताए तथ्यों पर ग़ौर किया तो उन्होंने राहत महसूस की, क्योंकि प्रचारित अफ़वाहें तो सच्ची घटना से भी कहीं अधिक भयानक थीं। मेरे लिए यह बेहद आश्चर्यजनक था कि लंबी और संवेदनापूर्ण सभाओं के अंत में गाँव के मुखिया यह वचन लेकर जाते थे कि अब वे उन जाति समूहों पर कोई प्रतिशोध की कार्यवाही नहीं करेंगे जिन्होंने पड़ोस के गाँव में उनके समूह पर हमला किया है, और आगे ख़ुद भी इस तरह की सभाओं का आयोजन करेंगे।

हर दिन, हम ताड़ और नीम के पेड़ों से ढके रास्तों पर आगे बढ़ते थे, जोते हुए खेतों के बीच से गुज़रते थे और थकान दूर करने के लिए जल-धाराओं के बीच से चलते थे, फिर चलते हुए अपने हाथ से बुने कपड़ों को शरीर पर ख़ुद ही सूख जाने के लिए छोड़ देते थे। गाँवों में परिवार हमारे साथ अपना भोजन और चटाइयाँ बाँटते थे, महिलाओं ने मुझे सिखाया कि अपनी साड़ी किस तरह धोऊँ और किस तरह अपने बालों में तेल लगाऊँ और धोऊँ, दुकानदार सुबह के वक़्त अपनी ओर से हमें ख़ूब दूध वाली मीठी चाय और चावल से बना इडली नामक एक व्यंजन खाने को देते। मैंने महसूस किया था कि उन दिनों सामान के नाम पर मेरे पास सिर्फ़ एक साड़ी, एक प्याला और एक कंघा ही था और इस तरह वस्तुओं की अनुपस्थिति से एक स्वतंत्रता का अनुभव होता था, यहाँ तक कि मुसीबत के वक़्त भी, सिर्फ़ वर्तमान क्षण पर केंद्रित रहने के लिए एक शान्ति उपलब्ध होती थी। मैं उस वक़्त के अपने जीवन को ऐसे पहले अवसर के रूप में याद करती हूँ जब मैं पूरी तरह सिर्फ़ और सिर्फ़ वर्तमान में जी रही थी।

इस यात्रा के आख़िर तक जब हिंसा शांत हो चुकी थी, वहाँ की परिस्थितियों की आदत न होने के कारण मेरे तलवों पर इतने छाले हो गए कि उनसे संक्रमण फैल गया। वापस बस के रास्ते तक आने और आश्रम पहुँचने के लिए मैंने एक बैलगाड़ी वाले से लिफ्ट ली। लेकिन उन दिनों के समाप्त होने पर मैं बहुत पछताई थी। मुझे कभी सुनी गई एक गांधीवादी उक्ति का सच उस वक़्त पता चला, जिसे पहले मैं अव्यावहारिक और असंभव रूप से आदर्शवादी बताकर घृणा करती आई थी : अगर आप कुछ ऐसा कर रहे हैं जो दूसरों के हित में है, तो वे लोग स्वयं आपका ध्यान रखेंगे।

हमारे दल के नेता अपने जीवन के सातवें दशक में थे और एक व्यावहारिक व्यक्ति थे। उन्होंने इस प्रकार के प्रत्यक्ष कार्यों—जो उनके लक्ष्य का लघु रूप थे—के प्रति अपना जीवन समर्पित कर दिया था। उनसे मिली एक सुधारवादी सलाह मुझे आज तक याद है : यदि आप चाहते हैं कि लोग आपको सुनें, तो आपको उन्हें सुनना होगा। यदि आप चाहते हैं कि लोग अपने रहने की शैली को बदलें, तो आपको यह जानना होगा कि वे कैसे रहते हैं। यदि आप चाहते हैं कि लोग आपको देखें, तो आपको उनकी आँखों से आँखें मिलाकर बैठना होगा। हम में से अधिकांश के जीवन में कुछ ही ऐसी घटनाएँ होती हैं जो हमारे जीवन को 'उसके पहले' और 'उसके बाद' में बाँटती हैं। मेरे लिए यह एक ऐसी ही घटना थी।

अंतत जब मैं वापस अपने देश आ गई तो ये सारे पाठ बहुत व्यावहारिक नहीं रह गए थे। यदि अब भी 'सुधारवादी' को प्राय: ग़लत रूप में लिया जाता है तो आप सोच सकते हैं कि 1958 में जब आइज़न ऑवर राष्ट्रपति थे और मैक'आर्थी द्वारा चलाए गए उत्पीड़न की ख़बरें अब भी हवा में तैर रही थीं, तब इस शब्द को कैसे लिया जाता होगा।

कम से कम प्रकट स्तर पर, शीतयुद्ध के विरुद्ध उस वक़्त कोई जनवादी अभियान नहीं था; कोई महिला आंदोलन नहीं था; यहाँ तक कि इसकी कोई समझ भी नहीं थी। लेकिन फिर भी इस देश (अमेरिका) में इस ख़ातिर एक भूख जैसी व्याप्त थी; और उस समय केवल कुछ एक समूह थे जो परमाणु परीक्षणों के फलस्वरूप निकलने वाली रेडियोएक्टिव राख जैसे मुद्दों पर सक्रिय थे। इसके साथ ही नागरिक अधिकार को लेकर कुछ कार्यक्रम चल रहे थे, जो अब तक अभियान का रूप नहीं ले सके थे। जहाँ तक भारत की बात है, तो वह देश अब तक इस देश के मीडिया राडार में पूर्व ब्रिटिश शासन और वर्तमान ग़रीबी के अतिरिक्त अन्य किसी संबंध में नहीं आ सका था। यहाँ तक कि बीटल्स ने भी अब तक भारत को नहीं खोजा था (वास्तव में, बीटल्स का कोई अस्तित्व नहीं था) और अगर मैं भारत के विषय में चर्चा करती तो संवाद के बीच में विनम्र मौन छा जाता—और फिर बातचीत इसके इर्द-गिर्द होने लगती।

मैं ख़ुद हैरान थी क्योंकि मैं पहली बार अपने अतिविकसित देश को एक अल्पविकसित देश की आँखों से देख रही थी। मुझे याद है कि इस अनुभव की अभिव्यक्ति के लिए उचित काल्पनिक चित्र की खोज में मैं किसी भी सुनने के लिए उपलब्ध व्यक्ति से यूँ कहती थी, 'सोचो कि जैसे करोड़ों भूखे लोगों के बीच एक अतिविशाल फ्रॉस्टेड कपकेक रखा हो।' उस वक़्त मेरे मस्तिष्क में जो एक बात सरल मंत्र की तरह गूँजती रहती थी, वह यह थी कि : ऐसा लंबे समय तक नहीं रहेगा।

चूँकि भारत में रहने से मुझे तमाम तरह के रंग वाले लोगों को देखने की आदत पड़ चुकी थी, कुछ अरसे से मुझे भी लग रहा था कि मेरे अपने बहुजातीय देश में आप किसी भी व्यापारिक क्षेत्र में या 'सभ्य' पड़ोस में सफ़ेद चेहरों की भीड़ को देखकर 'वर्णांध' की तर्ज पर 'बर्फांध' हो सकते हैं। सच है कि, भारत में त्वचा का रंग अक्सर जाति की निर्दयी व्यवस्था का वाहक होता था, लेकिन वहाँ एक दक्षिण भारतीय ब्राह्मण की त्वचा का रंग उत्तर भारतीय हरिजन (अछूतों के लिए प्रयोग किया जाने वाला गांधीवादी शब्द) से गहरा हो सकता था और चूँकि उन सब ने समान रूप से ब्रिटिश राज को भुगता था इसलिए वहाँ कम से कम साझी पहचान के प्रति एक सक्रिय प्रयास था।

साथ ही भारतीय लोग रंगभेद की बारीक़ी का उसी तरह बग़ैर संकोच वर्णन करते थे जिस तरह वे वेशभूषा के अन्य पक्षों का करते थे। इसके परिणामस्वरूप मैंने महसूस किया कि मेरी ख़ुद की परवरिश में रंगभेद को लेकर जो मुखर मौन रहा है वह शिष्ट नहीं था, लेकिन इसको कहने का एक दूसरा तरीक़ा यह भी है कि वहाँ गोरे होने के अलावा और कुछ भी होना अशिष्ट है। मुझे समझ आने लगा था कि हमारा देश जातीय रूप से किस तरह विभाजित है, और हम इस पर चर्चा करने के संबंध में कितने बेईमान थे और यह प्रशिक्षण कितना प्रभावशाली था कि इसे देखने के लिए मुझे एक दूसरे समाज का अनुभव लेना पड़ा।

कभी-कभी मेरा यह सांस्कृतिक आघात अतियथार्थवादी रूप ले लेता था। न्यूयॉर्क में, जब नौकरी की तलाश के दौरान मैं अपनी दोस्त के ड्राइंग रूम की ज़मीन पर सोया करती थी, उस वक़्त की यह बात मुझे याद है कि मैं टैक्सी में ड्राइवरों के साथ आगे की सीट पर बैठने पर जोर देती थी।

भारतीय ताँगे, यह दो पहियों वाली एक गाड़ी होती है जिसे साइकिल चलाते हुए या दो मोटे डंडों के बीच दौड़ते हुए कोई व्यक्ति खींचता है, पर बैठने की मेरी अनुभव स्मृति इतनी प्रबल थी कि मैं एक दूसरे व्यक्ति द्वारा मेरा बोझ उठाये जाने के अस्वीकार्य अनुभव से बुरी तरह घिरी हुई थी। निस्संदेह कोलकाता के एक ताँगेवाले का न्यूयॉर्क के टैक्सी ड्राइवर से कोई लेना-देना नहीं था लेकिन हाल ही में गुज़रे वक़्त के दृश्य अब भी आँखों में अंकित थे और उन आँखों से देखने पर दुनिया बहुत अलग दिखती थी। मैं बारी-बारी से भारत में अपने द्वारा देखा-सुना, लोगों को समझाने और वहाँ से बटोरकर लाए गए अनुभवों को भुलाने में लगी रहती थी, क्योंकि वास्तविकता और उनके बीच की दूरी बहुत दुखदायी थी।

दूसरे शब्दों में, उस वक़्त मुझे झेल पाना निश्चित तौर पर बहुत कठिन था।

मैं जितना ही अपने देश के माहौल में ढलती जाती, उतनी ही शिद्दत से, भारत में बिताए हुए वे दो साल मेरे जीवन से अलग जैसे दिखाई पड़ते—ऐसा समय जिस दौरान की गंभीरता और सीख पर मैं कभी खरी न उतर पाऊँगी और ना ही उसका कोई उपयोग कर पाऊँगी। कई बार जब मैं इस बारे में लोगों को कुछ समझाने का प्रयास करती तो दरअसल वह मेरा उस वक़्त को समेटने का निजी प्रयास होता, जो मुझे अपने हाथों से फिसलता हुआ जान पड़ता था। मैंने छात्र राजनीति में काम करने की कोशिश की लेकिन अब भी इसका अस्तित्व एक आंदोलन का रूप न ले सका था। उच्च शिक्षा के लिए किसी शिक्षण संस्थान में दाख़िला लेना उस वक़्त मेरे वश में न था क्योंकि न इतना धीरज था और न ही इतने पैसे थे।

अंतत: मैं एक स्वतंत्र लेखक के रूप में काम करने लगी, लेकिन एक 'महिला रिपोर्टर' के रूप में मुझे जो काम मिल पाते थे वे अक्सर उस फासले को और भी बढ़ा देते थे, जिसके एक छोर पर वह काम होता जिसे मैं कर रही थी और दूसरे छोर पर वह काम होता जो मैं वाकई करना चाहती थी और जिसके प्रति मैं किसी सरोकार का अनुभव करती थी। मैं नागरिक अधिकारों और वियतनाम-विरोधी आंदोलनों की ओर अपने रुझान का अनुभव करती थी, जो उस वक़्त तक सामाजिक घटनाओं का रूप ले चुके थे, लेकिन ऐसे कार्यों की श्रेणी में नहीं आए थे जिन्हें महिला रिपोर्टरों को दे दिया जाए। मैंने पाया कि उन दिनों मैं अपना किराया महिला पत्रिकाओं में हास्य सामग्री और सुझावों के स्तंभ लिखकर चुका रही थी (इस दौरान मैं वर्जीनिया में स्कूल की सामुदायीकरण रैली या वाशिंगटन में नागरिक अधिकारों के लिए हुए मार्च में शामिल होती रही थी); 'द न्यूयॉर्क टाइम्स' से काम मिलने को

लेकर प्रभावित होने के फलस्वरूप मैंने मेयर की पत्नी और एक फैशन डिज़ाइनर के संबंध में भी लिखा था (इस दौरान मैं पीस कॉर्प्स स्वयंसेवकों के भारतीय समुदायों के बीच जाने के पक्ष में जनमत भी तैयार कर रही थी); कई पत्रिकाओं और अख़बारों के लिए अभिनेताओं/अभिनेत्रियों, डांसर्स और अन्य प्रतिष्ठित व्यक्तियों की प्रोफाइलिंग कर रही थी (इसके साथ ही लेखकों और संपादकों को इस मुद्दे पर संगठित कर रही थी कि हम वियतनाम युद्ध के लिए दी गई सहायता के हिस्से पर कर नहीं देंगे); और 'लाइफ' के लिए पॉप संस्कृति में क्या 'चलन' में है और क्या 'चलन से बाहर' हो चुका है, इस पर भी लिख रही थी (मैं सीज़र शावेज़ और उनके नए यूनाइटेड फ़ार्म वर्कर्स को 'टाइम' के कवर पेज पर लाने की कोशिशों में लगी थी जिससे कि कैलिफोर्निया ग्रोअर्स द्वारा उन्हें दी जा रही मौत की धमकियों के प्रति सुरक्षा मिल सके)।

ऐसा नहीं था कि मैं जो कर रही थी वह मुझे नापसंद था। इसके विपरीत मैं मेयर की पत्नी मेरी लिंडसे को पसंद करती थी, मैं एक एस्क्वायर कैंपस संस्करण के लिए या 'दैट वाज़ अ वीक दैट वाज़ ऑन टेलीविज़न' के लिए व्यंग्य लिखना पसंद करती थी, और जेम्स बाल्डविन से लेकर मार्गोट फोंटेइन, डोरोथी पारकर और ट्रूमैन कैपोट तक की प्रोफाइल तैयार करते वक़्त उनके बारे में जानना भी मुझे ख़ूब पसंद आता था। फिर भी मुझे यह नहीं लगता था कि मैं पूरी तरह व्यस्त हूँ, महसूस होता था जैसे कि मैं अपना मौलिक नहीं बल्कि कोई और ही जीवन जी रही हूँ। उन वियतनाम-विरोधी दिनों में मैं इस क़दर विरक्त महसूस करती थी जैसा मैंने भारत में रहने के दौरान नहीं किया था, क्योंकि मैं इस सत्य को आत्मसात कर चुकी थी कि हम हिंसक साधनों द्वारा शांतिपूर्ण नतीजों पर नहीं पहुँच सकते—कि परिणाम और साधन दरअसल एक संसक्त जाल है—और शांति आंदोलन में अधिकांश सार्वजनिक कार्यक्रम सदैव इस सिद्धांत द्वारा निर्देशित नहीं होते थे।

जब 'न्यूयॉर्क' पत्रिका की शुरुआत हुई—यह हम लोगों के ही एक समूह द्वारा सहायता प्राप्त थी जो इसके नियमित लेखक भी थे—तो रुचि और काम के बीच जो फ़ासला आ गया था वह थोड़ा कम हुआ। कम से कम अब मैं चुनावी राजनीति, सामाजिक न्याय आंदोलनों और न्यूयॉर्क के आसपास होनेवाले कार्यक्रमों के बारे में लिख सकती थी; ऐसे सारे काम जो अन्य पत्रिकाओं या अख़बारों में पुरुष पत्रकारों को दिए जाते थे, अब मैं उनको भी कर रही थी। लेकिन मैं अब भी प्रत्यक्ष, चेतन, वैयक्तिक प्रकार के सक्रियतावाद से बहुत दूर थी जिसकी झलक मैंने भारत में देखी थी। वास्तव में, अब मैं इसे अपने दिमाग़ से निकाल चुकी थी।

1960 के दशक के आंदोलनों में एक उक्ति बहुत प्रचलित थी : 'आपका सुधारवाद सिर्फ़ अपने मुद्दों पर जागता है।' जिस तरह से नारीवाद मेरे जीवन में आया उसे देखते हुए यह यह उक्ति दुबारा सत्य सिद्ध हुई।

मुझे जगाने वाला, यह 1960 के दशक के मध्य का पहला साहसी, सुधारवादी परिवर्तन नहीं था। हालाँकि मैं 'द फेमिनिन मिस्टिक' पीढ़ी का हिस्सा बनने की उम्र में पहुँच चुकी थी, मैं शहर के बाहरी इलाक़े में नहीं रह रही थी, और मुझे भी आश्चर्य था कि क्यों मैं अपनी कॉलेज डिग्री का इस्तेमाल नहीं कर रही हूँ। जबकि मैं उस जगह पर काम कर रही थी, जहाँ उस वक़्त कई फेमिनिन मिस्टिक तबके की महिलाएँ काम करने के लिए प्रयासरत थीं।

हालाँकि कॉलेज की बदौलत ही मैं टॉलेडो में श्रमिकों के पड़ोस वाली अपनी रिहाइश को छोड़कर एक मध्यमवर्गीय इलाक़े में रहने लगी थी, मेरी प्रतिक्रिया भी अनेक कामकाजी महिलाओं और अश्वेत महिलाओं जैसी ही थी : मैं सोचती थी कि, बाहरी इलाक़ों से निकलकर जो महिलाएँ काम करना चाहती थीं मैं उनकी मदद करती हूँ लेकिन मैं तो पहले से ही उन कामकाजी महिलाओं की क़तार में शामिल हूँ और यहाँ की दुर्दशा भी झेल रही हूँ। ये महिला आंदोलन मेरे लिए नहीं हैं। विश्व के संसाधनों में हिस्सेदारी की दृष्टि से मेरे देश और भारत के बीच जो विपरीत अनुपात था उसे देखते हुए मेरे विचार में एक और प्रतिबंधित ख़याल आता था : ज़रूर ही महिलाओं को जीवन में उचित हिस्सेदारी चाहिए, लेकिन पहले तो हमें एक नया जीवन चाहिए।

1960 के दशक के अंत तक, इसी भावना के साथ युवा महिलाएँ नागरिक अधिकारों और शांति आंदोलनों से बाहर निकल रही थीं। उनके पास एक नया नारा भी था, 'नारी मुक्ति', जो सभी महिलाओं को एक वर्ग के रूप में संबोधित करता था। वर्तमान व्यवस्था के एकीकरण के स्थान पर वे पितृसत्ता और जातिवाद का आधार लेकर चल रही थीं। 'स्त्रियों' को 'पुरुषों' के समकक्ष लाने की बजाय वे शुरू से अंत तक सभी मानवीय गुणों को एक साथ जोड़ रही थीं, जो सभी में थे। उनके साहसी वक्तव्यों में, मैंने उन अनुभवों की कहानियाँ सुनीं, जिन्हें मैंने भी महसूस किया था लेकिन कभी उनको शब्द नहीं दिए थे।

जब मैं गर्भपात पर एक प्रारंभिक स्त्रीवादी विचार-गोष्ठी में रिपोर्टर के तौर पर गई तो मैंने उन कष्टों के निजी बयान सुने जो न चाहते हुए भी अपराध-जगत में प्रवेश के कारण झेलने पड़ते हैं। मैंने भी एक बार गर्भपात कराया था, लेकिन क़िस्मत से उस वक़्त मैं इंग्लैंड में थी जहाँ इस संबंध में क़ानून कम सख़्त थे। यह कॉलेज के वर्षों के तुरंत बाद की घटना है, लेकिन डॉक्टर से मिलने से पहले के वे घबराहट-भरे हफ़्ते मैं कभी नहीं भूली, यह भी नहीं भूल पाई कि इस घटना का मेरे जीवन में हुए परिवर्तन में कितना बड़ा योगदान है, क्योंकि यदि गर्भपात न कराया होता तो मैं अपनी भारत यात्रा पर नहीं जा पाती; फिर भी मैंने अपने जीवन के इस प्रमुख अनुभव के बारे में कभी किसी से बात नहीं की। उस वक़्त भी हर तीन या चार महिलाओं में से एक महिला गर्भपात के अनुभव से गुज़र चुकी होती थी, सो मैं यह सोचकर हैरान

होती थी कि आख़िर ग़ैरक़ानूनी क्यों है; हमारा जननीय जीवन हमारे ख़ुद के नियंत्रण में क्यों नहीं है; और यह मूलभूत मुद्दा आख़िर क्यों किसी सामाजिक न्याय आंदोलन का हिस्सा नहीं बना है! यह आविर्भाव का समय था।

मुझे याद है जब मैं एक गुमनाम से टेलीविज़न कार्यक्रम में एन्ने कोट, अन्सेलमा डेल'ओलियो, बेटी डॉडसन और अन्य प्रारंभिक नारीवादियों को यौनिकता पर विमर्श करते देख हैरान हो रही थी। यह पहली बार था जब मैंने यौनिक विषयों पर किसी स्त्री को ईमानदारी से सार्वजनिक रूप से बोलते हुए (यहाँ तक कि निजी संवाद में भी इतना बेबाक़ हो पाना मुश्किल था) या फ्रॉयड के स्त्री कामोत्सर्ग के मिथक को आड़े हाथों लेते सुना हो (इस विषय पर कोट ने उस वक़्त एक निबंध भी लिखा था जिसे भविष्य में एक कालजयी रचना होना था।)[3]

मैंने यह पूछना शुरू किया कि ऐसा क्यों है कि महिलाएँ सेक्स की क्रिया में भाग ले सकती हैं पर इसके बारे में बात नहीं कर सकतीं; ऐसा क्यों है कि पुरुष की कल्पनानुसार 'कामोत्कर्ष' का अनुभव न कर पाने की दशा में फ्रॉयड महिलाओं को 'अपरिपक्व' कह डालते हैं और इस पर आपत्ति तक नहीं की जाती; और 1960 के दशक का तथाकथित यौन मुक्ति आंदोलन क्यों अधिकांशतया पुरुष की शर्तों पर अधिकाधिक महिलाओं की उपलब्धता की वकालत करता है।

देवता बेशक विवरणों में विद्यमान हो सकता है लेकिन देवी का अस्तित्व प्रश्नों से ही था। एक बार जब हमने सवाल रखने शुरू किए तो फिर पीछे मुड़कर नहीं देखा। महिलाओं को तत्कालीन मध्यवर्गीय उद्यमों या कामकाजी वर्ग के सिद्धांतों में ढालने की बजाय ये रेडिकल नारीवादी समूह यह धारणा रखते थे कि सिद्धांत की जड़ में महिलाओं के अनुभव ही होने चाहिए। विमर्श के दौरान या जागरूकता अभियान समूहों में, सार्वजनिक चर्चा हो या विमर्श मंडली हो, महत्त्वपूर्ण विचार यही होता था कि : अपने निजी सच बयान करें, अन्य महिलाओं की कहानियाँ सुनें, देखें कि क्या विषयवस्तु साझा की गई है और आप पाएँगे कि अब निजी मुद्दे ही राजनीतिक मुद्दे हो चुके हैं—आप किसी भी मुद्दे पर अकेली नहीं हैं।

मैं निश्चित रूप से यह नहीं कह सकती कि नारीवाद को किसी विशेषण की ज़रूरत है या नहीं। महिलाओं की संपूर्ण सामाजिक, राजनीतिक और आर्थिक समानता पर विश्वास, जो शब्दकोष के आधार पर 'नारीवाद' की परिभाषा भी है, स्वयं में ही क्रांति लाने के लिए पर्याप्त है। लेकिन यदि मुझे किसी एक विशेषण का चुनाव करना हो तो, मैं अब भी 'रेडिकल नारीवादी' का चुनाव करूँगी। मैं जानती हूँ कि पितृसत्ता के प्रतिनिधि इस शब्द की तुलना हिंसक या पुरुषों से घृणा करने वाली, सनकी या अतिवादी जैसे शब्दों से करेंगे—हालाँकि एक दकियानूसी दर्जे का नारीवादी होने पर भी कोई इस प्रकार की उपाधियों से बच नहीं सकता और न ही यह कहने से कि 'मैं नारीवादी तो नहीं हूँ, लेकिन...'

फिर भी, रेडिकल, उस मूलभूत परिवर्तन का एक ईमानदार संकेत देता है जो हमारे दिमाग़ में है और यह भी बताता है कि वास्तव में मामला क्या है : 'स्त्रियोचित और 'पुरुषोचित' के रूप में मानव स्वभाव का मिथ्या विभाजन ही कर्ता एवं कारक और सक्रिय एवं निष्क्रिय के रूप में किए गए अन्य सभी विभाजनों की जड़ है—जहाँ से वर्गीकरण की शुरुआत हुई थी। चूँकि यह विभाजन स्त्री-शरीर को प्रजनन के साधन के रूप में नियंत्रित करने की पितृसत्ता की ज़रूरत से पैदा हुआ था—एक ऐसा नियंत्रण जो जातीय 'पवित्रता' और वर्ग एवं वर्ण प्रणाली का आधार बना—इस पर 'स्त्रीलिंग/पुल्लिंग' परिप्रेक्ष्य में विमर्श जन्म-आधारित सभी वर्गीकरणों को कमज़ोर और खोखला करता है और मानव स्वभाव, प्राकृतिक संसार एवं ब्रह्मांड के प्रति हमारे नज़रिए को भी बदलता है। और ऐसे ही कुछ और छोटे-मोटे तथ्य।

यदि एक बार हमें वह काम मिल जाता है जिसके लिए हमारा अनुभव और स्वभाव अनुकूल है तो सबकुछ एक साथ हो जाता है। मैं पिछले 25 सालों में अधिकांश समय, हर सप्ताह, इस देश के विभिन्न भागों में यात्राएँ करती रही और अधिकांश महिलाओं एवं कुछ पुरुषों के साथ प्रत्यक्ष कार्य-सुनियोजन की उस व्यवस्था के अंतर्गत सक्रिय रही जिसे मैंने पहली बार भारत में देखा था और बहुत आकर्षित हुई थी। अब जाकर मैंने उस बहुत पुराने और बहुत पहले दफ्न हो चुके महत्त्वपूर्ण परिवर्तन और अपने द्वारा किए जा रहे काम के मध्य के अनुनाद को समझा है। मैं पाती हूँ कि रमनाड में हमारे दल के नेता का दिया ज्ञान आज भी सत्य है : तुम्हें सुनना होगा... तुम्हें जानना होगा... तुम्हें बैठना होगा आँखों में आँखें डालकर।

जहाँ तक गांधीवादी कहावत की बात है : यदि आप लोगों के हित में कुछ कर रहे हैं तो, लोग आपके हित का ध्यान रखेंगे—तो इसके संबंध में मुझे कहना होगा कि वास्तविकता इससे काफ़ी भिन्न है। एक गाँव से दूसरे गाँव घूमते रहने के बीच गिरफ़्तार कर लिये जाने का ख़तरा था और अपनी विमान सेवा के टिकट का ख़र्च ख़ुद उठाने तथा बैलगाड़ी पर बैठा लेने का अनुरोध करने में बहुत-बहुत अंतर है।

लेकिन यात्रा पर रहनेवाली अन्य नारीवादियों या अन्य आंदोलनों के आयोजनकर्ताओं, जो किसी भी काम में व्यावहारिक दृष्टि से एक आशा जगाते हैं, की तरह मैंने भी देखा कि कभी-कभी टिकट क्लर्क तीन ऐसी सीटें बचाकर दे देते थे कि जिन पर मैं आराम से सो सकूँ; फ्लाइट अटेंडेंट फर्स्ट क्लास में दिया जाने वाला अच्छा पौष्टिक भोजन चुपके से मुझे दे देते थे; एयरपोर्ट की सफाई कर्मचारी मुझे अपने पड़ोस की नवीनतम महिला उम्मीदवार के बारे में बताने के लिए रुकती थीं; या उन महिलाओं के बारे में जो अब अन्य महिलाओं की अभिभावक बनने के लिए तैयार थीं; वे हमारी कार में ढेर सारे सेब और प्राकृतिक झरने से लिया गया पानी रख देती थीं; और कुछ ऐसे संक्षिप्त परिचय भी होते थे कि हाइवे टोल बूथ पर खड़ी कोई महिला ट्रैफिक या मौसम के बारे में कोई बहुत अच्छी सलाह दे देती थी। पिछले हफ़्ते, उनमें

से एक ने बहुत प्यार से मुझ से कहा था, 'मेरी प्यारी, बारिश होनेवाली है। क्या तुम मेरा छाता लेना चाहोगी?' कोई भी आंदोलन दरअसल प्रेरित लोगों से ही बना होता है। अपने चारों ओर इसके उत्साह और प्रेरणा को अनुभव करना ही इसका परिणाम और साधन, दोनों हैं।

यदि हम अपनी ग़लतियों को प्रकट करने के इच्छुक हों तो वे भी हमारे लिए उपयोगी सिद्ध होती हैं। उदाहरणार्थ, मुझे सार्वजनिक मंच पर भाषण देने से बहुत डर लगता था, इसलिए, प्रायः मैं अपनी बात यह कहते हुए शुरू करती कि महिला आंदोलन ने ही मुझे इतनी हिम्मत दी कि भीड़ में भाषण देकर ख़ुद को सरेआम बेवक़ूफ़ साबित कर रही हूँ, कि मैंने कभी सार्वजनिक रूप से कोई विमर्श नहीं किया जब तक कि मैं अपनी उम्र के तीसरे दशक के मध्य में नहीं पहुँच गई, और यह भी कि अगर मैं ऐसा कर सकती हूँ तो फिर कोई भी कर सकता है। अपने इस डर के कारण ही शुरुआत में मैं समूह या दल बनाकर लोगों से अपनी बात कहती थी—और बाद में यह बहुत अच्छी रणनीति सिद्ध हुई।[4] अब भी इसी डर के कारण मैं किसी भी आयोजन के दौरान विमर्श सत्र की प्रतीक्षा करती रहती हूँ जिसमें दर्शक प्रमुख भूमिका में आ जाते हैं और अपनी गोष्ठी का आयोजन और संचालन करते हैं। और हर बार इसका परिणाम मेरे या किसी अन्य अकेले वक्ता के प्रभाव से पैदा होनेवाले परिणाम से कहीं बेहतर रहता है। इस तरह मैंने सीखा कि अपने सभी गुणों, सकारात्मक या नकारात्मक, के उपयोग में समर्थ होना दरअसल इस बात का शुभ संकेत है कि हम सही काम कर रहे हैं।

गोष्ठी के बाद देर रात इकट्ठा होनेवाले समूह, अपने जीवन में हुए परिवर्तन की कहानी सुनाने की ख़ातिर मुझे रास्ते में रोकने वाले अजनबी, कुछ लोग जिन्होंने ऐसे पत्र लिखे कि उन्हें किताबों की शक्ल दी जानी चाहिए, जनवादी शोधकर्ता जो क्लिपिंग भेजते थे और उनमें महत्त्वपूर्ण वाक्यों पर निशान लगा देते थे, वे अजनबी जिन्होंने मुझसे ऐसी बातें साझा कीं जो उनके लिए दोस्तों से कह पाना मुश्किल होता, और हर स्थान पर मिले समूहों के वे लोग जो मैं और अन्य कुछ क्या बेहतर कर सकते हैं, यह सलाह देने के लिए ख़ासी अहमियत रखते हैं, इन सभी के सामूहिक विवेक से मैंने बहुत कुछ सीखा है। अब जब मैं इसके बारे में सोचती हूँ तो पाती हूँ कि मैं सदा से ही इस 'अर्जित ज्ञान' के प्रति सम्मोहित थी।

अपने छात्र-जीवन के तक़रीबन बीस वर्षों बाद जब मैं फिर से भारत गई तब मैंने अनुभव किया कि यह संरक्षित किए जाने लायक़ एक प्रकार की जनवादी शिक्षा थी। मैं प्रधानमंत्री इंदिरा गांधी से मिली, हालाँकि जब मैंने उन्हें पहले देखा था तब वे अकेलेपन और अनिश्चितता से घिरी एक युवा महिला थीं, और उन्होंने भारत में रेल के तृतीय श्रेणी डिब्बे में की गई अपनी यात्राओं के बारे में बताया था जहाँ वे एक युवा माँ के रूप में सिर्फ़ महिलाओं के लिए लगनेवाले भीड़-भाड़ वाले डिब्बे

में सफ़र करती थीं, वैसे ही डिब्बे जो मेरी याद में बसे थे। यह जानने पर कि उनके सिर्फ़ दो बच्चे हैं, महिलाएँ हमेशा उनसे पूछा करतीं : 'आपने ये कैसे किया?' और प्राय: 'मैं क्या करूँ कि मेरे पति को पता न चले कि मैं किसी गर्भनिरोधक का इस्तेमाल कर रही हूँ? मैं ये सोचने से कैसे बचूँ कि मैं अपने पति के साथ धोखा कर रही हूँ?'

एक प्रधानमंत्री के रूप में उन्होंने उन जनसंख्या-विशेषज्ञों को एक चुनौती दी जो इस बात पर अड़े थे कि ग़रीब और अशिक्षित महिलाएँ गर्भनिरोध नहीं चाहतीं, या वे तब तक इसे नहीं समझ पाएँगी जब तक कि शिक्षित न हो जाएँ, या तब ही इसे स्वीकार कर पाएँगी जब उनके पति इससे सहमत होंगे। श्रीमती गांधी ने ऐसे परिवार नियोजन कार्यक्रमों की शुरुआत की जो निजी रूप से महिलाओं के लिए गर्भनिरोधक सुविधा दे रहे थे। उन्होंने उन पुरुषों के लिए कुछ छोटे आर्थिक पुरस्कारों की भी घोषणा की जो नसबंदी के लिए तैयार थे। स्वास्थ्य सेवकों को यह समझाया गया कि नसबंदी हेतु राजी करने के लिए वे गाँव के पुरुषों को यह समझाएँ कि नसबंदी कराने का एक फ़ायदा यह होगा कि इसके बाद यदि उनकी औरतें उनके साथ धोखा करेंगी तो उन्हें इसकी खबर हो जाएगी। नसबंदी के लिए किए गए उपाय विवादास्पद ज़रूर थे लेकिन अन्य औपचारिक उपायों से कहीं अधिक प्रभावी थे। पुरुष नसबंदी को बढ़ावा देने के लिए जहाँ एक ओर कृतज्ञ महिलाओं के कई प्रतिनिधिमंडल श्रीमती गांधी से मिलने पहुँचे वहीं अपने ही देश और अंतरराष्ट्रीय गलियारों में उनकी आलोचना भी की गई। लेकिन जिस दिन हमने आपस में बात की थी उस दिन वह इन सबसे पूरी तरह अविचलित दिख रही थीं। वे अपनी जनवादी शिक्षिकाओं के शब्दों या उनकी निर्भीकता को कभी नहीं भूली थीं।

1970 के दशक के उत्तरार्ध में की गई इसी यात्रा के दौरान, भारत के महानगरों में मिलनेवाले शिक्षक, रिपोर्टर और अन्य लोग प्राय: मुझे यह बताते थे कि नारीवाद एक पश्चिमी घटना है, भारत में इसकी जड़ें मौजूद नहीं हैं। बाद में मैंने यह जाना कि, अपने शहर में भी लगभग गुमनाम, स्त्री शक्ति जागृति (Women's Power Awakening) एक संगठन था जो ग्रामीण भारतीय क्षेत्रों में सम्मेलनों और पदयात्राओं का आयोजन कर रहा था। यह महिलाओं के मुद्दों को गांधी और विनोबा भावे की शिक्षा से जोड़कर काम कर रहा था, गांधी और विनोबा भावे दोनों ही यह कह कर अपनी जनवादी शिक्षिकाओं का सम्मान करते थे कि सिर्फ़ महिलाओं की आंतरिक शक्ति के जागरण द्वारा ही भारत अपनी बाधाओं को पार कर सकता है, यह आंदोलन 1950 से ही शिक्षा अभियानों से लेकर महिलाओं के लिए छोटे-मोटे ऋणों की व्यवस्था करने में सक्रिय था, ताकि वे सब्जियाँ उगाकर या हस्तशिल्प-सामग्री का निर्माण कर बाज़ार में बेच सकें और उन्हें वेश्यावृत्ति के लिए विवश ना होना पड़े। जब मुझे यह बताया जा रहा था कि नारीवाद एक पश्चिमी घटना है तब इस कमज़ोर से महिला

संगठन के दस हज़ार सदस्य गाँव-गाँव घूमकर महिलाओं से उनकी समस्याओं के बारे में पूछ रहे थे, आत्मशक्ति और अहिंसा के सिद्धांतों की शिक्षा द्वारा उनके जीवन को व्यवस्थित करने में सहायता कर रहे थे—ठीक वैसे ही जैसे लगभग दो दशक पहले हमने बहुत छोटे स्तर पर किया था। हालाँकि बहुत सारी महिलाएँ और बहुत सारा कोष उन ग़रीब इलाक़ों से ही आया था जहाँ कार्य हो रहा था, दूसरी पदयात्रा में 75,000 महिलाओं ने भाग लिया था।[5]

अब तो ग्रामीण और शहरी दोनों स्तरों पर, कई रूपों में सशक्तीकरण पर काम करने और कार्य-स्थल पर यौन-उत्पीड़न (भारतीय मीडिया में जिसे प्रायः महिलाओं से छेड़छाड़ कहते हैं) के विरोध से लेकर दहेज के लिए की जाने वाली हत्या, जो अब भी स्त्रियों के पति और पति के घरवालों द्वारा दोबारा दहेज की माँग पूरी न होने पर पहली पत्नी की 'अप्रत्याशित' मृत्यु के रूप की जाती है, जैसे मुद्दों पर काम करने के फलस्वरूप भारतीय नारीवादी समूहों की भूमिका पहले से कहीं अधिक स्वीकृत और ज्ञात हो चुकी है। लेकिन सच्चाई यह है कि हर देश का अपना मूलभूत और चेतन नारीवाद होता है। साम्यवाद, पूँजीवाद या अन्य किसी भी वाद/सिद्धांत जो कि मेरी सोच के दायरे में आ सकता है, से परे, यह (नारीवाद) एक बुनियादी घटना है। यह महिलाओं के मस्तिष्क और उनके हृदय में विकसित होता है।

मुझे रेल के तृतीय श्रेणी के डिब्बे में यात्रा करते हुए भारतीय महिलाओं से की गई चर्चा और अंततः सार्वजनिक रूप से भाषण दे पाने के अपने साहस के बीच के संबंध को देख पाने और समझ पाने में कई बरस लग गए, या इसी तरह रमनाड गाँव में घूमने और अज्ञात जगहों पर पहुँचने के लिए डोरोथी के साथ की गई हवाई यात्राओं के आपसी संबंध का रहस्य भी बहुत देर से खुला—लेकिन इन संबंधों का अस्तित्व सदैव से था।

अब, जब अंततः मैं अपने जीवन में भारत के महत्त्व को फिर से याद कर रही हूँ, मुझे 1970 के दशक में नई दिल्ली के किसी घर के बरामदे में चाय की चुस्कियाँ लेते हुए कमलादेवी चट्टोपाध्याय के साथ बिताया गया समय सबसे ज़्यादा याद आता है। कमलादेवी चट्टोपाध्याय—जिनका पहला नाम ही दुनिया के कई देशों में उनकी पहचान के लिए काफ़ी था (और अब भी है)। जीवनी संबंधी शब्दकोश उन्हें एक 'स्वतंत्रता सेनानी, सामाजिक कार्यकर्ता और लेखक' के रूप में सूचीबद्ध करते हैं। 1950 के दशक में जब मैं पहली बार उनसे मिली, उस वक़्त वे भी अपनी उम्र के पाँचवें दशक में थीं और भारतीय हस्तशिल्प आंदोलन में एवं गांधी एवं नेहरू के साथ स्वतंत्रता संघर्ष में अपनी अग्रणी भूमिका के चलते अत्यंत प्रसिद्ध भी—इस सक्रियता के लिए उन्हें पाँच वर्ष तक ब्रिटिश जेल में भी रहना पड़ा था। मेरी और उनकी मुलाक़ात, भारत में मेरी सबसे पुरानी मित्र, देवकी जैन, के माध्यम से तय हुई थी, क्योंकि हम कमलादेवी की राय जानना चाहते थे। चूँकि गांधी जी का अहिंसा का सिद्धांत विश्व में महिला

आंदोलनों के सर्वथा अनुकूल था, इसलिए हम गांधी जी के पत्रों और उनके लेखों को पढ़ना चाहते थे और उसमें से उपयोगी सामग्री को अलग कर एक गांधीवादी/नारीवादी हैंडबुक जैसी बनाना चाहते थे।

कमलादेवी ने बहुत धैर्य से हमारी बात सुनी। सिर्फ़ अंत में उन्होंने कहा 'स्वभावत: गांधी जी की ये युक्तियाँ महिलाओं के अनुकूल हैं—क्योंकि वहीं से उन्होंने यह सीखा था।' इसे अचानक समझ कर हम सब बहुत ज़ोर से हँसे; खो गए इतिहास और जो कभी हमारा ही था उसके प्रति आकर्षण का एक और उदाहरण था यह।

वापस अपने देश आकर मैं कमलादेवी की खबर न रख सकी। सिर्फ़ इतना जान पाई कि अस्सी वर्ष की उम्र में भी उन्होंने विश्व-भर में अपनी यात्राएँ जारी रखी थीं, अन्य देशों को उनकी सृजनात्मकता और संस्कृति को संरक्षित करने में भी सहायता कर रही थीं और कई किताबें भी लिख रही थीं। उनसे संपर्क न रख पाने के बावजूद मैं हमेशा उन्हें उस महिला के रूप में याद करती रही जिसने एक कप चाय के दौरान हमें महिलाओं का इतिहास समझा दिया था, और इस दौरान ख़ुद भी एक इतिहास रच दिया था।

पचासी वर्ष की उम्र में उस समय उनका निधन हुआ जब वे कहीं भाषण देने के लिए जा रही थीं, उनका जीवन अंत तक सक्रिय और प्रभावी रहा था। उनके निधन पर देवकी जैन ने एक करुणा-विगलित श्रद्धांजलि लिखी थी : 'मैं उसकी अनुपस्थिति के लिए रो रही हूँ जो—वास्तविक आदर्शवाद के लिए प्रमुख सहायता स्रोत थीं... उनके होने से संग्रहालय रोटी और पानी जैसी आवश्यक चीज़ों जैसे लगते थे—जिनके बिना जीवन असंभव होता है।' देवकी जैन ने वर्णन किया कि किस तरह अपनी मृत्यु के एक वर्ष पूर्व कमलादेवी ने मंच पर स्थित पदाधिकारियों द्वारा, अखिल भारतीय महिला सम्मेलन के स्वर्ण जयंती समारोह में दीप प्रज्ज्वलित करने हेतु बुलाए जाने पर यह कह कर मना कर दिया था कि 'मैं कभी किसी ऊँचे मंच पर नहीं जाती, यह वर्गीकरण और फासले की ओर संकेत करता है।' देवकी ने आगे बताया, 'उन्होंने आख़िरी पंक्ति में बैठे लोगों को आश्चर्य में डालते हुए उस कक्ष में सबसे पीछे की ओर दीप प्रज्ज्वलित किया था।'[6]

(1994; मूविंग बियॉन्ड वर्ड्स, डूइंग सिक्सटी से)

संपत्ति का पितृकरण

2013 में प्रकाशित *फ़ोर्ब्स* पत्रिका की सूची में, 100 सर्वाधिक धनवान भारतीय लोगों में मात्र 5 महिलाएँ हैं।[1] इनमें से मात्र तीन ही स्वयं अपनी संपत्ति का नियंत्रण रखती हैं। धनवान परिवारों में संपत्ति का बहुत बड़ा हिस्सा खर्चीले विवाह-समारोहों पर लुटाया जाता है, लेकिन संपत्ति का वह हिस्सा कभी दुल्हन को इस रूप में नहीं दिया जाता कि वह उसे अपनी मर्जी से ख़र्च करे।

यह देखते हुए कि महिलाओं के अधिकारों की कमी का रोना रोते रहना अधिक स्वीकार्य है, शुक्र है इससे यह ख़ुलासा भी होता है कि ज़्यादातर अधिकार पुरुषों के पास सुरक्षित हैं। 1994 में लिखे इस अध्याय में स्टायनेम इसके दूसरे पक्ष ग़रीबी के स्त्रीकरण का विवेचन कर रही हैं और इसके लिए उन्होंने इस तथ्य का विश्लेषण किया है कि वर्ग, जाति एवं वर्ण से विश्व-भर में पुरुष किस प्रकार संपत्ति पर नियंत्रण रखते हैं। इससे एक महत्त्वपूर्ण बिंदु निकल कर आता है कि ग़रीब और अमीर सभी परिवारों में महिलाएँ असमानता की शिकार हैं, एक समूह जहाँ स्त्री को वारिस पैदा करने के काम से जोड़ता है, वहीं दूसरा समूह उसे सस्ते मज़दूर जनने का माध्यम बनाता है। दोनों ही वर्गों में महिलाएँ अलग-अलग तरीक़ों से अपने पति और परिवारों के लिए अवैतनिक मज़दूर हैं—उच्च वर्ग में महिलाएँ घर का प्रबंधन देखती हैं, बच्चे पैदा करती हैं और अपने पतियों की सार्वजनिक छवि और संबंधों की ज़िम्मेदारी देखने के साथ उनके सचिव के रूप में काम करती हैं, जबकि निर्धन वर्ग में महिलाएँ घर सँभालती हैं, बच्चे पैदा करती हैं, खाना पकाती हैं, साफ़-सफ़ाई करती हैं, और परिवार में एक अतिरिक्त अर्जक भी होती हैं।

—रुचिरा गुप्ता

उच्चवर्गीय पुरुष की स्थिति को समाज के आर्थिक संस्थानों के शीर्ष पदों से भले हटाया जा सकता हो लेकिन परिवार के मुखिया के रूप में उनके पद से उन्हें हटाये जाने की क्षीण-सी भी संभावना नहीं है।[2]

—सुसैन ऑस्ट्रेंडर

> मार्क्स और एंगेल्स ने यह माना था कि श्रमकर्ताओं को पैदा करने (जनने) में स्त्री द्वारा किया गया श्रम और इसकी देखभाल में (घर के कामकाज और माँ की जिम्मेदारियों के रूप में) किया गया श्रम ही सभी आर्थिक गतिविधियों का आधार है। इसे जानने के बाद भी वे इसे अनदेखा करते रहे... अन्यथा, वे सर्वहारा वर्ग के एक बिलकुल अलग दृश्य के तनाव में आ जाते।[3]
>
> —रॉबिन मॉर्गन

जब मैं बड़ी हो रही थी तब लगता था कि दुनिया अमीरों और हमारे बीच, दो हिस्सों में बँटी हुई है।

अमीर लोग एक जादुई क़िस्म के परिवार लगते थे जो कंट्री क्लब जाते थे और सामाजिक स्तंभों में छाए रहते थे; वे पुरुष जो हमारे मध्य-पश्चिमी शहर के कारखानों के मालिक थे और वे महिलाएँ जो दावतें देती थीं, जिन दावतों में असली लिनेन के रूमालों का प्रयोग किया जाता था; उनके बेटे अपने पिता के व्यवसाय में हाथ बँटाने के योग्य होने से पूर्व तक कॉलेज में टेनिस खेलते थे, उनकी बेटियाँ जिनका विवाह हमेशा अपने से कुछ बड़े, कुछ लंबे और अमीर लड़के से होता है, या अगर जिनका कोई भाई नहीं है तो उनके पति उनके पिता का व्यवसाय सँभालते हैं।

हम उन सामान्य परिवारों में थे जिनका नाम अख़बारों में सिर्फ़ किसी एथलेटिक टीम में शामिल होने या दुर्घटना के संबंध में ही छपता था; हमारे यहाँ के पुरुष तब तक कारखानों में काम करते थे जब तक कि कर पाते थे और महिलाएँ भाग्यशाली होने की स्थिति में सिर्फ़ अपने घरों में खाना पकातीं और झाड़-पोंछा करती थीं, भाग्यशाली न होने की स्थिति में यही काम वे अन्य घरों में करती थीं, हमारे वर्ग के बेटे ऐसे होते थे जिनके हाईस्कूल के दौरान के वर्ष ही रंगरेलियाँ मनाने के अंतिम वर्ष हुआ करते थे और इसके बाद वे असेंबली लाइन में दिखते थे, और वे बेटियाँ जो गर्भ से हो जाती थीं, शादी करती थीं, अनिवार्यतः इसी क्रम में, या यदि वे बहुत महत्वाकांक्षी हों तो, पहले बच्चे के आने से पूर्व तक गैस कंपनी में काम करती थीं।

वह असमानताओं का संसार था जहाँ वस्तुओं पर अधिकार के आधार पर असमानता तय होती थी। शनिवार के सिनेमा और जाड़े की छुट्टियों के बीच, साप्ताहिक वेतन और असमानता खाते की जाँच के बीच ईस्टर के लिए लेअवे प्लान (कुछ क़ीमत देकर किसी वस्तु को पहले ही आरक्षित करवा लेना और पूरा भुगतान करने पर वस्तु प्राप्त करना) से ख़रीदे जानेवाले कपड़ों और मौसम से पहले ही ख़रीद लिए जानेवाले डिजाइनर कपड़ों के बीच; सामाजिक सुरक्षा चेक और स्टॉक डिविडेंड के बीच; सोफे पर सोनेवाले और आया के साथ सोनेवाले बच्चों के बीच; संक्षेप में यह एक ईर्ष्यालु जीवन और ईर्ष्या करने योग्य जीवन के बीच का अंतर था। क्योंकि वर्ग को चिन्हित करनेवाले ये प्रतीक शीर्ष से नीचे की ओर स्पष्टतः परिवर्तित होते थे। वे अस्वाभाविक

लगते थे, शायद अन्यायपूर्ण भी, और हम उनसे नफ़रत करते थे, क्योंकि उनकी वैभवशाली दावतों और हमारे खाने की मेज के बीच भी पुरुष-स्त्री भूमिकाओं में बहुत क्षीण परिवर्तन होते थे, यह स्वाभाविक लगता था और न्यायपूर्ण भी।

क्या इन अमीर परिवारों में पत्नियाँ और बेटियाँ ही श्रेष्ठतम संपत्तियाँ हैं? उस वक़्त हम शायद इस प्रश्न को समझ भी नहीं सकते थे, पूछने की बात तो बहुत दूर। ईर्ष्या योग्य परिवारों के सदस्यों के रूप में, वे एक ही मोहक घर में रहते थे और एक ही जैसी आधुनिक कारों में घूमते थे, और हमारे मन में उनके प्रति नापसंदगी पैदा करने के लिए इतना ही काफ़ी था।

पीछे देखने पर, मुझे सिर्फ़ एक सूत्र याद पड़ता है कि ये महिलाएँ शायद कम सशक्त हों, यहाँ तक कि एक अलग तबका जो उन्हें अपने पतियों और पिताओं से अलग रखता है, और इस तरह हमसे कुछ मिलती-जुलती ही हों। जब मैं हाईस्कूल में थी, तब शायद लड़कियों का सबसे बड़ा सपना यही होता था कि वे कंट्री क्लब और फरकोट वाली इस दुनिया में शादी करें। निश्चित रूप से, ऐसा होता नहीं था, पर सैद्धांतिक रूप से, किसी लड़की को एक समर्थ संपन्न लड़के से शादी करने के लिए किसी ख़ास शिक्षा या योग्यता की ज़रूरत नहीं थी। बस उसे उस एक जादुई पल की आवश्यकता थी जब कोई ऐसा व्यक्ति उसे चुन ले। दूसरी ओर लड़के इस तरह किसी कारखाने के मालिक होने का सपना नहीं पालते थे। ऐसा करना शायद अपने पिता से धोखा करने जैसा होता। सूचीकृत व्यक्तियों की तरह, जो कभी अधिकारी होने के बारे में सोचते भी नहीं, वे अपने उन सभी वरिष्ठों से ईर्ष्या और घृणा करते थे जो प्रोडक्शन लाइन (उत्पादन श्रृंखला) में रोज होनेवाली लड़ाइयों में अपनी सुरक्षित डेस्क के भीतर बैठकर उन पर हुक्म चलाया करते थे। जो किसी मज़दूर के मशीन की चपेट में आ जाने से हुई मौत के बदले में दिए जाने वाले मुआवज़े के विरोध में लड़ते थे और इस निर्दयता के साथ नौकरी से निकाले जाने वाली चिट्ठी पकड़ाते थे जिसका सामना कोई समान रूप से कठोर यूनियन ही कर सकती थी। इसके अतिरिक्त, असली मर्द सूट पहनकर काग़ज़ों का हेरफेर नहीं करते थे; वे अपने दल के साथ काम करते थे और अपनी ताक़त का इस्तेमाल करते थे—ये उनका दर्प कथन होता था जिसमें यह स्वीकारोक्ति भी होती थी कि मालिक बनने के लिए जिस प्रशिक्षण की ज़रूरत होती है, वह उनके पास नहीं है।

जब मैं अपने जैसों की भीड़ में, उन कुछ लोगों में शामिल हो गई जो हाईस्कूल के बाद कॉलेज का मुँह देख पाते हैं—यह अपवाद मेरी बजाय मेरी माँ के त्याग और दूरदर्शिता से संभव हो सका था—तो मैंने उन अमीर युवा पुरुषों और अमीर युवा स्त्रियों के बीच के अंतर की ओर ध्यान दिया जिन्हें मैं अब पहली बार क़रीब से देख पा रही थी, पर मैंने उस अंतर को चुपचाप स्वीकार कर लिया। महिला कॉलेज, जहाँ मैं पढ़ रही थी, वहाँ मेरे साथ पढ़ने वाली अमीर लड़कियाँ अक्सर इस बात पर शर्मिंदा होती

थीं कि हमारे बुद्धिजीवियों के कॉलेज में जहाँ स्कॉलरशिप द्वारा सफल विद्यार्थियों की पहचान होती है, वहाँ इनके पास स्कॉलरशिप की जगह 'डैडीशिप' होती थी; उनके पास कमाने की आज़ादी नहीं थी इसलिए पैसों के ऊपर उनका नियंत्रण भी नहीं था; अपनी जीवन-शैली को बनाए रखने के लिए उनके पास यही विकल्प होता था कि वे अपने समुदाय के ही किसी लड़के से शादी कर लें, क्योंकि यह ख़याल उनके दिलों पर सर्द हवा की तरह चोट करता था कि कोई भी ग़रीब लड़का उनसे सिर्फ़ उनके पैसों की ख़ातिर ही विवाह करेगा; और आमतौर पर जन्म की दुर्घटना के फलस्वरूप सत्ता/अधिकार जैसी गैर-स्त्रीवाचक सुविधा को वहन करने के प्रति भी वे शर्मिंदा दिखाई पड़ती थीं।

दूसरी ओर, अमीर युवा लड़के उन लड़कियों के साथ घूमने-फिरने में पूरी तरह सहज अनुभव करते थे जो उनसे कम धनवान हों। यह शक्ति/अधिकारों का अंतर ही था जो उनकी पुरुष भूमिका के अहंकार को तुष्ट करता है। ऐसे में यदि स्त्री का उद्देश्य प्रेम के अतिरिक्त कुछ और भी हो तो इससे भला क्या फ़र्क़ पड़ता था! ये पुरुष, अपनी बहनों से अलग, अपने अस्तित्व के लिए प्रेम के भरोसे पर नहीं टिके थे, और एक योग्य पत्नी ख़रीदना उनके लिए अपने दर्जे के अनुकूल किसी अन्य वस्तु को ख़रीदने से बहुत अलग नहीं था। वे महँगी कार चलाते थे, अपने सुरक्षित भविष्य के बारे में आराम से बातें करते थे और सामाजिक विवेक के चलते पैदा होनेवाले कुछ अपवाद या अपने पिता के प्रति विद्रोह करने वालों को छोड़कर, अन्य सभी इस विचार के प्रति बिलकुल सहज प्रतीत होते थे कि उन्हें प्राप्त शक्ति और सम्पन्नता दरअसल उनके अपने ही गुणों में से एक है। वास्तव में, विद्रोही लड़के भी अपना विद्रोह जताने के लिए कोई ऐसा काम या राजनैतिक पक्षधरता चुनते थे जो उनके परिवार को स्वीकार्य न हो, इस मामले में वे कभी अपना पैतृक धन न तो परिवार के लिए छोड़ते थे और ना ही किसी और हेतु। यदि एक प्रकार के व्यावसायिक विलय के अंतर्गत उनका विवाह अपने समान या अपने से अधिक धनवान परिवार में हो जाता था तो यह भी उनके लिए अच्छा ही था, उन्हें इस पर कोई आपत्ति नहीं होती थी। मुझे एक युवा लड़के की घटना याद आती है जो इस बात को बहुत अभिमान से बताता था कि उसके विवाह के लिए सेक्योरिटी एंड एक्सचेंज कमीशन ने सहमति दे दी है। उसकी पत्नी विवाह में बहुत दौलत लाने वाली है, सो इस तरह की मंजूरी ज़रूरी थी। ना ही उस लड़के ने और ना ही हम जैसे सुनने वालों में से कभी किसी ने यह सोचा होगा कि वह लड़की दौलत की वाहक के अतिरिक्त भी कुछ हो सकती है, उसका भी तो कोई वजूद होगा।

कुछ युवा लड़कियाँ भी परिवार से विद्रोह करती थीं, लेकिन उनका तरीक़ा बहुत अलग होता था। एक लड़की किसी मैकेनिक के साथ भाग गई, उसके परिवार द्वारा नाबालिग़ लड़की के अपहरण के मामले में उस लड़के की गिरफ़्तारी के सभी प्रयासों पर उस लड़की ने पानी फेर दिया, अपना प्रेम साबित करने के परिणामस्वरूप

उस लड़की को पैतृक संपत्ति से वंचित कर दिया गया। एक और लड़की ने पूरे कैंपस को बदनाम कर दिया जब वो एक मिंककोट के नीचे बग़ैर कुछ और पहने किसी स्थानीय नाइटक्लब चली गई थी और प्रत्येक शनिवार को नाइटक्लब में मेज के ऊपर नाचती थी, वह ऐसा तब तक करती रही जब तक कि उसे कॉलेज से निकाल नहीं दिया गया। किसी तीसरी लड़की ने एक सामाजिक रूप से स्वीकार्य व्यक्ति से विवाह किया लेकिन उस व्यक्ति की आयु इतनी अधिक थी कि वर्तमान में वह लड़की उससे बहुत ही कम शारीरिक माँग की उम्मीद रख सकती थी और भविष्य में जल्दी ही विधवा भी हो सकती थी। (उस लड़की ने अपने निर्णय को समझाते हुए कहा था कि "यह घर से मुक्ति पाने का एक तरीक़ा है बस, और जैसे ही उस व्यक्ति की मृत्यु हो जाएगी, मैं स्वतंत्र हो जाऊँगी।") संक्षेप में, ये विद्रोही अपने परिवारों को सज़ा देते थे, लेकिन सिर्फ़ सर्वाधिक 'परंपरागत', 'स्त्रियोचित' तरीक़ों से ही। वे दरअसल ख़ुद को ही सज़ा देती थीं।

मेरे साथ पढ़ने वाली कई अमीरज़ादियाँ उस दौर की आधुनिकता के अनुसरण में उन लड़कों से शादी करती थीं जो ऐसे पेशे में होते थे, जिस पेशे में होना स्वयं उन लड़कियों का सपना होता था, लेकिन वे मान चुकी थीं कि वे अपने दम पर ऐसा नहीं कर सकतीं। एक बुद्धिमान, कैंडिस बर्जेन सी दिखने वाली लड़की, जो एक साहित्यिक परिवार से थी, ने एक बड़े प्रकाशन गृह के प्रबंधक से विवाह कर लिया। लोक शैली में होने जा रहे इस विवाह और इसमें प्रमुखता से प्रचारित गुलाबी रंग के फीते वाले मेमने के भी ख़ूब चर्चे हुए—जैसे कि मेरी एंटॉयनेट के लिए बनाया गया एक कमाल का टॉय फ़ार्म—इसके बाद इस प्रतिभाशाली युवा लड़की के बारे में कभी कोई खबर नहीं आई। कई युवा लड़कियाँ जिनके भाई नहीं थे जो पारिवारिक व्यवसाय को सँभाल सकें, उन्हें इस राजवंशीय भूमिका को निभाने के लिए किसी उचित लड़के से विवाह के लिए प्रेरित किया जाता था। यहाँ तक कि बहुत कम ऐसी महिलाएँ जो राजनीतिक रूप से सुधारवादी थीं और अपनी संपत्ति पर नियंत्रण रखती थीं उनमें भी स्वयं इसकी ज़िम्मेदारी के लिए आत्मविश्वास नहीं था। वे महत्त्वाकांक्षी युवा सुधारवादियों से विवाह करती थीं जो अप्रसिद्ध पत्रिकाएँ छापते थे, राजनैतिक ध्येय और उम्मीदवारों को सहयोग देते थे, ऐसे बुद्धिजीवी संगठनों की शुरुआत करते थे जो महिलाओं के लिए न्याय के अतिरिक्त सभी मुद्दों पर आगे रहते या अपने उद्देश्यों की प्राप्ति के लिए अपनी पत्नी के पैसों और पारिवारिक संपत्ति का दोहन करते थे। यह अजीब था लेकिन, ऐसे व्यक्ति उनके और भी ग़रीब सुधारवादी साथियों द्वारा पूर्ण रूप से सही ठहराए जाते थे—यह लगभग यूँ लगता था जैसे कि एक अमीर महिला से शादी करके उन्होंने इस हेतु स्वयं का बलिदान कर दिया हो। इन सबके बीच, बेचारी पत्नियाँ अपने किसी भी अधिकार का त्याग कर देती थीं और सिर्फ़ इतना ही नहीं, बल्कि कभी भी इतना समर्थ रहे होने को लेकर अपने अंदर एक अपराधबोध भी महसूस करती थीं और इसके

चलते वे प्राय: छद्म निर्धनता के आवरण और माहौल में रहतीं और बच्चों को पालती थीं। उन्होंने एक ऐसे आदर्शवादी संसार में प्रवेश का शुल्क दिया था जो उनके अतिरिक्त और सभी के लिए सशक्तीकरण का वादा करता है।

1960 के दशक के नागरिक अधिकार और युद्ध-विरोधी आंदोलनों ने भी इस स्वरूप को बदलने या चुनौती देने के लिए कुछ ख़ास नहीं किया। अगर कुछ हुआ तो बस इतना कि उन महत्त्वपूर्ण राजनैतिक घटनाओं ने एक प्रकार के जनवादी समाजवाद को सुदृढ़ किया जो महिलाओं को उसी श्रेणी में रखता था जिसमें उनके पिता और पति रखे जाते थे, जो महिलाओं को समान मानता था, उनके पास समान शक्तियाँ हों या न हों। पुरुषों के स्तर से अमीर पत्नियाँ और बेटियाँ अमीर पुरुषों की तुलना में और भी अधिक तुच्छ और निरर्थक दिखाई जाती थीं क्योंकि पुरुष बच्चे पैदा करने और पालने एवं घर की देखभाल को किसी कार्य की श्रेणी में नहीं रखते थे—अत: 1960 के दशक में अमीर परिवारों की महिलाओं के बीच हमारे प्रति, जोकि उनमें से नहीं थीं, रोष और भी बढ़ गया तथा वे कुछ जो हममें से थीं, उनके प्रति अलगाव और अपराधबोध भी। इसके अलावा, अमीर महिलाओं के उपहास और आलोचना में प्रतिशोध का वह ख़तरा नहीं था जो किसी समर्थ, संपत्तिवान पुरुष से हो सकता था। पुरुष लेखकों और क्रांतिकारियों को इस पर कोई आपत्ति न थी (*एन अमेरिकन ड्रीम* में नॉरमैन मेलर से लेकर *सोल ऑन ली* में एल्डरिज क्लीवर तक) कि वे रुतबेदार परिवारों की उन महिलाओं के बलात्कार को उनके पति/प्रेमी से लिए गए बदले के रूप में जायज और पुरुषोचित बताए हुए प्रस्तुत करें।

निश्चित रूप से कई महिला सामाजिक कार्यकर्ताओं को भी इससे कोई समस्या न थी। जो निर्धनता में पली-बढ़ी थीं वे कम से कम इस पर अभिमान कर सकती थीं, और जो अच्छे संपन्न परिवारों से थीं, वे सोचती थीं कि उन्हें ताली बजाने के सिवा करना क्या है। किसी पुरुषों द्वारा निर्देशित आंदोलन में स्वीकार कर लिया जाना अब भी राजनीतिक गंभीरता का पैमाना था और खासकर महिलाओं के लिए अपने ही समूह में उपहास और नफ़रत को झेलते जाना इसकी क़ीमत थी, ऐसा कुछ मध्यमवर्गीय और उच्चवर्गीय पुरुषों के साथ भी होता था, लेकिन कम। चूँकि नारीवादी दूरदर्शिता और परस्पर सहयोग की भावना के अभ्युदय में अभी कुछ सालों की देरी थी—और चूँकि अनेक श्वेत महिलाएँ बग़ैर कारण पूछे भी अन्य शक्तिविहीन समूहों की भावनाओं को समझती थीं, और कई अश्वेत महिलाओं को जातीयता से लड़ने को कहा जाता था जैसे कि सिर्फ़ पुरुषों का कष्ट में होना ही मायने रखता हो—ऐसा लगता था जैसे इन 'पुरुष' विद्रोहियों का समर्थन ही एकमात्र शेष काम रह गया हो शहर में। मुझे यक़ीन है कि उस वक़्त जब महिलाएँ युद्ध-विरोधी वियतनामी पशु चिकित्सक द्वारा बलात्कार और बार गर्ल की कहानियाँ या ख़ुद को पीड़ित से अलग करके देखने के लिए हमें हँसाने वाले महिला विषयक अश्लील चुटकुले सुन रही थीं तो वे अंदर से खोखला

महसूस कर रही होंगी। अब जब पलटकर देखती हूँ उस वक़्त को तो मुझे अनुभव होता है कि कुछ ख़ास परिवारों में जन्मी महिलाओं को दो बार शर्मसार होना पड़ा होगा, सिर्फ़ चुटकुलों और कहानियों के द्वारा नहीं बल्कि काम के स्थान पर जन्म आधारित उस विरोधी शाब्दिक चालाकी पर भी।

हालाँकि क्लीवर, मेलर और कई अन्य की हिंसक लेखनी, जो अपने प्रतिपक्षियों की नक़ल उतारने के प्रति समर्पित थे, ने हमें अत्यधिक असहज महसूस कराया, मैंने भी इसे सार्वजनिक रूप से स्वीकार न करने का प्रयास किया था। एक ऐसे संसार में जो अब भी ग़रीबों और अमीरों के वर्ग में विभाजित लगता था—लेकिन दोनों ही ओर महिलाओं को एक ही दर्जा देता था—मैं हमेशा ग़रीबों को चुनती थी। कम से कम ऐसे में मैं एक विश्वसनीय समानुभूति तो पा सकती थी। इसके अलावा, मैं अब भी अपने अंदर के दानवों से लड़ रही थी। यदि आप एक ऐसे घर में रहते हुए बड़े हुए हों जो इतना जर्जर और ठंडा हो कि आपको अपने दोस्तों को बुलाने में भी शर्म आए तो, यह समझने में काफ़ी वक़्त लग जाता है कि आपके कुछ संपन्न और समृद्ध दोस्त भी इसके विपरीत कारणों से आपको घर बुलाने में शर्मिंदा महसूस करते रहे होंगे। कॉलेज के दौरान मुझे मेरी अमीर दोस्तों के अलगाव के संबंध में कुछ संकेत मिले थे जब उन्होंने मुझसे कहा था कि मैं उन्हें उनके कपड़ों पर इस्त्री करना सिखाऊँ (यह आज़ादी इतनी संतोषजनक थी कि इसके बदले में उन्होंने मुझे फ्रेंच व्याकरण सीखने में मदद की थी)। लेकिन फिर भी मैं इस बात की अनदेखी नहीं कर पा रही थी कि उनसे अलग, मुझे गर्मियों में अपने लिए पैसे कमाने थे और जल्द ही मैं पूरी तरह से आत्मनिर्भर हो जाऊँगी। यह एक संभावित घटना थी जो कि मेरी कक्षा और इसे न कर पाने के मेरे स्त्रियोचित डरों के मध्य गूँजती रहती थी। मैंने तब तक यह नहीं सीखा था कि छोटी मात्रा में इकट्ठा की गई राशि ज़्यादा मात्रा में दी गई राशि से कहीं अधिक आत्मविश्वास पैदा करती है, इसलिए मैं उनसे ईर्ष्या करती रही।

यहाँ तक कि 1970 में जब अनेक महिलाएँ यह महसूस करने लगी थीं कि यदि वियतनाम युद्ध के विरुद्ध और नागरिक अधिकारों के लिए चलाए जा रहे आदर्शवादी आंदोलन भी महिलाओं को समान अधिकार नहीं दिला पा रहे हैं तो, हमें नारी मुक्ति की आवश्यकता है। मुझे यह नहीं समझ आता था कि कोई भी स्त्री जो कुछ छोटी-मोटी राशि अर्जित करती है उसके द्वारा इसे अपनी बहनों के सहयोग में ख़र्च करने की संभावना किसी उस स्त्री की तुलना में अधिक होती थी, जिसने पैतृक संपत्ति के रूप में ख़ूब धन प्राप्त किया हो। कोष जुटाने वाली भूमिका में मुझे पहली बार लगभग हमेशा ही महिलाओं के पास भेजा जाता था—खासकर सुधारवादी पुरुषों द्वारा, जो यह मानकर चलते थे कि किसी अन्य सामाजिक आंदोलन से अलग, इस आंदोलन के कोष इससे ही अर्जित किए जाने चाहिए—और मुझे यह जानकर हैरानी होती थी कि उनमें से अधिकांश महिलाओं से पहले किसी ने इस प्रकार की सहायता के लिए

संपर्क नहीं किया था, या इससे पहले उन्होंने सिर्फ़ उसी हेतु कोई सहयोग राशि दी थी जिसके लिए उनका परिवार देता आया है, या जिन्हें यह नहीं पता था कि उनके पास कितना धन है, या उनके पास चेक पर हस्ताक्षर करने का अधिकार है या नहीं। ईमानदारी से कहूँ तो, मैंने इसे समझने की कोशिश नहीं की थी। यह अधिक महत्त्वपूर्ण लग रहा था कि इस संबंध में मीडिया द्वारा, नारीवाद का, श्वेत मध्यमवर्गीय आंदोलन के रूप में भ्रामक चित्रण करने और मुद्दों को इस प्रकार प्रस्तुत करने के लिए कि इनके माध्यम से उन महिलाओं के जीवन में कोई परिवर्तन न आने पाए जिनसे हम संपर्क कर रहे थे, जोरदार खंडन और आलोचना की जाए। इसलिए मैं बच्चों की देखभाल के बारे में बात करती थी (कुछ इस तरह से कि मेरी बातचीत के दायरे से वे महिलाएँ बाहर रहें जो अपने माता-पिता के बजाय नौकरों द्वारा पाली गई हों), या ग़रीब महिलाओं के प्रजनन संबंधी अधिकारों पर (चाहे इसका अर्थ उन महिलाओं के अपमान के रूप में ही क्यों न लिया जाए जो ग़ैरक़ानूनी गर्भपात के लिए पैसे देने में समर्थ होने के बावजूद अपनी सुरक्षा और स्वास्थ्य पर जोख़िम लेती हैं), या फिर महिलाओं की क्षत-विक्षत दशा पर (जैसे कि संपन्न परिवारों में, जहाँ महिलाओं के पास भाग जाने के लिए पैसा है, हिंसा की दर कम रहती हो) या समान वेतन के बारे में (उन महिलाओं के बारे में लगभग न सोचते हुए जो शक्ति और समृद्धि के बीच भी भत्ते पर अपना जीवन गुज़ार रही हैं और अन्य सभी की तरह कोई वैतनिक नौकरी करने का विचार जिन्हें सख़्त नापसंद है)। स्वाभाविक रूप से, समर्थित सभी मुद्दे महत्त्वपूर्ण थे, लेकिन मेरा प्रतिरोध, अपमान और समानुभूति की कमी महत्त्वपूर्ण नहीं थे। मैंने यह महसूस किया कि मैं तब भी अपने उन सुधारवादी पुरुष मित्रों की सहमति चाहती थी जो इस तरह का आचरण करते थे जैसे कि महिलाओं के मुद्दे तुच्छ और मध्यम श्रेणी के हों—हालाँकि, आँकड़ों के अनुसार बात करें तो महिला आंदोलन वियतनामविरोधी, पर्यावरणीय और अन्य कई आंदोलनों की तुलना में कहीं अधिक बहुवर्गीय और बहुजातीय था।

वास्तव में, मैं निश्चित रूप से नहीं कह सकती कि यदि किसी रुतबेदार और संपन्न घराने की कोई महिला 1970 के दशक की किसी नारीवादी गोष्ठी के दौरान मौजूद होती तो क्या उसे 1960 के दशक के ग़ैर स्त्रीवादी, पुरुष-निर्देशित समूह की तुलना में वह माहौल हम जैसों की अपेक्षा अधिक स्वागत करता हुआ लगता।

फिर भी, ऐसी पाठ्य-पुस्तकों और रिपोर्टिंग की कमी के फलस्वरूप जो अंततः हमारे ख़ुद के अनुभवों का वर्णन करती हैं, आख़िरकार हम एक-दूसरे के जीवन में पाठ्यपुस्तकों की तरह रुचि लेने को विवश हो गए। 1970 और 1980 के दौरान मैंने जितनी अधिक यात्राएँ कीं और महिलाओं की कहानियों को सुना, उतना ही ज़्यादा मैं उन लोगों की समस्याओं के बारे में जानती गई, जिनके बारे में यह धारणा थी कि उन्हें कोई समस्या नहीं होनी चाहिए। उदाहरण के लिए :

अलबामा के छोटे-से क़स्बे से लेकर लॉन्गआइलैंड के अर्धनगरीय क्षेत्र तक, मैं अनेक महिलाओं से मिली, खासकर शक्तिसंपन्न पुरुषों की पत्नियों से, जिनके पास स्वयं का कोई काम न था (घर की देखभाल, बच्चों के पालन-पोषण और मेहमाननवाज़ी के अलावा, जिसे कार्य के रूप में सम्मान नहीं दिया जाता था) और जो दो भिन्न समूहों से भावनात्मक स्तर पर जुड़ाव महसूस करती थीं : वेश्याएँ और घरेलू महिलाएँ। उन महिलाओं को लगता था कि एक गौरवपूर्ण और सामाजिक दृष्टि से स्वीकृत ढंग से ही सही, लेकिन वे भी वही काम कर रही हैं जो अन्य दो समूहों की महिलाएँ कर रही हैं। कभी-कभी उनका आत्मसम्मान अन्य दो समूहों की महिलाओं जितना या उससे भी कम हो जाता था क्योंकि उनके लिए स्वामी की भूमिका में मौजूद पुरुष को बदलना कठिन होता था, उनमें निर्भरता की भावना कहीं अधिक थी, और इसके चलते अपने जीवन पर अपना नियंत्रण न होने का दुख भी उनमें अधिक था; और फिर भी इसकी संभावना अधिक थी कि और महिलाएँ उनका समर्थन करने की जगह उनके प्रति ईर्ष्या ही रखेंगी। ख़ूब सारी ईर्ष्या और नापसंदगी के कारण, यह संभावना अधिक थी कि उनके जीवन में जो भी घटित हुआ उसके लिए वे स्वयं को ही दोषी मानेंगी कि और उनकी यह प्रवृत्ति आर्थिक ढेर के सबसे निचले स्थान पर बैठी महिलाओं से भी अधिक प्रबल होगी, जो उनके स्वस्थ क्रोध को अवसाद में बदल देगी।

कई धनवान विधवाएँ जिनके बारे में मैंने ख़ूब सुना था—इस धारणा का आधार यह था कि ''महिलाएँ अर्थव्यवस्था नियंत्रित करती हैं''—अपने बेटों और दामादों को अधिकार हस्तांतरित करनेवाली वाहक से अधिक कुछ न थीं। इन विधवाओं के पास आरामदेह घर, दाँतों की उचित देखभाल, मोहक स्थानों की यात्राएँ और अन्य ईर्ष्या करने योग्य सुविधाएँ थीं (हालाँकि जीवन-भर बच्चों के पालन-पोषण और घर सँभालने की अवधि को यदि उचित ढंग से आँका जाए तो, वे संभवत: यह सब सुविधाएँ ख़ुद ही अर्जित कर लेतीं), लेकिन असली संपत्ति, निर्णय लेने का अधिकार, अटूट ट्रस्ट और उन पारिवारिक ट्रस्टियों के हवाले थी जो स्वभाव से सामान्यत: पर पितृसुलभ, प्राय: दूसरों को नीचा दिखाने वाले और कभी-कभी भ्रष्ट भी होते थे। मैं सिर्फ़ एक ऐसी विधवा महिला से मिली जो अपना आर्थिक जीवन ख़ुद नियंत्रित कर रही थी, और जिसने वहाँ पहुँचने में कई परिश्रम-साध्य वर्ष व्यतीत किए थे, हालाँकि संबंधित धन उसके परिवार से आया था और उसके पति ने एक दामाद के रूप में यह सब प्राप्त किया था। आमतौर पर इस तरह की विधवाओं को सूचनाओं से दूर, अप्रशिक्षित रखा जाता है और वे प्रश्न करने में भी डरती हैं, चुनौतियों को स्वीकार करने की बात तो बहुत दूर है। मेरी चेतना को परिवर्तित कर देनेवाली 'कौंध' को एक अविस्मरणीय घटना के दौरान एक ऐसी ही विधवा ने स्पष्ट किया—''यदि जनरल मोटर्स आपके गर्भाशय से होकर आने वाला हो तो, वे यह पूरी तरह सुनिश्चित कर

देंगे कि इस दौरान तुम उस पर हाथ भी न रखने पाओ।'' जिसका अर्थ यह था कि महिलाओं को लगभग हर परिस्थिति में लाभ की अवस्था से वंचित रखा जता है।

चालीस वर्ष का होने से पहले ही बड़े व्यवसायों के अध्यक्ष बननेवाले युवाओं के संगठन के राष्ट्रीय सम्मेलन में बोलने के दौरान, जब मैंने यह उल्लेख किया कि उत्तराधिकार राष्ट्र के लिए बुद्धिशालियों का शासन होने की तुलना में अधिक नुक़सानदेह तो है ही, साथ ही सिर्फ़ पुरुष रिश्तेदारों तक इसका सीमित होना प्रतिभाओं के समुच्चय को भी आधा कर देता है और इस प्रकार यह दोगुने रूप से प्रतिबंधित होता है। यह एक सामान्य भाषण में नारीवाद के पक्ष में रखा गया एक छोटा-सा बिंदु था, लेकिन उन वाईपीओ दर्शकों के बीच यह विवाद का प्रमुख विषय बन गया था, और मुझे यह जानकर हैरानी हुई कि उनमें से अधिकांश पारिवारिक स्वामित्व वाली कंपनियों के प्रमुख थे। (उनमें से एक अपने बगल में बैठे मेरे पुरुष मित्र, जिसे उसने ग़लती से वाईपीओ का सदस्य समझ लिया था, की ओर मुख़ातिब होकर मज़ाक़ उड़ाते हुए कहता है कि, ''यू गेट द क्रॉस, आय विल गेट द हुड।'') दूसरी ओर इस चर्चा को छेड़ने के कारण उन वाईपीओ की बीवियों की ओर से मुझे देर रात, निजी बातचीत के आमंत्रण मिलने लगे, ख़ासकर वे जिन्हें पैतृक संपत्ति पर अधिकार मिला होता यदि उनके पिताओं ने यह धारणा न बनाई होती कि सिर्फ़ बेटा या दामाद ही उनके व्यवसाय को चला सकते हैं। उन्होंने मुझे खुलकर समझाया कि :

चूँकि बहुत ही कम महिलाएँ अपने दम पर वाईपीओ की सदस्य हैं (वास्तव में यह मामला इसी तरह बरसों तक तथ्यत: अलग रहा, और मैं तब तक इस बारे में बोलने से मना करती रही जब तक कि वे ख़ुद को यंग व्हाइट मेल प्रेसिडेंट्स कहने के लिए राजी न हो जाएँ, लेकिन कुछ महिलाएँ और अश्वेत पुरुष हाल में ही इसमें शामिल किए गए थे), इसलिए इन मीटिंग्स के दौरान उपस्थित महिलाओं की घटती हुई औसत आयु के आधार पर आप उनकी स्थिति आसानी से समझ सकते हैं। पुरानी पत्नियों के बदले नई बीवियाँ लाई जा रही थीं। किसी ने इस बारे में कहा भी, ''बहुत जल्द बीवियों की उम्र स्कॉच से कम हुआ करेगी।''

अगर व्यवसाय आपके पति के परिवार में न होकर, आपके परिवार में था तो, आपके विवाह की उम्र अधिक होगी, जो मुख्यत: इस कहावत कि 'जब तक मौत हमें अलग न कर दे' के नए अर्थ के कारण था। दामाद तभी अपनी बीवियों से तलाक़ लेने के बारे में सोचते थे जब उनके शक्तिसंपन्न श्वसुर की मृत्यु हो जाती थी, और वह अपने दामाद को निकाल या उत्तराधिकार से बेदख़ल नहीं कर पाते थे। यहाँ तक कि तलाक़ के बाद भी इसकी संभावना अधिक होती थी कि जिसका अपारिवारिक व्यवसाय था उस महिला की बजाय उसका पूर्व पति ही व्यवसाय को नियंत्रित करता रहे। एक महिला ने कहा, ''महिलाएँ सत्ता और अधिकार के लिए पुरुषों के बिस्तर तक नहीं आतीं, अब ये काम दामाद करने लगे हैं।''

यदि आप एक ऐसे पुरुष से तलाक़ लेती हैं जो स्वयं के बूते पर धनवान नहीं है या जो पारिवारिक व्यवसाय से बाहर हो गया हो, तो उसे इस निबटारे के लिए एक राशि मिलने की संभावना होती थी : एकमुश्त भुगतान जो किसी अच्छे बर्ताव पर आधारित नहीं था (उदाहरण के लिए, उसके द्वारा दूसरा विवाह कर लिए जाने पर यह रकम वापस नहीं ली जा सकती थी) जबकि पूर्व-पत्नियों को दिए जाने वाले मासिक भुगतान के लिए ऐसी शर्तें थीं। एक महिला जो किसी की पत्नी और अर्थशास्त्र की विद्यार्थी थी, के अनुसार, दामादों को समझौता-स्वरूप दी जाने वाली इस राशि का राष्ट्रीय योग किसी भी वर्ष में महिलाओं को नितांत अप्रसन्नता के साथ ख़ूब प्रचार के साथ दिए जाने वाले निर्वाह व्यय (एलिमनी) से कहीं अधिक था। "इसके अलावा, इस एकमुश्त रकम से पुरुष अपना कोई व्यवसाय शुरू कर सकते थे या इसके ब्याज पर जीवन गुज़ार सकते थे।" उसने आगे बताया, "महिलाओं को निर्वाह व्यय (एलिमनी) से ऐसा करने की इजाज़त नहीं है।"

हमने ऐसी अमीर लड़कियों के बारे में पढ़ा है जो परिवारगत यौनाचार का शिकार हो जाती हैं। फिट्जेराल्ड की 'टेंडर इस द नाइट' की काल्पनिक निकोल डाइवर से लेकर 1970 में उद्घाटित वास्तविक एडी सेजविक तक, या 1980 में प्रकाश में आए जे. सेवार्ड जॉनसन के बेटे और बेटी की तरह—ऐसी और भी असंख्य घटनाएँ हैं। फिर भी पूर्व-नारीवाद, जो कि फ्रॉयड का पूर्वग्रह है, ने पारिवारिक व्यभिचार के इन संबंधों को पीड़ितों की कोरी कल्पना के रूप में दुष्प्रचारित किया जबकि वर्गीय पूर्वग्रह ने इसे ग़रीबों की अनैतिकता कहा। वास्तव में, बच्चों के साथ होनेवाले यौन-उत्पीड़न में रुचि न लेने के फ्रायड के निर्णय का एक कारण यह भी था कि समाज इस विचार का विरोध करता था कि यह उत्पीड़न करनेवाले मध्यम और उच्च वर्गीय उम्रदराज़ लोग हैं। इसके उल्लेख की ज़रूरत नहीं है कि फ्रॉयड द्वारा इस पर यक़ीन न किए जाने का एक कारण उनका अपना बचपन भी हो सकता है। हालाँकि मैं उत्पीड़न पर किए गए ऐसे किसी अध्ययन के बारे में नहीं जानती हूँ जिसने पैतृक संपत्ति और शक्तिसंपन्न परिवारों को विशेष रूप से जिम्मेवार बताया हो—जिसे इसका एक कारण बताया जा सकता है कि समृद्ध एवं शक्तिसंपन्न परिवारों में बच्चों पर निजी रूप से ध्यान दिए जाने की आवश्यकता नहीं होती। कई प्रकार के अध्ययनों के संक्षिप्त विवरण से यह पता लगता है कि प्रत्येक तीन में से एक महिला और सात में से एक पुरुष 18 वर्ष की आयु तक पहुँचने से पहले यौन-उत्पीड़न के शिकार हो जाते हैं और यह उन व्यक्तियों द्वारा ही किया जाता है जिन्हें उनके घर तक पहुँच प्राप्त होती है, और यह भी कि लड़की या लड़के किसी के भी साथ यौन-उत्पीड़न करने वालों में से 90 प्रतिशत पुरुष ही होते हैं। हम जानते हैं कि लिंगों के मध्य अधिकारों का असंतुलन जितना अधिक होगा, उत्पीड़न की घटनाएँ भी उतनी ही अधिक होंगी। उन परिवारों में जहाँ पुरुष बाहरी दुनिया में उद्योग और वित्त के प्रमुख कर्ता-धर्ता हैं, वहाँ महिलाओं

और पुरुषों के मध्य आंतरिक अधिकारों का अंतर अधिकतम है, और पुरुषों की यह प्रवृत्ति किसी और स्थान की अपेक्षा घर में ही सबसे अधिक होती है कि वे कुछ ग़लत नहीं कर सकते। इसी तरह से हस्तक्षेप करने के प्रति उच्च वर्ग की अनिच्छा को भी देखा जा सकता है। इसके अलावा, घर में बच्चों का अलग रहना भी बहुत आम होता है, या वे नौकरों की देख-रेख में होते हैं जो ख़ुद ही उनके साथ अनुचित आचरण करते हैं या फिर धनवानों के प्रति अपना आक्रोश निकालते हैं। कई निरीक्षणकर्ताओं का कहना है कि उन परिवारों में उत्पीड़न की ऐसी घटनाएँ अधिक होती हैं जहाँ पैतृक संपत्ति और अधिकार का वर्चस्व होता है, और मैं इससे सहमत भी हूँ। 1980 के दशक में, जब एम.एस. फाउंडेशन फॉर विमेन ने अपनी संपत्ति नियंत्रित करनेवाली महिलाओं का एक समूह शुरू किया था, उदाहरण के लिए, यह उन कुछ पहले विषयों में से था जिन पर चर्चा की गई थी। संपत्तिवान घरों की महिलाएँ जब योगदान करेंगी तो शायद सामान्यतया महिलाओं के विरुद्ध होनेवाली हिंसा और विशेषत: यौन-उत्पीड़न ही ऐसे मुद्दे होंगे जिन्हें वे चुनना चाहेंगी।

किसी असमानता या अनुचित व्यवहार की अनुपस्थिति में भी और इसकी उपस्थिति में भी—और दुनिया की सर्वाधिक सदाशयता के बावजूद उच्च वर्ग में दिए जाने वाले स्त्रियोचित प्रशिक्षण के फलस्वरूप होने वाला समाजीकरण और आत्मविश्वास अभी भी समस्याओं से घिरा हुआ है। उदाहरण के लिए, क्या होगा यदि एक पैंतालीस वर्षीय महिला जो स्वयं सक्षम न रही हो और जिसे वैतनिक कार्य द्वारा आत्मनिर्भर होने का भी कोई अनुभव न हो, और जो किसी ऐसे धन के स्रोत पर निर्भर महसूस करती है जिसके संबंध में वह न तो कुछ जानती है और न ही जिसे नियंत्रित कर सकती है? हाईस्कूल के दौरान रहे अपने पूर्व निवास के पड़ोस में रहने वाली उन महिलाओं के पास जाना मैं कभी नहीं भूली जो अब इसी आयु में प्रवेश कर चुकी थीं, उसके बाद मैं अपने कॉलेज के पचीसवें रीयूनियन कार्यक्रम में गई थी। दोनों के बीच का अंतर हैरान करनेवाला था। पहले समूह में अधिकांश महिलाएँ स्वयं पर निर्भर थीं या अपने परिवारों की सहायता कर रही थीं—उनके पास कोई विकल्प नहीं था। फलस्वरूप, उनमें से अधिकांश को काम मिल गया था, फिर से स्कूल शुरू हो गया था, यहाँ तक कि स्थानीय कार्यालय की दौड़ भी शुरू हो गई और आमतौर पर उन सबने पाया कि वे आत्मनिर्भर हो सकती हैं और अपने चारों ओर के संसार को प्रभावित कर सकती हैं। दूसरे समूह में, कुछ सबसे ज़्यादा नामचीन और गौरवशाली परिवारों की वे अमीर लड़कियाँ थीं जिनसे मैं कभी ख़ूब ईर्ष्या करती थी—अब आत्मविरोधी, आत्म-विलुप्त और अपनी ख़ूबसूरती या अपने पतियों को खो देने के डर से भरी थीं। उन्होंने कुछ प्रशिक्षण लिया होगा या आगे की डिग्रियाँ हासिल की होंगी, लेकिन इन सब की उपयोगिता साधन के रूप में कम और साध्य के रूप में अधिक थी। आमतौर पर, वे इस बारे में अनिश्चित दिखती थीं कि वे भी आत्मनिर्भर हो सकती

हैं, समाज पर उनके द्वारा कोई प्रभाव छोड़ पाने की बात तो बहुत दूर थी। कोष जुटाने के दौरान मैंने जो देखा था वह अब यहाँ फिर से सच होता दिख रहा था।

1980 के दशक के मध्य तक, मैं उस निष्कर्ष पर पहुँच गई थी जिसे सार्वजनिक रूप से घोषित करने के बारे मैं पूरी तरह सहज नहीं थी : समाज में कई ऐसी परिस्थितियाँ हैं जहाँ किसी वर्ग या श्रेणी में होने से महिलाओं को कोई लाभ नहीं होता—और कुछ परिस्थितियाँ ऐसी होती हैं जब इनका प्रभाव ठीक विपरीत होता है।

एक बार जब मैंने पैतृक संपत्ति प्राप्त परिवारों की महिलाओं को लेकर वर्ग/श्रेणी के मिथक से हटकर देखना शुरू किया तो मैंने पाया कि यह मध्यम वर्ग और उच्च वर्ग, दोनों ही वर्गों की महिलाओं के लिए पूर्ण लाभ की स्थिति नहीं थी। उदाहरण के लिए यदि हम उच्च शिक्षा और आधुनिक डिग्रियों की बात करें तो, उनसे सीधी अपेक्षा यह होती है कि वे कॉलेज जाएँ, भले ही उनकी अपनी अभिरुचि अथवा कैरियर से संबंधित हो, या न हो। एक वक़्त ऐसा था जब मैंने कैंपस में उन भाग्यशाली महिलाओं को सुना था और ऐसी कहानियाँ भी सुनीं थीं जो चुनाव की सीमित आज़ादी के बारे में बताती थीं और यह काफ़ी हद तक वैसा ही था जैसे हाईस्कूल में मेरे साथ पढ़ने वाली लड़कियों को विवश होकर कारखाने की नौकरी या क्लर्क की नौकरी करनी पड़ी थी। फिर भी चारों तरफ़ से यह सुनते रहने से कि वे सौभाग्यशाली हैं, वे मेरे साथ पढ़ी लड़कियों की तुलना में ख़ुद के लिए संघर्ष करने हेतु कम तत्पर थीं, या अपनी आवश्यकताओं को देखने और समझने के लिए भी वे उतनी तैयार नहीं थीं, कहीं ना कहीं यह प्रभाव उनके दिमाग़ पर था कि वे एक ख़ास वर्ग से हैं। 1987 में एक अध्ययन जारी किया गया था जिसके अंतर्गत हाईस्कूल में सबसे ज़्यादा अंकों से पास विद्यार्थियों के एक बहुजातीय समूह पर कॉलेज के दौरान निगरानी रखी गई थी। इस अध्ययन में पाया गया कि कॉलेज में दाख़िला लेने के दौरान सभी लड़कों और लड़कियों में बौद्धिक आत्मसम्मान बराबर ही था लेकिन चार सालों के बाद उन युवा लड़कों की संख्या बढ़ गई जो ख़ुद को 'औसत से कहीं ऊपर' समझते थे, जबकि स्वयं के बारे में ऐसी ही धारणा रखनेवाली लड़कियों की संख्या घटकर शून्य हो गई थी।[4] इसका संबंध उनके प्राप्तांकों से नहीं था, जहाँ लड़कियाँ भी उनके बराबर या उनसे बेहतर प्रदर्शन कर रही थीं, बल्कि स्पष्ट रूप से इसका संबंध लड़कियों की अध्ययन से नियमित अदृश्यता से था, क्लास में या कैंपस में महिलाओं के प्रभुत्व की दुर्लभता, शिक्षण के वातावरण में 'स्त्रीसुलभ' सहयोग के स्थान पर 'पुरुष' वाचक प्रतिस्पर्धा के अधिक होने और लैंगिक भूमिका एवं व्यावसायिक भूमिका के मध्य मँडराते संघर्ष से था। यह आशा की जा सकती है कि महिला अध्ययनों और अन्य सुधारों को मुख्यधारा में लाने से महिलाओं के अधिकारों के हरण की अवस्था में बदलाव किया जा सकेगा। लेकिन कैंपस में अब भी कई ऐसी महिलाएँ हैं जो इन सबमें अपना ही दोष देखती हैं।

खानपान की अनियमितता की दृष्टि से भी वर्गों को देखा गया। इस देश में ग़रीबों के बीच अरुचि और खाना उगलने जैसी शिकायतें बिलकुल नहीं पाई जातीं, जैसे कि ग़रीब देशों की आबादी में। जैसा कि जोन ब्रमबर्ग ने *फास्टिंग गर्ल्स* में कहा है :

> अरुचि से ग्रस्त लोगों में 90 से 95 प्रतिशत युवा और महिलाएँ हैं, जो अनुपातहीन रूप से सफ़ेद त्वचा वाली हैं और मध्यम एवं उच्च वर्गीय परिवारों से हैं... एक दुर्लभ अरुचिग्रस्त पुरुष में असामान्य मनोविज्ञान के लक्षण हैं, वह दुबला होने से पहले मोटापे से बुरी तरह ग्रस्त था, और तुलनात्मक रूप से उसमें उपचार के लिए रोग का पूर्वानुमान भी उतना अच्छा नहीं है। साथ ही अरुचि से ग्रस्त इस पुरुष के समृद्ध होने की संभावना भी बहुत कम है। एनोरेक्सिया नर्वोसा की समस्या समकालीन अमेरिकी या ज़िकानों (अमेरिका में पले और बड़े हुए मैक्सिको निवासी) के बीच नहीं है; ना ही यह पहली और दूसरी पीढ़ी के प्रजातीय आप्रवासियों, जैसे, पूर्वी यूरोपीय यहूदियों के बीच कोई प्रत्यक्ष समस्या है। जैसे-जैसे ये समूह सामाजिक सीढ़ी पर ऊपर बढ़ते हैं, इस अनियमितता के प्रति उनकी संवेदनशीलता बढ़ती जाती है। वास्तव में, तथाकथित महामारी लगातार आयु और लिंग से नियंत्रित दिखती रही है लेकिन इसकी वृद्धि सामाजिक गतिशीलता से हुई है।[5]

दूसरे शब्दों में, खानपान की वह अनियमितता जो महिलाओं को सभी यौन अभिलक्षणों से वंचित कर देती है—स्तनों के विकास से लेकर माहवारी तक—लगभग पूरी तरह उस सामाजिक समूह तक सीमित है जहाँ 'स्त्रियों' की भूमिका ख़ुद ही अत्यंत सीमित है, और इस घटना का अस्तित्व भी जीवन के उस काल तक सीमित है जब युवा लड़कियाँ इस जीवन में प्रवेश करने की दहलीज पर खड़ी होती हैं। यह ऐसा लगता है जैसे कि युवा महिलाएँ अपनी प्रतीक्षा करती हुई उस निर्भरतापूर्ण, मात्र सजावटी, हर मायने में कम, स्त्रियोचित जीवन वाली भूमिका को देखती हैं और अनजाने में ही इसकी निराशा के फलस्वरूप उनमें अरुचि पैदा हो जाती है। अफ्रीकी-अमेरिकी या श्वेत कामकाजी वर्ग के परिवारों में जन्मीं लड़कियाँ स्त्री/पुरुष अधिकारों में अंतर अपने चारों ओर कम ही देख पाती हैं इसलिए उनका व्यवहार इसके अनुरूप ही होता है। वर्ग में आर्थिक प्रचुरता के बीच खानपान की यह अनियमितता लैंगिक वर्ग के बढ़ते प्रतिबन्धों के प्रति एक प्रकार का राजनैतिक विरोध है।

हालाँकि वर्ग संबंधित यह सवाल एक अलोकप्रिय प्रयास था (और अब भी है), और जब भी हम समूह के मिथक की बजाय व्यक्तिगत अनुभवों पर दृष्टि डालेंगे तो यह स्पष्ट भी हो जाता है। यहाँ लिंडा सैनफोर्ड और मेरी एलेन डोनोवेन द्वारा उनके उत्कृष्ट *वूमेन एंड सेल्फ-स्टीम* के लिए लिया गया एक अफ्रीकी-अमरीकी और एक लैटिन अमरीकी महिला का साक्षात्कार दिया जा रहा है :

> हम एक बहुत सुरक्षित अश्वेत पड़ोस के बीच रहते थे और साल दर साल मेरी माँ की कई सहेलियाँ उनसे बात करने आया करती थीं, जब तक मैं चुपचाप बैठी रहती, मैं उनकी बातें सुन सकती थी। कभी-कभी वे सेक्स और कामोत्तेजना के चरम बिंदु के बारे में बातें करतीं और बतातीं कि किस तरह सेक्स के दौरान उन्हें अपनी यौन-इच्छाएँ ज़ाहिर करनी पड़ती हैं। जब मैं बड़ी हो गई तो वे अपने काम के बारे में भी बातें करती थीं—इसलिए नहीं कि मेरे लिए भी काम करना ज़रूरी था बल्कि इसलिए कि इस संबंध में उनके अच्छे अनुभव थे। साथ ही, अपने पास ख़ुद के पैसे होना एक अद्‌भुत एहसास भी था। मेरी उच्चवर्गीय श्वेत मित्र मुझे बताती थीं कि इस संबंध में उनके अनुभव बिलकुल जुदा हैं। हालाँकि यह हमेशा ही माना जाता था कि वे आगे चलकर कॉलेज जाएँगी लेकिन यह नहीं माना जाता था कि वे आत्मनिर्भर होने के लिए काम भी करेंगी। इसकी बजाय उनकी सुरक्षा उनके जीवन को सहारा देने के लिए एक पुरुष को खोजने में होती थी—हालाँकि उनके अंदर आत्मनिर्भर होने का कौशल होता था, तो भी। मैं इस तरह की परवरिश के बारे में सोच भी नहीं सकती—जिसमें मेरा भविष्य इतना असुरक्षित हो, और मुझे अपना समय और ऊर्जा उस कार्य में लगाना पड़े जिसे मुझे आगे करते रहने की इजाज़त न हो।[6]

मुझे ख़ासकर हैर्लेम में बड़ा होना ही पसंद नहीं था, लेकिन वहाँ रहकर मैंने उत्तरजीविता का कौशल सीखा जिसे मैं बहुत महत्त्वपूर्ण मानती हूँ। अब मैं आत्मरक्षा की तकनीक सिखाती हूँ, और जिन शहरी लेटिन-अमरीकी बच्चों को यह सिखाती हूँ, उनमें और कुछ मध्यमवर्गीय श्वेत लड़कियाँ, जो मेरी कक्षा में आती हैं, दोनों के बीच असमानताओं का एक बहुत बड़ा संसार है। मैं उन्हें मुट्‌ठी बनाकर पंचिंग बैग पर मरवाने के लिए कोशिश करती हूँ, और उनसे कहती हूँ कि वे पंचिंग बैग को एक आक्रमणकारी समझें। इस पर उनमें से अधिकांश कहती हैं कि "ओह! मैं ऐसा कभी नहीं कर सकती।"[7]

इस तरह की शैक्षिक, शारीरिक और सामाजिक दुर्बलता से संभवत: अनेक महिलाएँ परिचित होंगी, लेकिन बहुत अधिक अमीर लोग महिलाओं द्वारा वास्तविक अधिकारों की प्राप्ति के विरोध को और भी अधिक संरक्षण देते हैं। उनमें से अधिकांश परिवार के अंदर ही कठोर प्रशिक्षण को उचित मानते हैं—और इससे ज़्यादा प्रभावी कुछ है भी नहीं। 1990 में आयोजित संपत्ति प्रबंधन कर रही महिलाओं के एक सम्मेलन में मैंने *चैरिटी बिगिन्स एट होम* के लेखक, मानवविज्ञानी टेरी ओडेनधेल को अपने छ: वर्षों के शोध और साक्षात्कारों का सार प्रस्तुत करते हुए सुना :

> अधिकांश अत्यधिक धनवान महिलाओं का जीवन पारिवारिक संबंधों द्वारा ही परिभाषित होता है, ख़ासकर पत्नी और माँ के रूप में उनकी भूमिकाओं .

> के द्वारा, साथ ही धनवान पुरुषों की बेटियों और बहनों और उनकी विधवाओं की भूमिकाओं से भी। विस्तृत समाज की तुलना में उच्च वर्ग में लैंगिक भूमिका कहीं ज़्यादा सख़्त है...। वहाँ संपत्ति अधिकार का प्रमाण नहीं होती। अपनी संपत्ति पर महिलाओं का अधिकार बहुत सीमित होता है... संपत्ति का अधिकांश भाग ट्रस्ट के पास होता है और उन्हें सिर्फ़ आय के रूप में कुछ प्राप्त होता रहता है। पुरुष वकील और मुनीम धन को महिलाओं के हाथों से दूर रखने के लिए प्रमुख दोषी माने जाते हैं। हालाँकि, आमतौर पर, वे परिवार के पुरुष ही होते हैं जो संपत्ति पर महिला लाभार्थियों के अधिकारों को सीमित रखने के लिए इस प्रकार के ट्रस्ट का गठन करते हैं...। आधुनिक महिला आंदोलन ने मध्यमवर्गीय महिलाओं के जीवन को प्रभावित करने के कम से कम दस वर्ष बाद अमरीका की सर्वाधिक धनवान महिलाओं के जीवन को प्रभावित किया।[8]

इसके बाद भी, जिन महिलाओं का साक्षात्कार किया गया था उनमें से एक तिहाई से भी अधिक ने संपत्तिवान घरानों में विवाह किया था, और इस तरह वे उन परिवारों में जन्म लेने पर दिए जाने वाले शुरुआती प्रशिक्षण से कुछ हद तक बच गई थीं। लेकिन चाहे यह मेरी प्रारंभिक सूचनादाता की जनरल मोटर के किसी के गर्भाशय के गुज़र जाने का स्मरणीय उदाहरण हो या एक बेटी का उदाहरण हो जो रात के खाने की मेज पर पारिवारिक रहस्यों को सुनती थी; चाहे यह सत्ताधारी वर्ग की उत्तराधिकार प्रणाली को चाक-चौबंद रखने के लिए महिलाओं को प्रजनन के साधन के रूप में नियंत्रित करने की बात हो (जो आमतौर पर पहली बीवियों की ज़िम्मेदारी होती है)—या जिसे 'फॉरच्यून' पत्रिका मीडिया-स्टार होस्टेसेज़ या 'ट्रॉफी-वाइव्स' (जो आमतौर पर दूसरी बीवियों की भूमिका होती है) कहती है, उनकी आधुनिक आवश्यकता हो—व्यापक सत्य यह है कि : जो महिलाएँ सत्ता/अधिकार के जितने समीप होती हैं, उनको उतना ही कमज़ोर रखा जाता है।

यह हमारी लोकप्रिय संस्कृति का अभिन्न हिस्सा बन चुके 'बेचारी-छोटी-अमीर-लड़की' जैसा कोई मिथक नहीं है। वह कहानी किसी डबल-फैंटेसी का आधा हिस्सा भर है कि अमीर नाख़ुश हैं और ग़रीब काफ़ी ख़ुश; एक कल्पना, जो अब भी अमीर श्वेत परिवारों के *डाइनेस्टी* जैसे अतिनाटकीय टेलीविज़न कार्यक्रमों एवं निम्न अथवा मध्यमवर्गीय श्वेत एवं अफ्रीकन-अमेरिकन परिवारों के माध्यम से कॉमेडी के रूप में प्रस्तुत की जाती है। इसका राजनैतिक उद्देश्य हमें यह मनवाना है कि सत्ता का बोझ वहन करना अपने आप में कितना महान है, और सत्ताहीन होने की प्रसन्नता को छोड़ना कितना दुरूह। अत: यह यथास्थिति का संरक्षण करती है। उत्तराधिकार में प्राप्त संपत्ति वाले परिवारों की महिलाओं के बीच ताक़त और शक्ति की कमी को देखने का उद्देश्य एकदम विपरीत है : यथास्थिति को उलट देना और उन महिलाओं की सत्ता पाने और उसे पुनर्वितरित करने की ताक़त बढ़ा देना।

सामाजिक वर्ग बनाम यौन जाति पर यह पुनर्विचार भी इस इरादे से नहीं है कि वे उन सब चीज़ों का महत्त्व कम कर दें जो अमीर महिलाओं के पास धन के माध्यम से आती हैं, बढ़िया स्वास्थ्य और आवास से लेकर यात्रा, कला, और उनके आनंद के लिए प्राप्त समय तक। एक कमज़ोर शरीर, उत्तरजीविता के प्रति आसक्त मन, बच्चे, जो कि अल्पाहार और हिंसक स्कूलों के कारण अपनी बौद्धिक क्षमता विकसित नहीं कर सकते : ये सब ग़रीबी की ऐसी त्रासदियाँ हैं जो कमतर नहीं की जा सकतीं। वे एक व्यक्ति के लिए अधिक कष्ट और लाखों अन्य कष्टों का कारण बनती हैं और फिर निर्भरता की ऐसी त्रासदियाँ रचती हैं, जैसे कि अप्रयुक्त ताक़त, क्षीण प्रतिभा, और दुनिया का सीमित ज्ञान।

बहरहाल, ग़रीबी के स्त्रीकरण से धन के पुरुषकरण के बीच एक स्पष्ट सातत्य है। यह महज़ संयोग नहीं है कि कल्याणकारी सहायताओं में 92 प्रतिशत महिलाएँ और उनके आश्रित बच्चे हैं, और कामकाजी ग़रीबों का अधितकर भाग महिला-आश्रित परिवार ही हैं। जबकि इस देश के केंद्रीकृत धन पर अधिकतम नियंत्रण रखने वाले समान रूप से पुरुष ही हैं।[9] ऐसा आसानी से संभव नहीं कि दूसरी बस्ती में हमला किए बिना ही पहली बस्ती में हमला कर दिया जाए। धन का केंद्रीकरण चरम पर है। उदाहरण के लिए, *फोर्ब्स* पत्रिका की 1987 की एक रिपोर्ट के अनुसार, संयुक्त राज्य अमेरिका के चार सौ सबसे अधिक संपन्न परिवारों, जिनमें से आधों के पास पैतृक धन था, एवं जिनमें से लगभग सभी उसे अपने उत्तराधिकारियों के लिए पीछे छोड़ जाने वाले थे, की कुल शुद्ध संपत्ति 220 अरब डॉलर थी, उस समय पर संचित अमरीकी बजट के घाटे का पूरा भुगतान करने के लिए पर्याप्त से अधिक राशि।[10] यह वितरण कितना असमान है, इसका एक उदाहरण देखने के लिए—एक बहुत सूक्ष्म भाग, 0.5 कुल संपत्ति के 20 से 25 प्रतिशत पर मालिकना हक़ रखते हैं—एक आँकड़ा जो 60,000 डॉलर या अधिक मूल्य की संपदा पर करों से प्राप्त किया गया, और जो इस सदी भर में अपेक्षाकृत अपरिवर्तित बना हुआ है।[11] इस वंशानुगत केंद्रीकरण को तोड़ने का एक स्पष्ट किंतु अचर्चित रास्ता उसे भीतर से ही जब्त करके पुनर्वितरित करना है—एक प्रक्रिया जिसके लिए कम से कम कुछ महिलाएँ तो प्रस्तुत होंगी, और कुछ मुट्ठी-भर ने इसकी शुरुआत कर भी दी है। अतः यह स्पेक्ट्रम के दोनों सिरों पर स्थित महिलाओं के हित में ही है कि वे वर्ग प्रणाली पर इस रूप में विचार करें जैसे 'महिला अनुभव करती है' न कि जैसा महिलाओं को सिखाया गया है कि उस तरह से देखें जिस तरह से यह यौन/लिंग जाति की गहरी प्रणाली को सुरक्षित एवं बरक़रार रखता है, और यह खोज करने के लिए कि कैसे हम एक-दूसरे के पारस्परिक लाभ के लिए ताक़त और समर्थन जुटा सकते हैं।

यह करने के लिए, हमारी ताक़त की मान्यता के लिए ग़रीब से मध्यम वर्ग तक की श्रेणी की महिलाओं को, हमारे से ऊपर वालों की ईर्ष्या मोल लेकर, वर्ग-मिथक

के ख़िलाफ़ जाना होगा। हमें अपनी सहायता करने के अनुभव होंगे, जिसके फलस्वरूप हममें अपनी क्षमताओं की खोज करने की एवं विश्व के बारे में समझने की और अधिक संभावनाएँ पैदा होंगी।

हम इस तथ्य को कम करके आँक सकते हैं कि हमें एक घर चलाना भी सीखना होगा और रोज़मर्रा की ज़िंदगी की दौड़-भाग का दिशा-निर्देशन भी स्वयं ही करना होगा। हम जिन पुरुषों के साथ रह रहे हैं, वे दुनिया में महान शक्ति के आदी नहीं हैं और वे शायद जानते हैं कि हम उसका आधा तो कमा ही सकते हैं जितना वे कमाते हैं। दूसरे शब्दों में, हमारे और उनके बीच शक्ति/अधिकारों का असंतुलन कष्टकारी हो सकता है, किंतु यह इतने चरम पर नहीं जितना समाज के उच्च वर्ग में है। हमें वास्तविक रूप से अमीर महिलाओं को देखने की ज़रूरत है, जिनके पास आवश्यकता का कोई बहाना नहीं है, किसी के भी आत्मविश्वास और क्षमताओं की खोज के लिए सबसे आम कारण, और न ही पारिवारिक पोर्टफोलियो के प्रबंधन की जिम्मेवारी। एक धनी पत्नी या बेटी जो दैनिक कार्य की दुनिया में प्रवेश कर आत्मनिर्भरता को जानने की कोशिश करती है, नापसंद की जा सकती है, उसका मज़ाक़ बनाया जा सकता है, या उसे अपनी पृष्ठभूमि छुपाने को मजबूर किया जा सकता है। वह जिन पुरुषों के साथ व्यवहार करती है, वे आदेश देने के आदी होते हैं, महिला सेवा सहित, और उनका अहं, उन्हें एक वैवाहिक इंद्रधनुष के अंत में सोने के मर्तबान सरीखा बर्ताव देने वाली महिलाओं एवं उनके शक्ति के दायरे में आने वाले पुरुषों द्वारा अतिविकसित हो सकता है। इस बीच, निर्भर औरत जानती है कि अगर वह ख़ुद से चाहे तो परिवार की आय का एक अंश नहीं कमा सकती है, वह सोने में मढ़वाया भोजन का टिकट पाने के लिए महिला प्रतियोगिता के बारे में चिंतित हो सकती है, और अक्सर वह अपने को एक बहुत ही मानवीय व्यक्ति की ख़ुशामद करते हुए पाती है। हालाँकि वह शुरू में अपने पति, अपने पिता या अपने भाइयों से प्रेम करती है, यह मुश्किल होता है कि प्रेम, ऐसे शक्ति असंतुलन के वर्षों में असंतोष के कीड़े का भोजन बनने से बच पाए। और न ही यह उस बेटी के लिए आसान है जिसने देखा है कि निर्भरता ने उसकी माँ का क्या हाल किया है।

लेकिन ऐसे परिवारों में महिलाओं को शक्ति तक पहुँच और अंतरंगता हासिल होती है। अन्यथा, उनका विद्रोह इतना ख़तरनाक न होगा कि लिंग भूमिकाओं के सभी अस्त्र और एक पितृसत्तात्मक क़ानूनी संरचना प्रयोग में लाई जाए। ऊपरी स्तर पर, यह शुद्ध रूप से पितृसत्तात्मक है।

हमारी, मताधिकार के विस्तार का समर्थन करनेवाली पूर्वज स्त्रियों को आर्थिक वर्ग की इन विसंगतियों की एक बेहतर समझ थी। एक बात, उनके दिनों में शादी और संपत्ति के बारे में क़ानून और भी अधिक स्पष्ट रूप से दमनकारी थे, और महिलाओं को सीध में रखने हेतु मनोवैज्ञानिक प्रलोभन की कम आवश्यकता थी। जब पुरुष

परिवार के निर्वाह तक के लिए भी पैसे बचाने के किसी दायित्व के बिना सारा वेतन पीने में ख़र्च कर सकते थे, बच्चों को, उनकी माँ पर कोई आरोप लगाने की ज़हमत उठाये बग़ैर ही, माँ से दूर ले जा सकते थे, और अपनी पत्नियों को क़ानूनी तौर पर पीट सकते थे, यदि वे इस हेतु जिस छड़ी का इस्तेमाल करें वो एक अँगूठे से बड़ी न हो ('थम्ब रूल'), लैंगिक अनुनय के लिए शुगर कोटिंग की कम आवश्यकता थी। यहाँ तक कि विक्टोरिया वुडहल को भी यह घोषणा करने पर काफ़ी समर्थन मिला कि "वे कहते हैं कि मैं परिवार तोड़ने के लिए आई हूँ। मैं इस पर अपने पूरे हृदय से आमीन कहती हूँ।"

सुसैन बी. एंथनी हिंसक पुरुषों की भगोड़ी पत्नियों को आश्रय देकर हैरान एवं विमुख, और तो और उन्मूलनवादी भी हो गईं। ठीक वैसा ही उन्होंने भगोड़े ग़ुलामों के साथ किया था। निर्भरता के दर्द, हिंसा के साथ या उसके बिना, के बारे में उन्होंने लिखा, "एक भी ऐसी महिला पैदा नहीं हुई है जो निर्भरता की रोटी खाने की इच्छा रखती हो, कोई फ़र्क़ नहीं पड़ता कि वह पिता के हाथ से हो, पति या भाई; और जो भी महिला इस तरह से रोटी खाती है वह अपने को उस व्यक्ति की शक्ति के भीतर रख लेती है जिससे वह इसे लेती है।"[12]

जैसा कि गुन्नार मिर्डाल ने 'एन अमेरिकन डिलेमा' में लिखा, ग़ुलामी में रहने वाली अथवा अभी-अभी ग़ुलामी से मुक्त हुईं अश्वेत महिलाओं के भी निरंतर अनुस्मारक थे, सत्रहवीं सदी के सभी ग़ुलाम-धारकों द्वारा सभी समानताओं के साथ, क़ानूनी हैसियत से पत्नी के रूप में अपनाना, अपना ग़ुलाम बनाने का 'निकटतम और सबसे अधिक प्राकृतिक सादृश्य' था। सजर्नर ट्रुथ के प्रसिद्ध भाषण का विषय एक औरत होने का लालच था : "वहाँ पर उस आदमी का कहना है कि महिलाओं की रेल डिब्बे में सहायता की जानी चाहिए...। मेरी कभी कोई रेल के डिब्बों में सहायता नहीं करता...। मैं एक पुरुष के बराबर काम कर सकती हूँ और खा सकती हूँ। जब मुझे मिले—मैं चाबुक भी सहन कर सकती हूँ।"[13] जैसा कि एलिज़ाबेथ काडी स्टेनटन लिखती हैं, "नीग्रो की त्वचा और महिला का लिंग दोनों ही प्रथम दृष्टया सबूत [के रूप में इस्तेमाल होते हैं] हैं कि वे श्वेत पुरुष के अधीन होना चाहते हैं।"[14]

सार्वभौमिक वयस्क मताधिकार के लिए लिंग एवं नस्ल की सभी समानताओं द्वारा विरोधी एवं मताधिकार विस्तार के आंदोलन को एक सूत्र में बाँधा गया—जब तक कि यह एकता उन श्वेत उदार पुरुषों द्वारा खंडित नहीं कर दी गई जिन्होंने अश्वेत पुरुषों के लिए मताधिकार पाने में, सभी जातियों की महिलाओं से पचास वर्ष पूर्व सहायता की। साथ ही साथ वे महिलाएँ जिन्होंने तब स्वयं के 'शिक्षित' मत हेतु नस्लवादी तर्क दिए थे, तब तक एक लंबा एक्टिविज़्म काल था जिसमें जाति-चेतना वर्ग-संबंधित चेतना को पार कर गई थी। यह यूरोपीय आप्रवासन का भी शिखर काल था, इस प्रकार वर्ग गतिशीलता में अधिक से अधिक विश्वास था। वर्गों के गहरे अंतर

के बावजूद स्त्रियाँ, स्त्रियों के स्तर में समानताएँ देख सकती थीं, और गठबंधन बनातीं, फलस्वरूप वर्गीकरण की परंपरागत, पुरुष-केंद्रित भावना से कम आकर्षित होती थीं। केवल मुट्ठी-भर महिलाओं का धन पर नियंत्रण था, आमतौर पर विधवाओं की तरह, अथवा उनके परिवार में सहिष्णु पुरुषों के कारण। किंतु कुछ ने अ-स्वचेतन संपर्क के साथ दुकान या कारखाने में काम करनेवाली महिलाओं, वेश्याओं और घरेलू नौकर के रूप में कार्य किया, जिसको, जैसे कि मैंने सुना उच्च-वर्गीय महिलाएँ निजी रूप से अस्वीकार करती हैं।

सबसे लोकप्रिय अल्वा बेलमांट थीं। एक दक्षिणी महिला, जो वैंडरबिल्ट से तलाक़ लेने के बाद अब उसके ही समकक्ष समृद्ध और संपन्न रहे ओलिवर बेलमांट की विधवा हो चुकी थीं। उन्होंने 'राष्ट्रीय अमेरिकी महिला मताधिकार एसोसिएशन', जिसके एलिज़ाबेथ केडी स्टेनटन और सुसैन बी. एंटनी पहले दो अध्यक्ष थे, के कई संचालन-व्ययों का भुगतान किया। उन्होंने ट्राइएंगल फायर, जिसने राष्ट्र को अप्रवासी महिलाओं की काम करने की स्थिति की सच्चाई का सामना करने के लिए विवश किया, से भी पहले, 1909 में शर्टवेस्ट के लिए काम करनेवाली महिला श्रमिकों की हड़ताल का समर्थन किया और उनको प्रोत्साहित करने हेतु आठ हज़ार लोगों की एक रैली के लिए न्यूयॉर्क में घोड़ों की रेस का मैदान किराए पर लिया। उसके साथ दो कट्टरपंथी ट्रेड यूनियनवादी, कारा लेमलिश और रोज़ स्कनीडरमान भी मंच पर दिखे जो कि वर्ग आधार पर बेलमांट के कट्टर प्रतिद्वंद्वी थे। एक शर्टवेस्ट निर्माता ने अल्वा बेलमांट और अन्य मताधिकार विस्तारकों पर अवैध बहिष्कार भड़काने के लिए शेरमन अधिनियम के तहत तिगुने हर्ज़ाने के भुगतान का मुक़दमा दर्ज़ करवाया, बहरहाल उससे आंदोलन को ख़ास फ़र्क़ नहीं पड़ा बल्कि उसके इस क़दम से आंदोलन और वर्ग विरोधी गठबंधन को अधिक प्रचार प्राप्त हुआ। प्रथम विश्वयुद्ध के दौरान, महिलाओं की पार्टी के एक अधिकारी के रूप में, बेल्मोंट ने राष्ट्रपति विल्सन के पाखंड का खुले तौर पर यह कहकर विरोध किया कि देश लोकतंत्र के लिए लड़ रहा है, जबकि देश की आधी महिला आबादी के पास कोई अधिकार नहीं हैं, यह विश्वयुद्ध के हालात में उठाया गया एक क्रांतिकारी क़दम था जिसने उन सभी श्रमिकों को प्रोत्साहित किया जिनका कभी मानना था कि एक दूसरे से लड़ रहे कार्यकर्ताओं का लाभ केवल अंतरराष्ट्रीय शासक वर्ग को ही मिलेगा।[15]

हालाँकि वर्ग आधार पर उपजे कई तनाव ऐसे हैं जिनसे आज भी महिलाओं के कुछ संगठनों के लिए निबटना मुश्किल होगा। उदाहरण के लिए, कनेक्टिकट में महिलाओं के मताधिकार क्लब को संगठित और व्यवस्थित करने के लिए राष्ट्रीय अमेरिकी महिला मताधिकार एसोसिएशन ने एक जानी-मानी समाजसेवी महिला एला रीवे ब्लूर को नियुक्त किया जिनको बाद में साम्यवादी पार्टी की 'मदर ब्लूर' के नाम से भी जाना गया। उनके द्वारा संगठित बैठकों के लिए किराये पर लिए गए सभागृहों

का भुगतान जे.पी. मार्गन के भतीजे द्वारा किया गया था, जो एक आर्थिक प्रबंधक थे और स्वयं समाजवाद के दुश्मनों की सूची में सबसे ऊपर थे।[16]

वास्तव में, यदि फ्रैंक लेज़ली नाम की महिला (जिन्होंने अपने तीसरे पति की मृत्यु के पश्चात उससे यह नाम ग्रहण कर लिया था, क्योंकि यह उसके प्रकाशन गृह का भी नाम था) द्वारा 2 मिलियन डॉलर का संकल्पदान न हुआ होता तो मताधिकार को इतनी प्राथमिकता नहीं मिलती। उन्होंने यह पूँजी विरासत में मिली असफल पत्रिकाओं को बचाकर जमा की थी। उनकी वसीयत में लिखे शब्दों में, ''यह राशि, महिला मताधिकार के लिए प्रयासरत नेत्री कैरी चैपमेन कैट के नाम दी जा रही थी, जिससे वे अपने प्रयासों को विस्तार दे सकें, जो प्रयास राष्ट्र की सभी महिलाओं को अपने अधिकारों को जी सकने और महिलाओं के प्रति जिम्मेदारियों के लिए कंधे से कंधा मिलाकर काम कर सकने में समर्थ करे, और जिससे भविष्य की पीढ़ियों में आने वाली महिलाओं के लिए सब कुछ संभव हो सके।''[17] हालाँकि उनके जैसी व्यावसायिक प्रतिभा रखने वाली महिला भी धनी महिलाओं के अभिशाप, वकीलों और भ्रष्ट ट्रस्टियों पर कृपा प्रदर्शन की भावना को पराजित नहीं कर पा रही थी। 1914 में उनकी मृत्यु के बाद उनकी वकील, विलियन नेल्सन क्रोमवेल (आज की प्रसिद्ध क़ानूनी फर्म सूलिवान एंड क्रोमवेल की संस्थापक) को उनकी वसीयत के उद्‌देश्य की चुनौतियों से लड़ते हुए दो वर्ष लग गए और इस तरह वसीयत का आधा उन्होंने वकील की फीस के रूप में उनकी स्टेट से ही लिया। फीस की यह राशि 1 मिलियन डॉलर थी। बहरहाल, बचे हुए आधे भाग का इस्तेमाल अंतत: उसी कार्य के लिए हुआ जिसके लिए फ्रैंक लेज़ली चाहती थीं।

निस्संदेह अल्वा बेलमांट और मिसेज फ्रैंक लेज़ली धनवान परिवारों में विवाह से पूर्व अपेक्षाकृत स्वतंत्र जीवन जी रही थीं, इसलिए वे उच्चवर्गीय अनुकूलन के कुछ अनुभवों से नहीं गुज़री थीं। संपत्तिवान और अधिकारसंपन्न परिवारों की कुछ ऐसी भी महिलाएँ थीं जिनका पारिवारिक संपत्ति पर अधिकार चाहे कम रहा हो लेकिन वे अप्रवासी महिलाओं के साथ नई बस्तियों में रह रही थीं, और उन्हें गर्भनिरोध के संबंध में शिक्षित कर रही थीं, जो शिक्षा आवश्यकता के समय ख़ुद उन्हें नहीं मिली थी। वे ऐसे आश्रयस्थल भी बना रही थीं जहाँ वेश्याएँ दलालों और भ्रष्ट पुलिस वालों से बचकर रह सकें और नई कामकाजी महिलाओं को रहने के लिए घर उपलब्ध करा रही थीं, जो संभवत: घर न मिल पाने की अवस्था में उसी तरह गलियों में रहने को विवश हो जातीं जिस तरह आज घर से भागी किशोर उम्र की लड़कियाँ होती हैं।

नारीवाद की इस आधुनिक लहर में, महिलाओं के पास वर्गीय सीमाओं से निकलकर एक साथ आने के अवसर बहुत कम हैं, और साफ़ तौर पर नई बस्तियों जैसा कोई स्थान भी नहीं है जहाँ नारीवादी गतिविधियों में संलग्न होने के दौरान वे एकसाथ रह सकें। हालाँकि नारीवादी समूह प्राय: कुछ गंभीर वर्गीय प्रभावों का

अमरीकी ढंग से निषेध करता है, पर यह भी सच है कि मताधिकार विस्तारवादी लहर के बाद से मार्क्सवादी वर्ग विश्लेषण ने अब लोकप्रिय संस्कृति में स्थान बना लिया है। इस जानकारी का कुछ हिस्सा महिलाओं के लिए विशेष रूप से मूल्यवान रहा क्योंकि इसने हमें स्वभाव को परवरिश से अलग करना और हमारे बीच की विविधता की सराहना करना सिखाया। इसकी अनुपस्थिति में, हमारी मताधिकार विस्तारवादी पूर्वज-स्त्रियाँ अक्सर जैविक नियतिवाद में पड़कर स्त्रियों के 'स्वाभाविक रूप से' अधिक नैतिक होने की बहस का सहारा लेती थीं। लेकिन महिलाओं के लिए वर्ग का अर्थ क्या है और वर्ग एवं जाति किस प्रकार एक-दूसरे को प्रतिच्छेदित करते हैं, अब इस बारे में हमें एक बिलकुल ताज़ा नज़रिए की ज़रूरत है।

एक दयालु और प्रभावकारी कार्यकर्ता एन. हेस, अन्य संपत्तिवान महिलाओं की अपेक्षा परोपकार की कहीं अधिक दृढ़ परंपरा के साथ बड़ी हुईं जो उन्हें सियर्स फार्च्यून वाले उनके परदादा जूलियस रोसेनवाल्ड और उनके परिवार की अन्य महिलाओं से मिली थी; फिर भी वह 1970 के दशक में युद्धविरोध, महिला-मुक्ति और श्वेत लोगों के अधिकारों के लिए होनेवाली गोष्ठियों में मौन बैठे रहने को याद करती हैं। "हम दुश्मन थे," वे कहती हैं, "हालाँकि हम वहाँ दोस्तों की शक्ल में मौजूद थे। संपत्ति के मामले में पुरुषों की तुलना में महिलाएँ अपेक्षाकृत अधिक गोपनीयता पसंद करती हैं, कुछ हद तक इसका कारण यह है कि महिला के रूप में अपने निजी अनुभवों के आधार पर वे अन्य शक्तिविहीन समूहों की ओर झुकाव महसूस करती हैं—और फिर उनके द्वारा अस्वीकृत कर दी जाती हैं।" मुख्य शहर से बाहर स्थित न्यूयॉर्क समुदाय के अपेक्षाकृत पर्याप्त धनवान परिवार की एक महिला, शाड रेनस्टेन 1970 के दशक के एक युद्ध-विरोधी गीत की पंक्तियों को याद करती हैं—'वी आर गोइंग टु रेप डॉटर्स ऑफ बैंकर्स।' "एक समलैंगिक के रूप में समाज के सामने आ पाने की तुलना में धनवान के रूप में सामने आ पाना उस समय कठिन था, फिर भी मैं अपनी ज़मीनों और संसाधनों के साथ रचनात्मक काम कर रही थी," उन्होंने कहा। जब वे देश के दूसरे हिस्से में रहने के लिए गईं तो उन्होंने तब तक अपना नाम और पृष्ठभूमि छिपाकर रखी जब तक कि उन्होंने उस समुदाय में ख़ुद को एक आवश्यक सदस्य के रूप में स्थापित नहीं कर लिया। ये अपवाद के किस्से हैं। हालाँकि आज कुछ ऐसी धनवान महिलाओं के समूह सक्रिय हैं जो अपने धन पर नियंत्रण रखने में एक-दूसरे की सहायता कर रही हैं, ट्रस्टों को भंग कर रही हैं, और महिलाओं के सशक्तीकरण के लिए एक नए प्रकार के परोपकारी समूह की शुरुआत कर रही हैं, फिर भी परिवारों के अंदर मौजूद लैंगिक वर्ग व्यवस्था, जिसमें पीढ़ियों से सिर्फ़ पुरुषों को ही अधिकार/शक्ति के नज़दीक आने दिया जाता है, को समाप्त करना इतना सरल नहीं है।[18] जर्मन ज्यूइश बैंकिंग परिवार की इकतालीस वर्षीया बेटी, जेनी वारबर्ग एक सामाजिक कार्यकर्ता और फ़ोटोग्राफ़र के रूप में प्रशिक्षित थीं, लेकिन वे संपत्तिवान परिवारों के समान मुद्दों

पर पिछले पाँच वर्षों से संघर्षरत अपनी हमउम्र महिलाओं की तरह हाशिए पर नहीं गईं। उन्होंने बताया कि "मैं पैसों के बारे में बात करने से डरती थी, मैं ख़ुद ही यह स्वीकारना नहीं चाहती थी कि मेरे पास धन है, दूसरों से इस बारे में बात करना तो दूर की बात है। आगे आने वाले समय में, मैं दोस्तों को अपने घर बुलाने पर फिंगर बाउल्स जैसी चीज़ों को लेकर शर्मिंदा महसूस करती थी।" जबकि उनके भाइयों को इनमें से कुछ भी मुश्किल नहीं लगता था। उनसे परिवार की अपेक्षाएँ बहुत अलग थीं और उन्हें पारिवरिक फाउंडेशन बोर्ड में स्वत: ही अधिक अधिकार और विश्वसनीयता प्राप्त थी। "हालाँकि उस बोर्ड के लोगों को मुझे गंभीरता से लेने में कई वर्षों का समय लग गया, हालाँकि मैं राजनैतिक रूप से सबसे ज़्यादा सक्रिय सदस्य थी और चार सालों तक एक सामुदायिक फाउंडेशन बोर्ड की अध्यक्षता भी कर चुकी थी।" हालाँकि पारिवारिक फाउंडेशन के भीतर जिन मुद्दों के लिए वह चिंतित हैं उनके लिए समर्थन प्राप्त करने के लिए वे ख़ूब मेहनत से प्रचार करती हैं, लेकिन परिवार के साथ भावनात्मक और आर्थिक संबंधों के चलते स्वायत्त निवेश या क़ानूनी परामर्श लेना मुश्किल होता है।

मसला महिलाओं के बीच के संपर्कों के रूमानीकरण अथवा वर्ग-विभेद की अनदेखी करने का नहीं है, बल्कि यह समझने का है कि आज के समर्थ परिवारों की महिलाएँ अपनी क्षमताओं के आधार पर कार्य करने और ऐसा कर रही अन्य महिलाओं की सहायता करने में अपनी पिछली पीढ़ियों की तुलना में कम सक्षम क्यों हैं। उनका सहयोग और स्वयंसेवा सामान्य तौर पर सामाजिक रूप से स्वीकृत ऐसे उद्देश्यों और संस्थानों के पक्ष में जाता है जो महिलाओं के जीवन में परिवर्तन लाने के लिए बहुत कम योगदान करते हैं; उदाहरण के लिए, आँकड़े यह दर्शाते हैं कि अनेक विधवाएँ अपने पति के कॉलेज को दान देती रहती हैं जबकि वे स्वयं के कॉलेज के लिए ऐसा नहीं कर पातीं। धर्मार्थ प्राथमिकताएँ तय करते समय वे अधिक महिलाओं को काम पर लेने अथवा अश्वेतों को रखने जैसी शर्तें तय नहीं कर पातीं; अथवा किसी कला संग्रहालय को दान देते समय महिला कलाकारों की विविधता का अभाव जैसी स्थिति पर प्रश्न नहीं उठा पातीं; किसी दवा उपचार कार्यक्रम में नशे की आदी हो चुकी महिलाओं तथा बच्चों के लिए अधिक कार्यक्रम रखने का आग्रह नहीं कर पातीं; अथवा विशेष महत्त्व वाले मुद्दों पर ओहदे के आधार पर राजनैतिक उम्मीदवारों के समक्ष महिलाओं, जो कि आधी आबादी हैं, से संबंधित मुद्दों पर आवाज़ नहीं उठा पातीं; अथवा इजराइल या अन्य सामूहिक उद्देश्यों में यह सुनिश्चित नहीं कर पातीं कि कम-से-कम आधे डॉलर महिलाओं के ऊपर व्यय किए जाएँ। प्रति नौ में से एक स्तन कैंसर की दर के बाद भी, जो हम सबको प्रभावित करता है, प्रमुख कैंसर संगठनों के लिए निधि जुटाने वाले लोग इस विषय में पहचान गुप्त रखे जाने की शर्त पर हैरत के साथ कहते हैं कि ऐसी महिलाएँ जो बहुत बड़ी राशि का सहयोग देती हैं—शायद ही कभी

अपनी राशि को स्तन अथवा प्रजनन संबंधी कैंसर के लिए ख़र्च करने को कहती हों, और न ही सहयोग राशि को कैसे ख़र्च किया जाएगा, इस विषय में जानना चाहती हैं।

ट्रेसी गैरी, सैन फ्रांसिस्को की एक कार्यकर्ता, जिन्होंने महिला सशक्तीकरण के लिए अपनी विरासत को प्राप्त करके उसका प्रयोग करने में लगी हुई महिलाओं में अग्रणी स्थान प्राप्त किया है, ने अपने एक शोध में दिखाया है कि ग़रीब महिलाएँ अपनी आय का कहीं अधिक भाग दान करती हैं उन महिलाओं के मुक़ाबले जिनकी आय 50,000 अथवा इससे अधिक होती है।[19] इन आँकड़ों के पीछे छुपे इस मानवीय सच को अक्सर देखा जा सकता है कि महिलाओं का अपनी ही संपत्ति पर नियंत्रण नहीं होता है, उनमें इसे प्रयोग करने के लिए आत्मविश्वास और ज्ञान का भी अभाव होता है अथवा उन्हें इस आत्मविश्वास और ज्ञान को प्राप्त करने के लिए अन्य महिलाओं से सहायता भी नहीं मिल पाती है।

अमीर परिवारों की महिलाओं में सहायता समूहों का प्रथम चरण अब फैल रहा है (और ये समाप्ति नोट में सूचीबद्ध है), परंतु हमें महिलाओं के ऐसे समुदायों को और अधिक विकसित करने की ज़रूरत है जिनका स्वागत वर्ग रेखा के दोनों ओर किया जा सके। मुख्यधारा में कुछ महिलाओं का एकीकरण—जिसके लिए हमारी पूर्वजाओं ने लड़ाई लड़ी और हम उस लड़ाई को जारी रखे हैं—जिसका उद्देश्य हमें पुरुष प्रभुत्व वाले क्षेत्रों में प्रवेश तथा स्वीकृति दिलाना है; यह और भी आवश्यक है यदि हम अपने स्वयं के हितों की अनदेखी करने को तैयार हैं। धनवान महिलाओं का स्वागत तो कई क्षेत्रों में होने लगा है, परंतु यदि एक स्त्री यह चाहे कि *स्त्री के रूप* में उसका स्वागत हो, चाहे उसके पास धन हो या नहीं, तो उसे अपने धन का प्रयोग लैंगिक जाति की प्रणाली पर वार करके करना होगा, लेकिन यदि वह ऐसा करना चाहे, तो महिलाओं के कितने समूह ऐसे हैं जो उसकी इस परिस्थिति को समझने का प्रयास कर पाएँगे?

हम में से अधिकांश जो शक्तिशाली परिवारों में से नहीं हैं, को यह स्वीकारना ही होगा कि जो ऐसे परिवारों से हैं, उनके प्रति हम अधिक खुले हुए नहीं हैं, और मैं फिर से कहती हूँ, वास्तव में खुला होना—न कि पूर्वग्रह से ग्रस्त विचारों या ईर्ष्या या अपराधबोध बनाने के प्रयास के साथ, बल्कि ईमानदार प्रश्नों और उत्तरों के साथ, तथा इस समझ के साथ कि हम सब इस मिश्रण की उत्पत्ति करते हैं, जिसकी आवश्यकता दूसरे को हो सकती है। हममें से वे, जिनके पास आत्मविश्वास तथा उत्तरजीविता द्वारा विकसित साधन-सम्पन्नता है, उन्हें अपनी क़ीमत को पहचानना होगा और यह सोचना बंद करना होगा कि पैसे के द्वारा हमारी सभी समस्याओं का समाधान किया जा सकता है। एक प्रकार से हम धनी परिवारों की महिलाओं की समस्याओं को प्रसिद्ध लोगों की समस्याओं की तरह ही समझते हैं। ऐसा व्यक्ति दुर्लभ ही होगा जो यह ना सोचे : "ओह, बाहर निकलो इससे, तुम्हें ऐसे ही रहना पसंद है-यदि नहीं

तो क्यूँ ना हम लोग जगह बदल लें?'' फिर भी प्रसिद्धि कुछ लोगों, जैसे कुछ महिलाओं, एथलीटों, रॉकस्टार तथा बाहरी समूह के कुछ लोगों को समान रूप से ऐसी शक्ति प्रदान करती है जो कि वे अन्य किसी भी प्रकार से नहीं प्राप्त कर सकते थे, जबकि कुछ शक्तिशाली परिवारों की आंतरिक कार्यप्रणाली के अंदर सबसे अंतरंग रूप में वर्गीकरण व्याप्त होता है। परिवार की परंपराओं, शक्तिशाली ट्रस्टी और निवेश सलाहकारों के साथ ही ऐसे रिश्तेदारों—जो देश के शासक हों, को चुनौती देने के लिए साहस की आवश्यकता होती है, इनके साथ ही सुबह अपने पति से यह कहना कि अब से परिवार की ओर से किए जाने वाली धर्मार्थ सहायताओं का आधा भाग आप बाँटेंगी—क्योंकि ऐसी परिस्थितियों में महिलाओं को संबल की आवश्यकता होगी, के लिए भी हिम्मत चाहिए।

हम चाहे वयस्क हों अथवा बच्चे, हमें कम-से-कम एक व्यक्ति तो ऐसा चाहिए ही जिसे हम पर विश्वास हो, ताकि हमें स्वयं अपने ऊपर विश्वास हो सके। हमें समुदाय की आवश्यकता भी होती है। हम महिलाएँ एक-दूसरे के लिए ये दोनों भूमिकाएँ निभा सकती हैं।

अच्छी खबर यह है कि किसी भी अन्य समूह के मुक़ाबले कम प्रोत्साहन के बाद भी, शक्तिशाली परिवारों की कुछ महिलाएँ विद्रोह कर रही हैं। महिलाओं के इन समूहों के अतिरिक्त जो अपने धन का प्रबंधन स्वयं कर रही हैं, और एक दूसरे की सहायता के लिए कई शहरों में मिलती हैं, सैली बिंघम, जैसी महिलाएँ भी हैं जो कि अमीर परिवारों में जन्म लेने वाली विद्रोही महिलाओं के लिए मैट्रन संत जैसी हैं। एक नाटककार, कहानीकार और उपन्यासकार, इनके द्वारा पूछे गए प्रश्नों तथा उठाई गई चुनौतियों के कारण अंततः केंटकी के बिंघम परिवार की दो पीढ़ियों से स्वामित्व वाली मीडिया संपत्ति को 1986 में बेचना पड़ा, यह पितृसत्तात्मक नियंत्रण के ख़िलाफ़ उनका जागरूक राजनीतिक विद्रोह था, जिसे उन्होंने कुप्रबंधन माना। अब उन्होंने अपने क्षेत्र में महिलाओं की सहायता करने के लिए केंटकी फाउंडेशन फॉर विमेन प्रारंभ किया है, तथा प्रतिवर्ष वे स्वयं ही लगभग 5 लाख डॉलर की सहायता का वितरण करती हैं। (''मैं अपने रोष के कारण दान करती हूँ,'' वह लिखती हैं, ''रोष ऐसा कि देते जाने का कोई अंत नहीं है...रोष ऐसा कि मुझे यह यक़ीन ही नहीं होता कि जो भी मैंने दिया है वह मेरा था।'') रॉकफेलर्स परिवार जैसे अन्य प्रसिद्ध परिवारों की कुछ महिलाएँ ऐसे माहौल में सक्रिय हो गई हैं—जहाँ कि रॉकफेलर्स सिस्टर्स कोष जैसा कोई कोष नहीं है—और नए तरीक़ों से सहयोग कर रही हैं, जिनके द्वारा शक्तिहीन को सशक्त बनाया जा रहा है। एक लंबे समय से कार्यकर्ता और थिएटर निर्माता पेगयोर्किन भी हैं जो एक टेलीविज़न निर्माता से तीस साल के वैवाहिक जीवन के बाद सक्रिय हुईं, तथा इन्होंने विरासत में मिले पैसे के बिना 1991 में फंड फॉर फेमिनिस्ट मेजॉरिटी, जो अनेकों मुद्दों के प्रति सक्रिय संगठन है, तथा जिसे उन्होंने एलिनौयर

स्मील के साथ, जो कि राष्ट्रीय महिला संगठन के पूर्व अध्यक्ष हैं, को 10 मिलियन का सहयोग दिया। यह मिसेज़ फ्रैंकलेस्ली के बाद, एक समूह के रूप में महिलाओं की ओर से वकालत के लिए एक महिला द्वारा दिया जाने वाला सबसे बड़ा अनुदान है। उनकी ही तरह वे भी उन महिलाओं के लिए एक प्रेरणा बन गई हैं जिन्होंने विवाह तथा उन भागीदारियों के भीतर अपने ख़ुद के कार्य के द्वारा महिलाओं की ओर से प्रयोग किए जाने के लिए संसाधन अर्जित किए हैं।

उन्होंने तथा उनके जैसी कइयों ने अपनी बहनों द्वारा बहुत कम समर्थन के साथ विद्रोह किया है। जरा सोचिये, यदि उन्हें यह समर्थन प्राप्त होता तो क्या कुछ किया जा सकता था। जब मैं एम.एस. फाउंडेशन फॉर विमेन की बैठकों में भाग लेती हूँ तथा निडर महिलाओं को अन्य महिलाओं की सहायता के लिए दान करते देखती हूँ, जो हिंसा, विशेष रूप से बचपन में यौन-शोषण का शिकार रही हैं—और अपने शक्तिशाली परिवारों के कारण अभी भी अपने स्वयं के अनुभवों के बारे में मौन रहती हैं—तो मुझे एहसास होता है कि अभी हमें कितनी दूर जाना है। यह अक्सर प्रतिबंधित तथा महिलाओं के अनुरूप नहीं समझा जाने वाला विषय है, जिससे ज़्यादा प्रतिबंधित विषय बहुत कम हैं।

मैं सोचती हूँ कि वर्ग संरचना के सबसे निचले स्तर की महिलाएँ जिनमें साहस तथा यह शाब्दिक ज्ञान होगा कि 'धन ही सब कुछ नहीं होता है'—और जो मध्यम वर्ग की महिलाओं से अधिक सक्षम होंगी, शीर्ष पर स्थित महिलाओं के बीच व्यक्तिगत तथा राजनैतिक संपर्कों का अधिक स्वागत कर पाएँगी। मुझे इसका एहसास 1990 में आत्मा की उदारता को सुनते हुए दोबारा हुआ जिसमें ब्यलए एवेरी, राष्ट्रीय अश्वेत महिला स्वास्थ्य परियोजना की संस्थापक और निदेशक, ने पैतृक धन प्राप्त करनेवाली कुछ महिलाओं को संबोधित किया। उन्होंने कहा कि "धनवान महिलाएँ तथा धनहीन महिलाएँ आपस में एक अलगाव, विराग तथा शक्तिहीनता की भावना महसूस करती हैं, जिनके लिए कड़वापन और परायापन महसूस करना जायज़ ही था। हम ऐसा महसूस करते हैं, चाहे हम जो भी हों...मेरे जैसे लोगों को आपके जैसे लोगों की आवश्यकता है, तथा आपके जैसे लोगों को मेरे जैसे लोगों की आवश्यकता है। साथ होकर हम एक-दूसरे की आवश्यकताओं को अद्भुत रूप से पूरा कर सकते हैं...हमें अपने भीतर झाँकना होगा, ख़ुद को पहचानने का जोख़िम लेना होगा तथा इन सभी सूचनाओं को स्वीकार करना होगा।"

क्या महिलाओं की यह दुनिया इतना स्पष्ट रूप से धनवानों और हम सब के बीच विभाजित है? अब मैं ऐसा नहीं सोचती। कला की तरह ही क्रांति भी, क्या मौजूद है और क्या इससे पहले कभी भी मौजूद नहीं था, इन दोनों के संयोजन से आती है।

(1994; मूविंग बियॉन्ड वर्ड्स, मैस्क्युलिनाइज़ेशन ऑफ वेल्थ, से)

काम का महत्त्व

स्वनियोजित-रोजगार में संलग्न महिलाओं के लिए गठित राष्ट्रीय कमीशन के आकलन के अनुसार ग्रामीण भारत में कृषि कार्य में संलग्न जनबल में से 75% महिलाएँ हैं, जबकि व्यवसाय, होटल, संचार और अन्य सेवाओं में महिला जनबल मात्र 10% ही है।[1] शहरी भारत में, निर्माण, उत्पादन, खनन और घरेलू कार्यों में लगे जनबल में 32% महिलाएँ हैं, जबकि व्यवसाय, होटल, संचार और अन्य सेवाओं में 59% महिलाएँ हैं।[2] जनबल में शामिल 94% महिलाएँ असंगठित क्षेत्र से हैं जबकि संगठित क्षेत्र से मात्र 6% महिलाएँ शामिल हैं।[3]

लिंग अंतर सूची 2012 के अनुसार, 135 देशों में किए गए सर्वेक्षण में भारत 135वें स्थान पर है।[4] भारतीय राज्यों में वेतन के आधार पर लिंग में अंतर भी अलग-अलग है। उत्तराखंड में महिलाओं की आय पुरुषों की तुलना में 9% कम है जबकि बिहार में महिलाओं की आय पुरुषों की अपेक्षा 63% कम है।[5]

आश्चर्यजनक रूप से, वे महिलाएँ जिनकी शैक्षणिक योग्यता दसवीं से कम है उनकी आय पुरुषों से 9.37% कम है, जबकि CA/CS/ICWA या समतुल्य व्यावसायिक योग्यता रखने वाली महिलाओं की आय पुरुषों से 44.25% कम है।[6] वे महिलाएँ जो आपूर्ति एवं खाद्य सेवा गतिविधियों और उद्योग में नौकरी कर रही हैं उनकी आय पुरुषों से 4.19% कम है जबकि कला एवं मनोरंजन के क्षेत्र में नौकरीपेशा महिलाओं की आय पुरुषों से 41.17% कम है।[7]

बेहद माँगयुक्त सेवा क्षेत्र के शहरी कार्यस्थलों में महिलाओं की बढ़ती हुई दृश्यता एवं उपस्थिति की परिणति एक हिंसक प्रतिघात के रूप में हुई है। मात्र इसी वर्ष कामकाजी महिलाओं के साथ बलात्कार की अनेक घटनाएँ हुई हैं, कभी गोआ की एक लिफ़्ट में, कभी मुंबई शहर की किसी वीरान मिल के अहाते में, कभी दिल्ली में फ़िल्म देखकर लौटते हुए एक बस में, और हरियाणा में नौकरी हेतु परीक्षा के दौरान। लेकिन कैसी भी हिंसा महिलाओं को वापस नहीं धकेल पाएगी। उन्होंने अपनी आवाज़ और साहस खोज लिया है।

—रुचिरा गुप्ता

1970 के दशक के अंत में, द *वॉल स्ट्रीट जर्नल* ने, 'द वर्किंग वूमेन'—अर्थात, वैतनिक जनबल में आई महिलाओं की बाढ़—के लिए मुख्य पृष्ठ पर आठ भागों की एक श्रृंखला प्रकाशित की थी। यह औद्योगिक क्रांति के बाद से अमेरिकी जीवन में आया सबसे बड़ा परिवर्तन था।

कई महिला पाठिकाओं ने इस समाचार और इस परिभाषा, दोनों को निराशापूर्वक स्वीकार किया। आख़िरकार, महिलाओं ने सदा ही काम किया है। अगर महिलाओं द्वारा शिशुओं और घर के अन्य सदस्यों के पालन-पोषण के रूप में घर पर किए जाने वाले सभी उत्पादक कार्यों का मूल्यांकन कार्य की प्रतिस्थापन लागत पर किया जाए तो, संयुक्त राज्य अमेरिका के सकल घरेलू उत्पाद में 26% की वृद्धि आएगी। बात सिर्फ़ यह है कि महिलाएँ, ख़ासतौर पर श्वेत महिलाएँ, पहले के किसी भी समय की तुलना में अब काफ़ी सशक्त रूप से घर-गृहस्थी सँभालने के लगभग नगण्य प्रतिफल वाले, न्यूनतम-सुरक्षित, उच्च-जोखिमयुक्त काम (हालाँकि हम अब भी यह स्पष्ट करने की कोशिश कर रहे हैं कि यह काम भी बहुत अच्छा और उत्कृष्ट है। समस्या यह है कि पुरुष समाज इस काम को करने से इनकार करता है और साथ ही इसे कोई आर्थिक मूल्य भी नहीं देता) की जगह घर से बाहर निकलकर सुरक्षा, स्वतंत्रता और वेतन देने वाले काम कर रही हैं।

स्वाभाविक है कि वास्तविक क्रांति तब तक नहीं आएगी जब तक कि कुल उत्पादन कार्य—जिसमें बच्चों का पालन-पोषण और घर पर किए जाने वाले अन्य सभी कार्य भी शामिल हों—को पुरुषों सहित तथाकथित महिलाओं के कार्य से एकीकृत नहीं किया जाएगा, और ठीक इसके विपरीत भी। लेकिन जर्नल एवं मीडिया द्वारा प्रचारित विलक्षण परिवर्तन उस दीर्घ एकीकरण प्रक्रिया का एक हिस्सा-भर है : वैतनिक नौकरियों में सभी जातियों की महिलाओं की अभूतपूर्व बाढ़; अर्थात, उस जनबल में उनकी हिस्सेदारी जो अब तक पुरुषों द्वारा ही परिभाषित था और जिस पर मात्र पुरुषों का वर्चस्व था। इस जनबल में हमारी हिस्सेदारी अभी ही 41% है, जो इतिहास में अब तक का उच्चतम आँकड़ा है। इस तथ्य को देखते हुए कि महिलाएँ 'हतोत्साहित जनबल' (अर्थात, वे लोग जो नौकरी चाहते हैं किंतु बेरोज़गारी आँकड़ों में उन्हें शामिल नहीं किया जाता क्योंकि उन्होंने प्रयास करना छोड़ दिया है) का भी एक बड़ा हिस्सा, 69%, हैं, इसके अलावा महिलाओं के लिए आधिकारिक बेरोज़गारी दर भी है, जो वस्तुतः पुरुषों की बेरोज़गारी दर से काफ़ी अधिक है। इससे स्पष्ट है कि 1990 तक हम विस्तार करके राष्ट्रीय जनबल में आधे की हिस्सेदारी रखेंगे।[8]

थोड़ी स्वतंत्रता प्राप्त करने और बेहतर वेतन एवं सम्मानजनक कार्य करने के प्रति महिलाओं का यह दृढ़ निश्चय देखकर विशेषज्ञ उनसे यह जानने के लिए व्यग्र हो उठे कि : "क्यों ?" यह सवाल पुरुष कर्मचारियों से शायद ही कभी पूछा जाता

हो जिनकी उत्तरजीविता की प्रेरणा और निजी संतुष्टि स्वत: ही स्वीकार्य माने जाते हैं। वास्तव में, पुरुषों को 'अतुल्य' माना जाता है और इसीलिए उन पर समाजशास्त्रीय अध्ययन या पत्रकारीय रिपोर्ट तब बनाई जाती है जब उनके पास काम नहीं होता— यदि वे धनवान हों और उन्हें नौकरी की आवश्यकता न हो तब भी, या यदि वे ग़रीब हों और नौकरी खोज पाने में असमर्थ हों तब। इसके बावजूद, मतदान सर्वेक्षक और समाजशास्त्री यह सिद्ध करने के लिए एड़ी-चोटी का ज़ोर लगाते रहे कि महिलाएँ अपनी भीषण आर्थिक आवश्यकताओं की पूर्ति के लिए घर से बाहर काम करने जाती हैं, या अगर हमारी ओर से यह तर्क ज़ोर देकर रखा जाए कि घर में एक वैतनिक पुरुष के होने के बावजूद ऐसे हालात क्यों बनें तो इस पर उनका कहना होता था कि, वे ऐसा हमारे परिवारों की ख़ातिर 'थोड़ा अतिरिक्त' ख़रीद सकने की इच्छा के कारण अथवा, पुरानी पुरुष-वैमनस्य की भावना के कारण करती हैं।

नौकरी के लिए साक्षात्कारकर्ता या हमारे ही परिवार के लोग अब भी महिलाओं के सामने इस महान ''क्यों?'' का प्रश्न रख ही सकते हैं। यदि हमारे घर पर छोटे बच्चे हैं, या हम ऐसी नौकरियों में हैं जो मूलत: 'पुरुषों का कार्य' के रूप में देखी जाती हैं, तो ऐसे में इस तरह के प्रश्नों के पूछे जाने की आवृत्ति बढ़ जाती है। इस प्रश्न का कृपा प्रदर्शन करता हुआ या अभियोग लगता हुआ स्वरूप ऐसा होता है—''तुम्हारे जैसी भली लड़की इस जगह पर क्या कर रही है?'' जो अब भी कार्यालयों या कारखानों में सुना जा सकता है।

हम इस तरह की धारणाओं का जवाब कैसे दे सकते हैं कि हम निश्चय ही किसी अत्यावश्यक या ख़ास ज़रूरत की वजह से 'काम' कर रहे हैं? क्या हम इस बारे में बहस करते हुए सहज महसूस करते हैं कि हमारे पास वैतनिक नौकरी का होना भी उतना ही सामान्य है जितना कि हमारे पतियों के पास—चाहे हमारे घर पर छोटे बच्चे हों, या न हों? क्या हम अपने प्रति 'गैर-स्त्रियोचित' जैसा भाव जगाए बग़ैर करियर संबंधी सशक्त आकांक्षाओं का आनंद ले सकते हैं? जब हम जनबल में महिलाओं की प्रतिस्पर्धा के प्रति पुरुषों के बढ़ते विषाद का सामना करते हैं (अक्सर इस तरह के अपराध-बोध जगाने वाले आरोपों के रूप में, जैसे ''तुम एक पुरुष की नौकरी छीन रही हो'' या ''तुम अपने बच्चों को बरबाद कर रही हो''), तो क्या हमें सीधा-सा जवाब दे देना चाहिए कि एक सम्मानजनक नौकरी हर मनुष्य का मूलभूत अधिकार है?

मैं निराश हूँ कि इसका जवाब अक्सर 'नहीं' में मिलता है। व्यक्तिगत रूप से और एक आंदोलन के रूप में, हम स्वभाववश चालाक और संदिग्ध बचाव के कुछ स्वरूपों की आड़ में पीछे हटने लगते हैं : ''महिलाएँ काम कर रही हैं क्योंकि हमें करना पड़ता है।'' यह शायद अब टाइपराइटर का एक शब्द या एक कुंजी जैसा बन चुका है—निष्क्रियता और आत्म-बलिदान की सामाजिक 'स्त्रियोचित' अवस्थिति

का एक आर्थिक रूप। इस तरह आक्रमण सहते जाने के बाद भी हम स्वयं को आर्थिक आवश्यकता और पारिवारिक समर्पण वाले एक इनसान के रूप में प्रस्तुत करते रहने से बाज नहीं आते। "महिलाएँ काम करती हैं क्योंकि उन्हें करना पड़ता है"—यह सबसे आसान जवाब हो गया है।

तमाम स्वयंसिद्ध सत्यों की तरह इसको भी सांख्यिकी द्वारा सिद्ध करना सरल है। आर्थिक आवश्यकता काम के लिए अनुकूलतम उद्देश्य है—महिलाओं के लिए और साथ ही पुरुषों के लिए भी। उदाहरण के लिए, 1976 में, वैतनिक जनबल में शामिल कुल महिलाओं में से 43% महिलाएँ अविवाहित, विधवा या तलाक़शुदा थीं और स्वयं तथा अपने ऊपर आश्रितों का ख़र्च उठाने के लिए नौकरी कर रही थीं। इसके अतिरिक्त 21% महिलाएँ उन पुरुषों से विवाहित थीं जिन्होंने पिछले वर्ष दस हज़ार डॉलर से कम आय अर्जित की, जोकि उस वक़्त चार सदस्यों के परिवार के भरण-पोषण के लिए न्यूनतम आवश्यकता थी। वास्तव में, यदि आप पुरुषों की पेंशन, उनके सभी स्टॉक, भूसंपत्ति और अन्य प्रकार की अर्जित संपत्तियों को लें तो, एक बढ़िया सांख्यिकीय मामला बन सकता है कि नौकरी के लिए समान आवश्यकताएँ होते हुए भी पुरुषों की तुलना में उन महिलाओं की संख्या बहुत अधिक है जो काम करने के लिए 'बाध्य' हैं (अर्थात, जिनके पास न तो अर्जित संपत्ति है और न ही ऐसा पति है जिनके वेतन या संपत्ति से उन्हें सहारा मिल सके)। यदि हम एक समूह से यह पूछें कि "क्या आपको वाकई इस नौकरी की ज़रूरत है?" तो निश्चित रूप से वह पुरुषों का समूह होना चाहिए। लेकिन इस "काम करना आवश्यक है" वाले बचाव-कथन की सबसे पहली कमज़ोरी इसका भ्रामक होना है। कोई भी व्यक्ति जिसने कभी भी सरकारी सहायता पर जीवन गुज़ारा हो या किसी भी अन्य आत्मविश्वास को झकझोर देने वाली निर्भरता का अनुभव किया हो, वह जानता है कि वैतनिक नौकरी हर हाल में किसी दान से बेहतर है, चाहे वह दान कोई पारिवारिक सदस्य ही क्यों न दे रहा हो। फिर भी निर्भरता और भय के बढ़ने के साथ ही ख़ुद से कमाने के प्रति आत्मविश्वास घटने लगता है। इससे यह व्याख्या की जा सकती है कि—"आवश्यक है" विचार के विपरीत—उन पतियों की पत्नियों को नौकरी मिलना कठिन है जिनके पति तीन हज़ार डॉलर प्रति वर्ष से कम अर्जित कर रहे थे, बनिस्बत उनके जिनके पति दस हज़ार डॉलर प्रतिवर्ष अर्जित कर रहे थे।

इसके आगे, नौकरीशुदा पत्नियों का अनुपात उन परिवारों में सर्वाधिक है जिनकी कुल घरेलू आय 25 से 50 हज़ार डॉलर प्रतिवर्ष है। यह कुछ समाजशास्त्रियों द्वारा यह सिद्ध करने के लिए एक सांख्यिकीय आधार था कि महिलाओं का काम मुख्यत: इसलिए महत्त्वपूर्ण है कि वे अपने परिवारों को मध्यवर्ग या उच्च मध्यवर्ग में पहुँचा सकें। इस प्रकार, यह माना जाता रहा कि महिलाओं की आय का उपयोग 'सुख के

साधनों' और 'कुछ अतिरिक्त' ख़रीदने के लिए है : एक स्पष्ट द्विपक्षीय बाधा जो हमें अपने परिवारों के अंदर ही दूसरे दर्जे पर पहुँचा रही थी, और कठिन समय में हमारी नौकरियों को बलिदान-योग्य घोषित कर रही थी। हम उनकी इस विवेचना से भी सहमत हो सकते हैं (कम से कम नौकरी से निकाले जाने के बिंदु तक ताकि हमारी नौकरी किसी पुरुष को मिल सके), क्योंकि यह परिवार का प्रमुख पोषक होने के पति के अहं को सुरक्षित करती है, और फिर इससे हमें काम करने के लिए एक सुरक्षित 'स्त्रियोचित' बहाना भी मिलता है।

लेकिन अक्सर हमें ऐसे पारितोषिक भी मिलते हैं जिन्हें हम स्वीकार नहीं करते। जैसा कि फ्रैंसीन और डगलस हॉल द्वारा 'द टू-कैरियर कपल' में रेखांकित किया गया : "वे महिलाएँ जो अपनी मर्जी से काम करती हैं, यहाँ तक कि शारीरिक श्रम वाले काम भी, अपने जीवन से अधिक संतुष्ट हैं बजाय दिन-भर घर की देखभाल करनेवाली महिलाओं के।"[9]

निजी संतुष्टि के अलावा, समाज को भी अपने सभी सदस्यों की प्रतिभा की आवश्यकता होती है। यदि यह मानें कि सिर्फ़ "काम करना आवश्यक है" के आधार पर पुरुषों और महिलाओं को नौकरी दी जाती—प्रति परिवार एक नौकरी—तो ऐसे में हमारे लिए कुछ अद्वितीय प्रतिभाओं को खोना कैसा अकल्पनीय होता, जैसे कि, समान रोजगार अवसर आयोग की विशिष्ट अध्यक्ष एलेनर होम्स नौर्टन।[10] लेकिन क्या तब हम उनके पति एडवर्ड नौर्टन, जोकि स्वयं भी एक ख्यातिप्राप्त वकील हैं, के महत्त्वपूर्ण काम पर प्रश्नचिन्ह लगाने को विवश होते। चूँकि महिलाएँ औसतन जितना कमाती हैं आमतौर पर पुरुष उसके दुगुने से अधिक अर्जित करते हैं, इसीलिए अधिकांश घरों में पत्नी द्वारा नौकरी छोड़ दिए जाने की संभावना अधिक होती है। पर क्या इसका यह मतलब है कि देश आराम से अपनी करोड़ों नर्सेज़, अध्यापिकाओं और सेक्रेटरीज़ के बग़ैर काम चला सकता है? या उन विरले पुरुषों को अपनी नौकरी छोड़नी होगी जो अपनी पत्नियों से कम अर्जित कर रहे हैं?

यह पूरे समाज के पैमाने पर एक प्रकार से **मानवीय** प्रतिभा की बरबादी थी जिससे मंदी के दौरान अमेरिका में करोड़ों बेरोज़गार या छद्म बेरोज़गार लोग मानसिक आघात की स्थिति में थे। तब, प्रति परिवार एक नौकरी वाला नियम कुछ उचित लगा, किंतु फिर भी इस अवधारणा का इस्तेमाल सिर्फ़ महिला कर्मचारियों को प्रतिस्थापित करने, असहनीय निर्भरता पैदा करने और उन महिला प्रतिभाओं को बरबाद करने के लिए किया जा रहा था जिनकी देश को आवश्यकता थी। मंदी का वह अनुभव, साथ ही उन महिलाओं की ऊर्जा और उनकी मिसालें जिन्हें द्वितीय विश्वयुद्ध के दौरान जनबल की कमी होने पर अंततः काम करने की आज़ादी मिली, के फलस्वरूप कांग्रेस ने 1946 के रोजगार अधिनियम में देश के पूर्ण रोजगार के उद्‌देश्य के अर्थ की पुनः व्याख्या की। पूर्ण रोजगार को आधिकारिक तौर पर इस प्रकार परिभाषित किया गया :

"उन लोगों के लिए रोजगार जो काम करना चाहते हैं, बग़ैर इस विचार के कि उनका रोजगार किसी भी परिभाषा के अंतर्गत आवश्यक है अथवा नहीं। यह उद्‌देश्य महिलाओं एवं पुरुषों दोनों पर समान रूप से लागू होता है।" चूँकि बुरा आर्थिक समय फिर से रोजगारयुक्त महिलाओं के प्रति आक्रोश व्यक्त कर रहा है—पर साथ ही यह महिलाओं को काम दिए जाने के लिए और आवश्यकता भी पैदा कर रहा है—आज हमें ऐसे उद्‌देश्य की आवश्यकता सबसे अधिक है। महिलाएँ फिर से एक दुखद दोहरे बंधन का शिकार हो रही हैं : हालात हमें मज़बूत होने को प्रेरित करते हैं और फिर हमारी इस शक्ति के लिए ही हमें दंडित किया जाता है।

स्पष्ट रूप से, सरकार और लोगों को 1946 में दी गई पूर्ण रोजगार की इस परिभाषा के प्रति प्रतिबद्धता से कम और कुछ भी अनिवार्य रूप से कम शक्तिशाली समूहों, चाहे वे जो भी हों, को ख़तरे में डाल देगा। लगभग आर्थिक दंड के समान ही महत्त्वपूर्ण वह कष्ट भी है जो सम्मानजनक कार्य और वेतन से वंचित कर दिए जाने पर होता है। इसके बिना, हम अपना आत्मसम्मान और विश्व में कुछ योगदान करके ख़ुद को जिंदा सिद्ध करने की क्षमता खो देते हैं। यह अर्ध-शहरी क्षेत्र की किसी होस्टेस के लिए भी उतना ही सत्य होगा जितना कि किसी बेरोज़गार स्टील वर्कर के लिए।

लेकिन "हम काम करते हैं क्योंकि हमें करना पड़ता है", इस निष्क्रिय बचाव को त्यागना आसा न नहीं होगा।

जब एक महिला सरकारी सहायता से अपने बच्चों और बच्चों के बच्चों की जीविका चलाने के लिए संघर्ष करती है और देखती है कि उसकी पड़ोसन वेटर के रूप में काम कर रही है, जबकि उसकी पड़ोसन के पति के पास नौकरी है, तो वह बुरा महसूस कर सकती है; और जो वेटर के रूप में काम कर रही है (निस्संदेह, वेटर के रूप में काम करनेवाली महिला का पति नहीं) वह अपराधबोध महसूस कर सकती है। फिर भी जब तक हम यह अनिवार्य नहीं कर देते कि जो भी काम करना चाहे और काम करने में समर्थ हो उसे नौकरी मिले, तो वह सरकारी सहायता-प्राप्त महिला स्वयं ही उन नियमों द्वारा दंडित अनुभव करेगी जिसके अंतर्गत सार्वजनिक क्षेत्र में प्रति परिवार मात्र एक नौकरी दी जा रही है। उसको और उसकी बेटी को एक दर्दनाक और विभाजक निर्णय लेना होगा कि उन दोनों में से कौन वह बहुमूल्य नौकरी करेगी, और पूरे परिवार को एक ही वेतन पर गुज़ारा करना होगा।

मानवाधिकार के रूप में नौकरी एक ऐसा सिद्धांत है जो पुरुषों और महिलाओं दोनों पर समान रूप से लागू होता है। लेकिन महिलाओं के पास इस हेतु लड़ने के लिए अधिक कारण हैं। 'कामकाजी महिला' (अर्थात वैतनिक महिला) की परिघटना को लगभग हर बात के लिए ज़िम्मेदार ठहराया गया है जिसमें पुरुष नपुंसकता (जो उच्च रक्तचाप के लिए ली जाने वाली दवा के फलस्वरूप घटित होता पाया

गया) से लेकर मांस के बढ़ते हुए दाम (जो बाद में मिली जानकारी के अनुसार ऊर्जा की उच्च दर और गोमांस आयात पर प्रतिबन्ध के कारण हुआ था, न कि महिलाओं द्वारा सस्ते, धीरे पकने वाले कट्स बनाने से मना करने के चलते) तक सब कुछ शामिल था। जब तक कि हम नौकरी को प्रत्येक नागरिक के स्वायत्तता के अधिकार और निजी संतुष्टि के रूप में नहीं देखेंगे तब तक हम 'आवश्यकता' पर और किसकी 'आवश्यकता' अधिक है, इस पर दूसरों के विचारों का शिकार होते रहेंगे।

एक तरह से, वे महिलाएँ जिन्हें जीविका के लिए काम करने की ज़रूरत नहीं है, लेकिन फिर भी उन्होंने काम करने का चुनाव किया है, ये ही वे महिलाएँ हैं जो सभी महिलाओं के लिए इस अधिकार की दृढ़तापूर्वक सुरक्षा करने की सीमा पर हैं। वे महिलाएँ जिनके पति धनवान हैं उनके प्रति हमारे द्वारा क्रोध रखने और उन्हें नीचा दिखाने की संभावना भी अधिक है। उससे भी अधिक संभावना उन महिलाओं के प्रति द्वेष रखने की है जिनके परिवारों को उत्तराधिकार में संपत्ति प्राप्त हुई हो। हालाँकि आमतौर पर उत्तराधिकार पर पुरुषों का ही नियंत्रण होता है और उन्हें ही इससे लाभ भी मिलता है। (आपने कभी किसी रॉकफेलर सिस्टर्स फंड और जे.पी. मॉर्गन एंड डॉटर्स के बारे में नहीं सुना होगा। आमतौर पर रईसों की बेटियों के पति वे होते हैं, जो उनकी बेटियों के साथ सोकर सत्ता और अधिकार का रास्ता तय करते हैं)। लेकिन एक रईस पिता की बेटी या रईस पति की पत्नी को अपनी जीविका स्वयं अर्जित करने से रोकना और इस प्रतिभा से आने वाले आत्मविश्वास को पाने से दूर रखना, उसे निरंतर उस आवश्यकता में बनाए रखना है जो उसने अब तक अर्जित नहीं की है और इस तरह उसे इस प्रतिभा को अपने से आगे अन्य तक पहुँचाने से भी रोका जाता है। इससे बढ़कर, यह उसकी अद्वितीय प्रतिभा को हमेशा के लिए खो देना है।

शायद आधुनिक नारीवादी एक प्रकार के प्रतिक्रियाजनित दंभ से ग्रस्त हैं जो हमें धनवान पुरुषों की पत्नियों और बेटियों तक जाने से रोकता है; लेकिन फिर भी कुछ महिलाओं ने वर्गीय प्रतिबंधों को मानने से इनकार किया और महिला मताधिकारों की रक्षा की वकालत करनेवाले इस आंदोलन को वित्तीय सहायता दी।

हालाँकि, हम में से अधिकांश के लिए, ''महिलाएँ काम कर रही हैं क्योंकि उन्हें करना पड़ता है'' एक तर्कसंगत व्याख्या के रूप में पर्याप्त आकर्षक और सत्य है। लेकिन यदि हम इसका प्रयोग, इसके साथ नौकरी के लिए वृहत मानवाधिकारों को दाँव पर लगाए बिना ही करते हैं तो हम उस अधिकार को कभी नहीं पा सकेंगे। हमें हमेशा उस झूठी बहस का केंद्र बनाया जाएगा कि आज़ादी महिलाओं के लिए वह सुख है जो सिर्फ़ अच्छे आर्थिक काल में ही संभव है। नौकरी से हटाए जाने के विकल्प नहीं खोजे जाएँगे, स्वीकार्य बेरोज़गारी का इस्तेमाल हमेशा नौकरीशुदा लोगों को डरा

कर उन्हें कम वेतन वाली नौकरी स्वीकार करने के लिए विवश करने में किया जाएगा, और हम कभी भी परिवारों और देश के लिए आश्रित महिलाओं एवं प्रतिभा की विशाल क्षति की वास्तविक लागत की भरपाई नहीं कर सकेंगे।

सबसे बुरा यह होगा कि हम कभी भी उत्पादक, सम्मानजनक काम को अपने जीवन के सामान्य हिस्से के रूप में देखना नहीं सीख सकेंगे और जीवन के मूल आनंद का अनुभव भी नहीं कर पाएँगे।

(आउटरेजियस एक्ट्स एंड एवरीडे रिबेलियंस, 1979)

भोजन पर राजनीति

किशोरों पर यूनीसेफ की वैश्विक रिपोर्ट 2012 के अनुसार, भारत में 111 मिलियन किशोर लड़कियों में से 45% कुपोषित हैं।[1] 47% किशोरवय लड़कियाँ जिनकी आयु 15 से 19 वर्ष के बीच है, उनका वजन सामान्य से कम है और साथ ही उनका बॉडी-मास सूचक भी निर्धारित स्तर 18.5 से कम है।[2] इसके लिए बताए गए कारणों में, भेदभाव, परिवारों में लड़कों को दी जाने वाली वरीयता और लड़कियों को कम महत्त्व दिया जाना था।

हालाँकि, गुजरात के मुख्यमंत्री नरेन्द्र मोदी ने वॉल स्ट्रीट जर्नल को दिए एक साक्षात्कार में कहा कि गुजरात में नवयुवतियों के बीच सुंदरता और उचित देहयष्टि के फैशन के कारण वहाँ नवयुवतियाँ कुपोषित हैं, फिर भी राष्ट्रीय परिवार स्वास्थ्य सर्वेक्षण के अनुसार, गुजरात में तीन वर्ष से कम आयुवर्ग में 41% से भी अधिक बच्चों का वजन सामान्य से कम है।[3] साथ ही, 15-45 आयु वर्ग में 55% से भी अधिक महिलाओं में ख़ून की कमी है जो ऐसे पोषणरहित भोजन से होती है जिसमें आयरन, फॉलिक एसिड, विटामिन बी2 और अन्य तत्त्वों की कमी होती है, ख़ासकर मासिकधर्म और जनन वर्षों के दौरान।[4]

किसे कितना भोजन मिलता है और क्यों, इस संबंध में स्टायनेम का 1980 का यह निबंध सभी संस्कृतियों और देशों में प्रासंगिक है और हमारी असमानताओं की समानताओं को चिन्हांकित करता है।

—रुचिरा गुप्ता

दुनिया की आधी से अधिक महिलाओं के लिए, हमारी कमतरी का पहला संकेत भोजन होता है। इससे हम यह जान पाते हैं कि हमारा ही परिवार एक स्त्री के शरीर को कम योग्य, कम महत्त्वपूर्ण और कम ज़रूरतमंद समझता है।

कई ग़रीब देशों में माताएँ लड़कों को लगभग दो वर्षों तक स्तनपान कराती हैं, ख़ासकर तब जब अन्य किसी तरह के भोजन की उपलब्धता कम अथवा अनिश्चित हो। लड़कियों को आमतौर पर इससे आधे समय तक ही स्तनपान कराया जाता है।

एक छोटी बच्ची जिसके लिए उसकी माँ का शरीर भी प्राप्य नहीं, उसके दिमाग़ पर क्या असर होता होगा, या उसके भाई के दिमाग़ पर इस बात का क्या असर होता होगा जिसके लिए यह सुलभ है?

भारत में, अन्य देशों की तरह ही जहाँ ग़रीबों को तकलीफ़देह चुनाव करने पड़ते हैं, वहाँ अक्सर कम भोजन और स्वास्थ्य सुविधाएँ न उपलब्ध कराने के द्वारा कन्याओं की शिशुहत्या की जाती है। ऐसा किया जाना वहाँ इतना सामान्य है कि देश के कुछ भागों में पुरुषों और महिलाओं का अनुपात मात्र 100 : 80 ही है।

अर्थशास्त्रियों का कहना है कि चीज़ों के अभाव से उनकी क़ीमत बढ़ती है, किंतु वह चीज़ यदि लड़कियाँ हैं तो यह नियम लागू नहीं होता। लड़कियों की माताएँ, चाहे उनका स्वास्थ्य कितना भी ख़राब क्यों न हो, उनसे यह आशा की जाती है कि वे बार-बार बच्चे जनें जब तक कि लड़का न पैदा हो जाए। शादियों में लड़के के परिवार वाले लड़की के परिवार से खुलेआम ज़्यादा से ज़्यादा दहेज़ की माँग करते हैं। अगर इस अभाव की क़ीमत किसी को चुकानी पड़ती है, तो वे स्वयं महिलाएँ ही हैं। अभाव के फलस्वरूप आसपास के इलाक़ों से दुल्हनों का अपहरण कर लिया जाता है। कई बार किसी औरत पर बच्चे पैदा करने का बोझ इसलिए बढ़ जाता है क्योंकि उसके पति के भाइयों की पत्नियाँ नहीं हैं।

स्त्रियों के कम योग्य होने की संस्कृतिजन्य धारणा इतनी गहरी है कि महिलाएँ स्वयं इसे स्वीकार कर सकती हैं और इसे अपने मन में बनाए रख सकती हैं। "परिवार के अंदर भोजन के असमान वितरण की शुरुआत महिलाओं द्वारा जान-बूझ कर ख़ुद को वंचित रखने से होती है," भारत में 1974 में पोषण पर किए गए अध्ययन का निष्कर्ष यह निकला कि "क्योंकि महिलाएँ यह मानती हैं कि घर के कमाने वाले सदस्य (और वे पुरुष सदस्य जो भावी आय अर्जित करनेवाले होंगे) उनकी अपेक्षा अधिक महत्त्वपूर्ण हैं जो बच्चे पालने का और घरेलू काम करती हैं, जिसे वो किसी प्रकार के आर्थिक महत्त्व से रहित मानती हैं।"

क्या होता है उन महिलाओं की आत्मा को जो सिर्फ़ ख़ुद को वंचित रखती हैं बल्कि अपनी बेटियों को वंचित रखने का भी ठेका लेती हैं?

इस अधिक संपत्तिवान, और अधिक भाग्यशाली देश में भी, हम जितना स्वीकार करते हैं उससे कहीं अधिक अभी जानने को बाक़ी है। अश्वेत दासी महिलाएँ और क़रार से बँधी श्वेत महिलाएँ, दोनों का प्रचार मजदूर पैदा करने वालियों के रूप में किया जाता था, और ऐसी संपत्ति के रूप में भी जो कम खाएँगी और जिनके जीवन की लागत पुरुषों से कम आएगी। सीमान्त प्रदेशों की खेतों में काम करनेवाली मेहनतकश महिलाएँ अपने परिवारों में पुरुषों और लड़कों को पहले और अधिक मात्रा में खाना देती हैं, फिर भी उनके ख़ुद के कठिन परिश्रम और बच्चों को पैदा करने और पोसने का मोल यह था कि वहाँ औसतन हर परिवार में दो माएँ होती थीं : अधिकांश

मर्द दोबारा शादी करते थे क्योंकि उनकी पहली पत्नियाँ बच्चे पैदा करने के दौरान, बीमारियों से या अत्यधिक काम करने के कारण मर जाती थीं।

हमारी ख़ुद की याद में भी, अप्रवासी परिवारों की वे पत्नियाँ और बेटियाँ थीं जो पहले पिताओं और भाइयों के लिए खाना लगाती थीं, कभी-कभी वे सिर्फ़ उतना ही खाती थीं जितना कि उनके परिवार के पुरुषों की जूठी थालियों में बचता था। आज भी, कुछ गृहस्थीदार महिलाएँ मीट का मनपसंद टुकड़ा 'घर के पुरुष' या 'बढ़ते हुए लड़कों' के लिए बचाकर रखती हैं न कि बढ़ती हुई लड़कियों के लिए या ख़ुद अपने लिए।

करोड़ों महिलाएँ जो सरकार की तरफ़ से दिया जाने वाला दान का भोजन खाती हैं, उस भोजन में इतना स्टार्च होता है कि उनके पेट में पल रहे बच्चों को स्थायी हानि पहुँचा सकता है, फिर भी उनके भारी शरीर को देखकर ऐसा आभास होता है कि वे भली-भाँति पोषित हैं। यहाँ तक कि अच्छी-ख़ासी पढ़ी-लिखी महिलाएँ भी इस भुलावे की शिकार हो जाती हैं कि पुरुषों को अधिक प्रोटीन और शक्ति की आवश्यकता होती है। अपने परिवारों के लिए बढ़िया खाना पकाते-पकाते उनके खाने में चीनी की मात्रा बढ़ जाती है या अपने खाने में कटौती करते-करते वे कमज़ोर हो जाती हैं। क्या एक महिला जो पुरुष अतिथि के लिए खाने को भिन्न विधियों से पकाती है, वह दूसरी महिला अतिथि या स्वयं के लिए भी ऐसा करेगी? शायद भोजन अब भी सम्मान का पहला प्रतीक है—या सम्मान न होने का भी—जो हम एक-दूसरे के प्रति या अपने शरीर के प्रति प्रदर्शित करते हैं।

निश्चित रूप से, महिलाओं ने हमेशा विद्रोह किया है। हम (महिलाएँ) स्वयं को जानने-भर से ही इस बात का अनुमान लगा सकती हैं। हम इसका अनुमान जटिल, दंडात्मक व्यवस्था से भी लगा सकती हैं जो विद्रोही महिलाओं को दंड देने के लिए अस्तित्व में है।

अफ्रीका और एशिया के कई क्षेत्रों में ऊर्जा और पोषण के बहुमूल्य स्रोत सख़्त प्रतिबन्ध द्वारा पुरुषों के लिए सुरक्षित रखे जाते हैं। लाल मांस, मछली, पोल्ट्री (वे पक्षी जिनका मांस खाया जाता है), अंडे, यहाँ तक कि कुछ फल और सब्जियाँ भी—ये सब दुनिया के कुछ हिस्सों में महिलाओं के लिए प्रतिबंधित हैं। इन प्रतिबंधों का स्पष्टीकरण भी मृदु भाषा में मिल जाता है (जैसे कि लाल मांस खाने से महिलाएँ भी 'पुरुषों जैसी' हो जाएँगी) या उनके गहरे भय पर आघात करने के द्वारा (जैसे कि दूध पीने से स्त्रियों का परिवार में मान नहीं रह जाएगा क्योंकि इससे वे बाँझ हो जाएँगी), लेकिन दरअसल इन सांस्कृतिक प्रतिबंधों की जड़ें बहुत गहरी हैं। अफ्रीका की कुछ छात्राएँ वर्षों तक यूरोप और अमरीका में रहने के बाद भी उन प्रतिबंधों का पालन करती हैं, जबकि ज़बरदस्ती कोशिश करके अंडा या संतरा खाने पर अन्य अफ्रीकी महिलाओं ने बेचैनी और मिचली की शिकायत की।

प्रतिबंधों के साथ या उनके बग़ैर, भोजन को ख़ुद में ही दंड या ईनाम के रूप में प्रयोग किया जा सकता है। अनेक संस्कृतियों में, पति और पिता परिवार के स्टोर (भंडार कक्ष) की चाबी अपने कब्ज़े में रखते हैं और स्वयं वहाँ से पकाने के लिए सामग्री निकाल कर देते हैं। महिलाओं की ज़िम्मेदारी सिर्फ़ अपने भोजन तक ही सीमित नहीं होती बल्कि बच्चों, घर के अन्य सदस्यों से लेकर नौकरों तक के खाने की ज़िम्मेदारी उन पर होती है।

धनवान समाज में भी पत्नियों को 'बाहर खाने' के लिए ले जाने के द्वारा दंड और इनाम का प्रदर्शन किया जाता है, या पूरे परिवार के भोजन हेतु उन्हें दिया जाने वाला बजट बहुत ही सख़्त रखने के द्वारा भी उन्हें दंडित किया जाता है। महँगाई के समय में, महिलाओं से यह अपेक्षा की जाती है कि वे सिकुड़ते हुए फूड डॉलर को असंभव चतुराई का परिचय देते हुए खींचती चली जाएँ।

जब 1970 के दशक में विश्व में अनाज के दाम अभूतपूर्व ऊँचाइयों को छू रहे थे, तब ग्रेट ब्रिटेन में परिवारों पर किए गए एक अध्ययन से यह निष्कर्ष सामने आया कि 75% पतियों ने उस ख़र्च में कोई वृद्धि नहीं की जो वे अपनी पत्नियों को घर-गृहस्थी चलाने के लिए देते थे। कोई आश्चर्य नहीं कि भोजन ही स्त्रियों की पहचान का प्राथमिक स्रोत बन गया है।

कुछ संस्कृतियाँ तो बाह्य नियंत्रण से भी बहुत आगे हैं। ईथियोपिया के जनजातीय समाज में जब कोई लड़की मासिक धर्म के पश्चात स्त्रीत्व ग्रहण करती है तो उनके कुछ प्रमुख दाँत उखाड़ दिए जाते हैं। यह एक ऐसी प्रथा है जो सुंदरता के छलावे में अंजाम दी जाती है और जो ख़ासतौर पर उनके लिए मांसाहार को स्थायी रूप से अत्यधिक कठिन बना देती है। दाँतों के बीच के अंतराल वाली उनकी मुसकान को स्त्री-सुलभ कहा जाता है। इसी तरह किशोरावस्था में पहुँचने पर स्त्रियों को पैर में भारी पायल पहनाए जाने की प्रथा है (चीन की उच्चवर्गीय महिलाओं के पैरों के बँधे होने की कल्पना भर कीजिए)। इसी जनजाति में पुरुषों का शृंगार मात्र शरीर को रँगने और बालों में चोटियाँ बनाने अथवा मिट्टी पोतने तक ही सीमित है—जिसमें ऐसा कुछ भी नहीं है जो उनकी गति, आज़ादी या भोजन को प्रभावित करे।

स्त्रियों को समान पोषण से वंचित रखने के द्वारा पुरुषों के लिए भोजन की उपलब्धता अपने आप ही बढ़ जाती है और इससे उनकी पत्नियों और बेटियों के बीच पनपने वाले विद्रोहियों की ऊर्जा भी कम हो जाती है। लेकिन अन्य सभी प्रकार के अत्याचारों की तरह ही दीर्घकाल में यह सभी के लिए ख़तरनाक है। कुपोषित महिलाएँ कम स्वस्थ शिशुओं को जन्म देती हैं, जिनमें लड़का और लड़की दोनों ही सम्मिलित हैं। यहाँ तक कि वे संस्कृतियाँ भी जिनमें गर्भावस्था के दौरान स्त्रियों को बेहतर भोजन का पुरस्कार मिलता है, वे भी लैंगिक राजनीति के नाम पर हुए इस नुक़सान की पूरी भरपाई बमुश्किल ही कर पाती हैं।

हमें शिशु मृत्यु-दर और प्रोटीन की कमी के ऐसे मामले अपने आसपास ही बहुतायत में मिल जाएँगे जहाँ यह दर किसी भी औद्योगिक देश में इन दरों की तुलना से अधिक होगी। अमेरिका कई पीढ़ियों से कुपोषित निम्न वर्ग को जन्म देता आ रहा है; फिर भी राशन कार्ड, पर्याप्त कल्याण वेतन, यहाँ तक कि शिशुओं, गर्भवती स्त्रियों और स्तनपान कराने वाली स्त्रियों के लिए सीमित भोजन कार्यक्रम को लेकर राजनैतिक विरोध बढ़ता ही जा रहा है।

इसी प्रकार नौकरी प्रशिक्षण कार्यक्रम, शिशु देखभाल केंद्र और कार्यस्थल पर लैंगिक भेदभाव पर लगने वाले जुर्माने के प्रति विरोध भी बढ़ ही रहा है, और ये सभी वे सुविधाएँ हैं जो महिलाओं को अपने तथा अपने बच्चों को बेहतर भरण-पोषण के प्रति सक्षम बनाती हैं।

ऊपर दिए गए सभी मामलों में धन बचाने के लघुकालीन उद्देश्य का बहाना दिया जाता है, लेकिन जब सेना पर ख़र्च होनेवाले अनेक बिलियन डॉलर की बात होती है तो इस उद्देश्य का कोई उल्लेख नहीं होता। सीधी-सी बात है, मानव प्रतिभा के एक निश्चित आसन्न नुक़सान को सेना की श्रेष्ठता के संभावित नुक़सान की तुलना में कम महत्त्वपूर्ण समझा जाता है।

यह आपको हैरत में डाल देता है : जाने-अनजाने क्या एक आत्मनिर्भर महिला का डर इतना अधिक होता है कि हमारा 'परिवार केंद्रित' नेतृत्व देश के दीर्घकालीन आत्महित की तुलना में स्त्री-निर्भरता को चुने? क्या वे बेचारी औरत का ज़िक्र— या अन्य कोई औरत जो पुरुष की सुरक्षा और साख के अभाव में जी नहीं सकती— हम सभी को अपनी हद में रहने की बात लगातार याद दिलाने के साधन के रूप में करते हैं?

भोजन पर की जाने वाली राजनीति से महिलाएँ निश्चित रूप से यह सीख सकती हैं कि अभिज्ञात आत्महित पर होनी वाली बहसें पर्याप्त नहीं हैं। अक्सर सिर्फ़ विद्रोह से ही काम होता है।

और जो तथ्य हैं, वे हमें विद्रोह की आवश्यकता महसूस भी कराते हैं :

मिथक : पुरुषों को अधिक भोजन और अधिक पोषण की आवश्यकता है क्योंकि वे काम पर जाते हैं।

तथ्य : संयुक्त राष्ट्र संघ के अनुसार, विश्व में होनेवाले कुल वैतनिक कार्य का एक तिहाई महिलाओं द्वारा किया जाता है और वैतनिक या अवैतनिक कुल कार्य का दो तिहाई भी महिलाओं द्वारा संपन्न होता है। अमेरिका जैसे औद्योगिक समाज में घर सँभालने वाली महिलाएँ किसी भी अन्य वर्ग की महिलाओं की तुलना में ज़्यादा मेहनत करती हैं; औसतन 99.6 घंटे प्रति सप्ताह। लैटिन अमेरिका में, श्रमिक दल में लगभग पचास प्रतिशत महिलाएँ होती हैं जबकि एशिया और अफ्रीका में यह संख्या 90 प्रतिशत तक है। हमारे जैसे कई अन्य समाजों में, अधिकांश महिलाओं को दोहरी नौकरी करनी

पड़ती है, घर के अंदर और घर के बाहर, जबकि अधिकांश पुरुषों को सिर्फ़ एक।

मिथक : विश्व के अधिकांश क्षेत्रों द्वारा झेले गए अकाल और कुपोषण को देखते हुए, भोजन के वितरण पर केंद्रित होना पथ से भटकना होगा। पहला और एकमात्र प्रश्न यह होना चाहिए कि और भोजन किस प्रकार उपलब्ध कराया जाए।

तथ्य : इस धरती पर सभी रहनेवालों के पोषण हेतु पहले ही पर्याप्त मात्रा में अन्न पैदा हो रहा है। भूख और भुखमरी के लिए भोजन के वितरण में होनेवाली राजनीति ही प्रमुख कारण है। जैसा कि स्वीडिश फाउंडेशन और अन्य अंतर्राष्ट्रीय अध्ययन समूहों द्वारा वर्षों पहले यह निष्कर्ष निकाला गया था कि, भोजन और भुखमरी का इस्तेमाल राजनीतिक शस्त्रों के रूप में किया जाना, जीवाणु विज्ञान से किए जाने वाले युद्ध या सभी लोगों को समान रूप से प्रभावित करनेवाले किसी भी अस्त्र की अपेक्षा कहीं अधिक घातक है, संक्षेप में ऐसा इसलिए है क्योंकि अधिमान्य ढंग से, पोषण रोकने से गर्भवती महिलाओं, स्तनपान कराने वाली महिलाओं और बच्चों को कष्ट मिलता है।

मिथक : महिलाओं के संबंध में कोई दृढ़ रवैया नहीं है। कुछ संस्कृतियों में मांसल महिलाएँ पसंद की जाती हैं जबकि अन्य में पतली-दुबली। कुल मिलाकर यह निजी पसंद और ढंग का मामला है।

तथ्य : जो दुर्लभ और सशक्त लोगों के पास होता है उसे शक्ति के चिन्ह के रूप में देखा जाता है और उससे ईर्ष्या की जाती है। अतः, ग़रीब समाज जिनके पास भोजन की कमी है वे मांसल स्त्रियों को ही आदर्श मानते हैं जो सिर्फ़ अमीरों के लिए उपलब्ध होती हैं। पाशा, अफ्रीकी सरदार और अमेरिकी डकैत सामंत कई बार जान-बूझ कर ज़्यादा खाना खिलाकर या किसी अन्य तरीक़े से अपने घर की स्त्रियों को मोटा करते थे जिससे कि वे उनके वैभव और संपत्ति का प्रमाण बनें। कुछ समाज जो इनकी तुलना में अधिक भाग्यशाली थे वहाँ यदि और कुछ न उपलब्ध हो तो स्त्रियाँ स्टार्च और चीनी खाकर ही मांसल हो जाती हैं, ऐसे समाज में महिलाओं का पतला या नाजुक होना ईर्ष्या का कारक बनता है। फिर भी, वश्यता और साहस की कमी ही सर्वनिष्ठ गुण हैं। ग़रीब हो या अमीर, स्त्री सौन्दर्य को पुरुषों के प्रति दासता से ही जोड़ा जाता है। निम्न वर्ग की महिलाएँ, जिन्हें शारीरिक श्रम करना पड़ता है और जो कुछ हद तक मज़बूती विकसित कर लेती हैं, उन्हें इस नजाकत से ईर्ष्या करने के लिए प्रेरित किया जाता है। मध्य पूर्वी क्षेत्रों में खेती करनेवाली महिलाएँ नकाब की सुरक्षा और प्रतिबंधों से ईर्ष्या करती थीं और उनकी नक़ल करती थीं, इसकी शुरुआत उन महिलाओं द्वारा नक़ाब पहनने से हुई जो उच्चवर्गीय पुरुषों के संरक्षण में थीं। खेतों और कारखानों में काम करनेवाली अमेरिकी महिलाओं को धनवान महिलाओं के छरहरे शरीर और कौशल से ईर्ष्या हो सकती है। वे जो वेतन के लिए और बच्चों के पोषण के लिए दो भूमिकाओं में काम कर रही हैं, एक ओर बच्चों को पालने वाली और दूसरी ओर

एक समृद्ध पुरुष के घर की मेजबान के रूप में, वे तुलनात्मक रूप से अधिक मनभावन लग सकती हैं।

स्वतंत्रता मात्र कल्पना का विषय है। लेकिन संक्रामक स्त्रीवादी विचारों को शुक्रिया, कल्पना अब अधिक सक्रिय है।

बेचारी महिलाएँ ऐसे व्यावहारिक साधनों की माँग कर रही हैं जो उनके स्वास्थ्य को जोखिम में डालने वाले प्रसव के अंतहीन सिलसिले को नियंत्रित कर सकें और वे अपने द्वारा जन्म दिए जाने वाले बच्चों के स्वस्थ और जीवित रहने के लिए जच्चा और बच्चा के बेहतर पोषण की माँग कर रही हैं। अपेक्षाकृत ग़रीब और कृषिप्रधान देशों में महिलाओं का इस ओर वृहत ध्यानाकर्षण उनके लिए भी महत्त्वपूर्ण है जो हमारे जैसे समृद्ध और औद्योगिक देशों के अंदर भी ग़रीब हैं। उदाहरण के तौर पर हम यह जान सकते हैं कि, अमेरिका में सबसे ग़रीब महिला के पास अब भी गर्भनिरोध के पर्याप्त उपायों और गर्भपात की सुविधाओं तक पहुँच नहीं होती। लेकिन क्या हम यह जानते हैं कि अफ्रीकी चिकित्सकों द्वारा यहाँ किए गए प्रशिक्षण में क्वाशियोरकर का हमारे अपने शहरों में पता लगा है, एक बीमारी जिसके कारण त्वचा पीली पड़ने लगती है। अफ्रीकी अकाल के दौरान हुई पेट फूलने की बीमारी भी यही है।

मध्यवर्गीय महिलाएँ अब चुस्त-दुरुस्त रहना चाहती हैं और मज़बूती विकसित करना चाहती हैं। शरीर को गठीला बनाने वाली, रोज़ जॉगिंग करने वाली, टेनिस की चैम्पियन और ओलम्पिक में दौड़ने वाली स्त्रियाँ अब कोमलता और सुंदरता के समीकरण को चुनौती देने लगी हैं। यहाँ तक कि उच्चवर्गीय महिलाएँ भी घरों में गर्म पकवान बनाने वाली उस कला को बढ़ावा देने के पक्ष में नहीं हैं जो पुरुष संरक्षण का प्रमाण है।

सभी महिलाओं को मज़बूती और साहस की ज़रूरत है—स्वास्थ्य, शक्ति और सहनशक्ति—अगर हमें वाकई दुनिया को बदलना है तो।

क्या हम इस बारे में उसी तरह कल्पना करते हैं, जिस तरह सुंदरता के बारे में करते हैं? या जिस तरह पोषणरहित कैलोरीयुक्त चीज़ों को खाने की सोच में डूबे रहते हैं? या क्या जब हम भोजन पर होनेवाली इस राजनीति को अपने बच्चों और छोटी बहनों की ओर झोंक रहे होते हैं, तब हम इस बारे में ज़रा भी सोचते हैं?

विश्व की सबसे लंबी क्रांति को आगे बढ़ने के लिए बहुत अधिक पोषण चाहिए होगा।

(आउटरेजियम एक्ट्स एंड एवरीडे रिबेलियंस, 1980)

एक बार फिर महिलाओं की शारीरिक सुंदरता के बारे में

भारत–भूमि पर स्त्री और पुरुष दोनों की ही प्रतिमाओं में नग्नता सदैव सराही गई है। इन प्रतिमाओं को मुख्यत: हमारे सबसे पवित्र स्थलों—हमारे पूजा–स्थलों—में स्थान दिया गया है। वास्तव में ये सिर्फ़ ब्रिटिश उपनिवेशवाद द्वारा आयातित पश्चिमी मूल्य हैं जिन्होंने नग्नता और स्त्री–देह के प्रति हमारी सोच पर विक्टोरियन नैतिकता को थोपा। जब ब्रिटिश राज के दौरान उच्चवर्गीय महिलाएँ साड़ी के नीचे ब्लाउज़ पहनने लगीं तो उस दौर में इसे उत्तेजक माना जाता था। आज कुछ पुजारी शिव और पार्वती की मूर्तियों को धोती और साड़ी पहनाते हैं, कलाकारों पर हमले किए जाते हैं और यहाँ तक कि उन्हें स्त्रियों की नग्न कलाकृतियाँ बनाने के लिए देश छोड़ने के लिए मजबूर किया जाता है। कुछ महाविद्यालयों के प्रधानाचार्यों ने लड़कियों के साथ होनेवाली बलात्कार की घटनाओं से उन्हें सुरक्षित करने के लिए उनके द्वारा जींस पहने जाने के विरोध में फरमान जारी करने की कोशिश की है।

दूसरी ओर, फैशन जगत महिलाओं पर अति–कामुकता को थोप रहा है जो अपनी मर्जी और संतुष्टि के लिए परिधान पहनने की बजाय दिखावे और पुरुषों के नैतिक सुधार के लिए कपड़े पहनती हैं। ये दोनों ही अलग–अलग प्रकार से स्त्रियों के लिए बाधक हैं।

चाहे वह छिपाने के लिए दबाव हो या दिखाने के लिए, दोनों ही अपने शरीर के संबंध में स्त्री की निर्णय–क्षमता पर सेंध लगाते हैं। 1980 में लिखे गए स्टायनेम के निबंध में इस पर चर्चा हुई है कि किस तरह रूढ़िवादिता या बाज़ार मूल्यों को थोपे जाने के बावजूद स्त्रियों ने अपनी देह पर शर्मिंदा होने के स्थान पर सम्मान और प्रशंसा भाव अपनाना शुरू कर दिया है।

—रुचिरा गुप्ता

किसी महिला के साथ अंतरंग घनिष्ठता में कुछ समय बिताए हुए आपको कितने दिन हो गए : कपड़े पहनना, उतारना, बातें करना, शॉवर में नहाना, आराम करना—इस

तरह का अनौपचारिक साथ जो पुरुषों के लॉकर रूम का एक आम दृश्य होता है?

मेरे लिए, इसका सबसे नज़दीकी अनुभव हाईस्कूल की जिम क्लास का है। लेकिन वह 1950 के दमनकारी दशक की बात है, जब हममें से सबसे ज़्यादा साहसी लड़की भी अपने तौलिये के पीछे छिप जाती थी और अन्य अपने शरीर में होनेवाले किशोरावस्था के बदलावों (या इन बदलावों की कमी) को लेकर इतना असुरक्षित महसूस करती थीं कि एक साथ शॉवर लेने जाते समय भी हम अपने अंतर्वस्त्र पहने रहते थे, या अपने कपड़ों के नीचे जिम सूट पहने हुए उसकी असहज नमी को बर्दाश्त करते रहते थे ताकि हम किसी के सामने कपड़े बदलने से बचे रह सकें।

जब तक हम कॉलेज में दाख़िल होने की अवस्था में आए, तब तक मेरे ख़याल में हम बड़े और कुछ खुले विचारों के हो चुके थे। बावजूद इसके, लड़कियों के लिए 'गैर-स्त्रियोचित' माना जाने वाला खेलकूद अब गैर-बौद्धिक भी हो चुका था। स्त्रियों द्वारा अनौपचारिक रूप से भी अंगप्रदर्शन को परिवर्जित करने के लिए ये दो अच्छे बहाने दिए गए थे। इस तरह हम अपने शरीर के प्रति हीनभावना से ग्रस्त हो उसे छिपाने में लगे रहे और अंदर ही अंदर सोचते रहे कि दुनिया में हमारा महत्त्व इस शरीर पर ही निर्भर करता है।

इसलिए हाल के कुछ दिनों में मैंने ख़ुद को एक मौलिक, मानवीय, सुकून देने वाले अनुभव से भरा पाया। वह अनुभव जिसे बहुत पहले ही मेरे जीवन में किसी साधारण अनुभव की तरह प्रवेश कर लेना चाहिए था। इसके लिए मैं एक पुराने फैशन के स्पा में बिताए गए उन दिनों की शुक्रगुज़ार हूँ जो नब्बे या उससे अधिक महिलाओं के संसर्ग में बीते। मैंने उस दौरानं एक आम, आंतरिक चेतना-जागृति को महसूस किया जो मौलिक चेतना जितनी ही महत्त्वपूर्ण थी। यह उन अन्य मौलिक अनुभवों जैसा ही था जिनसे दूर रहने के लिए स्त्रियों को प्रेरित किया जाता है, यह अनुभव ताक़त/ साहस (स्व-स्वीकारोक्ति द्वारा) और क्रोध (मैंने पहले यह क्यों नहीं जाना?) दोनों ही लेकर आया।

यह एक स्वयंसिद्ध सत्य है उदाहरण के लिए कि कुछ कपड़े पहनना, बिलकुल न पहनने की अपेक्षा अधिक ख़राब लगता है। लेकिन स्त्रियों के लिए ख़ासतौर पर ब्रा, पैंटी, बाथिंग सूट और ऐसे अन्य परंपरागत वस्त्र एक व्यापारिक, आदर्श स्त्रियोचित छवि के दृश्य अनुस्मारक होते हैं जिसमें हमारी वास्तविक और भिन्न स्त्री देह समुचित रूप से नहीं समाती। हालाँकि इन दृश्य संदर्भों के बग़ैर प्रत्येक स्त्री-शरीर को अपनी प्राकृतिक अवस्था में स्वीकार किया जा सकता है। अब हमने तुलनात्मक होना बंद कर दिया है। हमने अद्वितीय होना शुरू कर दिया है।

स्वाभाविक है कि किसी ने इस घटनाओं पर कोई टिप्पणी नहीं की। वे बस हो गईं। जितने ज़्यादा दिन और घंटे हम साथ में गुज़ारते गए, लॉकर रूम और एक्सरसाइज क्लास के लिए आते-जाते या पूल और सौना के बीच, हमारे कोमल छरहरे बदन या

हमारे विभिन्न शैली के अंडरवियरों की और न खींची जा सकने वाली इलास्टिक पर बात करना उतना ही कम होता गया। एक-दूसरे के सामने बग़ैर कपड़ों के होना सामान्य था। एक्सरसाइज के लिए पहने जाने वाले लियोटार्ड से भी कोई परेशानी न थी। वे आराम से शरीर को ढक रहे थे, बजाय उसे लंबी सीधी रेखाओं में काट देने के (जैसा मोटे लोगों द्वारा ज़रूरत से ज़्यादा चुस्त कपड़े पहनने पर होता है)। लेकिन धीरे-धीरे, चुस्त बिकनियाँ, छोटी समीजें, कमर में लगाई जाने वाली बेल्ट और अन्य साज-सामान हमारे शरीर और लॉकर दोनों से ग़ायब होने लगे, जैसे उस युद्ध से ग़ायब होनेवाले व छिपने वाले सामान, जिन्हें अब आगे नहीं लड़ा जाना है।

एक महिला ने कहा, "मुझे हमेशा से सेक्सी अंतर्वस्त्र बहुत पसंद थे, लेकिन अब ये मुझे अजीब लगने लगे हैं।"

एक स्थूल शरीर वाली किंतु सुंदर महिला ने कहा, "इसीलिए मेरे पति को काली इलास्टिक वाली गार्टर बेल्ट पसंद है। ये तो सबसे अजीब लगती है।"

"क्या आपने कभी जूडी हॉलिडे की कहानी सुनी है?" एक महिला ने अपना पसीने से भीगा लियोटार्ड उतारते हुए पूछा। "जब वह सिनेमा के लिए इंटरव्यू देने गई थी, तो स्टूडियो का मालिक डेस्क के चारों ओर उसके पीछे दौड़ने लगा। तभी उसने अपने अपनी ड्रेस के अंदर हाथ डाला और अपने नकली उभार उसके हाथों में थमा दिए। "ये लो," उस महिला ने कहा, "मुझे लगता है तुम्हें यही चाहिए थे।"

"हे भगवान," बड़े स्तनों वाली एक महिला ने कहा, जो प्लेबॉय मानकों के अनुसार, सबसे ख़ुशनसीब महिला थी—"अगर ऐसा करने की हिम्मत हो, बस!"

धीरे-धीरे हमारे बीच अब अपेंडिक्स के ऑपरेशन से पड़े निशान, स्ट्रेच मार्क्स, बच्चे के जन्म में होनेवाले ऑपरेशन के निशान और इस तरह की अन्य चीज़ों के प्रति असहजता कम हो गई थी। हालाँकि मुझे हमेशा मानविकी के इस दोहरे नैतिक सिद्धांत पर क्रोध आया है जिसके अंतर्गत पुरुष के शरीर पर निशान उसके साहस के प्रतीक माने जाते हैं जबकि स्त्री के शरीर पर उन्हें असुंदर माना जाता है। मुझे यह एहसास होना शुरू हुआ कि तब भी मैं इन ज़ख़्मों का मूल्यांकन पुरुषवादी नज़रिए से ही कर रही थी। संघर्ष में लगे निशान, लड़ाइयों में मिले ज़ख़्म, हिंसा के रूप में मिले निशान, दर्दनाक प्रवर्तन के रूप में जनजातियों में पाए जाने वाले निशान—ये छवियाँ उस कारण का ही एक हिस्सा थीं जिसकी वजह से मैं इन निशानों को पुरुषों और साथ ही महिलाओं पर की गई हिंसा का सबूत मानती थी।

लेकिन स्त्रियों के शरीर पर पाए जाने वाले निशानों के कारण अलग होते हैं, इस तरह उनमें एक पूर्ण निजी भावनात्मक शक्ति होती है। बच्चे के जन्म के फलस्वरूप पड़ने वाले स्ट्रेच मार्क्स या चीरे का निशान दुर्घटना, युद्ध या लड़ाई में लगे निशानों से बिलकुल अलग है। वे हिंसा, शक्ति या बर्बरता के बग़ैर साहस पैदा करते हैं और तब भी स्त्रियाँ उन्हें लेकर शेखी बघारने की जगह एक आत्मसंकोच के साथ अपने

शरीर पर ओढ़े रहती हैं। यह स्त्रियों को एक मर्मस्पर्शी, दुखमिश्रित साहस देता है जैसे उस कमरे को देखना जहाँ हमारे जीवन की कोई बहुत भावनात्मक घटना घटी हो।

कुछ और भी चीरफाड़ के निशान थे जो मुझे बहुत प्रिय थे लेकिन उनमें से कोई भी इतना उद्बोधक न था जितना बच्चे के जन्म से होनेवाला निशान। त्वचा के अपनी अंतिम सीमा तक खिंच जाने को औरतें न जाने इतने सामान्य रूप से कैसे बर्दाश्त कर पाती हैं? एक सीज़ेरियन बच्चे को जन्म देने के बाद भी कुछ औरतों में इतनी हिम्मत कहाँ से आती है कि वो एक और या कई और बच्चों के लिए भी तैयार हो जाती हैं?

यह सत्य है कि कुछ जनजातियों में बच्चे को जन्म देने वाली महिला को किसी पुरुष योद्धा जैसा सम्मान दिया जाता है, लेकिन इसका अर्थ भी युद्ध को ज़रूरत से ज़्यादा सम्मान देना ही होता है। बच्चे को जन्म देना, युद्ध विजय करने से कहीं अधिक प्रशंसनीय है, आत्मरक्षा के मुक़ाबले कहीं ज़्यादा अद्भुत और इन दोनों के समान ही साहसिक भी। फिर भी, मेरी जान-पहचान में आने वाली एक प्रबल और सर्वाधिक गंभीर नारीवादी अपने दो बच्चों के जन्म से हुए सीज़ेरियन निशानों को छिपाने के लिए वन पीस बाथिंग सूट पहनती है। और मेरी जानकारी में आने वाली एक सबसे पाखंडी (यानी कि वह जो नारीवाद को पसंद करती हैं लेकिन नारियों से नफ़रत करती है) नारीवादी ने उन मामूली निशानों को हटाने के लिए प्लास्टिक सर्जरी करवाई, जिससे उसके चेहरे के पीछे छिपा चरित्र उजागर हो गया।

शायद हम तभी अपने प्रति पूर्णरूपेण सहज हो पाएँगे जब हम इन निशानों की प्रशंसा अपने अनुभव के रूप में करने लगेंगे, ऐसे अनुभव जो दूसरी स्त्रियाँ हमारे साथ बाँटती हैं, और अपने शरीर को एक साझा कहानी के विशिष्ट अध्याय के रूप में देख सकेंगे।

ऐसा करने के लिए हमें अचेतन रूप से साथ होना होगा। हमें नकली-परंपरागत-आदर्श छवि, जिसके पैमाने पर हमें ख़ुद को मापना सिखाया गया है, को धीर-धीरे कम करते जाने के लिए विविध वास्तविकताओं के लिए सम्यक् दृष्टि की आवश्यकता होगी। "हमें कैसा दिखना चाहिए", इस असंभव उद्देश्य ने हमारे दिमाग़ में एक लकीर खींच दी है। इसे अपने दिमाग़ से निकालने के लिए हमें निरंतर कई नई छवियों के समीप बने रहना होगा।

इसलिए, अपनी विलंबित शुरुआत के अनुभवों से, मैं यहाँ विविध स्त्रियों के बारे में लिख रही हूँ।

एक ख़ुशमिजाज़ महिला जिसकी उम्र सत्तर के आसपास है, जिसने अपने छोटे घुँघराले बालों को एक नारंगी फीते से पीछे समेट रखा है और चमकीले हरे रंग का लियोटार्ड पहना है जोकि उसके हलके से निकले हुए पेट को त्वचा की दूसरी परत की तरह ढके हुए है—उससे मैंने जाना कि किसी महिला के पेट की सुंदरता सपाट होने से नहीं होती। मैंने ये भी जाना कि कोई महिला जो परदादी है वो मेरे से ज़्यादा

फुर्ती के साथ अपने पैर के अँगूठे छू सकती है, और एरोबिक क्लास में उसकी बराबरी करने की कोशिश मुझे हाँफता हुआ छोड़ सकती है।

एक छोटे क़द की, सुगठित, कमउम्र की मालिश करनेवाली महिला जिसके हाथ मज़बूत दिखते हैं और जो एक पोर्टेबल मसाज टेबल ख़रीदने का सपना देखती है जिससे कि वह अपना ख़ुद का व्यवसाय शुरू कर सके। "मेरे ब्वॉयफ्रेंड की दादी को बहुत गंभीर अर्थराइटिस है," वह विस्तार से बताती है, "लेकिन मैं हर दिन उन्हें दर्द से आराम दिलाने के लिए मालिश करती हूँ।" उसके पास कुछ ऐसे ग्राहक भी आते हैं जिन्हें अनिद्रा का रोग है और वह मसाज करके बग़ैर दवा के उन्हें सोने में मदद करती है और ऐसे ग्राहक जिनके शरीर में दर्द-भरी गाँठें हैं, उन्हें वह सीधे दबाव से मालिश करके आराम दिलाती है। हम सहमत हैं कि, अगर हर किसी को दिन में एक बार अच्छी मालिश मिले, तो लड़ाइयाँ-झगड़े कम हो जाएँगे। उससे मैंने यह सीखा कि किसी दूसरी स्त्री के शरीर की सेवा करने में दासता या ग़ुलामी का नहीं बल्कि बहनापे का भाव भी हो सकता है।

दो महिला मित्र जो सिर्फ़ स्पैनिश बोलती हैं और जिनके आने से लॉकर की अन्य साथियों के बीच अनिश्चितता की स्थिति हो जाती है क्योंकि वे सब स्पैनिश न तो बिलकुल समझ पाते हैं न ही बोल पाते हैं, उनसे हमने जल्दी ही यह सीख लिया कि शरीर की भाषा और मुद्राएँ सार्वभौमिक होती हैं।

एक लड़की जिसके शरीर का आकार आदर्श रूप से अंडे जैसा था जो प्रतिदिन सन बाथ वाली जगह पर बिना वस्त्रों के बिलकुल सीधी बैठी रहती थी और एकदम शांत दिखती थी—उसे देखकर मैंने सीखा कि निस्संदेह स्त्री-शरीर के स्तन और पेट के उभार ही बुद्ध की छवि को विश्वसनीय बनाते हैं।

एक सुंदर, लंबी और पतली-दुबली नौजवान महिला जिसके पैर उसके धड़ से लटके जान पड़ते हैं, और एक्सरसाइज़ क्लास में जब वह प्रवेश करती है तो वह काक-भगौड़ा (खेतों में पक्षियों को डराने के लिए लगाई जाने वाली आकृति) जैसी दिखाई पड़ती है। उम्र में अधिक, मज़बूत, महिलाओं की चाल-ढाल अधिक शिष्ट होती है और ईश्वर जाने, कैसे वे संगीत के साथ ताल पे ताल मिलाती हैं। उस महिला से मैंने यह सीखा कि सुंदरता तो सिर्फ़ बाहरी आवरण है, प्राकृतिक लय उससे कहीं अधिक गहरी चीज़ है।

पचास के आसपास की उम्र की, पाँच फुट से भी कम ऊँचाई वाली लॉकर रूम की सहायिका, जो हर सुबह पाँच किलोमीटर दौड़ लगाती है, बताती है, "मेरे पति भी मेरे साथ जाया करते थे लेकिन उन्हें यह क्रम बंद करना पड़ा, ठंडी हवा उनके फेफड़ों को जमा देती है।" हम चर्चा कर रहे हैं कि इस स्पा में जूडो या आत्मारक्षा के अन्य तरीक़े सिखाए जाने चाहिए, और वह इसका समर्थन करती है। क्यों ? क्योंकि पार्किंग स्थल पर एक छः फुट के आदमी ने हाथ में सीमेंट का कुन्दा लेकर उस पर हमला

कर दिया था, फिर भी अपनी आत्मरक्षात्मक तकनीकों के बल पर उसने उस आदमी का सामना किया और साथ ही उसके पेट और जाँघों के बीच एक जोरदार घूँसा भी जमाया। उससे मैंने सीखा कि एक विशालकाय आदमी के लिए एक छोटी कद-काठी वाली महिला ठीक वैसे ही हो सकती है जैसे जेल-ओ (जैली नामक खाद्य पदार्थ) के लिए बंदूक की गोली।

एक नई सख़्त मिज़ाज, हट्टी-कट्टी स्पा संचालक जो वहाँ आने वाली साधारण और पारम्परिक महिलाओं को यह समझाने का ख़ूब प्रयास करती थी कि स्वस्थ रहने का अर्थ शरीर की नाप और वज़न से कहीं बढ़कर है। चूँकि स्पा के प्रबंधन-समूह को यही लगता है कि सिर्फ़ पुरुष ही स्वस्थ और तंदुरुस्त रहने में रुचि रखते हैं, महिलाओं की रुचि तो सुंदरता और प्रेम-दुलार आदि में ही है, उसे अच्छा लगता है जब मैं ये शिकायत करती हूँ कि इसी स्पा में पुरुषों के लिए कार्डियोवैस्कुलर और मसल फिटनेस परीक्षण की सुविधा है जबकि महिलाओं को इसके लिए अनुरोध करना पड़ता है और अलग से शुल्क भी देना पड़ता है। हमने एक-दूसरे से किसी तंत्र में अंदर और बाहर दोनों ओर से दबाव के साथ सक्रियता का मोल जानना सीखा, या यह सीखा हुआ पाठ दोहराया।

एक लम्बी, शांत और गहरे रंग के बालों वाली महिला और उसकी ठीक वैसे ही रूप-रंग वाली बेटी, वे आपस में समाज-सेवा के पारस्परिक काम के संबंध में बातें करती हैं। आमतौर पर बग़ैर बात किए भी वे दोनों आपस में मित्रवत दिखती हैं। उन्हें देखकर महसूस होता है कि एक स्त्री के शरीर ने एक बेटी को नहीं, एक दोस्त को जन्म दिया था।

एक सख़्त, हाज़िरजवाब फ़ौजदारी मामलों की वकील, जो यह समझना चाहती है कि अन्य महिलाओं की उन्नति में वह अपनी क़ानून सम्बन्धी प्रतिभा का इस्तेमाल किस तरह कर सकती है, बग़ैर कपड़ों के भी ख़ुद को बेहद सहज महसूस करती है और हमें यह सूक्ति प्रदान करती है : अधिकांश आदमी चाहते हैं कि उनकी पत्नियाँ जॉबेट (कम दैनिक घंटों वाली नौकरी) में लगी हों।

एक सख़्त मिज़ाज नौजवान ब्यूटीशियन, जो रोमछिद्रों को साफ़ करने के लिए एक फेशियल करती है और साथ ही कॉस्मेटिक सर्जरी पर भाषण भी देती रहती है, कहती है—"मैंने हर तरह के निशान देखे हैं—ब्रेस्ट इम्प्लांट, चिन टक्स (ठोढ़ी को ऊपर उठाने की एक विधि), फेस लिफ़्ट (चेहरे की त्वचा में कसाव की एक विधि), आयलिड टक्स आदि। यहाँ एक महिला थी जिसका आयलिड टक इतना ख़राब किया गया कि वह अपनी आँखें ही बंद नहीं कर पा रही थी।" मैं कुछ इस तरह का उपहास सुनने की प्रतीक्षा में थी कि इन अमीर औरतों के पास अपने चेहरे को सुधारते रहने के अलावा कुछ ख़ास करने को नहीं है, लेकिन मैं ग़लत थी। "बेचारी," पूरी कुशलता और मेहनत से अपना काम करते हुए उस ब्यूटीशियन ने कहा, "मैं तो कभी पैसों के

लिए अपने काम से समझौता नहीं करूँगी।'' कुछ देर मौन छाया रहता है, फिर वह कहती है, ''मैं तो ख़ुद भी चिन टक लेने के बारे में सोच रही हूँ।''

कुछ महिलाएँ जो स्टीम रूम में चुपचाप बैठी रहती हैं, वे सब अपनी दुनिया में खोई रहती हैं, उनकी मांसपेशियों में दर्द और उनके अपने ख़याल। दो बिलकुल नई महिलाएँ आती हैं और एक-दो दिन पहले से आ रही महिलाओं से मदद लेती हैं। ''पहली ही बेंच पर बैठकर शुरू करो आज, ऊपर जाने से और गर्म होता जाता है।''

''अपने माथे पर रखने के लिए बर्फ़ ले लो।''

''पहली बार जाने पर पाँच मिनट से ज़्यादा अंदर मत ठहरना।'' साथ मिलकर हम भिन्न आकार, आकृतियों और रंगों की एक छोटी धुँधली दुनिया बनाते हैं : एक शांत जगह जहाँ अजनबियों का भी ध्यान रखा जाता है। हमारे चारों ओर जो भाप फैली है वह जैसे हमारे ख़यालों को एक-दूसरे तक पहुँचा रही है।

उस धुंध में से एक आवाज़ आती है, ''यह अच्छा है कि यहाँ अकेले या अपने दोस्तों के साथ आया जा सकता है।''

''और फिर भी पागल जैसा महसूस नहीं होता,'' दूसरी महिला ने उसकी बात को पूरा किया।

''मुझे लगा था कि मैं घबराहट या अजीब महसूस करूँगी,'' एक और आवाज़ आई, ''मैं कभी महिलाओं के झुंड के साथ नहीं रही। इस तरह कभी नहीं।''

भाप से भरी हुई कोने में बैठी हम सब में बुद्ध कही जाने वाली के हँसने की आवाज़ आती है। ''डियर,'' वो कहती है, ''जो तुम्हें दिख रहा है वही सच है।''

जब मैं घर वापस आती हूँ, कैफीन, चीनी से मुक्त होकर और कुछ स्वस्थ महसूस करते हुए, तो मैं उम्र में अपने से काफ़ी छोटी कुछ महिलाओं से दूसरी महिलाओं के शरीर को देखने के अनुभव के बारे में पूछती हूँ। इस आधार पर मैंने पहले ही यह मान लिया था कि अब की पीढ़ी निश्चित रूप से इसे लेकर हमसे ज़्यादा खुली सोच रखती होगी, लेकिन स्पा की एक कमउम्र ग्राहक ने मेरे इस विश्वास को हिला कर रख दिया। कुछ बेतरतीब जवाबों के अनुसार, मैंने सीखा कि हालाँकि अब कोई भी शॉवर के दौरान अंतर्वस्त्र नहीं पहनता लेकिन चेतना जगाने का यह अमौखिक तरीक़ा कम उम्र की महिलाओं में अभी स्वीकार्य नहीं है।

''ऐसी कोई जगह नहीं है जहाँ हम इस तरह एक-दूसरे के साथ हो सकें,'' एक हाईस्कूल की छात्रा ने सोचते हुए कहा, ''स्पोर्ट्स-टीम को उतना महत्त्व नहीं दिया जाता, और मैं किसी को नहीं जानती जो जिम जाती हो या स्टीम बाथ के लिए। ये बस नहीं ही होता।''

इस बीच, दो संपादक मुझे ये बता चुके थे कि येरुसलम में तुर्की स्नानागार की एक शाम नारीवादी उद्‌देश्यों से की गई इजरायल यात्रा में अब तक की सबसे महत्त्वपूर्ण घटना बन चुकी है, जो पत्रिका ने कुछ वर्षों पहले आयोजित की थी। यात्रा की शुरुआत

में इसके द्वारा अजनबी लोगों के बीच अनपेक्षित जुड़ाव हुआ—'तत्काल बहनापा'—और इसके साथ ही उनकी अपनी शर्तों पर स्त्री-शरीर की सुंदरता का एहसास भी। कुछ महिलाएँ जो उस शाम को उपस्थित नहीं रह सकी थीं उन्हें इस पूरी यात्रा के दौरान यह लगता रहा कि समूह की अंतरंगता में वह एक क़दम पीछे रह गई हैं।

जब यात्रा समूह लौटकर आया तब भी मैंने यही कहानी सुनी, लेकिन वास्तव में मैंने इस पर ध्यान नहीं दिया था। अन्य मौलिक अनुभवों की तरह यह भी जितनी अच्छी तरह महसूस किया गया उतना अच्छा इसका वर्णन नहीं हो सकता।

लेकिन अब मैं जानती हूँ : मैं जानती हूँ कि मोटी या दुबली, परिपक्व हों या न हों, हमारे शरीर से हमें इतनी असहजता न होगी यदि हम महिलाओं के इन्द्रधनुष के वर्णक्रम (स्पेक्ट्रम) में उनका स्थान जान लें। और जब हम कल्पना छोड़कर चीज़ों को उनके वास्तविक रूप में देखना शुरू करते हैं तो बहुत महान सुंदरियाँ भी क़रीबी लगती हैं, और यहाँ तक कि मस्टेक्टमी (वक्ष उच्छेदन, एक शल्य क्रिया जिसके अंतर्गत वक्ष हटा दिए जाते हैं) भी उतनी डरावनी नहीं लगती।

मीडिया द्वारा बनाई गई छवियों के नकलीपन को बदलने से इसमें सहायता मिलेगी, लेकिन सिर्फ़ इतना ही काफ़ी नहीं होगा। उन बच्चों की तरह जिन्हें महिलाओं और पुरुषों द्वारा गैरपारंपरिक काम करने की तसवीरें दिखाई गई थीं—जहाँ महिलाएँ वेल्डिंग कर रही थीं और पुरुष शिशुओं के डायपर बदल रहे थे—लेकिन कुछ ही हफ़्तों बाद उनकी स्मृति में ये भूमिकाएँ उलट दी गईं, उसी तरह हमारे मस्तिष्क में मुकम्मल छवि तभी रह पाती है जब हम इसका मुकम्मल अनुभव करते हैं। एक आयामी उपाय भला किसी त्रिआयामी समस्या का समाधान कैसे कर सकता है।

अब, जिप्सी की किशोर नायिका की तरह, जो एक स्ट्रिपर (कपड़े उतारते हुए नृत्य करने वाले) बनने के बाद ही अपने शरीर के बारे में जान पाती है, हममें से कई स्त्री-शरीर, हमारा या किसी अन्य का, समाज में या निजी बेडरूम में, का अनुभव तब ही कर पाते हैं जब हम नितांत अकेले, नकलीपन से घिरे, संकोच में होते हैं और पुरुषों या चले आ रहे पारंपरिक निर्णयों के लिए नुमाइश के तौर पर लगा दिए जाते हैं।

थोड़ा-सा प्राकृतिक संग-साथ हममें ही एक ऐसा स्त्री-परिवार दिखाएगा, जहाँ प्रत्येक स्त्री सुंदर होगी और कोई भी किसी के जैसा नहीं होगा।

(आउटरेजियस एक्ट्स एंड एवरीडे रिबेलियंस, 1980 से)

मर्लिन मुनरो : वह औरत जो हमारे बीच से बहुत जल्दी चली गई*

यदि मर्लिन मुनरो आज जीवित होतीं तो 90 से ज़्यादा वर्ष की होतीं। उनकी मृत्यु के लगभग 55 साल बाद, इस महान, सशक्त, आत्मविश्वास की कमी से जूझती फ़िल्मी नायिका का प्रभाव ऐसा रहा कि, वह सरगोशी पैदा करने वाली, अल्हड़ता से मुस्कुराने वाली, मांसल स्तनों वाली बच्चों सी दिखती सेक्स की देवी, आज भविष्य और भूत दोनों के लिए प्रासंगिक बनी हुई है। स्वशिक्षा के लिए उसके प्रयासों, सोच और विचारों की अपेक्षा एक कमनीय काया के रूप में स्थापित अपनी छवि के प्रति उसके विद्रोह के लिए हम उससे समानुभूति रख सकते हैं।

जब एक जाने-माने ज्योतिषी ने उससे पूछा कि मिथुन राशि के जातक के रूप में जन्म लेने पर क्या वह यह जानती है कि उसका जन्म रोसालिंड रसेल, जूडी गारलैंड और रोज़मेरी क्लूनी की राशि में हुआ है? तो मर्लिन ने उसकी आँखों में आँखें डालते हुए कहा : ''मैं इन लोगों के बारे में कुछ नहीं जानती। मैं ये जानती हूँ कि मेरा जन्म राल्फ वाल्डो एमर्सन, क्वीन विक्टोरिया और वाल्ट व्हिटमैन की राशि में हुआ है।''

जैसा कि अब पहले से अधिक महिलाएँ अपने पूर्ण मानवीय स्वभाव के स्वीकार की घोषणा कर रही हैं—अब जबकि यह संभावना बहुत बढ़ चुकी है कि हमें, हमारे मन और मस्तिष्क दोनों के लिए सम्मान मिले, न कि सिर्फ़ उस शरीर के लिए जिसमें ये मन और मस्तिष्क बसते हैं—स्टायनेम सवाल करती हैं कि : क्या हम मर्लिन को बचाने में सहायता कर सकते थे?

—रुचिरा

वास्तव में मैं जो कहना चाहती हूँ वह यह है कि : आज दुनिया को वाकई जिस चीज़ की ज़रूरत है वह अपनेपन की भावना है। हर व्यक्ति : सितारे,

* मैं Ms. के सह-संस्थापक और संपादक हैरियेट लायंस का आभार प्रकट करना चाहूँगी जिन्होंने यह विचार सुझाया था।

मज़दूर, नीग्रो, यहूदी, अरब। हम सब भाई हैं। और मेरी इस बात को हँसी में न उड़ाया जाए। इस साक्षात्कार को मेरे इस विश्वास के साथ ख़त्म किया जाए।

"मैं जानती थी कि मैं लोगों और दुनिया के लिए बनी हूँ, उनकी हूँ, इसलिए नहीं कि मुझमें कोई ख़ास प्रतिभा है या कि मैं ख़ूबसूरत हूँ बल्कि इसलिए कि मैंने कभी किसी और का होने जैसा महसूस ही नहीं किया।"

—मर्लिन मुनरो

शनिवार दोपहर की फ़िल्में—कोई फ़र्क़ नहीं पड़ता था कि वे कितने ख़राब ढंग से बनाई गईं या उनकी कथावस्तु कितनी अविश्वसनीय है, आस-पड़ोस और किशोरवस्था के दुखों से बचने के लिए मेरे पास यही एक उपाय था। धारावाहिक जो कभी ख़त्म न होते थे, *डोरीज़ डे* जिसने कभी हार नहीं मानी, घटिया यात्रावृत्त, साई-फाई फीचर जिनमें राक्षसों के कपड़ों में भी चेन लगी होती थी : मैं उनको पसंद करती थी, उन सब पर यक़ीन करती थी, और उन्हें देखते हुए तब तक वहाँ से उठने का ख़याल भी मुझे नहीं आता था जब तक कि टीवी की स्क्रीन पर अँधेरा नहीं छा जाता था।

लेकिन मर्लिन मुनरो को देखकर मैं ग़ुस्से में टीवी के सामने से हट जाती थी। मुझे याद है जब मैंने उसे स्क्रीन पर देखा था, किसी बड़ी प्रतिमा के आकार की गुड़िया जैसी, इतनी नाज़ुक कि उसकी मौजूदगी से बस एक सरसराहट सी पैदा होती और जो संपूर्ण वेध्यता में रास्ता मिलने की उम्मीद में बँधी। उसे देखकर, मुझे क्रोध आता था, यहाँ तक कि अपमान महसूस होता था, पर मुझे यह समझ नहीं आता था कि ऐसा क्यों होता है।

आख़िर जेन रसेल भी तो फ़िल्म (*जेंटलमैन प्रिफर ब्लॉन्ड्स* का बेहद ख़राब संस्करण) में थी, इसलिए यह सिर्फ़ उस अतिरिक्त कोमलता की बात नहीं थी जो भारी स्तनों वाली सभी महिलाओं में होती है। (यदि महिला दर्शक अपेक्षाकृत छोटी, सुडौल नायिकाओं को पसंद करती हैं—विश्व की सभी ऑड्री हेपबर्न—तो इसका कारण वह नहीं है जो पुरुषों को लगता है कि उन्हें मांसल औरतें पसंद हैं इसलिए अन्य स्त्रियाँ उन औरतों के प्रति ईर्ष्या रखती हैं। इसके पीछे कारण सिर्फ़ यह है कि हम उस महिला से बेहतर जुड़ाव महसूस कर सकते हैं जिसके लिए हमें कोई चिंता न करनी पड़े, कोई ऐसा जो निरंतर ख़तरे में पड़ा न लगे।) मर्लिन से तुलना करने पर जेन रसेल को देखने से यह लगता था कि वह अपने शरीर को नियंत्रण में रखती है और यहाँ तक कि फ़िल्म में घटित होनेवाली ऊलजलूल परिस्थितियों को भी।

शायद इस पुष्ट, बच्चों-सी लगती ब्लॉन्ड (सुनहरे बालों और नीली आँखों वाली सुंदर स्त्री) की आँखों में दिखने वाली अनिश्चितता इसका कारण थी, स्वीकृति पाने की घोर इच्छा ही उसे जेन रसेल से अलग करती थी। उसमें इतना साहस कैसे आया

कि वह उन ज़रूरतों को सबके सामने उघार सके जिसे महसूस तो सारी औरतें करती हैं लेकिन छिपाने की भी उतनी ही प्रबल कोशिशें करती हैं? कैसे उसे इतना साहस हुआ कि एक फ़िल्मी नायिका होने के बावजूद उसी तरह आत्मविश्वास की कमज़ोरी से जूझती दिखे जैसे मैं?

इसलिए मैं उसे नापसंद करती थी और उसकी फ़िल्में देखने से कतराती थी, क्योंकि हम हर उस बात से डरते हैं जो ख़ुद को लेकर हमारे डरों को प्रतिबिंबित करे। अगर मेरी उपस्थिति में उसके नाम और छवि का उपहास किया जाता, तो मैं भी उसमें शामिल होती थी। मैं वहाँ उपहास उड़ाने में, हँसने में और उसे नीचा दिखाने में अपना योगदान देती थी और इस तरह यह साबित करती थी कि मैं उसके जैसी नहीं हूँ, बिलकुल भी नहीं।

बाद के सालों में मैं भी अपने आस-पड़ोस से बाहर निकली, जैसे मर्लिन भाग गई थी, एक बेहद बुरे प्रेमरहित जीवन, बाल-उत्पीड़न और बाल-गृहों से दूर। लेकिन मैंने यह सब उस तरह से नहीं किया, जैसे उसने किया था कैलेंडर में नंगी तसवीरों और नई तारिका के नखरों द्वारा। (अगर टोलेडो, ओहियो में ठीक-ठाक सी दिखने वाली लड़कियों के लिए ऐसे अवसर होते, तो भी मुझमें इतना साहस कभी न आ पाता कि मैं ख़ुद को इतने वेध्य रूप में पेश कर दूँ।) हाँ, मुझ में इतना अमेरिकी असर ज़रूर था कि मैं शो-बिजनेस के सपने देखूँ। मेरे अगल-बगल के लड़के कारखानों के अपने जीवन से निकलने के लिए स्पोर्ट्स और लड़कियों का जरिया खोजते थे; लड़कियाँ, यदि अपने जीवन में अपने से बेहतर सामाजिक स्तर वाले लड़कों से शादी कर पाने के अलावा कुछ सोच पाती थीं, तो वह शो-बिजनेस में करियर बनाने का ख़्वाब होता था। लेकिन हाईस्कूल के बाद टोलेडो शो-बिजनेस सर्किट में एक डांसर के तौर पर, जिसे वहाँ शो-बिजनेस ही कहा जाता था, मुझे भी यह सपना बेकार लगने लगा। आख़िर में, भाग्य, प्रेरणादायी माँ और कुछ शब्दों के सहारे मैं उन परिस्थितियों से बाहर निकल आई; शब्दों की प्रतिभा ने कॉलेज की वह प्रवेश परीक्षा पास करने में मेरी मदद की जिसके लिए मैं बिलकुल तैयार न थी।

लेकिन मर्लिन जैसी लड़कियाँ, जो सौंदर्य स्पर्धा के निर्णायकों के सामने परेड करती हैं, उनकी तुलना में उन लड़कियों में भी आत्मविश्वास बहुत ज़्यादा नहीं होता जो कॉलेज में बोर्ड घिस रही होती हैं। जब मैंने उसे दोबारा देखा तब तक मैं एक सम्मानजनक छात्रा बन चुकी थी जो कि एक्टर्स स्टूडियो के ख़ास सदस्यों को नाटकों के दृश्य तैयार करते हुए देख रही थी, जो मेरे अनुसार दो अत्यंत प्रभावशाली और उच्चवर्गीय नाटक थे (उस दिन आर्थर मिलर और यूजीन ओ'नील का नाटक होनेवाला था)। वह एक छात्रा थी और ली स्ट्रैसबर्ग की शिष्या, जो एक्टर्स स्टूडियो के नेता और स्तानिस्लाव्सकी अभिनय पद्धति के अमेरिकी गुरु भी थे, लेकिन एक अभिनेत्री और सेक्स सिंबल के रूप में उसकी पहचान के कारण उसे यहाँ भी गंभीरता से नहीं

लिया जा रहा था। उसे दृश्य देखने की अनुमति तो थी लेकिन अपने साथियों के साथ दृश्य में हिस्सा लेने की अनुमति न थी।

इसलिए हम दोनों वहाँ एक-दूसरे से विस्मित बैठे हुए थे, मुझे लगता है ये विस्मय बेन गज़ारा और रिप टॉर्न जैसे थियेटर कलाकारों की मौजूदगी से उपजा था, हम दोनों ही उच्च संस्कृति वाली मर्दवादी दुनिया में असुरक्षित महसूस कर रहे थे और दोनों ही वहाँ मौजूद लकड़ी के फर्नीचर के बीच खो जाने की नाकाम कोशिश कर रहे थे।

मुझे याद है कि स्ट्रैसबर्ग और उनके अभिनेताओं को इस महान और सशक्त अभिनेत्री, जो उनसे कुछ सीखने आई थी, की उपेक्षा करने में एक सकारात्मक आनंद मिल रहा था। मर्लिन के प्रति अभिवादन का उनका तरीक़ा, ध्यान से देखने पर, कुछ ज़्यादा ही अनौपचारिक लगता था। उसके वहाँ उपस्थित होने को लेकर वे एक-दूसरे के कानों में जो फुसफुसा रहे थे वह सामान्य से थोड़ा अधिक संकोचपूर्ण और नीचा दिखाने जैसा था। हालाँकि वह कमरे में पीछे की तरफ़ बैठी हुई थी, उसके सुनहरे बाल एक काले रंग के स्कार्फ में लिपटे हुए थे, और शरीर एक ढीले स्वेटर और स्लैक्स के भीतर छिपा था, फिर भी धीरे-धीरे उसकी उपस्थिति का आभास वहाँ गहरा होता जा रहा था, सिर्फ़ इसलिए क्योंकि वह पूरा समूह इसके लिए बहुत प्रयास कर रहा था कि वे मर्लिन की ओर बिलकुल न देखें, उसके प्रति बेपरवाह और उदासीन बने रहें।

सेशन ख़त्म हो जाने पर जब हम धीरे-धीरे पंक्ति में उस खस्ताहाल कमरे से बाहर निकल रहे थे तो मर्लिन हमसे आगे चल रहे बेन गज़ारा और अन्य लोगों द्वारा किए जा रहे सेशन की पेशेवर चीर-फाड़ को उत्सुकतापूर्वक सुन रही थी, उसकी उँगलियाँ बग़ैर मेकअप अपने दिपदिपाते चेहरे पर घबराहट के साथ फिर रही थीं, जैसे वह ख़ुद को छिपा लेना चाहती हो, जैसे वह वहाँ अपनी मौजूदगी को लेकर शर्मिंदा हो। अचानक मैं इस बात को लेकर ख़ुश महसूस करने लगी कि मर्लिन ने किसी दृश्य में हिस्सा नहीं लिया और उसे इस हिंस्र समूह की आलोचना का शिकार नहीं होना पड़ा। (यह शायद बिलकुल अशिक्षित प्रतिक्रिया थी लेकिन मुझे यह देखते हुए बिलकुल अच्छा नहीं लग रहा था कि स्ट्रैसबर्ग एक अभिनेता और अभिनेत्री के बीच अंतरंग प्रेम दृश्य को प्रोत्साहित कर रहे थे और फिर अचानक अपमानजनक रूप से आदेश करते हुए दोनों को अलग कर दिया।) अपना साहस इकट्ठा करते हुए मैंने सामने मौजूद उस सुनहरे बालों वाली शर्मीली लड़की से पूछा कि क्या वह इस समूह के लिए कोई दृश्य करने के बारे में सोच सकती है?

"ओह, नहीं," मर्लिन ने कहा, उसकी आवाज़ में बचपना था लेकिन वास्तव में सुनने पर उसकी आवाज़ में उतनी सरसराहट नहीं थी जितनी स्क्रीन पर सुनाई पड़ती थी, "मैं इन सभी लोगों को बहुत पसंद करती हूँ। मैं अभी बहुत कुशल नहीं हूँ।" और फिर कुछ क्षण की ख़ामोशी के बाद : "तुम जानती हो, ली स्ट्रैसबर्ग एक जीनियस हैं। मैं वैसा ही करनेवाली हूँ, जैसा उन्होंने कहा है।"

ऑर्थर मिलर के साथ उसका विवाह मुझे बहुत सहज लगा था, और मेरे ख़याल से उन महिलाओं को भी जो मिलर द्वारा अपनी बीवी को छोड़कर एक बहुत छोटी और कहीं ज़्यादा आकर्षक लड़की चुनने के फ़ैसले को लेकर आक्रांत थीं। अगर आपके कार्यक्षेत्र में लोग आपको गंभीरता से नहीं लेते, यदि आपके अंदर भावनात्मक और बौद्धिक असुरक्षा की मनोग्रंथि है तो ऐसे पुरुष से विवाह कर लीजिए जिसके पास वह गांभीर्य है जो आपको नहीं मिल सका। यह स्त्रियों के लिए एक पारंपरिक विकल्प है—ऐसी पहचान ख़ुद के बल पर प्राप्त करने के संघर्ष से कहीं अधिक सहज।

निश्चय ही मर्लिन की छवि को गांभीर्य और बौद्धिकता नहीं मिली थी। महिलाओं के लिए यौन संपर्क के माध्यम से गंभीर के रूप में प्रतिष्ठा प्राप्त करना भी उतना ही कठिन है जितना कि कड़ी मेहनत द्वारा गंभीर होने का दर्जा प्राप्त करना। (कम से कम तब तक नहीं जब तक कि वह गंभीर आदमी मृत्यु को प्राप्त नहीं हो जाता और हम महिलाएँ उसकी ज्योति को जिंदा रखने वाले रखवाले की भूमिका के रूप में ख़ुद को समर्पित न कर दें। जैसा कि मारग्रेट मीड ने बताया था, विधवाएँ ही मात्र ऐसी महिलाएँ हैं जिन्हें साधिकार सम्मान दिया जाता है।) यहाँ तक कि जब मर्लिन को ये धमकियाँ दी जा रही थीं कि यदि वह मिलर, जो उस वक़्त एक क्रांतिकारी छवि रखते थे और उन्हें हाउस की अनअमेरिकन एक्टिविटीज़ कमेटी के सामने प्रस्तुत होने के लिए बुलाया गया था, से शादी करती है तो फिर कभी फ़िल्मों में काम नहीं कर पाएगी, तब उसने इन धमकियों से डरकर चुप बैठ जाने से इनकार किया था। उस वक़्त मिलर ने भी प्रस्तुत होने से इनकार किया था लेकिन फिर भी मर्लिन का क़दम मिलर के क़दम की अपेक्षा कम साहसिक बताया जा रहा था।

शायद अपनी बहादुरी के प्रति वह ख़ुद भी गंभीर नहीं थी। वह अपनी आजीविका छोड़ रही थी, वह काम छोड़ रही थी जो उसके लिए बहुत मायने रखता था, पर फिर भी शादी के लिए वह ये सब छोड़ने वाली थी। ऑर्थर मिलर की पत्नी के रूप में वह कनेक्टिकट के एक फ़ार्म में रहने लगी और अपने जीवन को काम करने की अपनी एकाकी आदत, अपने दोस्तों और अपने दो बच्चों में समेटने की कोशिश करने लगी। अपने इस अवकाश से वह तभी बाहर आई जब उन्हें रुपयों की बहुत अधिक ज़रूरत थी और इसीलिए उसने अपने पति के द्वारा लिखी फ़िल्म 'द मिसफिट्स' में अभिनय किया।

दूसरी ओर, इसका जो सार्वजनिक रूपांतरण हुआ वह बिलकुल अलग था, जिसके अनुसार, वह एक घमंडी अभिनेत्री थी जो अमेरिका के सबसे महत्त्वपूर्ण नाटककार को अपनी तुच्छ प्रतिभाओं के अनुरूप एक नाटक लिखने को विवश कर रही थी : यूरोप और अमेरिका के गॉसिप कॉलम में यही खबर छपी थी। लेकिन उसके जीवन में घटी अब तक की घटनाएँ ही उसके पक्ष में मज़बूती से आ खड़ी हुईं। पिछले दो विवाहों में मर्लिन ने सोलह वर्ष की उम्र में हवाईजहाज बनाने वाले कारखाने में काम करनेवाले एक मज़दूर से और फिर जो डिमैजियो से विवाह किया

था, उसने अपने आप को दुनिया से काट लिया था और अपनी सारी ऊर्जा एक अच्छी गृहिणी होने में लगा दी थी। जब ये विवाह सफल नहीं हुए तो उसने इसकी ज़िम्मेदारी ख़ुद पर ली न कि इस दोष को गृहिणी की भूमिका पर थोपा, और अपनी असफलताओं की सूची में एक और घटना को जोड़ लिया। मर्लिन ने दुखी होते हुए अपनी एक महिला दोस्त से कहा था, "मेरे ख्वाब इतने सारे हैं कि मैं एक अच्छी गृहिणी नहीं बन सकती।" और अंततः एक साक्षात्कारकर्ता से मर्लिन ने कहा : "शायद मैं एक ख़्वाब हूँ।"

'द मिसफिट्स' वास्तविक मर्लिन के कुछ पहलुओं को दिखाती हुई लगती थी : ईमानदारी, एक मासूमियत और भरोसा जो सभी विपरीत अनुभवों के बावजूद बरक़रार रहा, अन्य स्त्रियों के प्रति करुणा, पौधों और जानवरों के जीवन के प्रति सम्मान का भाव। क्योंकि शायद पहली बार उसे सिर्फ़ एक सेक्स ऑब्जेक्ट और पीड़िता के रूप में नहीं दिखाया जा रहा था, उसकी अभिनय प्रतिभा को देखकर मैं भी काफ़ी सहज महसूस कर रही थी, जबकि पहले मैं उसे स्क्रीन पर देखते ही असहज हो जाया करती थी। मैं उसकी पिछली फ़िल्में देखने लगी—'जेंटलमेन प्रिफर ब्लॉन्ड्स' के बजाय वे फ़िल्में जहाँ उसे बहुरूपिया औरत के रूप में नहीं दिखाया गया था।

बहुत सारे लोगों की तरह मेरे लिए भी, दुनिया में उसकी उपस्थिति महत्त्वपूर्ण थी, एक जीवनी-शक्ति की तरह।

साल गुजरने के साथ, मैंने उसके चरित्र को लेकर कई बातें सुनीं। जब एल्ला फिट्जेराल्ड, एक अश्वेत कलाकार और संभवतः चर्चित गानों की सबसे महान गायिका, को 1950 के दशक में लॉस एंजेल्स के एक महत्त्वपूर्ण नाइट क्लब में बुकिंग नहीं मिल पा रही थी, तब मर्लिन ने ही उस क्लब के मालिक को फ़ोन करके कहा था कि अगर वे एल्ला को गाने के लिए रख लेंगे तो मर्लिन हर रात उनके क्लब में सामने वाली मेज पर बैठा करेंगी। क्लब के मालिक ने एल्ला को रख लिया, मर्लिन ने भी अपना वादा निभाया। इस बात पर प्रेस में बहुत हंगामा हुआ था और जैसा कि एल्ला कृतज्ञतापूर्वक याद करते हुए कहती हैं, "उसके बाद मुझे कभी छोटे जैज़ क्लब में काम नहीं करना पड़ा।"

मर्लिन का आख़िरी साक्षात्कार इससे भी अधिक मार्मिक था। वह रिपोर्टर से अनुरोध करती है कि उसके साक्षात्कार का अंत इन पंक्तियों से किया जाए : वास्तव में मैं जो कहना चाहती हूँ वह यह है कि : आज दुनिया को वाकई जिस चीज़ की ज़रूरत है वह अपनेपन की एक भावना है। हर कोई, सितारे, मज़दूर, नीग्रो, यहूदी, अरब, यह चाहता है। हम सब भाई हैं। और मेरी इस बात को हँसी में न उड़ाया जाए। इस साक्षात्कार को मेरे इस विश्वास के साथ ख़त्म किया जाए।"

इसके बाद वह चली गई थी। मुझे याद है यूरोप में एक अस्त-व्यस्त छात्र गोष्ठी के दौरान मुझे बताया गया था कि मर्लिन गुज़र गई हैं। मुझे 5 अगस्त, 1962 का वह

क्षण आज भी याद है—मेरे आसपास कौन से लोग थे, उस वक़्त वह कमरा कैसा दिख रहा था, सब कुछ—और बाद में मैंने यह जाना कि मेरी तरह और भी कई लोगों की स्मृति में वह क्षण दर्ज हो गया है। इस तरह की प्रतिक्रिया आमतौर पर हमारे अंदर तभी होती है जब किसी पारिवारिक सदस्य की मृत्यु हो या किसी राष्ट्रपति की।

वह एक अभिनेत्री थी, जिस पर किसी का भाग्य निर्भर नहीं करता था, लेकिन फिर भी उसकी ऊर्जा और जीवन के प्रति प्रबल उन्मुक्तता ने लोगों को उससे जुड़ने के लिए आकर्षित किया था। मर्लिन का मृत शरीर मिलने के कुछ दिनों के अंदर ही, अलग-अलग घटनाओं में आठ जवान और ख़ूबसूरत युवतियों ने उसी अवस्था में अपने जीवन का अंत किया जिस तरह मर्लिन इस दुनिया को छोड़कर गई थीं। उनमें से कुछ ने इस संबंध को स्पष्ट करने के लिए मृत्यु से पूर्व नोट भी छोड़ा था।

दो साल बाद, ऑर्थर मिलर के आत्मकथात्मक नाटक 'आफ्टर द फाल' ने मैगी के चरित्र से मर्लिन को फिर जिंदा कर दिया। लेकिन कुछ ऐसा था जिसके कारण इस मैगी का चरित्र पहले जैसा नहीं लगता था। मर्लिन की दयनीय असुरक्षा, ख़ुद की पहचान बनाने के लिए और ख़ुद को महत्त्वपूर्ण साबित करने के लिए अपनी यौनिकता को माध्यम बनाने की ज़रूरत भी उसमें थी। लेकिन शायद, स्वाभाविक रूप से यह नाटक मिलर के जीवन की पीड़ाओं के विषय में था न कि मर्लिन के। मिलर ने ईमानदारी से इसमें अपने द्वारा किए गए कुछ ग़लत कामों को भी शामिल किया था। (जैसे कि, उसने अपनी अभिनेत्री पत्नी की एक डायरी को अपने पास रखा था, और जब मर्लिन ने इसे देखा तो वह भावनात्मक रूप से बहुत आहत हुई, और यही उनकी शादी के ख़त्म होने की शुरुआत थी। यह देखकर उसे शक हुआ कि : क्या उसका पति भी उससे फ़ायदा उठाने की कोशिश कर रहा है जैसे कि कई पुरुषों ने अब तक किया है? फ़र्क़ सिर्फ़ यह है कि उसका पति यह काम बहुत दिमाग़ लगा कर कर रहा है।) फिर भी, नाटक से मिलने वाला संदेश अधिकांशतः मिलर के दृष्टिकोण को व्यक्त करता था कि उसने एक लगभग अंतहीन असुरक्षाओं से ग्रस्त लड़की को सहारा देने के लिए कितने प्रयास किए; एक ऐसी लड़की जो आत्मविश्वास की रहस्यमय कमी के कारण मिलर द्वारा सहायता कर पाने की क्षमताओं से परे अभिशप्त थी।

उन महिलाओं के लिए यह इतना रहस्यमय नहीं था, जिनमें आत्मविश्वास की कमी है। लेखक डायना ट्रिलिंग, जो मर्लिन से कभी मिली नहीं थीं, ने उसकी मृत्यु के ठीक बाद एक निबंध लिखा जिसे मर्लिन के कुछ दोस्तों ने मिलर के पक्ष से कहीं अधिक यथार्थवादी बताकर सराहना की। उन्होंने मर्लिन द्वारा शिक्षित होने की इच्छा का उपहास उड़ाए जाने की विवेचना की; यौनिकता के प्रति जागरूकता जो सिर्फ़ बाहर से आई, अधिकांशतः पुरुषों से मिली प्रतिक्रिया से, "ऐसी यौनिकता अंदर एक खालीपन पैदा करती है जबकि वास्तविक अर्थों में यौनिकता ने उसमें एक व्यक्ति के रूप में अपने अस्तित्व से लगाव और संतोष पैदा किया होता।" उन्होंने सवाल उठाया

कि क्या मर्लिन वाकई मर जाना चाहती थी, या सिर्फ़ सो जाना चाहती थी, अचेतन हो जाना चाहती थी, उस ख़ास शनिवार की रात से गुज़र जाने तक के लिए।

ट्रिलिंग ने मर्लिन के अकेलेपन के मद्देनज़र उस जुड़ाव की भी बात कही जो कई अजनबी उसके प्रति महसूस करते थे (ख़ासकर वे महिलाएँ जो रक्षात्मक स्वभाव के कारण मर्लिन की अत्यधिक संवेदनशीलता से प्रत्यक्ष जुड़ाव महसूस करती थीं)। इतना अधिक जुड़ाव कि हम अपनी सामर्थ्य के अनुसार उसे बचाने की कल्पना करते थे, सिर्फ़ और सिर्फ़ अगर हम वहाँ मौजूद रहे होते तो। ''लेकिन हम उसके ऐसे दोस्त थे,'' जैसा कि ट्रिलिंग ने दुखी होकर लिखा, ''जिनके बारे में वह कुछ नहीं जानती थी।''[1]

''वह एक असाधारण स्त्री थी—अपने वक़्त से कुछ आगे,'' एल्ला फिट्ज़ेराल्ड ने कहा, ''और वह यह बात नहीं जानती थी।''

अब जबकि स्त्रियों की आत्मदृष्टि में परिवर्तन हो रहा है, हम फिर से मर्लिन मुनरो के जीवन के बारे में सोच रहे हैं। क्या पुरुषों की स्वीकृति के साथ या उसके बिना, स्त्रियों के अस्तित्व के प्रति हमारा यह नया आत्मविश्वास एक छत्तीस वर्षीय प्रतिभाशाली स्त्री का ख़ुद पर भरोसा बरक़रार रखने में मददगार साबित हो पाता? क्या यह उसकी असुरक्षा और उपहास का प्रतिरोध कर पाता? क्या यह उसे जीवित होने के इकलौते प्रमाण के रूप में अपने यौनिक आकर्षण पर निर्भर होने से रोक पाता—और इस तरह क्या ढलती उम्र को आत्मविश्वास के साथ जीने के लिए मर्लिन को तैयार कर पाता? क्योंकि वह अब माँ बनने की दृष्टि से समर्थ नहीं रह गई थी, क्या ये सारे नए विचार उसे यह बताने में सहायता कर सकते थे कि एक स्त्री होना इससे कहीं बड़ा और विराट अनुभव है? क्या वह उस फ्रॉयड विश्लेषक को चुनौती दे पाती जिसका सहारा उसने अपने कष्ट के दौरान लिया था?

सबसे महत्त्वपूर्ण यह कि क्या वाकई अन्य महिलाओं की दोस्ती और सहारे से उसकी मदद हो सकती थी? पुरुषों के साथ उसके पूर्व अनुभव अच्छे नहीं थे। वह एक ऐसे व्यक्ति की नाजायज़ संतान थी जो उसके कपड़ों तक के लिए पैसे नहीं देता था; उसकी माँ के पास अपने पिता की जो सबसे पुरानी याद थी, यानी कि मर्लिन के नाना की, उसमें मर्लिन की माँ अपने पिता को बेहद ग़ुस्से में एक बिल्ली के बच्चे को भट्ठी पर पटकते हुए देखती है; मर्लिन ने ख़ुद ही बताया था कि जब वह बच्ची थी तब उसको पाल रहे एक पिता (फ़ॉस्टर फादर) ने उसके साथ शारीरिक बदसलूकी करने की कोशिश की थी; और सोलह वर्ष की उम्र में उसकी शादी इसलिए करा दी गई थी क्योंकि कोई और परिवार उसका ख़र्च नहीं उठा सकता था। फिर भी उसे हमेशा इस बात के लिए विवश किया गया कि वह अपनी सुरक्षा के लिए पुरुषों की प्रतिष्ठा और उनसे मिली मान्यता की मोहताज रहे; यहाँ तक कि वह पुरुषों को ही अपने बारे में लिखने देती थी क्योंकि उसे लगता था कि लैंगिक प्रतिस्पर्धा के कारण महिला

साक्षात्कारकर्ता उसे पसंद नहीं करेंगी। अगर वे महिलाएँ ऐसा करना चाहेंगी तो भी उसके जीवन में मौजूद स्त्री उसकी सुरक्षा नहीं कर सकती थी। उसकी मृत्यु के बाद और पहले भी, फ़िल्मों, तसवीरों और किताबों में उसे हमेशा मुख्यतः पुरुषों की दृष्टि से ही देखा जाता था।

हमने बहुत देर कर दी है। हम नहीं जान सकते कि हम नोर्मा जीन बेकर, या मर्लिन मुनरो, जो वह बन गई थी, की मदद कर सकते थे या नहीं। लेकिन जैसा वह चाहती थी वह करने के लिए अब भी देर नहीं हुई है। अंततः अब हम उसकी कही बातों को गंभीरता से ले सकते हैं।

(आउटरेजियस एक्ट्स एंड एवरीडे रिबेलियंस, 1972)

आत्मसम्मान क्या है?

साहस संक्रामक होता है? 16 दिसंबर, 2012 को ज्योति सिंह पांडेय के साथ हुए बलात्कार ने पितृसत्ता की कई शताब्दियों से पड़े सूखे विस्फोटक से भरे बक्से में माचिस की एक तीली लगा दी। नौजवान पुरुष और महिलाएँ भारत की गलियों में उतर आए हैं और महिलाओं के लिए और अधिक सुरक्षा की माँग कर रहे हैं—जिससे कोई समझौता नहीं हो सकता। इस आंदोलन की एक छात्र नेता, कविता कृष्णन ने इस मिज़ाज को एक नारे की शक्ल दी है : ''बेख़ौफ़ ज़िन्दगी—लाइफ विदाउट फियर।''[1]

''महिलाएँ सिर्फ़ बेटी, माँ और पत्नी होने के लिए स्वतंत्रता नहीं चाहतीं, बल्कि आधी रात को बेख़ौफ़ बाहर सड़क पर निकलकर सिगरेट ख़रीद सकने वाली स्वतंत्रता चाहती हैं।'' संसद के बाहर मौजूद एक विशाल रैली को उन्होंने यही कहकर संबोधित किया था।

कितनी भी हिंसा हो जाए अब महिलाओं को पीछे नहीं धकेला जा सकता। उन्होंने ख़ुद के लिए और दूसरों के लिए खड़े होकर अपनी आवाज़ और अपने साहस को पा लिया है; उन्होंने अपनी आंतरिक शक्ति—उनका आत्मसम्मान या स्वाधिकार—को पा लिया है।

एक के बाद एक महिलाओं ने काम करने के, जीविकोपार्जन के, पढ़ने के, घर पर रहने या पैसे कमाने के अधिकारों पर बोलना शुरू कर दिया है। हाल में, एक इंटर्न ने एक जज के ख़िलाफ़ यौन हिंसा की शिकायत दर्ज कराई है और एक पत्रकार ने अपने संपादक के ख़िलाफ़। इस मामले में संपादक की बेटी ने साहस का परिचय देते हुए स्वयं अपने पिता को चुनौती दी है।

—रुचिरा गुप्ता

"The notion of giving something a name is the vastest generative idea that was ever conceived."[2]

किसी चीज़ को नाम देने का विचार मनुष्य द्वारा सोचा गया सबसे बड़ा सर्जनात्मक विचार है।

—सूज़न के. लैंगर

द प्लाज़ा पैरेबल

"The mind is it's own place, and in itself
Can make a Heav'n of Hell, a Hell of Heav'n"

— John Milton

''मस्तिष्क स्वयं में एक सत्ता है, और यह अपने भीतर
किसी नर्क को स्वर्ग, स्वर्ग को नरक बना सकता है''

—जॉन मिल्टन

जब मैं यह लिख रही हूँ, तब भी मैं वही हूँ जैसी मैं एक मध्यपश्चिमी कारखाने में काम करनेवाले पड़ोसियों के बीच बड़ी हुई थी जहाँ 'आत्मसम्मान' के बारे में बात करना भी विलासिता होता। उस समय और उन स्थानों की मेरी स्मृतियों में पुरुषों का सम्मान उनके काम के लिए होता था, जबकि स्त्रियों का सम्मान उनकी सुंदरता के आधार पर और इसके बाद इस आधार पर कि उनके पति क्या करते हैं...। और इस तरह शुरू से अंत तक पूरा जीवन व्यवस्थित था (या ऐसा हमें लगता था)।

ऐसे अच्छे लोगों के बीच रहना जिनके ऊपर एक बाहरी आर्थिक वर्ग प्रणाली थोप कर उन्हें ख़राब महसूस कराया जाता था—ऐसे लोग जो जीवन की उन कठिनाइयों के लिए प्रायः ख़ुद को दोषी मानते थे जिनमें दरअसल उनका कोई हाथ न था—इन सबको देखते हुए मेरे अंदर 'सेल्फ हेल्प' किताबों या धर्म या उन मनोवैज्ञानिक सिद्धांतों, जो हमें बताते हों कि हम अपनी समस्याओं का समाधान ख़ुद कर सकते हैं, के प्रति एक स्थायी प्रतिरोध विकसित हो गया। इसी तरह जब मुझे यह एहसास हुआ कि, वर्ग-संघर्ष की तुलना में लैंगिक और नस्ली जाति प्रणाली की जड़ें कहीं गहरी और हमारे नियंत्रण से बिलकुल बाहर हैं, तो एक बार फिर मेरा वह प्रतिरोध पुख़्ता हुआ। आख़िर हम जानते हैं कि अगर बच्चों के साथ लंबे समय तक ग़लत व्यवहार किया जाए तो वे यह विश्वास करने लगते हैं कि वे ख़राब हैं। वयस्कों के रूप में, हम प्रायः अपने साथ घटित किसी दुर्भाग्य, हिंसा, अपमान या बीमारी के हमारे साथ ही घटित होने के कारणों पर सवाल करके दुनिया को तर्क के माध्यम से साधने की कोशिश करने लगते हैं।

जैसा कि सुसैन सोंताग ने 'इलनेस एज़ मेटाफर' में लिखा, रोग के संबंध में दिए गए कई सिद्धांतों के अनुसार ''बीमार पड़ने और स्वस्थ होने, दोनों के लिए भाग्य को कोसना हमारी सर्वोच्च ज़िम्मेदारी है।''[3] और हम प्रायः इसे स्वीकार करते हैं क्योंकि यह हमें नियंत्रण का आभास कराता है। जैसे प्रिंसटन की मेयर बारबरा बौग्स सिगमंड ने कैंसर से मृत्यु के कुछ समय पूर्व ही न्यूयॉर्क टाइम्स में प्रतिरोध करते हुए कहा था कि वह कई सालों से इस ख़तरनाक बीमारी से संघर्ष कर रही थीं, ''हम मनुष्य अव्यवस्था की जगह अभियोज्य होना स्वीकार करेंगे...।''[4]

यही कारण है कि आज भी, अगर मुझसे 'ब्रेड और गुलाब' में से एक को चुनने के लिए कहा जाएगा—उन्नीसवीं शताब्दी में मिलों में काम करनेवाली महिलाओं की दोहरी माँग जिसके फलस्वरूप इस देश में पहली हड़ताल हुई थी—तो मैं 'ब्रेड' (सौहार्द्र और शारीरिक सुरक्षा और हर व्यक्ति के सर पर एक छत) का चुनाव आत्मज्ञान, आत्माभिव्यक्ति और अन्य 'गुलाबों' से पहले करूँगी। मैं 'इस महिला (या पुरुष) की समस्या बस आत्मसम्मान है' जैसे वाक्यांश पर अड़ जाऊँगी, जैसे कि इसका चयन किसी व्यक्ति ने ख़ुद किया हो।

मेरे लिंग और मुझे बचपन से मिले प्रशिक्षण के बावजूद, जीवन के तीसरे दशक में प्रवेश करने पर मुझे यह शुबहा होने लगा कि हो सकता है, कोई ऐसा आंतरिक शक्ति केंद्र होता हो जिसकी मैं अवहेलना कर रही हूँ। हालाँकि जिस तरह के माहौल में मैं बड़ी हुई थी उसने मुझे अपने अंतर्जगत के अलावा हर जगह पर शक्ति की तलाश के लिए उत्साहित किया था, समय के साथ मैं इस ओर और भी ज़्यादा जागरूक होने लगी कि इस शक्ति का मुख्य बिंदु कहीं अंदर ही है और इस जागरूकता के साथ धीरे-धीरे मैं इस ओर ध्यान देने लगी कि वे कई सारे व्यक्ति जिनके प्रति मुझे ईर्ष्या रखना और उन्हें शक्तिशाली, प्रभावशाली समझना सिखाया गया था—जिनमें से अधिकांश स्वीकृति देने वालों के रूप में देखे जाने वाले समूह के पुरुष थे—वे भी दरअसल इस समस्या के आधे बचे हुए हिस्से से ग्रस्त थे, जिससे मैं। मुझे इस तरह बड़ा किया गया था कि मैं यह मानकर चलती थी कि शक्ति का स्रोत मुझसे बाहर कहीं है, लेकिन उन्हें इस तरह बड़ा किया गया था कि उन्हें पता था कि शक्ति का केंद्र उनके भीतर होने के अतिरिक्त और कहीं हो ही नहीं सकता। प्रायः वे भी इस कष्ट से गुजरते थे। ठीक वैसे ही जैसे किसी भी नियंत्रण से मुक्त रहने की मेरी कल्पना मेरे आत्मसम्मान की दुश्मन थी, उसी तरह पूर्ण नियंत्रण की कल्पना उनके आत्मसम्मान के लिए शत्रु थी। हम दोनों का उद्देश्य संतुलन-बिंदु को प्राप्त करना था : स्वयं और अन्य के बीच के आवागमन, अद्वितीयता और एकता, योजनाबद्ध और आकस्मिक, हमारा आंतरिक स्व और यह ब्रह्मांड। जैसा कि प्रत्येक संस्कृति के बुद्धिमान महिला और पुरुष हमें बताते हैं : जीवन की कला हमारे साथ घटित होनेवाली घटनाओं को नियंत्रित करने में नहीं वरन उन घटनाओं का सर्वोत्तम उपयोग करने में है।

विशाल शाहबलूतों की तरह यह समझ भी एक बहुत छोटे-से बीज से आरंभ होती है।

साठ के दशक का उत्तरार्ध था, वे दिन जब मैं नारीवादी होने की पूर्वावस्था में थी। मैं इस तथ्य पर सवाल नहीं उठाती थी कि मुझसे कम अनुभव रखने वाले पुरुष पत्रकारों को वे राजनैतिक असाइनमेंट दिए जा रहे थे, जिनमें मेरी बहुत रुचि थी। बजाय इसके मैं अतिथि सेलिब्रिटी के प्रोफाइल (रूपरेखा) लिखकर ही ख़ुश थी—जो कि आमतौर पर महिला रिपोर्टरों को दिए जाने वाले फैशन और पारिवारिक विषयों से

हटकर माना जाता था—और इसमें वह साक्षात्कार भी शामिल था जो चाय के दौरान प्लाजा होटल के पाम कोर्ट में लिया जाना था।

चूँकि उस अभिनेता को आने में बहुत देर हो रही थी, मैं प्रतीक्षा कर रही थी और वहाँ का सहायक मैनेजर नापसंदगी ज़ाहिर करते हुए मेरे इर्द-गिर्द घूम रहा था, आख़िरकार उसने मुझे आड़े हाथों ले ही लिया। "ये अकेले आने वाली महिलाएँ," उसने ऊँची आवाज़ में लॉबी में कहा, "इन्हें अंदर आने की इजाज़त बिलकुल नहीं है।" मैंने उसे बताया कि मैं एक रिपोर्टर हूँ और यहाँ एक मेहमान की प्रतीक्षा कर रही हूँ, जिनसे संपर्क करने का और कोई माध्यम मेरे पास नहीं है।—यह ऐसा स्पष्टीकरण था जिससे कि मैं ख़ुद भी संतुष्ट नहीं हो पा रही थी। मैनेजर ने मुझे ज़ोर से पकड़कर तमाशा देख रहे उत्सुक लोगों से आगे ले जाकर लॉबी के दरवाज़े से बाहर कर दिया।

मुझे बहुत अपमानित होना महसूस हुआ : क्या मैं एक वेश्या दिखती हूँ? क्या मेरा ट्रेंच कोट बहुत पुराना दिखता है—या वह ठीक से पुराना भी नहीं दिखता है? मैं बेचैन थी : किस तरह अब मैं उस अभिनेता को खोजूँगी और कैसे अपना काम पूरा करूँगी? मैंने तय किया कि मैं वहाँ घूमने वाले दरवाज़े के बाहर खड़ी होकर उस अभिनेता की प्रतीक्षा करूँगी जहाँ से मैं उसे काँच के भीतर देख सकती थी। पर एक घंटा बीत गया और मैं यूँ ही खड़ी रही।

बाद में मुझे पता चला कि वह आया था और मुझे वहाँ न पाकर, चला गया। उसके प्रेस एजेंट ने मेरे संपादक को फ़ोन करके शिकायत की कि मैंने उसके क्लाइंट को 'प्रतीक्षा करवाई'। उस अभिनेता के प्रचार कार्यक्रम का नुकसान हुआ, संपादक का काम अंतिम समय से पहले पूरा न हो सका और मैंने वह चेक खो दिया जिसकी ज़रूरत मुझे अपना किराया देने के लिए थी। मैंने किस तरह 'स्टोरी पाई जाए' यह नहीं समझ पाने के लिए भी ख़ुद को दोषी ठहराया और इस चिंता से ग्रस्त हो गई कि अब मेरी स्थायी पदावनति कर दी जाएगी और मुझे फिर से 'महिलाओं की रुचि वाले' आलेखों के समूह पर लौटना होगा जिनसे मैं बचना चाह रही थी।

संयोग से लगभग एक महीने बाद, मुझे एक अन्य सेलिब्रिटी का साक्षात्कार करने के लिए कहा गया जो होटल प्लाजा में ही ठहरे हुए थे। पिछली बार वाली असफलता से बचने के लिए मैंने इस बार उसी सूइट में मिलने की योजना बनाई थी जहाँ वह ठहरे हुए थे, लेकिन लॉबी से गुज़रते हुए मैंने देखा कि वही सहायक मैनेजर निगरानी की मुद्रा में खड़ा हुआ है। मैंने कुछ ऐसा महसूस किया जैसे मैं स्वत: किसी प्रतीक्षा में रुक गई, जैसे मेरे पैर उस जगह पर ज़ड़ों की तरह जम गए हों—और जैसा होना निश्चित था, मैनेजर अपने उसी अंदाज में मेरी ओर आया। लेकिन इस बार मुझे ख़ुद पर आश्चर्य था कि मैं उससे ऐसी बातें कह रही थी जो मेरे अब तक के व्यवहार से बहुत अलग थीं। मैंने उसे बताया कि मैं जहाँ खड़ी हूँ वह एक सार्वजनिक स्थान है

और मुझे वहाँ खड़े होने का पूरा अधिकार है, और मैंने उससे पूछा कि वह लॉबी में मौजूद उन अनेक मर्दों को क्यों बाहर नहीं करता है जो अकेले आए हैं, वे भी पुरुष वेश्या हो सकते हैं। मैंने उसको यह भी कहा कि सबको पता है कि इस होटल के कर्मचारी अपने ग्राहकों के लिए वेश्या भेजते हैं और इसके बदले में उन्हें अपनी तनख़्वाह का कुछ प्रतिशत मुनाफ़े के रूप में मिलता है, इसलिए शायद वह अपना मुनाफ़ा गँवा देने के कारण ही परेशान है।

वह बिलकुल भौचक्का दिख रहा था—और उसने मुझे वहाँ खड़े रहने दिया। अंततः मैंने उन्हें बुलाया जिनसे मुझे मिलना था और सुझाव दिया कि हम नीचे बैठकर चाय पीते हैं। यह एक छपने योग्य साक्षात्कार हुआ था और मुझे याद है कि इसे लिखने में मैंने इतना सहज महसूस किया था जैसा कि आमतौर पर नहीं होता था, और इसे देते वक़्त मेरे अंदर आत्मसंतुष्टि का एक भाव था।

इन दो घटनाओं से क्या सीख मिलती है ? स्पष्ट रूप से, सहायक मैनेजर और मैं दोनों ही स्वयं में परिवर्तित नहीं हुए थे। मैं अब भी वही ट्रेंच कोट पहन रही थी और उसी प्रकाशन गृह के साथ स्वतंत्र लेखन कर रही थी, सिर्फ़ एक बदलाव आया था : मेरे आत्मसम्मान में हुआ बदलाव। लगभग मेरी इच्छा के विरुद्ध यह परिवर्तन हुआ था—जैसे संक्रामक रोग अपने आप हो जाते हैं।

उन दो साक्षात्कारों के बीच, एक महिला डॉक्टर ने अपने दोस्तों के साथ एक पार्टी के लिए होटल प्लाजा का ओक रूम बुक करवाया था। यह एक सार्वजनिक रेस्तराँ था जिसे अब तक दोपहर के खाने के समय के दौरान सिर्फ़ पुरुषों के लिए आरक्षित रखा जाता था। ऐसा करने का आधार यह था कि महिलाओं की आवाज़ों से पुरुषों की बिजनेस मीटिंग में व्यवधान न पहुँचे। जब इस महिला को ओक रूम के दरवाज़े पर यह कहकर रोका गया कि वह डॉ. हैं पर पुरुष नहीं, तब वह महिला भी जानती थी कि ऐसा ही होगा। इस बात पर, उनके साथ समूह के रूप में आई विशिष्ट नारीवादी महिलाएँ जोशोख़रोश के साथ फुटपाथ पर एक धरने के रूप में पंक्तिबद्ध हो गईं और वहीं से एक प्रेस कॉन्फ्रेंस की, जिसका इंतजाम उन्होंने पहले से ही कर रखा था।

अब मुझे भी इस विरोध में शामिल होने के लिए बुलाया गया—और मैंने मना कर दिया। अधिकांश शहरों की तरह न्यूयॉर्क में भी तमाम ऐसे सार्वजनिक रेस्तराँ और बार थे जहाँ महिलाओं का आना या तो पूर्णतया वर्जित था या वे अकेली आने वाली (अर्थात, कोई महिला अथवा महिलाओं का समूह जिनके साथ किसी पुरुष की चमत्कारी उपस्थिति न हो) महिलाओं का स्वागत नहीं करते थे। निश्चित ही, मुझे इससे नफ़रत होती थी, लेकिन ओक रूम में इसके लिए विरोध-प्रदर्शन, जोकि अधिकांश पुरुषों और महिलाओं के लिए बहुत ही महँगा था, मुझे ग़लती करने जैसा लग रहा था। एकमात्र उपाय यह था कि नगर परिषद की ओर से एक अध्यादेश जारी

हो जो सार्वजनिक स्थलों पर इस तरह के भेदभाव पर रोक लगाए, और ऐसा करने के लिए लोकतांत्रिक समर्थन की आवश्यकता थी। इसके अलावा, मीडिया पहले ही नारीवादियों की छवि को ग़लत ढंग से प्रस्तुत कर रहा था। वह हमें मध्यवर्गीय, अश्वेत, ओछी महिलाओं के रूप में प्रस्तुत कर रहा था। यह हास्यास्पद चित्रण मुझे उस उम्र में भी नागवार लगता था : पहली नारीवादी स्त्रियाँ जिनके बारे में मैंने साठ के दशक में सुना था, काम करनेवाली महिलाएँ थीं जिन्होंने कारखानों की असेंबली लाइन में लैंगिक भेदभाव को तोड़ा था और पहली नारीवादी जिनसे वास्तव में मैंने मुलाक़ात की वे सरकारी सहायता प्राप्त अश्वेत महिलाएँ थीं और इस शर्मिंदा करनेवाली व्यवस्था की तुलना वे एक भीमकाय पति से करती थीं जो उनके निर्वाह का भुगतान करने के बदले में उनसे यौन ईमानदारी (घर में किसी भी अन्य पुरुष का आना वर्जित) की माँग करता था। अगर इस तरह के समूहों को प्रचारित न किया गया होता—और अगर प्लाजा पर बवाल करनेवाली संपन्न महिलाओं को प्रचार न मिला होता तो—शायद इस नए आंदोलन की तसवीर और भी विकृत होती।

जैसा कि बाद में सामने आया, मीडिया की रणनीति और नारीवाद की मीडिया द्वारा गढ़ी जा रही छवि को लेकर मेरे विचार बिलकुल ठीक थे : 'श्वेत मध्यवर्गीय' यह शब्द कई पत्रकारों के लिए टाइपराइटर पर एक कुंजी जैसा हो गया था (हालाँकि सर्वेक्षण यह दिखाते थे कि श्वेत महिलाओं की तुलना में अश्वेत महिलाओं द्वारा नारीवादी परिवर्तनों के समर्थन की संभावना लगभग दोगुनी थी)।[5] लेकिन महिलाओं की प्रतिक्रिया को लेकर मेरे विचार बिलकुल ग़लत थे—यहाँ तक कि मेरे ख़ुद के विचार भी। उदाहरण के लिए : प्लाजा पर हुए उस प्रदर्शन के समय तक, मैं पहले ही वियतनाम में अमेरिकी हस्तक्षेप के विरुद्ध एक बार नागरिक अधिकारों के लिए और दूसरी बार प्रवासी किसानों के साथ धरने पर बैठ चुकी थी। अक्सर ऐसे प्रदर्शन जो कि रणनीतिक रूप से बिल्कुल भी आदर्श नहीं थे; तो फिर क्यों मैं आज अचानक महिलाओं के संबंध में आदर्श की माँग करने लगी? जब अश्वेत और यहूदियों को रेस्तराँ और बार में प्रवेश नहीं करने दिया जाता था, चाहे वे महँगे हों या सस्ते, तब मुझे विरोध करना उचित लगता था; फिर भला क्यों मैं मानव जाति के आधे हिस्से (स्त्रियाँ, जिसमें कि कुल अश्वेतों और यहूदियों की आधी आबादी भी शामिल है) के प्रति इतनी ही गंभीर क्यों नहीं हो पा रही हूँ?

सच यह था कि समाज की ही तरह मैं भी स्त्रियों से संबंधित हर बात के प्रति अगंभीर आकलन करने की आदत पाल चुकी थी। —इसमें स्वयं के प्रति अगंभीर होना भी शामिल था। यह गिरे हुए आत्मसम्मान का मामला था, तर्क का नहीं। क्या एक अश्वेत महिला को दक्षिण स्थित डाइमस्टोर लंच काउंटर में जाकर खाने का अधिकार प्राप्त करने के लिए प्रदर्शन करना चाहिए, जहाँ पर नस्ली भेदभाव के कारण उसका प्रवेश वर्जित है, और फिर जब एक महँगे न्यूयॉर्क रेस्तराँ में उसके साथ यही

व्यवहार लैंगिक भेदभाव के आधार पर किया जाए, तो वहाँ से उसे चुपचाप लौट आना चाहिए। सिद्धांत—और उससे भी ज़रूरी रूप से, एक असली महिला के लिए परिणाम—तो एक ही था इन दोनों मामलों में। लेकिन मेरी परवरिश इस तरह की थी कि लिंग के आधार पर लिए गए किसी भी फ़ैसले को मैं नस्ल, वर्ग या किसी भी और बात को आधार बनाकर लिए गए निर्णय की तुलना में कम महत्त्वपूर्ण समझती थी। वास्तव में, यदि श्वेत महिलाओं को छोड़कर विश्व के सभी समूहों की गणना की जाए तो मैं अपने अलावा बाक़ी सभी के लिए चिंतित थी।

फिर भी, मेरे चैतन्य दिमाग़ के सभी बहाने मेरे अवचेतन को उस संक्रामक जोश से नहीं बचा सके जो ओक रूम में धरने पर बैठी महिलाओं से पैदा हुआ था। जब मैंने फिर से उस होटल मैनेजर को देखा, तो मुझे उस दुनिया की झलक मिली जहाँ महिलाओं का महत्त्व था। उनकी आँखों से देखने पर, मुझे ख़ुद अपनी आँखों से दिखाई पड़ना शुरू हो गया।

फिर भी अपने विचार-परिवर्तन की गंभीरता का एहसास करने में मुझे वर्षों का समय लगा। कई वर्षों बाद मैंने इसे पोलिश पत्रकार रिजार्ड कापुस्चिस्की के निबंध 'रेवोल्युशन' में पहचाना। इस निबंध में कापुस्चिस्की ने उस क्षण का वर्णन किया है जब किसी भीड़ की सीमा पर खड़ा एक आदमी पुलिसवाले की तरफ़ निडर निगाहों से देखता है—और जब पुलिसवाला एक क्षण को महसूस करता है कि वह उसके द्वारा यूँ निडरता से घूरे जाने को अचानक अस्वीकार करने जैसा महसूस करता है—यही वह अतिसूक्ष्म क्षण होता है जब एक विद्रोही/क्रांतिकारी का जन्म होता है। "सभी क्रांतियों पर लिखी गई सभी किताबें एक ही अध्याय के साथ शुरू होती हैं जो लड़खड़ाते हुए शासन के पतन या लोगों के कष्टों और पीड़ाओं की व्याख्या करता है," कापुस्चिस्की लिखते हैं, "उनको मनोवैज्ञानिक अध्याय के साथ शुरुआत करनी चाहिए—ऐसा अध्याय जो बताता हो कि कैसे एक प्रताड़ित, आतंकित आदमी अचानक अपने अंदर व्याप्त आतंक को झिंझोड़कर, डरना बंद कर देता है। यह असामान्य प्रक्रिया—कभी-कभी एक क्षण के अंदर ही घटित और पूर्ण हो जाती है, जैसे कोई झटका—ऐसी घटना वर्णन की माँग करती है। मनुष्य अपने डर से छुटकारा पाता है और स्वतंत्र अनुभव करता है। इसके बग़ैर, कभी कोई क्रांति नहीं होगी।"[6]

लेकिन तब भी, होटल लॉबी में इस क्षण मुझे पहली बार यह आभास हुआ था कि हम सब के अंदर हमारा एक बेहतर रूप है, जो सिर्फ़ प्रोत्साहन की प्रतीक्षा में रुका हुआ है। अप्रत्याशित साहस का यह ऐसा सामान्य अनुभव था कि इसके लिए हमारे पास जो वाक्यांश हैं वे अति साधारण हैं : 'मैं आश्चर्यचकित थी' या 'न चाहने के बावजूद।' *द रेड एंड द ब्लैक* में, स्तेंढाल इस आंतरिक 'स्व' को 'एक नन्हा मित्र' कहती हैं।[7] एलिस वॉकर की *कलर पर्पल* में, सेली अपने एक शक्तिशाली दोस्त 'गॉड' को चिट्ठियाँ लिखती है, लेकिन ऐसा करके वह एक तरह से अपनी आत्मिक शक्ति

को चिट्ठियाँ लिखती है।[8] बच्चे अपने लिए एक काल्पनिक साथी बना लेते हैं जो उनके साथ खेलता है, और धावक, संगीतज्ञ, कलाकार इस सत्य और सहज 'स्व' को अपने काम में मुक्त छोड़ देना चाहते हैं। ध्यान, प्रार्थना, सर्जना—ये सभी अंदर की आवाज़ को मुक्त करने के साधारण तरीक़े हैं। उस स्व को पहचानकर, महत्त्व देकर, खोजकर, सम्मान देकर आपको कुछ 'क्लिक' होने जैसा महसूस होगा—जैसे कि हम वास्तव में किसी आंतरिक ऊर्जा के स्रोत से जुड़ गए हों, जो सिर्फ़ हमारा हो लेकिन फिर भी हमें हर वस्तु से जोड़ता हो।

इसे दूसरी तरह से कहें तो : मैं ऐसा समझने लगी कि आत्मसम्मान ही सब कुछ नहीं है; लेकिन इसके बग़ैर भी कुछ नहीं है।

आत्मसम्मान निजी होता है : हमारे अतीत से जन्मी अंतरस्थ संतान

अभी हाल तक, मुझे ऐसा लगता था कि मैंने अपने और अपने बचपन के बीच एक पत्थर की दीवार खड़ी कर ली है। मैं उन प्रारंभिक वर्षों का महत्त्व जानती थी जिन्होंने मुझे आशावादी (कभी भी कुछ भी फिर से इतना बुरा नहीं हो सकता) और कठिनाइयों से लड़ने वाला (मुक़ाबला कैसे किया जाए, यह सीखने के अपने फायदे हैं) बनाया।

निश्चित रूप से, मैंने यह देखा था कि छोटी-छोटी बातें भी मुझे ज़रूरत से ज़्यादा दुखी या अवसादग्रस्त कर देती हैं—जैसे, अकेले रहने वाली कोई माँ-बेटी, कुछ ख़ास प्राकृतिक छवियाँ या किसी ख़ाली कमरे में रेडियो की आवाज़—लेकिन मैं उनसे बचती रहती थी। जब बड़ी-बड़ी चीज़ें मुझमें आत्मदया और साथ ही निडरता की भावना का संचार करती थीं—जैसे, जब मुझे जड़ों से छूटा हुआ लेकिन गर्व का एहसास होता था—या जैसे रुपये दे देना और फिर वंचित महसूस करना, कुछ ऐसा ही—मैंने यह मान लिया कि यह सब मेरे ऐसे स्वामित्व से रहित जो मेरा स्वामी होगा और भारमुक्त रहने के मेरे चेतन और विवेकपूर्ण निर्णय के अनिवार्य परिणाम हैं।

इस तरह मैं कई दशकों तक रही और यह दबाव बढ़ता गया। मैंने एक पत्रिका के लिए काम किया जो मुझे बेहद पसंद थी और एक आंदोलन के लिए काम किया जिसने मुझे जीवन दिया। मैंने आयोजन किए, यात्राएँ की और अनेक लेक्चर दिए; मैंने अभियान चलाए और चंदा इकट्ठा किया और पत्रिका को चलाने के लिए विज्ञापन लाती रही। मैंने अपने अपार्टमेंट को एक ऐसी जगह में तब्दील कर लिया था जहाँ मैं सिर्फ़ कपड़े बदलने और दफ्ती के डिब्बों में काग़ज़ात रखने आती थी; और मैंने बीस साल में सिर्फ़ एक पूरा सप्ताह ऐसा बिताया जब मुझे कोई हवाई यात्रा नहीं करनी थी। लेकिन घर या घर से दूर, मैं हमेशा अपनी हथेलियों में पसीने और ज़ोरों से धड़कते हुए दिल के साथ नींद से उठती थी, हमेशा इस बात से घबराई हुई कि मैं किसी सार्वजनिक कार्यक्रम के दौरान सबकुछ बिगाड़ डालूँगी। हो सकता है कि सबकी तनख़्वाह और प्रिंट के पैसे देने के लिए मेरे पास पर्याप्त रुपये न हों, या फिर इस बात

का डर कि कहीं मेरे कारण यह आंदोलन ख़राब न हो जाए, जो ख़ुद मेरे लिए उतना ही महत्त्वपपूर्ण है जितना कि अन्य लाखों-करोड़ों महिलाओं के लिए।

पहले पाँच-छह सालों के बाद इस ओर मेरा ध्यान गया कि मैं बार-बार वही काम कर रही थी जिन्हें करना मैं पहले से जानती हूँ और मैं वही बातें दोहरा रही थी जिन्हें मैं पहले भी कह चुकी हूँ—कि मैं वास्तव में कुछ करने से ज़्यादा दोहराव कर रही थी—लेकिन मैं यह भी जानती थी कि चाहे कुछ भी हो जाए, मैं हमेशा काम करती रहूँगी। यह उत्तरजीविता के मेरे कौशल का एक हिस्सा था, मुझे बचपन से मिली निडरता। अगर कोई ऐसी ओलम्पिक टीम होती जिसका काम सिर्फ़ काम करना होता तो मैं निश्चित रूप से उसकी सदस्य होती। बाद में, जब *इकोनॉमिक टाइम्स*, अन्य सभी पत्रिकाओं के लिए और ख़ासकर मेरी पत्रिका के लिए चुनौती का सबब बन गया, और महिलाओं की उन्नति पर अनिवार्य रूप से प्रतिघात होने लगा, तो मैं और ज़्यादा काम करने के दबाव में आ गई। जब मेरे दोस्तों ने मेरी मनोदशा और भावनाओं के बारे में पूछा तो मेरे जवाब पर उन्हें हँसी भी आई और वे निराश भी हुए। मैंने प्लेटो के उद्धरण को पलट कर रख दिया था। ''जाँचा-परखा जीवन,'' मैंने कहा, ''जीने योग्य नहीं है।''

फिर एक शाम सड़क पर दिए गए एक लेक्चर के बाद, दर्शकों में आई एक महिला ने मुझसे एक किताब की अनुशंसा की, *योर इनर चाइल्ड ऑफ़ द पास्ट*।[9] उसने इस किताब का वर्णन ऐसे विश्वास के साथ किया कि मैंने जाकर इसे ख़रीद लिया।

निश्चित रूप से मैं किसी आत्मज्ञान में रुचि नहीं रखती थी—यह सिर्फ़ उत्सुकतावश किया या फिर ऐसा मैंने ख़ुद के बारे में सोचा। इस मामले में मुझे निबंधों की उस किताब के लिए एक पारखी सोच की ज़रूरत थी जो मैं मर्लिन मुनरो के ऊपर लिख रही थी, ख़ासकर नोर्मा जीन बेकर के रूप में बीते उसके बचपन के बारे में।[10] लेखक ह्यू मिसिलडाइन, एक बाल मनोचिकित्सक, ने बच्चों की परवरिश की सबसे सामान्य ग़लतियों और ज़्यादतियों पर बात की थी—अत्यधिक प्यार-दुलार, उपेक्षा, आदर्शवाद, यौन-उत्पीड़न और अन्य कई—और फिर उन्होंने इनमें से प्रत्येक का वर्णन भविष्य में इनके द्वारा पड़ने वाले प्रभावों के रूप में भी किया था। चूँकि अन्य आत्मकथा लेखकों ने मर्लिन के साथ बचपन में यौन-उत्पीड़न होने की घटना पर अविश्वास जताया था, इसलिए मैं ह्यू मिसिलडाइन की उस किताब में अपने इस पक्ष की पुष्टि को खोज रही थी कि मर्लिन द्वारा ताज़िंदगी ख़ुद को एक यौन प्रतीक के अतिरिक्त अन्य किसी रूप में महत्त्व न दिया जाना दरअसल बचपन में उसके साथ हुए यौन-उत्पीड़न का शाश्वत नतीजा था।

हालाँकि इससे भी कहीं अधिक स्पष्ट और प्रकट उत्पीड़न उसके जीवन के शुरुआती वर्षों की विशिष्टता में था, क्योंकि इन वर्षों के दौरान उसे सदैव उपेक्षित रखा गया था। उसकी माँ एक ऐसी महिला थी जो ख़ुद ही गंभीर भावनात्मक समस्याओं

से ग्रस्त थी। मर्लिन इतनी बुरी तरह उपेक्षित थी कि बचपन में उसे लगता था कि वह अदृश्य है। जब उसकी माँ को एक प्रांतीय मानसिक चिकित्सालय में भर्ती किया गया तो उसे एक अनाथालय में भेज दिया गया। उसके शरीर का समय से पहले विकसित हो जाना और अपनी तरफ़ लोगों का ध्यान आकर्षित होने के कारण ही वह स्वयं को 'दृश्य' मान सकी और उसे विश्वास हुआ कि वास्तव में उसका अस्तित्व है। यह अपने अंदर के एक व्यर्थ रूप और दूसरे बाहरी एवं यौन दृष्टि से आकर्षक रूप के बीच की फाँक थी जो उसे उसकी बची हुई छोटी सी ज़िंदगी में हमेशा सताती रही। मिसिलडाइन के लेख में उस उपेक्षा के कुछ अतिविशिष्ट परिणामों का वर्णन था जो मर्लिन के साथ बरती गई थी : आजीवन दुलार और अच्छी परवरिश पाने की लालसा, किसी का हो जाने की प्रबल इच्छा, लेकिन फिर भी सदैव बाहरी होने का एहसास, पति और प्रेमियों में ही अपने पिता को खोजना, बच्चों के समान स्नेह और स्वीकृति पाने के लिए सेक्स का इस्तेमाल, अपनी ख़ुद की देखभाल की उपेक्षा करना क्योंकि उपेक्षित रहने का भाव उन्हें अपना-सा प्रतीत होता है, जैसे वह अपने घर पर हों। ये सारी ऐसी समस्याएँ थीं जिनका उल्लेख मर्लिन ने ख़ुद किया था। मिसिलडाइन ने लिखा : "अधिकांश ऐसे लोग, ख़ासकर महिलाएँ, थियेटर और फ़िल्मों के क्षेत्र में आ जाती हैं क्योंकि : 'जब आपकी कोई पहचान न हो, तो कुछ भी हो पाने का एकमात्र रास्ता अपने से इतर कुछ हो जाना होता है।' "[11] उन्हें पढ़कर बिलकुल ऐसा ही लग रहा था जैसे कि वे मर्लिन से मिले हों; निश्चित रूप से, क्योंकि मर्लिन ने भी बिलकुल यही शब्द कहे थे।

बचपन में उपेक्षा की ऐसी पराकाष्ठा—और वयस्क जीवन में उस उपेक्षा की प्रतिक्रिया—यह स्पष्टतः मर्लिन के जीवन का इतिहास था, मेरा नहीं। मैं इन्हें ख़ूब रुचि से पढ़ती हूँ और पढ़ते हुए ख़ुद के बारे में सुरक्षित महसूस करती हूँ। लेकिन जल्दी ही, यह पतली, छोटी सी किताब उपेक्षा के और कई सामान्य परिणामों का ज़िक्र करने लगती है—जो शराबी, बीमार या माता-पिता की अनुपस्थिति से संबंधित हैं। जैसे एक उदाहरण यहाँ दे रही हूँ जिसे पढ़कर मुझे समानता का एक झटका सा लगा—"उन लोगों का बचपन जो उपेक्षा के शिकार हुए," मिसिलडाइन ने अपने यथार्थवादी अंदाज़ में लिखा, "आमतौर पर उनके जीवन में ऐसे पिता के होने का ख़ुलासा करता है जो वास्तव में पिता जैसा न रहा हो और एक ऐसी माँ जो वास्तव में माँ जैसी न रही हो।"[12]

मेरी माँ भी बार-बार अवसाद, भ्रम के दौर से गुज़रती थीं और लंबे समय तक असामान्य भी रही थीं, मेरे जन्म से पहले और उसके बाद भी। मेरे पिता ही उनकी देखभाल करते थे, जब तक कि मैं दस वर्ष की नहीं हो गई और माँ की देखभाल करने के लिए पिता का स्थान लेने लायक़ भी। इसके बाद मेरे माँ-पिता अलग हो गए और मैं और मेरी माँ अलग रहने लगे। हालाँकि मेरे माँ-पिता ने हमेशा यही जताया और महसूस कराया कि वे मुझे बहुत प्यार करते हैं, और वे मेरा उतना ही या उससे कहीं

बेहतर ख़याल रखते हैं, जैसा कि वे ख़ुद का रखते हैं—यह सब उपेक्षा की उस पराकाष्ठा से बहुत कम है जो मर्लिन ने झेली थी—लेकिन फिर भी ज़्यादातर मौकों पर मेरे माँ-पिता ठीक वैसे वास्तविक माँ-पिता नहीं होते थे जैसा सामान्य रूप से उन्हें होना चाहिए था। बुनियादी चीज़ें जैसे, स्कूल में नियमित उपस्थिति, साफ़-सुथरे कपड़े, सोने का निश्चित समय, अपने बिल चुकाने के लिए पर्याप्त रुपये, और मेरे दस वर्ष के हो जाने के बाद माँ-पिता द्वारा की जाने वाली किसी भी तरह की प्रतिबद्ध देखभाल जैसी मामूली अपेक्षाएँ भी मेरे पिता की आवारगी-भरी जीवनचर्या के कारण, समाप्त हो गईं। उनके तलाक़ के बाद, मेरी माँ अक्सर अवसाद में रहने लगीं और उन्हें एक देखभाल करनेवाले की ज़रूरत महसूस होने लगी। यही वह समय था जब हमारे जीवन में हम दोनों (मेरी माँ और मैं) की भूमिकाएँ आपस में बदल गईं। चूँकि मैं हमेशा जानती थी कि वे मेरे लिए अपनी ओर से बेहतर से बेहतर कर रहे हैं, इसीलिए मैं ख़ुद को उनके ऊपर नाराज़ भी नहीं होने देती थी—और इस तरह मेरे जीवन में जो भी अभाव था, उसे लेकर मेरी जो भी भावनाएँ थीं, मैंने उन सबको दफ़्न कर दिया।

पहली बार, मैं अचरज से इस बारे में सोचने लगी कि मेरे और मेरे बचपन के बीच जो दीवार है उसके दूसरी ओर क्या है, और क्या मेरी लगाई इतनी ईंटों और गारे के बावजूद दीवार के उस ओर की चीज़ों का प्रभाव रिसकर मेरे वर्तमान पर नहीं आया है?

मैं याद करती हूँ कि मैं उस गंदे, अवसाद से भरे, चूहों से संक्रमित घर को छोड़कर भाग जाने के लिए कितना तड़पती थी, जहाँ मैं अपनी माँ के साथ रहती थी। फिर भी मैंने दफ्ती के डिब्बों, अख़बारों की गड्डियों और लंबी अनुपस्थिति की मदद से अपने ही घर में संपन्न लोगों के घरों जैसा, लेकिन उनसे कम आडम्बरपूर्ण, एक कोना बना रखा था।

मैंने याद किया कि जब मैं छोटी थी तो घर में रुपयों की कमी और मेरे पिता की उधार लेने की प्रवृत्ति को लेकर कितना घबराती थी; फिर भी मैं अपनी कमाई में से कुछ नहीं बचा पाई थी, रुपये को अपने पास से हटाने का मोह मैं कभी छोड़ नहीं पाई, कभी भविष्य के लिए योजना नहीं बनाई, और अक्सर ही ख़ुद को उपेक्षित, वंचित और असुरक्षा की भावना में घिरा पाया। ये भावनाएँ मुझे बहुत अपनी-सी लगती थीं।

मैं इस बात के लिए दुखी होना याद करती हूँ कि मुझे अपना जीवन ख़ुद चलाना पड़ रहा है, स्कूल के बाद काम करना पड़ता है, अपनी माँ की फ़िक्र करनी पड़ती है, जो कभी-कभी सच्चाई से इतनी बेगानी हो जाती थीं कि उन्हें यह भी होश नहीं रहता था कि वे कहाँ हैं, या मैं कौन हूँ, और मैं ये सारे शर्मनाक पारिवारिक रहस्य अपने दोस्तों से छिपाकर रखती थी; लेकिन फिर भी किसी निर्धारित कमाई के स्रोत की बजाय मैंने ख़ुद ही स्वतंत्र पेशेवर के रूप में काम करने का निर्णय लिया था; और उसके बाद समान्तर रूप से पत्रिका और आंदोलन की गतिविधियों का ध्यान

रखने की ज़िम्मेदारी। पहले की तरह अब भी, मैं अपने प्रति प्रकट की गई सहानुभूति को, मज़ाक़ और एक जुझारू व्यक्ति के अभिमान से दूर कर देती हूँ। दोनों ही बातों में, मैं आवश्यकताग्रस्त होने के उस कुएँ से दूर भाग रही थी, जिसके प्रति मेरे मन में डर था कि अगर मैंने आवश्यकता को स्वीकार किया तो वह कुआँ मुझे पूरा का पूरा निगल लेगा।

ये दोनों समानताएँ इतनी स्पष्ट थीं कि मुझे भी साफ़ दिखने लगा कि मैं बचपन में गुज़री उन्हीं कष्टप्रद, और जानी-पहचानी घटनाओं को दोहरा रही हूँ। बीते हुए कल को अपने पीछे रखने की मेरी जिद के बावजूद, मेरे ऐसा मानने के बावजूद कि मुक्त इच्छा और वे वास्तविकताएँ जिनसे मैं ख़ुद को घिरा पाती हूँ और जिन्होंने मेरे जीवन को आकार दिया है, ऐसे दृढ़ विश्वास के बावजूद भी, सच में ऐसा नहीं था मेरे जीवन में।

मैं पिछले समय के संकेतों का पीछा करने लगी। रेडियो की आवाज़ ही इतना अवसाद क्यों पैदा करती थी जबकि टेलीविज़न और रिकॉर्ड के साथ ऐसा नहीं था? क्योंकि अपनी माँ के साथ मैं जिस घर में रहती थी वहाँ पर एकमात्र रेडियो की ही आवाज़ आती थी। मैं ख़ुद को सुरक्षा और रहने के लिए एक बढ़िया जगह क्यों नहीं दे पाती? क्योंकि जब मैं बच्ची थी तो यह सब मुझे नहीं दिया गया था। मैं उन लोगों से मदद क्यों नहीं माँगती जो आराम से मेरी मदद कर सकते हैं? क्योंकि अतीत में मेरे पास ऐसे लोग नहीं थे। मैं इस तरह अपना जीवन क्यों जीती आई हूँ जैसे कि मैं कभी भी किसी भी जगह को छोड़ने के लिए तैयार हूँ, जबकि वास्तव में मैं ऐसा नहीं करती? क्योंकि जब मैं एक छोटी घुमक्कड़ बच्ची थी तब मैं जगहों से जुड़ जाने से बचने के लिए ऐसा ही किया करती थी।

यह स्वाभाविक हो सकता है कि हम हमेशा स्वयं के साथ वैसा बर्ताव करते हैं जैसा बर्ताव हमारे साथ बचपन में किया गया था, लेकिन इस बात को समझे बग़ैर मैं लगभग चालीस से भी अधिक साल तक एक बिलकुल भिन्न, संभवत: जागरूक जीवन जीती रही। मुझे शंका है कि और भी बहुत लोगों के साथ ऐसा ही हुआ होगा। इन पुरानी और बग़ैर चुनी गई आदतों के प्रति सचेत होकर ही हम उनको बदल सकते हैं, और इसके बाद भी, यह परिवर्तन चाहे कितनी ही बेहतरी के लिए क्यों न किया गया हो, शुरुआत में तो नीरस और एकाकी ही महसूस करवाता है—जैसे कि हम इस ब्रह्मांड के आख़िरी सिरे पर खड़े हों और हवा सीटी बजाते हुए हमारे कानों के पास से गुज़र रही हो—क्योंकि शुरू में यह अपना-सा नहीं लगता। पुरानी आदतें, चाहे वे कितनी भी नकारात्मक और कष्टप्रद क्यों न हों, उनमें एक अद्‌भुत चुम्बकीय आकर्षण होता है—क्योंकि वे हमें अपनी-सी लगती हैं।

जिस क्षण हम इसके स्रोत के प्रति जागरूक हो जाते हैं, उसी क्षण से इन चीज़ों का दोहराव घटने लगता है और हम जितना ही अपने बीते हुए दिनों के ज़ख़्मों को

भरते जाएँगे, वर्तमान के प्रति उतनी ही बेहतर प्रतिक्रिया दे पाएँगे। जैसा कि शराबियों के लिए एक अनाम बारह चरणीय कार्यक्रम कहता है, "इसे बाहर कर डालो या ख़त्म कर डालो (Dig it or act it out)।" हालाँकि इनके धीरे-धीरे समाप्त होने के पहले हम घटनाओं और भावनाओं के किसी क्रम को अलग तरह से दोहरा सकते हैं, पर कम से कम अब शक्ति का स्रोत अन्य लोगों में नहीं है जोकि हमारे लिए निर्णय लें, बल्कि यह ख़ुद हम में है। मैं नहीं जानती कि मर्लिन ने अपने भूत और वर्तमान के बीच कोई संबंध जोड़ा था या नहीं : अपने खोये हुए पिता और उन 'पिताओं' के बीच जिनसे वह विवाह करती रही; और जो कभी वह स्वयं हुआ करती थी उस अदृश्य बच्चे और अपनी उस अतिदृश्य छवि के बंधन के बीच जो हॉलीवुड ने बनाई थी। शायद ये अभ्यासी आदतें (पैटर्न) बहुत गहरी चली गई थीं; या शायद दुनिया में न बदलने के लिए बहुत सारे इनाम थे जो बेसहारा बच्चों और बच्चों जैसी हरकतों के लिये-दिये जाते थे।

जब तक नारीवाद यह स्पष्ट करता कि महिलाओं के अंदर हर तरह की मानवीय संभावना है, उससे पहले ही मर्लिन यह दुनिया छोड़कर चली गई। मिसिलडाइन जैसे लोग हमारे अंदर छिपे उस बच्चे के बारे में लिखना शुरू करते उससे पहले ही मर्लिन चली गई। हम यह कभी नहीं जान पाएँगे कि क्या मर्लिन इतनी सक्षम और सशक्त हो सकती थी कि बीते दिनों में लौटकर ख़ुद अपने अंदर बैठे उस दुखी बच्चे की माता-पिता की तरह देख-रेख कर सके। लेकिन उसके जीवन की कहानी ने चाहे उसकी मदद न की हो पर और बहुत लोगों की मदद की है। निश्चित रूप से उसका वह अनुरोध जो वह अक्सर दोहराती रहती थी कि उसे गंभीरता से लिया जाए मुझ तक पहुँच गया, और उसने मुझे मर्लिन के बारे में लिखने को प्रेरित किया। और इस तरह मेरे अपने जीवन में उसके जीवन की प्रतिध्वनि को देखने का मुझे अनमोल तोहफ़ा मिला। हममें से प्रत्येक के अंदर हमारे बीते हुए कल का एक बच्चा रहता है। वे लोग जिन्हें ख़ुद और अपने बचपन के बीच दीवार बनाने की ज़रूरत नहीं पड़ी वे उस बच्चे की सर्जनात्मकता और सहजता तक पहुँच पाते हैं। वे जिन्हें यह महत्त्वपूर्ण हिस्सा पीछे छोड़ना पड़ा वे इस दीवार को गिरा सकते हैं, उन्हें देखना चाहिए कि उस बच्चे को क्या चाहिए था जो उसे नहीं मिला, और उन्हें अब उस बच्चे को वह सब देना चाहिए। यह हम जितना ज़्यादा करेंगे, ख़ुद को लेकर हम उतना ही बेहतर और उपयोगी महसूस करेंगे।

और ऐसे हम हमेशा से ही थे।

आत्मसम्मान आत्मा की खोज है : गांधी, मर्लिन, मर्फी, और अन्य

जब मैं कॉलेज के बाद एक फैलोशिप पर भारत में रह रही थी, तब एक प्यारा दोस्त मुझे किनारे ले गया और उसने कहा कि शायद मुझे 'नियर' और 'फार ईस्ट' की जगह

'साउथ एशिया', 'साउथ ईस्ट एशिया' कहना चाहिए, वह ज़्यादा ठीक लगेगा। यह पहली बार था जब मैंने महसूस किया कि 'नियर' और 'फार' कहने में दरअसल लोग स्वत: ही यूरोप को केंद्र में मानकर चलने लगते हैं।

तब से मैंने यह देखा है कि अपने वास्तविक आत्म की खोज और उसके सम्मान की प्रक्रिया किसी व्यक्ति या नस्ल के लिए भी ठीक वैसी होती है जैसी किसी समूह या राष्ट्र के लिए होती है। इसे एक उदाहरण की मदद से समझा जा सकता है। अगर महिलाएँ ख़ुद को 'मिसेज जोन्स स्मिथ' की जगह 'मेरी जोन्स' कहने लगें, तो वे ठीक वही काम कर रही होंगी जो पहले औपनिवेशिक राष्ट्र किया करते थे। जब वे यूरोप के सापेक्ष अपनी पहचान किए जाने को नकारने लगे थे। जब भारत की स्वतंत्रता के बाद भारत और इंग्लैंड ने अपने कॉमनवेल्थ और अन्य संबंध पूर्ववत ही रखे तो, उस पर कोई भी यह टिप्पणी कर सकता था, जैसा कि जॉर्ज सैंड ने एक बार महिलाओं और पुरुषों के संदर्भ में कहा भी था कि उन्होंने अपना वैवाहिक संबंध तोड़ लिया और उसे सुधार कर अब एक बराबरी की सहभागिता का रूप दे दिया है। संयुक्त राज्य में 'नीग्रो' जब 'ब्लैक' कहे जाने लगे और फिर 'अफ्रीकी अमेरिकी' तो यह दरअसल दासता के अपमान से विरासत के प्रति गौरव तक ले जाने वाली एक लंबी यात्रा थी। जब मैं ख़ुद भी महिलाओं से बातचीत के दौरान 'वे' की जगह 'हम' कहने लगी तो यह भी उस आत्मसम्मान की ओर बढ़ा एक क़दम था जो कम से कम उतना ही ज़रूरी था जितना कि अपनी जातीय विरासत को जानना। यह मेरी ओर से पारस्परिक निर्भरता की घोषणा भी थी।

अपने आत्मसम्मान, जो कि हमारा जन्मसिद्ध अधिकार होना चाहिए, को फिर से पाने की यात्रा सबके लिए एक-सी ही होती है, चाहे हम कोई भी क्यों न हों : दूसरों की आँखों की बजाय ख़ुद अपनी आँखों से सब कुछ देखने का पहला अनुभव (जैसे, वह क्षण जब पहली बार अल्जीरियाई लोगों ने निडरता के साथ फ्रांसीसी सैनिकों की आँखों से अपनी आँखें मिलाई होंगी, या जब एक महिला, पुरुष दृष्टि से परिभाषित होने से इनकार करती है); ऐसे रहस्यों का उद्घाटन जो हमें शर्मनाक लगते थे और फिर यह जानना कि न तो वह रहस्य था और न ही शर्मनाक (इस दृष्टांत को यह मानते हुए पढ़ें कि उन रहस्यों को बताने वाली महिला ने बचपन में यौन-उत्पीड़न झेला है और जिस पुरुष को यह रहस्य बताया गया वह एक ऐसा पुरुष है जो शक्ति के प्रति घोर आसक्ति द्वारा अपनी कमियों को छिपाता है); उन समस्याओं को कोई नाम देना जिन्हें सामान्य समझे जाने के कारण अब तक कोई नाम न दिया गया था (होमोफोबिया, बैटर्ड वूमन, या यूरो-सेंट्रीज्म जैसे नए शब्दों के बारे में सोचना); समान अनुभव बाँटने वाले अन्य लोगों के साथ जुड़ाव (अनेक सक्षम लोगों के समूहों से लेकर देशज राष्ट्रों की कॉन्फ्रेंस तक); सशक्तीकरण और स्वशासन प्राप्त करना (उस महिला द्वारा जिसके पास ख़ुद के रहने के लिए एक कमरा और अपनी कमाई है, उस देश के लिए जो इन

दोनों के बीच अंतर्संबंध की घोषणा कर चुका है); अन्य लोगों के साथ जुड़ाव एक साझा शक्ति होती है (लोकतांत्रिक देशों, रेनबो सम्मेलन या संयुक्त राष्ट्रसंघ के सिद्धांतों के बारे में सोचें) और अंततः स्वायत्तता और अंतरनिर्भरता के बीच एक संतुलन प्राप्त करना, और आत्म से सम्पन्न लोगों के बीच अपना स्थान ग्रहण करना।

उन यात्राओं की तुलना करने के उत्साह में, जो आम तौर पर तुलना योग्य नहीं दिखतीं, मैंने दो ऐसी कहानियों का समावेश किया है जो उतनी भिन्न नहीं हैं जितनी वे दिखाई पड़ती हैं।

मर्लिन की उम्र तब तिरालिस वर्ष थी जब उन्होंने दुनिया को इसके रंगों में देखना शुरू किया, जैसा कि उन्होंने बाद में लिखा, ''दुनिया मुझे सलेटी रंग की छाया में दिखती थी।'' ऐसा नहीं है कि उन्हें अपने जीवन की इस कमी के बारे में पता था। वे न्यूयॉर्क शहर के कैथोलिक आयरिश/नौकरीपेशा वर्ग के एक परिवार में पाँच बहनों के बीच सबसे बड़ी बहन के रूप में जन्मीं और बड़ी होती हुई मर्लिन ने यह मान लिया था कि अगर वह रंगों को देख नहीं सकती तो इसका अर्थ है कि वे वास्तव में नहीं होते हैं। बड़े होने के दौरान वे लड़कियों वाले भोलेपन के सभी पड़ावों से गुज़रीं, नन से छिपकर लिपस्टिक लगाने से लेकर सितारों जड़ा गाउन पहनकर नाइटक्लब में सिंगर बनने की कल्पना तक। लेकिन उनकी इस सलेटी दुनिया में जब एक अनुभव इन सबसे अलग रहा तब वे समझ नहीं सकीं कि ऐसा क्यों हुआ? जब उनके यूनियन आयोजक पिता परिवार सहित टुलसा, ओक्लाहोमा में स्थानांतरित हुए तो, उन्होंने लोकल बस में एक साइन बोर्ड पढ़ा : 'अश्वेत—पीछे बैठें।' यह वाक्य मर्लिन की चेतना में जलता रह गया जिससे कि बाद में भी हमेशा वह अपने अंदर पैदा हुई उस घृणा को याद कर सकें; पर एक श्वेत महिला होने के नाते उनके मन में ऐसी भावनाएँ नहीं आनी चाहिए थीं।

अठारह वर्ष की आयु में उन्होंने नन बनकर जीने की बजाय माँ बनकर जीने का विकल्प चुना। वह याद करती हैं कि उस वक़्त यही दो विकल्प थे जो उन्हें मालूम थे, और पच्चीस वर्ष की उम्र तक आते-आते वह चार बच्चों की माँ बन चुकी थीं। लेकिन मर्लिन को हमेशा किसी भी ऐसे समूह या व्यक्ति, जो कठिन परिस्थितियों से गुज़र रहा हो, के प्रति अपनापन महसूस होता था, और यह पति के साथ होनेवाली उनकी कई असहमतियों में से एक का कारण भी बना, जो 'कुछ कर पाने' के उनके प्रयासों का उपहास करता था और यह सब करने के लिए उन्हें 'क्रूसेडर रैबिट' (धर्मयोद्धा ख़रगोश/जिहादी खरगोश) कहता था। इस तरह वह एक अपेक्षित जीवन जीती रहीं, ख़ुद को दूसरों की आँखों से देखने की कोशिश करती रहीं। यहाँ तक कि खाने की मात्रा को कम करके अपने अच्छे-ख़ासे शरीर को घटाकर वैसा बनाने में जुट गईं जैसा समाज को सही लगता था, और इसके लिए वह अपनी डॉक्टर से खुराक कम करनेवाली गोलियाँ लेती थीं। जब वह तैंतीस साल की हुईं और उनकी तीन बेटियाँ

और एक बेटा आत्मनिर्भर होने लायक़ उम्र को आ गए तब जाकर उन्होंने कैलिफोर्निया में नए घर के नज़दीक एक जूनियर कॉलेज में प्रवेश लिया, जहाँ उनके पति भी कुछ कोर्सेज़ लेने लगे थे। तब भी, वे इस बात के लिए चिंतित रहती थीं कि उनकी इस नई अभिरुचि से उनके पति क्रुद्ध होंगे, इसलिए वह अपने पति के सो जाने पर रात में या छिपकर बाथरूम में पढ़ाई करती थीं। जब उन्हें वर्ष का सर्वश्रेष्ठ विद्यार्थी घोषित किया गया तो उनके पति ने घर पर हाथ से बना एक बड़ा साइनबोर्ड लगा दिया जिस पर लिखा था—वर्ष की सर्वश्रेष्ठ पत्नी। फिर उनके पति ने उनसे कहा कि अब उनका कॉलेज जाना उन्हें पसंद नहीं आ रहा है और यह कि वह अपने वर्तमान सेमेस्टर ख़त्म कर लें—पर इसके बाद और नहीं। लेकिन किसी तरह अपनी निजी सफलता से उनके अंदर विरोध का साहस पैदा हुआ और पैंतीस की उम्र आते-आते वह अपने पति को तलाक़ दे चुकी थीं और अपने बच्चों के साथ कभी अपनी कमाई के भरोसे और कभी सरकारी सहायता पर रहने लगीं, साथ ही पार्टटाइम अपने कॉलेज की पढ़ाई भी कर रही थीं।

जब महिला-मुक्ति आंदोलन शुरू हुआ तो उन्होंने हर वह किताब, पर्चा और निबंध पढ़ा जो उनके हाथों में आया। पितृसत्ता और शक्ति एवं साधनसंपन्न पुरुष उन्हें नस्लवाद और शक्तिसंपन्न श्वेत समूह की याद दिलाते थे, जो ख़ुद ही उनकी भावनाओं का स्पष्टीकरण था। यदि घर में और दुनिया में महिलाओं को उनका स्वाभाविक स्थान नहीं मिलता, तो परेशानी के समय अन्य समूहों को अपना नजदीकी समझना महिलाओं के लिए स्वाभाविक ही है। जब मर्लिन के अंग्रेजी के प्रोफ़ेसर ने स्पष्टतः यह कहा कि पुरुषों का संघर्ष ही महान साहित्य की प्रमुख विषयवस्तु रहा है तो मर्लिन ने ख़ुद के बारे में तय कर लिया कि वह निश्चित तौर पर एक नारीवादी हैं। 1969 में, जब फ्लोरेंस होव, जो बाद में फेमिनिस्ट प्रेस की संस्थापक बनीं, किसी अवसर पर बोलने आईं तो उन्होंने मर्लिन की पहली राजनीतिक गतिविधि को प्रेरित किया : यह किसी समूह के हिस्से के रूप में अंग्रेजी पाठ्यक्रम में महिला लेखकों को शामिल करवाने के प्रयास से संबंधित कोई गतिविधि थी, इस माँग को मर्लिन ने ही हवा दी थी और उन्होंने ही गतिविधि आयोजित भी की थी। उस समय वह ख़ुद को हेटरोसेक्सुअल (विपरीत लिंग कामी/विपरीत लिंग में रुचि रखने वाला) नारीवादी समझती थीं, और जब वे समलैंगिक नारीवादियों से मिलीं, तो वे मर्लिन को 'अस्थायी' लगीं। उनके प्रेम संबंध उतने लंबे नहीं चलते थे जितना मर्लिन की सोच के अनुसार किसी ऐसी साझेदारी को चलना चाहिए।

चूँकि उन्होंने महिलाओं के संबंध में समाज की धारणाओं को चुनौती दी थी, इसलिए वह अपनी सोच और धारणाओं को भी चुनौती देने लगीं। इसी क्रम में मर्लिन ने सोचा कि शायद पारस्परिक रूप से असंतोषजनक विवाह के बंधन में बने रहने के सामाजिक और आर्थिक दबाव के बग़ैर हेटरोसेक्सुअल महिलाओं के वैवाहिक/ग़ैर-

वैवाहिक संबंध भी उतने 'स्थायी' सिद्ध नहीं होंगे। समाज जिसे क़ानून के दायरे में नहीं मानता या अपनी स्वीकृति तक नहीं देता, उस तरह से रहने के सभी संघर्षों को देखते हुए शायद समलैंगिक जोड़े किसी भी तरह से कम स्थायी नहीं थे—बस वे अन्य से कुछ ज़्यादा मुक्त थे।

हम जो जानना चाहते हैं उसका उत्तर हमारी जिज्ञासा अपने ढंग से दे देती है। 1975 तक, मर्लिन अपने दूसरे पति को भी तलाक़ दे चुकी थीं। आत्मा तक को छलनी कर देने वाले पुरुष-वर्चस्व की गहरी जड़ों को अब समझने लगी थीं और अब किसी पुरुष के साथ रहने की कल्पना तक नहीं कर सकती थीं। बावजूद इसके, उनका चेतन दिमाग़ अब भी यही मानता था कि : महिलाओं में सबसे कम ख़ुश—एक हेटरोसेक्सुअल नारीवादी है जो सेक्सुअल होना चाहती है, लेकिन किसी भी पुरुष से बग़ैर गुर्राए बात तक नहीं कर सकती—यही उसका भाग्य है। फिर वह ख़ुद हैरान रह गईं जब वह एक अन्य महिला के बेलौस प्रेम में आकंठ डूब गईं।

अचानक, वह इसे लेकर औचित्य और स्वाभाविकता के अकथ भाव महसूस करने लगीं, जैसे कि अब आकर उन्हें अपना जीवन जीने को मिला है। दुनिया अब उन्हें खुली-खुली और 'मुक्त रूप' लगती थी, उनके बीते हुए हेटरोसेक्सुअल जीवन से अलग जहाँ हर बात के लिए 'नियम, निर्देश, रिवाज और परंपराएँ' होती थीं, ऐसा उन्होंने कहा। समलैंगिक, समाज से बाहर रहने का अपमान सहते थे, लेकिन इसका अर्थ यह भी था कि इसके साथ ही उन्होंने अपनी ख़ुद की दुनिया बनाई थी। जिस तरह कई लोग अपने आत्म को पा लेते हैं, उसी तरह अचानक मर्लिन को अनुभव हुआ कि अब वह दुनिया को उसके रंगों में देख पा रही हैं, यह आमतौर पर जो लोगों के साथ होता है उसके ठीक उलट था क्योंकि अक्सर उम्र बढ़ने के साथ लोग अवसाद में घिर जाते हैं और उन्हें अपने चारों ओर की चीज़ें जर्द होकर सलेटी दिखने लगती हैं। जैसा मर्लिन ने बाद में लिखा भी :

> "समलैंगिकता के बारे में मुझे यह लगता है कि जैसे मैंने अपने जीवन के तिरालीस साल वर्णांधता में बिताए हों...शुरुआत में प्राथमिक रंगों को देखना मुझ पर किसी नशे की तरह असर करने लगता था। हालाँकि वह नशा अब भी है पर अब मैं पहले से कहीं बड़ा स्पेक्ट्रम (वर्णक्रम) देख पाने में सक्षम हूँ। मैं यह कहते हुए भागती हूँ, 'हरे रंग की छाया वाले सारे रंगों को देखो। कितना अद्‌भुत है यह! कितना सूक्ष्म!' कुछ महिलाएँ जिन्होंने ताउम्र रंग देखे हैं, वे प्रभावित नहीं होतीं। 'कौन सी ख़ास बात है?' वे कहती हैं। मैंने हरे रंग के कुछ ऐसे शेड देखे हैं जो वाकई घृणास्पद होते हैं!
>
> "मेरे अगले जन्म में जब मैं ताउम्र समलैंगिक रहूँगी, तो हो सकता है मैं अपनी अच्छी क़िस्मत से भी अतितृप्त हो जाऊँ, हालाँकि मुझे लगता नहीं कि ऐसा होगा।"[13]

वह अपनी उस पहली प्रेमिका के साथ नहीं रहीं पर किसी अन्य के साथ स्थायी प्रेम संबंध बनाया जिसे कहा जा सकता है—'ताउम्र समलैंगिक' मर्लिन के अंदाज़ में। 1976 में वे कैलिफिया कम्युनिटी की संस्थापक सदस्य बनीं, यह नाम कभी मेक्सिको और कैलिफोर्निया की संयुक्त रही धरती की देवी के नाम पर रखा गया था। एक दशक तक, वह आयोजन में मदद करती रहीं और वर्ग, नस्ल, होमोफोबिया, आयु-विभाजन, जातीयता, रूपरंग और सक्षम शारीरिक अवस्था जैसे कठिन विषयों पर महिलाओं के लिए सप्ताह-भर लंबी बहसें चलाती रहीं—यानी कि सारे वे विभाजन जो महिलाओं को साथ काम करने से रोकते हैं। दस वर्षों में लगभग 4000 महिलाएँ कैलिफिया के सत्रों में उपस्थित हुईं, और वे अब भी देश-भर में फैले महिला संगठनों को एक साथ बनाए रखने में महत्त्वपूर्ण भूमिका निभा रही हैं, उन तमाम सामाजिक दबावों के बावजूद जो उन्हें तोड़ देना चाहते हैं।

जहाँ तक मर्लिन का सवाल है वह अब अपनी पुरानी प्रेमिका और साथी, इरीन वीज़ के साथ देश-भर में घूमती हैं, लोगों से मिलती हैं, कॉन्फ्रेंस आयोजक के रूप में काम करती हैं और अपने कार्यकर्ताओं एवं दोस्तों के विशाल नेटवर्क से नई नारीवादी परियोजनाएँ बनाती हैं, साथ ही दोनों मर्लिन के कई नाती-पोतों से मिलने भी जाती रहती हैं। 1982 से, उन्होंने कई सहृदय और बौद्धिक स्तंभ लिखे हैं जिन्होंने समलैंगिक समाचार और किताब के रूप में कई अन्य महिलाओं की सहायता की है जिससे वे सब भी अपने वास्तविक आत्म की खोज कर सकीं। उनके लिखे निबंधों के माध्यम से—साथ ही देश-भर में घूमते रहने के दौरान उनसे फ़ोन पर हुई बातों के फलस्वरूप भी—आज यहाँ मैं उनकी कही बातों को सबके सामने रख रही हूँ। उनकी सबसे अहम आशा यह है कि वे शरीर पर अखंड अधिकार को मौलिक मानवाधिकार के रूप में स्थापित कर सकें : एक क़ानूनी छाता जो यह सुनिश्चित करे कि महिलाएँ किसी दंड के डर के बग़ैर लैंगिक चुनाव करने, बच्चे पैदा करने के निर्णय लेने को स्वतंत्र हों, ग़रीब महिलाओं को सरोगेट (उधार की कोख) माँ बनने से बचाया जा सके, ग़रीब लोगों को दबाव में आकर अमीरों की ख़ातिर अंग-प्रतिरोपण और आधान से सुरक्षित रखा जा सके—यानी कि वह हर माध्यम जहाँ शरीर पर किसी और का अधिकार दिखाया जाता है या उसका शोषण किया जाता है। जो महिलाओं और पुरुषों दोनों के संबंध में यह तथ्य हमेशा के लिए स्पष्ट कर दे कि शासन की सत्ता हमारी चमड़ी के निकट आते ही समाप्त हो जाती है।

अभी हाल में, उन्होंने परिवार के भीतर बनने वाले अनैतिक यौन संबंधों और बाल यौन-उत्पीड़न के कई मामले देखे हैं। उनके अपने शब्दों में, "एक पूर्वमौखिक यौन आतंकवाद जो किसी भी स्त्री की आत्मा को तोड़ डालता है और उन्हें यह मानते रहने को मजबूर करता है कि यदि वे पुरुषों के ये रहस्य किसी से कहेंगी तो उनके साथ बहुत बुरा होगा।" न तो पूर्वी यूरोप में आई स्वतंत्रता की नई चेतना और न ही

पुरानी लोकतांत्रिक व्यवस्था यहाँ पर कोई दख़ल कर पाती है, उनका मानना है कि जब तक, हमारी न्यायपालिका एक तीन साल के बच्चे की सुरक्षा में सक्षम नहीं होगी तब तक हालात यही रहेंगे। यह उन कई कारणों में से एक है जो उन्हें 'नरमी' बरतने से रोकता है और वह 'अभद्र ढंग से वृद्ध होने' पर अड़ जाती हैं।

महिला एवं पुरुष समलैंगिक संस्कृति के काल-मान्य पद, 'कमिंग आउट' के दौर में मर्लिन का घुमावदार पथ शुरू हुआ। हमारी लैंगिकता हमारे मूल व्यक्तित्व का इतना गहरा, सहज और प्रभावशाली हिस्सा है कि इसे नकारने का जाने-अनजाने किया गया प्रयास भी एक छोटी मौत की तरह है। लेकिन हमारे वास्तविक आत्म का कोई हिस्सा छिपाने की कोशिश करना भी आंशिक मृत्यु ही है। कई करोड़ महिलाओं और पुरुषों द्वारा 'कमिंग आउट' पर इतनी ईमानदारी और साहस के साथ भरोसा जताया गया कि यह अपने वास्तविक आत्म को खोजने की एक मिसाल बन गया है। हमारा आंतरिक सत्य चाहे बचपन की कोई झूठी शर्मिंदगी हो या कोई वास्तविक प्रतिभा, एक सामूहिक व्यक्तित्व या अनन्य, लेकिन हम सब को उस रूप में 'बाहर आने' की आवश्यकता है जो हम वास्तव में हैं।

गांधी जी का रूपांतरण

'महात्मा' कहे जाने के बारे में गांधी जी ने अपनी आत्मकथा में लिखा है, ''कई बार यह उपाधि मुझे गहरा दुख पहुँचाती है; और मुझे एक भी ऐसा क्षण याद नहीं आता जब इस शब्द को सुनकर मुझे ख़ुशी हुई हो।''[14] गांधी जी की आशाएँ और उनका मन औसत और साधारण लोगों के साथ बँधा हुआ था। ''मुझे इस बारे में कोई संदेह नहीं है कि कोई भी महिला या पुरुष वह सब प्राप्त कर सकती/सकता है जो मैंने किया है,'' उन्होंने ज़ोर देते हुए कहा।[15] अगर हम उनके महात्मा बनने से पूर्व के जीवन को याद कर सकें तो हम वह सीख सकते हैं जो गांधी जी हमें सिखाना चाहते थे।

मोहनदास करमचंद गांधी, ब्रिटिश शासन के चरम काल में एक ऐसे परिवार में पैदा हुए थे जो जाति के अनुसार, सामान बेचने वाले लोग थे। उनका जन्म जिस भारत में हुआ था वह उस वक़्त भी अपने ऊपर विदेशी प्रभुत्व की दूसरी शताब्दी में जी रहा था। एक छोटे लड़के के रूप में उन्हें इस तरह की पंक्तियाँ याद थीं :

> बिहोल्ड द माइटी इंग्लिशमैन
> ही रूल्स द इंडियन स्माल
> बिकॉज बीइंग अ मीट-ईटर
> *ही इस फाइव क्युबिट्स टॉल*

[भावार्थ : देखो उस शक्तिशाली अंग्रेज को/ जो हुकूमत करता है कमज़ोर भारतीयों पर/ क्योंकि वो खाता है गोश्त/ इसीलिए पाँच फीट ऊँचा है उसका क़द।]

बाद में, किशोरावस्था में, वह ख़ुद भी एक वर्ष तक चोरी से मांस खाते रहे, हालाँकि इसका अर्थ परिवार से झूठ बोलना और अपनी ख़ुद की नैतिकता का हनन करना था, यहाँ तक कि इस वजह से उन्हें जानवरों को प्रताड़ित करने के सपने भी आते थे; और यह सब उन्होंने इसलिए किया क्योंकि उन्हें लगता था कि इससे वो अंग्रेजों की तरह श्रेष्ठ हो जाएँगे। फिर भी, उनका आत्मविश्वास इतना कम रहा कि वह हमेशा स्कूल से सीधा घर जाते थे। "कहीं ऐसा न हो कि कोई मेरा उपहास करने लगे," इस तरह का भय उनमें बसा हुआ था।

तेरह वर्ष की उम्र में उन्होंने अपनी ही उम्र की एक लड़की से विवाह कर लिया जिसको घरवालों ने उनके लिए पसंद किया था। जैसी कि रीत थी, वे अपनी पत्नी पर हुक्म चलाने की पूरी कोशिश करते थे जैसा कि किसी भी पति को करना चाहिए था। जब उनकी पत्नी उनके आदेश न मानने का साहस दिखाती तो वे शारीरिक कामनाओं को लेकर अपनी पत्नी के प्रति ईर्ष्यालु और पत्नी के साहस के कारण उद्विग्न हो जाते। वे शादी के बाद तक भी अँधेरे में सोने से डरते थे। जब एक बार वे वेश्यालय गए तो उन्हें इतनी शर्म आई कि वेश्या ने उन्हें ख़ुद ही चले जाने को कह दिया। "मुझे ऐसा महसूस हुआ जैसे कि मेरा पौरुष घायल हो गया हो," उन्होंने बाद में लिखा, "और मैंने महसूस किया कि मैं शर्म के मारे ज़मीन में गड़ जाना चाहता था।"[16] एक विद्यार्थी के रूप में अपनी औसत उपलब्धियों का श्रेय भी वे अपने भाग्य को देते थे। "मैं अपनी प्रतिभा के बारे में बहुत अच्छी सोच नहीं रखता था," बाद में उन्होंने कहा, "कोई छोटी से छोटी ग़लती हो जाने पर भी मेरी आँखों में आँसू आ जाते थे। जब मैं कोई भी सराहे जाने वाला काम करता, या शिक्षक को ऐसा लगता कि मैं बेहतर कर रहा हूँ तो वे मुझे फटकारते, और यह मेरे लिए असहनीय होता।"[17]

हाईस्कूल पूरा करने के बाद वे डॉक्टर बनने के धुँधले ख़याल के साथ कॉलेज में पढ़ाई करने लगे, लेकिन हर पाठ्यक्रम में असफल रहे। अपने एक बड़े भाई द्वारा दी गई आर्थिक सहायता और उनकी नवयुवती पत्नी द्वारा अपने गहने बेचने के लिए राजी होने पर उनके लंदन जाने के ख़र्च का बंदोबस्त हो सका, जहाँ से बैरिस्टर की डिग्री पाना प्रकट रूप से बहुत सरल था और इस तरह उनके नाम के आगे, 'इंग्लैंड रिटर्न' की जादुई उपाधि भी लग जाने वाली थी। लेकिन एक बार उस अपरिचित और उदासीन देश में पहुँचने के बाद उन्हें अंग्रेज़ी तौर-तरीक़ों के प्रति अज्ञानता की वजह से बहुत शर्मिंदा होना पड़ा। उनके घर पर सिले गए कपड़े जो वहाँ पर अजीब दिखते थे, और कक्षा में किसी विषय पर चर्चा न कर पाने जैसे कारणों से कभी-कभी वह इतने निराश हो जाते कि शाकाहारी खाने के लिए पूछने के प्रति अनिच्छा की वजह से भूखे ही रह जाते थे। फिर उन्होंने अंग्रेजों की श्रेष्ठता का रहस्य सीखने की ठान ली। वे एक परिवार के साथ रहने लगे, और उन्होंने बाँड स्ट्रीट से पिनस्ट्राइप सूट और ऊँचे कॉलर वाली शर्ट ख़रीदीं जिनका ख़र्च उनके लिए बहुत भारी था। यहाँ तक कि

उन्होंने फ्रेंच, वॉयलिन और फॉक्स-ट्राट (बॉलरूम डांस) सीखने के लिए कक्षाएँ भी शुरू कीं। बाद में उन्होंने यह स्वीकार किया कि "उन्होंने अंग्रेज़ बनने के लिए बहुत सारे रुपये और समय बरबाद किया था।" यहाँ तक कि भगवद्गीता—पवित्र हिन्दू ग्रन्थ जो बाद में उनके जीवन के लिए 'सत्य-पुस्तक' बन गई और जिसे वे रोजाना पढ़ने लगे—उसे भी उन्होंने वहीं पर पहली बार तब खोला था जब दो अंग्रेज़ भाइयों ने उनसे गीता को मूल संस्कृत में पढ़ने में सहायता माँगी, हालाँकि गांधी स्वयं भी संस्कृत की अपेक्षा अंग्रेज़ी में अधिक कुशल थे। अपनी लगातार अकुशलता के कारण ही उन्होंने वहाँ की सामाजिकता सीखने के प्रयास छोड़ दिए, अपना वॉयलिन बेच दिया, और वापस उन्हीं सस्ते कमरों में रहने लगे जहाँ उन्हें अपना खाना ख़ुद पकाना पड़ता था। धीरे-धीरे, उन्हें यह सब अच्छा और सुखकर लगने लगा, जैसे उनकी अब तक की असफलता के द्वारा उनका आत्म उन्हें संकेत दे रहा हो। हालाँकि आने वाले कई वर्षों तक वे अपने अंग्रेजी सूट पहनते रहे, वे अपनी लज्जा को अपना 'रक्षाकवच' कहने लगे, क्योंकि इसने ही उन्हें ग़लत रास्तों पर जाने से रोका था और उन्हें बातचीत और तौर-तरीक़ों में साधारण बने रहने के लिए बाध्य किया था।

हालाँकि जब वे अपनी पढ़ाई पूरी करने के बाद भारत आए तो लन्दन से अर्जित की गई डिग्री भी उन्हें वकालत में सफल नहीं बना सकी। अंतत: उन्होंने दक्षिण अफ्रीका में एक कार्यभार लिया, और वहाँ पर बहीखाता रखना सीखने के प्रति उनकी इच्छा और किसी संघर्ष से दूर रहने के उनके डर ने मिलकर उनके लिए पहली सफलता अर्जित की : उन्हें एक आर्थिक मुक़दमे में समझौता कराने में सफलता मिली थी। उन्होंने इस सच को आज दूसरी बार फिर जाना था कि यदि एक मामले में कोई चीज़ आपकी कमज़ोरी साबित होती है तो दूसरे मामले में वही आपकी ताक़त भी बन सकती है। "मेरी प्रसन्नता की कोई सीमा नहीं थी," गांधी जी ने लिखा, "मैंने मानव स्वभाव के बेहतर पक्ष को देखना और उनके मन में रास्ता बनाना सीखा था। उन पक्षों को जोड़ना सीखा था जो विभाजित और अलग-अलग थे।"[18] सत्ताइस वर्ष की उम्र में अपनी पहली सफलता से उत्तेजित, वे अपनी पत्नी और बेटों को अपने साथ एक बड़े, नौकरों-चाकरों वाले विलायती घर में रखने के लिए ले आए। यह उनकी एक पूर्वापेक्षा थी जिसके लिए उन्होंने नौकरी के समय ही बात कर ली थी। उन्होंने अपनी पत्नी और बच्चों से कहा कि वे भी यहाँ के खाने-पीने, सख़्त पीठ वाली कुर्सियों पर बैठने, और नौकरों के साथ बर्ताव के 'सभ्य' (अर्थात यूरोपीय) तरीक़ों को सीख लें। हालाँकि उन लोगों के लिए यह सब बहुत ही असहज और तकलीफ़देह था। लेकिन एक दिन एक ट्रेन, बाँड स्ट्रीट कटअवे में पहली श्रेणी के टिकट वग़ैरह होने के बावजूद, रंगभेद के कारण गांधी जी के साथ दुर्व्यवहार किया गया और उन्हें धक्का देकर ज़मीन पर गिरा दिया गया। यह उनके लिए एक कठोर झटके जैसा था। इससे कोई फ़र्क़ नहीं पड़ा कि उन्होंने कितनी कुशलता से एक झूठे रूप को स्वीकार कर लिया था, फिर

भी उन्होंने यह महसूस किया कि, उनकी चमड़ी का रंग उन्हें हमेशा अपमानित करता रहेगा, और इन गोरे दक्षिण अफ़्रीकियों की दृष्टि में उन्हें एक 'कुली' बनाए रखेगा। इस झटके से उबरने के बाद, उन्होंने यह निर्णय लिया कि, यदि एक भारतीय के रूप में उनका अपमान किया जाता है तो वे एक भारतीय के रूप में ही रहेंगे। इतना ही नहीं, वे बिलकुल साधारण ढंग से रहेंगे जिससे कि वास्तविक अर्थों में स्वतंत्र हो सकें। इस बात का एक उदाहरण यह है कि जब एक नस्लभेदी नाई ने उनके बाल काटने से मना कर दिया तो वे ख़ुद अपने बाल काटने लगे। नौकरों की आवश्यकता से मुक्त होने के लिए वे ख़ुद ही अपनी ऊँची कॉलर वाली शर्टों को धोने, माड़ लगाने और इस्त्री करने लगे।

लेकिन रस्किन, थोराऊ और टॉल्सटॉय तब भी इस गांधी नामक क्रांतिकारी के लिए समान रूप से शिक्षाप्रद थे। एक तरह से अपने मूल्यों, जो शाकाहारी होने से शुरू हुए और जीवन के सभी रूपों को ग़ैर-वर्गीकृत दृष्टि से देखने के साथ चलते रहे, को सहारा देने के लिए गांधी जी को इनके सिद्धांतों की ज़रूरत थी। लेकिन कई क्रांतिकारियों से अलग, अहिंसा के प्रोत्साहन ने उन्हें यह एहसास कराया कि हिंसक साधनों का इस्तेमाल अपने विरोधियों की नक़ल करने जैसा ही होगा। हालाँकि उन्होंने सिर्फ़ भारतीयों की ओर से ही चमड़ी के रंग को लेकर होनेवाले भेदभाव के ख़िलाफ़ आवाज़ उठाई थी, दक्षिण अफ़्रीका में रहने वाले तमाम अश्वेत लोगों की ओर से नहीं। उनकी पहचान एक ऐसे नेता के रूप में बन गई थी जो लोगों को एक साथ लाने और शक्ति और साधन-संपन्न लोगों को समझौते के लिए विवश कर सकता था। उन्होंने पारंपरिक भारतीय परिधान पहनने शुरू कर दिए थे, एक छोटा प्रयोगात्मक समुदाय बनाया जिसमें कोई भी व्यक्ति किसी दूसरे को नौकर के रूप में अपने से निचले स्तर का नहीं समझता था, और इन सिद्धांतों पर चलते हुए गांधी जी ने दक्षिण अफ़्रीका में भारतीयों के अधिकारों को लेकर कई गौरवपूर्ण संघर्षों में जीत हासिल की।

वकालत और सामाजिक सुधार के लिए बीस वर्षों तक सक्रिय रहने के बाद, पैंतालीस वर्ष की उम्र में 1915 में वे आंतरिक विभेद से जूझ रहे भारत में लौटे। वे एक तरह से नायक बनकर लौटे थे, लेकिन उन्होंने संघर्षरत स्वतंत्रता आंदोलन को एक नई दृष्टि से देखा। इसे सफल बनाने के लिए सारे भारतीयों को तमाम अवरोधों से परे एक साथ संगठित किए जाने की आवश्यकता थी। भारत में बोलियों के आधार पर चौदह प्रमुख क्षेत्र थे, और इन क्षेत्रों में उतनी ही सांस्कृतिक भिन्नता थी जितनी यूरोप में। यहाँ सात प्रमुख धर्म थे जिनके अंदर सैकड़ों जातियाँ और अन्य विभाजन थे, और एक ऐसी आर्थिक सीढ़ी जो करोड़ों ग़रीब गाँव वालों से लेकर 562 शाही राज्यों के मुखियाओं तक फैली हुई थी। इन शाही राज्यों के राजाओं का रहन-सहन ब्रिटिश राज से भी ज़्यादा वैभवपूर्ण था (लेकिन ऐसा ब्रिटिश राज की दया से ही संभव था)। यह ऐसा समय था जब, कुछ भारतीय जो विश्वविद्यालयों में पढ़ते थे वे भारत

से अधिक इंग्लैंड के बारे में सीख रहे थे, और यहाँ तक कि आज़ादी के लिए सक्रिय नेता भी शहरी और अंग्रेज़ीदाँ थे। बहुतेरे भारतीय को भारतीय 'अव्यवस्था' बनाम यूरोपीय 'व्यवस्था', भारतीय 'पिछड़ापन' बनाम 'ब्रिटिश श्रेष्ठता', और सबको एक साथ लेकर चलने के प्रति अपनी असमर्थता बनाम इंग्लैंड की ताज की परंपरा पर विश्वास होने लगा था। उन्हें एक-दूसरे से अधिक यक़ीन ब्रिटिश लोगों पर होने लगा था। यह एक औपनिवेशिक मानसिकता थी जिसने इस विशाल उपमहाद्वीप को किसी भी सेना के मुक़ाबले कहीं अधिक प्रभावी ढंग से बंदी बनाया हुआ था।

गांधी जी ग्रामीण भारतीय इलाक़ों तक यात्राएँ करने लगे और आज़ादी के लिए संघर्षरत शहरी नेताओं को भी ऐसा करने को कहा। उन्होंने सभी भारतीयों के एक समान बुनियादी गौरव के लिए अभियान चलाया, चाहे इसका अर्थ धनी भारतीयों से उनके गहने या अन्य संपत्ति माँगना रहा हो या ग़रीबों को पहली बार उनकी बुनियादी ज़रूरतें मुहैया कराना। बुनाई के विरोध में आए ब्रिटिश क़ानून की अवज्ञा के रूप में और अन्य अन्यायपूर्ण क़ानूनों के प्रति अवज्ञा प्रदर्शन के लिए हर कोई घर पर बुने खादी के कपड़े पहनता था; ब्रिटिश सरकार ऐसा क़ानून इसलिए ला रही थी कि वह अपने यहाँ होनेवाले कपड़े के उत्पादन के लिए भारत में बाज़ार तैयार कर सके। सभी धर्मों और जातियों को एक जैसा सम्मान देना तय किया गया था। उन्होंने वास्तव में वर्ण-व्यवस्था को पलट कर रख दिया था, और ऐसा किसी आदेश के माध्यम से नहीं बल्कि ख़ुद निचले स्तर के लोगों को उनके रहन-सहन में सुधार के लिए प्रोत्साहन देकर और सहायता करने के द्वारा किया था। वे सबके लिए उदाहरण स्थापित करते थे। यहाँ तक कि उनके द्वारा नमक क़ानून के विरोध में नागरिक अवज्ञा का आश्चर्यजनक चुनाव भी सभी भारतीयों को एक करने के लिए ही किया गया था। नमक एक ऐसा प्रमुख खाद्य पदार्थ था जिसका प्रयोग मध्यवर्ग और अमीरों की तुलना में ग़रीबों द्वारा अधिक मात्रा में किया जाता था, जो तपती गर्मी में काम करने के दौरान अपने पसीने के साथ इस नमक को बहा देते थे, फिर भी सभी भारतीय समुद्र से मुफ़्त में नमक बनाने की बजाय इसे ब्रिटिश सरकार से ख़रीदने को मजबूर थे।

यह ऐसा पहला आंदोलन था जो गाँवों में शुरू हुआ था न कि ब्रिटेन से पढ़कर आए पहली श्रेणी के नेताओं के बीच। एक विशाल और जनवादी महिला आंदोलन भी कई शताब्दियों से बाल विवाह और सतीप्रथा जैसी कुरीतियों के विरुद्ध संघर्ष कर रहा था और गांधी जी ने इस आंदोलन से शिक्षा लेकर इसके कई सांस्कृतिक, अहिंसात्मक तरीक़ों को अपनाया। (वास्तव में गांधी जी ने अभूतपूर्व ढंग से औरतों को सहभागी बनाकर उन्हें सम्मान और महत्त्वपूर्ण दर्जा दिया, फिर भी कई महिला संबंधी मुद्दों को छोड़ दिया—जैसे, परिवार नियोजन, जिसका विरोध उन्होंने संयम के आधार पर किया—इस तरह उन्होंने बहुत सारे काम आने वाले वर्षों में किसी स्वतंत्र महिला आंदोलन द्वारा किए जाने के लिए छोड़ दिए थे।) यहाँ तक कि गांधी जी के

इन आंदोलनों में हरिजन या अस्पृश्य जाति के लोग भी शामिल थे, और ब्रिटिश ख़ुद भी। अत्याचारी की मानवता को नकारने की बजाय गांधी जी ने उस मानवता से अपील की। हालाँकि ब्रिटिश राज के लंबे दौर और आज़ादी के बाद भारत में हुई धार्मिक हिंसा ने मिलकर उनके इस धैर्यवान प्रतिरोध को चुनौती दी। जब दो सौ साल राज्य करने के बाद ब्रिटिश शासक शांतिपूर्वक भारत छोड़कर चले गए तो विश्व ने इस राष्ट्र से, जिसने युद्ध के बग़ैर स्वतंत्रता प्राप्त की, नई संभावना के बारे में सीखा। यह औपनिवेशिक हिंसा को ख़त्म करने के चक्र में और आत्मसम्मान की दृष्टि से सिखाया गया एक महत्त्वपूर्ण सबक था। आत्मसम्मान के बिना एकमात्र परिवर्तन जो होता है, वह मालिकों का बदलना होता है, और आत्मसम्मान होने पर, किसी मालिक की ज़रूरत नहीं रहती।

जहाँ तक गांधी जी की बात है, वे अपने जीवन को 'माय एक्सपेरिमेंट्स विद ट्रुथ' के पहले और बाद के रूप में बताते हैं। यह किताब उनके द्वारा एक झूठे धारण किए गए 'स्व' को त्याग देने और अपने वास्तविक 'स्व' पर भरोसा करने के प्रयासों के बारे में है। वर्ण-व्यवस्था द्वारा अपमानित होने का दंश महसूस करने के बाद, उन्होंने अपने ऊपर अत्याचार करनेवाले के समान बनने के प्रयास बंद कर दिए, और ऐसा करने में, उन्होंने एक बहुत महत्त्वपूर्ण रहस्य की खोज की : कोई भी नेता स्वयं को जनता से ऊपर रख कर, जनता का आत्मसम्मान नहीं बढ़ा सकता है।

उन्नीसवीं शताब्दी का भारत हो या बीसवीं शताब्दी का अमेरिका, एक सांस्कृतिक या लैंगिक एकाश्म, किसी देश की मुक्ति हो या स्त्रियों के दिमाग़ और शरीर की मुक्ति : मोहनदास गांधी और मर्लिन मर्फी के जीवन विस्तृत स्वरूप में तो बहुत अलग हैं, लेकिन फिर भी उनका ढाँचा बिलकुल एक-सा है। दोनों ने अपना आधा जीवन एक झूठे 'स्व' को धारण करने के प्रयास में जिया, दोनों को ही अपनी शक्ति का अनुभव तब हुआ जब उन्होंने अपने भीतर की आवाज़ को सुना, दोनों ने अन्य लोगों के लिए उदाहरण प्रस्तुत किए, और दोनों ने ही सीमा-रेखाओं को लाँघकर लोगों को एकजुट करने के द्वारा काम किया। कभी-कभी उनके देश भी अब एक-दूसरे के समानांतर देखे जाते हैं। स्त्रियों के रूप में दुनिया की आधी आबादी को अक्सर तृतीय विश्व देश (Third World Country) के रूप में संबोधित किया जाता है : पूँजी से कमज़ोर, तकनीक में कमज़ोर, और श्रम-सघन, साथ ही स्त्री-शरीर को प्रजनन के एक साधन के रूप में नियंत्रित किया जाना, जिसके लक्षण थे। जिस तरह भारत स्वतंत्रता के साझा उद्देश्य के लिए एकजुट होनेवाला एक भौगोलिक देश था, उसी तरह तीसरी दुनिया का यह देश स्त्रियों की स्वतंत्रता के लिए एकजुट देश था, जिसकी उपस्थिति मानसिक थी।

मुझे लगता है, यदि मर्लिन मर्फी, गांधी जी से मिली होतीं तो उन्होंने एक सादृश्य क्रांतिकारी को पहचान लिया होता। मुझे आशा है कि गांधी जी भी उनसे मिलने पर

इस बात को ज़रूर महसूस कर पाते। शायद जब आप और मैं हतोत्साहित महसूस कर रहे हों तो हम एक उग्र समलैंगिक नारीवादी की आज्ञाकारी पत्नी के रूप में होने की कल्पना कर सकते हैं या फिर गांधीजी की, जो बाँड स्ट्रीट से ख़रीदा एक सूट पहनकर बॉल डांस करने की कोशिश कर रहे हैं, और ऐसा सोचने से हम यह विश्वास कर पाएँगे कि जब उन्होंने ऐसा कर दिखाया तो एक दिन हम भी अपनी वास्तविक शक्ति को पा सकते हैं।

आत्मसम्मान का शारीरिक पक्ष : अहमदाबाद की महिलाएँ

आधुनिक भारत में वह औरत जो सब्जियाँ बेचती है, बीड़ी बनाती है या बिक्री के लिए डलिया बुनती है, वह इन सबके साथ अपने दुधमुँहे बच्चे की देख-रेख भी करती है। इमारतों के निर्माण-स्थलों पर, मानव श्रृंखला का एक हिस्सा बनी हुई, निर्माण का सामान अपने सर पर ढोकर पहुँचाती है। और जो इन कामों के साथ हजारों और छोटे-मोटे, अलग काम करती रहती हैं वे 'स्वरोजगारयुक्त महिलाएँ' कहलाती हैं। मज़दूरों के समूह में वे सबसे निचले स्तर पर आती हैं, लेकिन उनका काम ऐसा है जो कोई और नहीं कर सकता। कई छोटे उत्पादों को बनाने और उनके वितरण के अलावा, वे पकाने वाले बर्तनों की मरम्मत कर उन्हें फिर से बेचती हैं, कार्यालयों से और कूड़ा डालने वाली जगहों से रद्दी काग़ज़ इकट्ठा करती हैं, और इस्तेमाल की गई कीलों को पीट-पीटकर दोबारा इस्तेमाल के लिए सीधा करती हैं : एक ऐसे देश की मानवीय पुनर्चक्रण प्रणाली जहाँ हर वस्तु कई-कई बार उपयोग में लाई जाती है।

वे महिलाएँ भारतीय मज़दूरों में न सिर्फ़ सबसे अधिक ग़रीब हैं बल्कि एक स्त्री-शरीर में जीने के लिए उन्हें और भी ख़ास तरह के दंड भुगतने पड़ते हैं। छोटी उम्र के लड़कों की तुलना में छोटी लड़कियों को इतना बेकार और कम महत्त्व का समझा जाता है कि चार वर्ष की आयु से पहले जो बच्चे मर जाते हैं उनमें दो तिहाई लड़कियाँ होती हैं—यह शिशुहत्या और घर में उपलब्ध न्यूनतम भोजन और स्वास्थ्य सुविधाओं को लड़कों के लिए बचाकर रखने का नतीजा है। लड़कियों को स्कूल भेजे जाने की संभावना इतनी कम होती है कि राष्ट्रीय महिला साक्षरता दर, पुरुषों की साक्षरता दर के आधे से भी कम है (मज़दूरों के समुदायों में यह आँकड़ा अक्सर इससे भी बहुत कम पाया जाता है), और मनुष्य के रूप में उनकी क़ीमत इतनी मामूली है कि प्रायः दूसरी पत्नी लाने और दुबारा दहेज़ पाने के लिए पहली पत्नी की हत्या भी कर दी जाती है—यह महिला आंदोलनों द्वारा देखा और उठाया गया सबसे बड़ा और व्यापक मुद्दा है।

ऐसे संसार में जो स्त्रियों को इतना महत्त्वहीन समझता है, स्त्रियों के पास भी अपने महत्त्व को समझने का कोई विशेष कारण नहीं है—यही कारण है कि उनकी सफलता से बहुत कुछ सीखा जा सकता है।

कई वर्षों तक, अहमदाबाद जैसे औद्योगिक शहरों में पत्रकार और सरकारी कर्मचारी इस तथ्य की निंदा करते रहे कि स्त्रियाँ इस तरह का कठिन शारीरिक श्रम कर रही हैं—लेकिन कुछ भी नहीं बदला। फिर 1971 में, एक नौजवान गांधीवादी श्रम संगठनकर्ता, जिनका नाम इला भट्ट था, ने कुछ नया कर दिखाया : उन्होंने ख़ुद महिलाओं से पूछा कि वे क्या चाहती हैं?

इसका परिणाम यह रहा कि वे महिलाएँ पिछले लंबे समय से अपने पास आने वाली और मुलायम हाथों वाली विशेषज्ञों को देखकर, जो कहती थीं कि महिलाओं को इतना परिश्रम नहीं करना चाहिए, पहले तो हँसा करती थीं लेकिन अब क्रोधित हो जाती थीं। इस काम से वे अपने परिवार का पेट भरती थीं और साथ ही उन्हें इस हवाले से कुछ आज़ादी भी मिल जाती थी और इसलिए वे यह काम क़तई छोड़ने वाली नहीं थीं। बल्कि वे यह चाहती थीं कि उन्हें काम करने के लिए बेहतर माहौल उपलब्ध कराया जाए : सुरक्षित जगहें जहाँ वे अपने बच्चों को छोड़ सकें; उनके द्वारा हाथ से बनाए गए और पुनर्चक्रित सामान के लिए बेहतर मूल्य और निर्माण स्थलों पर काम करने पर बेहतर मज़दूरी, सड़कों पर अपना सामान बेचने के लिए पुलिसवालों को घूस देने की विवशता का अंत, उन उधार देने वाले साहूकारों से राहत जो सुबह सब्जी और कच्चा माल ख़रीदने के लिए लिये गए रुपयों पर, जो कि शाम तक लौटा दिए जाते हैं, ख़ून चूसने जैसा ब्याज वसूल करते हैं। आख़िर में, उन्होंने कहा कि वे अपने कुछ रुपये पतियों से बचाकर रखने के लिए एक सुरक्षित जगह चाहती हैं क्योंकि पति, पत्नी की कमाई को अपनी ही कमाई समझता है।

लेकिन एक तरफ़ जहाँ वे इन चीज़ों की इच्छा व्यक्त कर रही थीं वहीं दूसरी ओर यह भी कह रही थीं कि ऐसा कुछ भी हो पाना असंभव है। उन्हें एक-दूसरे पर भरोसा नहीं था, इला भट्ट पर भी उन्हें कोई भरोसा नहीं था, परिवर्तन पर यक़ीन करने का कोई कारण था ही नहीं उनके पास। ग़रीब और अनपढ़ औरतों की भला कौन सुनेगा?

1978 में जब मैं पहली बार इला और उनमें से कुछ महिलाओं से अहमदाबाद में मिली तो उनका स्वनियोजित महिला संगठन, जिसका संक्षिप्त नाम 'सेवा' था, लगभग छह वर्ष पुराना हो चुका था। उन्होंने घूस माँगने वाले पुलिसवालों के भ्रष्टाचार का ख़ुलासा कर दिया था, बच्चों की देखभाल के लिए गृह और शिशुओं के लिए क्रच (शिशुसदन) चालू कर लिये थे, और यहाँ तक कि बैंक ऑफ़ इण्डिया को अपने लिए छोटे ऋणों की व्यवस्था और मेहनत से की गई बचत को जमा करने के लिए एक ख़ास शाखा खोलने के लिए भी राजी कर लिया था। वे सदस्यों के लिए ख़ुद गलियों में दौड़भाग करती थीं, एक छोटे कमरे में दो कामचलाऊ खिड़कियाँ बनाकर वहाँ से रुपयों का लेन-देन करने की व्यवस्था कर ली थी, और वास्तव में उन्होंने वहाँ एक बैंक बना लिया था। (प्रत्येक महिला की पासबुक पर उसका फ़ोटो लगाकर उन्होंने निरक्षरता की समस्या का हल निकाल लिया था। "ठीक है कि हम पढ़ नहीं

सकते," उनमें से एक ने मुस्कराते हुए समझाया, "लेकिन हम सोच तो सकते हैं।") इला भट्ट के प्रायोजक, जो टेक्सटाइल मज़दूरों का एक गांधीवादी संघ था, वह भी ये सब देखकर आश्चर्यचकित हुए बिना न रह सके, क्योंकि उन लोगों ने इन औरतों को बेहद निरुत्साही और संगठन में आने के प्रति निराशाजनक ही समझा था, जबकि सच्चाई यह थी कि वे पारंपरिक संघों के पढ़े-लिखे कार्यकर्ताओं से कहीं बेहतर काम कर रही थीं।

यह अंतर भला किस तरह आया? सबसे पहले, एक आयोजक जिसने ख़ुद महिला होने के नाते इन समस्याओं को जिया था और जो हर महिला को अपनी बहन मानकर उसकी बात सुनती थी। पहली बात, उन्हें भी लगा कि उनका बोला सुनने लायक़ हो सकता है। दूसरी बात, उनका पारस्परिक समर्थन और भ्रष्ट पुलिस तथा बेईमान मालिकान से निपटने के मामले में उनकी सफलताओं की बढ़ती सूची। एक वकील और कुशल आयोजक के रूप में इला जानती थीं कि महिलाओं की बातों को सुनना और प्रदर्शनों, मीडिया और यहाँ तक कि न्यायालय के सही उपयोग के लिए उन्हें नए विकल्प समझाना, ये दोनों ही बहुत महत्त्वपूर्ण हैं।

लेकिन इला भट्ट ख़ुद भी यह मानती हैं कि इस यात्रा में एक बहुत महत्त्वपूर्ण बिंदु आया था।

सेवा के गठन के बाद, इला ने यह सुझाव दिया कि सेवा के संस्थापक समूह के सदस्यों को एक साथ छुट्टियों की योजना बनाकर इस अवसर पर ख़ुशी मनानी चाहिए। उन महिलाओं ने पहले कभी अपने परिवारों और बच्चों से अलग कुछ भी नहीं किया था, लेकिन अन्य काम करनेवाले भी छुट्टियाँ मनाते हैं। तो फिर वे क्यों नहीं?

विचार-विमर्श के बाद, उन्होंने आसपास के पवित्र हिन्दू स्थलों को देखने की योजना बनाई, लेकिन वे जगहें उनके घरों से इतनी दूर थीं कि उनमें से अधिकांश महिलाएँ इतनी दूर कभी गई ही नहीं थीं। उन्हें परिवार की जिम्मेदारियों से मुक्त करने की, जोकि कुछ घंटों के लिए भी बहुत मुश्किल था, बहुत सारी योजनाओं और तैयारियों के बाद इला ने एक जर्जर बस किराए पर ली और वे सब निकल पड़ीं।

सब कुछ बढ़िया चल रहा था जब तक कि वे एक ऐसे मंदिर के पास नहीं पहुँच गईं जहाँ सिर्फ़ और सिर्फ़ नाव के माध्यम से ही जाया जा सकता था। उन महिलाओं का मंदिर में प्रवेश वर्जित था जो मासिक धर्म से गुज़र रही होती थीं, और अनिवार्य रूप से, कुछ महिलाएँ मासिक धर्म की अवस्था में थीं। उन्हें यक़ीन था कि अगर उन्होंने नदी पार की तो परंपरा का अपमान करने के चलते नाव उन्हें दंडित करने की ख़ातिर पलट जाएगी, और चूँकि वे तैरना नहीं जानती थीं इसलिए वे सब वहीं डूब जाएँगी।

जिज्ञासा से शुरू करके चुनौती देने तक की सभी भावनाओं का प्रयोग करके अंततः इला ने उन्हें नाव पर बैठने और ख़ुद को विशाल नदी और अपने भाग्य के भरोसे छोड़ने के लिए राजी कर लिया। उन्होंने नदी पार कर ली—और कुछ नहीं हुआ। मंदिर में

फूल और फल का प्रसाद चढ़ाने के बाद वे नदी पार करके वापस भी लौटीं—और अब भी कुछ नहीं हुआ। अपने जीवन में पहली बार उन्होंने ख़ुद को नीचा दिखाने वाले नियमों की अवज्ञा की थी—और जीत हासिल की थी।

कुछ ऐसा था कि सब कुछ उस पहली चुनौती और उसकी जीत से जुड़ा हुआ था। संभव है कि यदि स्त्रियों का शरीर इतना 'अपवित्र' न माना जाता तो शायद उनके काम को भी इतना तुच्छ न समझा जाता।

अब बारह सालों बाद, 'सेवा' भारत की सबसे प्रभावशाली महिला ट्रेड यूनियन है और विश्व के सबसे बड़े संगठनों में इसकी गिनती है। इसके अंतर्गत नौ अन्य क्षेत्रों में भी स्वतंत्र बुनियादी स्तर पर काम करनेवाले संगठन शामिल हैं। यह महिलाओं को खेती करने, छोटे व्यवसाय करने, और ऐसी व्यवस्था में छोटी बचत की सुविधा के लिए संचारी ऋण कोष उपलब्ध करा रहे हैं जहाँ निचले स्तर के लोगों के लिए बहुत कम आशाएँ शेष रह जाती हैं। जहाँ तक इला भट्ट का प्रश्न है तो आज विश्व बैंक भी उनसे बुनियादी आर्थिक विकास के मसले पर सलाह लेता है और उन्होंने भारतीय संसद में भी कुछ समय तक अपनी सेवाएँ दी हैं। लेकिन अपने हृदय से वे एक संगठनकर्ता ही हैं और आज भी अपना ज़्यादा से ज़्यादा समय ग़रीब महिलाओं के बीच शक्ति और नेतृत्व के विकास में बिताती हैं।

'सेवा' स्वयं भी पूरे तृतीय विश्व में महिलाओं हेतु स्वावलंबन और आर्थिक सशक्तीकरण का एक नमूना बन गया है, और हमारे अपने औद्योगिक राष्ट्र में जहाँ भी ग़रीब अथवा अन्य रूप से शक्तिविहीन महिलाएँ संगठित होने के लिए आती हैं वहाँ सेवा का उल्लेख हमेशा अनुसरणीय उदाहरण के रूप में किया जाता है।[19]

लेकिन ये सबसे कम महत्त्व वाली महिलाएँ आज कहीं भी, किसी को भी, चाहे वह महिला हो या पुरुष, प्रेरित कर रही हैं, जो इनसे प्रेरणा ले रहे हैं वे ऐसे लोग हैं जिनका सामाजिक अवमूल्यन इतना गहरा है कि हीनता उनके शरीर में विरासत की तरह निहित है—चाहे वह नस्ल या रूप-रंग के कारण हो, या अक्षमता, आयु या किसी और कारण से।

यदि अयोग्यता की भावना हमारे शरीर में जमी हुई है, तो आत्मसम्मान की शुरुआत भी शरीर से ही करनी होगी।

(रेवोल्युशन फ्रॉम विदइन, 1992, में 'व्हाट इज सेल्फ-एस्टीम?' से लिया गया अंश)

रोमांस बनाम प्रेम

इस निबंध में स्टायनेम ने यह तर्क दिया है कि चूँकि रोमांस का स्रोत स्व की अपूर्णता है, इसलिए इसकी शिद्दत उन ख़ास मामलों में भी ग़ायब हो जाती है जिनमें यह प्रेम की पूर्वपीठिका होता है : प्रेमियों की आवश्यकताएँ और उनका निम्न आत्मसम्मान किसी गहरे और सुदीर्घ रिश्ते की राह में अड़चन बन जाता है। वे वेलेंटाइन डे इंडस्ट्री द्वारा प्रेम को एक वस्तु के रूप में प्रस्तुत करने और अपूर्णता के एहसास से बचने और पूर्णता की चाहत रखनेवाले पाठकों की रोमांस पढ़ने की ललक के बारे में बताती हैं। वे सीमोन द बोउवार को उद्धृत करते हुए लिखती हैं : "असली प्रेम को दो स्वतंत्रताओं की पारस्परिक मान्यता पर आधारित होना चाहिए : तब प्रेमी स्वयं और अपने महबूब के रूप में, दोनों प्रकार से अनुभव कर सकेंगे।"[1]

—रुचिरा गुप्ता

रोमांस : किसी बहादुर नायक के वीरतापूर्ण कारनामों का काव्यात्मक बखान...आम जन-जीवन से बहुत दूर के दृश्यों और घटनाओं से परिपूर्ण गद्यात्मक वृत्तांत।

प्रेम : वह अवस्था जिसमें कोई व्यक्ति किसी ख़ास व्यक्ति के प्रति झुकाव का अनुभव करता है, उसके लिए व्याकुल रहता है और उसकी उपस्थिति में उसे आनंद की अनुभूति होती है।

—द ऑक्सफ़ोर्ड इंग्लिश डिक्शनरी

1. रोमांस को भूलना

"मैं अपनी ज़िंदगी के बग़ैर नहीं रह सकता! मैं अपनी रूह के बग़ैर नहीं रह सकता।"

—हीथक्लिफ

"नेली, मैं हीथक्लिफ हूँ।"

—कैथरीन

आपको 'वुदरिंग हाइट्स' की कहानी में क्या याद है? आपकी स्मृति उस उपन्यास की है या उस पर आधारित मशहूर फ़िल्म की या उस मिथक की जो हमारी संस्कृति का एक अंग बन चुका है?

मुझे दो लोगों के एक हो जाने की चाहत याद है—और वह शिद्दत-भरा मिलन और सीमाओं का मिट जाना याद है। दो आजीवन प्रेमियों की वहशत और उसमें तक़दीर की भूमिका, ये कुछ ऐसे तत्त्व हैं जिनसे उनकी दास्तान के आगे रोमियो-जूलियट की कहानी भी फीकी पड़ जाती है।

एमिली ब्रोंटे के उपन्यास में उनका रोमांस बचपन में शुरू होता है। उनकी आत्माएँ तो उसी क्षण से आपस में जुड़ जाती हैं जब एक अश्वेत और लीवरपूल की गलियों में भटकने वाले आवारा लड़के हीथक्लिफ को छोटी कैथरीन के पिता दत्तक नौकर बनाकर घर लाते हैं। बहरहाल, वे वर्ग और नस्ल की दरारों के बीच बड़े होते हैं, वयस्क होने पर उनका मिलन इतना असंभव जान पड़ता है कि कैथरीन एक दयालु और धनवान पड़ोसी से शादी करने के लिए सहमत हो जाती है। कैथरीन की इस बात से कि हीथक्लिफ से उसकी शादी से उसे समाज में नीचा देखना पड़ेगा, अपमानित और आहत हीथक्लिफ समंदर की ओर भाग जाता है और कैथरीन बुखार से मरणासन्न हो जाती है। वह बुखार और कुछ नहीं, हीथक्लिफ के लिए उसकी प्रेम-रुग्णता ही है। जब हीथक्लिफ धन कमाकर तीन वर्षों बाद वापस लौटता है तो बहुत देर हो चुकी होती है : कैथरीन का विवाह एडगर लिंटन के साथ हो चुका है। हीथक्लिफ आगबबूला हो उठता है, वह बदले की कसम खाता है और संपत्ति पर अधिकार करने और लिंटन के परिवार को नुक़सान पहुँचाने के इरादे से वह लिंटन की बहन से शादी कर लेता है—मगर कैथरीन को मालूम है कि हीथक्लिफ की पीड़ा की असली वजह तो वह है। अपने अंतरंग प्रेमी और नम्र पति के दो पाटों के बीच पिसती हुई गर्भवती कैथरीन बीमार पड़ जाती है और अपनी पुत्री को जन्म देकर दम तोड़ देती है।

कहानी के बीच में ही नायिका की मृत्यु इस उपन्यास के कई मोड़ों में से एक है। फिर हम देखते हैं कि बीस सालों तक किस तरह हीथक्लिफ क्रोध और शोक से ग्रस्त रहता है और हर उस चीज़ पर क़ब्ज़ा करना चाहता है जिसे कैथरीन ने कभी छुआ हो। और जब उसे अंततः इसमें सफलता मिलती है तो वह लगभग स्वयं मृत्यु का वरण कर लेता है, मानो यही जुनून उसकी ज़िंदगी का एकमात्र मक़सद हो। उसकी इच्छा के अनुसार उसे 'मेरी कैथी' की क़ब्र के ठीक बगल में उन्हीं जंगलों में दफ़ना दिया जाता है जहाँ अपने बचपन में वे साथ-साथ घूमते थे। इसके अलावा उनके ताबूतों के सामने वाले भाग को काटकर हटा दिया जाता है जिससे युगों-युगों तक कुछ भी उन्हें जुदा न कर सके।

जब यह जादुई उपन्यास एलिस बेल के छद्म नाम से 1847 में पहली बार प्रकाशित हुआ तो इसने अपने अंतरंग रूमानी विवरण से अंग्रेज आलोचकों को स्तब्ध कर दिया;

दरअसल यह बड़े फलक, कई चरित्रों और वृहत मुद्दों जैसे विक्टोरियन नावेल की विशेषताओं से बिलकुल अलग था। जब दुनिया को यह पता चला कि इस उपन्यास की लेखिका एक देहाती पादरी की एकाकी पुत्री थी, जो तीस वर्ष की अल्पायु में तपेदिक और अरुचि से काल-कवलित हो गई, और जिसके पास अपनी मोटी किताबों के अध्ययन से मिले अनुभव के अलावा कोई और अनुभव नहीं था, तब पीढ़ी-दर-पीढ़ी शोध शुरू हुआ कि कोई ऐसी स्त्री अंग्रेजी का ऐसा बेजोड़ उपन्यास कैसे रच सकती है। यहाँ तक कि एक आलोचक ने कहा—"इस उपन्यास को वही तवज्जो मिलनी चाहिए जो मैकबेथ को मिलती है।"[2] इस खोज का सबसे उत्कट हिस्सा उस पुरुष के लिए था जो हीथक्लिफ के रूप में जुनून, चिंतन और पौरुष का प्रतीक था।

साहित्य के कुछ शोधार्थियों ने कहा कि एमिली ब्रोंटे का ज़रूर अपने पिता के किसी सहायक के साथ प्रेम-प्रसंग रहा होगा, क्योंकि उसके आस-पास लगभग यही वे लोग थे जो रिश्तेदारी में नहीं आते थे, हालाँकि इसका कोई प्रमाण नहीं है। कुछ अन्य लोगों का सोचना था कि अपने समकालीन चार्ल्स डिकेंस की तरह उसने भी अपने इर्द-गिर्द की जिंदगियों को बहुत बारीक़ी से परखा था और पात्रों के नाम क़ब्र के लेखों से जुटाकर वास्तविकता के ताने-बाने से कहानी बुनी थी। कुछ दूसरे लोगों का मत है कि हीथक्लिफ की ज़्यादतियाँ एमिली के भाई ब्रान्वेल, जो अफीम और शराब के अत्यधिक सेवन से कम उम्र में ही चल बसा था, के संतप्त जीवन से उधार ली गई थीं। बहरहाल उसका स्रोत जो भी रहा हो, हीथक्लिफ जैसे किरदार को उपन्यास में जगह देने के लिए कइयों ने उसे दुश्चरित्र महिला के ख़िताब से नवाज़ा। जैसा कि *वुदरिंग हाइट्स* की एक शोधपरक भूमिका में लिखा गया है : "वैसे आलोचक जो किसी कलाकृति की व्याख्या के लिए उसकी जड़ों में जाते हैं और जिनका यह मानना है कि बाह्य जगत में कल्पनाएँ अनुभवों का दायरा बढ़ाती हैं, यह उपन्यास उन्हें असहज बनाता है।"[3]

नारीवाद की हालिया हलचलों के बाद जब आलोचना की मुख्यधारा में स्त्रियों के आंतरिक संसार को थोड़े कम परंपरावादी दृष्टिकोण से देखा जाने लगा, उसके बाद ही अध्येता इस निष्कर्ष पर पहुँचे कि *वुदरिंग हाइट्स* एक एकाकी स्त्री की कल्पना का नतीजा हो सकता है। वर्षों पहले उसने हमें इस बारे में एक बड़ा संकेत यह कहते हुए दिया था कि "मैं हीथक्लिफ हूँ।" एमिली ब्रोंटे स्त्री-जीवन के बंधनों से बँधी दुखी मनमौजी लड़की तो थी ही, वह एक निष्प्रभ मगर साहसी विद्रोहिणी भी थी। हमसे प्रत्येक की तरह उसके अंतस की प्रकृति स्त्रियोचित और पुरुषोचित दोनों थी, मगर हमारे विपरीत वह जिस प्रकार के एकांत में रहने को अभिशप्त थी उसने उसे अक्षम बनाने के साथ उसकी संपूर्णता को अक्षुण्ण भी रखा था। उसका लालन-पालन स्कूल और पारंपरिक समाज की परिधि से बाहर हुआ था, वह अपने एकाकी पारिवारिक माहौल में भी अलग-थलग रहने वाली लड़की थी। इसी वजह से वह जंगलों में प्रकृति

के साथ संवाद करती हुई आत्मलीन होकर अपने आंतरिक संसार में विचरण कर सकी। हालाँकि उसने वे सब उपन्यास, कविता-संग्रह, राजनैतिक पत्र पढ़ डाले थे जो उसके पिता घर लाते थे, उसे कोई ऐसा सामाजिक प्रशिक्षण नहीं प्राप्त हो सका था जिससे महिलाओं को पुरुषों और पुरुषों को महिलाओं से मिलने-जुलने की मनाही का बोध होता हो।

जैसा कि उसकी बड़ी और मिलनसार बहन, शैर्लोट ब्रोंटे ने एमिली और उसकी छोटी बहन एने, उसकी भी जवानी में ही मृत्यु हो गई थी, के बारे में कहा है : "न तो एमिली और न ही एने कोई ज्ञानी थी; उनका कोई इरादा दूसरों के मस्तिष्क पर छाप छोड़ना नहीं था; वे सदैव स्वाभाविक तरीक़े से सहज ज्ञान के आधार पर लिखती थीं।"[4]

मगर 'पुरुष' और 'स्त्री' प्रकृति का बेहतरीन मेल एमिली में ही था; वही एमिली जो एक प्रतिभावान परिवार में सबसे ज़्यादा मेधावी थी; वही एमिली जो शैर्लोट ब्रोंटे, जिसने *जेन आयर* और अन्य क्लासिक उपन्यासों की रचना की थी, के लिए असीम आकर्षण का केंद्र थी। 'एमिली के स्वभाव में' शैर्लोट लिखती हैं, "शक्ति और सरलता की पराकाष्ठा का मेल लगता था। उसमें एक आडंबरहीन बाह्य व्यक्तित्व के आवरण में ऐसी ताक़त और आग छुपी हुई थी जो किसी शूरवीर की रगों में दौड़ते लहू में उबाल ला सकती थी।"[5] यह आकर्षण उस क्षण प्रारंभ हुआ जब शैर्लोट ने एमिली की कविताओं का गुप्तकोश देखा और अपनी संकोची बहन को उन्हें छद्म नाम से प्रकाशित करवाने के लिए राजी कर लिया। जैसा कि बाद में शैर्लोट ने स्पष्ट किया, "मुझे हैरानी से कुछ बढ़कर अनुभव हुआ—एक गहरा एहसास था कि ये साधारण रचनाएँ नहीं हैं, या कम से कम ये आम तौर पर स्त्रियों द्वारा लिखी जाने वाली कविताओं से हटकर हैं। मेरी दृष्टि में वे संघनित, सारगर्भित, सशक्त और विशुद्ध थीं। मेरे कानों के लिए उनमें एक अनूठा संगीत भी था—प्रचंड, विषादपूर्ण और बुलंद।"[6] एमिली की रहस्यमयी ताक़त और स्वच्छंद मिजाज के प्रति शैर्लोट की दीवानगी तपेदिक से उसकी मृत्यु होने के बहुत दिनों बाद तक बनी रही। एमिली को भोजन त्याग कर अपनी मौत को आमंत्रण देते हुए देखकर, एमिली अपनी अशक्तता के प्रतिरोधस्वरूप अक्सर ऐसा करती थी, शैर्लोट ने लिखा : "अपने जीवन में कभी किसी काम में उसने देर नहीं की। उसे हमें छोड़कर जाने की भी जल्दी थी। मगर, वह जहाँ शारीरिक रूप से क्षीण हो रही थी वहीं उसमें मानसिक मज़बूती आती जा रही थी। मैंने ऐसा कभी नहीं देखा; बल्कि उसके जैसा कोई मैंने आज तक देखा ही नहीं। वह किसी भी मर्द से ज़्यादा ताक़तवर और किसी बच्चे से ज़्यादा भोली थी, उसका स्वभाव बिलकुल अनूठा था।"[7]

कुछ वर्षों बाद जब 'वुदरिंग हाइट्स' लोकप्रिय हो चुका तो उसके नए संस्करण की भूमिका में शैर्लोट ने जो प्रस्तावना लिखी उसमें उसके आलोचकों को जवाब दिया

गया। शैर्लोट ने पहले तो उनसे सहमति जताते हुए कहा कि "हीथक्लिफ जैसे किरदारों की रचना ग़लत है या सही, ये मैं नहीं जानती : मेरा ख़याल है यह सही नहीं ही है।" मगर आगे अपनी बहन का बचाव करती हुई वह लिखती हैं, "सृजनात्मक क्षमता से लैस लेखक की रचनात्मकता उसकी ग़ुलाम नहीं होती—कई बार कुछ चीज़ें अजीब तरीक़े से अपना स्वरूप ख़ुद ग्रहण कर लेती हैं। हीथक्लिफ में मनुष्य की देह में राक्षस की आत्मा थी।" वह राक्षस दरअसल उसकी उस ख़ामोश बहन के भीतर ही मौजूद था, "जो घर की देहरी को शायद ही कभी लाँघती थी।"

शैर्लोट ने कैथरीन के पति में 'वफ़ादारी और कोमलता' जैसे स्त्रियोचित गुण डालने के लिए भी एमिली का बचाव किया।

कुछ लोगों की यह सोच हो सकती है कि ये ख़ूबियाँ पुरुषों में उतनी शोभा नहीं देतीं जितनी औरतों में, मगर एलिस बेल (एमिली का छद्म नाम) के लिए इस धारणा से सहमत होना नामुमकिन था : इस सोच से उसे सबसे ज़्यादा ऐतराज था कि वफ़ादारी, दयालुता, सहिष्णुता और प्रेम जैसे गुण जो औरतों का शृंगार माने जाते हैं, पुरुषों के लिए दुर्गुण हैं।

ज़ाहिर है, एमिली की सोच थी कि सभी मानवीय गुण स्त्री और पुरुष दोनों में होने चाहिए। उपन्यास के आख़िर में जब कैथरीन की पुत्री की शादी हीथक्लिफ के बेटे से होती है तो जिन परिवारों को वह बाँटना और बर्बाद करना चाहता था, वही एकजुट हो जाते हैं। यह एकजुटता एक तरह से स्त्री और पुरुष की भावी पूर्णता की एमिली की आशा का ही प्रतीक है। कैथरीन और हीथक्लिफ के बीच का रोमांस उन दोनों की आंतरिक रिक्तता का परिणाम था, और कहानी इसे एक-दूसरे के शरीर और आत्मा से भरने की उनकी असंभव कोशिशों के तौर पर बयान करती है। वस्तुत:, हीथक्लिफ के रूप में एमिली ने एक ऐसे पुरुष की छवि गढ़ी थी जिसमें कोई भी 'स्त्रियोचित' गुण नहीं था : वह ऊर्जावान, केंद्रित, ज़िद्दी, प्रभुत्ववादी, हिंसक और दूसरों की भावनाएँ समझने में अक्षम तथा अधिकार जमाये बिना प्रेम न कर सकने वाला इनसान है। कैथरीन 'पुरुषोचित' गुणों से रहित स्त्री की छवि है : वह कमज़ोर, बिखरी हुई, अत्यधिक मोहग्रस्त और स्वयं से अधिक दूसरों की ज़रूरतों के प्रति सचेत महिला है। ख़ुद एमिली में निश्चित रूप से ये दोनों तत्त्व थे, मगर उनका मिलन प्रतिबंधित था। उसकी कल्पना से जन्मे प्रेमियों के बीच का बंधन, कवि और सिद्धांतकार एड्रियन रिच के शब्दों में, "पुनर्मिलन के लिए तड़प रहे विलगित स्त्री और पुरुष तत्त्वों यानी एक व्यक्तित्व के बिछुड़े टुकड़ों के बीच का शाश्वत बंधन है।"[8]

कोई अचरज की बात नहीं कि 'वुदरिंग हाइट्स' का रोमांस आज भी बरक़रार है—जैसे तमाम संस्कृतियों में रूमानी मिथक बरक़रार रहते हैं। दरअसल, कोई संस्कृति जितनी पितृसत्तात्मक और लैंगिक रूप से ध्रुवीकृत होगी, वह रोमांस की उतनी ही आदी होगी। ये मिथक पूर्णता की हमारी लालसा के प्रतीक हैं।

कोई अचरज की बात नहीं कि रोमांस प्राय: भौतिक दूरी और वर्ग और नस्ल की मानसिक खाइयों में जन्मता है और इसकी परिणति मृत्यु और बिछोह में होती है।[9] जिन ख़ूबियों को हम खो चुके हैं उन्हें दूसरों में ढूँढ़ना थोड़ी दूरी से शायद ज़्यादा आसान होता है।

कोई अचरज की बात नहीं कि निकटता, रोज़मर्रा के साथ और प्रगाढ़ता से रोमांस कमज़ोर पड़ता है। कोई भी न तो हमारे विशिष्ट व्यक्तित्व का हिस्सा बन सकता है और न ही उसकी पूर्ति कर सकता है।

कोई अचरज की बात नहीं कि पुरुषों की तुलना में स्त्रियाँ रोमांस की ओर अधिक आकर्षित होती हैं। चूँकि अधिकांश मानवीय गुणों को 'पुरुषोचित' और बहुत कम को 'स्त्रियोचित' माना जाता है—और उसमें भी उन्हें हाशिये पर ही रखा जाता है—इसलिए महिलाओं को अपने व्यक्तित्व का अधूरा हिस्सा दूसरों में ढूँढ़ने की ज़रूरत ज़्यादा पड़ती है।

कोई अचरज की बात नहीं कि जब तक रोमांस रहता है, वह अपने साथ एक प्रकार की तरलता, एक-दूसरे में समा जाने और सीमाएँ तोड़ने के विस्फोटक भाव लेकर आता है। दरअसल, हम अपने व्यक्तित्व के शेष भाग से ही प्रेमरत होते हैं।

क्या आप प्यार में तब पड़ते हैं जब आप कमज़ोरी और परेशानी की मनोदशा में होते हैं? जब आप प्यार से बाहर आते हैं तो आपको वैसा ही झटका लगता है जैसा किसी नशे को त्यागने पर लगता है? क्या आपने ग़ौर किया है कि दोस्ती, साझे मूल्य, साथ काम करने इत्यादि की परिणति रोमांस के मुक़ाबले एक ज़्यादा टिकाऊ प्यार में होती है—मगर फिर भी आपको लगता है कि इस रोमांस का अनुभव अलग होगा? क्या आप अपनी ज़िंदगी के बुनियादी फ़ैसलों को यह सोचकर टाले बैठे हैं कि उनका निर्धारण आपका भावी साथी करेगा? यदि पहले से आपका कोई साथी है तो क्या आप ख़ुद से ज़्यादा उसे ख़ुश करने या उसे सुधारने के बारे में सोचते रहते हैं? जब आप रोमांस में नहीं होते तो क्या आप ज़्यादा खाना-पीना या दूसरे व्यसनों के आदी होने लगते हैं? यदि आपका प्रेमी अपनी समस्याएँ सुलझाए तो क्या आपको भी अपनी समस्याएँ सुलझती नज़र आती हैं? आपके साथ अगर कोई इच्छित व्यक्ति सोने को राजी हो जाए (सामान्यत: पुरुषों के मामले में) या आपके प्रति अपने प्रेम का इजहार करे (सामान्यत: स्त्रियों के मामले में) तो क्या आपकी धड़कनें बढ़ जाती हैं और आपको ताक़त का एहसास होता है? यानी क्या आपकी मनोदशा स्वयं की बजाय आपके प्रेम-प्रसंग द्वारा निर्धारित होती है?

यदि इनमें से किसी सवाल का उत्तर आप हाँ में देते हैं—जैसा हम में से कई लोग दे सकते हैं—तो आप अभी भी उसी चिर-परिचित अवस्था में हैं जहाँ दूरी से रोमांस उपजता है, फिर एक जुनून बन जाता है, और अंतत: एक औसत एहसास या अपूर्णता भरे दर्द में बिला जाता है। रोमांस में ख़ुद को जैसे दूसरे के हाथों में सौंपने और समर्पण

की प्रवृत्ति ज़ोरों पर होती है, यह आसानी से एक व्यसन बन सकता है, और यह चक्र बार-बार घटित हो सकता है। शराबियों के बारह सूत्री कार्यक्रम के दायरे में, जिसमें दूसरे कई व्यसनों को भी शामिल कर लिया गया है, रोमांस और सेक्स की लत भी आती है।

लेकिन दूसरे अन्य व्यसनियों की तरह हममें से अधिकांश लोग इसके प्रभावों से इनकार करते हैं : हमें तब भी लगता है कि हम अपना अधूरा भाग किसी और से हासिल कर सकते हैं; यानी किसी और की देह या दिमाग़ से। लेकिन इस मुसीबत के ज़िम्मेदार हम नहीं हैं।

इसके बारे में ज़रा सोचिये : एक ओर, हर कोई अनूठे गुणों और विशिष्ट प्रकृति के साथ पैदा होता है। दूसरी ओर, समाज हमसे पूर्णतावादी लैंगिक भूमिकाएँ निभाने की अपेक्षा करता है जिसके तहत श्रम का विभाजन, व्यवहार-निर्धारण और वर्ग और नस्ल के ढाँचों का निर्माण किया जाता है और उन्हें इस तरह अंगीकार किया जाता है कि वे प्रकृति का हिस्सा लगने लगते हैं। जहाँ कोई भेद मौजूद नहीं है वहाँ भी समाज व्यापक भेद पैदा करने पर यूँ तुला होता है कि कई भाषाओं में निर्जीव पदार्थों का भी लैंगीकरण किया जाता है; इस तरह एक प्रकार की क़लम 'मर्दाना' और दूसरी 'जनाना' हो सकती है। बहरहाल, हर किसी को और हर चीज़ को वर्गीकृत और सीमित करने की इन तमाम बुरी कोशिशों के बावजूद वह लड़का जिसका 'लड़कियों की तरह रोने' के लिए मज़ाक़ उड़ाया जाता है, उदास होना नहीं छोड़ता, वह बस अपनी भावनाएँ दबा देता है; और उस छोटी लड़की का जिसे 'टॉमबॉय' जैसी मनमर्जियों के लिए दंडित किया जाता है, जोश ठंडा पड़ जाता है। बाद में, चूँकि उन दोनों को बताया गया है कि उनके कुछ गुण दूसरे लिंग को ही शोभते हैं, वे उन्हें दूसरे लोगों में ढूँढ़ना शुरू करते हैं। आन्तरिक पूर्णता की खोज में, वे किसी और पर अधिकार जमाने और उन्हें आत्मसात करने की कोशिश करते हैं, जैसा कैथरीन और हीथक्लिफ ने किया, और शायद आपने और मैंने भी किया होगा।

'स्त्री तत्त्व' और 'पुरुष तत्त्व' का यह ध्रुवीकरण, हमारे पूर्ण व्यक्तित्व का यह विच्छेदन, तब भी बहुत क्रूर हुआ होता अगर इसके प्रभाव दूरगामी न होते, मगर दोनों अर्धांश सच्चे अर्थों में अर्धांश भी नहीं हैं। पुरुष प्रभुत्व का नतीजा होता है कि प्रशंसित ख़ूबियाँ 'मर्दाना' कहलाती हैं और उनकी तादाद भी ज़्यादा है, जबकि 'स्त्रियोचित' गुण न सिर्फ़ संख्या में कम हैं बल्कि उनकी अहमियत भी कम होती है। इस प्रकार एक समूह के तौर पर लड़कों में ज़्यादा आत्मसम्मान होता है क्योंकि उन्हें स्व के विकास का अधिक अवसर मिलता है और उन्हें अपेक्षाकृत कम प्रवृत्तियों को दबाना पड़ता है, जबकि सामूहिक रूप से लड़कियों में कम आत्मसम्मान होता है क्योंकि न सिर्फ़ उन्हें अपेक्षाकृत अधिक प्रवृत्तियों पर अंकुश लगाना पड़ता है बल्कि उनके बचे हुए गुणों की क़द्र भी समाज में कम होती है। कैशोर्य और हार्मोन के आगमन के बाद दोनों

लिंगों में पूर्ण स्व का यह अभाव, अपूर्णता और अपने हिस्से की दूसरे विपरीत लिंग में मौजूदगी से उपजी शर्मिंदगी, समाज की कठोर लैंगिक अपेक्षाओं के साथ मिलकर हम में से कइयों को एक नकली व्यक्तित्व ओढ़ने के लिए मजबूर कर देती है। जिस लड़के के अंदर उसकी अच्छी परवरिश के कारण सामान्य से ज़्यादा आत्मसम्मान बचा हो वह इस प्रवृत्ति का प्रतिरोध कर सकता है या वह अनुकूलन का ढोंग रचा सकता है; ख़ासकर तब जब उसके समक्ष कोई बालिग़ नजीर हो, उसकी 'गैर-पुरुषोचित' प्रतिभा को समर्थन मिला हो या उसकी कोई ऐसी नस्ली या यौनिक स्थिति हो जो 'बाहरी' पहचान को पुख़्ता बनाती हो। असाधारण आत्मसम्मान वाली लड़की भी दृढ़ता और खिलंदड़पने जैसे 'पुरुषोचित' गुणों को धारण किए रह सकती है—क्योंकि आख़िरकार नक़ल चापलूसी का सबसे उम्दा तरीक़ा है, इसलिए लड़कियों द्वारा लड़कों की नक़ल इसके उलट की तुलना में ज़्यादा स्वीकार्य है—मगर इसके लिए उसे रोमांटिक और दूसरे सामाजिक संदर्भों में स्त्री की भूमिका निभाते हुए इसकी क्षतिपूर्ति करनी पड़ती है। मगर अल्प आत्मसम्मान वाले स्त्री और पुरुषों द्वारा अतिरंजित लैंगिक भूमिकाएँ अख़्तियार करने की संभावना बनी रहती है और इस तरह वे बड़े होने के साथ और भी अधिक अपूर्ण होते जाते हैं। कठोरता, कट्टरता, प्रतिस्पर्धात्मकता, आक्रामकता, किसी स्त्रियोचित गुण से दूरी बनाना, समलिंगियों के प्रति नफ़रत, यहाँ तक कि क्रूरता और हिंसा पुरुषों में निम्न आत्मसम्मान के आदर्श लैंगिक मुखौटे बन जाते हैं। अतिशय विनम्रता, परनिर्भरता, पुरुष स्वीकृति की अपेक्षा, टकराव का भय, स्व-लांछना और क्रोध व्यक्त करने की असमर्थता अल्प आत्मसम्मान वाली स्त्रियों के आदर्श लैंगिक मुखौटे हो जाते हैं।

इसका अर्थ है कि निम्न आत्मसम्मान वाले स्त्री-पुरुष और ज़्यादा ध्रुवीकृत हो जाते हैं और उनके भीतर दमित अंश अधिक होते हैं जिन्हें वे दूसरों में ढूँढ़ते हैं। उसके बाद वो किसी अफेयर, रोमांस या प्रेम में पड़ जाते हैं—ये वो शब्द हैं जिनका इस्तेमाल हम आकस्मिक आन्तरिक प्रवाह और उसके अचानक सूखने की क्रिया को वर्णित करने के लिए करते हैं, जो प्रेम की स्वस्थ निरंतरता से बिलकुल अलग है। उदाहरण के लिए 'मेडिकल आस्पेक्ट्स ऑफ़ ह्यूमन सेक्सुअलिटी' द्वारा 400 अमेरिकी मनोविज्ञानियों के एक सर्वे में अधिकांश ने बताया कि निम्न आत्मसम्मान वाले स्त्री-पुरुषों में यौन स्वेच्छाचारी होने, यौन संबंधों में संतुष्टि पाने में विफल रहने, और प्रेम नहीं कर सकने की संभावना ज़्यादा होती है।[10] स्वस्थ आत्मसम्मान वाले स्त्री-पुरुषों की भी सुरक्षा की भावना को अगर अस्थायी धक्का लगे तो उनके रोमांस की तरफ़ आकर्षित होने की संभावना बढ़ जाती है, चाहे वह युद्ध के मोर्चे पर जा रहे भयभीत युवक का किसी अल्प परिचित के साथ प्रेम में पड़ जाना हो या भयाक्रांत गर्भवती स्त्री का अपने चिकित्सक के प्रेम में पड़ जाना, ये इसी बात के उदाहरण हैं। दरअसल, कोई बड़ी लैंगिक घटना कुछ देर के लिए रोमांस का विभ्रम रच सकती है, जैसे किसी

औरत का सिर्फ़ इस बात से उस आदमी पर फिदा हो जाना कि वह डांस फ़्लोर पर उसे बहुत कुशलता से लाता है, या किसी पुरुष का वेतन पर रखी गई अपनी सहायक सेक्रेटरी के प्यार में पड़ जाना।

अपने उपन्यास 'द कंपनी शी कीप्स' में मेरी मैकार्थी ने अपनी नायिका की इस प्रवृत्ति को यूँ बयान किया, ''अब उसने पहली दफ़ा अपना स्वयं का चरम रूप देखा, उसने महसूस किया कि यह आत्म-प्रेम में उसकी विफलता ही थी जिसके कारण वह दूसरों के प्रेमियों पर झपटती थी, इस उम्मीद में कि उनके माध्यम से शायद वह ख़ुद को प्यार कर सकेगी, उनकी भावनाएँ उधार ले कर, ज्यों चाँद प्रकाश उधार लेता है। वह स्वयं एक मृत ग्रह थी।''[11]

नाटककार शेरवुड एंडरसन ने इसी बात को मर्दों के दृष्टिकोण से स्वीकार किया था : ''मैं किसी प्यार कर सकने वाली औरत की नामौजूदगी में कभी काम नहीं कर सका। शायद मैं क्रूर हूँ—मैं उस आयरिश किसान की तरह हूँ जो ज़मीन से आलू निकालता है...मैं उससे सिर्फ़ ग्रहण करता हूँ। मुझे अच्छी तरह मालूम है कि मैं बदले में कुछ नहीं देता।''[12]

लेकिन यदि रोमांस का स्रोत स्व की अपूर्णता है तो इसके प्रेम में परिणत होने की संभावना नगण्य होती है : प्रेमियों की ज़रूरतें और निम्न आत्मसम्मान किसी भी गहरे और स्थायी रिश्ते के सबसे बड़े दुश्मन हैं। जैसा कि लिंडा सैनफोर्ड और मेरी एलेन डोनोवन 'विमेन एंड सेल्फ एस्टीम' में लिखती हैं, निम्न आत्मसम्मान संभवत: अंतरंगता की राह में सबसे बड़ी अड़चन है। इसके कारण कोई स्त्री ''इस बात से डरने लगती है कि कोई अगर बहुत क़रीब आया तो उसकी वास्तविकता जान जाएगा और उसे अस्वीकार कर देगा।''[13] निश्चय ही पुरुषों को भी यही भय सताता है और इसके अलावा उन्हें इस बात की भी आशंका होती है कि किसी स्त्री पर निर्भरता से या उनके अंदर के किसी 'स्त्रियोचित' गुण के उद्घाटन से मेहनत से बनाई गई उनकी मर्दाना छवि खंडित हो सकती है।

ज़ाहिर है, अपूर्णता और अधूरेपन की इन भावनाओं से ईर्ष्या भी उपजती है। आत्मसम्मान के घटने के साथ यह बढ़ती जाती है। हम जितना ज़्यादा अधूरापन महसूस करते हैं, उतना ही उस व्यक्ति पर अधिकार जमाने के लिए हम जुनूनी होते चले जाते हैं जो हमें हमारा अधूरा अंश लगता है, और इस तरह हम और अधिक ईर्ष्यालु होते जाते हैं। तथापि, निम्न आत्मसम्मान के लैंगिक मुखौटे हमें किसी अन्य स्त्री या पुरुष के साथ और अधिक परिवर्तनीय होने का एहसास कराते हैं।

लैंगिक भूमिकाएँ, निम्न आत्मसम्मान, रोमांस, ईर्ष्या, प्यार और अंतरंगता का अभाव, और भी ज़्यादा निम्न आत्मसम्मान, और भी ज़्यादा अतिरंजित लैंगिक भूमिकाएँ, इनका चक्र हर तरह से घातक हो सकता है। जैसा कि चार पारिवारिक चिकित्सकों ने अपमानजनक रिश्तों के एक अध्ययन में पाया कि रिश्ता अपमानजनक

तभी होना शुरू होता है जब हम कठोरतापूर्वक लैंगिक भूमिकाएँ निभाना शुरू करते हैं। उनके शब्दों में, "अपमानजनक रिश्ते इस बात की मिसाल होते हैं कि परंपरावादी लैंगिक संरचनाएँ किस तरह स्त्री और पुरुष की अंतरंगता को निर्धारित करती हैं।"[14] और निश्चित रूप से इस हिंसा का वृहद् राजनैतिक मक़सद आधी आबादी को दूसरी आधी आबादी के सहयोगी तंत्र में तब्दील करना भी है। यह लैंगिक राजनीति की निरंतरता को आधी स्त्री आबादी को पुरुषों की स्वीकृति और मिजाज का भय दिखाकर सुनिश्चित करता है। वस्तुतः, पितृसत्ता को हिंसा की और हिंसा के अचेतन भय की ज़रूरत ख़ुद को बरक़रार रखने के लिए होती है। इसके अलावा, लैंगिक भूमिकाओं को प्राकृतिक बना कर पेश करने से स्त्री/पुरुष की हिंसा को क्षम्य और अवश्यम्भावी बना दिया जाता है। जैसा कि लंदन के पुलिस कमांडर जी.एच. हैथर्हिल ने कहा : "लंदन में साल में सिर्फ़ बीस हत्याएँ होती हैं और उनमें भी सारी गंभीर प्रकृति की नहीं होतीं—कुछ मामले सिर्फ़ पतियों द्वारा पत्नियों की हत्या के होते हैं।"[15]

रोमांस लैंगिक भूमिकाओं के लिए तात्कालिक पुरस्कार की पेशकश और विद्रोहियों को अकेलेपन और अस्वीकृति का भय दिखाकर स्वयं में एक वृहद् राजनीतिक उद्देश्य की पूर्ति करता है। यह उस पितृसत्ता-विरोधी क्रांतिकारी संभावना को भी कुंद करता है जिसके तहत यह उम्मीद की जाती है कि जब स्त्री और पुरुष समाज की ज़रूरतों के मुताबिक दैहिक और संतानोत्पत्ति के उद्देश्यों के लिए एक साथ आएँगे तभी असली साझा मनुष्यता प्रस्फुटित होगी। अंततः यह हमारी आशाओं का निजीकरण करता है और हमें सामाजिक बदलावों के बारे में सोचने से हतोत्साहित करता है। जनता को ख़ुश रखने के रोमन 'ब्रेड एंड सर्कसिज' तरीक़े—और फ्रेंच कहावत कि 'विवाह मध्यवर्ग को उपलब्ध एकमात्र एडवेंचर है'—अब इनमें बदलाव लाया जा सकता है। रोमांस का सर्कस हमें एक सुरक्षित एडवेंचर, सामाजिक दृष्टिकोण से भटकाता है। जब यह विफल होता है तो हम स्वयं को कोसते हैं।

'स्त्री तत्त्व/पुरुष तत्त्व' के रूमानी खाँचों का सबसे बड़ा सबूत यह है कि समलिंगी जोड़े भी इससे अछूते नहीं होते। हालाँकि समलिंगी स्त्री-पुरुष विपरीत लिंगी जोड़ों के मुक़ाबले ज़्यादा बराबरी वाले रिश्ते क़ायम करते हैं—ख़ासकर अब जबकि स्त्री और पुरुष समलैंगिकता के आंदोलनों ने पुरानी लैंगिक भूमिकाओं को चुनौती दी है—हम सब एक संस्कृति में रहते हैं, और हम में से अधिकांश लोग ऐसे परिवारों में पैदा हुए थे जहाँ यह पैटर्न एकमात्र पैटर्न समझा जाता था। कभी-कभी लैंगिक भूमिकाएँ अतिरंजित स्वरूप में आ जाती हैं जिन्हें दोहरीकरण कहते हैं, इसमें दो पुरुष एक साथ दूने आक्रामक, असंवेदनशील, अंतरंगता के लिए अनिच्छुक मगर यौन स्वेच्छाचारी हो जा सकते हैं; या दो स्त्रियाँ एक साथ दूनी निष्क्रिय, एक-दूसरे पर निर्भर, सेक्स के साथ या सेक्स के बिना अंतरंगता पर केंद्रित हो जा सकती हैं। एक पक्षपातपूर्ण

संस्कृति में समलिंगी जोड़ों की तमाम अंदरूनी और बाहरी परेशानियों के बावजूद कम से कम समाज उन्हें हर रोज़ घर से निकलते समय ध्रुवीकृत नहीं करता और इससे उनके पास संतुलन के नए प्रकार तलाशने की अधिक आज़ादी होती है।

संक्षेप में कहें तो आंतरिक समग्रता, जिसके कारण इनसान ख़ुद को और दूसरों को मुक्त होकर और सहर्ष प्यार कर पाता है, दुर्लभ हो चुकी है। दूसरी ओर, रोमांटिक जुनून से उपजी आत्मिक क्षति आज सामान्य बात हो चुकी है। दुनिया के बहुत सारे देशों में अख़बार खोलते ही हमें पता चल जाता है कि 'कामोन्माद संबंधी अपराध' में किसी ने किसी की हत्या कर दी, पिटाई कर दी या कोई जेल चला गया। मैं यहाँ के और दूसरे देशों के कैंपसों में 20 साल से ज़्यादा समय से व्याख्यान देती रही हूँ और एक भी ऐसा अवसर नहीं मिला जब छात्रों की स्मृति में कोई कम से कम एक ऐसी महिला न रही हो जिसकी हत्या उसके ईर्ष्यालु पति ने की। आँकड़ों पर भरोसा करें तो अधिकतर किसी महिला की हत्या करनेवाला या उस पर शारीरिक हमला करनेवाला व्यक्ति कोई अजनबी नहीं बल्कि वह आदमी होता है जिससे उसके रोमांटिक संबंध रहे हों। किसी महिला के लिए सबसे ख़तरनाक स्थिति सड़क पर का कोई अजनबी या युद्धकाल का शत्रु नहीं होता, बल्कि घर के निर्जन एकांत में उसके पति या प्रेमी से उसे सबसे अधिक ख़तरा होता है। हालाँकि महिलाएँ मुख्यत: हिंसक अपने बचाव या अपने बच्चों के बचाव में होती हैं, रूमानी जुनून की ताक़त कुछ ऐसी होती है—और महिलाएँ जमकर इसका शिकार बनती हैं—कि 'स्त्रियोचित' अहिंसक कंडीशनिंग पर भी क़ाबू पाया जा सकता है। जब महिलाएँ किसी हिंसक अपराध में संलिप्त होती है तो पुरुषों के मुक़ाबले कहीं ज़्यादा रोमांटिक कारण इसके पीछे होते हैं न कि आर्थिक, चाहे किसी महिला द्वारा की गई ईर्ष्याप्रेरित हत्या का असाधारण अपराध हो या सामान्य रूप से ऐसे अपराध जिनमें महिला अपने पति या प्रेमी की सहयोगी की भूमिका में रही हो।

रोमांस के साथ जो गड़बड़ी है उसे बड़े अच्छे से वेलेंटाइन डे के आँकड़े, जो मुझे टेनेसी के एक जज से मिले थे, ज़ाहिर करते हैं। उनके कंट्री कोर्ट हाउस में, जिसमें नोक्सविले और आस-पास के इलाक़े के मामले आते हैं, उस दिन शादी के लिए लाइसेंस के 30 आवेदन, तलाक़ के 60 आवेदन और हिंसक पति-पत्नियों से संरक्षण के लिए 90 आवेदन आए।

क्या आत्मसम्मान से रोमांस ख़त्म हो जाएगा ? हाँ—लेकिन सिर्फ़ अपने मौजूदा स्वरूप में। आख़िरकार, रोमांस एक अतिरिक्त मगर महत्त्वपूर्ण चीज़ है : यह जिज्ञासा का सबसे उत्कट स्वरूप है। यदि हम इतने ज़रूरतमंद, किसी जादुई राहत के बारे में इतने भ्रमों से घिरे, किसी को हासिल करने को इतने उद्धत न हुए होते—दूसरे शब्दों में, यदि रोमांस का चेतन लक्ष्य हमारी ख़ुद की और ग़ैरों की समझ का विस्तार करना होता, न कि, जैसा कैथरीन और हीथक्लिफ के साथ था, आत्मा की पूर्णता हासिल

करना—तो रोमांस शिक्षण का एक गहरा, ऐंद्रिक और परानुभूतिपरक माध्यम होता : किसी और की निगाहों से देखने, किसी और की रगों से महसूस करने, अंदरूनी तौर पर किसी बाहरी संस्कृति को आत्मसात करने, अपनी सीमाएँ विस्तारित करने और अपने अंदर दुनिया का एक व्यापक नज़रिया विकसित करने का माध्यम। शक्ति संतुलन की स्थिति में और स्त्री-पुरुषों में, या समान लिंग के प्रेमियों में, बेहतर आत्मसम्मान की स्थिति में, दोनों पाँचों इन्द्रियों से सीखने-सिखाने का सुख प्राप्त कर सकते—रोमांस के ख़त्म होने के बाद अपूर्ण, क्रोधित या परित्यक्त महसूस किए बग़ैर।

इस बीच में, रोमांस एक ऐसा अनुभव है जिसके बारे में इफ़रात से लिखा गया है मगर उसे समझा कम गया है। लेकिन अब इसके अ-पौराणिकरण की प्रक्रिया शुरू हो चुकी है और इसे ज़्यादा गंभीरता से लिया जाने लगा है। मनोविज्ञानी शैर्लोट डेविस कास्ल इसके लक्षणों (मिजाज का उतार-चढ़ाव...वास्तविकता को तोड़ना-मरोड़ना) की तुलना अवसाद की बीमारी से करते हैं।[16] कई संस्कृतियों में "यह एक पवित्र क़िस्म की विक्षिप्तता है, भारत में गाय जितनी पवित्र", ये पारिवारिक चिकित्सक फ्रैंक पिटमैन के शब्द हैं।[17] दूसरी अन्य बीमारियों की तरह, रोमांस हमें यह बताता है कि हम में किस चीज़ की कमी है—और उसकी भरपाई के लिए हमें क्या करना चाहिए। उदाहरण के लिए, यदि हम अपने ही रोमांटिक अतीत के प्रसंगों को याद करें तो समझ सकते हैं कि हमारे अंदर क्या कमी है, और इसके बाद इस पर भी विचार कर सकते हैं कि इस कमी को दूर करने के लिए हमें क्या करना चाहिए। मैं अपनी स्मृति से एक घटना का ज़िक्र करने जा रही हूँ ताकि आप भी अपने बारे में विचार कर सकें।

हीथक्लिफ जैसे एक गुमशुदा बच्चे या कैथरीन जैसी छः साल की छोटी लड़की, या दांते की तरह, जो असली बीट्रिस के प्रेम में तभी पड़ गया था जब वे दोनों महज़ आठ साल के थे, बच्चे भी रोमांस का शिकार हो सकते हैं। वे सेक्स और हार्मोन की दृष्टि से बहुत छोटे हो सकते हैं, मगर लिंग की सीमाएँ उन पर भी लागू होने लगती हैं और इसलिए वे भी पूर्णता की आकांक्षा करने लग जाते हैं। मुझे याद है कि मैं जब दूसरी कक्षा में थी तो अपना रिसेस एक प्यारे से, शांत, काले बालों वाले लड़के को ठंड में बिना दस्तानों के और एक चिथड़े कोट में दौड़ते-भागते हुए देखते बिताती थी। मुझे याद है कि तब पहली बार मुझे प्रेम में होने जैसा एहसास हुआ था और हमने एक-दूसरे को पूरी गंभीरता से प्रेम-पत्र लिखे थे। मुझे अब जाकर यह समझ में आता है कि उसके रूप में मैं अपने एक भाग को लड़कों के लिए आरक्षित खेल के मैदान में दौड़ते-भागते देखती थी क्योंकि लड़कियाँ सिर्फ़ एक कोने में शान्ति से खेल सकती थीं, या हो सकता है कि उसकी ग़रीबी मेरे लिए एक आकर्षण हो। अब जाकर मैं यह भी ग़ौर कर सकी हूँ कि यह पहला रोमांस एक शिक्षक द्वारा इस बात पर ज़ोर देने के बाद हुआ था कि मेरी थैंक्सगिविंग कविता मेरी नहीं हो सकती, क्योंकि इसकी

टेक किसी वयस्क के दिमाग़ की उपज लगती है (यह कुछ ऐसा था...'सिर्फ़ मृतकों के लिए ही नहीं बल्कि ज़िन्दा लोगों के लिए भी')।

मुझे समझ में आता है कि मैं बाहरी लोगों के साथ प्रेम में पड़ती रही, ख़ासकर उन लोगों के साथ जो ऐसे काम कर रहे हों जिन्हें मैं करना चाहती थी लेकिन मेरा सोचना था कि इसमें मैं बस उनकी मदद-भर कर सकती थी। मैं उनके परिजनों के प्रेम में भी पड़ी क्योंकि मैं अपने माता-पिता के लिए तड़प रही थी। सौभाग्यवश, मैंने सहृदय और भले लोगों को चुना जिन्होंने बदले में मुझे भरपूर प्यार दिया—या तो अच्छी क़िस्मत के कारण या उस आत्मसम्मान के कारण जिसके बीज मेरी माँ ने मुझमें डाले थे—और इसलिए हम रोमांस की उत्कटता ख़त्म होने के बाद भी दोस्त बने रह सके। मैं अपने कॉलेज और बाद के दिनों में ऐसी ही बनी रही, जो भी मुझे विवाहयोग्य लगता उसे आजमाते हुए—हालाँकि मुझे अंततः एक पूर्ण व्यक्ति होने के लिए शादी तो करनी ही होती—और टिके रहने का स्त्रैण गुर सीख लिया : मर्दों को अपने प्रेम में फँसाना, यह एक प्रकार की आत्मरक्षा और पुरुषों की यौन विजय का स्त्री संस्करण है। (मुझे यक़ीन है कि जब तक इस संस्कृति में शॉपिंग और रोमांस स्त्री के ताक़तवर महसूस करने के दो औजार बने रहते हैं, दोनों का व्यसन क़ायम रहेगा—और इसी वजह से)। लेकिन तब चूँकि हम सचमुच समझते थे कि पति हमारे शेष जीवन का निर्धारण करेगा, विवाह का फ़ैसला लगभग नामुमकिन हो गया। यदि इससे सारे दूसरे फ़ैसले प्रभावित होते थे तो यह आंशिक मृत्यु जैसा था। मैं सोचती रहती थी कि मैं शादी ज़रूर करूँगी, लेकिन अभी नहीं। मैं इस काम को पहले करना चाहती हूँ...। सौभाग्यवश, नारीवाद ने मेरी और मेरे जैसी लाखों स्त्रियों के, शादी या शादी के बिना, आत्मविकास में मदद की; किसी गुमनाम नारीवादी के बेहतरीन शब्दों में, "हम वह आदमी बन सके जिससे हम शादी करना चाहते थे।" मुझे महसूस हुआ कि यह क़तई ज़रूरी नहीं कि हर कोई एक समान जीवन गुज़ारे, और इससे एक और व्यक्तिगत बात पता चली : मैं ख़ुश थी। यदि जीवन का अर्थ वे क्षण हैं जो हम दूसरी योजनाएँ बनाते हुए बिताते हैं, तो मुझे मेरी पसंद का काम मिल चुका था और मैंने मिथकीय भविष्य का इंतज़ार करते हुए मित्रों का एक परिवार बना लिया था।

मगर कभी-कभी अपने जीवन के मध्यकाल में हम, जैसा दांते ने कहा था, "परछाइयों से घिरे एक वन में पहुँच जाते हैं—वह वन जो सघन और दुर्गम होता है।" अपने जीवन के चौथे दशक के अंत में मुझे भी ऐसा ही लगा। मैंने अपने लिए एक असुरक्षित, तनावपूर्ण ज़िंदगी चुनी थी। मैं प्राचीन सत्तात्मक विभेद को बदलने का यत्न करनेवाले एक आंदोलन का हिस्सा थी मगर स्वयं मेरे पास शायद ही किसी तरह की कोई शक्ति या सत्ता थी। मैंने अपने जीवन के दो दशक यात्रा, संगठन, धनार्जन, प्रचार, 'मिसेज' मैगजीन के लिए काम, भाग-दौड़ भरी सुबह के मानो एक ट्रेडमिल पर बिताए थे—हर रात को मैं उस ट्रेडमिल से सिर्फ़ सोने के लिए उतरती

और अगले दिन सुबह होते ही फिर से उसी पर सवार हो जाती। हालाँकि मैं इस आंदोलन में काम करके ख़ुद को भाग्यशाली मानती हूँ, इस ने मुझे ज़िंदगी और प्यारे दोस्त दिए मगर मुझे अपनी खोई हुई ऊर्जा जुटाने का इसमें बिलकुल वक़्त नहीं मिलता था—बल्कि वक़्त तो अपने धुले कपड़े लाने तक का मेरे पास नहीं होता था। दबाव तो बढ़ता ही जाता है। अब मुझे लगता है कि मैं उस भयानक प्रयोग को दुहरा रही थी जिसमें कोई मेढक गर्म पानी में गिर जाने पर उस से बाहर कूद कर अपनी जान बचा लेता है; मगर जिस मेढक को पानी में डाल कर उसे धीरे-धीरे गर्म किया जाता है वह वहीं बना रहता है और आख़िर में खौलते पानी में उबल कर मर जाता है। अलग-अलग तरह के गर्म पानी में वर्षों गुजारने के बाद मैं उस दूसरे मेढक की नियति की तरफ़ अग्रसर थी।

हताशा के इन्हीं क्षणों में मेरी ज़िंदगी में एक अलग तरह का इनसान दाख़िल हुआ। फ़ील्ड में जाकर लोगों में आए बदलावों की प्रगति मापने की बजाय वह एक ऐसी दुनिया का बाशिंदा था जिसमें संख्या और चीज़ों के आधार पर प्रगति मापी जाती थी। अपने भूतपूर्व प्रेमियों से पारिवारिक रिश्ते बनाए रखने की मेरी आदत, जो बहुतों को विचित्र लगती थी, उसके विपरीत उसका अपनी भूतपूर्व प्रेमिकाओं से पूरी तरह विमुख होना मुझे अजीब लगा। मेरी ज़िंदगी के दूसरे पुरुष और मैं एक-दूसरे के कामों में पारस्परिक दिलचस्पी लेते थे, वे भी मेरे लिए किताबें, लेख और फ़िल्में ढूँढ़ने में वैसी ही रुचि दर्शाते थे जैसा मैं उनके लिए करती थी, यह आदमी अपनी ज़िंदगी और बचपन से जुड़े सवालों का जवाब तो देता था मगर ऐसे सवाल दूसरों से करना उसकी फ़ितरत नहीं था।

वहीं उसके अंदर के कुछ गुण मुझे चुम्बकीय लगते थे। पहला तो यह कि उसके अंदर काम के प्रति बेहतरीन समर्पण और ग़ज़ब की ऊर्जा थी। अपने काम की धुन में रहने के बावजूद उसे मेरी यात्राओं और अव्यवस्थित शेड्यूल से कोई दिक़्क़त नहीं थी। दूसरा, तमाम सामजिक फ़ैसले उसके होते थे (अपने स्टाफ के ज़रिये), इसलिए मेरा काम सिर्फ़ उपस्थित रहना, शिष्टाचार निभाना, श्रोता की भूमिका में होना, डिनर और डांस पर मज़े करना, और उसके लाजवाब लतीफ़ों पर ठहाके लगाना था—यानी उसके हर काम में साथ देना। मुझे यह काफ़ी आरामदेह लगा। चूँकि मैं अपने बचपन से ही दूसरों का लगातार ख़याल रखती आ रही थी, उसका साथ मुझे भला लगा : कोई तो ऐसा था जिसे मेरी सहायता की ज़रूरत नहीं थी। तीसरी बात यह थी कि वह एक दुखी आत्मा था और उसका कहना था कि वह अपने जीवन में बदलाव चाहता है ताकि वह अपनी ताक़त का इस्तेमाल नए और रचनात्मक तरीक़े से कर सके। चूँकि मैं दूसरों की मदद द्वारा अपने जीवन को सार्थक सिद्ध करने की कोशिश करती थी तो किसी दुखी आदमी की मदद करने से ख़ुद को रोक पाना मुझे असंभव सा लगा। और अंतिम बात यह कि मैं बेहद...बेहद थक चुकी थी। एक बार जब देर रात मैं हवाई

अड्डे पर उतरी तो उसकी भेजी हुई कार को देखकर मुझे कितना अच्छा लगा मैं बता नहीं सकती। 'बस स्टॉप' का वह दृश्य याद कीजिए जब मर्लिन मुनरो, जिसने एक साधारण कैफे में एक बेचारी गायिका का किरदार अदा किया था, अपने बहादुर प्रेमी के गर्म चमड़े के जैकेट में ख़ुद को लपेटती है। मुझे कार में धँसते हुए कुछ वैसा ही अनुभव हुआ।

अब मैं उस आदिम प्रवृत्ति की ओर मुड़ गई जिसे मैंने नारीवाद को अपना करियर बनाते हुए त्याग दिया था, यानी किसी पुरुष को अपने प्रेम-पाश में बाँधना। कई औरतें इसकी गवाही दे सकती हैं कि यह काम निहायत आसान है, आपको बस अपने व्यक्तित्व को थोड़ा दबाना और उस व्यक्तित्व को ओढ़ना होगा जैसा वह चाहता है। मेरे मामले में, मेरी यात्राओं, उसके काम और सामाजिक व्यस्तताओं ने मेरी काफ़ी मदद की क्योंकि इस से हमें अपनी भिन्नताओं के बारे में सोचने के लिए वक़्त ही नहीं मिला। मेरे काम में कुछ ऐसा भी आया जिसे मैं स्वीकार नहीं करना चाहती : एक ऐसी गहरी निष्क्रियता जिसमें मेरा स्व पूरी तरह घिस चुका था और मैं मानो एक ऐसी निष्कलुष सोलह साला लड़की थी जिसकी हड्डियाँ उसके चमड़े से झाँकती थीं। मेरे उस दोस्त की तरह जिसने अपना वजन कम किया था और शरीर की चर्बी घटने पर उसे एक ऑपरेशन में प्रयुक्त बेहोशी की दवा का अपने शरीर में मौजूदगी का पता लगा, मेरी ऊर्जा और आशाएँ भी इस क़दर धूमिल हो चुकी थीं कि मैं वर्षों पहले भुला दिए गए रूमानी ख़्वाबों का सहारा लेने लग गई।

एकमात्र समस्या यह थी कि मैंने अपने नकली व्यक्तित्व से उस आदमी को फाँसा था, इसलिए मुझे उसे ओढ़े रखना था। इस तरह मुझे इस बात की अनदेखी करनी थी कि आंदोलन समूहों के साथ वर्षों तक अथक उगाहे गए हमारे धन जितनी क़ीमत की तो उसकी दीवार पर टँगी एक साधारण-सी पेंटिंग थी, और जिसे एक मशहूर स्त्री-द्वेषी कलाकार ने बनाया था। मुझे ऐसे ख़यालों को भी मन में दबाना था कि उसके वीकेंड के घर की क़ीमत देश के, और शायद कुछ और देशों को मिलाकर भी, संपूर्ण नारी आंदोलन के कई वर्षों के बजट से ज़्यादा थी। जब मैं उसके साथ होती तो मुझे यह भी अनदेखा करना पड़ता कि उसके परिजन उसकी पसंद की बातचीत और कामों में कितने अवांछित महसूस करते थे; बल्कि उनसे मुझे भी कितनी उपेक्षा महसूस होती थी। यदि उसने मुझे और मेरे साथ काम करनेवाली कुछ औरतों को कोई सलाह दी होगी—मुझे यक़ीन है कि सलाह को वो मदद का एक तरीक़ा मानता था—तो मुझे उसे भुलाना पड़ा क्योंकि मेरे लिए वे वैसे ही अव्यावहारिक थीं जैसे उस स्त्री को लज़ीज़ व्यंजन की रेसिपी बताना जिसके पास राशन तक न हो। दरअसल, जब पहली बार हम एक साथ हँसे तो भी हमें अलग-अलग बातों पर हँसी आई थी : उसे एक नोटबुक के लतीफ़े पुरानी बोली के अंदाज़ में पढ़-पढ़ कर हँसी आ रही थी, जबकि मैं बनावटी हँसी हंसे जा रही थी।

मेरा ख़याल है कि आपको अंदाजा हो गया होगा कि आगे क्या हुआ होगा। अंदाजा तो मेरे दोस्तों ने भी लगा लिया था। मुझे ही इसमें वक़्त लगा। मेरी ज़िंदगी में यह पहला प्रेमी था जो मेरा दोस्त नहीं था—और यह उसकी नहीं मेरी ग़लती थी, चूँकि मैं ख़ुद के प्रति ईमानदार नहीं थी—इस नाते अपने किए को सही ठहराना मेरी ज़िम्मेदारी थी। जब उसने उन्हीं नीतियों और उसी सामाजिक व्यवस्था का समर्थन किया जिसे बदलने के लिए मैं काम कर रही थी तो मैंने सोचा कि किसी ने नहीं कहा था कि हमारी सोच भी एक होनी चाहिए। जब मैंने उसे एक उत्पीड़ित महिला का आसरा बचाने के वास्ते कुछ हज़ार डालर जुटाने के लिए की गई एक यात्रा के बारे में बताया तो अगले ही पल उसने एक छः अंकों वाली रकम का ज़िक्र किया और मज़ाकिया लहजे में कहा कि इतने में अच्छा डिनर किया जा सकता है। मैंने ख़ुद से कहा—यह उसकी ग़लती नहीं है, दरअसल वह दूसरों का दुख महसूस नहीं कर सकता, और मैंने यह सोचा कि बदलाव तो किसी में भी आ सकता है। जब मेरे अंतस ने परानुभूति और विषयासक्ति से उत्पन्न होनेवाली कामोत्तेजना और सुख की कमी महसूस करना शुरू की तो मैंने सोचा : यदि मैं उससे वैसा ही व्यवहार करूँ जैसा वह चाहता है तो संभव है, इसमें भी बदलाव हो। दूसरे शब्दों में, मैंने रोमांस की सारी चिर-परिचित भूलें कीं, इसमें वह भूल भी शामिल थी जो मैंने पहले कभी नहीं की थी : किसी को उसके व्यक्तित्व की बजाय अपनी ज़रूरतों के लिए चाहना। दांते के उस 'परछाइयों से घिरे वन' में उजाला देने की बात तो दूर, यह रिश्ता मुझे पक्की तरह से एहसास कराने लग गया कि मैं गुम हो चुकी हूँ।

मैं अकेली और हताश हो गई थी—बेहद अकेली और बेहद हताश। जब मैंने अपनी इन अव्यक्त भावनाओं को उसके सामने रखने की कोशिश की तो पहले वह हैरान हुआ और बाद में क्रोधित। लेकिन इनसान जब तलहटी में पहुँच जाता है, जैसे की तैराकी में, तो बचाव का एकमात्र रास्ता बाहर की ओर होता है। दांते के शब्दों में, ''मैं अपने बुरे अनुभवों की सीख दुनिया को दूँगी।''

दो साल बाद, मेरी अपनी बुद्धि में जब मेरा विश्वास तेज़ी से डिगने लगा, तो मैंने अंततः सोलह साल के उम्र वाले भय पर क़ाबू पाते हुए अपने भीतर एक बच्चे की आवाज़ सुनी, ''क्या तुम ख़ुद को यूँ ही ख़त्म कर लोगी ?'' हैरानी की बात है कि इस सवाल पर मुझे हँसी आ गई। निश्चय ही, मेरे सु-समाजीकृत वयस्क मन ने काफ़ी दिनों तक इसकी अवहेलना की थी—मगर शुरुआत हो चुकी थी।

धीरे-धीरे मुझे एहसास हुआ कि मैं किस कारण से अपने लिए किसी ग़लत व्यक्ति की तरफ़ आकर्षित हुई थी। मैंने सोचा था कि अगर अपने काम में लगे किसी आदमी से मेरे रिश्ते हों तो शायद मैं भी मुक्त होकर अपना काम कर सकूँगी। आख़िरकार, मैंने लेखन के लिए वक़्त निकालना शुरू किया। अगर मैं उसके सुव्यवस्थित जीवन और ऐशोआराम से प्रभावित हुई थी तो शायद इसलिए कि मुझे भी उसी सुव्यवस्था

और सुख-सुविधा की तलाश थी। मैंने दोस्तों की मदद से गत्ते के डब्बों को घर से बाहर करना शुरू किया और इसे रहने लायक़ बेहतर जगह बनाने की लंबी कोशिश में जुट गई। मैंने जीवन में पहली बार पैसे बचाना भी शुरू किया। अगर मुझे मौज-मस्ती और नाच-गाना पसंद था तो शायद मुझे ट्रेडमिल से नीचे आकर ख़ुद से एक क्रांतिकारी सवाल करना था : मुझे क्या अच्छा लगता है? अंततः मैंने भाग-दौड़ वाली ज़िंदगी से तौबा कर ली और अपनी पसंद की चीज़ें करना शुरू किया। यदि मैंने हमारे बुनियादी उसूलों में फ़र्क़ को अनदेखा किया था (जैसे, वह सरकार के साथ मिलकर काम करना चाहता था और मैं विरोध-प्रदर्शन के लिए जेल जा चुकी थी) तो मैंने तय किया कि दूरियों को पाटने के बारे में मुझे व्यावहारिक नज़रिया अपनाना चाहिए। मैंने अपनी ऊर्जा से किए जाने वाले कामों पर ध्यान केंद्रित करना शुरू किया—और अपनी क्षमता से बाहर की चीज़ों को करने की ललक की अपनी प्रवृत्ति पर सवाल उठाने शुरू किए। अंत में, मैं अगर अपने जीवन में पहली बार एक ऐसे आदमी की ओर आकर्षित हुई थी जिसे दूसरों की भावनाओं और सोच की क़तई कोई जानकारी नहीं थी, तो शायद मैं परानुभूति की 'स्त्रियोचित' रुग्णता का शिकार थी—जिसमें ख़ुद से ज़्यादा दूसरों के एहसासों की जानकारी होती है। यह एक महत्त्वपूर्ण संकेत था कि मुझे समाधान के लिए बाहर की बजाय भीतर देखना चाहिए—यह पुस्तक इसी बदलाव की कड़ी है।

और शायद सबसे बढ़ कर, मैं एक शक्तिशाली आदमी के प्यार में थी, मुझे यह बात समझनी ही थी कि मैं उस शक्ति के शोक में थी जिसकी चाहना तो स्त्रियों में होती है मगर जो उनके पास होती नहीं।

मेरा आशय इसका अच्छा अंत करना नहीं है। रोमांस के साथ ऐसा नहीं होता। मैंने ख़ुद को धोखा देकर उसे धोखा दिया था और मैं अभी भी समझने की कोशिश कर रही हूँ कि इस से मैंने क्या सीखा। मगर मुझे इतना मालूम है कि मैंने नाटकीय ढंग से अपने से बिलकुल विपरीत व्यक्ति को अपनी कमियों की भरपाई के तौर पर चुना था। इसी धुन में मैं अपनी असलियत छुपा रही थी, और वह भी शायद यही कर रहा था।

ज़ाहिर है, अपूर्णता के एहसास की स्थिति में रोमांस किसी भी उम्र और किसी भी अवस्था में जीवन में आ धमक सकता है—और जैसा कि मेरा अनुभव है, यह पर्याप्त ज्ञान के बावजूद घटित हो सकता है। जब हम दूसरों की इच्छा के अनुरूप ख़ुद को ढालने लग जाते हैं तो ख़ुद के साथ-साथ उसे भी चोट पहुँचाते हैं। लेकिन, इस जुनून से बाहर आने की आशंका किसी व्यसन को छोड़ने से उपजने वाली चिंता जैसी होती है : उस उत्तेजना का 'प्रवाह' कहाँ से आएगा? हमारा क्या होगा?

मेरे ख़याल में सच तो यह है कि आत्म-ज्ञान रोमांस के मुक़ाबले कहीं ज़्यादा उत्तेजक और स्वास्थ्यजनक होता है, और कहीं न कहीं हमें इसका भान होता है। आत्म-

अन्वेषण के आनंद की कल्पना कीजिए : कोई सवाल हल करना, कोई बुककेस बनाना, कोई नया डांस-स्टेप खोज निकालना, किसी खेल में ख़ुद को डुबो देना, दोस्तों के लिए खाना पकाना, कोई कविता लिखना—इन सब में हम पहले अपने भीतर उतरते हैं और फिर इसे वास्तविकता में ढालते हैं। जहाँ तक 'हमारा क्या होगा' का सवाल है, तो इसका उत्तर है कि : हमें नहीं मालूम; हम इतिहास की कगार पर हैं। मगर हमें अच्छी तरह मालूम है कि तरक़्क़ी अज्ञात का आमंत्रण स्वीकारने से सुनिश्चित होती है।

डोना जेन्सेन, जो मेरी मित्र और अंतर्संबंधों की विशेषज्ञ हैं—ने जोड़ों, परिवारों और संगठनों की पूर्व ज़्यादतियों और सुनहरे भविष्य की यह सूची मुझे दी :

'पुरुष' चरम
संपूर्णता
'स्त्री' चरम
दबंग
सर्जनात्मक
पीड़ित
क्रोधित
निश्चिंत
निराश
हुक्म चलाता है
निमंत्रित करता है
याचना और साजिश करता है
सर्वज्ञानी
उत्सुक
अज्ञानी
दम्भी
चौकस
अंतर्मुखी, सुस्त
स्वयं की भावनाओं से अनजान
भावनाओं से आत्मज्ञान प्राप्त करने वाला
अत्यंत भावुक
कमज़ोरी नहीं दिखाने के प्रति आग्रही
उदार
शक्ति-प्रदर्शन के प्रति संकोची
अपनी ग़लतियों का दोष दूसरों पर मढ़ने वाला

बहानेबाज या बात का बतंगड़ बनाने वाला
श्रेष्ठता ग्रंथि का शिकार
बराबरी अनुभव करने वाला
हीनता-ग्रंथि का शिकार

जब पसंद इतनी स्पष्ट हो तो कौन पूर्ण स्व के लिए हाँ नहीं करेगा?

व्यक्तिगत रूप से यह अनुभव करने के लिए कि आपको वहाँ तक पहुँचने के लिए क्या करना चाहिए, यह अभ्यास कीजिए :

अपने आदर्श प्रेमी में आप क्या-क्या चाहती हैं उसे अपनी मर्ज़ी के क्रम से लिखिए।

इस प्रकार आपने अपने शेष भाग का वर्णन कर दिया।

2. प्रेम को सीखना

> "मेरी शादी के दस साल हो गए...मैं और मेरे पति एक-दूसरे की ज़िंदगी हैं...एक- दूसरे से बातें करना हमारे लिए ख़ुदकलाम होने जैसा ही है।"
>
> —जेन आयर

शैर्लोट ब्रोंटे एमिली के इतने क़रीब थी कि 'वुदरिंग हाइट्स' की कटु आलोचना के कारण वह अपने कुछ माह पूर्व प्रकाशित उपन्यास 'जेन आयर' की प्रशंसा का आनंद नहीं ले पा रही थी। एमिली तो इतनी अंतर्मुखी थी कि उसकी बातचीत लगभग सिर्फ़ शैर्लोट से ही होती थी। लेकिन हाँ, आपस में वे ख़ूब बतियाती थीं। रात के खाने के बाद पार्लर टेबल के पास 'बेचैन जंगली जंतुओं' की तरह चहलकदमी करते हुए वे दोनों अपने लेखन की परियोजनाओं और उपन्यास के अपने क्रांतिकारी सिद्धांतों के बारे में बातें करती थीं। कवि होने के नाते उन्हें लगता था कि उपन्यास को घटनाओं के यथार्थपरक चित्रण (जैसा जेन ऑस्टेन के बारे में शैर्लोट ने एक बार कहा था कि 'वे सच से भी अधिक यथार्थपरक हैं') के प्रचलित ढाँचे से आगे जाना चाहिए, और भाषा की काव्यात्मक क्षमता और मनोवैज्ञानिक उद्‌घाटन के लिए उपन्यास में जगह होनी चाहिए। इन दोनों बेहद प्रतिभाशाली और जवान बहनों के बीच हुई इन दीर्घ रात्रिकालीन वार्ताओं ने, आलोचक क्यू.डी. लेविस के शब्दों में,

"उन्नीसवीं शताब्दी में उपन्यास को एक प्रमुख कला विधा के रूप में स्थापित करने का काम किया।"[18]

लेकिन इन दोनों बहनों के बीच समानता यहीं समाप्त हो जाती है। एक माता-पिता की संतान होने, एक समान महत्त्वाकांक्षाएँ होने और एक-दूसरे से बेतरह प्रभावित होने के बावजूद इन दोनों स्त्रियों का आन्तरिक व्यक्तित्व बिलकुल जुदा था—और उसी के बूते उन्होंने ऐसे अनोखे किरदार और प्रेम तथा सत्ता-संबंधी ऐसे विचार गढ़े

कि उनसे हम आज भी तादात्म्य अनुभव करते हैं। एमिली के किरदारों के उलट शैर्लोट के चरित्र दूसरों के माध्यम से रूमानी पूर्णता की तलाश नहीं करते; और एमिली के एकमात्र उपन्यास के विपरीत शैर्लोट के उपन्यास इस संकेत के साथ ख़त्म नहीं होते कि प्रेम दूरस्थ भविष्य का विषय है। 'जेन आयर' और दूसरे अन्य उपन्यासों में शैर्लोट ने स्व की पूर्णता को अपना लक्ष्य बनाया, जिसके अनुसार तनावों के बीच मुक्त व्यक्तित्व को अक्षुण्ण रखने का संघर्ष और स्वयं को प्यार करना ही दूसरों को प्यार करने का एकमात्र तरीक़ा है। एड्रियन रिच के अनुसार, ''शैर्लोट ब्रोंटे की नायिकाओं की एक प्रभावशाली बात, वह बात जो उन्हें पाठिकाओं के लिए अन्ना कैरेनीना, एमा बोवरी, और कैथरीन अर्नशॉ से ज़्यादा मूल्यवान बनाती है, उनका रोमांटिक होने से अडिग इनकार है।''[19]

निश्चय ही, यह बात उन्हें हैरतअंगेज लगेगी जिन्होंने 'जेन आयर' का रूमानी हॉलीवुड संस्करण देखा होगा। इसमें उपन्यास के केंद्रीय एपिसोड को छोड़कर बाक़ी सब कुछ निकाल दिया गया है—और उस से भी छेड़-छाड़ की गई है। फ़िल्म में सिर्फ़ मूल प्लॉट-भर है जिसमें एक आया अपने अमीर मालिक के प्रेम में पड़ जाती है, उसे पता चलता है कि उसने अपनी विक्षिप्त पत्नी को दूसरे तल्ले पर छुपाकर रखा हुआ है, वह भाग जाती है क्योंकि क़ानूनी रूप से विवाह संभव नहीं है, और जब उसकी पत्नी सुविधाजनक ढंग से एक आग लगने की घटना में मर जाती है, जिसमें वह आदमी भी अन्धा हो जाता है, तो वह लौट आती है और इस प्रकार अपना शेष जीवन निःस्वार्थ भाव से उसकी देख-भाल करते हुए बिताती है। लेकिन यदि शैर्लोट ब्रोंटे का यह संदेश होता तो इतिहास में उसकी जगह मात्र एक और गोथिक लेखक के रूप में हुई होती—जिसका वही घिसा-पिटा थीम था जिसमें एक जवान ग़रीब लड़की अमीर वृद्ध की मुहताज सिर्फ़ अपनी यौनेच्छा और ग़रीबी के चलते हो जाती है। गोथिक रोमांस अनेक महिलाओं को वही सुख देते हैं जो अनेक पुरुषों को क्रीड़ा और युद्ध की कहानियों में मिलता है—यानी शक्ति की एक फैंटेसी।

हालाँकि, असली उपन्यास में कहानी के एक चौथाई भाग तक जेन की मुलाक़ात मिस्टर रोचेस्टर से नहीं होती है। तब तक, पाठक एक सु-केंद्रित नायिका के साफ़ नज़रिए से दुनिया देखने का अभ्यस्त हो चुका होता है। जेन आयर कैशोर्य से परिपक्वता तक की एक नायक की आदर्श यात्रा की पहली महिला संस्करण है—और वह आश्चर्यजनक रूप से आधुनिक है। हम पहली बार उससे एक 10 वर्षीय अनाथ लड़की के रूप में मिलते हैं जो अपनी धनी चाची के रहमो-करम पर निर्भर है और जिसके चचेरे भाई-बहन उसका उपहास करते हैं। और फिर वह उस चैरिटी स्कूल से पढ़ कर बाहर निकलती है जहाँ ग़रीब युवतियों को अमीर लोगों की आया बनने की शिक्षा दी जाती है। इन सबके दौरान जेन एक ऐसी असाधारण लड़की के रूप में सामने आती है जिसके अंदर समाज के चंगुल से बच निकलने का माद्दा है। संभवत: अनाथ होने

के कारण जेन दूसरों की अपेक्षाओं के प्रति कठोर हो सकी या शायद उसकी कठिन परिस्थितियों ने उसे ब्रोंटे बहनों की तरह ही गैरपारंपरिक बना डाला। जो भी हो, शुरुआत से ही उसके अंदर बाग़ी तेवरों की झलक मिलती है।

मसलन जब जेन एक अकेली छोटी लड़की के रूप में अपनी चाची के घर आती है तो उसे सब कुछ सहने और गरिमापूर्ण व्यवहार करने की सलाह दी जाती है, लेकिन उस बच्चे के अंदर की ईमानदारी उसके आड़े आती है। जब उसका 'नन्हा मालिक' किशोर चचेरा भाई, उसकी ओर ऐसी निगाह डालता है मानो वह एक नौकरानी हो और जिसका पुस्तकालय में जाने का कोई हक़ नहीं बनता, तो वह उसे तमाम तरह के काल्पनिक नाम देती है। जब उसे सज़ा देने के लिए उसकी चाची उसे कमरे में बंद कर देती है तो वह इस अन्याय से ही बीमार पड़ जाती है। एक नौकर के मातृवत स्नेह से ताक़त पाकर वह अपनी क्रूर चाची का मुक़ाबला करती है और कहती है : "मुझे ख़ुशी है कि तुमसे मेरा कोई रिश्ता नहीं है। मैं जब तक जिंदा हूँ कभी भी तुम्हें चाची नहीं कहूँगी। मैं बड़ी होकर तुमसे कभी मिलने नहीं आऊँगी; और अगर कोई मुझसे पूछेगा कि तुमने मेरे साथ कैसा बर्ताव किया तो मैं कहूँगी कि तुम्हारे ख़याल तक से मुझे चिढ़ है और तुमने मेरे साथ ओछी क्रूरता भरा व्यवहार किया।"

वह न सिर्फ़ अपना क्रोध व्यक्त करती है बल्कि उसे इसका कोई पछतावा भी नहीं है : "अपना जवाब पूरा करने से पहले ही मेरी आत्मा ने मुक्ति और विजय का एहसास करना शुरू कर दिया। ऐसा लगा मानो एक अदृश्य बंधन टूट गया हो और मैं आज़ाद हो गई हूँ।" इसमें कोई अचरज की बात नहीं कि क्रोध की भाषा को बर्दाश्त करने का पाठ पढ़ाई गई स्त्रियों ने इस नायिका को गले से लगाया।

उसे झूठी सिद्ध कर स्पार्टन स्कूल भेज दिया जाता है जहाँ का हेडमास्टर 'इन लड़कियों को उनकी वासना के लिए शर्मसार' करना चाहता है। मगर वह अपनी प्रज्ञा का इस्तेमाल कर एक सहृदय शिक्षक और एक सहपाठी के साथ दोस्ती गाँठती है जो वहाँ उसके टिकने में सहायक होते हैं—यह स्कूल की पितृसत्ता के भीतर एक प्रकार की नारीवादी पृष्ठभूमि थी। बहरहाल, उसे मालूम था कि वे कोई सर्वोच्च प्राधिकारी नहीं हैं। सिर्फ़ दस वर्ष की उम्र में उसके अंदर इतना नैतिक बल है कि दूसरा गाल आगे कर देने के अपने वरिष्ठों की इसाई नैतिकता से वह असहमति व्यक्त करती है। वह कहती है, "मुझे सज़ा का प्रतिकार करना ही चाहिए।" वह साफ़ करती है, "यह स्वाभाविक है कि जो मेरे प्रति स्नेह रखेंगे उन्हें मैं प्यार करूँगी और जो सजा के लायक़ होंगे उन्हें सजा भी दूँगी।" वस्तुतः ख़ुद को यथार्थपरक ढंग से देख सकने की क्षमता के कारण वह कहानी की 'मैं' भी हो पाती है। जबकि हीथक्लिफ और कैथरीन को नैरेटर के रूप में देख सकना लगभग असंभव है। 18 वर्ष की उम्र में शिक्षा प्राप्त करने और अनेक संकट झेलने के बाद जेन कहती है :

"मैं मुक्ति—बदलाव, प्रोत्साहन—कम से कम नई तरह की पराधीनता चाहती थी!" इसी साहस की भावना के साथ वह आया के लिए विज्ञापन देती है और एक बुद्धिमान फ्रेंच लड़की, जो बदनाम मिस्टर रोचेस्टर की बेटी है, की शिक्षिका बन जाती है।

जैसा कि हम सब जानते हैं वह उनके प्यार में पड़ जाती है। एड्रियन रिच के अनुसार : "जवान और अनुभवहीन जेन, जो अनुभवों की भूखी है, स्त्री स्वभाव की नैसर्गिक लालसा का शिकार हो जाती है—रोमांटिक प्रेम और समर्पण की लालसा।"[20] मगर तमाम प्रतिकूल परिस्थितियों के बावजूद जेन अपनी इच्छित ख़ूबियाँ उस आदमी में नहीं ढूँढ़ती : एक घोर विक्टोरियन इंग्लैंड में वह अपनी प्रवृत्तियों के दमन से इनकार करती है। बल्कि, शाम की लंबी वार्ताओं में वह उस आदमी को समझने का प्रयास करती है और उम्र में 20 वर्ष का अंतर होने के बावजूद वे बौद्धिक समानता के धरातल पर हर विषय पर बातें करते हैं, प्राकृतिक दृश्यों की उसकी पेंटिंग से लेकर उस स्त्री से उनके प्रेम संबंध तक जो उनकी छात्रा की माँ थी। उनका प्रथम प्रेम-दृश्य जेन द्वारा रोचेस्टर की जान बचाने के बाद घटित होता है न कि इसके उलट। वह उन्हें धुएँ की घुटन से उत्पन्न नींद से जगाती है (जल्द ही पाठक जान जाते हैं कि यह आग उनकी विक्षिप्त पत्नी द्वारा भागने के प्रयास के कारण लगी है)। इसके बाद वे स्वीकार करते हैं कि उसे देखते ही उन्हें लग गया था कि "तुम मेरे बहुत काम आओगी...मेरे हृदय की प्रसन्नता का कारण बनोगी।"

लेकिन जैसा कि हमें पता है, उनकी स्वयं की अपनी ज़रूरतों पर यह रोमांटिक फोकस कोई अच्छे संकेत नहीं देता। बाद में वे कई तरह के छल करते हैं : जेन के अंदर ईर्ष्या का भाव जगाने के लिए दूसरी स्त्री में अपनी रुचि के बारे में झूठ बोलना; कपड़ों और आभूषणों से उसे भरमाना; और धोखे से उससे रोमांटिक भावनाएँ उगलवा लेना। वे अपनी योजनाओं में सफल होते हैं और जेन के शब्दों में, "मेरी दुनिया, दुनिया से भी ज़्यादा; मानो स्वर्ग की मेरी उम्मीद" बन जाते हैं। लेकिन धीरे-धीरे उसे और पाठकों को भी लगने लगता है कि इस रोमांस का भविष्य अंधकारमय है। हालाँकि इनकी पहली पत्नी के बारे में जेन को शादी वाले दिन ही पता चलता है, मगर वह सिर्फ़ शराफ़त के कारण, उनके साथ फ्रांस भागकर वहाँ बस जाने का प्रस्ताव नहीं ठुकराती। जब तक वे उसे छुपा कर रखी गई अपनी विक्षिप्त पत्नी, एक अमीर वेस्ट इंडियन, जिससे उन्होंने उसके पैसे और अपनी वासनापूर्ति के लिए शादी की थी, के बारे में बताते, तब तक जेन की समझ में यह बात साफ़ आ चुकी होती है कि यह सारा उपक्रम उसकी सहानुभूति बटोरने के लिए है, शीघ्र आकर्षण और घृणा में परिणति के इस चक्र ने अन्य औरतों की ज़िंदगियाँ तबाह की हैं और उसकी भी कर सकता है।[21]

एक विक्षिप्त पत्नी से क़ानूनी रूप से बँधे रहते हुए यूरोप के अपने दुखद दिनों

के बारे में रोचेस्टर ने एक बार कहा था कि "आया रखना दास ख़रीदने के बाद दूसरा सबसे ख़राब काम है, दोनों प्रायः स्वभाव में और हमेशा ओहदे में ओछे होते हैं : और ओछे लोगों के साथ पारिवारिक रूप से रहना घटिया काम है। अब मैं सेलिन, जेसिन्टा और क्लारा के साथ बिताए दिनों को नफ़रत से याद करता हूँ।" जेन सोचती है कि अगर मैं ख़ुद को भूल कर इतनी आगे बढ़ जाऊँ कि इन्हीं बेचारी लड़कियों की श्रेणी में आ जाऊँ और एक दिन मुझे भी यह उसी हेय दृष्टि से देखने लगेगा जैसे उन लड़कियों को देखता है।" अपनी नाजायज पुत्री को भी वह 'एक नर्तकी की अवैध संतान' कहता है। जेन को समझ आता है कि रोमांस के चक्कर में उसकी भी हालत अंततः विक्षिप्त क़ैदी औरत की तरह हो जा सकती है।

अतः, हालाँकि इसके लिए उसे गहरी पीड़ा से गुज़रना पड़ता है, मगर वह इस ताक़तवर इनसान के चंगुल से भाग निकलती है—अपनी इज़्ज़त की रक्षा करनेवाली किसी गोथिक नायिका की तरह नहीं, बल्कि अपना स्व बचाने वाली एक असली स्त्री की तरह। उसके पास इतना ही पैसा था कि वह कहीं के लिए कोई गाड़ी पकड़ सके और फिर वह एक अनजान गाँव में पहुँचती है जहाँ ठंडी बरसात में भटकने से वह बीमार पड़ जाती है। स्वस्थ होने के बाद जब वह किसानों के बच्चों को पढ़ाना शुरू करती है तो उसे कभी-कभार रोचेस्टर के सपने आते हैं—मगर वापस लौटने का उसका कोई इरादा नहीं है। वह साफ़ कहती है कि "एक पल भ्रामक आनंद में डूबने और दूसरे ही पल पश्चात्ताप और शर्मिंदगी के खारे आँसुओं में नहाने से एक गाँव के स्कूल की स्वतंत्र और ईमानदार शिक्षिका होना कहीं बेहतर है।"

उसके लिए एक और प्रलोभन है : एक सिद्धांत-प्रेमी पति के उसूलों के लिए अपनी ज़िंदगी क़ुर्बान करना। जब युवा पादरी उससे शादी करके भारत चलने के लिए कहता है तो उसे उसके उस रूखेपन और अहं का एहसास होता है जिसके चलते वह अपने धर्मप्रचार के काम से उसे कमतर समझता है। वह कहती है, "अगर मैंने तुमसे शादी की तो तुम मुझे मार डालोगे। तुम अभी भी मुझे मार ही रहे हो।" उसे धक्का लगता है और वह उसे 'स्त्री-स्वभाव के विपरीत' बताता है। क्या एक स्त्री को अपने पति के अच्छे कामों के लिए अपना उत्सर्ग नहीं करना चाहिए ? यह उन अनेक सवालों में एक है जिसके लिए प्रेम और रोमांस का उत्तर अलग-अलग होगा।

मगर जेन इस पादरी और उसकी दो बहनों, जिन्होंने उसकी जान बचाई थी, के प्रति कृतज्ञता दिखाती है। जब एक चाचा की मौत के बाद उसे थोड़े पैसे वसीयत में मिलते हैं तो वह इसे उनके साथ बाँटने पर ज़ोर देती है। वह आत्मनिर्भर होने के लिए भी पर्याप्त पैसा रखती है और छात्रों के लिए सब कुछ त्यागने से इनकार कर देती है। वह कहती है, "मैं अपने जीवन का आनंद उठाना चाहती हूँ और दूसरों की भी इसमें मदद करना चाहती हूँ।" इस तरह उसके पास काम है, प्यार करनेवाले लोग हैं, और—एक स्त्री के लिए असाधारण चीज़—वित्तीय आत्मनिर्भरता है। जब एक आध्यात्मिक

क्षण में उसे दूर एडवर्ड रोचेस्टर की आवाज़ सुनाई देती है तो वह उसे सुनने के लिए तैयार नज़र आती है।

'मिस्टर इन द कलर पर्पल' के अलावा उसे ऐसा कोई पुरुष चरित्र नज़र नहीं आता जिसमें एक उपन्यास में परिस्थितियों के कारण इतना बदलाव आया हो। उसकी पत्नी की लगाई आग से पैदा हुई उसकी दृष्टिहीनता और घाव तो एक झलक मात्र हैं। अब उसके भीतर अपने नियंत्रण से बाहर की चीज़ों के लिए नई स्वीकार्यता है। जो खो गया उसके लिए क्रोधित होने की बजाय जो बचा है वह उसका महत्त्व स्वीकार करता है, मानो अंधत्व ने उसकी सोच को अंतर्मुखी बनाकर उसे पहली बार स्वयं को देखने का मौक़ा मुहैया कराया हो। जहाँ तक जेन का सवाल है तो वह उससे कहती है, ''मैं अब तुम्हें बेहतर प्यार करती हूँ, जबकि मैं तुम्हारे लिए उपयोगी हूँ—बजाय तब के जब तुम दाता और रक्षक होने के सिवा कुछ सोच ही नहीं सकते थे।''

उनके साहचर्य की एन्द्रिकता और संवेदनाएँ मर्मस्पर्शी हैं। उनकी लंबी वार्ताएँ पहले की तरह रोचक हैं मगर उनमें बौद्धिक टकराव नहीं है। उनकी सनक और सहृदयता का मेल गोथिक असंतुलन से बिलकुल जुदा है; क्योंकि वे दो अनूठे लोग हैं जो एक-दूसरे को प्यार करते हैं। जब एक बच्चे के जन्म और शादी के दस वर्ष बाद उपन्यास के अंत में जेन कहती है कि ''हमारे साथ में एकांत की स्वतंत्रता और साहचर्य का आनंद दोनों हैं,'' तो हम सहज ही उस पर यक़ीन कर लेते हैं।

प्यार का सामान्यीकरण आसान नहीं है। जैसे हर उस व्यक्ति को, जिसे इसके अदृश्य तंतु दूसरे व्यक्ति तक पहुँचते अनुभव होते हैं, प्रत्येक मामले में यह भिन्न होता है। रोमांस के विपरीत, जिसके कथानक बिलकुल एक समान होते हैं, जैसे—'अगर मैं नहीं तो कोई नहीं', 'संक्रांतिक प्रेम प्रसंग', 'मध्यवय दीवाना', 'युद्धकालीन रोमांस', इत्यादि—प्यार की कोई आदर्श कथावस्तु नहीं होती और न ही व्यक्ति को झटकों से बचाने और ख़ुशी को गहरा करने के सिवा इसका कोई एजेंडा होता है। जैसा कि रोबिन मॉर्गन 'एनाटॉमी ऑफ़ फ्रीडम' में कहते हैं, ''घृणा सामान्यीकरण करती है जबकि प्रेम विशिष्टीकरण करता है।''[22] और रोमांस भी सामान्यीकरण करता है। जब हम अपने अधूरे भाग को दूसरों में ढूँढ़ते हैं तो उनकी ख़ासियत की अनदेखी करते हैं। चूँकि लैंगिक रूप से हम में से अधिकांश लोग वंचना के शिकार हैं, हम 'विपरीत लिंग' (या कोई अन्य समूह जिसके बारे में हम नहीं जानते) के बारे में सामान्यीकरण करते हैं, और इस तरह इसे एक कोरे काग़ज़ में तब्दील कर देते हैं जिस पर हम अपनी आशाएँ (रोमांस में) या भय (घृणा में) उतरते हुए देखते हैं। ज़ाहिर है, रोमांस आसानी से नफ़रत में तब्दील हो जाता है और इसका उलटा भी उतनी ही आसानी से होता है।

लेकिन प्रेम की ख़ूबियाँ समलिंगी स्त्री-पुरुष जोड़ों पर भी, जो हमारे वक़्त में उसी तरह प्रेम के अगुआ हो सकते हैं जैसे शैर्लोट ब्रोंटे के साहसी प्रेमी उन्नीसवीं सदी

में थे, उतनी ही लागू होती हैं। अनुभव के आधार पर लोगों का कहना है कि वे उच्च आत्मसम्मान के लक्षणों के सदृश होती हैं।

प्रत्येक साथी अपने असली व्यक्तित्व के लिए प्रेम किया जा रहा अनुभव करता है। जेन आयर को अपनी आत्मनिर्भरता जोख़िम में तलाशनी पड़ी, और रोचेस्टर को अपने निर्भर हिस्से का पता त्रासदी के ज़रिये लगा। दूसरी ओर रोमांस का अर्थ है स्वामित्व और बदलाव, और इसी प्रकार लोग इसकी चर्चा करते हैं। कोई आदमी अगर एक मज़बूत और आत्मनिर्भर औरत के प्रेम में पड़ता है और उसके बाद उसे क़ाबू में करने की कोशिश करता है तो वह प्रेम नहीं विजय हासिल कर रहा है; 'द टेमिंग ऑफ़ द श्रयू' के बाद से ही यह एक सामान्य रोमांटिक कथानक है। जो स्त्री, "मैं कैसे उसे बदल सकती हूँ?" के सवाल में उलझी रहती है उसका ध्यान अपने जीवन में नहीं है बल्कि उसे नियंत्रित करने पर है; यह भी एक सामान्य कथानक है।

हर कोई जानता है कि वह एक-दूजे के बग़ैर रह सकता/रह सकती है—मगर वे ऐसा चाहते नहीं। चयन की स्वतंत्रता प्रेम के लिए अनिवार्य है। हम किसी से तब तक हाँ नहीं कह सकते जब तक उसे ना कहने की स्थिति में भी न हों। कैथरीन और हीथक्लिफ ये दोनों काम नहीं कर सकते थे। जेन रोचेस्टर के साथ तभी रह सकी जब उसे पता चल गया कि वह अपने बूते जी सकती है। ऐसी अंतरंगता जिससे चाह कर भी नहीं निकला जा सकता, अंततः विषाद का कारण बनती है : जिसे कामू ने "एक आत्म-उन्मत्तता—एक सीलबंद घड़े में लंबी नपुंसकता का गंदा रिसाव" कहा था।[23] इसीलिए जैसा क्लेयर बूथ लूस ने एक बार कहा था, "लैंगिक बराबरी के बाद दुनिया में बहुत सारा प्रेम होगा।"[24] खिलंदड़पन, हलके-फुलके क्षणों और हास्य के लिए पर्याप्त गुंजाइश है। जब दो वास्तविकताएँ अंतरंगता में एक-दूसरे से टकराती हैं तो रोमांस विरोधाभासों को क्रोध और मोहभंग के साथ देखता है, मगर प्रेम उन्हें विनोदपूर्ण ढंग से स्वीकृति देता है। रोमांस अनुदार होता है क्योंकि यह नियंत्रण और पूर्वानुमान चाहता है, जबकि प्रेम उदार होता है और सामंजस्य बिठाने को तैयार होता है। शायद इसीलिए "मैंने उससे इसलिए शादी की कि उसने मुझे हँसाया था", "हम ख़ूब हँसते हैं" और "अपने दिन के बारे में उसके साथ हँसने-बोलने से मेरा दिन और सुहाना हो जाता है", जैसे जुमले अक्सर सुनाई पड़ते हैं जब लोग प्यार को परिभाषित करने की कोशिश कर रहे होते हैं। कोई अचरज नहीं कि 'जेन आयर' में हास्य-प्रसंग हैं, लेकिन 'वुदरिंग हाइट्स' में नहीं।

प्रत्येक साथी दूसरे के लिए परानुभूति अनुभव करता है। सिर्फ़ स्वयं पर ध्यान केंद्रित करने के 'पुरुषोचित' चरम (जैसे हीथक्लिफ बदला चुकाने के लिए कैथरीन की रिश्ते की बहन से शादी करता है) और सिर्फ़ दूसरों के बारे में सोचने के 'स्त्रियोचित' चरम (जैसे कैथरीन हीथक्लिफ और अपने पति के बीच किंकर्तव्यविमूढ़ हो गई थी) के बीच परानुभूति और संतुलन का मध्यबिंदु है। प्रत्येक साथी मज़बूती से अपने

आंतरिक केंद्र पर खड़ा होकर भी दूसरे की निगाहों से देख सकता है। शैर्लोट ब्रोंटे बिलकुल इसी छवि को गढ़ती है जब दृष्टिहीन रोचेस्टर जेन की आँखों से देखना शुरू करता है। उसे उसके लिए पढ़ना, गाँवों का वर्णन करना, मौसम के बारे में बताना अच्छा लगता है और वह, जिसे नौकरों तक की मदद लेना मंजूर नहीं था, इस बात को बख़ुशी स्वीकार करता है क्योंकि उसे इसमें जेन की ख़ुशी का एहसास है। चूँकि हम एक ऐसी स्थिति की भी कल्पना कर सकते हैं कि यदि हालात उलट जाएँ तो रोचेस्टर को भी जेन की 'आँखें' बनने में उतना ही अच्छा लगेगा—यह सभी प्रकार के रोमांस से एक बहुत बड़ा बदलाव है क्योंकि उनमें 'लैंगिक' भूमिकाओं की अदला-बदली मुमकिन नहीं है—हम जानते हैं कि जेन किसी दूसरी सामान्य स्त्री की तरह सिर्फ़ सेवा-सुश्रूषा में नहीं लगी है। जैसा सीमोन द बोउआ ने लिखा है, "असली प्रेम को दो मुक्तियों की पारस्परिक स्वीकृति पर आधारित होना चाहिए; इस प्रकार वे स्वयं के रूप में और अपने प्रेमी के रूप में भी अनुभव कर सकेंगे।"[25]

प्रेम सिर्फ़ शक्ति की बात नहीं है। रोमांस स्व की पूर्णता का साधन है, मगर प्रेम अपने आप में एक साध्य है। मार्ग्रेट एंडरसन के शब्दों में, "असली प्यार में, आप दूसरे व्यक्ति का भला चाहते हैं। रोमांटिक प्रेम में आप दूसरे व्यक्ति को ही चाहते हैं।"[26] यदि हम किसी को प्यार करते हैं तो उसके व्यक्तित्व को अक्षुण्ण देखना चाहते हैं। यदि ऐसा होता है तो हम उन पर कब्ज़ा या उन्हें आत्मसात नहीं कर सकते या उन्हें बदल नहीं सकते। हम सिर्फ़ उन्हें उनके जैसा होने में मदद कर सकते हैं। उदाहरण के लिए हम प्रेम में किसी से झगड़ते इसलिए हैं कि हम उन्हें अपनी बात समझाना चाहते हैं न कि जीतना। निबंधकार और जीवनीकार फिलीस रोज़ के शब्दों में, "शायद प्यार यही है, शक्ति के संदर्भों में किसी अन्य व्यक्ति के बारे में सोचने से क्षणिक या स्थायी इनकार।"[27]

निस्संदेह हर चीज़ एक यात्रा है और कुछ भी मंज़िल नहीं है। लेकिन यह बात सच लगती है कि माँ-बाप के प्यार की छाँव से बाहर आने के बाद, थोड़ा-सा आत्मसम्मान दूसरों के प्रेम का अनुभव कर सकने के लिए ज़रूरी है।

जैसा वकील लोग कहते हैं, एक काल्पनिक स्थिति पर विचार कीजिए : मान लीजिए कि परिपूर्ण प्रेमी अचानक उपस्थित हो जाता है। आत्मसम्मान की मूलभूत भावना के बग़ैर यह परिपूर्णता अर्थहीन हो जाएगी : क्या होगा यदि वह मेरे बाह्य आवरण के पीछे के मेरे असली व्यक्तित्व को देख सकने में सफल हो जाता है? ईर्ष्या बीच में आ जाएगी : मुझसे कोई 'बेहतर' ज़रूर आ जाएगा। अधिकारबोध भी आड़े आएगा : यदि यह व्यक्ति मुझे नहीं मिल सका तो मैं अपने एकमात्र प्रेमी को खो दूँगा। यदि आत्मसम्मान बहुत ही कम हो तो हम इन चरणों से कहीं आगे जाकर अपने प्रेमी का अवमूल्यन करना शुरू कर देते हैं : यदि वह मुझसे प्रेम करता है तो उसके साथ ज़रूर कुछ न कुछ गड़बड़ है। यदि वह मेरे साथ हमबिस्तर हुई है तो वह किसी के भी साथ

हमबिस्तर हो सकती है। ग्राउचो मार्क्स का अमर कथन है, "मैं उस किसी भी क्लब का हिस्सा नहीं बन सकता जो मुझे सदस्य के रूप में स्वीकार करता हो।" ये सारी बातें सामान्य प्रज्ञा की लगती हैं—मगर दुर्भाग्यवश उतनी सामान्य हैं नहीं। कई सारे लोग सही व्यक्ति बनने की जगह सही व्यक्ति की तलाश में रहते हैं। जेन आयर की विशेषता इस तथ्य को दर्शाने में है कि प्रेमी का ग़लत या सही कुछ हद तक इस बात पर निर्भर करता है कि उसके अंदर जो ख़ासियत और अच्छाई है उसे हम कहाँ तक स्वीकारने को तैयार हैं। हम स्वयं के प्रति अपनी सोच के आधार पर ग़लत को सही और सही को ग़लत में बदल सकते हैं। लेकिन हमारी दुनिया शैर्लोट ब्रोंटे की दुनिया की तरह ही यह सुनने के लिए क़तई तैयार नहीं है।

इसलिए हम रोमांस, उस जादुई 'दूसरे' के फेर में पड़े रहते हैं। बहरहाल, अपने अंदर झाँके बिना कोई औरत क्रोधी पुरुषों का चयन करती रह सकती है क्योंकि वे उस क्रोध को अभिव्यक्त करते हैं जो उसके अंदर दब गया है। या कोई पुरुष ऐसी स्त्रियों से विवाह किए जा सकता है जिन्हें वह आया के लायक़ भी नहीं समझता क्योंकि वह औरतों के साथ बराबरी की कल्पना नहीं कर सकता (आयाओं के बारे में रोचेस्टर के भाषण में व्यक्त अकेलेपन के विचारों को याद कीजिए)। मगर यदि हमारा लालन-पालन भाग्य से आदर्श माहौल में हुआ हो तब भी क्रोध व्यक्त करनेवाली महिलाएँ दंडित की जाती हैं और यही हश्र औरतों के साथ मिलने-जुलने वाले मर्दों का भी होता है। हमें इस बात को मानना होगा कि स्व की पूर्णता के लिए प्रयास करने का अर्थ वर्तमान संस्कृति के विरुद्ध होना और इसे बदलने की क़वायद करना है। लेकिन संघर्ष जितना बड़ा होगा उसके नतीजे उतने ही अच्छे होंगे।

हमारी लैंगिक भूमिका के तमाम समाजीकरणों के बावजूद, वैसी स्त्रियाँ जिनमें अपने लिंग के स्वाभाविक गुणों के अलावा कुछ पुरुषोचित गुण भी पाए जाते हैं—उनके भीतर पूरी तरह से स्त्रैण औरतों के मुक़ाबले बेहतर आत्मसम्मान होता है। शायद इसमें ज़्यादा हैरानी की बात नहीं है क्योंकि 'पुरुषोचित' गुणों (जैसे आत्मनिर्भरता और स्वतंत्रता) की 'स्त्रियोचित' गुणों (जैसे अंतरनिर्भरता और जुड़ाव) की अपेक्षा पुरुषप्रधान समाज में ज़्यादा अहमियत होती है। लेकिन इसके उलट भी सही है। थोड़े स्त्रैण गुणों वाले मर्दों में कट्टर पुरुषों की तुलना में अधिक आत्मसम्मान पाया जाता है। ऐसा इस तथ्य के बावजूद है कि समाज इस प्रकार की व्यवहारात्मक परिस्थितियाँ निर्मित करता है जिनमें लिंगोचित गुणों का सम्मान किया जाता है और लैंगिक भूमिकाओं से इतर व्यवहार करनेवाले पुरुषों को ऐसा करनेवाली महिलाओं की तुलना में ज़्यादा सज़ा दी जाती है।[28] हालाँकि नक़ल चापलूसी का सबसे सटीक जरिया है—और पुरुषों के लिए स्त्रियों के गुण धारण करना कहीं ज़्यादा बदतर है—संपूर्णता का पलड़ा भारी रहता है।

रचनात्मकता संबंधी अध्ययनों में भी यही बात सामने आती है : रचनात्मक लोगों

में औसत से अधिक आत्मसम्मान और उभयलैंगिकता होती है। वास्तविकता के अपने दृष्टिकोण को सामने रखने के लिए आत्मविश्वास की ज़रूरत होती है। इसके अलावा, रचनात्मकता आंतरिक प्रेरणा पर निर्भर होती है न कि बाहरी पुरस्कारों पर; यह अपने असली व्यक्तित्व को व्यक्त करने की इच्छा से जनमती है।[29] यह हैरानी की बात नहीं है कि रचनात्मकता की हमारी सांस्कृतिक छवियाँ उभयलिंग की ओर उन्मुख होती हैं, चाहे वह द्विलिंगी देवता इरोस की रत्यात्मक उभयलैंगिकता हो या हिन्दू कामदेव या प्रेम और सर्जना के अन्य देवता, चाहे वह वर्जिनिया वुल्फ की बौद्धिक उभयलैंगिकता हो या ब्लूम्सबरी ग्रुप या चाहे वह स्कर्ट पहने पुजारियों की जन्म देने की सांकेतिक प्रक्रिया हो या लंबे बालों वाले पुरुष कलाकार हों।[30]

लेकिन अधिकांश स्त्रियों और पुरुषों के लिए लैंगिक भेद सुस्पष्ट होते हैं, और इनके सबसे ज़्यादा दर्दनाक नतीजे उनके आपसी रिश्तों में ही महसूस किए जाते हैं। जहाँ महिलाओं को एक तरफ़ प्रेम-परक संबंधों को बनाए रखने के लिए ज़रूरी गुणों को विकसित और अभिव्यक्त करने के लिए प्रोत्साहित किया जाता है, वहीं पुरुषों को हमेशा यह सिखाया जाता है कि उन्हें काम को तरजीह देनी चाहिए न कि अपनी ऊर्जा औरताना तरीक़े से रिश्तों के गुणा-भाग में खपानी चाहिए। आपको इसके नतीजे देखने के लिए महज़ किसी किताबों की दुकान तक जाना है। मैंने चार ऐसी किताबें उठाईं जो संवेदनशील पुरुष के लिए होने का दावा करती हैं, लेकिन किसी की भी विषय सूची में 'प्यार' या 'रोमांस' का नाम नहीं था। हालाँकि अब इस बात पर ज़ोर दिया जाने लगा है कि पुरुष भावनात्मक रूप से अपने पिताओं से जुड़े होते हैं, मगर इसके समानांतर पुरुषों के अपनी माँओं के साथ बौद्धिक जुड़ाव पर कहीं कोई ज़ोर नहीं दिया जाता। वहीं 'नई स्त्री' के लिए लिखी जा रही किताबों में मैंने कम-से-कम दर्जन-भर ऐसी किताबें देखीं जिनमें 'प्यार' या 'रोमांस' उनके शीर्षकों में ही मौजूद था; कई माँ-बेटी समस्यायों पर थीं; और अनेक में पिता-पुत्री रिश्तों पर अध्याय थे। 'ख़ूब प्यार करने वाले पुरुष' जैसी किताबें तो उपयोगी हैं—मगर 'क़तई प्यार न कर सकने वाले पुरुष' जैसी कोई चीज़ मौजूद क्यों नहीं है? जब तक पुरुष स्त्रियों की तरह प्यार, जुड़ाव और रिश्तों पर ध्यान केंद्रित करना शुरू नहीं करेंगे, ऐसे पारस्परिक क्षेत्रों में समस्याएँ बरक़रार रहेंगी।

यदि कोई दीर्घकालिक उपाय है तो वो है बच्चों का लालन-पालन। बच्चों की परवरिश करनेवाले पुरुषों में बदलाव अवश्य होता है। एक अध्ययन में पाया गया कि एकल पिताओं और नौकरीशुदा विवाहित स्त्रियों में, उनके समाजीकरण के अतीत के बावजूद, समान स्तर का 'स्त्रियोचित' गुण था। शैर्लोट ब्रोंटे के रूपांतरित रोचेस्टर का उपहास आलोचकों ने एक औरताना आदमी कहकर उड़ाया है, वह एक ऐसा आदमी है जो सांकेतिक तौर पर अंधत्व द्वारा बधिया कर दिए जाने के बाद ज़्यादा संवेदनशील और दूसरों के बारे में सोचने वाला बन गया है। मगर शायद वह एक भावी पुरुष की

तसवीर है जो किसी दुर्घटनावश नहीं बल्कि बच्चों की परवरिश से मिलने वाली ख़ुशी और दैनिक आवश्यकताओं से संपूर्णता प्राप्त करेगा। हालाँकि, रोचेस्टर शैर्लोट ब्रोंटे के युग का एक आदर्श भर था, लेकिन ऐसा संभव है कि, जेन ऑस्टिन के उपन्यासों के बारे में उसकी ख़ुद की टिप्पणी को उलट कर कहें तो, वह 'वास्तविक से ज़्यादा सच' साबित हो जाए। आख़िकार, धैर्य, लचीलापन, हमदर्दी और अंतरनिर्भरता जैसे गुण तो हर अवयस्क पुरुष में भी मौजूद तो होते ही हैं। ज़रूरत सिर्फ़ उन्हें उपेक्षित और दंडित करने की बजाय प्रोत्साहित और पुरस्कृत करने की है।

कैसा होता अगर पुरुष न सिर्फ़ बच्चों की परवरिश करते बल्कि उनकी परवरिश बच्चों की परवरिश के लिए की गई होती—ताकि वैसे पुरुषों में जो पिता न भी हों, वैसी स्त्रियों की तरह जो माँ नहीं भी हैं, वही गुण विकसित हो पाते जिनकी बदौलत दूसरों से बेहतर जुड़ाव संभव होता है? जैसा कि डोरोथी डिनरस्टेन ने ऐतिहासिक गहराई के साथ 'द मरमेड एंड द मिनोटर' में वर्णन किया है कि वैसी स्थिति में न सिर्फ़ दोनों लिंगों के लिए कष्टकारी असंतुलन में बल्कि निजी और सार्वजनिक हिंसा में भी उल्लेखनीय कमी आई होती। हम शायद समझ सकें, जैसा कि रिल्के ने 'लेटर्स टू अ यंग पोएट' में लिखा था, "स्त्री और पुरुष के रिश्ते हमारी सोच से ज़्यादा गहरे हैं, और दुनिया का पुनरुत्थान संभवत: इसी बात पर निर्भर करेगा कि पुरुष और स्त्री, बग़ैर किसी नकली भावना या घृणा के, विरोधी के रूप में नहीं बल्कि भाई-बहन या पड़ोसी अथवा एक मनुष्य के रूप में एक-दूसरे से जुड़ेंगे।"

हमारे सामूहिक भविष्य के लिए क्या अच्छा है यह हम तभी जान पाएँगे जब हम निष्पक्षता से यह देखने की कोशिश करेंगे कि हमारे निजी अतीत में प्यार क्यों कर संभव हुआ था। यहाँ मैं अपनी एक कहानी इस उम्मीद में सुना रही हूँ कि शायद इससे आपको भी अपना कोई क़िस्सा याद आए : जब साठ के दशक के उत्तरार्ध में हमारी मुलाक़ात हुई तो वह राजनैतिक अभियानों की चर्चा में संलग्न एक मुखर समूह में ख़ामोश रहने वाला शख़्स था। मुझे याद है कि मैंने सोचा कि वह हमारी ओर झुके हुए एक विशाल मित्रवत वृक्ष की तरह दिखाई देता था जो ध्यान से बातें सुनता था और जब चर्चा उसकी शाखाओं को छूती तो कभी-कभार कोई प्रतिक्रिया देता था।

बाद में जब राजनैतिक संगठनकर्ताओं और रिपोर्टरों के समूह के रूप में हम शहर के दक्षिणी अंदरूनी इलाक़े का दौरा कर रहे थे, जहाँ उस व्यक्ति का जन्म हुआ था और जहाँ वह डॉक्टर बनकर लौटा था, तो संदेह के वातवारण को एक क्लिनिक में मैं महसूस कर पा रही थी। क्या मैं उस समाज के लिए सिर्फ़ एक अलग रंगवाली त्वचा की व्यक्ति थी जो केवल ग़रीबी की जानकारी जुटाने के बाद रवाना हो जाने के लिए वहाँ आई थी? थोड़ी देर बाद अचानक ही वह धीरे से बोल पड़ा, "उसकी त्वचा के रंग में उसकी क्या ग़लती है?" बातचीत चट्टानों से होकर पानी के बहने की तरह जारी रही मगर संदेह के बादल छँट गए।

जब रात को हमारा थका हुआ समूह डिनर के लिए गया तो मैंने फिर पाया कि दूसरों से विपरीत उसमें बातें करने की, अपनी जानकारी प्रदर्शित करने की कोई ललक नहीं थी। कुछ स्थानीय कार्यकर्ता इस इलाक़े में जन्मे महान संगीतकारों को याद कर यह कहने लगे कि शायद इन्हीं टेबलों पर उन्होंने खाना खाया हो, और मैं और वह आदमी अपने प्रिय गीतों को याद करने लग गए। मैंने देखा कि हमारी रुचियाँ समान थीं और मैंने यह भी ताड़ लिया कि उसे भी इस चीज़ का एहसास है। हमारी सामूहिक चर्चा जारी थी, मगर अब हम ज़्यादातर एक-दूसरे से मुख़ातिब थे।

शेष गर्मियों में सप्ताहांत में या तो वह मेरे शहर चला आता या मैं उसके शहर चली जाती अथवा हम बीच में कहीं मिलते। हम उन जलती सड़कों पर चलते जिससे सब बचना चाहते थे, फ़िल्में देखते, निःशुल्क प्रवेश वाले कंसर्ट्स में जाते और हर संभव प्रकार के व्यंजन खाते। ऐसा लगता था मानो हम सदा से एक-दूसरे को जानते हों और फिर भी हम अपने व्यक्तित्व के नए आयामों को ढूँढ़ और हासिल कर रहे हों। कभी-कभी सारा सप्ताहांत हम बातें करते हुए, प्यार करते हुए, एक-दूसरे के लिए लाये गए नए संगीत को सुनते हुए, पुरानी फ़िल्में देखते हुए और बाहर से खाना मँगाकर खाते हुए गुज़ार देते जिससे कि हमें क़तई बाहर नहीं जाना पड़ता। कभी-कभी हम डांस के लिए नई जगहों की तलाश करते, पुरानी किताबें ख़रीदते या कपड़ों की ख़रीदारी करते। हमेशा सिर्फ़ हम दोनों का साथ होते हुए भी हमें पूर्णता का एहसास होता था। एक बार एक उम्रदराज गोरे आदमी ने एक फ़िल्म की लाइन में हमसे बातें शुरू की, उसने मेरे दोस्त की पेट में घूँसा जड़ते हुए 'प्रो बाल' के बारे में पूछा (यह मानते हुए कि कोई लंबे क़द का अश्वेत आदमी ज़रूर ही एक एथलीट होगा), फिर उसने मुझ पर एक यौनिक टिप्पणी की (यह सोचते हुए कि गोरी औरत के लिए किसी अश्वेत का साथ निश्चय ही मज़ेदार होगा)। बाद में, हम उन पूर्वग्रहों के बारे में बातें करते और उन पर हँसते थे। साथ होने के कारण हँसना मुमकिन होता था।

हमारे जीवन की भिन्नताओं के बावजूद हमने पाया कि हमारे बीच बहुत कुछ साझा है : जैसे हमारी माँएँ रूजवेल्ट के बारे में बातें करते हुए ख़ुद को एक साथ बाहरी और आशावादी महसूस करते हुए भावुक हो उठती थीं। मैं यह भी देख पा रही थी कि उसने पहले किसी ऐसी औरत को नहीं देखा था जो घूमने-फिरने वाले काम में थी—जब उसने अपने फलते-फूलते मेडिकल प्रैक्टिस को छोड़ कर निःशुल्क क्लिनिक चलाने का फ़ैसला किया तो उसकी पत्नी ने बेहतर भविष्य की आस में उसे त्याग दिया था और इस बात से उसे जितनी हैरानी थी उतनी ही वह भाषणों और रणनीति बनाने में मेरी मदद की क़द्र करता था। जहाँ तक मेरी बात थी तो मैंने आज तक ऐसा कोई आदमी नहीं देखा था जो सामान्यतः स्त्रियोचित समझे जाने वाले अनुभवों के साथ इस क़दर सहज था। मेरे कहे और उसके भावार्थ को उसका सुनना मुझे छू जाता। मुझे ख़ुशी होती कि उसे राशन की ख़रीदारी या कमरे को सजाने में मज़ा आता था। मैं इस

बात से हैरान थी कि वन उन छोटी-छोटी बातों पर भी ध्यान देता था जिसे अधिकांश पुरुष नज़रन्दाज़ कर देते हैं।

उसके माता-पिता से मिलने के बाद मुझे समझ आया कि साहचर्य के इन उपहारों का स्रोत क्या था। छोटे भाई-बहनों की देखभाल करनेवाले सबसे बड़े बच्चे के रूप में उसने कपड़े इस्तिरी करना, बाल बनाना, अच्छा खाना पकाना और अपनी ताक़त पर नम्रता का लेप चढ़ाना सीखा था। उसकी आन्तरिक ताक़त का स्रोत मुझे उसके माता-पिता में दिखाई दिया। वे लोग भी किन्हीं दो गहरी जड़ों वाले वृक्ष जैसे थे। उन्होंने उसे सिखाया था कि वह न तो किसी से बेहतर है और न ही किसी से कमतर—बल्कि दूसरों जितना ही अच्छा है; उन्होंने उसे उन लोगों के लिए दुखी होना सिखाया था जो सोचते थे कि कुछ लोग जन्म से ही दूसरों से श्रेष्ठ होते हैं; उन्होंने उसे यह भी बताया था कि वह सर्वोत्तम का हक़दार है। जैसे उसके ग्रेड स्कूल ग्रेजुएशन के लिए अपनी हैसियत से बढ़कर उसके लिए जो सूट उन्होंने ख़रीदा था वह दुकान में सबसे बढ़िया था। यह एक ऐसा पाठ था जो वह कभी भुला नहीं सका : आपकी हैसियत न के बराबर हो तब भी आप सर्वोत्तम के हक़दार हैं। जब वह मेरी माँ से मिला और उसने मेरे बचपन को जाना, मेरा ख़याल है कि तब उसे भी समझ आया कि मैं कम उम्र में ही 'परिवार का पुरुष' कैसे बन बैठी थी। हालाँकि उस वक़्त बग़ैर एक-दूसरे को परखे हम साहचर्य का आनंद उठा रहे थे, अब मैं समझ सकती हूँ कि अपने भीतर के 'पुरुष' के कारण मैं उसके लिए एक साथी की तरह ज़्यादा थी, और उसके स्वभाव के 'नारीसुलभ' गुणों के कारण मुझे उसके साथ सहज अनुभव होता था।

इस प्रकार वर्षों तक हमारा साथ बना रहा। उसके बाद हमारी मित्रता में क्रमिक परिवर्तन होने लगे। मैं बहुत अधिक यात्राएँ करती थी; उसे उसके काम से शायद ही फ़ुर्सत मिल पाती थी। एक बार वह भयंकर रूप से बीमार पड़ा, और यह मुझे बाद में महसूस हुआ कि उसकी तीमारदारी से मेरे वर्षों पुराने वे ज़ख़्म हरे हो गए जो मेरी माँ की वर्षों की सेवा-सुश्रुषा से मुझमें पैदा हुए थे और इसीलिए मैं बिलकुल वैसा ही व्यवहार करने लग गई : मैं हमेशा मौजूद थी और ज़िम्मेदारी से अपना कर्तव्य निभा रही थी मगर भावनात्मक रूप से शून्य हो चुकी थी—जैसे कि कोई स्वचालित पायलट होता है। और उसके बाद और भी अधिक असरकारक घटना हुई : हम उन्हीं समान चीज़ों के बारे में चिन्तित रहने लगे और हम दोनों को किसी ऐसे की ज़रूरत महसूस होने लगी जो हमें हमारे दिमाग़ी परेशानियों से बाहर निकाले।

एक वर्ष या उसके आस-पास की इस कष्टप्रद अवधि के बाद, उपरोक्त मैंने जिसका सार दिया है, हम एक-दूसरे द्वारा चयनित परिवारों को स्वीकार करने के एक नए दौर में प्रवेश कर गए। हम दोनों की अपनी जोड़ियाँ हैं, जो हमारी ज़ाती ज़िंदगी का हिस्सा है, मगर बाक़ी सभी बुनियादी चीज़ों के बारे में हम बात करते हैं। राजनैतिक निर्णयों से ले कर मेरे जीवन को प्रभावित करने वाले अनेक ऐसे फ़ैसले हैं जिन्हें मैं

उसके सुझाव के बग़ैर नहीं ले सकती—और अनेक ऐसी चीज़ें हैं जिनमें मेरे बग़ैर उसका काम नहीं चल सकता। यह लिखते हुए मुझे ध्यान आ रहा है कि पिछले बीस वर्षों में शायद ही कोई ऐसा हफ़्ता होगा जब हमारी भेंट न हुई हो, जब हमने एक-दूसरे से कोई राय नहीं माँगी हो, एक-दूसरे के बारे में अपनी दुश्चिंताओं का शमन नहीं किया हो, कोई लतीफ़ा नहीं सुनाया हो, किसी अन्याय पर दुख प्रकट नहीं किया हो, एक-दूसरे के लिए दूर-दराज से कोई उपहार न लाये हों, जन्मदिन न मनाया हो, कोई किताब न सुझाई हो, किसी भाषण या लेख में मदद न की हो, एक-दूसरे को डांस का कोई नया स्टेप न सिखाया हो या साथ बैठकर चाय न पी हो।

मुझे मालूम है कि वह पूरी वफ़ादारी और मुहब्बत के साथ मेरे लिए मौजूद है—और वह जानता है कि मैं भी कभी पीछे नहीं रहने वाली। हम दोनों एक-दूसरे के बग़ैर जीवन गुज़ारने के बारे में सोच भी नहीं सकते। क़िस्मत और सेहत ने साथ दिया तो शायद ऐसा कभी हो भी नहीं।

संभवत: रोमांस की विशेषता अन्य गहरी भावनाओं से इसका अलग होना ही है—जैसे किसी मित्र या बच्चे के लिए, किसी सागर या छायादार पेड़ के लिए। प्यार की क्या विशेषता है; यह हर हाल में समान होता है।

ब्रोंटे के दिनों के मुक़ाबले आज हमारे पास प्यार की कहीं ज़्यादा संभावनाएँ हैं—मगर हमें उनका शायद एहसास नहीं है।

उदहारण के लिए : हम अभी भी प्यार को जन्म-जन्मांतर का साथ समझते हैं। यह उन्नीसवीं सदी में भी एक मिथक था, जैसा कि मागरिट मीड ने कहा भी था कि शादियाँ इसलिए कामयाब रहती थीं कि लोगों की औसत आयु सिर्फ़ पचास साल होती थी। (खुद शैर्लोट ब्रोंटे की मौत उनतालीस वर्ष की आयु में उसकी पहली गर्भावस्था के दौरान टोक्सेमिया के चलते हो गई थी।) हालाँकि अब अधिकतर देशों में औसत आयु तीस वर्ष ज़्यादा है, हमने अब तक इस तथ्य को स्वीकार नहीं किया है कि अलग-अलग समय पर अलग-अलग ढंग से अलग-अलग लोगों से प्यार संभव है। यह बिलकुल मुमकिन है कि कोई किसी प्यारे साथी के साथ बच्चों की परवरिश करे और उसके बाद सौजन्यता से किसी और की मुहब्बत में पड़ जाए और यह सिलसिला उम्र के आख़िरी पड़ाव तक आगे भी ज़ारी रहे—संक्षेप में, वह अनेक अलग प्रकार के प्यार का अनुभव करे, यूँ कि वह किसी के लिए कष्टकारी न हो बल्कि एक समृद्ध करने वाला अनुभव हो। उदाहरण के लिए : आजकल कई महिलाएँ आर्थिक आत्मनिर्भरता से उपजी आज़ादी का लुत्फ़ उठा रही हैं; लेकिन फिर भी उनमें अधिकांश ऐसा मानकर चलती हैं कि मर्द को आवश्यक रूप से उम्र में बड़ा, लंबे क़द का, अधिक कमाने वाला, अधिक वजनी, उपयुक्त नस्ल, वर्ग और धर्म का, सुशिक्षित, इत्यादि होना चाहिए। दूसरे शब्दों में, हम अभी भी सुरक्षा, ताक़त और सामाजिक मान्यता जैसी ग़ैर ज़रूरी चीज़ों के पीछे भाग रहे हैं और इस प्रकार प्यार से वंचित हो रहे हैं।

उदाहरण के लिए : ख़ुद को विपरीतलिंगी मानने वाले अनेक स्त्रियाँ और पुरुष कई बार समान लिंग के प्रति घोर आकर्षण महसूस करते हैं, और ख़ुद को सख़्त समलिंगी मानने वाले स्त्री-पुरुष भी भिन्न अनुभव करते हैं। ऐसा लगता है कि यौनिकता एक चिप्पी न होकर एक सातत्य है। यहाँ तक कि हीथक्लिफ की चीख कि 'मैं अपनी ज़िंदगी के बग़ैर नहीं जी सकता', की आधुनिक लेखिका और सामाजिक कार्यकर्ता बारबरा डेनिम, जिन्होंने इसका इस्तेमाल खुले तौर पर एक समलिंगी के रूप में रहने के अधिकार की अभिव्यक्ति के लिए किया, ने नए तरह से व्याख्या की है। बोस्टन की अश्वेत महिलाओं ने फिर इसका इस्तेमाल गलियों में अपनी सुरक्षा की कमी के विरुद्ध विरोध जताने के लिए किया। यदि हम हम अपने लिए और दूसरों के लिए प्यार की भावना का अनुसरण करते हैं तो इससे कई नए अर्थ खुलते हैं।

उदाहरण के लिए : प्यार की आनंददायी भाषा के रूप में हम कामुकता और यौनिकता का अन्वेषण करने के लिए और अधिक स्वतंत्र होते हैं। "आनंद—जिसमें काम-सुख शामिल है मगर जो यहीं तक सीमित नहीं है," मेरिलीन फ्रेंच के शब्दों में, "शक्ति का विलोम है, क्योंकि यह एक ऐसा गुण है जिसका दमन नहीं किया जा सकता।" आनंद अपने असली स्व की अभिव्यक्ति है।

आज हमें प्यार को पुनर्परिभाषित करने की ज़रूरत है। मेरा ख़याल है कि एलिस वाकर की यह कविता—मेरी पसंदीदा प्रेम कविता—एक बेहतर शुरुआत है।

मैंने प्रेम की चिंता करना नहीं;
बल्कि खुले दिल से
इसके आगमन का आदर करना सीखा है।

मैंने सीखा है
रक्त के गहनतम रहस्यों को परखना
उसकी चाप को सुनना और उसकी धुनों पर झूमना,
ताकि पानी जैसी प्रवहमान भावनाओं
को जान सकूँ।

इसका उद्‌गम
हमारे व्यक्तित्व की परतों में छुपा
कोई अनश्वर निर्झर ही जान पड़ता है;
मेरा जो नया चेहरा तुम देख रही हो
वह धरती पर किसी और ने नहीं देखा है।

(रिवॉल्यूशन फ्रॉम विदइन, 1992)

कामुकता बनाम अश्लीलता

पिछले दस वर्षों में भारत संपूर्ण विश्व में इंटरनेट अश्लीलता का तीसरा सबसे बड़ा उपभोक्ता बन गया है।[1] वास्तव में, पुलिस द्वारा की गई तहक़ीक़ात में इस बात का ख़ुलासा होता है कि दिल्ली में एक बस में हुए बलात्कार को अंजाम देने वाले छः युवक, दिल्ली की झुग्गी-झोंपड़ी में रहने वाले दो बलात्कारी जिन्होंने पाँच वर्ष की बच्ची के साथ बलात्कार किया था और मुंबई में एक फ़ोटो पत्रकार का बलात्कार करनेवाले पुरुषों ने भी शिकार की खोज में निकलने से पहले अपने सेलफ़ोन पर पोर्न (अश्लील) वेबसाइट्स खोली थीं। वह सभ्यता जहाँ कभी 'कामसूत्र' का जन्म हुआ था, आज अश्लीलता को अपना रही है, वह पारस्परिक आनंद और दढ़ियल मर्दानगी के वर्चस्व के बीच के अंतर को रेखांकित नहीं कर पा रही है।

निम्न दो निबंधों, 'कामुक साहित्य बनाम अश्लील साहित्य' और 'लिंडा लवलेस' का वास्तविक चरित्र, में स्टाइनम ने कामुक साहित्य और अश्लील साहित्य के बीच के अंतर, मीडिया में अश्लील सामग्री की प्रचुरता, पुरुषों एवं महिलाओं पर उपभोक्ता और उपभुक्त दोनों ही रूपों में इसके प्रभाव का अन्वेषण किया है। अश्लील सामग्री के कारोबार को जड़ से उखाड़ने में अमेरिकी नारीवादी आंदोलन द्वारा किए गए संघर्ष और महिलाओं के परिप्रेक्ष्य में ऐसी सामग्रियों के उपयोग और दुरुपयोग के संबंध में लिंडा लवलेस की सच्चाई और खुलासे, भारतीय नारीवादियों के लिए मददगार सबक हो सकते हैं।

—रुचिरा गुप्ता

दैहिक प्रेम में लिप्त लोगों की तसवीरों को देखें या ऐसा करते हुए लोगों की कल्पना करें जो वास्तव में रति-क्रिया में डूबे हों। इन तसवीरों या ऐसी कल्पना के फलस्वरूप दिमाग़ में बनने वाले चित्र बहुत अलग-अलग हो सकते हैं, लेकिन वहाँ अनिवार्यत: एक पारस्परिक आनंद, स्पर्श और तपिश होगी, और होगी एक-दूसरे के शरीर और छुअन के प्रति एक समानुभूति, एक पारस्परिक कामुकता और दो लोगों के बीच एक

सहज भाव जो एक साथ इसलिए हैं क्योंकि वे ख़ुद ऐसा चाहते हैं।

अब ऐसे सेक्स की कल्पना करें जहाँ हिंसा हो, ज़बरदस्ती हो या जहाँ शक्तियों की पारस्परिक असमानता प्रतीकात्मक रूप में मौजूद हो। इस तरह की छवियाँ क्रूर ढंग से मुखर हो सकती हैं : कोड़े और ज़ंजीरें, यहाँ तक कि यातना और हत्या को यौन रूप से रोमांचक कहते हुए प्रस्तुत करना, ज़ख़्मों और चोट के निशानों के स्पष्ट सबूत, या किसी बच्चे पर किसी वयस्क द्वारा यौन ज़बरदस्ती। ये छवियाँ और भी जटिल व संवेदी हो सकती हैं : वर्ग, जाति, सत्ता या ऐसी शारीरिक मुद्राओं के प्रयोग द्वारा जो विजेता और पीड़ित का भाव प्रेषित करती हों; असमान नग्नता जिसमें एक व्यक्ति का शरीर अनावृत और उपभोग हेतु प्रस्तुत हो जबकि दूसरे के शरीर पर कवच की तरह कपड़े चढ़े हुए हों; या एक अकेली औरत की छवि जो एक अदेखे लेकिन शक्तिशाली, सत्ताधारी दर्शक के लिए प्रस्तुत हो और स्पष्टत: उसे ख़ुश करने के लिए उद्यत हो। (यह बहुत रोचक है कि जब सिर्फ़ औरत ही छवि में दिखाई पड़ रही हो तब भी प्राय: हमें यह पता होता है कि वह उस समय ऐसा अपने मनोरंजन के लिए कर रही थी या किसी और को ख़ुश करने के लिए।) पर यह चाहे मुखर हो या सूक्ष्म स्तर पर संवेदी हो, इन छवियों में अधिकार और शक्ति की समानता या पारस्परिकता नहीं होती। वास्तव में, ज़्यादा नाटकीयता और तनाव तो इसी स्पष्ट विचार से उपजता है कि एक पक्ष दूसरे पर हावी है।

उक्त दोनों प्रकार की छवियाँ उसी तरह एक-दूसरे से भिन्न हैं जिस प्रकार प्रेम और बलात्कार, सम्मान व अपमान, साझेदारी और ग़ुलामी, ख़ुशी और दर्द। फिर भी भ्रमवश ये दोनों एक समझ लिये जाते हैं और इन्हें आपस में मिलाकर 'अश्लीलता' या 'निर्लज्जता', 'कामुकता' या 'मुखर सेक्स' कहा जाता है, क्योंकि सेक्स और हिंसा ख़तरनाक रूप से एक-दूसरे से जुड़े हुए हैं और एक-दूसरे के पर्याय माने जाते हैं। आख़िरकार, मनुष्यों के किसी एक समूह द्वारा दूसरे समूह पर अपना प्रभुत्व बनाए रखने के लिए हिंसा या हिंसा की धमकी का ही इस्तेमाल करना होता है। स्त्री और पुरुष के मध्य, यह डर उस वक़्त अपने चरम पर होता है जब वे अंतरंग रूप से नज़दीक होते हैं और एक-दूसरे की मनुष्यता का असली चेहरा पहचान लेने का ख़तरा सबसे अधिक होता है।

सेक्स और हिंसा के अंतर्संबंध का यह भ्रम किसी परपीड़क कृत्य में सबसे ज़्यादा दृष्टिगत होता है। 'विपरीत लिंग' के प्रति समानुभूति रखने की अक्षमता इस हद तक व्याप्त हो चुकी है कि पीड़क या हत्यारा भी यही मानने लगता है कि दर्द या जान का गँवा बैठना दरअसल पीड़ित का अपना भाग्य है; और पीड़ित आत्मसम्मान या सहृदय मानव-संपर्क से इस क़दर वंचित हो सकती है कि वह इस दर्द या आज़ादी के छीन लिए जाने को विपरीत लिंग के साथ अपनी अंतरंगता या किसी भी तरह के स्पर्शसुख को प्राप्त करने की क़ीमत मानकर स्वीकार कर लेती है। तब भी, यह असंभवप्राय

है कि कोई परपीड़न–कामुक व्यक्ति भी मृत्यु की अपेक्षा करता होगा, बावजूद इसके फ़िल्में और तमाम अश्लील साहित्य इस पक्ष पर अड़े हुए दिखते हैं कि यौन–यातना के फलस्वरूप धीरे–धीरे होनेवाली मौत दरअसल कामोन्माद और चरम आनंद की अनुभूति देती है। निस्संदेह, 'आत्महत्या' का यह प्रकार सिर्फ़ स्त्रियों के लिए ही आरक्षित है। हालाँकि तथ्य यह है कि पुरुष आत्महत्या की ओर ज़्यादा प्रवृत्त होते हैं, लेकिन उनकी आत्महत्या को कभी भी यौन सुख के रूप में प्रस्तुत नहीं किया जांता।

सभी लोकप्रिय संस्कृतियों में सेक्स, हिंसा और आक्रामकता को एक ही समझना सामान्य भ्रम है, मनोविज्ञान और यौन आचरण के सम्मानित सिद्धांतों में भी यही माना जाता है। यह विचार कि आक्रामकता पुरुष यौनिकता का सहज हिस्सा है और स्त्री के द्वारा निष्क्रियता या सहनशीलता का प्रदर्शन या पुरुष से आक्रामकता की इच्छा, उसकी यौनिकता का सहज हिस्सा है, यह वास्तव में उस पुरुष–प्रधान संस्कृति की देन है जिसमें हम रहते हैं, उन किताबों की देन है जिन्हें हम पढ़ते हैं और उस हवा में घुला हुआ है यह सिद्धांत जिसमें हम साँस लेते हैं।

यहाँ तक कि अपनी भावनाओं को व्यक्त करने के लिए हमारे पास जो शब्द हैं वे भी इन्हीं मान्यताओं से भरे हुए हैं। स्वयं को विजेता घोषित करने के लिए और दूसरे का अपमान करने के लिए (ले लेना, इज़्ज़त लूट लेना) लैंगिक वाक्यांशों का प्रयोग एक अतिसामान्य पर्याय है; यौन क्रिया के दौरान आक्रामक या मात्र ख़ुद को अभिव्यक्त करनेवाली स्त्री को वेश्या या यहाँ तक कि रंडी भी कहा जा सकता है, लेकिन यौन रूप से आक्रामक पुरुष को बिलकुल सामान्य माना जाता है, बल्कि उसे पसंद भी किया जाता है। सेक्स के स्वीकार्य वैज्ञानिक वर्णन में भी इसी तरह के विचारों का समर्थन मिलता है। उदाहरण के तौर पर, एक पुरुष एक स्त्री की योनि में प्रवेश करता है जबकि इसे इस तरह भी कहा जा सकता था कि स्त्री योनि ने पुरुष के लिंग को ढक लिया।

स्वाभाविक रूप से सेक्स को आक्रामकता से अलग करने में—हिंसा या हिंसा की धमकी से अलग करने में—बहुत–बहुत लंबा समय लगेगा। और इस प्रक्रिया को, पुरुष प्रभुत्व एवं पुरुष केंद्रीयता के मुख्य अंग पर प्रहार करने के फलस्वरूप अत्यधिक प्रतिरोध भी झेलना होगा।

लेकिन हमारे पास भी बुद्धि है जो हमें निर्देशित करती है : हमारे शरीर की सामान्य बुनियादी समझ। दर्द कहीं भी हो वह ख़तरे और क्षति की चेतावनी है। यदि यह उस अंतरंगता के साथ घुला–मिला न हो जो हमें बचपन से मिलती आई है तो यह संभव नहीं है कि हम इस दर्द को आनंद समझ लें, चूँकि सेक्स के दौरान अंतरंगता भी होती है इसलिए ऐसा सोचना स्वाभाविक है। जब हम अपनी स्वतंत्र इच्छा और शक्तियों से वाकिफ़ होते हैं, उसके साथ ही हम सेक्स में अपने आनंद और अपनी पहल को भी खोजते और पाते हैं। चूँकि अब पुरुष पहले की तरह हावी नहीं हो सकते और वे

अपनी एक ऐसी पहचान स्थापित करने के लिए भी बाध्य हैं जो श्रेष्ठताबोध पर निर्भर न हो, वे भी यही पाते हैं कि समर्पण से ज़्यादा आनंद सहभागिता में है। सेक्स के दौरान साथी के प्रति समानुभूति उनके ही आनंद को बढ़ाती है और यह भी कि सेक्स क्रिया के दौरान 'बेहतर प्रदर्शन' के प्रति होनेवाली चिंता भी पौरुष के संबंध में चिर स्थापित घिसे-पिटे विचारों के साथ ग़ायब हो जाती है और वे इस क्रिया का वास्तविक आनंद ले पाते हैं।

लेकिन इस नई यौन क्रांति में महिलाएँ ही प्रमुख योद्धा होंगी, क्योंकि इसमें मुख्यत: हमारी ही आज़ादी, हमारी सुरक्षा, हमारी ज़िंदगियाँ और हमारी ही ख़ुशियाँ दाँव पर लगी हुई हैं।

नारीवाद की इस लहर में, हमने उन क्षेत्रों में सेक्स और हिंसा में विभेद करने की शुरुआत की जहाँ शारीरिक ख़तरा सर्वाधिक था, और है; बलात्कार को एक ऐसे अपराध के रूप में चुनौती दी जिसे अपराधी की ओर से जैविक रूप से अप्रतिरोध्य और शायद पीड़ित की ओर से निमंत्रित माना जाता था; पुरुषों द्वारा स्त्रियों की पिटाई को 'घरेलू हिंसा' के रूप में वर्गीकृत करने और उनकी क़ानून द्वारा उपेक्षा की छूट का विरोध किया; और जबरन वेश्यावृत्ति व यौन दासता को राष्ट्रीय और अंतर्राष्ट्रीय अपराध के रूप में सामने लेकर आए। पुरुषों द्वारा अपनी पत्नी या महिला साथी के प्रति हिंसा के अतिरिक्त ये सभी चुनौतियाँ उन पुरुषों ने हमें सहायता देकर कुछ आसान कर दीं जो अपनी महिला संपत्ति को हथिया लिये जाने के फलस्वरूप अन्य पुरुषों को सज़ा देना चाहते थे। महिलाओं के पास आज भी एक-दूसरे की रक्षा करने की शक्ति होना दुर्लभ ही है।

महिला-विरोधी मोर्चों की इन घटनाओं के विश्लेषण ने हमें सीधे उस मत के प्रचार तक पहुँचाया जो इसकी शिक्षा देता है और इसे वैधता भी प्रदान करता है— पोर्नोग्राफ़ी। जिन कारणों से हमने बलात्कार को सेक्स से अलग समझना शुरू किया था, उसी कारण से हमने यह अनुभव किया कि हमें बग़ैर किसी प्रभाव के चुनी गई सेक्स क्रिया में पारस्परिकता को प्रकट करनेवाली तसवीरों की सहायता से सेक्स के पोर्नोग्राफ़िक विवरणों का प्रयोग महिला विरोधी हथियार के रूप में होने से रोकना होगा और इन दोनों के बीच विभेद की एक लकीर भी खींचनी होगी।

अच्छी बात ये है कि शब्दों की उत्पत्ति के पीछे भी एक सहज समझ होती है। पोर्नोग्राफ़ी शब्द ग्रीक भाषा के आधार शब्द porné (रंडी, वेश्या, बंधक स्त्री) और graphos (विवरण लिखना) से मिलकर बना है। इस तरह, इसका अर्थ होता है सेक्स की ख़रीदारी का विवरण, जो कि स्वयं ही शक्ति के असंतुलन या लैंगिक ग़ुलामी की ओर संकेत करता है।

इस परिभाषा में इस तरह के सभी प्रतिष्ठा भंग करनेवाले पक्ष शामिल हैं, और शामिल होने चाहिए, फिर चाहे वह स्त्री को ग़ुलाम बनाकर रखने की बात हो जहाँ

पुरुष विजेता की भूमिका में होगा या फिर इसके विपरीत भूमिकाओं में पाई जाने वाली कुछ दुर्लभ घटनाएँ। समलैंगिक पोर्नोग्राफ़ी की घटनाएँ भी पाई जाती हैं जहाँ पर एक पुरुष पीड़िता की 'स्त्रियोचित' भूमिका में होता है, ठीक उसी तरह जैसे समलैंगिक कामुक साहित्य में दो पुरुष एक-दूसरे को यौन आनंद देते हैं।

पोर्नोग्राफ़ी का एक प्रकार वह भी है जहाँ स्त्री और पुरुष अपनी विपरीत भूमिकाओं में होते हैं, इसमें एक स्त्री किसी पुरुष पर कोड़े चलाती हुई या उसे प्रताड़ित करती हुई दिखती है, हालाँकि इसमें महत्त्वपूर्ण यह है कि यह शैली पुरुषों द्वारा उनके आनंद के लिए बनाई गई प्रतीत होती है, न कि महिलाओं द्वारा उनके आनंद के लिए, और इसके अंतर्गत पुरुषों को पीड़ित की भूमिका निभा कर स्त्रियों को हास्य सामग्री के रूप में प्रकट करने का एक मौक़ा मिल जाता है वह भी बग़ैर किसी वास्तविक ख़तरे के। समलैंगिक स्त्रियों के भी पोर्नोग्राफ़ होते हैं, जिनमें एक स्त्री दूसरी स्त्री के समक्ष उसके विजेता की 'पुरुषोचित' भूमिका में होती है, इसी तरह समलैंगिक स्त्री-संबंधों पर कामुक साहित्य भी होता है। स्त्रियाँ विजेता या शिकारी की भूमिका में बहुत ही कम होती हैं। इसका कारण जैविक श्रेष्ठता नहीं बल्कि वह संस्कृति है जिसमें स्त्रियों में अहिंसा और शक्ति/अधिकार की आदत होने की संभावना लगभग न के बराबर है। लेकिन इनमें भाग लेने वाले का लिंग कुछ भी हो, सभी पोर्नोग्राफ़ स्त्री-पुरुष संबंधों की नक़ल, पीड़ित और विजेता की मिसाल पर बनते हैं और इनमें से लगभग सभी स्त्री को दासी और पुरुष को उसके स्वामी के रूप में प्रस्तुत करते हैं।

यहाँ तक कि अश्लीलता व पोर्नोग्राफ़ी के मुद्दे पर 1970 में गठित राष्ट्रपति कमीशन, जिसकी रिपोर्ट पर पोर्नोग्राफ़ी और महिलाओं पर होनेवाली हिंसा के बीच अनौपचारिक संबंध को छिपाने या नज़रंदाज़ करने का आरोप लगा था, ने भी अपने अध्ययन के विषय को इस तरह रेखांकित किया है—यौन आचरण के सचित्र या मौखिक विवरण जिनका विशेष पक्ष 'मनुष्य के रूप में स्त्री की प्रतिष्ठा और भूमिका का अपमान व उसके गौरव को भंग करना' था।

संक्षेप में, पोर्नोग्राफ़ी का संबंध सेक्स से नहीं है। यह सत्ता के उस असंतुलन से संबंधित है जो लैंगिकता का दोहन आक्रामकता के रूप में होने देता है और जिसके ख़ुद के अस्तित्व के लिए यह आवश्यक भी है।

कामुकता वह शब्द है जो हमें सेक्स और हिंसा के विभेद में सहायता कर सकता है, और इस तरह यौन आनंद के पक्ष का बचाव हो सकता है। इस शब्द की उत्पत्ति ग्रीक शब्द EROS (यौनेच्छा या कामुक प्रेम, एफ्रोडायट के बेटे 'IROS' के नाम पर) से हुई है, इसलिए इसमें प्रेम व पारस्परिकता, सकारात्मक चुनाव और एक विशिष्ट व्यक्ति के लिए उत्कंठा का विचार निहित है। पोर्नोग्राफ़ी में आने वाले वेश्या और रंडी जैसे संदर्भों से बिलकुल अलग कामुकता के अंतर्गत लिंग के सभी सवाल सर्वतः मुक्त हैं। (वास्तव में, इसमें साझे अधिकार का जो संकेतार्थ है, उसके लिए हम ग्रीक

मान्यताओं का शुक्रिया अदा कर सकते हैं जिनके अनुसार एक पुरुष का दूसरे पुरुष के प्रति प्रेम, किसी अन्य स्त्री के प्रति प्रेम से अधिक पवित्र है, लेकिन यहाँ मार्के की बात यह है कि यह संकेत ही है और स्वयं शब्द में किसी क़िस्म का कोई पक्षपात ज़ाहिर नहीं होता।)

हालाँकि कामुकता या पोर्नोग्राफ़ी, दोनों का ही मतलब यौन बर्ताव के मौखिक या सचित्र विवरण से होता है, लेकिन इन दोनों में उतना ही फ़र्क़ है जितना फ़र्क़ एक खुले दरवाज़े वाले कमरे और एक ताला जड़े दरवाज़े वाले कमरे में होता है। पहले को हम घर कह सकते हैं लेकिन दूसरा तो जेल ही कहा जाएगा।

समस्या यह है कि कामुक (इरॉटिक) सामग्री बहुत कम है। ऐसा बहुत ही कम हो पाता है कि हम स्त्रियाँ अपने जीवन में काम-आनंद की खोज हेतु मुक्त, सामर्थ्यवान और पर्याप्त रूप से सुरक्षित अनुभव कर सकें। इसे फ़िल्म, पत्रिकाओं, कला, किताबों, टेलीविज़न और लोकप्रिय संस्कृति में सृजित कर पाने की बात तो बहुत दूर—क्योंकि इन सभी क्षेत्रों पर शायद ही कभी स्त्रियों का नियंत्रण रहा हो। बहुत कम पुरुष लेखक व फ़िल्मकार समाज के उस संदेश की अवहेलना कर पाने में समर्थ हुए हैं जो यह बताता है कि दरअसल एक पुरुष को क्या करना चाहिए, एक स्त्री की पहचान तक अपनी कल्पना का विस्तार कर पाना तो उनके लिए बहुत दूर की बात है। यहाँ तक कि दो पुरुषों व दो स्त्रियों के बीच हुए सेक्स का विवरण भी प्रायः एक हावी पक्ष व दूसरे निष्क्रिय पक्ष के उदाहरण में तब्दील हो जाता है। अब कुछ स्त्रियाँ समान और इरॉटिक सेक्स की प्रस्तुति का प्रयास करती हैं—चाहे पुरुषों के साथ या अन्य स्त्रियों के साथ—लेकिन फिर भी यह अब तक लोकप्रिय संस्कृति का हिस्सा नहीं बना है।

समस्या यह भी है कि पोर्नोग्राफ़ी बहुत प्रचलित है और प्रचुर मात्रा में उपलब्ध है। स्त्री-विरोधी प्रचार की यह भूमिगत धारा सभी पुरुषप्रधान समाजों में विद्यमान रही है, लेकिन जन-संचार, मुनाफ़ाखोर संस्थाओं और नारी समानता के ख़िलाफ़ एक प्रतिघात ने अब इसे हमारी गलियों और थियेटरों और यहाँ तक कि हमारे घरों में एक अपरिहार्य बाढ़ में बदल दिया है। शायद आगे चलकर यह बेहद उपयोगी सिद्ध होगा। हम स्त्रियाँ अब पोर्नोग्राफ़ी के अस्तित्व को झुठला नहीं सकतीं। या तो हम हर रोज़ पत्रिकाओं के मुखपृष्ठ और टेलीविज़न की स्क्रीन पर देखकर अपने अपमान और कष्ट का सामना करें या फिर इसके ख़िलाफ़ लड़ाई करें।

शायद ही कोई ऐसा न्यूज़स्टैंड मिले जहाँ जंजीरों में जकड़ी नग्न स्त्री की तसवीरें विजेता पुरुष दर्शकों की ख़ातिर अपनी जाँघों को फैलाकर यौनांगों का प्रदर्शन न कर रही हों, मसली हुई या अपने घुटनों पर न पड़ी हों, असली दर्द या बनावटी दर्द से चीख़ती न दिख रही हों, पुरुषों का जो आनंद उन्हें अत्यधिक शारीरिक कष्ट पहुँचा रहा है और उनकी जान लिये जा रहा है, उस दर्द में भी आनंद का अभिनय करती हुईं।

ठीक इसी तरह की छवियाँ मुख्यधारा के फ़िल्म थियेटरों और यात्रा करनेवाले रईस व्यवसायियों के लिए क्लोज़ सर्किट टीवी के माध्यम से नामी होटलों के कमरों में भी मिलती हैं।

ये छवियाँ हमारे घरों के भीतर भी लाई जाती हैं, सिर्फ़ पत्रिकाओं के माध्यम से नहीं बल्कि वीडियो कैसेटों और केबल टीवी चैनलों के माध्यम से भी। यहाँ तक कि अब वीडियो गेम भी इस तरह की छवियाँ दिखाते हैं जिनमें मुस्कराती हुई स्त्री रस्सियों से बँधी होती है और एक पुरुष आकृति अपने उन्नत लिंग के साथ मौजूद होती है। इस गेम का उद्देश्य अधिकतम बार उस स्त्री आकृति के साथ बलात्कार करना होता है। (कुछ उसी तरह जैसे पोर्नोग्राफ़ी में होता है, इस तरह के गेम नस्ली और लैंगिक, दोनों ही आधारों पर फ़ासीवादी हैं। मुस्कराती हुई वह स्त्री भारतीय (मूल अमरीकी ?) युवती है। बलात्कार करनेवाले पुरुष चरित्र का नाम जनरल कस्टर है, और इस गेम का नाम 'कस्टर का बदला' है।)

हालाँकि 'स्नफ़' फ़िल्मों, जिनमें असली स्त्रियों को आसक्त करके अंतत: उनकी हत्या कर दी जाती है, का धंधा गुप्त तरीक़े से ही चल रहा है (इसका एक कारण यह था कि कैलिफोर्निया में, क़त्ल की गई कई स्त्रियों की क़ब्र एक ही फ़िल्म-निर्माता के अस्थायी निवास के आसपास मिलीं), पर वे फ़िल्में जो इस तरह स्त्रियों को प्रताड़ित करने के पश्चात उनके क़त्ल का नकली फ़िल्मांकन करती हैं अब भी खुले तौर पर बाज़ार में प्रचुरता के साथ उपलब्ध हैं। (स्नफ़ वह पोर्न शब्द है, जो यौन आनंद के लिए एक स्त्री को मार डालने के लिए प्रयोग होता है। हमें हत्या जैसे शब्द की गंभीरता तक की अनुमति नहीं है।) वैसे ही 'किडी पोर्न' अथवा 'चिकन पोर्न' वे फ़िल्में और पत्रिकाएँ हैं, जो वयस्क पुरुषों द्वारा बच्चों को निर्वस्त्र करते, दुलारते और यौन-शोषण करते हुए दिखाती हैं; अक्सर उत्तेजक विषय-वस्तु के साथ जैसे कि 'पिता' 'पुत्रियों' का बलात्कार कर रहे हैं। कुछ 'चिकन पोर्न' पत्रिकाएँ इस पर मुखर सुझाव देती हैं कि बलात्कार का कोई भौतिक प्रमाण न छोड़ते हुए एक बच्चे का लैंगिक प्रयोग कैसे करें। यहाँ आधार यह है कि वयस्क स्त्रियों की तुलना में बच्चों के बयान का विश्वास किए जाने की संभावना कम है—और जैसा कि बच्चों के यौन-शोषण के कुछ मामले, जो न्यायालयों तक पहुँचते हैं, उनमें हम देखते हैं, यह सच है।

इस पोर्नोग्राफ़ी उद्योग में अब, *प्लेबॉय* और *हस्लर* जैसी पत्रिकाओं से लेकर क्लासिक फ़िल्मों जैसे *लव गेस्टापो स्टाइल, डीप थ्रोट,* अथवा *एंजेल्स इन पेन* तक को जोड़ें तो कुल बिक्री दस बिलियन डॉलर प्रति वर्ष तक पहुँच जाती है जो चौंकाने वाली है। पारंपरिक फ़िल्मों और रिकॉर्ड्स उद्योग की सारी बिक्री के कुल जोड़ से भी अधिक। और यहाँ इस तथ्य को ध्यान में नहीं लिया गया है कि कई 'पारंपरिक' फ़िल्में और संगीत छवियाँ भी अश्लील होती हैं, जातिसंहार संबंधी रिकॉर्ड के जैकेट्स, जैसे प्रसिद्ध 'आई ऐम ब्लैक एंड ब्लू फ्रॉम द रोलिंग स्टोंस—एंड आई लव इट!'

(जिसमें एक अर्धनग्न अश्वेत स्त्री को एक कुर्सी से बँधा हुआ दिखाया गया) से लेकर सैकड़ों किशोर सेक्स और डरावनी फ़िल्में जिनमें तरुण स्त्रियाँ परपीड़क मृत्यु मरती हैं, और बलात्कार को एक अपराध के रूप में नहीं बल्कि यौन-उत्तेजना के रूप में प्रस्तुत किया जाता है। फिर, मुख्यधारा फ़िल्मों और टीवी कार्यक्रमों की एक बढ़ती संख्या भी है, जो पोर्नोग्राफ़ी को न्यूनतम मानकों पर उत्तीर्ण होने के लिए अनुकूल बनाते हैं, साथ ही पोर्नोग्राफ़ी के कथित रूप से 'साहित्यिक' रूपों की बिक्री, *द स्टोरी ऑफ़ ओ* से लेकर *मार्की द साद* तक।

यदि नाज़ी प्रचार जिसने यहूदियों के उत्पीड़न और हत्या को उचित सिद्ध किया था, हमारी सबसे प्रचलित फ़िल्मों और पत्रिकाओं में से आधी के लिए विषय-वस्तु हुआ होता, तो क्या हम भीषण नाराज़ नहीं हो जाते? यदि कू क्लुक्स क्लान प्रचार जिसने अश्वेतों की दासता का उपदेश दिया और उसे आकर्षक प्रतीत कराया, अत्यंत प्रशस्त 'क्लासिक' उपन्यासों का विषय होता, तो क्या हम विरोध नहीं करते? हम जानते हैं कि ऐसे जातिवादी प्रचार, सामूहिक हत्याओं और ग़ैरक़ानूनी ढंग से प्राणदंड देने वाली जातिवादी क्रियाओं का नेतृत्व करते हैं और उन्हें उचित ठहराते हैं। हम जानते हैं कि एक हिंसा-प्रधान फ़िल्म देखने से परीक्षण की विषय-वस्तुओं की हिंसा को अनदेखा करने, ख़ुद उसे करने का इच्छुक होने और यह विश्वास करने की संभावना अधिक होती है कि पीड़ित ऐसा व्यवहार पाने की योग्यता अवश्य रखता है। सभी जातियों की स्त्रियों के विरुद्ध यौन आक्रामकता का प्रचार क्यों सामूहिक घृणा का वह रूप है जिसमें 'पारंपरिक विवेक' को कोई ख़तरा नहीं दीखता? क्यों केवल पोर्नोग्राफ़ी ही संचार माध्यम द्वारा समर्थन-प्राप्त वह हिंसा है, जो वास्तव में क्रियान्वित किए बिना आक्रामकता को संतुष्ट करने के लिए एक 'सुरक्षा वाल्व' समझी जाती है?

पहला कारण है, हर तरह के अनुत्पादक (जिससे गर्भधारण न होता हो) सेक्स के साथ पोर्नोग्राफ़ी का संभ्रम होना। यौन व्यवहार का कोई भी विवरण, अथवा नग्नता भी, उन लोगों द्वारा पोर्नोग्राफ़िक अथवा अश्लील (obscene, एक ऐसा शब्द जिसके लैटिन व्युत्पन्न शब्द का अर्थ है, मलिन अथवा जिसमें गंदगी सम्मिलित हो) कही जा सकती है, जो ज़ोर देते हैं कि सेक्स का एकमात्र नैतिक उद्‌देश्य विवाहगत प्रजनन है, अथवा यहाँ तक कि लैंगिकता अथवा नग्नता का कोई भी चित्रण ईश्वर की इच्छा के विरुद्ध है।

वास्तव में, हम मनुष्य ही केवल ऐसे पशु प्रतीत होते हैं, जो गर्भधारण करने अथवा न करने की अवस्था, दोनों में ही सामान यौनरुचि और आनंद का अनुभव करते हैं। दूसरे पशु कामोत्तेजना अथवा ईस्ट्रस (एक प्रकार का कामोन्माद) अवधियों का अनुभव करते हैं जिनमें यौन-क्रिया सकेंद्रित होती है। मनुष्य ऐसा नहीं करते। जिस प्रकार हमने भाषा, योजना बनाने, स्मृति, और खोज के विशिष्ट रूप से मानवीय क्षमताओं को

विकसित किया, हमने लैंगिकता को भी एक अभिव्यक्ति के रूप में, संचार के एक तरीक़े के रूप में विकसित किया, जिसे प्रजनन से पृथक किया जा सकता है। मनुष्यों के लिए लैंगिकता परस्पर जुड़ने, आनंद देने और लेने, अंतरों को पाटने, समानताएँ खोजने और भावना को संचारित करने का एक तरीक़ा भी हो सकता है।

हमारे परिवेश को बदलने, शारीरिक रूप से अनुकूल बनाने, पुनः बदलने, पुनः अनुकूल बनाने, और फलस्वरूप बहुत लंबे अंतराल में अपने उद्‌भेद को प्रभावित करने की अपनी योग्यता द्वारा हमने इसे, और अन्य मानवीय गुणों को विकसित किया। परंतु, दूसरे पशुओं से दूर जाने की इस पेंचदार राह के भावनात्मक परिणाम के रूप में हम अपनी विशिष्ट क्षमताओं और अपने ख़ुद के रचे हुए अज्ञात में अकेलेपन की भावनाओं का अन्वेषण करने की अवधियों के बीच बारी-बारी से जाते हुए प्रतीत होते हैं। यह एक भय है जो, वहाँ गैरमौजूद समानता को खोजने के लिए हमें प्रोत्साहित करता है, जो कभी-कभी हमें पशु-जगत के आरामगृह में वापस भेज देता है।

उदाहरण के लिए, 'क्रीड़ा' और 'काम' का पृथक्करण मानव-जगत की एक विशेषता है। वैसा ही अंतर कला और प्रकृति, अथवा एक बौद्धिक उपलब्धि और एक शारीरिक उपलब्धि के बीच है। परिणामस्वरूप, हम क्रीड़ा, कला और खोज को अज्ञात में एक आनंददायक और महत्त्वपूर्ण छलांग के रूप में मनाते हैं; फिर भी, कोई भी अस्थायी मुसीबत हमें हमारे आरंभिक अतीत की ललक की ओर वापस भेज सकती है, और एक प्रतीति की उत्तरजीविता, प्रकृति और शारीरिक परिश्रम के मूल तत्त्व किसी प्रकार से अधिक मूल्यवान अथवा यहाँ तक कि अधिक नैतिक भी हैं।

बिलकुल इसी ढंग से हमने अपनी लैंगिकता का अन्वेषण गर्भधारण से वियोज्य बनाकर किया है : हमारी नस्ल के अन्य लोगों के साथ एक आनंददायक, समानुभूतिपूर्ण, महत्त्वपूर्ण सेतु। हमने तो गर्भनिरोध की खोज भी की है, एक ऐसा कौशल जो संभवतः किसी न किसी रूप में तब से रहा है जब से हमारे पूर्वजों ने गर्भधारण और जन्म की कार्यविधि का अनुमान लगाया था ताकि अभिव्यक्ति के एक माध्यम के रूप में लैंगिकता के लिए इस विशिष्ट मानवीय गुण का विस्तार और रक्षा की जा सके। फिर भी हमारे सामने पूर्वज इस प्रत्यावर्ती संदेह के समय आते हैं कि सेक्स संपूर्ण नहीं है, अथवा वैध नहीं है अथवा ईश्वर द्वारा अभिप्रेत नहीं है, यदि यह गर्भधारण में समाप्त नहीं होता अथवा नहीं हो सकता है।

कोई आश्चर्य नहीं कि 'कामुक साहित्य' और 'पोर्नोग्राफ़ी' की भिन्न अवधारणाएँ इतनी भ्रामक हो सकती हैं। दोनों अनुमान करती हैं कि सेक्स को गर्भधारण से पृथक किया जा सकता है; कि मानवीय लैंगिकता के अन्य उपयोग और लक्ष्य भी हैं। यही मुख्य कारण है कि हमारी वर्तमान संस्कृति में भी दोनों को समान रूप से घिनौना और अनैतिक मानकर इनकी निंदा की जाती है। संपूर्ण लैंगिकता, जो प्रसव के काम में न आती हो (और पितृसत्तात्मक विवाह, जिससे बच्चों पर उपयुक्त ढंग से 'स्वामित्व

रखा जा सके') के बारे में ऐसी भारी निंदा स्त्रियों की स्वतंत्रता के विरुद्ध हाल ही के प्रतिघात द्वारा बढ़ाई गई है।

इस भय से कि संपूर्ण पितृसत्तात्मक संरचना गड़बड़ा जाएगी यदि हम स्त्रियों के पास अपने लैंगिक और प्रजननीय भविष्यों को तय करने की स्वायत्त शक्ति हो (अर्थात् यदि हम अपने शरीर को नियंत्रित कर सकें, और इस प्रकार प्रजनन के माध्यम को भी), समानता-विरोधी समूह यौन शिक्षा और परिवार नियोजन को 'पोर्नोग्राफ़िक' मानकर न केवल उनकी भर्त्सना कर रहे हैं बल्कि अश्लीलता क़ानूनों का प्रयोग करके मेल द्वारा सभी गर्भनिरोधक सूचनाएँ भेजने पर रोक लगाने का प्रयत्न कर चुके हैं। पितृसत्तात्मक विवाह और प्रसव के प्रसंग के बाहर होनेवाला हर प्रकार का सेक्स और नग्नता उनका लक्ष्य है। वास्तव में, फिलीस स्काफ्लाई ने एक बार संपूर्ण स्त्री आंदोलन को 'घिनौना' मानकर उसकी भर्त्सना की, और 'द मॉरल मेजॉरिटी', 'द क्रिस्चियन कोएलिशन' और अन्य ऐसे समूह कौमार्य, परहेज़ और दमन को पुनः थोपने का प्रयत्न कर रहे हैं।

यह आश्चर्यजनक नहीं है कि इस धार्मिक प्रतिघात का एक धर्मनिरपेक्ष, बौद्धिक प्रतिरूप भी है, जो पशु जगत के 'प्राकृतिक' व्यवहार को मनुष्यों पर लागू करने पर बहुत अधिक निर्भर करता है। यह ख़ुद में ही संदेहास्पद है, परंतु, लिओनेल टाइगर-जैसे अध्ययनों ने, जो पशु वे चुनते हैं और जिन आदतों पर वे ज़ोर डालते हैं, उसके द्वारा अपना राजनीतिक उद्देश्य और भी स्पष्ट कर दिया।[2] उदाहरण के लिए, कुछ नर वानर अपने शिशुओं को उठाते हैं और सामान्यतः 'पालन-पोषण' करते हैं, शेर अपने शावकों का ध्यान रखते हैं, हथिनियाँ समूह का नेतृत्व करती हैं और नर पेंगुइन वस्तुतः सब कुछ करते हैं सिवाय जन्म देने के, अंडे सेने से लेकर नवागंतुकों को खिलाने के लिए अपनी झिल्लियों की बलि देने तक।

शायद इसीलिए कई पुरुष श्रेष्ठतावादी चिम्पैंज़ियों और बबूनों की चर्चा करना अधिक पसंद करते हैं (बंदी-स्थिति के असामान्य हालात में किए गए अध्ययन के आधार पर) जिनका व्यवहार उपयुक्त रूप से पुरुष-प्रधान है। संदेश यह है कि मनुष्य मादाओं को लैंगिक रूप से निर्भर होने की अपनी पशु 'नियति' को स्वीकार कर लेना चाहिए, और ख़ुद को अपने शिशुओं के प्रजनन और पालन-पोषण के लिए समर्पित कर देना चाहिए।

ऐसे दमन के विरुद्ध पक्ष लेना पदों को केवल उलटने और यह घोषणा करने के प्रलोभन की ओर प्रेरित करता है कि सभी तरह का गैर-प्रजननीय सेक्स अच्छा है। वास्तव में, ऐसा होने पर भी यह मानवीय क्रिया किसी भी अन्य क्रिया की तरह सकारात्मक अथवा नकारात्मक, नैतिक अथवा अनैतिक हो सकती है। संचार के रूप में सेक्स कई अलग-अलग संदेश दे सकता है जैसे परस्पर आनंद और प्रभुत्व, जीवन और मृत्यु, 'कामुकता' और 'अश्लीलता'।

दूसरे प्रकार की समस्या उनकी तरफ़ से नहीं आती जो गैर–लैंगिक क्षेत्रों में स्त्रियों की समानता का विरोध करते हैं, वह चाहे ईश्वर के आधार पर हो या प्रकृति के, परंतु उन पुरुषों की तरफ़ से (और कुछ स्त्रियों की भी तरफ़ से) आती है, जो ख़ुद को नागरिक स्वतंत्रता और विकास के मित्र के रूप में प्रस्तुत करते हैं। उनकी आपत्तियाँ निजता की चिंता का रूप ले सकती हैं, इन आधारों पर कि पोर्नोग्राफ़ी को चुनौती देना निजी यौन व्यवहार और 'जो भी आपको उत्तेजित करे' के दर्शन में दख़ल देना है। यह वर्ग–पक्षपात की चिंता हो सकती है, इस आधार पर कि पोर्नोग्राफ़ी केवल 'मज़दूरों का कामुक साहित्य' है। कभी–कभी, यह एक सरल तर्क होता है कि आपत्ति करनेवाले ख़ुद पोर्नोग्राफ़ी पसंद करते हैं, और इसलिए यह अवश्य ही उचित होगा। अक्सर, तथापि, यह विरोध सेंसर–व्यवस्था, प्रेस की स्वतंत्रता और प्रथम संशोधन के बारे में एक अभिव्यक्त चिंता के साथ ख़ुद को या तो जोड़ लेता है या उनकी आड़ में छिप जाता है।

प्रत्येक स्थिति में इन उदार आपत्तियों का दक्षिणपंथ वालों की तुलना में सरलतर ढंग से सामना करना चाहिए क्योंकि वे वास्तविकता पर कम आधारित होते हैं। यह सच है कि स्त्रियों की स्वतंत्रता और स्वायत्तता संपूर्ण पितृसत्तात्मक गाड़ी को उलट देगी : दक्षिणपंथियों को चिंतित होना चाहिए। हालाँकि, यह सच नहीं है कि पोर्नोग्राफ़ी एक निजी विषय है। यदि यह केवल ख़ुद की यौन समस्याओं को शांत करने के लिए पुरुषों द्वारा अपने तहख़ानों में रचे जाने वाले पुरुष–प्रधान साहित्य के बारे में होता, तो स्त्रियों में दुख और वर्जन तो होता, परंतु हमारे न्यूज़स्टैंड्स, फ़िल्म स्क्रीनों, टेलीविज़न सेट्स, और सड़कों पर लैंगिक फ़ासिज्म के उपदेशों का सामना करने से जन्मा भीषण ग़ुस्सा और भय नहीं होता।

यह एक बहु बिलियन डॉलर उद्योग है, जिसमें लोकनीति बनाना सम्मिलित है, चाहे केवल यह तय करने के लिए ही कि, जैसी अब स्थिति है, पोर्नोग्राफ़ी के निर्माण और बिक्री के दौरान किए गए अपराध अधिकतर बिना मुकदमों के रहते चले जाएँगे। पोर्नोग्राफ़ी के जन–प्रदर्शन पर ज़ोनिंग नियंत्रण लागू नहीं किए जाते, पोर्नोग्राफ़ी में प्रयोग किए गए बच्चों की यौन दासता और शोषण बिना सज़ा पाए रह जाते हैं, घर से भागे हुए किशोरों का जबरन प्रयोग पुलिस द्वारा अनदेखा किया जाता है, और पुरुषों की यौन उत्तेजना के लिए वेश्याओं के उत्पीड़न और हत्या को किसी गंभीरता कम करनेवाली धारणा द्वारा कि 'स्त्रियाँ यही चाहती थीं' से अस्पष्ट कर दिया जाता है।

एकान्तता के अन्य सभी क्षेत्रों में दूसरों के अधिकारों और जिन्दगियों और सुरक्षा का उल्लंघन करना सीमा होती है। इसे पोर्नोग्राफ़ी के लिए भी सच होना ही चाहिए। इस समय, इसे छूट प्राप्त है, लगभग 'क़ानून के दायरे से बाहर'।

वर्ग पक्षपात की बात करें तो यह कहना बिलकुल भी सही नहीं होगा कि पोर्नोग्राफ़ी कम पढ़े–लिखों का साहित्य है। शब्दों की उत्पत्ति से और साथ ही जिस प्रकार से उनका

सामान्यत: प्रयोग किया जाता है, यह स्पष्ट है कि इनमें विषय-वस्तु का अंतर है, केवल कलात्मक अथवा आर्थिक रूप का नहीं। पोर्नोग्राफ़ी प्रभुत्व के और अक्सर पीड़ा के बारे में होती है। कामुक सामग्री परस्परता और हमेशा आनंद के बारे में होती है। स्त्रियों से समानुभूति रखने में सक्षम कोई भी पुरुष एक फ़ोटोग्राफ़ अथवा फ़िल्म को देखकर और ख़ुद को स्त्री के व्यक्तित्व में रखकर सरलता से अंतर बता सकता है। शायद सबसे प्रत्यक्ष बात यह है कि यह तर्क सामान्यत: श्रमिक वर्ग की ओर से पोर्नोग्राफ़ी-समर्थक उदारवादियों द्वारा दिया जाता है, जो ख़ुद मध्यम अथवा उच्च वर्ग के हैं।

निश्चय ही, यह धारणा कि पोर्नोग्राफ़ी का आनंद लेना ठीक है, एक प्रचलित पुरुष विचार है। अल्फ्रेड किन्सी से आगे हुए अनुसंधान ने यह पुष्टि की है कि पोर्नोग्राफ़ी के ख़रीदार सभी लगभग पुरुष हैं, और अधिकतर पुरुष इससे उत्तेजित होते हैं, जबकि अधिकतर स्त्रियाँ इसे ग़ुस्सा दिलाने वाला, अपमानजनक पाती हैं और उत्तेजक तो बिलकुल भी नहीं।[3] यह सत्य था जबकि स्त्रियों को यौन मुखर सामग्री दिखाई गई थी जिसमें कामुक सामग्री सम्मिलित हो भी सकती थी, क्योंकि किन्सी और दूसरों ने वह अंतर नहीं किया।

यदि समान सेक्स के ऐसे विरले उदाहरण संपूर्ण रूप से मिटा दिए जाएँ, तो कदाचित पोर्नोग्राफ़ी अधिकतर स्त्रियों के लिए सेक्स विरक्ति उपचार के रूप में कार्य कर सके; तथापि कई पुरुष और कुछ मनोचिकित्सक स्त्रियों को पाखंडी, सेक्स-विरोधी, अथवा सामान्यत: तनावग्रस्त कहते रहते हैं यदि वे उनके अपने प्रभुत्व से उत्तेजित नहीं होतीं। ऐसे ही पुरुषों के यह तर्क प्रस्तुत करने की कम संभावना होगी कि यहूदी-विरोधी और जातिवादी साहित्य ठीक है क्योंकि यह उन्हें आनंद देता है। समस्या यह है कि सभी जातियों की स्त्रियों की अप्रतिष्ठा अभी तक स्वाभाविक मानी जाती है। पुरुष-प्रधान प्रणाली पुरुषों को सिखाती है कि स्त्रियों पर प्रभुत्व स्वाभाविक है—और पोर्नोग्राफ़ी बिल्कुल यही करती है।

फिर भी, ऐसी कुछ सदाशयी स्त्रियाँ हैं, जो पोर्नोग्राफ़ी से उत्तेजित होती हैं और नाराज़ भी हैं कि दूसरी स्त्रियाँ क्यों नहीं होतीं। उनकी कुछ नाराजगी ग़लतफ़हमी है : पोर्नोग्राफ़ी पर आपत्तियाँ उन स्त्रियों की निंदा नहीं है, जिन्हें यही विश्वास दिलाते हुए बड़ा किया गया है कि सेक्स और प्रभुत्व पर्यायवाची हैं, क्योंकि हम सब ने कुछ हद तक लैंगिकवाद को ख़ुद में सम्मिलित कर लिया है और उसे उखाड़कर बाहर निकालने के लिए संघर्ष कर रहे हैं। दूसरी स्त्रियों का ग़ुस्सा उनके ख़ुद के न्यूनानुमान का परिणाम है : बलात्कार की कल्पना से उत्तेजित होना और अपना बलात्कार होने की चाह रखना समान नहीं है। जैसा रॉबिन मॉर्गन ने ध्यान दिलाया है, कल्पना की विलक्षणता यह है कि कल्पना करनेवाली ख़ुद नियंत्रण में होती है। (पुरुष और स्त्री दोनों की 'बलात्कार'-कल्पनाएँ होती हैं जिनमें हम निष्क्रिय होते हैं जबकि दूसरे हमारी अनकही इच्छाओं को कार्यान्वित करते हैं—परंतु फिर भी वे हमारी इच्छाएँ होती हैं।) और कुछ

गुस्सा, विशेषकर जब वह उन स्त्रियों से आता है, जो ख़ुद को नारीवादी मानती हैं, उनके लिए अभी क्या सच हो सकता है, और भविष्य में क्या वांछनीय होगा, इसके बीच अंतर करने से किया गया एक इनकार है। उदाहरण के लिए, एक स्त्री केवल उन पुरुषों के प्रति आकृष्ट हो सकती है, जो उससे अधिक ऊँचे, भारी और आयु में बड़े हैं, परंतु वह समझती है कि जिन पुरुषों से वह प्रेम करती है और जिनके साथ वह सहवास करना पसंद करती है उन पर ऐसे सतही प्रतिबंध अधिक स्वच्छंद और कम रूढ़िवादी भविष्य में नहीं रहेंगे; अथवा अधिक गंभीरता से, वह निर्दयी और उदासीन पुरुषों के प्रति आकृष्ट हो सकती है क्योंकि वह अब भी अपने निर्दयी और उदासीन पिता को ख़ुद से प्रेम कराने का प्रयत्न कर रही है, परंतु समझती है कि परस्परता वाला भविष्य संभव और अधिक पसंद करने योग्य है।

उसी प्रकार, कुछ समलैंगिक स्त्रियाँ उन पुरुष-स्त्री स्वरूपों का पालन कर सकती हैं, जो अंतरंग संबंधों के लिए हमारे एकमात्र आदर्श थे, विषमलिंगकामी अथवा नहीं, और उन्हें स्वतंत्र रूप और समानतापूर्वक चुन भी सकती हैं, तथापि इन पुराने स्वरूपों को स्पष्ट रूप से देखती हैं और उनके बिना एक भविष्य बनाने में तत्पर रहती हैं। ऐसा नहीं है कि पोर्नोग्राफ़ी के प्रति आकृष्ट स्त्रियाँ नारीवादी नहीं हो सकतीं, परंतु पोर्नोग्राफ़ी को स्त्रियों की सुरक्षा और समानता पर उसके प्रभाव के लिए भी पहचाना जाना चाहिए।

अंततः, नारीवादी पोर्नो-विरोधी अभियानों के विरुद्ध प्रथम संशोधन बहस भी मौजूद है : सबसे अधिक सम्माननीय और प्रचारित किया गया विरोध, परंतु साथ ही ऐसा भी जिसका तथ्य में सबसे कम आधार हो। नारीवादी समूह पूर्वगामी अंकुश द्वारा पोर्नोग्राफ़ी पर सेंसरशिप के लिए तर्क प्रस्तुत नहीं कर रहे, बिलकुल वैसे ही जैसे हम यह तर्क नहीं दे रहे हैं कि नाज़ी साहित्य अथवा कू क्लुक्स क्लान का जातिवादी प्रचार प्रकाशित नहीं किया जा सकता। एक कारण यह है कि एक पुरुष-प्रधान समाज द्वारा पोर्नोग्राफ़ी की (अथवा एक जातिवाद समाज द्वारा जातिवादी साहित्य की) किसी भी परिभाषा का प्रयोग शक्तिहीन को और अधिक सजा देने के लिए सरलता से किया जा सकता है।

स्नफ़ फ़िल्मों की तुलना में स्वतंत्र रूप से चुने गए समलैंगिक पुरुषों और स्त्रियों की अभिव्यक्तियाँ अधिक 'पोर्नोग्राफ़िक' लग सकती हैं, दासता की तुलना में विद्यालयों के यौन शिक्षा पाठ्यक्रम अधिक 'घिनौने' लग सकते हैं, बिलकुल वैसे ही जैसे अफ़्रीकी अमेरिकी लोगों के विरुद्ध कथनों की तुलना में यूरोपीय अमेरिकी लोगों के विरुद्ध कथनों के लिए अधिक सजा दी जा सकती है। इसके अतिरिक्त, सेंसरशिप ख़ुद भी, उचित परिभाषाओं के साथ भी, पोर्नोग्राफ़ी को केवल अधिक गुप्त गतिविधि बनने के लिए प्रेरित करेगी, और यदि यह ड्रग ट्रैफ़िक के स्वरूप का पालन करे, तो और अधिक लाभकारिता की ओर ले जाएगा।

सबसे महत्त्वपूर्ण यह कि प्रथम संशोधन सरकारी हस्तक्षेप के विरुद्ध व्यक्तिगत अधिकारों के वक्तव्य का एक भाग है जिसे नारीवादी विस्तृत करने का प्रयत्न कर रहे हैं, संकुचित करने का नहीं : उदाहरण के लिए, एक स्त्री का यह तय करने का अधिकार कि बच्चे पैदा करने हैं या नहीं, और कब करने हैं। जब हम पोर्नोग्राफ़ी का विरोध करते हैं और दूसरों को इसके बारे में शिक्षा देते हैं, जैसा अभी मैं कर रही हूँ, हम प्रथम संशोधन को क्रियान्वित करके दृढ़ कर रहे होते हैं।

नारीवादियों द्वारा अब तक सुझाये जाने वाले क़ानूनी चरण हैं उन पोर्नोग्राफ़ी निर्माताओं पर मुक़दमा चलाना जिन्हें ऐसे अपराधों जैसे हत्या, मारपीट, और अपहरण के लिए अभियुक्त ठहराया गया है; ऐसे कइयों पर मुक़दमा चलाना, जो नाबालिग़ बच्चों का प्रयोग करते हैं; वर्तमान जोनिंग और अन्य कोड्स को लागू करना जिनका उल्लंघन क़ानून प्रवर्तन अधिकारियों को लाभ पहुँचाने और पोर्नोग्राफ़ी के मालिकों को मोटा किराया देने के कारण होता है; लोककंटक क़ानूनों का प्रयोग करके यह सुनिश्चित करना कि पोर्नोग्राफ़ी को ऐसे सार्वजनिक स्थानों पर प्रदर्शित न किया जाए जहाँ इसके दृश्य को यथोचित अनदेखा न किया जा सके; और नागरिक अधिकार अध्यादेशों जैसे कि मिनियापोलिस में प्रस्तावित किया गया, जो किसी भी पोर्नोग्राफ़ी (अथवा अन्य घृणा साहित्य) जिसे जूरी को संतुष्ट करते हुए दिखाया जा सके कि अपराध में उसका योगदान था, के निर्माताओं के विरुद्ध क्षतिपूर्ति के लिए नागरिक मुक़दमा करने की अनुमति देता है।[4]

इनमें से कोई भी उपाय सामग्री को प्रकाशित होने से नहीं रोकता : 'पूर्वगामी अंकुश', सेंसरशिप क़ानून के शब्दों में, अधिकतर केवल यह चाहते हैं कि पोर्नोग्राफ़ी के लिए जो उत्तरदायी हैं, वे उसके निर्माण और वितरण के दौरान होनेवाले अपराधों से भविष्य में और प्रतिरक्षित न रहें।

कदाचित इस 'प्रथम संशोधन' के विवाद का कारण इसमें सच्चाई कम और पर्देदारी अधिक होना था। बिलकुल जैसे पहले बलात्कार के विरुद्ध नारीवादी अभियानों की भर्त्सना कुछ नागरिक स्वतंत्रतावादियों ने यह कहकर की थी कि इन प्रयासों के परिणामस्वरूप केवल अश्वेत अथवा ग़रीब लोग जेल में भेजे जाएँगे, अथवा मृत्युदंड को जारी रखा जाएगा, जो उस समय कुछ राज्यों की किताबों में बलात्कार की सजा के रूप में था, वैसे ही अब पोर्नोग्राफ़ी-विरोधी अभियानों का विरोध किया जाता है। हालाँकि जब बलात्कार के पीड़ित आगे आने लगे, जनता को पता लगा कि श्वेत मनोचिकित्सक, शिक्षक और अन्य पेशेवर लोग भी बलात्कारी होने की संभावना रखते हैं जैसे कि ग़रीब अथवा अश्वेत लोग। इसके अतिरिक्त, बलात्कार की पितृसत्तात्मक परिभाषा को यौन हमले की कोटियों में बदल जाने से क़ानून और अधिक यथार्थवादी हो गया और इस प्रकार उसके प्रशासित होने की अधिक संभावना बन गई, बलात्कार के लिए मृत्युदंड को हटा दिया गया, और पुरुषों को यौन हमले से भी सुरक्षित कर दिया।

यद्यपि पोर्नोग्राफ़ी के ख़रीदारों की कोई सांख्यिकी उपलब्ध नहीं है, जो लोग इस ग्राहक-वर्ग की सेवा करते हैं—क्लर्क, सिनेमाघरों के मालिक, विडियो कैसेट डीलर्स, मेल-आर्डर गृह आदि—अक्सर उनकी प्रतिष्ठा, उनका व्यावसायिक पद, उनके सूट, ब्रीफकेसेस, श्वेत चमड़ी और मध्यम-वर्गीय ज़िप कोड्स पर टिप्पणियाँ करते हैं। उदाहरण के लिए, वास्तविक हत्या दिखानेवाली एक स्नफ़ फ़िल्म के अंतिम प्रदर्शन के सिरे की खोज एक प्रतिष्ठित न्यूयॉर्क लॉ फर्म के एक वरिष्ठ भागीदार के मासिक पोर्नोग्राफ़िक फ़िल्म प्रदर्शनों तक जा पहुँची—एक कार्यक्रम की व्यवस्था, जो वह अपने मित्रों के समूह जिसमें अन्य वकील और न्यायाधीश भी सम्मिलित थे, के लिए नियमित रूप से करता था।

उपस्थित लोगों में से एक ने बताया कि कई 'शर्मिंदा' हुए थे और 'नहीं जानते थे कि क्या कहें।' परंतु एक भी व्यक्ति आपत्ति करने का इच्छुक नहीं था, हत्या के इस प्रमाण के बारे में पुलिस को रिपोर्ट करना तो दूर। यद्यपि सेंसरशिप के लिए अधिक चिंता सच्ची है—यह उन झूठी रिपोर्ट्स का परिणाम है कि नारीवादी पोर्नोग्राफ़ी-विरोधी अभियान सच में सेंसरशिप और पूर्वगामी अंकुश की माँग कर रहे थे, अथवा दक्षिणपंथी समूहों, जो पोर्नोग्राफ़ी को ग़लत परिभाषित करते हैं और उसे भी सेंसर करना चाहते हैं, के साथ भ्रान्ति का—इसका अधिकांश भाग एक दक्षिणपंथी/वामपंथी गठबंधन द्वारा, जो इस विशाल उद्योग पर चाहे मानसिक अथवा आर्थिक रूप से निर्भर करता है, पोर्नोग्राफ़िक यथास्थिति के परिरक्षण के लिए एक आवरण जैसा प्रतीत होता है।

वास्तव में, पोर्नोग्राफ़ी के नियंत्रण के विरुद्ध तर्क उन अक्षता-वेश्या विभाजनों जैसे प्रतीत होते हैं, जो पहले स्त्रियों के लिए एकमात्र विकल्प होते थे। दक्षिणपंथ कहता है कि वह सब जो अक्षत और माता सदृश नहीं है, पोर्नोग्राफ़िक है, और इसलिए वे आम तौर पर लैंगिकता और नग्नता के विरुद्ध अभियान चलाते हैं। वामपंथ कहता है कि सभी प्रकार का सेक्स अच्छा है जब तक वह पुरुष-परिभाषित हो, और इसलिए वे इसे बचाने के लिए अभियान करते हैं। स्त्रियों के लिए, जो ख़ुद को पीड़िता के रूप में देखकर ख़तरे में होने का अनुभव करती हैं और पुरुषों के लिए, जो ख़ुद को कष्ट देने वाले के रूप में देखकर अपमानित अनुभव करते हैं, आगे एक लंबा संघर्ष है।

वास्तव में, किसी न किसी रूप में पोर्नोग्राफ़ी बनी रहेगी जब तक लड़कों को यह विश्वास दिलाते हुए बड़ा किया जाता रहेगा कि अपनी 'मर्दानगी' के प्रमाण के रूप में उन्हें स्त्रियों को अवश्य नियंत्रित करना अथवा जीतना है, और जब तक समाज उन पुरुषों को पुरस्कृत करता रहेगा, जो यह मानते हैं कि उनकी सफलता अथवा यहाँ तक कि कार्यशील होना—सेक्स में, जैसे जीवन के अन्य क्षेत्रों में है—स्त्रियों की दासता पर निर्भर करता है।

परंतु अब कम-से-कम अपनी नाराज़गी का वर्णन करने और सेक्स को आक्रामकता से पृथक करने के लिए हमारे पास शब्द हैं। पोर्नोग्राफ़ी के विरुद्ध खुले आम प्रदर्शन करने, इसकी पत्रिकाएँ और फ़िल्मों को अपने घरों के बाहर फेंकने, इसको रसद पहुँचाने वालों का बहिष्कार करने, यहाँ तक कि उन मित्रों और परिवार के सदस्यों को, जो इसका समर्थन करते हैं, ऐसी गंभीरता से लेने का जैसा हम लेते यदि वे नाज़ी साहित्य अथवा क्लान की सीखों को समर्थन दे रहे होते, और आनंद उठा रहे होते।

परंतु जब तक हम अंततः पुरुषप्रधानता का अंत न कर दें जिसने लैंगिकता को हिंसा और आक्रामकता के समान बनाया है, हमारे जीवन में अश्लीलता अधिक और कामुकता कम होगी। हमारी शय्याओं में छोटी हत्याएँ होंगी—और प्रेम बहुत कम रह जाएगा।

(आउटरेजियस एक्ट्स एंड एवरीडे रिबेलियंस, 1977)

लिंडा लवलेस का असली चरित्र

मुख्यधारा के थियेटर और पॉपुलर कल्चर के क्षेत्र में प्रवेश करनेवाली पहली पोर्नोग्राफ़िक फ़िल्म, 'डीप थ्रोट' की अभिनेत्री के रूप में 1970 के दशक में लिंडा लवलेस एक घरेलू नाम बन चुका था। लेकिन उनकी इस शोहरत के पीछे एक दुखद कहानी थी। एक प्रेमी ने उनके सामने सख़्त माँ-बाप से छुटकारा दिलाने का प्रस्ताव रखा, फिर मारपीट करने लगा, उसे जबरन पोर्न की दुनिया में धकेल दिया और उससे शादी कर ली जिससे कि वह उसके ख़िलाफ़ गवाही न दे सके। उसके चंगुल से निकलने के बाद लिंडा सख़्ती से पोर्न के ख़िलाफ़ लड़ाई में शामिल हुईं और कांग्रेस के सामने इसके ख़तरों के बारे में गवाही दी।

1980 में लिंडा बोरमैन ने 'डीप थ्रोट' और अन्य पोर्नोग्राफ़िक फ़िल्में बनवाने के लिए अपने पूर्वपति, चक ट्रेनर पर उनके साथ मारपीट करने, बंदूक से डराने और गैंगरेप करने का आरोप लगाते हुए उसके चरित्र का ख़ुलासा किया। नारीवादी वकील, कैथरीन मैककिनौन, विमेन अगेंस्ट पोर्नोग्राफ़ी की सदस्यों, नारीवादी लेखिका एंड्रिया डॉर्किन जिन्होंने उसके पक्ष में अपना मत रखने का विश्वास दिलाया, के साथ मिलकर लिंडा ने आरोपों को सार्वजनिक कर दिया। मैककिनौन, ग्लोरिया स्टायनेम और बोरमैन ने बहस की कि इस फ़िल्म में अपराध को फ़िल्माया गया है इसलिए इस पर सिविल कार्यवाही होनी चाहिए लेकिन मैककिनौन द्वारा किए गए काफ़ी क़ानूनी काम के बावजूद यह प्रयास सफल नहीं रहा।

1983 में, मिनियापोलिस नगर प्रशासन ने पोर्नोग्राफ़ी के विरुद्ध सिविल राइट अध्यादेश का मसौदा बनाने के लिए मैककिनौन और डॉर्किन की सेवाएँ लीं। यदि पोर्नोग्राफ देखने के बाद गठित ज्यूरी इस नतीजे पर पहुँचती है कि उसमें अपराध शामिल है तो पीड़ित पक्ष को यह अधिकार है कि वह इस क्षति के लिए निर्माता और वितरक के ख़िलाफ़ सिविल कोर्ट में मुक़दमा दायर कर सके। चूँकि यह पहले से प्रतिबंधित नहीं था इसलिए इसमें सेंसर कार्य का मामला नहीं बनता। यह क़ानून मिनियापोलिस नगर परिषद् द्वारा दो बार पारित किया गया लेकिन मेयर द्वारा अस्वीकार कर दिया गया। इसी

अध्यादेश का एक अन्य संस्करण इंडियानापोलिस, इंडियाना में 1984 में पारित किया गया।

सेवेंथ सर्किट कोर्ट ऑफ़ अपील में इस अध्यादेश को असंवैधानिक क़रार दिया गया। मैककिनौन ने अपने लेखकीय कार्य और सामाजिक कार्यों में नागरिक अधिकारों के प्रति समर्थन के मुद्दे को उठाना जारी रखा और पोर्नोग्राफ़ी का विरोध करनेवाली उन नारीवादियों का समर्थन किया जिन्होंने बाद में मत प्रस्ताव द्वारा इस अध्यादेश के प्रारूपों को स्वीकृति दिलाने के लिए 1985 में कैम्ब्रिज, मेसाच्युसेट्स और 1988 में बेलिंघम, वाशिंगटन में अभियान आयोजित किए। मैककिनौन 1980 से लेकर 2002 में बोरमैन की मृत्यु तक, अदालत में उनके प्रतिनिधि के रूप में लड़ती रहीं और उसके बाद भी लिंडा के बच्चों की ओर से इस मामले को लेकर संघर्ष करती रहीं।

—रुचिरा गुप्ता

क्या आपको 'डीप थ्रोट' याद है? यह वो पोर्न फ़िल्म थी जिसने पोर्न फ़िल्मों को मुख्यधारा में ला दिया था : पहली अश्लील फ़िल्म जो अश्लील फ़िल्म दिखानेवाले सिनेमाघरों के आगे भी एक बहुत बड़े दर्शक वर्ग तक पहुँची। हालाँकि इसे 1972 में एक सस्ती फ़िल्म के रूप में मात्र 45 हज़ार डॉलर और कुछ दिनों के समय में ही बनाया गया था लेकिन इसने उस दशक के अंत में कुल छः सौ मिलियन डॉलर की कमाई की थी जिसमें ग्राहकों द्वारा फ़िल्म के टिकट ख़रीदना, साथ ही फ़िल्म के आगे की कहानी बनाने वाली उप इंडस्ट्री से हुआ लाभ, कैसेट, टीशर्ट, बड़े-बड़े स्टीकर और अन्य यौन सामग्री आदि से हुई कमाई शामिल थी। वास्तविकता यह है कि मीडिया के बड़े हिस्से ने इसे ख़ूब आनंदित स्वीकृति के साथ इनाम भी दिए जिसका नतीजा यह हुआ कि डीप थ्रोट हमारी भाषा और चेतना में उतर आई, फिर चाहे हमने कभी यह फ़िल्म देखी हो या न देखी हो। *वाशिंगटन पोस्ट* के गंभीर वाटरगेट पत्रकार, जिन्होंने अपने शीर्ष-गोपनीय समाचार स्रोत को यह नाम देकर 'डीप थ्रोट' को अमर कर दिया, से लेकर 'स्क्रू' नामक पत्रिका के घटिया पोर्नोक्रेट तक—एक विस्तृत श्रृंखला जो शायद पुरुष श्रेष्ठतावादियों के पैमाने पर 'ए' से 'बी' के बीच की दूरी-भर थी—जैसे मीडिया के अजीब मुनाफाखोर साथियों ने मिलकर इस सस्ती फ़िल्म को एक सर्वव्यापी घटिया मज़ाक़ और अंतर्राष्ट्रीय स्तर पर लाभ कमाने का साधन बना दिया।

इस सस्ते, घटिया और कमाई की दृष्टि से फ़ायदेमंद मज़ाक़ के केंद्र में लिंडा लवलेस (पूर्वकुलनाम : लिंडा बोरमैन) थी, जिसके मासूम चेहरे और नए अंदाज़ को फ़िल्म की सफलता का श्रेय दिया जाता है। उसने फ़िल्म देखने वालों के मन में यह रोमांचक विचार पैदा किया कि किसी साधारण-सी दिखने वाली लड़की को भी पोर्न-सेक्स में संलिप्त होना अच्छा लग सकता है।

लिंडा को इस फ़िल्म में लेने का सुझाव 'डीप थ्रोट' के लेखक-निर्माता गैरी डैमियानो का था। लिंडा को याद है कि गैरी ने फ़िल्म के लिए पैसा लगाने वाले लो पिरैनियो से कहा था, "लिंडा के बारे में कमाल की बात यह है कि, वह अब भी प्यारी और मासूम दिखती है।" हालाँकि पिरैनियो (जिसे बाद में ग़ैरक़ानूनी फ़िल्म जगत में कथित संगठित अपराध में शामिल पाए जाने के आधार पर एफबीआई द्वारा गिरफ़्तार कर लिया गया था) को लिंडा से यह शिकायत थी कि वह 'बड़े स्तनों वाली ब्लॉन्ड' नहीं है और पिरैनियो अपनी पहली फ़िल्म के लिए एक ऐसी ही नायिका के बारे में सोचता था। बाद में जब लिंडा को यह आदेश दिया गया कि वह पिरैनियो के साथ यौन संबंध स्थापित कर उसे ख़ुश रखे, तब भी पिरैनियो की यह शिकायत बनी रही।

वास्तव में, जब डैमियानो ने लिंडा को सार्वजनिक रूप से एक वेश्या रूप में ग्राहकों को ख़ुश करते देखा तो पहली बार उसके दिमाग़ में 'डीप थ्रोट' का ख़याल आया था। वह एक पार्टी में गया था जहाँ पुरुष इस यौन-आनंद का मज़ा लेने के लिए एक क़तार में खड़े हुए थे, जिसे सेक्सुअल सोर्ड स्वैलोअर ट्रिक कहा जा रहा था और जो लिंडा को उसके पति, रखवाले चक ट्रेनर ने सिखाया था। अपने गले की मांसपेशियों को शिथिल करने के द्वारा लिंडा आराम से बग़ैर साँस अवरोधित किए पुरुषों के पूरे लिंग को अपने मुँह में ले लेती थी; यह उसके लिए ख़ुद को बचाए रखने की एक हताशाजनक तकनीक थी पर उसके ग्राहकों के लिए यह आनंद और रोमांच का एक निरंतर स्रोत था। इस तरह रचनात्मक रूप से प्रेरित डैमियानो ने यह देखकर एक फ़िल्मी हथकंडे के बारे में सोचा। एक ऐसा विचार जो फ्रायड के उस विचार से बस एक ही क़दम पीछे था जिसमें फ्रायड ने यौनिक ऑर्गेज्म की कल्पना के दौरान स्त्री-देह में कामसुख के समुचित स्रोत के रूप में क्लिटॉरिस (भग-शिश्न) की भूमिका को पूरी तरह खारिज किया है। डैमियानो ने एक ऐसी औरत की कहानी सुनाने का फ़ैसला किया जिसका क्लिटॉरिस (भग-शिश्न) उसके गले में था और जो पुरुषों के साथ मुखमैथुन के लिए हमेशा तत्पर रहती थी।

हालाँकि एक स्त्री के शरीर के बारे में डैमियानो की लिखी कल्पित कहानी फ्रायड द्वारा सभी स्त्रियों के बारे में बनाई गई कल्पित धारणा से कम लालसा प्रस्तुत करती थी, फिर भी इस पोर्न फ़िल्म ने लोगों पर आश्चर्यजनक दृश्य-श्रव्य प्रभाव डाला; यह एक ऐसा शिक्षण उपकरण साबित हुआ जिसका फ्रायड की कल्पना में अभाव था।

वस्तुतः दसियों लाख लोग अपनी पत्नियों और प्रेमिकाओं को आग्रहपूर्वक 'डीप थ्रोट' दिखाने ले गए (निश्चित रूप से ही वे वेश्याएँ भी इसमें शामिल हैं जिनको उनके दलाल यह फ़िल्म दिखाने ले गए) जिससे वे यह देख सकें और सीख सकें कि अगर वाकई चाहे तो एक स्त्री अपने पुरुष को ख़ुश करने के लिए क्या कर सकती है। इस फ़िल्म की लोकप्रियता का सबसे बड़ा कारण इसका यह शिक्षण-पक्ष ही रहा जिसकी वजह से इसकी पहुँच सिर्फ़ पुरुषों तक सीमित न होकर उससे भी आगे तक चली गई।

निस्संदेह, यदि फ़िल्म देखने वाली स्त्री एक मज़ा खराब करनेवाली साथी होगी तो शायद वह स्क्रीन पर दिखने वाली औरत की संवेदना को समझ पाएगी—उसके अपमान, भय और पीड़ा को महसूस कर सकेगी—लिंडा लवलेस का मुस्कुराता, ख़ुशमिज़ाज़ चेहरा सहानुभूति की किसी भी दरकार को ख़ारिज करने में भी सक्षम था। उसे देखने से ऐसा संकेत मिलता था जैसे कि वह अपनी मर्ज़ी और ख़ुशी से यह कर रही है, जैसे कि वह यही करना चाहती है। आख़िर कौन उसे मजबूर कर रहा है? देखो। वह कैसे मुस्करा रही है? देखो कि किस तरह एक असली औरत को इसमें मज़ा आता है?

आठ साल बाद, अपनी आत्मकथा 'ऑर्डील' में लिंडा ने यह अपमानजनक और पीड़ादायक अनुभव साझा किया।[2] उसने उन आठ वर्षों के बारे में विस्तार से बताया जब उसे यौन-बंधक बनाकर रखा गया था, जिसके दौरान उसे प्रताड़ित किया जाता था और सभी तरह के सामान्य मानवीय संपर्कों से वंचित रखा जाता था।

इतना ही नहीं, यह समझना बेहद ज़रूरी है कि उस वक़्त (और शायद अब भी, ऐसी परिस्थितियों का शिकार बनी अन्य स्त्रियों के संबंध में) इस सच्चाई को जानना कितना कष्टदायक रहा होगा।

उदाहरण के लिए, 'डीप थ्रोट' की लोकप्रियता के शिखर पर, नोरा एफरॉन ने इस फ़िल्म को देखने जाने के संबंध में एक लेख लिखा। उन्होंने यह तय कर लिया था कि वह इस संबंध में 'गैर राजनैतिक फ़िल्म की आलोचना में राजनैतिक भाषा का इस्तेमाल करनेवाली सनकी नारीवादियों' की तरह प्रतिक्रिया नहीं देंगी।

बावजूद इसके वह दृश्य देखकर नोरा भयभीत हो गईं थीं जिसमें एक काँच का खोखला लिंग-प्रतिरूप लिंडा लवलेस के योनिमार्ग में डाला जाता है और फिर उसे कोका-कोला से भर दिया जाता है, इसके बाद उस काँच के लिंग में भरे कोका कोला को एक सर्जिकल स्ट्रॉ (शल्य नली) के द्वारा पिया जाता है। (उन्होंने यह स्वीकार किया कि 'उस वक़्त मैं सिर्फ़ यही सोच पा रही थी कि अगर वह काँच टूट गया तो क्या होगा।') उन्होंने अपमानित और क्रोधित महसूस किया, इस पर उनके पुरुष साथियों ने उनसे कहा कि वे 'अतिप्रतिक्रियावादी' हो रही हैं और कोका-कोला वाला वह दृश्य 'हास्यास्पद' था। उन्होंने अपने लेखकीय लाइसेंस का इस्तेमाल करके टेलीफ़ोन पर लिंडा लवलेस का साक्षात्कार लेने के लिए वक़्त लिया। 'मुझे यह फ़िल्म बनाने में बहुत मज़ा आया,' लिंडा ने उनसे कहा, 'सेक्स को लेकर मेरे मन में कोई निषेध नहीं है। मैं सिर्फ़ यही उम्मीद करती हूँ कि इस फ़िल्म को देखने वाला हर व्यक्ति...कुछ हद तक अपने निषेधों को छोड़ दे।'

इस बातचीत के बाद नोरा ने एक लेख लिखा जिसमें लिंडा के स्वेच्छा और ख़ुशी से पोर्न क्वीन बनने की बात कही गई थी और बताया गया था कि 'वह 250 डॉलर प्रतिसप्ताह और साथ में मिलने वाले अन्य लाभों से बेहद ख़ुश हैं।' अपनी

ख़ुद की प्रतिक्रिया के बारे में उन्होंने लिखा कि 'मैं एक नैतिकतावादी नारीवादी की तरह प्रतिक्रिया दे रही थी जो पोर्न फ़िल्म देखते हुए अपना मज़ाकिया स्वभाव भूल गई।'

वह जो नहीं जानती थीं (जिसे कोई भी साक्षात्कारकर्ता भला किस प्रकार जान सकता है!) वह यह है कि बाद में लिंडा उन्हें दिए गए इस जवाब और इस तरह के अन्य सभी जवाबों को चक ट्रेनर द्वारा ऐसे पत्रकारिता संबंधी अवसरों पर जबरन दिलाए गए जवाबों में शामिल कर देंगी। चक ट्रेनर किसी भी अस्वीकार्य या उसके व्यवसाय को नुक़सान पहुँचाने वाली प्रतिक्रिया के लिए लिंडा को प्रताड़ित करता था (उदाहरण के तौर पर जब, एक सराय के कमरे में पाँच लोगों द्वारा सामूहिक बलात्कार किए जाने पर वह रोने-चिल्लाने लगी और इस कारण उनमें से एक ग्राहक ने पैसे देने से मना कर दिया)। वास्तव में लिंडा को लगभग रोज़ाना ही बुरी तरह पीटा जाता था और बलात्कार किया जाता था जिससे कि उसका गुदामार्ग स्थायी रूप से क्षतिग्रस्त हो गया, साथ ही पैर की नसों में भी स्थायी चोटें आईं थीं।

नोरा यह नहीं जानती थीं कि किसी दिन लिंडा वहाँ से भाग जाने की अपनी तीन कोशिशों के बारे में लिखेंगी और फिर यौन-दासता के उस जीवन को भुगतने के लिए मजबूर किए जाने की तीन घटनाओं के बारे में भी : पहली बार एक अन्य वेश्या ने उन्हें धोखा दिया और उन्हें इस बदनाम दुनिया में लौटना पड़ा; दूसरी बार ख़ुद उनकी माँ के कारण उन्हें लौटना पड़ा जो कि चक ट्रेनर के मासूमियत और पछतावों के दिखावे में आ गईं और उसे बता दिया कि उनकी बेटी (लिंडा) कहाँ छिपी हुई है; और अंत में एक बार जब लिंडा अपनी उन दो दोस्तों की जान के ख़तरे को देखकर ख़ुद ही डरकर लौट गई थीं, जिन्होंने यह सुनकर लिंडा को अपने पास शरण दी थी कि लिंडा को जबरन एक कुत्ते के साथ सेक्स फ़िल्म बनाने के लिए मजबूर किया गया। लिंडा को यक़ीन था कि उसकी उन दोस्तों के घर के बाहर चक ट्रेनर ने एक वैन खड़ी कर रखी थी जिसके अंदर उसके तमाम हैंड ग्रेनेड और मशीन गन मौजूद थे। इस बार अपनी दोस्तों की जान के ख़तरे को भाँपते हुए लिंडा ने ख़ुद ही समर्पण कर दिया था।

अब भी, ट्रेनर के बारे में इन तथा अन्य तथ्यों के बारे में पढ़ते/लिखते हुए 'कथित' अवश्य लगाया जाना चाहिए।

इस दलदल से भागने के बाद लंबे समय तक लिंडा के डर और गुमनामी में रहने के कारण, क़ानून की समय सीमा, और ट्रेनर द्वारा उसे धमकाकर शादी करने जैसे तथ्यों के चलते कोई भी क़ानूनी अभियोग लगाना मुश्किल है। लिंडा की किताब एक दस्तावेज़ है जो भय, परपीड़क कामसुख और जबरन वेश्यावृत्ति के दो से भी अधिक वर्षों की कहानी बताती है। इन आरोपों के जवाब में ट्रेनर ने प्रतिक्रिया देते हुए कहा था कि 'ये आरोप इतने हास्यास्पद हैं कि मैं इन्हें गंभीरता से नहीं ले सकता।' ट्रेनर ने यह भी कहा था कि 'जब वह पहले लिंडा के साथ डेट पर जाता था तो वह बहुत

शर्मीली थी, किसी पुरुष के सामने बग़ैर कपड़ों के दिखने से वह घबरा जाती थी...मैंने ही उसे लिंडा बोरमैन से लिंडा लवलेस बनाया।'

लिंडा के अनुसार उसे लिंडा लवलेस बनाने के लिए उसके सर पर बंदूक रखी जाती थी, उससे वेश्यावृत्ति कराई जाती थी और इस दौरान एक छोटे-से छेद से उस पर नज़र रखी जाती थी जिससे कि वह भाग न सके, और यदि वह रेस्तराँ में या हाइवे से गुज़रने वाले ड्राइवरों के सामने अपने बदन की नुमाइश करने जैसे तमाशे के लिए इनकार करती थी तो बागवानी वाले पाइप से जबरन उसकी गुदा में पानी का फव्वारा डाला जाता था।

'ऑर्डील' एक ऐसी किताब है जिसे पढ़ना अत्यंत पीड़ादायक है। ज़रूर इसे लिखना इससे भी कहीं अधिक पीड़ादायक रहा होगा। लेकिन लिंडा कहती हैं कि वे हमेशा के लिए इस झूठ को धो डालना चाहती हैं कि वे ख़ुद, अपनी मर्ज़ी से, 'लिंडा लवलेस' बनीं।

क्या इस किताब का एक उद्देश्य पैसे कमाना था? निश्चित रूप से, उन्हें अपने लिए, अपने तीन साल के बेटे के लिए, जल्द ही आने वाले अपने दूसरे बच्चे के लिए और अपने पति के लिए, पैसों की बेहद ज़रूरत थी। उनके पति लैरी मर्शिनाओ लिंडा के बचपन के दोस्त थे, वह एक टीवी केबल लगाने वाले के रूप में काम करते थे लेकिन जब उनके साथियों को लिंडा के अतीत का पता चला तो उनके हाथ से यह नौकरी छूट गई। कुछ समय तक लिंडा का परिवार लगभग सरकारी सहायता पर ही गुज़ारा करता रहा। लेकिन लिंडा इस बात को ज़ोर देकर कहती हैं कि ऐसी परिस्थिति के बावजूद उन्होंने *डीप थ्रोट* जैसी एक और पोर्न फ़िल्म बनाने के तीन मिलियन डॉलर के प्रस्तावों को ठुकरा दिया था। (*डीप थ्रोट* के फ़िल्मांकन के लिए लिंडा को बारह सौ डॉलर का मेहनताना दिया गया था; यह भी वैसा ही मेहनताना था, जैसा ग्राहकों के लिए वेश्या के रूप में काम करने के बदले में मिलने वाला मेहनताना, जो कभी उसके हाथों में नहीं आया।) 'मैं अब यह सब कभी दोबारा नहीं करूँगी,' लिंडा कहती हैं, 'कोई मुझे पचास मिलियन डॉलर दे, तब भी नहीं।'

जबरन वेश्यावृत्ति में लाई गई एक स्त्री ने लिंडा को एक पोस्टकार्ड लिखा और उसके जवाब में लिंडा ने जो लिखा उससे 'ऑर्डील' लिखने का एक भिन्न उद्देश्य स्पष्ट हुआ। उस पोस्टकार्ड लिखने वाली स्त्री ने कहा कि लिंडा को टीवी पर देखकर ही उसके अंदर भागने का साहस पैदा हुआ। 'स्त्रियों को बुरी परिस्थितियों से निकलकर भागने का साहस दिया जाना चाहिए और उन्हें ये बताया जाना चाहिए कि वे अपना आत्मसम्मान वापस पा सकती हैं,' लिंडा ने कहा, 'वह पोस्टकार्ड मेरे जीवन की सबसे बड़ी उपलब्धि थी।'

विडम्बना यह है कि ख़ुद लिंडा के अंदर भागने का साहस *डीप थ्रोट* की सफलता से पैदा हुआ। अब वह एक क़ीमती सामान की तरह हो गई थीं। उसे कभी-कभी बाहरी

दुनिया और लोगों के साथ संपर्क में लाना ज़रूरी हो गया था। लिंडा कहती हैं, यह उसके लिए वह दुनिया थी जिससे उसे हमेशा दूर रखा गया था, यहाँ तक कि रेडियो और अख़बारों के माध्यम से भी उस तक कोई खबर नहीं पहुँचने दी जाती थी। वह गंभीरता से कहती हैं, "आज मैं ईश्वर का शुक्रिया अदा करती हूँ कि उस समय तक औरतों की असली मौत का दृश्य उतारने वाली 'स्नफ़' फ़िल्मों का बनना शुरू नहीं हुआ था, वरना शायद मैं जीवित न निकल पाती।"

वह बताती हैं कि वह भरोसेमंद होने का नाटक करके भागने का मौक़ा हासिल कर सकी थीं। हर बार यह अभिनय पिछली बार की तुलना में और ज़्यादा वक़्त तक करना पड़ता था। ऐसा उन्होंने छः महीने बाद, लिंडा लवलेस के स्टेज संस्करण के रिहर्सल के दौरान उन्हें बग़ैर निगरानी के वहीं छोड़ दिए जाने तक किया। भागने के बाद भी वह कई सप्ताह तक होटलों में अकेले छिपकर रहती रहीं। उन्हें यक़ीन था कि चौथी बार भागने के इस प्रयास के लिए उन्हें बहुत मारा जाएगा या मार भी डाला जा सकता है, फिर भी इस बार उनके अंदर पहले से ज़्यादा हिम्मत थी क्योंकि उन्हें सिर्फ़ अपनी ही चिंता करनी थी, किसी और की नहीं। उन्हें बहुत लंबे समय तक छिपते हुए रहना पड़ा, और इस दौरान भेष बदलकर रहने में, ट्रेनर के नए सफल व्यवसाय 'लिंडा लवलेस इंटरप्राइजेस' की एक दयालु सेक्रेटरी लिंडा की मदद करती रही और ज़रूरत का सामान उपलब्ध कराती रही। (लेकिन इस दौरान उन्हें पुलिस से कोई सहायता नहीं मिली थी। जो ये कहते थे कि वे तब तक लिंडा की रक्षा के लिए 'कोई क़दम नहीं उठा सकते जब तक कि उनका पति बंदूक लेकर उनके साथ एक ही कमरे में न पकड़ा जाए')। यह सब तब तक चलता रहा जब तक कि लिंडा की दहशत कम होकर एक सामान्य डर में नहीं बदल गई। ट्रेनर बराबर उनके लौट आने के लिए क़ानूनी नोटिस भेजता रहता था। उसने लिंडा के ख़िलाफ़ अनुबंध तोड़ने का मुक़दमा भी दायर करवाया था। लेकिन अब ट्रेनर को अपनी पोर्न फ़िल्मों के लिए एक दूसरी लड़की—मर्लिन चेम्बर्स—मिल गई थी, जो एक मॉडल थी और तुलनात्मक रूप से अहिंसक पोर्न फ़िल्म 'बिहाइंड द ग्रीन डोर' में काम कर चुकी थी।

और फिर, अचानक, उन्हें एक वकील के माध्यम से संदेश मिला कि ट्रेनर तलाक़ के काग़ज़ात पर हस्ताक्षर के लिए तैयार है। उन्हें लौट आने के लिए मिलने वाले निवेदन और धमकियाँ अब रुक गए थे।

अंततः अब वह छिपने और भेष बदल कर रहने से मुक्त हो गई थीं, उन्होंने *लिंडा लवलेस फॉर प्रेसिडेंट* के फ़िल्मांकन द्वारा अपनी पहचान को वास्तविक अभिनय के लिए इस्तेमाल करने की कोशिश की। *लिंडा लवलेस फॉर प्रेसिडेंट* दरअसल एक हास्य नाटक था जिसमें ज़ाहिरा तौर पर सेक्स नहीं था। लेकिन बाद में लिंडा ने देखा कि वह निर्माता जिसने उसे भूमिका का प्रस्ताव दिया था, बदले में लिंडा से नग्नता की उम्मीद रखता था। लिंडा एक बार कान्स फ़िल्म समारोह में गई,

लेकिन वहाँ उन हस्तियों के बीच अपनी स्वीकार्यता को देखकर लिंडा को गहरा अवसाद हुआ, जिनके प्रति लिंडा सम्मान रखती थी। 'मैं घटिया लोगों के साथ एक घटिया फ़िल्म में थी... मुझे नहीं पता कि आख़िर क्यों वे इस तरह की फ़िल्म देख रहे थे?'

एक बार जब लिंडा ने स्वयं ख़ुद से जुड़े सवालों के जवाब देने शुरू किए और अपनी मजबूरी के उन सालों का विवरण देने की कोशिश की तो उन्होंने पाया कि इस मामले में तथ्यों को प्रकाशित करवाने के प्रति पत्रकार बहुत अधिक अनिच्छुक थे। उसकी कहानी अवसादपूर्ण थी, न उसमें कोई ग्लैमर था न रोमांच, क्योंकि उन्हें सेक्स के धंधे में लगे किसी सिक्के की तरह इधर-उधर भेजा जाता था, कभी-कभी ऐसे लोगों के पास जो रसूखदार और लोकप्रिय थे, जिसके कारण मुक़दमे का भी ख़तरा बना रहता था।

सिर्फ़ एक बार, 1978 में, जब अख़बार के एक सम्मानित रिपोर्टर माइक मैकग्राडी ने लॉन्ग आईलैंड, जहाँ लिंडा अपने नए पति के साथ रह रही थीं, में उनका साक्षात्कार लिया, तब उनकी कहानी के लोगों तक पहुँचने की लंबी प्रक्रिया की शुरुआत हुई थी। मैकग्राडी को लिंडा पर पूरा भरोसा था। एक प्रकाशक को राजी करने के लिए मैकग्राडी ने लिंडा को न्यूयॉर्क ज़िला अधिवक्ता के कार्यालय से पूर्व मुख्य पॉलिग्राफ विशेषज्ञ के साथ ग्यारह घंटे का लाइ डिटेक्टर टेस्ट (झूठ का परीक्षण करनेवाली प्रक्रिया) भी दिलवाया था। इस परीक्षण के दौरान बहुत विस्तार से पूछताछ और कठोर सवाल किए गए थे। लेकिन उन परिणामों और मैकग्राडी के ख़ुद एक सहयोगी के रूप में जुड़ने के बाद भी कई प्रकाशकों ने पांडुलिपि ख़ारिज कर दी थी। आख़िरकार इस पांडुलिपि को लाइल स्टुअर्ट ने स्वीकार किया जो प्रकाशन जगत में विद्रोही माने जाते थे और अक्सर सनसनीखेज और विवादास्पद विषयों को लेकर आते थे।

किसी को भी आश्चर्य हो सकता है : यदि एक पुरुष राजनैतिक क़ैदी या बंधक इस तरह की कहानी सुनाता तो क्या उस पर भी इस तरह अविश्वास किया जाता? 'ऑर्डील' स्वपीड़क कामुकता के इस व्यापक मिथक को चुनौती देती है जो इस बात पर ज़ोर देता है कि स्त्रियाँ यौनक्रिया के दौरान की जानेवाली निर्दयता और कष्ट से आनंद लेती हैं, लेकिन वेश्यावृत्ति और पोर्नोग्राफ़ी तो बड़े व्यवसाय हैं जो इसी मिथक पर बनाए गए हैं और फल-फूल रहे हैं। जब लिंडा से पहले ही अपने पति के चंगुल से भाग जाने के संबंध में चुनौतीपूर्ण सवाल किए गए तो, लिंडा ने लिखा : 'मैं समझ सकती हूँ कि क्यों कुछ लोगों को यह सच स्वीकार करने में इतनी परेशानी हो रही है। जब मैं छोटी थी, और मैंने एक महिला के साथ बलात्कार किए जाने के बारे में सुना था, तो मेरी सहज गुप्त भावना यही थी कि ऐसा मेरे साथ कभी नहीं हो सकता। मैं अपने साथ कभी ऐसा होने ही नहीं दूँगी। अब मैं महसूस करती हूँ कि उस ख़याल

का इतना ही अर्थ लिया जा सकता है, जैसे यदि मैं कहूँ कि मैं पहाड़ों से बर्फ़ नहीं गिरने दूँगी।'

यौन दासता की कई अन्य बेनाम पीड़ित हैं : मिनीयोस्टा पाइपलाइन की जवान ब्लॉन्ड, मिनीसोटा के स्कैंडिनेवियाई खेतीवाले कस्बों से भागकर आई लड़कियाँ, जिन्हें उनके दलाल ड्रग्स देकर उसकी लत लगाते हैं और फिर उन्हें टाइम्स स्क्वायर पर धंधे के लिए भेजा जाता है; सरकारी सहायता पर गुज़ारा करनेवाली माँएँ जिन पर सरकारी सहायता छोड़कर वेश्यावृत्ति में आने के लिए दबाव डाला जाता है; आकर्षक नर्तकियाँ जो पोर्न फ़िल्मों और टॉपलेस बार आदि के लिए दूसरे ग़रीब देशों से लाई जाती हैं; प्रताड़ित की जाने वाली वे लड़कियाँ जिनकी मौत के दृश्य को लैटिन अमेरिका में स्नफ फ़िल्मों (मौत का सजीव दृश्य दिखाने वाली फ़िल्में) के लिए बनाया जाता है और फिर वे फ़िल्में अन्य देशों को भेजी जाती हैं, या वे लड़कियाँ जिनके शरीर कैलिफोर्निया के फ़िल्म निर्माताओं के अस्थायी घरों के आसपास दफ़नाए हुए मिलते हैं। टाइम्स स्क्वायर के एक होटल में एक वेश्या का शरीर मिला जिसके हाथ और गले के ऊपर का हिस्सा ग़ायब था, यह उन लड़कियों के लिए एक सबक था जो अपने दलालों का कहना नहीं मानती थीं। शायद अब इनमें से ही कोई चुप रहने वाली, सारे आरोप सहने वाली लड़की वह होगी जो बोलेगी, उन आरोपों को ठीक उस जगह पहुँचाएगी जहाँ उन्हें वास्तव में होना चाहिए था। शायद लिंडा का उदाहरण उन्हें यह उम्मीद देगा कि अगर वह लौट आती हैं तो समाज का एक हिस्सा उन्हें स्वीकार कर लेगा। हालाँकि अभी तो उन्हें वैसा ही अविश्वास होगा जैसा कुछ वर्षों पहले तक बलात्कार का शिकार हुई तन और मन से ज़ख्मी औरतों को होता था।

अपनी किताब के प्रचार के लिए लिंडा टीवी पर 'फिल डोनाह्यू शो' में शांति और मधुरता के साथ बोलते हुए बैठी हैं। वह अतीत में हुई मारपीट के दौरान क्षतिग्रस्त नसों के बचाव के लिए अपने स्लैक के नीचे सर्जिकल मोजे पहने हुई हैं। इस मारपीट के दौरान लिंडा अपने पेट और छातियों को लातों और घूँसों से बचाने के लिए माँ के पेट में रहने वाले बच्चे की तरह ख़ुद को सिकोड़ लेती थीं : यह विवरण वे डोनाह्यू के सवालों के दौरान देती हैं। संभवतः, अपने आनेवाले बच्चे के बाद उन्हें इसके लिए ऑपरेशन करवाना होगा। उनके स्तनों में डॉक्टर से सिलीकॉन भरवाया गया था (जिसकी फीस का भुगतान अन्य पेशेवरों की फीस के भुगतान की तरह ही लिंडा को सेक्स के लिए उपलब्ध करा कर किया गया था) जो अब अपनी जगह से हट चुका था और दर्द करता था, शायद इसके लिए भी एक और ऑपरेशन की ज़रूरत थी।

फिर भी डोनाह्यू, जो आमतौर पर एक संवेदनशील साक्षात्कारकर्ता हैं, उनसे उनकी पृष्ठभूमि के बारे में मनोवैज्ञानिक सवाल करते हैं : अपने माता-पिता के साथ उनके संबंध कैसे थे ? माता-पिता ने उन्हें सेक्स के बारे में क्या समझाया था ? क्योंकि उनके

साथ जो हुआ उसका कोई संबंध इस बात से नहीं है कि वह उन्नीस वर्ष की उम्र में ही गर्भवती हो गई थीं और एक बच्चे को जन्म दिया था जिसे लिंडा की माँ ने गोद देने के लिए अपने पास रख लिया था।

दर्शकों में मौजूद कुछ महिलाओं ने इसी तरह के सवाल उठाये। वे लोग भी ग़रीब रहे थे। उनके माता-पिता भी सख़्त और अधिकारवादी लोग थे; फिर भी उन्होंने पोर्नोग्राफ़ी जैसे आपराधिक काम को नहीं अपनाया। वहाँ का माहौल अपने ही प्रति गर्व और शुभकामनाओं से भरा हुआ था। डोनाह्यू किशोरावस्था में गर्भवती होने की त्रासदी, और माता-पिता द्वारा अपने बच्चों को लिंडा जैसे भविष्य से बचाने के लिए क्या करना चाहिए, इस पर बात कर रहे थे।

क्योंकि इन सबके दौरान ट्रेनर ने उसके साथ एक समारोह में विवाह किया था (लिंडा के अनुसार उसने ऐसा इसलिए किया जिससे कि लिंडा उसके द्वारा लगाये गए ड्रग आरोपों के ख़िलाफ़ गवाही न दे सके), इसलिए कार्यवाही के दौरान जब भी 'आपके पति' कहा जाता था तो लिंडा को हाँ में अपना सर हिलाना पड़ता था। हालाँकि ख़ुद वह उसके संबंध में बात करने पर 'मिस्टर ट्रेनर' ही कहती थी।

लिंडा उनके संदेहों और आपत्तियों को ग़ौर से सुन रही है, लेकिन वह कभी भी दर्शकों को अपनी बात समझाने से पीछे नहीं हटती। अगर कोई और स्त्री किसी ऐसे परपीड़क पुरुष से मिली होती जिसे 'दर्द में ही आनंद मिलता हो', जैसा लिंडा ने अपनी किताब में लिखा है, तो शायद उसका भी अंत ठीक ऐसा ही होता। नहीं, लिंडा ने कभी उससे प्यार नहीं किया था, उसको हमेशा उस आदमी से घृणा होती थी और डर लगता था। हाँ, जब पहली बार वे दोनों मिले थे तब वह बहुत अच्छा और सज्जन लग रहा था। उनके बीच कोई शारीरिक संबंध नहीं हुए थे। उसने लिंडा के सामने बस यह प्रस्ताव रखा था कि इतने सख़्त माँ-बाप के साथ बच्चों जैसे अनुशासन में रहने से बचने के लिए वह उसे अपने अपार्टमेंट में रहने की जगह दे सकता है। और फिर वह अपनी हर बात से बिलकुल 180 डिग्री पर घूम गया। लिंडा ने शांत आवाज़ में कहा कि वह उसकी क़ैदी बन गई थी। एक ऐसी क़ैदी जो हर तरह की हिंसा और उससे भी बहुत ज़्यादा सहती थी।

वह बताती हैं कि ट्रेनर उसे इस तरह सबसे अलग रखता था और उस पर इतना नियंत्रण रखता था कि लिंडा को सबके सामने कुछ भी बोलने या उससे पूछे बग़ैर बाथरूम तक जाने की इजाज़त नहीं थी। उसके पास कोई रास्ता नहीं था। यह किसी के भी साथ हो सकता है, वह इस बात को सहजता से बार-बार दोहराती हैं और दर्शकों में बैठी कई स्त्रियों को यह बात अंततः समझ में आने लगती है। लेकिन कुछ को, यह बात कभी समझ नहीं आती। डोनाह्यू उनके बचपन और उनकी पृष्ठभूमि के बारे में सवाल पूछना जारी रखते हैं। वह क्या था जिसने उन्हें इस तरह के भविष्य में लाकर खड़ा किया? हम अपनी बच्चियों की परवरिश किस तरह करें कि वे ऐसी परिस्थिति

में न आएँ? यदि आप लिंडा की कहानी के सच को मानते हैं तो डोनाह्यू द्वारा पूछे गए सवाल आपको क्रोधित कर सकते हैं, जैसे कि, 'आपकी पृष्ठभूमि में ऐसा क्या था जिसकी वजह से आप बंदी शिविर में पहुँच गईं?'

कोई भी यह नहीं पूछता कि हम अपने लड़कों की परवरिश किस तरह करें जिससे कि वे लिंडा द्वारा दिए गए चक ट्रेनर के भयानक विवरण के साँचे में कभी न आएँ। या उन दो लाख लोगों को किस चीज़ ने आकर्षित किया जिसकी वजह से वे *डीप थ्रोट* देखने गए? या उन लाखों 'सामान्य' पुरुषों का क्या किया जाए जो मानते हैं कि सेक्स में थोड़ी हिंसा और आक्रामकता आम बात है?

दर्शकों में बैठी एक महिला का सवाल था कि क्या यह नारीवाद का मुद्दा नहीं है। लिंडा ने कहा कि हाँ, उन्होंने सुना है कि पोर्नोग्राफ़ी का विरोध करनेवाले समूह हैं, वह *अगेंस्ट आवर विल* की लेखिका सुसैन ब्राउनमिलर के माध्यम से उनसे संपर्क बनाने की कोशिश कर रही हैं। बलात्कार पर लिखी गई इस निर्णायक किताब ने ब्राउनमिलर को स्त्रियों के विरुद्ध की जाने वाली अन्य पोर्नोग्राफ़िक हिंसा को चुनौती देने की स्थिति में पहुँचाया।

लेकिन यह स्पष्ट है कि लिंडा के लिए यह एक नई उम्मीद और नया संपर्क है।

उन स्त्रियों के लिए जो अब [1980] लिंडा का समर्थन करना चाहती हैं और उन अन्य स्त्रियों की मदद करना चाहती हैं जिनका यौन-शोषण उनकी मर्ज़ी के ख़िलाफ़ किया जा रहा है, यह बहुत ही दुख का विषय हो सकता है। यंत्रणा के उन महीनों और भाग सकने के सपने देखने के दौरान यहाँ तक कि बाद के वर्षों में जब वह इस मामले को लेकर बिलकुल चुप थीं, उस दौरान भी कभी बाहरी दुनिया से लिंडा को यह मालूम नहीं हो सका था कि साहसी महिलाओं के उस समूह या नारीवादियों या महिलाओं के आंदोलन जैसे नाम वाले किसी समूह से कुछ भी सहायता मिल सकती है।

निश्चित ही, यहूदी विरोधवाद का शिकार हुए व्यक्ति को यह पता होता है कि यहूदी समुदाय उसकी सहायता करेगा, या रंगभेद का शिकार हुआ कोई व्यक्ति नागरिक अधिकार के आंदोलनों की तरफ़ देखेगा। लेकिन नारीवादी समूह अब भी इतनी शक्ति अर्जित नहीं कर सके थे कि पोर्नोग्राफ़ी, वेश्यावृत्ति और स्त्री-संहार की दुनिया में अपनी उपस्थिति दर्ज करा पाते; या फिर सरकारी सहायता और कामकाजी निर्धनों के समूहों में अपनी पहचान स्थापित कर पाते जिनकी शरण में लिंडा आई थीं।

आज भी उनको मिलने वाला अधिकांश समर्थन और मदद सहानुभूति रखने वाले पुरुषों की तरफ़ से आता है : मैकग्राडी जिन्हें लिंडा की कहानी पर विश्वास था, उनके पति जो लिंडा के सम्मान की रक्षा के लिए अपनी नौकरी खो देते हैं, आज्ञाकारी कैथोलिक किशोरी के दिनों में वह यौन बंधक के रूप में जिस पुरुष ईश्वर की पूजा करती थीं और अब जिसकी पूजा वह एक गृहिणी और माँ के रूप में करती हैं।

यहाँ तक कि उसके अंदर धोखा खाने का जो दर्द है वह भी अपने पिता को लेकर है, माँ को लेकर नहीं। लाइ-डिटेक्टर पर चले लंबे परीक्षण के दौरान जब उनके पिता का नाम लिया गया तो वही इकलौता मौक़ा था जब लिंडा रोते हुए पूरी तरह से बिखर गईं। 'मैं एक फ़िल्म *हार्डकोर* देख रही थी,' लिंडा बताती हैं, 'जिसमें जॉर्ज सी., स्कॉट अपनी बेटी को हर जगह खोजता रहता है। मेरे पिता मुझे खोजते हुए क्यों नहीं आए? उन्होंने *डीप थ्रोट* देखी। उन्हें पता होना चाहिए था... उन्हें मेरे लिए कुछ करना चाहिए था। कुछ भी!'

आख़िर, हममें से किसके पास ऐसी माँ होती है जिसके पास हमें बचाने के लिए, कुछ भी करने के लिए शक्ति हो, सामर्थ्य हो? हम इसकी उम्मीद तक नहीं करते। पुरानी दंतकथाओं में, दमीत्र अधोलोक के राजा द्वारा अपनी बेटी का अपहरण और बलात्कार कर लिए जाने पर उसे उसकी क़ैद से छुड़ा कर लाती है। वह एक साहसी और शक्तिशाली माँ थी जिसने अपनी बेटी के भाग्य पर क्रोधित होते हुए धरती पर ठण्ड का प्रकोप बरसा दिया था। क्या आज के समय में कोई भी शक्तिशाली माँ अपनी बेटी को पोर्नोग्राफ़ी के अपराधजगत से छुड़ा कर ला सकती है? यहाँ तक कि हॉलीवुड भी इस पर कहानी बनाने के बारे में नहीं सोचेगा।

लेकिन अब लिंडा ने अपना क्रोध दिखाना शुरू कर दिया था, चाहे वह पोर्नोग्राफ़ी में बढ़ती हुई हिंसा के कारण अन्य स्त्रियों के प्रति अपनी चिंता व्यक्त करने के माध्यम से ही क्यों न हो। 'अब', वह कहती हैं, जैसे कि ख़ुद से कह रही हों, 'वे सड़कों के किनारे औरतों की चमड़ी बेचेंगे।'

और महिलाओं ने अब बहनों की तरह एक-दूसरे की रक्षा के लिए साथ आना शुरू कर दिया है। अब पीड़ित महिलाओं के लिए केंद्र बन गए हैं, पीड़ितों की ख़ातिर इन केंद्रों के फ़ोन नंबरों का सार्वजनिक प्रचार किया जाता है लेकिन ये निजी और सुरक्षित जगहें होती हैं जहाँ कोई उन तक नहीं पहुँच सकता। यह एक ऐसी व्यवस्था है जो वेश्यावृत्ति और पोर्नोग्राफ़ी की दुनिया में फँसी लड़कियों की भी मदद कर सकती है, अगर इसका अस्तित्व रहा और स्त्रियों को यह पता रहा कि उनके लिए ऐसी सुरक्षित जगहें हैं।

इस बीच, लिंडा लॉन्ग आईलैंड पर बने अपने छोटे-से घर की सफाई (वह गर्व से कहती हैं, 'मैं दिन में दो बार अपना घर साफ़ करती हूँ,') करने के दौरान कुछ समय निकाल कर साक्षात्कार देती हैं, यौन बंधक के रूप में जी रही औरतों के लिए उम्मीद-भरे संदेश भेजती हैं, और अपनी अन्य दोस्तों के साथ पोर्नोग्राफ़ी के ख़िलाफ़ भाषण देती हैं। वह सवालों के जवाब देती रहती हैं, जिनमें से अधिकांश सवाल उन साक्षात्कारकर्ताओं के होते हैं जो डोनाह्यू की तुलना में काफ़ी कम सहानुभूति रखते हैं।

वह ऐसी किताब कैसे लिख सकती है, जब किसी दिन उसका बेटा इसे पढ़ेगा

तो ? 'मैं पहले ही उसे यह सब समझा चुकी हूँ,' लिंडा दृढ़तापूर्वक कहती हैं, 'कि कुछ लोगों ने तुम्हारी माँ को चोट पहुँचाई थी—बहुत समय पहले।' उसके पति ने कैसे इस तरह का ख़राब यौन अतीत रखने वाली औरत को स्वीकार किया ? (यह यौन संबंध के बारे में नहीं है। मैंने कभी भी कामसुख का अनुभव नहीं किया, एक भी बार ऑरगेज्म का अनुभव नहीं किया, कुछ भी महसूस नहीं किया। मैंने कामसुख पाने की झूठी नक़ल करना सीखा ताकि मुझे ख़राब काम करने के लिए सज़ा न मिले।') और सबसे बड़ा संदेह यह था कि : क्या वह सच में इन परिस्थितियों से बचना चाहती थी, उसने पहले ही वहाँ से भागने का प्रयास क्यों नहीं किया ?

लिंडा पूरे धैर्य के साथ जितने बेहतर ढंग से समझा सकती हैं, समझाती हैं। जब मैं उन्हें देखती हूँ, मुझे यह यक़ीन हो जाता है कि सवाल कुछ और होना चाहिए था : उसे वहाँ से भागने की कोशिश करने के लिए भी साहस आख़िर कैसे मिला ?

जिस धैर्य के साथ वह इन सभी सवालों के जवाब देती हैं उसके पीछे—बचपन में मिली 'एक अच्छी लड़की' बनने की शिक्षा का परिणाम जो अक्सर हम में से कई को शिकार हो जाने में सहायता करता है—साहस और जिद का तत्त्व है जो ख़ुद में ही एक जवाब है। वह लोगों को अपनी बात समझा कर रहेंगी। वह हार नहीं मानेंगी।

इस एक औरत के सूक्ष्म ब्रह्मांड में, एक जाना-बूझा हुआ जादू है : वह तरीक़ा जिससे औरतें किसी भी परिस्थिति में जीवित रह लेती हैं—और वापस संघर्ष करती हैं।

और संघर्ष करना ही तो सबसे ज़रूरी है।

'डीप थ्रोट' न्यूयॉर्क के एक थियेटर में लगातार दिखाई जाती रही और शायद दुनिया के कई और शहरों में भी। इस फ़िल्म में भी लिंडा के पैरों में चोट के निशान हैं, जो उसके इस बयान का समर्थन करते हैं कि वह एक बंधक की तरह रह रही थीं। क्या दर्शकों को वे ज़ख़्म दिखाई पड़ते हैं—या सिर्फ़ उसकी मुस्कान ही दिखती है ? इस फ़िल्म को रोकने के लिए कोई भी निजता के हनन का या क़ानूनी रास्ता नहीं मिला, इसका कारण कुछ हद तक यह रहा कि सीमा का क़ानून लगा दिया गया था और कुछ हद तक एक अन्य कारण यह भी था कि लिंडा की क़ैद की कहानी कई यौन मिथकों के विरोध में खड़ी थी। यदि मैंने दूसरे ऐसे लोगों का साक्षात्कार न किया होता जिन्होंने टुकड़ों में लिंडा की कहानी को सत्यापित किया तो शायद मुझे भी यही लगता कि ऐसा नहीं हो सकता। पहले की ही तरह, उसके अपमान की जिंदा छवियों से आज भी पैसा कमाया जा रहा है।

डीप थ्रोट ने पोर्नोग्राफ़ी में एक बिलकुल नई शैली को लोकप्रियता दिलाई। बलात्कार के सभी ज्ञात तरीक़ों में एक और तरीक़ा जोड़ दिया कि अब गले का बलात्कार करने की इच्छा भी जागेगी। पोर्न उपन्यास अंतहीन ढंग से इस विषय का उपयोग करते आ रहे हैं। किसी आपातिक स्थिति कक्ष के डॉक्टरों का मानना है कि गला घोंट कर मारी गई स्त्रियों की संख्या में वृद्धि हो रही है।

जहाँ तक सवाल है चक ट्रेनर का, वह अभी मर्लिन चेम्बर्स का पति और मैनेजर है। *फिलाडेल्फिया डेली न्यूज़* के स्तंभकार, लैरी फ़ील्ड याद करते हुए बताते हैं कि उन्होंने अपने कॉलम के लिए दोनों का साक्षात्कार लिया था, तब मर्लिन स्थानीय नाइटक्लब में गाने और नाच के कार्यक्रम करती थी। उस साक्षात्कार में शेखी बघारते हुए ट्रेनर ने कहा था कि लिंडा लवलेस को जो भी आता था वो सब उसने ही उसको सिखाया था, लेकिन 'मर्लिन के पास जो है वो लिंडा के पास कभी नहीं था—योग्यता।'

जहाँ ट्रेनर मर्लिन की तरफ़ से सवालों के जवाब दे रहा था, वहीं वह बाथरूम तक जाने के लिए भी ट्रेनर से पूछ रही थी। ट्रेनर ने उसे मना कर दिया। 'नहीं अभी नहीं।' फ़ील्ड को याद आता है कि ट्रेनर ने यही कहा था उससे। और जब उसने यह कहते हुए आपत्ति की कि कुछ ही देर में उसे स्टेज पर जाना है तो जवाब मिला था : 'वहाँ बैठो और चुप रहो।'

जब फील्ड ने भी इस बात पर आपत्ति दिखाई, ट्रेनर जिद पर आ गया। 'मैं आपको ये नहीं सिखाता कि अपना स्तंभ किस तरह से लिखिए,' ट्रेनर ने गुस्साते हुए कहा, 'मुझे ये सिखाने की कोशिश मत कीजिए कि अपने बोर्ड के लोगों से कैसा व्यवहार करूँ।'

पुनश्च : (1995)

भुगती गईं तमाम शारीरिक प्रताड़नाओं के कारण हुई कई स्वास्थ्य समस्याओं के बाद, और अपनी पहचान के कारण होनेवाले उत्पीड़न के चलते, लिंडा, उनके पति और दो किशोरवय बच्चे लिंडा के गुज़र जाने तक न्यूयॉर्क शहर से बहुत दूर बिलकुल शांत और गुमनाम जीवन जीते रहे। वो जब भी मीडिया में अपहरण, क़त्ल और घरेलू हिंसा की घटनाएँ देखती थीं तो उनका अतीत उनकी आँखों के सामने से गुज़रने लगता था और वह बेचैन हो जाती थीं। अपने अनुभव के बारे में बताने के लिए और वेश्यावृत्ति व पोर्नोग्राफ़ी की असलियत के बारे में गवाही देने के लिए उन्होंने अपने राज्य से बाहर भी यात्रा की। उन्होंने अपना जीवन दूसरों की सहायता के लिए लगा दिया और यही उपचार का अंतिम चरण है। जिन लोगों ने *डीप थ्रोट* बनायी उनके लिए, आज भी कोई ऐसा तरीक़ा नहीं जिससे कि उनसे मुआवज़ा लिया जा सके या इसके वितरण पर रोक लगाई जा सके।

पुनश्च : (2013)

2013 में लिंडा के जीवन के प्रचार के पीछे का असली सच दिखाने वाली फ़िल्म रिलीज़ हुई है; इसका नाम *लवलेस* है।

(आउटरेजियस एक्ट्स एवरीडे रिबेलियंस, 1980)

मैं थी एक प्लेबॉय बनी

नवंबर 2012 में कैलिफोर्निया स्थित प्लेबॉय क्लब कंपनी की फ्रैंचाइजी, पीबी लाइफस्टाइल ने गोवा में प्लेबॉय क्लब के उद्‌घाटन और उसके बाद 120 अन्य क्लबों और देश-भर में होटलों और कैफे की योजना की घोषणा की। प्लेबॉय के संस्थापक ह्यू हेफनर ने, बनीज़ द्वारा पहनी जाने वाली वेशभूषाओं के डिजाइन पर अंतिम निर्णय लिया है, नीचे के आधे भाग तक शिफॉन के लंबे ड्रेप्स, जबकि ऊपरी आधा भाग—साटन बस्टियर—तंग और खुला। योजना अब तक विलम्बित है क्योंकि गोवा के एक राजनीतिज्ञ ने योजना पर मुहर लग जाने की दशा में भूख हड़ताल पर जाने की धमकी दी थी, और चूँकि *टाइम्स ऑफ़ इंडिया* के अनुसार क्लब 'बीच शैक' खोलने के अपने आवेदन में विफल रहा था। फिर भी यह संभव है कि क्लब को बीच शैक की बजाय केवल एक सिटी क्लब के रूप में पुन: आवेदन करने की ज़रूरत पड़े।

स्थानीय प्रेस ने सूचना दी है कि पिछले वर्ष खरगोश जैसी भूमिका की तैयारी हेतु 'अमेरिकी मूल की कंपनी द्वारा करवाए गए चार सप्ताह के एक सख़्त सेवाकालीन प्रशिक्षण कार्यक्रम' से गुज़रने के लिए छह भाड़े के बनीज़, जिनमें सभी विदेशी महिलाएँ थीं, भारत पहुँचे थे।[1]

ग्लोरिया अपने लेख में बताती हैं कि हम किस चीज़ के विरोध में खड़े हैं और प्लेबॉय क्लब में बनीज़ का जीवन कैसा होता है। इस लेख के लिखे जाने के वक़्त, संयुक्त राज्य अमेरिका में कोई भी प्लेबॉय क्लब नहीं है।

—रुचिरा गुप्ता

मैंने एक बड़ी डायरी और इस विज्ञापन से लैस एक रिपोर्टिंग असाइनमेंट लिया :

लड़कियों :
क्या वाकई में प्लेबॉय क्लब बनीज़ के पास
ग्लैमरस नौकरी है,
वे हस्तियों से मिलती हैं, और
अच्छा-ख़ासा पैसा कमाती हैं?

हाँ, यह सच है! आकर्षक युवा लड़कियाँ अब शानदार न्यूयॉर्क प्लेबॉय क्लब में एक सप्ताह में 200-300 डॉलर तक कमा सकती हैं, शो-बिजनेस की ग्लैमरस और आकर्षक आभा का आनंद ले सकती हैं, और उनके पास विश्व-भर के अन्य प्लेबॉय क्लबों में भ्रमण करने के अवसर होते हैं। चाहे पेय पदार्थ परोसना हो, चित्र खींचना हो, या द्वार पर मेहमानों का अभिवादन करना हो, प्लेबॉय क्लब एक स्टेज है—और बनीज़ सितारे।

हमारे बनीज़ के आकर्षण और सौंदर्य की सराहना टाइम, न्यूज़वीक, और पैजेंट में हुई है, और एड सुलिवन ने द प्लेबॉय क्लब को 'सबसे बड़ा नया शो बिज़ गिमिक' कहा है। और प्लेबॉय क्लब अब न्यूयॉर्क में सबसे व्यस्त स्थान है।

यदि आप सुंदर और आकर्षक हैं, 21 और 24 के बीच, शादीशुदा हैं या एकल, तो शायद आप योग्य हैं। कोई अनुभव आवश्यक नहीं।

विशेष साक्षात्कार पर व्यक्तिगत रूप से आवेदन शनिवार और रविवार, 26-27 जनवरी, सुबह 10 : 00 से सांय 03 : 00, को आयोजित किया जा रहा है। कृपया स्विमिंग सूट या लियोटाड्र्स लेकर आएँ।

द प्लेबॉय क्लब
5 ईस्ट 59 स्ट्रीट
गुरुवार, 24 जनवरी, 1963

मैंने स्वयं को मैरी कैथरीन ओच्स सम्बोधित करने का निर्णय लिया है। मेरे पुरखे मुझे माफ़ करें, यह एक कुल नाम है। मेरे इस पर कुछ अधिकार हैं, और मुझे इसके यूरोपीय मूल की सही-सही जानकारी है। इसके अलावा, यह इतना वास्तविक जान पड़ता है कि कोई इसे नकली नहीं कह सकता।

शुक्रवार, 25

मैंने मैरी की पृष्ठभूमि तैयार करने के लिए एक पूरी दोपहर बिताई है। वह मेरे घर, मेरे फ़ोन और मेरे शरीर की नाप तक शेयर करती है। उम्र में मुझसे चार साल छोटी होने के बावजूद (मैं 'बनी आयु सीमा' से परे हूँ), मैरी मेरे साथ ही जन्मदिन मनाती है और उसी हाई स्कूल और कॉलेज में पढ़ी है। लेकिन वह शिक्षा की ग़ुलाम नहीं थी—मैरी ग़ुलाम नहीं थी। एक साल बाद ही वो मुझे बी.ए. की मुश्किल राह पर छोड़कर, यूरोप की एक पर्यटक फ्लाइट में सवार हो गई। उसके पास बिल्कुल भी पैसे नहीं थे, लेकिन लंदन में एक वेट्रेस के रूप में छोटा-सा कार्यकाल, पेरिस में राहगीरों

को ख़ुश करनेवाली नर्तकी, और जिनेवा में एक सेक्रेटरी जैसे काम, बीचकोम्बिंग और अन्य शरारतों के बीच उसे और उसके ख़र्चों को सँभाले रखने के लिए पर्याप्त थे। पिछले साल, वह न्यूयॉर्क वापस आई और सेक्रेटरी के रूप में कुछ दिन काम किया। तीन दोस्त गम्भीरतापूर्वक उसकी व्यक्तिगत सिफ़ारिशें करने के लिए तैयार हो गए हैं। वह है ही ऐसी कि जो भी उससे मिलता है उसे प्यार करने लगता है।

कल वह दिन है। मैरी इस नोटबुक से बाहर निकलकर दुनिया की अपनी पहली यात्रा पर जाएगी। मैं उसके लिए एक लियोटार्ड ख़रीदने जा रही हूँ।

शनिवार, 26

आज मैंने बहुत ही नाटकीय कपड़े पहने हैं, या कहें सबसे ज़्यादा बनावटी जो कपड़े मिल सकते थे, वे मैंने पहन लिए। अपने लियोटार्ड को एक हैटबॉक्स में पैक कर दिया है और प्लेबॉय क्लब के लिए चल पड़ी हूँ। इस पर नज़र न पड़े यह तो हो ही नहीं सकता। एक अलग से दिखनेवाली छह मंजिला ऑफ़िस की इमारत और एक कला दीर्घा, जो कभी खड़ी हुआ करती थीं, पूरी तरह बदलकर प्लेट ग्लास की एक चमकदार आयत में तब्दील कर दी गई हैं। नारंगी-कार्पेटेड आंतरिक सजावट के साथ ऊपर डेड सेंटर की ओर चढ़ती एक आधुनिक फ्लोटिंग सीढ़ी ख़ूब साफ़ दिखती है। कुल प्रभाव सुखद है—और चौंकाने वाला।

मैं वह जगह पार करके क्लब की ओर बढ़ने लगी जहाँ निजी गार्ड की वर्दी में मध्यम-आयु वर्ग का एक पुरुष मुस्कुराया और इशारे से आवाज़ दी : ''यहाँ, बनी, बनी, बनी!'' उसने अपने बाईं ओर के ग्लास डोर की तरफ़ अँगूठे से इशारा किया— 'साक्षात्कार सीढ़ियों से नीचे प्लेमेट बार में।'

क्लब भीतर से इतने नाटकीय रूप से प्रकाशमान था कि यह समझने में कुछ सेकेंड लगे कि वह बंद और ख़ाली है। मैं छोटी-सी सीढ़ियों से नीचे उतरी जहाँ अँधेरे कमरे में बैठी एक पतली, तीस के आसपास की स्त्री, मिस शेय ने मेरा स्वागत किया। ''बनी?'' उन्होंने उत्साह से पूछा। ''वहाँ पर बैठो, इस फार्म को भरो, और अपना कोट उतार लो।'' मैं देख सकती थी कि पेंसिल के ऊपर झुकी हुई लड़कियाँ दो मेजों पर पहले ही मौजूद थीं, मैंने उन्हें उत्सुकता से देखा। अधिक से अधिक आवेदकों को देखने की इच्छा के कारण मैं साक्षात्कार के समय के ठीक बीच में आई थी, लेकिन वहाँ सिर्फ़ तीन ही थीं। ''अपना कोट उतार लो,'' मिस शेय ने फिर कहा। जब मैंने ऐसा किया उस दौरान उन्होंने मुझे मूल्यांकन करनेवाली नज़रों से देखा। उनमें से एक लड़की उठी और उसके डेस्क के पास चलकर आई, उसके ऊँची एड़ी के प्लास्टिक सेंडल उसकी एड़ी के सहारे ख़ूब फब रहे थे। ''देखिये,'' वह बोली, ''आपको ये नाप ब्रा के साथ चाहिए या उसके बिना?''

''साथ,'' मिस शेय ने कहा।

"लेकिन मेरे स्तन इनके बग़ैर ज़्यादा बड़े दीखते हैं," लड़की बोली।

"ठीक है," मिस शेय ने थके हुए अंदाज़ में कहा, "इनके बिना ही फिर।" ताज़गी से भरी और कम सजी-धजी दो और लड़कियाँ सीढ़ियों से नीचे उतरीं। "बनी ?" मिस शेय ने कहा।

"नहीं...नहीं," एक ने कहा, लेकिन दूसरी ने कार्ड ले लिया। वे अपने लंबे बालों एवं लोफ़र्स के कारण कॉलेज में साथ-साथ पढ़ने वाली छात्राएँ लग रही थीं।

आवेदन पत्र छोटा-सा था : पता, फ़ोन, नाप, उम्र और पिछले तीन नियोक्ता। मैंने इसे पूरा किया और जान-बूझकर समय बिताने के लिए वहीं पर लगे 'प्लेबॉय क्लब बनी बनें!' ब्रोशर को ध्यान से देखने लगी। इसका अधिकांश भाग तसवीरों को समर्पित था : 'प्लेबॉय क्लब के अध्यक्ष और प्लेबॉय संपादक-प्रकाशक ह्यू एम. हेफनर' को घेरे हुए 'पूरे अमरीका भर से चुनी गईं' बनीज़ को प्रदर्शित करता एक समूह चित्र; टोनी कर्टिस की सेवारत एक बनी का क्लोज़-अप, 'एक प्लेबॉय क्लब की वफ़ादार [जो कि] जल्द ही ह्यू एम. हेफनर की फ़िल्म *प्लेबॉय,* जिसका शीर्षक अपने आप में उचित है, में स्टार होगी'; 'प्लेबॉय के राष्ट्रीय सिंडिकेटेड टीवी शो' पर ह्यू एम. हेफनर के साथ मुस्कुराती हुई दो बनीज़; बनीज़ 'उन कई सार्थक सामुदायिक परियोजनाओं में से मात्र एक, जिनमें बनीज़ भाग लेती हैं।' के रूप में एक सेवानिवृत्त सैनिकों के अस्पताल में प्लेबॉय की प्रतियाँ सौंपते हुए; 'बनी मदर,' एक बुजुर्ग औरत के पीछे खड़ी एक गोरी बनी, जिसने 'दोस्ताना व्यक्तिगत परामर्श' की पेशकश की; और, पिछले पृष्ठ पर, याच में दुबककर बैठी बनी—फ्लैग फहराती, एक बिकनी पहने लड़की। 'जब आप एक बनी बन जाएँगे तो,' ऐसा वहाँ लिखा था, 'आपकी दुनिया आनंद-पूर्ण, सुखद, और रोमांचक हो जाएगी।' वहाँ औसत वेतन दो सौ डॉलर प्रति सप्ताह लिखा गया था।

एक अन्य लड़की सीढ़ियों से नीचे आई। उसने नीले रिम्स (किनारे) वाले चश्मे के साथ एक कोट, जो कि ऐसा लग रहा था कि अब उसे छोटा पड़ने लगा है, पहना था। मैंने उसे देखा, जब वह घबराते हुए मिस शेय से पूछ रही थी कि क्या क्लब अठारह वर्ष की उम्र वालों को काम पर रखता है ? "बेशक," मिस शेय ने कहा, "लेकिन वे आधी रात की शिफ़्ट में काम नहीं कर सकतीं।" उन्होंने, उस लड़की को, एक आवेदन कार्ड दिया, उसके मोटे पैरों पर एक नज़र डाली, और उसे कोट उतारने के लिए नहीं कहा। दो और लड़कियाँ भीतर आईं, एक उजली गुलाबी स्ट्रेच पैंट में और दूसरी बैगनी में। "यार, ये जगह तो दिलचस्प है," गुलाबी ने कहा।

"तुझे लगता है कि ये वाइल्ड है, तुझे शिकागो में हेफनर का घर देखना चाहिए," बैगनी वाली बोली। मिस शेय ने सन्तुष्ट नज़रों से उन्हें देखा।

"मेरे पास फ़ोन नहीं है," नीले चश्मे वाली ने दुख के साथ कहा। यदि मैं अपने अंकल का फ़ोन दे दूँ तो चलेगा ? वो भी ब्रुक्लिन में रहते हैं।"

''ऐसा ही करो,'' मिस शेय ने कहा। उन्होंने मुझे बुलाया, अपनी मेज़ से तीन फ़ीट आगे एक जगह की ओर को इशारा किया, और मुझे सीधे खड़े रहने को कहा। मैं खड़ी हो गई।

''मैं बनी बनने के लिए बेताब हूँ,'' नीले चश्मे वाली ने कहा, ''मैंने स्कूल में एक पत्रिका में इसके बारे में पढ़ा है।''

मिस शेय ने पूछा कि क्यां मैं सच में चौबीस साल की हूँ। ''यह उम्र तो बहुत ज़्यादा है,'' उन्होंने चेतावनी दी। मैंने कहा कि मैंने सोचा, मैं पंक्ति के आख़िर में अपनी जगह बना लूँगी। उन्होंने स्वीकृति में सर हिलाया।

''मेरे अंकल दिन-भर तो घर में नहीं रहते'' लड़की ने कहा, ''लेकिन मैं उनके घर जाऊँगी और फ़ोन के पास ही बैठी रहूँगी।''

''ऐसा ही करना, डियर,'' मिस शेय ने कहा, और मेरी तरफ़ मुड़कर बोली, ''मैंने बुधवार को साढ़े छह बजे आपके लिए समय लिया है।'' आप सेवा द्वार के प्रवेश पर आएँगी, वहाँ से छठी मंजिल पर जाएँगी, और बनी मदर, मिस बर्गेस के लिए पूछेंगी।'' मैं सहमत हो गई, लेकिन तभी उन्होंने एक और बात जोड़ी, ''क्या आपको यक़ीन है कि आपने पहले कभी आवेदन नहीं किया? कल मैरी ओच्स नाम की कोई आई थी।'' मैं हतप्रभ थी : क्या मैरी मेरी नोटबुक से भाग सकती है? मुझे पिगमेलिऑन पर आधारित तीस सेकेंड की फैंटेसी हुई। या क्या कोई एक और मैरी ओच्स थी? हो सकता है, लेकिन संभावना नहीं है। मैंने इसका सामना बहादुरी से करने का फ़ैसला लिया। ''कितना अजीब है,'' मैं बुदबुदाई, ''ज़रूर कोई ग़लती हुई होगी।'' मिस शेय ने कंधे उचकाए और सुझाव दिया कि मैं बुधवार को ''बेदिंग सूट या लियोटार्ड'' लाऊँ।

''क्या मैं आपको कॉल कर सकती हूँ?'' नीले चश्मे वाली ने कहा।

''ऐसा मत करना, डियर,'' मिस शेय ने कहा, ''हम आपको कॉल करेंगे।''

मैं मैरी ओच्स की जीवन-प्रत्याशा के बारे में चिंता करते हुए क्लब से निकल पड़ी। क्या वे पता लगा लेंगे? या हो सकता है वे पहले से ही जानते हों? जब मैं ब्लॉक के आधे रास्ते तक पहुँची मैंने कॉलेज की दो लड़कियों को देखा। वे एक इमारत के सहारे झुकी हुई थीं, उनकी बाँहें मंद-मंद हँसी की ऐंठन में एक-दूसरे के चारों ओर लिपटी हुई थीं, और अचानक मैं सभी चीज़ों के बारे में बेहतर महसूस करने लगी।

सभी चीज़ों के बारे में, शायद, ब्रुक्लिन में अपने चाचा के फ़ोन के पास बैठी उस नीले चश्मे वाली लड़की के ख़यालों के अलावा।

बुधवार, 30

मैं ठीक साढ़े छह बजे क्लब पहुँची, और वहाँ पहुँचकर लगा कि उनका काम ज़ोरों से चल रहा है। ग्राहक अंदर आने के लिए बाहर बर्फ़ में क़तार में खड़े थे, और कई राहगीर बाहर अपने चेहरे काँच से चिपकाए हुए थे। एक लम्बे-चौड़े ख़ूबसूरत प्युर्टो

रिको के नौजवान एलीवेटर-बॉय ने प्रफुल्लित हो मुझे दो वर्दीधारी काले कुलियों, पाँच मध्यम आयु वर्ग के पुरुष ग्राहकों, दो यूनिफ़ॉर्म पहने बनीज़ और मिंक कोट पहने एक मोटी मैट्रन के साथ अपनी कार में भर दिया। हम छठी मंजिल पर रुके। "क्या मैं यहाँ बाहर निकलूँ?" मैट्रन ने कहा।

"ज़रूर, डार्लिंग," एलीवेटर-बॉय ने गुनगुनाते हुए कहा, "यदि आप एक बनी बनना चाहती हैं। हा हा हा।"

मैंने अपने चारों ओर देखा, मंद रोशनी और नरम कालीन का वह रास्ता बेरंग सीमेंट ब्लॉक की ओर जा रहा था और वहाँ प्रकाश के लिए बल्ब लटके हुए थे। एक दरवाज़े में UNNIES अंकित था; जिसके पहले मुझे वह ख़ाली जगह और वहाँ अंकित आकृति दिख रही थी, जहाँ B होना चाहिए था। नीचे फटे गत्ते के टुकड़े पर एक हस्तलिखित संकेत लगाया गया था : नॉक!! दोस्तों। कृपया सहयोग करें?!! मैं दरवाज़े से एक चमकदार, भीड़ भरे दालान में चली आई।

दो लड़कियाँ मुझे धकेलते हुए आगे निकल गईं। एक ने बिकनी-स्टाइल पैंटीज़ के सिवाय कुछ भी नहीं पहना था; और दूसरी ने महीन जालीदार लंबे काले टाइट्स और लैवेंडर साटन हील्स डाले थे। वे दोनों मेरी दाईं तरफ़ के एक छोटे-से वार्डरोब कमरे की तरफ़ भागीं, चिल्लाकर अपने नाम बोले, अपनी पोशाक ली, और दौड़कर वापस आ गईं। मैंने वार्डरोब-मिस्ट्रेस से मिस बर्गेस के लिए पूछा। "हनी, हमने अभी-अभी उन्हें विदाई का तोहफ़ा दिया है।" चार और लड़कियाँ पोशाक, कॉलर, कफ और पूँछ के लिए पूछने आईं। उन्होंने टाइट्स और हाई हील पहने थे, लेकिन कमर से ऊपर कुछ भी नहीं था। एक लड़की "सप्ताह की बनी" शीर्षक से एक बुलेटिन-बोर्ड सूची को पढ़ने के लिए रुक गई।

मैं छोटे-से हॉल के दूसरे छोर की तरफ़ चली गई। यह मैटल-लॉकर्स और ड्रेसिंग टेबल की लंबी क़तारों से भरे विशाल ड्रेसिंग कक्ष में खुलता था। शीशे पर कुछ व्यक्तिगत नोट्स चिपकाए गए थे ("क्या कोई शनिवार की रात B स्तर पर काम करना चाहता है?" और "मेरी बुधवार को वॉशिंगटन स्क्वायर विलेज में एक स्विंगिन पार्टी है, सभी बनीज़ का स्वागत है।") काउंटरों पर सौंदर्य प्रसाधन बिखरे पड़े थे और तीन लड़कियाँ नकली पलकें लगाने के लिए योगियों-सी एकाग्रता के साथ एक पंक्ति में बैठी थीं। यह दृश्य कोरस लड़कियों के ड्रेसिंग कक्ष के कार्टून जैसा लग रहा था।

एक कुछ ज़्यादा ही लाल बालों और ज़्यादा ही गोरी चमड़ी वाली लड़की जिसने काले साटन वाली बनी पोशाक पहनी थी, अपनी पीठ मेरी तरफ़ मोड़कर जैसे किसी बात के लिए इंतज़ार करने लगी। तब मुझे समझ में आया कि मुझे उसको ज़िप करना है, एक ऐसा काम जिसमें खींचने और झटकने में कई मिनट लग गए। वह एक बड़ी लड़की थी और थोड़ी कठोर लग रही थी, लेकिन जब उसने मुझे धन्यवाद दिया तो उसकी आवाज़ नन्हे बच्चे की तरह सुनाई दी। जूडी हॉलीडे इससे बेहतर नहीं कर सकती

थी। मैंने उससे मिस बर्गेस के बारे में पूछा। "हाँ, वह उस ऑफ़िस में है," बच्चों-सी आवाज़ ने काँच के पीप-होल वाले लकड़ी के दरवाज़े की ओर इशारा करते हुए कहा, "लेकिन शेरली नई बनी मदर हैं।" मैं काँच से दो लड़कियों को देख पा रही थी, एक गोरी और एक साँवली। दोनों अपनी उम्र के दूसरे दशक के शुरुआती सालों में लग रही थीं और ब्रोशर में जिसकी तसवीर थी उस प्रौढ़ उम्र की स्त्री की तरह बिलकुल नहीं दिख रही थीं। बेबी आवाज़ ने और कुछ खींचने और झटकने जैसे उपक्रम किए। "यह मेरी पोशाक नहीं है," उसने समझाया, "इसीलिए कमर और जाँघों का हिस्सा इसमें नहीं आ रहा है।" वह अपनी उँगलियाँ तड़काते हए, और धीरे-धीरे गुनगुनाते हुए, चली गई।

साँवली लड़की ऑफ़िस से बाहर आई और मुझे अपना परिचय बनी मदर शेरली के रूप में दिया। मैंने उसे बताया कि मैंने उसे बनी समझा था। "पिछले माह जब क्लब खुला था तब मैंने बनी की तरह काम किया था," उसने कहा, "लेकिन अब मैं मिस बर्गेस की जगह काम कर रही हूँ।" उसने ब्लॉन्ड की तरफ़ सर हिलाया जो थ्री-पीस मटमैले रंग के सूट, जिसे मैंने उसका विदाई-उपहार समझा था, के साथ किसी कोशिश में जुटी हुई थी। "हनी, तुम्हें थोड़ी देर इंतज़ार करना होगा," शेरली ने कहा। मैं बैठ गई।

सात बजे तक मैं तीन लड़कियों को अपने बालों को कॉटन कैंडी आकृति में बनाते हुए और चार अन्य को अपनी छाती को क्लीनेक्स से भरते हुए देख चुकी थी। सवा सात बजे तक मैं दो अन्य संभावित बनीज़ से बात कर चुकी थी, एक नर्तकी, और दूसरी टेक्सास की एक अंशकालिक मॉडल। साढ़े सात बजे, मैं एक बनी के बड़े संकट की साक्षी बनी जिसने अपनी पोशाक को अंदर फँसी रह गई अपनी सगाई की अँगूठी के साथ धुलने दे दिया था। सात चालीस पर, मिस शेय ऑफ़िस में आईं और कहा, "मैरी को छोड़कर वहाँ कोई नहीं है।" आठ बजे तक, मुझे यक़ीन हो गया था कि वह क्लब के प्रबंधक के लिए प्रतीक्षा कर रही हैं कि वो आकर मुझे बताएँ कि उन्हें मेरी असली पहचान का पता लग चुका है। अंततः जब सवा आठ बजे मुझे बुलाया गया, मैं हद से ज़्यादा घबराई हुई थी।

जब शेरली मेरे आवेदन को देख रही थी मैं इंतज़ार कर रही थी। "तुम चौबीस की तो नहीं लगतीं," उसने कहा। खैर, बस, मैंने सोचा। "तुम बहुत छोटी लगती हो।" मैं अविश्वास में मुस्कराई। उसने मेरी कई पोलरॉइड तसवीरें लीं। "रिकॉर्ड के लिए," उसने समझाया। मैंने बड़ी मेहनत से गढ़ा और टाइप किया हुआ अपना व्यक्तिगत इतिहास उनके सामने प्रस्तुत किया, लेकिन उसने बमुश्किल एक झलक देखकर उसे मुझे वापस कर दिया। "हम नहीं चाहते कि हमारी लड़कियों की कोई भी पृष्ठभूमि हो," उसने सख़्ती से कहा, "हम तो बस आपको बनी की छवि में फिट करना चाहते हैं।" उसने मुझे पोशाकों वाले कमरे की तरफ़ जाने का इशारा किया।

मैंने पूछा कि क्या मुझे अपना लियोटार्ड पहनना है?

"उसकी चिंता मत करो," शेरली ने कहा, "हम सिर्फ़ यह देखना चाहते हैं कि तुम बनी बनकर कैसी लगोगी।"

वार्डरोब मिस्ट्रेस ने मुझसे मेरे कपड़े उतारने को कहा और पुरानी पोशाकों के बीच मेरी नाप की बनी पोशाक खोजने में व्यस्त हो गईं। एक लड़की अपनी पोशाक हाथ में लिये वार्डरोब मिस्ट्रेस के बारे में पूछते हुए भागती-सी अंदर आई, और जैसे एक घायल सैनिक मेडिकल के लिए चिल्ला रहा हो, "मेरी पोशाक की ज़िप टूट गई," वह रोते हुए कहने लगी, "मुझे छींक आ गई थी!"

"ये इस हफ़्ते तीसरी बार है," वार्डरोब मिस्ट्रेस ने कड़ाई से कहा, "ये छींक वाली मुसीबत रोज़ ही आ जाती है।" लड़की ने माफ़ी माँगी, एक दूसरी पोशाक ढूँढ़ी, और चली गई।

"क्या एक छींक से वास्तव में पोशाक की ज़िप टूट सकती है?" मैंने पूछा।

"बेशक," उन्होंने कहा, "जिन लड़कियों को ज़ुकाम हो जाता है उनकी जगह दूसरी लड़कियाँ लाई जाती हैं।"

उन्होंने मुझे एक चमकदार नीली साटन पोशाक दी। यह इतनी चुस्त थी कि जब वे मेरी पीठ पर ज़िप चढ़ाने लगीं तो मेरी त्वचा जिपर में आ गई। जब वे दोबारा ज़िप कर रही थीं तब उन्होंने मुझे भीतर साँस खींचने को कहा, इस बार बिना किसी दुर्घटना के ज़िप चढ़ गई और वह थोड़ा पीछे हटकर मुझे समीक्षा करनेवाली नज़र से देखने लगीं। उस पोशाक का निचला हिस्सा इतना ऊँचा काटा गया था कि मेरी कूल्हे की हड्डियाँ और साथ ही साथ अच्छा ख़ासा पाँच इंच का गोरा-चिट्टा पिछला हिस्सा साफ़ खुला दिख रहा था। कमर की हड्डियाँ ऐसी दिख रही थीं कि स्कारलेट ओ'हारा भी सकते में आ जाती, और उस पोशाक की पूरी बनावट ऐसी थी कि शरीर का सारा मांस ऊपर छाती की ओर भर गया था। मुझे यक़ीन था कि इस पोशाक को पहनकर झुकना ख़तरनाक होगा। "अच्छा है," वार्डरोब मिस्ट्रेस ने कहा, और मेरी पोशाक के ऊपरी भाग में पूरा का पूरा प्लास्टिक का ड्राई-क्लीनिंग बैग भरने लगीं। मैचिंग बनी इयर्स के साथ बड़ी बायसिकिल क्लिप की तरह एक नीला साटन बैंड मेरे सर के चारों ओर फिट किया गया, और हुक से पोशाक के सबसे पिछले भाग में अंगूर के आकार का एक आधे गोले जैसा सफ़ेद रूआ जोड़ा गया। "ठीक है, बच्चे," वो बोली," अपनी हाई हील्स पहनो और शेरली के पास जाओ।" मैंने शीशे में देखा। वहाँ बनी की छवि ने मुझे पलटकर देखा।

"ओह, तुम प्यारी लग रही हो," शेरली ने कहा, "दीवार के सहारे खड़ी हो जाओ और बर्डी के लिए मनमोहक ढंग से मुस्कुराओ।" उन्होंने और भी कई पोलोरॉइड फ़ोटो लिये।

लाल बालों वाली बेबी-आवाज़ कहने के लिए आई कि उसे अभी तक अपने नाप की पोशाक नहीं मिली। लैवेंडर साटन में एक नन्ही ब्लॉन्ड ने अपनी पूँछ ली और

मेज़ पर रख दी। ''देखो,'' वो बोली, ''मुझे डिमेरिट्स से कोई फ़र्क़ नहीं पड़ता—ठीक है, मुझे पाँच डिमेरिट्स मिले—लेकिन क्या मुझे ओवर टाइम करने के पॉइंट्स नहीं मिलते?''

शेरली परेशान लग रही थीं। उन्होंने मिस बर्गेस की ओर रुख किया, ''नए बच्चे सोचते हैं कि शिकागो की लड़कियों के साथ ख़ास बर्ताव किया जाता है, और पुराने बच्चे, नए बच्चों को नहीं सिखाएँगे।''

''मैं छोटी लड़कियों को सिखाऊँगी,'' बेबी आवाज़ बोली, ''बस मुझे पोशाक ला दो।''

मैंने पोशाक पहनी और इंतज़ार करने लगी। और मैंने सुना :

''उसने मुझे तीस डॉलर दिए, और मैंने उसे बस सिगरेट लाकर दी।''

''हनी, पीछे मुड़ो, और अपने को इसमें डालो।''

''मुझे नहीं पता, वो मिल्क ऑफ़ मैग्नीशिया या ऐसा कुछ बनाता है।''

''तुम्हें पता है लोग उन प्लास्टिक की थैलियों से आत्महत्या करते हैं।''

''और फिर ये अहमक़ फ़ीते वाले पर्दों का आदेश देता है। क्या कभी किसी ने फ़ीते वाले पर्दों के बारे में सुना है?''

''मैंने उसे बताया कि हमारी पूँछ एस्बेस्टोज की बनी है, तो उसने पता लगाने के लिए उसे जलाने की कोशिश की।''

''पिछले हफ़्ते मैंने टिप्स में तीस रुपये कमाए। कौन-सी बड़ी बात है।''

शेरली ने मुझे वापस अपने ऑफ़िस में बुलाया, ''तो तुम एक बनी बनना चाहती हो?'' वह बोली।

''ओह हाँ, मैं उत्सुक हूँ,'' मैंने कहा।

''ठीक है...'' वह अर्थपूर्ण ढंग से रुककर बोलीं, ''हम भी यही चाहते हैं कि तुम बनो!'' मैं हैरान थी। कोई और साक्षात्कार नहीं? कोई और जाँच नहीं? ''कल तीन बजे आओ। हम तुम्हारी पोशाक बनवा देंगे और तुमसे सब दस्तखत करवा लेंगे।'' मैं मुस्कराई और मूर्खतापूर्ण ढंग से उत्तेजित महसूस करने लगी।

सीढ़ियों से नीचे और फिर फिफ्थ एवेन्यू। हुर्रे, मैं एक बनी हूँ!

गुरुवार, 31

अब मेरे पास दो बनी पोशाकें हैं—एक नारंगी साटन और एक चमकीली-नीली। रंग और साटन की गुणवत्ता वैसी ही है जैसी एथलेटिक सप्लाई कैटलॉग में होती है। पोशाक का आकार, शरीर के आकर के अनुसार प्री-कट और ब्रा-कप का साइज़ बनाया जा रहा है, तब तक तुम इंतज़ार करो। मैं नंगे पैर और बिकनी पैंट पहने सीमेंट के फ़र्श पर खड़ी होकर इंतज़ार करने लगी। वार्डरोब मिस्ट्रेस ने मुझे खड़े होने के लिए छोटा-सा बाथरूम का पैरपोश दे दिया। ''ब्रांड-न्यू बनीज़ को ठंड पकड़ ले, हम ऐसा नहीं

चाहते,'' उसने कहा। मैंने पूछा कि क्या वह पोशाक के नीचे की फ़िटिंग मेरी बिकनी पैंट की लाइन्स की नाप से बनवा सकती हैं; जो पोशाक मैंने कल पहनी थी वो मेरे द्वारा तसवीरों में देखी गई किसी भी पोशाक से ऊँची काटी गई थी। वह हँसीं। ''सुनो बच्ची, अगर तुमको लगता है कि वो ऊँची थी, तुम्हें कुछ पोशाक देखनी चाहिए। जब तक कि पोशाक वक्ष को छोड़कर हर जगह की नाप से दो इंच छोटी न हो तब पोशाक में चुन्नटें और जोड़ लगाए जाते हैं। छाती पर जगह इसलिए छोड़ी जाती है क्योंकि वहाँ पर भरने के लिए तुम्हें जगह चाहिए होगी,'' उन्होंने कहा, ''ठीक जैसे सभी भरती हैं। और तुम मिलने वाली सभी टिप (बख्शीश) वहाँ छाती में रखोगी। सभी लड़कियाँ इसे 'वॉल्ट' कहती हैं।''

गहरे काले बालों, पाउडरयुक्त मेकअप और हरी पोशाक वाली एक लड़की दरवाज़े पर रुकी। ''मेरी पूँछ लटकती रहती है,'' एक उँगली से अपनी पूँछ सही स्थिति में करते हुए उसने कहा, ''दुष्ट ग्राहक हमेशा इसे झटकते रहते हैं।''

वार्डरोब मिस्ट्रेस ने उसे एक सेफ़्टी-पिन सौंपी। ''बच्चे, बेहतर है कि तुम एक क्लीनर पूँछ भी ले लो। इस गंदी-सी पूँछ के साथ इधर-उधर भागने के कारण तुम्हें डिमेरिट्स मिलते हैं।'' और लड़कियों ने भी काउंटर में लटकी नोटबुक में अपनी पोशाकों को चिन्हित करते हुए उनके लिए पूछना शुरू कर दिया। मुझे पता चला कि इमारत के बाहर पोशाकें मना थीं और ये भी कि हर लड़की पोशाकों के रखरखाव और धुलाई के ख़र्चे के लिए एक दिन का ढाई डॉलर चुकाती थी। बनीज़, पाँच डॉलर पतली काली नायलोन के प्रत्येक टाइट्स के लिए भी चुकाती थीं और यदि वे धब्बों वाली टाइटस पहनें तो उन्हें डिमेरिट्स दिए जा सकते थे। वार्डरोब मिस्ट्रेस ने मुझे मेरी दो पोशाकों से नमूने दिए और मुझे मैचिंग जूते रँगाने के लिए कहा। मैंने पूछा कि क्या क्लब हमें जूतों के लिए पैसे देगा? ''बच्चे, तुम क्या पागल हो?'' उन्होंने कहा, ''ये जगह किसी भी चीज़ के लिए आपको कोई पैसे नहीं देती। ध्यान रखना कि तुम्हें तीन इंच की हील लेनी है। अगर तुम उन्हें इससे थोड़ी भी नीची पहनोगी तो तुम्हें डिमेरिट्स मिल सकते हैं।''

मैं तैयार हो गई और बनी मदर के कमरे की ओर चली गई। शेरली डेस्क पर थी। अपने लंबे बालों को उसने पीछे समेटा हुआ था और वह लगभग अट्ठारह साल की लग रही थी। उसने मुझे ''बनी आवेदन'' लिखा बड़ा, चमकीले गुलाबी रंग का फॉर्म और एक नग्न लड़की के मिनिएचर वाली भूरी प्लास्टिक अटैची दी जिसमें नारंगी रंग से प्लेबॉय क्लब छपा था। ''ये तुम्हारी बनी बाइबिल है,'' उसने गम्भीरता से कहा,''और मैं चाहती हूँ कि तुम वादा करो कि तुम इसे पूरे सप्ताहांत पढ़ोगी।''

आवेदन-पत्र चार पन्ने का था। ज़्यादातर उत्तर मैंने पहले ही अपनी जीवनी के लिए बना लिए थे, किंतु कुछ प्रश्न नए थे। क्या मैं प्लेबॉय क्लब के किसी मुख्य-धारक के साथ डेटिंग कर रही हूँ, और उसका नाम क्या है? कोई भी नहीं। क्या

किसी विशिष्ट मुख्य-धारक के साथ डेटिंग की मेरी कोई योजना है ? नहीं। क्या मेरा कोई पुलिस रिकॉर्ड है ? नहीं। सोशल सिक्योरिटी नम्बर वाली जगह को मैंने ख़ाली छोड़ दिया।

एक तल ऊपर मुख्य ऑफ़िस में, मैंने मिस शेय को फॉर्म दे दिया। सीमेंट के फ़र्श वाला कमरा मेजों से खानों में बँटा था, लेकिन निजी निदेशक के रूप में कार्यरत, मिस शेय ने किनारे की जगह ली थी। उन्होंने फार्म को स्कैन किया और मेरी और पोलोरॉइड तसवीरें लेने लगी। ''याद रखें और कल अपना सोशल सिक्योरिटी कार्ड लाएँ,'' उन्होंने कहा। मैं सोचने लगी कि इस तथ्य के बारे में क्या करना है कि मैरी ओच्स के पास तो कुछ नहीं है। नीले सूट, काली शर्ट और सफ़ेद टाई में एक मोटा आदमी आया और पीछे खड़ी एक मोटी लड़की की ओर इशारा किया। ''मिस्टर रोमा ने मुझे इसे यहाँ लाने को कहा है। और आप इसके लिए जो भी कर सकें, मैं निश्चित रूप से उसकी सराहना करूँगा,'' उसने कहा, और आँख मारी।

''अत्यंत निजी सिफ़ारिशों के मामलों में,'' मिस शेय ने ठंडे दिमाग़ से कहा ''हम तुरंत ही लड़कियों के इंटरव्यू शेड्यूल करते हैं।'' उन्होंने शेरली को संकेत किया, जो लड़की को नीचे ले गई। मोटा आदमी अब चिंतामुक्त दिख रहा था।

एक लाल बालों वाली महिला और दो पुरुष आए, लेकिन मिस शेय ने उन्हें प्रतीक्षा करने को कहा। छोटी उम्र के आदमी ने अपनी मुट्ठी से लाल सर वाली की ठोड़ी को हलका-सा धकेला और मुस्करा दिया, ''तुम्हें परेशान होने की कोई ज़रूरत नहीं है, बेबी।'' उस लड़की ने उसे अत्यंत घृणा से देखा और एक सिगरेट जलाई।

मैंने एक आयकर फॉर्म, एक भोजन टिकट, भोजन टिकट के लिए एक रसीद, एक आवेदन पत्र, एक बीमा फार्म और किसी भी प्रयोजन (प्रचार, संपादकीय, या अन्यथा—प्लेबॉय क्लब इंटरनेशनल द्वारा निर्धारित मानकों में फिट) के लिए सभी तसवीरों के इस्तेमाल किए जाने के दस्तावेज़ पर हस्ताक्षर किए। बिना बाँह की शर्ट में एक परेशान-सा दिखने वाला युवक मिस शेय के पास यह बताने के लिए आया कि तहख़ाने में काम करनेवाले दो व्यक्ति (नौकरी) छोड़ने जा रहे हैं। उन्होंने पचहत्तर डॉलर के लिए छह दिन काम करने की उम्मीद की थी और साठ डॉलर के लिए केवल पाँच दिन काम कर रहे थे, वे इस बारे में परेशान थे क्योंकि उन्हें परिवार सँभालना था। ''मैं कोई बदलाव नहीं कर सकती,'' उन्होंने स्पष्टतापूर्वक और संक्षेप में कहा। ''मैं मिस्टर रोमा के निर्णय को केवल लागू भर कर सकती हूँ।''

मिस शेय ने पोलोरॉइड चित्रों का एक सेट मेरे रोज़गार फॉर्म में नत्थी किया और मुझे मेरा शेड्यूल दिया। ''कल, लैरी मैथ्यूज' में आपका मेकअप मार्गदर्शन होगा, इस सप्ताहांत बनी बाइबिल अध्ययन, और सोमवार को एक शारीरिक परीक्षा के वास्ते हमारे डॉक्टर से मिलने के लिए मैंने आपके लिए एक अपॉइंटमेंट किया है।'' वह विश्वस्त ढंग से आगे झुकी। ''एक पूर्ण शारीरिक,'' उन्होंने कहा, ''सोमवार की दोपहर

को बनी मदर का लेक्चर और बनी फादर का लेक्चर है। मंगलवार आपका बनी स्कूल होगा, और बुधवार आप फ़्लोर पर प्रशिक्षित होंगी।'' मैंने पूछा कि क्या मैं अपने स्वयं के चिकित्सक के पास जा सकती हूँ। ''नहीं,'' उन्होंने कहा, ''आपको विशेष शारीरिक परीक्षण के लिए हमारे डॉक्टर के पास ही जाना होगा। सभी बनीज़ को जाना होता है।''

मिस शेय ने हस्ताक्षर करने के लिए मुझे एक अंतिम फॉर्म दिया, एक अनुरोध कि मैरी ओच्स का जन्म-प्रमाणपत्र प्लेबॉय क्लब भेजा जाना है। मैंने उसमें इस उम्मीद से हस्ताक्षर कर दिए कि मैरी का कोई अस्तित्व नहीं यह खोजने में मिशिगन राज्य कुछ समय लेगा। ''इस दौरान, मुझे आपके जन्म-प्रमाणपत्र की आवश्यकता होगी,'' उन्होंने कहा, ''हम आपको इसके बिना काम नहीं करने देंगे।'' मैं उनके सामने इसकी ख़ातिर अपने घर अतिशीघ्र एक पत्र भेजने के लिए राजी हो गई।

बेशक उम्र के प्रमाण के बिना मुझे शराब परोसने अथवा देर रात तक काम करने की अनुमति नहीं दी जाएगी। मैंने इस बारे में क्यों नहीं सोचा?

खैर, मैरी का भविष्य छोटा हो सकता है, लेकिन वह अभी भी बनी स्कूल के माध्यम से इसे बनाने की कोशिश कर सकती है।

शुक्रवार, फ़रवरी 1

वेस्ट साइड होटल में स्थित, दिन में चौबीसों घंटे खुले रहने वाले लैरी मैथ्यूज़' ब्यूटी सैलून में मुझे नकली पलकें लगायी गईं। मेकअप विशेषज्ञ ने एक मैनीक्योर कैंची के साथ पलकों को पंखित करने के दौरान, एक लड़की की तरफ़ इशारा किया जिसे अभी-अभी क्लब की नौकरी से निकाल दिया था, ''क्योंकि वह एक नम्बर-एक कुंजी-धारक के साथ बाहर जाने को राजी नहीं हुई।'' ''मुझे लगा कि हमारा ग्राहकों के साथ बाहर जाना मना है,'' मैंने कहा। ''यदि उनके पास नम्बर-वन कुंजी है तो आप उनके साथ बाहर जा सकते हैं,'' श्रृंगार करनेवाली लड़की ने समझाया, ''वे क्लब प्रबंधक वर्ग और पत्रकारों और इस तरह के बिग शॉट्स के लिए हैं।'' मैंने समझाया कि न जाने के लिए नौकरी से निकाल दिया जाना एक बिल्कुल अलग तरह की बात लग रही है। ''खैर,'' उसने सोच-समझकर कहा, ''मेरा ख़याल है, उस लड़की ने इस तरह से ही कहा था। उस लड़की ने, उससे (नम्बर-वन कुंजीधारक से) भाड़ में जाने को कहा था।''

मैंने बिल का भुगतान किया; पच्चीस प्रतिशत बनी-छूट के बावजूद पलकों और रूज़ के एक केक के लिए 8.14 डॉलर। जबकि लड़कियाँ सादी और चमकहीन दिखने के कारण निकाल दी जाती थीं फिर भी मैंने गहरे रंग की लिपस्टिक में ख़र्चा करने के लिए मना कर दिया था। मैंने सोचा कि मिस्टर मैथ्यूज के लिए बनी सौन्दर्य छूट का कितना मूल्य है। अगर सौंदर्य सैलून इस आकर्षक व्यवसाय के लिए मुहरबंद निविदा भेजते तो कैसा होता?

अब मैं घर पर हूँ, और मैंने पलकों को मापा है। क्लब में पहचान लिए जाने के विषय में मुझे शायद अधिक चिंतित नहीं होना चाहिए क्योंकि मेरी पलकें अपने सबसे छोटे स्थान से मापने पर भी लगभग पौन इंच लंबी हैं।

रविवार, 3

बनी बाइबल, या जैसा कि आधिकारिक तौर पर कहा जाता है, प्लेबॉय क्लब बनी मैन्युअल, को पढ़ते हुए मैंने एक ज्ञानवर्धक रविवार बिताया है। प्राक्कथन से (''एक युवती होने के लिहाज से आप देश की शीर्ष नौकरी कर रही हैं'') परिशिष्ट तक (''साइडकार : नीबू के साथ और चीनी की आइसिंग वाला रिम ग्लास'') यह स्पष्टता का एक नमूना है।

कुछ दर्जन-भर अतिरिक्त सामग्री बाइबिल के साथ आयी थी। कुल मिलाकर, इस सबसे एक बनी समारोह की ज्वलंत तसवीर बनती है! उदाहरण के लिए :

... आप...अधिकांश पाठकों के लिए प्लेबॉय कर्मचारियों के साथ जीवन में कभी भी सीधा संपर्क कर सकने का एकमात्र जरिया हैं आप, ...हम अपनी पत्रिका की विशेषता व्यक्त करने के लिए अपने बनीज़ पर निर्भर हैं।

...बनीज़ से अपने नियमित कर्तव्यों के रूप में निजी उपस्थिति का एक उचित हिस्सा योगदान करने की उम्मीद की जाएगी।

...बनीज़ को सनद कराया जाता है कि ऐसे कई मनभावन तरीक़े हैं जो क्लब की शराब की बिक्री को बढ़ा सकते हैं, जिससे आय में उल्लेखनीय ढंग से वृद्धि हो सकती है...अधिक पेय की बिक्री के लिए ग्राहक संपर्क महत्त्वपूर्ण है...वे आपके मित्रवत व्यवहार के प्रयासों का विशिष्ट रूप से जवाब देंगे...आपको ऐसा प्रदर्शित करवाना चाहिए कि [ग्राहक की] राय बहुत महत्त्वपूर्ण है...।

प्रोत्साहन प्रणाली उन टेबल बनीज़ को पुरस्कृत करने के लिए तैयार एक विधि है जो अतिरिक्त प्रयास करती हैं...जिसका प्रति व्यक्ति [पेय पदार्थ] औसत सर्वाधिक होगा वो बनी विजेता होगी...इसी तरह पुरस्कार राशि...पेय पदार्थों से होनेवाली कुल आय से निर्धारित की जाएगी।

ग्राहक के साथ बाहर जाने या यहाँ तक कि उसे अपनी व्यक्तिगत पहचान देने के लिए मना करते वक़्त उसके साथ 'लाड़' और 'मित्रवत' पेश आने में एक समस्या है। पुस्तिका यह बेहद स्पष्टता से बताती है कि बनीज़ को क्लब में मिलने वाले किसी भी व्यक्ति—ग्राहक या फिर कर्मचारी—के साथ बाहर नहीं जाना चाहिए, और साथ ही यह भी जोड़ती है कि विलमार्क सर्विस सिस्टम्स इंक. नामक एक जासूसी संस्था यह सुनिश्चित करने के लिए नियोजित की गई है कि वे ऐसा न करें। (''बेशक, आप कभी नहीं बता सकते कि कब आपकी विलमार्क सेवा प्रतिनिधि द्वारा जाँच की जा रही है।'') बनीज़ के लिए लिखा गया स्पष्टीकरण सरल है : ''पुरुष एलिजाबेथ

टेलर के साथ होने के बारे में बहुत उत्साहित होते हैं, लेकिन वे ये जानते हैं कि वे न उन्हें छू सकते हैं न उन्हें प्रस्ताव दे सकते हैं। जिस पल वे (पुरुष)ये महसूस कर लेंगे कि उससे (एलिज़ाबेथ से) परिचित हुआ जा सकता है, फिर जो ग्लैमर और ऑरा अभी उन्हें घेरे है वो नहीं रहेगा। यही हमारे बनीज़ के लिए भी सत्य होना चाहिए।'' ह्यू हेफनर द्वारा विलमार्क को लिखे गए एक संलग्नित प्रपत्र में तो और भी आसान स्पष्टीकरण है : ''हमारा लाइसेंस स्पष्टतया कहता है कि हमारे किसी भी कर्मचारी को किसी भी समय वेश्यावृत्ति में किसी भी तरह आकर्षित, सहायता और शह...'' अत: विलमार्क को ये निर्देश दिया जाता है कि ''बनीज़ को प्रपोज़ करने के लिए अपने सर्वाधिक आकर्षक और सुंदर पुरुष प्रतिनिधियों का उपयोग करे, और बाद में आपसे क्लब से बाहर मिलने का 'बिलकुल अभी' वादा करने के लिए 200 डॉलर तक की उच्च राशि का भी प्रस्ताव...दे सकते हैं।'' विलमार्क प्रतिनिधियों को कहा जाता है कि वे बारमैन या अन्य पुरुष कर्मचारी से पूछें कि ''क्या 'दोस्ताना शाम' के लिए पैसे देकर लड़कियाँ उपलब्ध हो सकती हैं... ? आप उसे बताएँ कि आप लड़कियों को अच्छा भुगतान करेंगे या लड़कियों के लिए उसे भुगतान करेंगे। यदि कर्मचारी एक दलाल के रूप में काम करता है तो विलमार्क तुरंत क्लब को सूचित करेगा।'' ''स्वाभाविक रूप से हम बनीज़ की किसी भी बिक्री को बर्दाश्त नहीं करते हैं,'' मिस्टर हेफनर लिखते हैं, ''और यदि कोई भी ऐसी बात हो रही है तो यह जानना काफ़ी चिंता का विषय होगा।''

यदि विक्रय का विचार संभावित बनीज़ को हतोत्साहित करने हेतु पर्याप्त नहीं है, तो कुछ अन्य निर्देश भी हैं जो यह कर सकते हैं। विलमार्क प्रतिनिधि ये भी जाँचेंगे कि क्या लड़कियों की हील बहुत नीची है, उनकी जुराबों में छेद हैं, आभूषण, अंतर्वस्त्र दिख रहे हैं, मुड़े हुए या बेमेल कान, गंदी पोशाक, नेम टैग का ग़ायब होना और अच्छी हालत में पूँछ आदि। इसके अलावा : ''ये भी जाँचेंगे कि यदि, जब शो चल रहा है तो बनीज़ कलाकारों को प्रतिक्रिया दे रही हैं। अपेक्षित है कि जब हास्य चल रहा हो, वे मुस्कुराएँ।'' बिग ब्रदर विलमार्क आपको देख रहा है।

वास्तव में, अपनी सभी चिंताओं और डिमेरिट्स सिस्टम के बावजूद बनीज़ हमेशा ख़ुश और हँसमुख दिखनी चाहिए (''किसी सुखद या मज़ेदार चीज़ के बारे में सोचें...आपकी सबसे महत्त्वपूर्ण वस्तु आपका व्यक्तित्व है'')। बिखरे बाल, बुरे नाखून और बुरे मेकअप में से प्रत्येक की क़ीमत पाँच डिमेरिट्स होगी। और यही, कक्ष निदेशक को उनके नाम से पुकारने पर, मेकअप अपॉइंटमेंट रखने में विफल रहने पर, या बनी कक्ष में खाना खाने पर भी लागू होगा। ड्यूटी के दौरान च्युइंग गम या खाने के पहले अपराध पर दस डिमेरिट्स, दूसरे के लिए बीस और तीसरे पर बर्ख़ास्तगी। 'प्रतिस्थापन के बिना काम के लिए रिपोर्ट करने में विफल' तीन बार की लूज़र न केवल बर्ख़ास्त की जाएगी, बल्कि सभी अन्य प्लेबॉय क्लबों से ब्लैक लिस्ट भी कर दी जाएगी।

ब्रेक के बाद काम के लिए देर से आने पर प्रति मिनट का मूल्य एक डिमेरिट, कक्ष निदेशक के निर्देशों का पालन करने में विफलता का मूल्य पंद्रह डिमेरिट्स। बनी बाइबिल कहती है, "डिमेरिट्स का डॉलर में मूल्य प्रत्येक क्लब के जनरल मैनेजर द्वारा निर्धारित किया जाएगा।"

एक बार सिस्टम में महारत हासिल हो जाने के बाद, विशिष्ट कार्यों के लिए भी निर्देश हैं। दरबान-बनीज़ ग्राहकों का स्वागत करें और उनकी चाबी की जाँच करें। कैमरा-बनीज़ को पोलोरॉइड्स ऑपरेट करना होगा। सिगरेट-बनीज़ को स्पष्ट करना होगा कि क्यों सिगरेट का पैकेट, प्लेबॉय लाइटर के बिना नहीं ख़रीदा जा सकता, हैट-चेक-बनीज़ जाँच प्रणाली सीखेंगी, गिफ्ट-शॉप-बनीज़ प्लेबॉय उत्पादों को बेचेंगी, मोबाइल-गिफ्ट-शॉप-बनीज़ टोकरी में प्लेबॉय उत्पादों को चारों और ले जाएँगी, और टेबल बनीज़ पेय पदार्थों के तेरह पन्ने याद करेंगी।

बनी होना भरे हुए वक्षों के अलावा और भी बहुत कुछ है।

नोट : धारा 523 कहती है : "कर्मचारी 1 [नंबर एक] कुंजी-धारकों के प्रामाणिक मेहमानों की तरह क्लब में प्रवेश और सुविधाओं का उपभोग कर सकते हैं।" क्या ये वही बिग शॉट्स हैं जो उस दिन मेरे मेकअप विशेषज्ञ के दिमाग़ में थे?"

सुबह, सोमवार, 4

सुबह ग्यारह बजे मैं प्लेबॉय डॉक्टर से मिलने के लिए नज़दीकी होटल में स्थित उनके ऑफ़िस गई ("डॉक्टर से अपॉइंटमेंट को रख पाने में विफल होने पर, बीस डिमेरिट्स")। नर्स ने मुझे एक चिकित्सा-इतिहास फ़ॉर्म भरने के लिए दिया। "क्या आप जानती हैं कि इसमें एक आंतरिक शारीरिक जाँच शामिल है? मैं मिस शेय को लड़कियों को इस बारे में पहले से बताने के लिए कहती आई हूँ।" मैंने कहा, "मुझे पता है, लेकिन मुझे ये नहीं समझ आता कि ये क्यों चाहिए।" "यह तुम्हारी ख़ुद की भलाई के लिए है," उसने कहा, और मुझे एक दवाइयों की आलमारी, एक वजन जाँचने की मशीन और एक स्त्रीरोग टेबल-युक्त छोटे कमरे में अपने साथ ले गई। मैंने एक अस्पताल वाला चोंगा पहना और इंतज़ार करने लगी। ऐसा लगता था कि हाल में मैंने या तो कपड़े उतारने में, इंतज़ार करने में या दोनों में, अच्छा ख़ासा समय बिताया है।

नर्स वापस एक मोटे, लगभग साठ वर्षीय, बच्चे-सी गुलाबी और सफ़ेद त्वचा वाले डॉक्टर के साथ आई। "तो आप एक बनी होने जा रही हैं?" उसने प्रेम से कहा, "मैं ख़ुद अभी मियामी से वापस आया हूँ। वहाँ नीचे सुंदर क्लब है। सुंदर बनीज़।" मैंने उससे पूछना शुरू किया कि क्या उसके पास पूरी अमेरिका की फ्रैंचाइज़ी है, लेकिन उसने मुझे ये पूछने के बीच में ही टोक दिया कि मुझे बनीहुड कैसा लगा?

"दरअसल, यह सेक्रेटरी होने से ज़्यादा रोमांचक है," मैंने कहा, और उसने

मुझे टेबल के किनारे बैठने के लिए कहा। जब वह मेरी पीठ में धम-धम मार रहा था और मेरी साँसें सुन रहा था, यह विचार मेरे मन में कौंधा कि न्यूयॉर्क क्लब की प्रत्येक बनी इसी जगह लेटी होगी। ''ये पूरी प्रक्रिया का वह भाग है जिससे सारी लड़कियाँ नफ़रत करती हैं,'' डॉक्टर ने कहा, और वासरमान परीक्षण के लिए मेरे हाथ से ख़ून ले लिया। मैंने उसे बताया कि यौन रोग के लिए परीक्षण थोड़ा अपशकुन जैसा लग रहा है। ''मूर्ख मत बनो,'' उसने कहा, ''सभी कर्मचारियों को यह करना होता है।'' तुम्हें पता चल जाएगा कि क्लब में हर कोई साफ़ है।'' मैंने कहा कि उनके साफ़ होने से मुझे वास्तव में कोई फ़र्क़ नहीं पड़ता और ये कि मैंने इन परीक्षणों को करवाने पर आपत्ति व्यक्त की थी। सन्नाटा। उसने मुझे खड़े होने को कहा ताकि ''देखूँ कि तुम्हारे पाँव सीधे हैं।'' ''ठीक है,'' मैंने कहा, ''मुझे वासरमान करवाना है। लेकिन आंतरिक परीक्षण का क्या? क्या यह न्यूयॉर्क की सभी वेट्रेसेज़ के लिए आवश्यक है?''

''आप क्यों परवाह करती हैं?'' उसने कहा, ''यह मुफ़्त है, और यह हर किसी की भलाई के लिए है।''

''कैसे?'' मैंने पूछा।

''देखो,'' उसने धैर्य खोते हुए कहा, ''आम तौर पर हम पाते हैं कि जो लड़कियाँ इसका दृढ़ता से विरोध करती हैं, उनका कोई कारण होता है...'' वह अर्थपूर्ण ढंग से ठिठक गया। मैं भी ठिठक गई। या तो मैं ये परीक्षण करवाऊँ या विरोध में बाहर मार्च आउट कर सकती हूँ। लेकिन किस चीज़ के विरोध में?

वापस स्वागत कक्ष में, नर्स ने मुझे मिस शेय को दिखाने के लिए एक नोट दिया, कम से कम प्रारंभिक परीक्षणों के अनुसार, मैं पास हो चुकी थी। जब मैं अपना कोट पहन रही थी, उसने 'रक्त का एक नमूना और एक अन्य परीक्षण के लिए नमूना' ले जाने के लिए एक प्रयोगशाला को फ़ोन किया। मैंने पूछा कि वे परीक्षण क्यों, और कोई मूत्र का नमूना क्यों नहीं लिया गया? क्या वो सबसे आम परीक्षण नहीं था? ''यह आपकी ख़ुद की सुरक्षा के लिए है,'' उसने सख़्ती से कहा, ''और वैसे भी, क्लब इन सबका भुगतान करता है।''

नीचे लॉबी में, मैं स्वास्थ्य विभाग में कॉल करने के लिए एक टेलीफ़ोन बूथ में रुकी। मैंने पूछा कि क्या न्यूयॉर्क शहर की वेट्रेसेज़ के लिए वासरमान परीक्षण ज़रूरी है? ''नहीं।'' तो फिर किस तरह के शारीरिक परीक्षण की आवश्यकता होती है? ''किसी भी तरह की नहीं,'' उन्होंने कहा।

सोमवार, दोपहर

बनी मदर का लेक्चर शेरली के साथ उसके छोटे-से बिना खिड़की वाले ऑफ़िस में एक अनौपचारिक और अत्यधिक बधित होनेवाला वार्तालाप निकला। वहाँ पर सात

अन्य ट्रेनी लड़कियाँ थीं, उनमें से दो पहले ही पोशाक में थीं। वहाँ पर टेक्सास की अंशकालिक मॉडल, एक नाज़ुक ब्लॉन्ड जिससे मैं पहले ही मिल चुकी थी, लंबे बालों वाली एक बहुत बड़ी लड़की जिसने बताया कि वो एक जादूगर की सहायिका थी, पट्टी वाला सूट पहने एक चौकोर-सी दिखने वाली लड़की, एक सुंदर साँवली जो अपना कोट कभी नहीं उतारती थी, भी शामिल थी।

शेरली की बातचीत का ज़्यादातर भाग बनी बाइबिल का दोहराव-भर था, लेकिन कुछ बिंदु नए भी थे।

1. न्यूयॉर्क शहर में न्यूनतम मज़दूरी की सीमा के कारण, हमें चालीस घंटे के सप्ताह के लिए पचास डॉलर का वेतन मिलना चाहिए। हमें टिप्स मिलती हैं, लेकिन क्लब चार्ज़ किए गए मूल्य से, पहले तीस डॉलर्स का पचास प्रतिशत, साठ डॉलर्स तक का पच्चीस प्रतिशत और उसके बाद की राशि पर पाँच प्रतिशत ले लेता है। ''मतलब कि हर चीज़ का आधा,'' पोशाक पहनी हुई एक लड़की फुसफुसाई, ''एक दिन का तीस डॉलर से अधिक किसे मिलता है?''

2. नकदी में मिली सारी टिप्स हम रख सकते हैं, मगर यदि हम नगद टिप्स के लिए ग्राहकों को अपनी पसंदगी दिखाएँगे तो, हम बर्ख़ास्त कर दिए जाएँगे।

3. ''हम तो ये भी नहीं चाहते कि आप बच्चियों को पता चले कि 'औसत पेय' का क्या मतलब होता है,'' शेरली ने कहा, और समझाया कि इसका मतलब प्रति ग्राहक पेय संख्या है। ''लेकिन यदि आप अच्छी सेवा देती हैं तो तय है कि आपको बार-बार ऑर्डर मिलेंगे, और आपको अच्छी सेवा के लिए मेरिट्स भी मिलते हैं। एक सौ मेरिट्स पच्चीस डॉलर के बराबर होते हैं।''

4. यदि कार्य समाप्त होने के बाद हम प्रेमी या पति से मिलते हैं, तो हमें यह कार्य क्लब से कम से कम दो ब्लॉक दूर करना चाहिए। ग्राहकों को हमारा अन्य पुरुषों से मिलना कभी नहीं दिखना चाहिए।

5. हमें अपने लॉकर में कभी पैसे नहीं छोड़ने चाहिए। दो लड़कियों को चोरी के कारण बर्ख़ास्त कर दिया गया है।

6. ''न्यूयॉर्क में विशेष समस्याओं के कारण हमसे डिमेरिट्स के लिए पैसे नहीं लिये जा सकते हैं, तो इसके बजाय, हम मेरिट्स से उन्हें वापस ख़रीद सकते हैं।'' ''यदि एक सौ मेरिट्स का मूल्य पच्चीस डॉलर है,'' मैंने पूछा, ''तो क्या यह एक ही बात नहीं?'' शेरली ने कहा, ''यह एक ही बात नहीं है।''

7. नंबर-एक कुंजीधारकों से विशिष्ट व्यवहार किया जाता है। हम उनके लिए तुरंत टेलीफ़ोन, पैड और पेन लाते हैं। फिर प्लेबॉय इंटरनेशनल उनके बिल की राशि को 'अवशोषित' कर लेता है। नंबर-एक कुंजी क्लब के सभी अधिकारियों, प्रेस के महत्त्वपूर्ण सदस्यों और कुछ अन्य अति विशिष्ट व्यक्तियों को मिलती है। हम उन्हें अपना नाम भी बता सकती हैं, क्लब में उनको साथ दे सकती हैं और उनके साथ बाहर

जा सकती हैं। जादूगर की सहायिका ने पूछा कि ''क्या हमें उन लोगों के साथ बाहर जाना होगा?''

''बिलकुल नहीं,'' शेरली ने कहा।

''लेकिन,'' लड़की ने कहा, ''कक्ष निदेशकों में से एक, नंबर-एक मुख्य धारक को अपना अंतिम नाम न बताने के कारण मुझ पर ग़ुस्सा करने लगा। मैंने स्पष्ट किया कि मैं शादीशुदा हूँ, लेकिन वो बोला कि फिर भी मुझे अपनी पहचान उन्हें बता देनी चाहिए थी।''

शेरली ने कहा कि वो निश्चित रूप से कह सकती हैं कि कक्ष निदेशक का यह मतलब नहीं था। ''आपको कभी भी ऐसा कुछ नहीं करना होगा जो आप नहीं चाहतीं,'' उन्होंने आश्वासन के भाव से कहा।

8. विक लोनेस का अपार्टमेंट न्यूयॉर्क में प्लेबॉय की प्रचार पार्टियों के लिए प्रयोग किया जाता है, ठीक जैसे ह्यू हेफनर का घर शिकागो में है। (''मिस्टर लोनेस क्लब को चलाया करते थे,'' शेरली ने समझाया, ''लेकिन अब वे ज़्यादातर पत्रिका के साथ ही जुड़े हैं।'') जब हम इस तरह की पार्टियों के लिए जाते हैं, हमें पुरुषों को लाने की अनुमति नहीं होती है। ''यहाँ तक कि पति को भी नहीं?'' जादूगर की सहायिका ने पूछा। ''बिल्कुल भी कोई पुरुष नहीं,'' शेरली ने कहा, ''लेकिन अगर आप नहीं जाना चाहतीं तो आप जाने के लिए विवश नहीं हैं।''

बनी फादर लेक्चर के लिए हम सभी नीचे वीआईपी कक्ष की ओर चल दिए, लेकिन उससे पहले शेरली के ऑफ़िस के दरवाज़े पर एक बनी रुकी और कहा, ''ग्लोरिया!'' मैं जैसे वहीं जम गई। एक अनंत से लगने वाले समय के बाद, ग्लोरिया के संबोधन पर मेरे बगल में बैठी बनी ने उत्तर दिया। मैंने मैरी के जवाब देने सीख लिए हैं। अब मुझे ग्लोरिया के जवाब देने को रोकना सीखना चाहिए।

वहाँ कोई बनी फादर नहीं थे, बल्कि उनके लेक्चर में रेकॉर्डेड आख्यान और जैज़ पृष्ठभूमि वाले दो स्लाइड प्रस्तुत किए गए। एक, सामान्यत: बनीज़ पर था और सिवा इसके, उसमें कुछ भी नया नहीं था कि जब ग्राहक 'अंतरंग होने' का प्रयास करें, हमें कहना है, ''श्रीमान, आपको बनीज़ को छूने की अनुमति नहीं है।'' बनी फादर के लेक्चर का दूसरा अर्धभाग 'कॉकटेल बनी' कहलाता था। इसने दर्शाया कि, ट्रे को कैसे सज्जित करें, बिल कैसे भरें और मेज पर पेय पदार्थ कैसे रखें। स्लाइड के साथ आख्यान सिंक्रनाइज़ नहीं कर रहा था, कमरा ठंडा था और मुझे तेज सर दर्द होने लगा।

शेरली ने कहा कि मिस शेय मुझसे मिलना चाहती हैं। मेरा दिल डूब गया।

मुख्य ऑफ़िस पहले की तरह ही फ्लोरोसेंट-प्रकाशित और अफरा-तफरी से भरा था, लेकिन मिस शेय एक शांत द्वीप थीं। उन्होंने कहा, इमारत के अंदर आने और बाहर जाने के लिए मुझे एक परिचय कार्ड की आवश्यकता होगी। मैंने उन्हें डॉक्टर का नोट और मेरा वास्तविक सोशल सिक्योरिटी नम्बर दे दिया। मैंने स्पष्ट किया कि

मुझे लगता है मैंने कार्ड खो दिया है। वे शंकाग्रस्त लग रही थीं लेकिन नंबर ले लिया।

मैं इस सुबह की चिकित्सा पहेली के बारे में पूछना चाहती थी, लेकिन फ़िलहाल मैंने ऐसा न करने का निर्णय लिया। ख़ुद की ओर ध्यान आकर्षित करवा कर, मैं केवल लापता जन्म-प्रमाण पत्र के बारे में उनकी याद ही ताज़ा करूँगी और कुछ नहीं। मैंने उन्हें बताया कि छाती के एक्स-रे को छोड़कर मेरी फ़ाइल पूर्ण थी, और मैं चल दी। यह विश्वास करना मुश्किल था कि कुशल मिस शेय मुझे ज़ल्द ही नहीं पकड़ लेंगी, लेकिन मैं तब तक वहाँ जमी रहूँगी जब तक कि उन्हें मेरी सच्चाई पता न चल जाए।

मंगलवार दोपहर, 5

आज दोपहर मैं छाती के मुफ्त एक्स-रे के लिए स्वास्थ्य विभाग में भीतर ही भीतर कुछ बुदबुदाते हुए क़तार में इंतज़ार कर रही थी : "फ्लेमिंगो में चेरी, संतरा और लाइम सर्कल होते हैं। मिस्ट में लेमन ट्विस्ट, लंदन डॉक्स में कॉर्ड एल्स होता है।" मेरी ड्रिंक स्क्रिप्ट में ज्ञान के ये छोटे-छोटे टुकड़े और भूरे प्लास्टिक ब्रीफकेस में सभी अन्य दस्तावेज़ तीन बजे होनेवाली एक लिखित बनी प्रश्नोत्तरी का विषय होनेवाले थे।

मैंने शेरली को रिपोर्ट किया और उन्होंने जल्दबाज़ी में मुझे अभिवादन किया। "ओह, स्वीटी, मैं पूरी तरह से निराश हूँ!" उन्हें हैट-चेक रियायत के लिए शाम साढ़े सात बजे से सुबह चार बजे तक काम करने के लिए एक इक्कीस-से-अधिक की लड़की की ज़रूरत है, उन्होंने कहा। क्या मैं उनकी मदद करूँगी ? बिल्कुल मैं करूँगी, मैंने कहा, यदि उन्हें लगता है कि मैं इसे सँभाल पाऊँगी। "ओह, यक़ीनन, स्वीटी," शेरली ने कहा, "यह बेहद आसान है।" मेरे मैचिंग जूते अभी तक तैयार नहीं थे, लेकिन कोई बात नहीं, मैं काले पहन सकती हूँ, उन्होंने कहा। मुझे बस इतना करना था कि सात बजे तक मेकअप के लिए पहुँच जाना है। मैं हैरान और उत्तेजित थी। मेरे पास 'फ़्लोर पर' कम से कम एक रात होगी। मेरे पास होगी, लेकिन तब ही, अगर मैं सफलतापूर्वक मिस शेय से बच सकूँ।

प्रश्नोत्तरी इकसठ संक्षिप्त सवालों की एक सूची निकली। जब शेरली ज़ोर-ज़ोर से सवालों को पढ़ रही थीं, आठ लोगों की हमारी कक्षा गंभीरता से कुछ लिखने में व्यस्त थी। मैं देख सकती थी कि टेक्सास मॉडल उलझन में दिख रही है, उसका मुँह हलका खुला हुआ, और ग्लोरिया नामक बनी अपनी अँगुली के जोड़ चबा रही थी। मैंने निर्णय लिया कि अधिक स्मार्ट होने का कोई फ़ायदा नहीं, और छह उत्तर ग़लत लिख दिए। हमने एक-दूसरे के पेपर जाँचे और उत्तर पढ़े। नौ ग़लत उत्तरों के साथ मैं क्लास में शीर्ष पर थी। जादूगर की सहायिका के दस थे, और बाक़ी सब चौदह या अधिक में चूक गए। टेक्सास लगभग तीस चूक गई। जब क्लब कहता है कि "बनी "1. सौंदर्य, 2. व्यक्तित्व, और 3. योग्यता" के कारण चुनी जाती हैं, तो यह क्रम वास्तव में महत्त्वपूर्ण है।

हम पेंट हाउस पर चले गए, जो चौथी मंज़िल पर स्थित एक बड़ा कमरा था और वहाँ लगे एक पैनल पर पीछे से प्रकाश पड़ता था और वह छत के होने का आभास देता था। शेरली ने हमें ख़ाली पड़ी मेज़ों की एक पंक्ति पर बैठाया और हमसे पेय पदार्थों पर प्रश्नोत्तरी करने लगीं।

"फ्लेइशमन क्या है?"

"जिन।"

"वैट सिक्सटी-नाइन क्या है?"

"मैंने इनके बारे में नहीं पढ़ा है," टेक्सास ने कहा।

"स्कॉच?" सुंदर साँवली ने कहा।

"कोरवोयज़ियर क्या है?"

"मुझे पता है, मैंने वो याद किया है। ये है... कॉन्यैक!" ग्लोरिया ने कहा।

"पाइपर हेडसीक क्या है?" नाजुक ब्लॉन्ड को पता नहीं था। "क्या तुमने कभी शैम्पेन नहीं पिया?" शेरली ने पूछा। ब्लॉन्ड ने कहा नहीं, उसने इसे कभी देखा भी नहीं। "यह बिल्कुल जिंजर एल की तरह दिखता है," शेरली ने कहा, "बस इसमें ढेर सारा पैसा ख़र्च होता है।" पूछताछ के कई दौरों के बाद, टेक्सास वाली को छोड़कर हर कोई कुछ एक जवाब देने में समर्थ था। उसने अपना मेहँदी लगा सर लटका दिया, और शेरली ने गंभीर रूप से उसे फटकारा।

एक बहुत लम्बी, बहुत फीकी-सी दिखने वाली साँवली लड़की आई और अपना परिचय प्रशिक्षक बनी के रूप में दिया। वह एक उच्चस्तरीय फैशन मॉडल की तरह ही पतली और नाजुक दिखती थी, और बहुत सुंदर थी। "वह यहाँ की सबसे पुरानी बनीज़ में से एक है। हर कोई उसे प्यार करता है," ग्लोरिया ने कहा। "पुरुष साँवली लड़कियों को चॉकलेट बनीज़ कहते हैं," एक दूसरी लड़की ने कहा और मंद-मंद मुस्कुराने लगी।

हमने बनी मुद्रा (बाहर निकले हुए एक कूल्हे के साथ मॉडल की एक मुद्रा) और बनी डिप (अपनी पोशाकों से बाहर गिरे बिना निचली मेज़ों पर पेय पदार्थ रखने के लिए पीछे झुकने का एक तरीक़ा) सीखने के लिए एक दौड़-भाग भरा घंटा बिताया। हमने पेय आदि परोसने के दौरान कहे जाने वाले सत्कार सम्मानादि वाक्य सीखे : "गुड ईवनिंग, सर, मैं आपकी बनी हूँ, मैरी। क्या मैं सदस्य कुंजी देख सकती हूँ? क्या आप कुंजी-धारक हैं या यह एक उधार की कुंजी है? धन्यवाद। मुझे आपका ऑर्डर लेकर ख़ुशी होगी।" इसके अतिरिक्त और किसी बात की अनुमति नहीं। मैं सोच रही थी कि यहाँ एकरसता अगर कभी ग्राहकों को उबाने लगी। "क्या मैं आपके लिए कुछ और ला सकती हूँ, मिस्टर जोन्स?" "धन्यवाद मिस्टर जोन्स, हमसे मिलने के लिए वापस आइएगा।" ये सब प्रोग्राम मेरे अंदर डाले जा रहे थे।

घर में, मैंने मेकअप और झूठी पलकों को उतार दिया। जब मैं वहाँ पहुँचूँगी क्लब

का ऑफ़िस बंद हो जाएगा : मुझे काम करने से रोकने के लिए कोई मिस शेय मौजूद नहीं होंगी। कम से कम मेरे कैरियर में 'ग्राहक संपर्क' की एक रात तो शामिल होगी।

मंगलवार सांय, 5

बनी कक्ष अव्यवस्थित था। मैं वार्डरोब मिस्ट्रेस द्वारा अपनी इलेक्ट्रिक-ब्ल्यू पोशाक में डाली और खींची और जिप की गई, लेकिन इस बार उन्होंने मुझे ख़ुद अपने वक्ष स्टफ़ करने की अनुमति दे दी, और मैं ड्राई क्लीनर्स' बैग का सिर्फ़ आधा हिस्सा ठूँस कर ही बच निकलने में सफल रही। मैंने क्लिप इन बो टाई से छोटा-सा कॉलर और प्लेबॉय कफ लिंक से कलफ़ किए हुए कफ्स को जोड़ा। जैसे हॉर्स शोज़ में जीते जाते हैं उसी तरह के रिबन रोसेट में मेरी नेमप्लेट केंद्रित थी, और मेरी दाहिनी कूल्हे की हड्डी के ठीक ऊपर पिन की गई थी। मुझे बताया गया कि एक प्रमुख नीतिगत परिवर्तन ने हाल ही में नेमटैग्स को बाएँ कूल्हे से दाएँ में स्थानांतरित कर दिया था। वार्डरोब मिस्ट्रेस ने मुझे बनी जैकेट भी दी क्योंकि ये शून्य से भी नीचे तापमान वाली रात थी, और मुझे मुख्य दरवाज़े पर खड़ा होना था। जैकेट नकली सफ़ेद फ़र का छोटा-सा श्रग निकला जिसने कंधे तो ढके लेकिन वक्षों को सावधानीपूर्वक खुला छोड़ दिया।

मैं बनी मदर शेरली द्वारा निरीक्षण करवाने के लिए भीतर गई। "तुम प्यारी दिखती हो," उसने कहा, और सलाह दी कि जो भी पैसे मेरे पास हैं मैं अपनी पोशाक में रख लूँ। "लॉकर से दो और लड़कियों की चीज़ें चोरी हुई हैं," उन्होंने कहा, और मैं लॉबी निदेशक को मेरे पास जितना भी पैसा है वो ठीक-ठीक ज़रूर बता दूँ। "अन्यथा वे यह समझेंगे कि तुम टिप की चोरी करती हो।" उन्होंने समझाया कि टेबल बनीज़ को नकद में प्राप्त होनेवाली किसी भी टिप को रखने की अनुमति है (हालाँकि क्लब उनकी सभी चार्ज टिप्स में से 50 फीसदी तक ले लेता है), लेकिन हैट-चेक बनीज़ बिल्कुल भी टिप नहीं रख सकतीं। इसके बजाय, उन्हें आठ घंटे के लिए फ्लैट बारह डॉलर का भुगतान किया जाता है। मैंने उन्हें बताया कि एक दिन का बारह डॉलर विज्ञापन में उल्लेख किए गए दो से तीन सौ डॉलर के वेतन से बहुत कम लगता है। "देखो, तुम हर समय हैट-चेक का काम नहीं करोगी स्वीटी," उन्होंने कहा। "जब तुम टेबल बनी के रूप में काम करना शुरू करोगी, तुम देखोगी कि कैसे ये सब बराबर हो जाएगा।"

मैंने ख़ुद को आईने में आख़िरी बार देखा। एक तीन-चौथाई इंच पलकों, नीले साटन कानों, और एक आवश्यकता से अधिक भरे हुए वक्षों वाले प्राणी ने शीशे के उस तरफ़ से मुझे वापस देखा। मैंने शेरली से पूछा कि क्या हमें अपने को इतना भरना ज़रूरी होता है। "बेशक," उन्होंने कहा। "लगभग सभी लड़कियाँ ख़ूब-ख़ूब भरती हैं। बनीज़ से ऐसे ही दिखने की उम्मीद की जाती है।"

लिफ़्ट तलघर में खुली और मैंने प्लेबॉय क्लब में अपने पेशेवर कैरियर की शुरुआत की। यह भीड़ भरा, कोलाहलपूर्ण और बहुत अँधेरे वाला था। पुरुषों का एक समूह उनकी गोद में लगे संस्था के नेमटैग्स के साथ पास ही में खड़ा था। ''लो मेरी बनी-हनी आ गई,'' एक ने कहा, और मस्ताने अंदाज़ में मेरे कंधे को अपनी बाँहों से घेर लिया जैसे कि हम मैदान छोड़कर जाते हुए साथी फुटबॉल खिलाड़ी हों।

''प्लीज़, सर,'' मैंने कहा, और बनी फादर लेक्चर में सीखा गया सत्कार वाक्य बोला : ''आपको बनीज़ को छूने की अनुमति नहीं है।'' उसके साथी ख़ूब हँसे। ''अरे...अरे, सोचो तो उसने तुम्हें बता दिया!'' एक ने कहा, और जब मैं वहाँ से दूर जाने लगी तो उसने मेरी पूँछ मरोड़ दी।

मेरे मन में बनी बाइबिल के प्रोग्राम किए हुए वाक्यांश गूँज रहे हैं, मैं सड़क से मात्र दो मंज़िला काँच की चादर से अलग किए गए तलघर (''लिविंग कक्ष, पियानो बार, बुफे डिनर जो अब परोसा जा रहा है'') और लॉबी (''प्लेमेट बार में बैठते ही तत्काल अपने कोट की जाँच करें'') के बीच की कालीन वाली सर्पिल सीढ़ियों से नीचे उतर गई। इस रास्ते का एक अन्य विकल्प एक चौड़ी सीढ़ी थी, लेकिन वह भी, सड़क से देखी जा सकती थी। हम सभी, ग्राहक और बनीज़ समान रूप से, एक जीवंत विंडो डिसप्ले थे। मैंने लॉबी निदेशक को रिपोर्ट किया। ''हैलो, बनी मैरी,'' उन्होंने कहा, ''चीज़ें कैसी चल रही हैं?'' मैंने उन्हें बताया कि मेरी पोशाक में पन्द्रह डॉलर्स हैं। ''मुझे याद रहेगा,'' उन्होंने कहा। मुझे वक्ष निरीक्षण के लिए क़तार में खड़ी सभी हैट-चेक बनीज़ का एक त्वरित और अपमानजनक कल्पना-चित्र दिखाई दिया।

वहाँ हैट-चेक कक्ष को घेरे अधीर पुरुषों के चार बड़े झुंड थे। 'सिस्टम को सही,' करने के लिए शिकागो से आयात की गई मुख्य हैट-चेक-बनी, एक छोटी ब्लॉन्ड, ने मुझे उनके टिकट लेने और काउंटर के पीछे दो 'हैंग बॉयज' को नम्बर पुकारने के लिए कहा। ''यदि तुम मुझे अपना नम्बर दो, मैं तुम्हें अपना नम्बर दूँगा,'' एक गंजे आदमी ने कहा, और प्रशंसा के लिए भीड़ में चला गया।

लोगों को कोट, स्कार्फ और टोपी के लिए मदद करने के एक घंटे के बाद, कॉकटेल भीड़ अब इतनी थम चुकी थी कि शिकागो बनी मुझे यह दिखा सके कि सीधे पिनों की सहायता से नम्बरों को कोट लैपल में कैसे लगाया जाए या कि उन्हें इस तरह हैट-बैंड में डाला जाए। उसने मुझे और अधिक सत्कार वाक्य बताए— ''धन्यवाद, सर, आपके टिकट ये रहे।'' ''सूचना बनी आपको नीचे दाईं तरफ़ मिलेंगी।'' ''क्षमा करें, हम महिलाओं के कोट नहीं लेते।'' (जब क्लब में भीड़भाड़ न हो, और कोट फर वाला न हो, केवल तभी महिलाओं के लिए हैट-चेक कमरे उपलब्ध थे।) उसने ख़ासकर बताया कि मुझे अपनी सारी टिप्स, दीवार से जुड़े एक खाँचेदार डिब्बे में डालनी हैं, कृतज्ञता से मुस्कराना है और ग्राहकों को नहीं बताना है कि टिप्स क्लब को जाती हैं। वह जाँच-कक्ष के दूसरे अर्ध भाग में चली गई (''नीले

टिकट अगले दरवाज़े में, सर'') और अपनी जगह पर एक लम्बी, गठीली स्विस बनी को भेज दिया।

हम दोनों ने ग्राहकों के एक छोटे वर्ग का ख़याल रखा और थोड़ी-बहुत बात की। अब मैं सदा रहने वाले इस भय को लेकर शांत हो गई थी कि कोई मुझे जानने वाला आ जाएगा, मुझे पहचानेगा, और कहेगा, ''ग्लोरिया!'' अगर अफ़वाहें सच थीं तो एक अख़बार संवाददाता और एक समाचार-पत्रिका संवाददाता ने बनीज़ बनने का प्रयास किया था और असफल रही थीं, उस समय प्रबंधन संभावनाओं की हद तक सतर्क रहा होगा। क्लब की प्रतिक्रिया की चिंता में मैंने बहुत सारी सिडनी ग्रीनस्ट्रीट फ़िल्में देखी थीं। अगर कोई ऐसा आता है जिसे मैं जानती हूँ तो मैं बस यही दोहराती रहूँगी : ''लगता है कोई ग़लती हुई है,'' और सब ठीक हो जाने की उम्मीद करूँगी।

डिनर के लिए भीड़ आना शुरू हुई और जल्द ही वहाँ इंतज़ार करते बीस आदमियों की भीड़ थी। हमने जल्दी-जल्दी काम किया, लेकिन एक ही समय में बाहर जाने वाले और अंदर आने वाले कोटों ने भ्रम की स्थिति पैदा कर दी। एक ग्राहक अपनी खोयी हुई टोपी तलाशने के लिए ग़लती से काउंटर के पीछे पहुँच गया, और दो अन्य चिल्लाकर शिकायत कर रहे थे कि वह दस मिनट से इंतज़ार कर रहे हैं। ''प्लेबॉय क्लब के बाहर लोगों की क़तार इसलिए है,'' एक ने कहा, ''क्योंकि वे अपने कोट के लिए इंतज़ार कर रहे हैं।'' नीले रेशमी सूट में एक आदमी मेरी पूँछ खींचने के लिए पहुँच गया। मैंने उसे झाँसा देते हुए एक गंजे आदमी का कोट, जिसके 'सूट पॉकेट' में बॉलपॉइंट पेन की क़तार थी, थाम लिया। उसने वह पहना, लेकिन पीछे की तरफ़ से, जिससे कि उसकी बाँहें मुझे छू सकें। हैंग बॉय उस पर स्पेनिश लहज़े में चिल्लाया, ''उसे अकेला छोड़ दो,'' और उसने हैंग बॉय को चुप रहने को कहा। मिंक स्टोल पहने तीन महिलाएँ अपने पति के इंतज़ार में खड़ी थीं। मैं उन्हें अपनी ओर घूरते हुए देख पा रही थी, ईर्ष्या से नहीं, बल्कि एक रूखेपन से, मानो अपनी तुलना वो मेरे बगल में खड़ी स्विस बनी और मेरे साथ कर रही हों। सामने की दीवार पर ऊँचाई पर लगा एक कैमरा, नीचे हम सब को घूर रहा था और फुटपाथ में लगी स्क्रीन सहित क्लब भर की दीवारों में लगी हुई सभी स्क्रीन को दृश्य भेज रहा था : ''क्लोज सर्किट टीवी कैमरा जो आपके आगमन को सारे क्लब में फ्लैश करता है'', प्रचार फ़ोल्डरों में बताया गया था। मैं भीड़ में नग्न चलने के दु:स्वप्न को महसूस करके बेहद घबरा गई थी और मेरे ख़ुद के कपड़ों तक वापस पहुँचने का एकमात्र रास्ता काँच से ढकी हुई सीढ़ियाँ ही थीं। जब पुरुष अपने कोट ज़रूरत से ज़्यादा आगे बढ़कर ख़ुद को हमारी ओर दबा रहे थे, मैं और अधिक टिकट के लिए हैंग बॉय की तरफ़ मुड़ गई। ''चिंता मत करो,'' उसने दयापूर्वक कहा, ''आपको इसकी आदत हो जाएगी।''

काम फिर ज़ोर पकड़ने लगा। मैंने स्विस बनी से पूछा कि क्या उसे काम पसंद आया? ''दरअसल नहीं,'' उसने कंधे उचकाये, ''मैं कुछ दिनों के लिए एक एयरलाइन

में होस्टेस थी, लेकिन एक बार अगर आपने हांगकांग देख लिया, तो समझिये कि आपने दुनिया देख ली।'' एक आदमी ने अपने कोट के लिए पूछा। मैं घूमी और अपने को उन दो लोगों के सामने पाया जिन्हें मैं भली-भाँति जानती थी, टेलीविज़न कार्यकारी और उसकी पत्नी। जब मैंने उनका टिकट लिया मैं बराबर नीचे देखती रही और फिर अपनी पीठ उनकी ओर कर ली, तब तक लड़के ने उनका कोट खोज लिया, लेकिन इसे वापस करते वक़्त मुझे फिर उनका सामना करना था। मेरे टेलीविज़न के उस मित्र ने सीधे मुझे देखा, मुझे पचास सेंट्स दिए, और चला गया। न तो उसने, न ही उसकी पत्नी ने मुझे पहचाना। बनी सूट में अस्तित्वहीन व्यक्ति होना निराशाजनक था, लेकिन यह एक जीत भी थी। जश्न मनाने के लिए, मैंने एक हलके, शर्मीले से दिखने वाले आदमी की उसे उसका लंबा नीला और सफ़ेद स्कार्फ पहनने में मदद की, पूछा कि क्या वो और स्कार्फ येल से है। वह चकित दिखा, मानो उसे एक बहरूपिये भेष में पहचान लिया गया हो।

क्लब में कहीं भी कोई घड़ी नहीं थी। मैंने हैंग बॉय से समय पूछा। ''एक बजे हैं,'' उसने कहा। मैं बिना किसी ब्रेक के पाँच घंटे से अधिक काम करती रही थी। गत्ते में पिन लगाते-लगाते मेरी उँगलियों में छेद जैसे उभर आए थे और छाले हो गए थे। भारी कोटों को पकड़े रहने से मेरे हाथ दर्द कर रहे थे। हर बार जब ग्राहक दरवाज़ा खोलते थे तो जो बर्फ़ीली हवा उड़कर भीतर आती थी उससे मैं बुरी तरह सिहर जाती और अब बिलकुल ठंडी पड़ चुकी थी; और मेरे तीन-इंच के काले साटन हील्स के ऊपर, मेरे पैर दर्द के मारे मेरी जान लिए जा रहे थे। मैं शिकागो बनी के पास पूछने के लिए गई कि क्या मैं एक ब्रेक ले सकती हूँ।

''हाँ,'' उसने कहा, ''खाने के लिए आधे घंटे का, लेकिन उससे ज़्यादा नहीं।''

बनी कक्ष से नीचे हॉल में कर्मचारियों का विश्राम कक्ष था जहाँ हमारे भोजन टिकट पर हमें प्रतिदिन एक निःशुल्क भोजन का अधिकार था। मैंने एक धातु की फ़ोल्डिंग कुर्सी लंबी ख़ाली मेज़ की तरफ़ खींची, सावधानी से अपने जूते उतारे और ग्रे रंग की वर्दी पहने दो काले पुरुषों के बगल में बैठ गई। जब मैं अपने सूजे हुए पैरों की मालिश कर रही थी वे सहानुभूति से देख रहे थे। उनमें एक जवान था और काफ़ी सुंदर, दूसरा मध्य वय का था और उसके कनपटी के बालों पर सफ़ेदी आ रही थी। लगता था कि वे भी, कम से कम आंशिक रूप से ही सही, क्लब में सभी कर्मचारियों की तरह, अपने रूप-रंग के कारण चुने गए थे। अधिक उम्र वाले ने मुझे पैरों को आराम देने के लिए पैरों के नीचे की रोलिंग बोतलों के विषय में और मेरे जूते के लिए आर्क-सपोर्ट लाने की सलाह दी। मैंने पूछा कि वे क्या करते हैं। ''हम कचरा उठाते हैं,'' कम उम्र वाले ने कहा। ''यह सुनने में बहुत अच्छा नहीं लगता, लेकिन यह आपके काम की तुलना में काफ़ी आसान है।''

उन्होंने मुझे बताया कि मुझे कुछ खाना चाहिए और अपनी पेपर प्लेट पर बीफ

स्टू के लिए इशारा किया। ''शुक्रवार को हमें मछली मिलती है,'' एक ने कहा, ''लेकिन बाक़ी हर दिन वही स्टू।''

''वही, जब तक कि उससे ख़राब कुछ न हो,'' दूसरे ने कहा, और हँसा। अधिक उम्र वाले ने मुझसे कहा कि वो बनीज़ के लिए अफसोस महसूस करता है, भले ही उनमें से कुछ 'अपने रूप का दिखावा' करने में आनंदित होती हों। उसने मुझे मेरे पैरों के लिए सावधान रहने और डबल शिफ़्ट में काम करने का प्रयास न करने की सलाह दी।

वापस नीचे, ग्राहकों के कोट की जाँच करने के दौरान मैंने उनको वर्गीकृत करने की कोशिश की। कुछ किशोर जोड़ों के अपवाद के साथ, अधिकता मध्यम आयु वर्ग के व्यवसायियों की ही लग रही थी। आधे से भी कम लोगों के साथ महिलाएँ थीं, और बचे हुए सारे-के-सारे-पुरुष बड़े समूह में आए जो व्यय करने के नज़रिए से कंजूस ही लग रहे थे। क्लब के विज्ञापनों में जिस तरह के पुरुषों का प्रचार किया जाता है, उस तरह के तो सिर्फ़ चार ही पुरुष मैंने देखे—युवा, इकहरे बदन के, चुस्त कपड़े पहने आधुनिक शहरी पुरुष—और वे छरहरी, फैशनेबल लड़कियों के साथ थे जो हमारी भरवां पोशाकों और चमकदार श्रृंगार के कारण हमसे अधिक घबरायी हुई लग रही थीं। व्यवसायियों की पत्नियाँ जो सामान्यत: सबसे कम आत्मविश्वासी होती हैं उन्होंने अपनी तुलना हमारे साथ नहीं की, लेकिन लगता था कि वे यह मान कर चल रही हैं कि उनके पति हमसे आकर्षित होंगे ही और इसलिए वे अलग खड़ी हो गईं, घबराई और शर्मिंदा-सी दिखती हुईं। वहाँ कुछ ग्राहक थे, बहुत थोड़े, या तो पुरुष या स्त्रियाँ (मैंने दस गिने), जिन्होंने हमें देखा, वस्तुओं के रूप में नहीं, बल्कि मुस्कराए और सर हिलाया मानो हम भी मनुष्य हो सकते हैं।

स्विस बनी ने एक ब्रेक लिया, और हैंग बॉय ने मुझे एक विनम्र लेक्चर देना शुरू किया। मैं ''बेवकूफ़ था,'' उसने कहा, ''जो सारे पैसे बॉक्स में डाल दिए। टिप्स नकद थीं। यदि थोड़ी-बहुत हम न ले जाएँ, तो वो आदमी ले जा सकता है जो गिनता है।'' मैंने उसे बताया कि मुझे डर है कि वे मेरी पोशाक में देख सकते हैं और मैं बर्ख़ास्त होना नहीं चाहती। ''वे तुम लड़कियों की केवल कभी-कभार ही जाँच करते हैं,'' उसने कहा, ''खैर, मैं तुमसे एक डील करता हूँ। तुम मुझे पैसे दो। मैं तुमसे बाहर मिलूँगा। हम बाँट लेंगे।'' मेरे पाँव दर्द कर रहे थे, पसीने से तर दर्जनों हैटबैंड्स से मेरी उँगलियाँ चिपचिपी हो गई थीं और मेरी त्वचा में पोशाक की बनावट के कारण और छाले हो गए थे। डिनर ब्रेक का आधा घंटा भी मेरी ख़ुद की ड्यूटी के दौरान हुआ था, अत: क्लब को पूरा आठ घंटे का काम मिल रहा था। मैं इस बात को लेकर उस पर झल्लाने के लिए पर्याप्त क्रोधित महसूस कर रही थी। फिर भी, चोरी करने के लिए बर्ख़ास्त कर दिए जाने से कोई भला न होगा। मैंने उसे बताया कि मैं नई बनी थी और इसे आज़माने के लिए कुछ ज़्यादा ही घबराई हुई थी। ''तुम इससे उबर

जाओगी,'' उसने कहा, ''पिछले हफ़्ते एक शनिवार की रात, इस चेक कक्ष ने एक हज़ार डॉलर टिप्स में ले लिये। और तुम जानती हो कि हमें कितना पैसा मिलता है। तुम उसके बारे में सोचो।''

लगभग चार बजे का छुट्टी का समय था।

लॉबी निदेशक हमें बताने के लिए आए थे कि रात का कस्टमर काउंट दो हज़ार के क़रीब था। मैंने कहा कि ये अच्छा जान पड़ता है। ''नहीं,'' उन्होंने कहा, ''अच्छा चार हज़ार है।''

मैं वापस बनी कमरे में चली गई, अपनी पोशाक बदली, और स्थिर बैठ गई, हिलने के लिए कुछ ज़्यादा ही थकी हुई। खड़े रहने की मुद्रा ने मेरे पंजर के आसपास सीधे निशान बना दिए थे, और जिपर ने मैरी की रीढ़ में एक धारी छोड़ दी थी। मैंने पोशाक के चुस्त होने के बारे में बगल में बैठी बनी से शिकायत की, जो ख़ुद भी निस्पंद थी। ''हाँ,'' उसने कहा, ''कई लड़कियाँ कहती हैं कि उनके पैरों का घुटने से ऊपर का भाग सुन्न पड़ जाता है। मैं समझती हूँ कि यह किसी नस-वस में दबाव डालती है।''

सड़क सुनसान थी, लेकिन बाहर कर्मचारियों के एग्ज़िट पर एक टैक्सी खड़ी थी। ड्राइवर ने एक डॉलर का बिल खिड़की से बाहर निकाला। ''मेरे पास ऐसे चार और हैं,'' उसने कहा, ''क्या ये पर्याप्त हैं?'' मैं चलती रही। ''बात क्या है?'' उसने, चिढ़ते हुए कहा, ''तुम वहाँ पर काम करती हो या नहीं?''

सड़कों पर ख़ूब प्रकाश था और वे ओस से चमक रही थीं। जब मैं अपने अपार्टमेंट के लिए अंतिम ब्लॉक की ओर जा रही थी, मैंने एक भूरी कार को पार किया, जिसकी मोटर चल रही थी। एक औरत चालक सीट पर बैठी थी, सिगरेट पी रही थी और सड़क को देख रही थी। उसके बाल चमकदार ब्लॉन्ड और उसका कोट चमकदार लाल था। उसने मुझे देखा और मुस्कराई। मैं वापस मुस्कराई। वह उपलब्ध दिख रही थी—और वह थी। उस वक़्त हम दोनों में से, वह अधिक ईमानदार लग रही थी।

बुधवार, 6

अपनी दो बजे की टेबल-बनी ट्रेनिंग के लिए क्लब भागने के लिए मैं बिलकुल ठीक समय पर उठी, और वहाँ पहुँचने पर ऐसा महसूस हुआ जैसे मैं इस जगह से गई ही नहीं थी। जब मैं अपनी पोशाक बदल रही थी, बनीज़ में से एक *लियो शल्स शो गाइड* नामक साप्ताहिक अख़बार को ज़ोर-ज़ोर से पढ़ रही थी। ''इसे सुनो,'' उसने कहा, ''इसके अनुसार, 'जबकि क्लब के लिए एक हज़ार लड़कियों का साक्षात्कार लिया गया था और एक सौ पच्चीस अभी वहाँ काम कर रही हैं, प्लेबॉय क्लब के शानदार बिज़नेस, वहाँ रोज़ जुटने वाली ग्राहकों की क़तार और भीड़, ने इसे आवश्यक कर दिया है कि पचास बनीज़ और बढ़ाई जाएँ।''' मैंने शेरली को यह कहते सुना था कि

केवल 103 बनीज़ नियत थीं। जो पढ़ रही थी मैंने उस लड़की से पूछा कि क्या हमें वाकई 50 और बनीज़ चाहिए ? ''शायद'', उसने कहा, ''क्योंकि क्लब 140 बनीज़ के साथ खुला था—और उनमें से क़रीब 50 बनीज़ ने छोड़ दिया।''

एक अन्य लड़की असहमत थी, ''मैंने सुना है कि 20 निकाल दी गई थीं और 40 अन्य ने छोड़ा था—लेकिन मुझे लगता है ये (संख्या) और ज़्यादा है, क्योंकि हमारे पास अब केवल 100 के क़रीब हैं, जिनमें नई बनीज़ भी हैं।'' मैंने कहा कि मैं मिस शेय से पूछने जाऊँगी, बस उत्सुकतावश, कितने बनीज़ ने छोड़ा। ''छोड़ो स्वीटी। यहाँ कोई भी कभी भी हमें कुछ नहीं बताता।''

मैंने अख़बार उठाया और आगे पढ़ने लगी : लड़कियाँ, इस संवाददाता की राय में, आज तक एक ही छत के नीचे एक साथ दिख सकने वाली सबसे ख़ूबसूरत महिलाएँ हैं। उनमें से अधिकांश के पास उच्च शिक्षा भी है, और अच्छे घर की हैं। वे रेस्तराँ सेवा में बेहतरीन देने के लिए प्रशिक्षित हैं...किसी भी इस तरह के पद पर वे जितना कमा सकती थीं उससे उनकी आय तीन से दस गुनी है। औसत आय दो सौ से तीन सौ डॉलर्स है, और 'बनीज़' सबसे आकर्षक लोगों से मिलती हैं। क्लब के पते और कैसे आवेदन करना है के साथ वह लेख समाप्त हो गया। ''दो सौ डॉलर से तीन सौ क्या ?'' असंतुष्ट बनी ने कहा, ''मुझे इस सप्ताह एक सौ आठ डॉलर मिले हैं, और सबसे अधिक चेक वाली लड़की को, एक सौ पैंतालीस मिले हैं।'' क्या वह टेबल पर काम करती है, मैंने पूछा। उसने कहा कि वह करती है।

''अगली बार जब लियो शल यहाँ आएगा,'' असंतुष्ट ने कहा, ''मैं उससे पूछूँगी कि वह ये आँकड़े कहाँ से पाता है।''

''ध्यान से,'' अख़बार वाली बनी ने कहा, ''वह एक नंबर का कुंजी-धारक है।''

शेरली ने मुझे अपने ऑफ़िस में बुलाया। वह अब भी सुबह चार बजे तक काम कर सकने वाली 'इक्कीस-पार-लड़कियों' के लिए बेताब थी। क्या मैं फिर से हैट चेक के लिए स्वीकृति दूँगी ? मैंने विचार किया। यह काम करने का एक और मौक़ा था, इससे पहले कि मिस शेय को याद हो आए कि मैंने अनुरोध किए गए जन्म-प्रमाण पत्र को अभी प्रस्तुत नहीं किया। दूसरी ओर, मैं छह बजे तक एक टेबल बनी के रूप में प्रशिक्षण लूँगी और साढ़े सात बजे एक पूरे दिन के काम के लिए सीधे वापस जाऊँगी। मेरे पैर अभी भी इतने सूजे हुए थे कि मैं अपनी निर्धारित तीन इंच की हील मुश्किल से पहन सकती थी। मैंने अपनी बीच वाली उँगली के चारों तरफ़ पट्टी बाँधी थी, जहाँ पोशाक ने दबा दिया था और मेरी त्वचा को रगड़कर कच्चा घाव छोड़ दिया था। मैंने इस पर चांस लेने का निर्णय लिया कि कुछ और देर के लिए न पकड़ी जाऊँ। अतः मैंने शेरली को अपनी थकान के बारे में कहा। क्या वे किसी और को नहीं ढूँढ़ सकतीं ? ''मैं कोशिश करूँगी,'' उसने कहा, और नाराज़ दिखने लगी, ''लेकिन अगर मुझे कोई और नहीं मिलता, तो फिर मैं तुम पर ही निर्भर रहूँगी।''

मैंने फिर से तलघर के लिए लिफ़्ट ली और सर्पिल सीढ़ियों को पार कर गई। दिन के उजाले में दर्ज़नों दुकानदारों के घूरने के कारण पोशाक में सीढ़ियाँ उतरना और भी कठोर वास्तविकता लग रहा था। सबसे नीचे एक कक्ष निदेशक मेरा इंतज़ार कर रहा था। ''वापस ऊपर जाओ और फिर से नीचे जाओ,'' सड़क की भीड़ की तरफ़ इशारा करते हुए उसने कहा, ''लड़कों को ख़ुश कर दो।''

एक कक्ष निदेशक की अवहेलना बनी बाइबल के अनुसार, ऑटोमेटिक पंद्रह डिमेरिट्स थे। मैंने एक बहाना खोजा। ''देखो,'' मैंने कहा, ''मुझे एक नंबर-एक कुंजी-धारक से मिलने के लिए देर हो रही है।''

''आगे बढ़ो, बच्चे,'' उसने सहमति में मुस्कराते हुए कहा, ''चलती बनो।''

मैं लॉबी के पीछे वाली सीढ़ियों से प्लेमेट बार के लिए नीचे उतरी जहाँ मुझे ट्रेनिंग के लिए रिपोर्ट करना था। जब मैं पहली बार यहाँ साक्षात्कार के लिए आई थी यह अंधकारमय और सुनसान था। अब यह लंच-टाइम की भीड़ से जीवंत था, और बार के पीछे की दीवार *प्लेबॉय* पत्रिका के सेंटरफोल्ड के अर्ध-नग्न प्लेमेट्स के पारदर्शी ब्लोन-अप रंग से चमक रही थी।

बार क्लॉथ, प्लेबॉय लाइटर और बनी स्कूल में निर्धारित की गई अन्य वस्तुओं से सर्विस ट्रे को सजाने के लिए मैं बार के अंत में स्थित सर्विस-क्षेत्र में गई। मेरी ट्रेनिंग बनी ने अपने पैड से मुझे चेक (कूपन) दिए और मुझे कहा कि जब वो अपने स्टेशन का दौरा करे, मैं पीछे चलूँ। उसने हर टेबल को बताया, ''ये बनी मैरी है और ये ट्रेनी बनी है।'' दो आदमियों ने मुझे बताया कि यदि मैंने उनका कहा हुआ सब कर दिया तो मैं ठीक हो जाऊँगी, और जो पहली चीज़ करनी थी वो था अपनी बदमिज़ाज़ ट्रेनिंग बनी से मुक्ति पाना। ''उन मूर्खों पर ध्यान मत दो,'' उसने कहा। ''वे पूरी दोपहर पीते रहे हैं, और सोचते हैं कि बस वे ही समझदार हैं।'' मैंने कहा यदि वे विलमार्क से हों और उसे जाँचने-भर के लिए ऐसे होने का नाटक कर रहे हों। ''मूर्ख मत बनो'' उसने कहा। ''विलमार्क पुरुष को तुम हमेशा पहचान सकती हो। वो कभी भी दो से अधिक पेय नहीं लेते।''

उसकी दो टेबल ख़ाली थीं, और उसने मुझसे कहा कि जो कोई भी वहाँ बैठे मैं उनके लिए इंतज़ार करूँ। मेरे पहले दो ग्राहक प्लास्टिक का ब्रीफकेस लिये हुए थे और उनके कंधों में वेटरंस के बटन लगे हुए थे। मैं अपने पूरे आत्मविश्वास के साथ उन तक बढ़ी, पहुँचते हुए, मैंने सत्कार के लिए कहे जाने वाले वाक्य बोलने शुरू कर दिए थे। ''गुड आफ्टरनून, सर, मैं आपकी बनी, मैरी,'' मैंने कहा, और प्रत्येक आदमी के सामने एक नैपकिन रख दिया (''यह प्रक्रिया कक्ष निदेशक को सूचित कर देती है कि किस ग्राहक को सर्व किया जा रहा है''), उनकी आँखों में सीधे देखने का ख़याल रखते हुए, मैंने ऐसा ही किया (''अपने हर ग्राहक से तुरंत आँखों से संपर्क बनाएँ'')। ''कृपया क्या मैं आपकी सदस्यता-कुंजी देख सकती हूँ?'' ग्राहकों में से एक ने होटल

ऐस्टर के कमरे की चाबी के साथ अपनी प्लेबॉय कुंजी मुझे दी। मैंने उसे वापस दे दिया और चेक (कूपन) भरने लगी।

"अच्छा," उसने ख़ुशी से टेबल बजाते हुए कहा, "आप किसी मर्द को अपनी तरफ़ से कोशिश करने के लिए दोषी नहीं ठहरा सकते।"

"नहीं," उसके दोस्त ने कहा, "तुम हमें अपना पता नहीं बता सकती, किंतु तुम्हें हमारा पता याद रखने से तो नहीं रोका जा सकता।"

मैंने बर्फ़ से ग्लास भर दिए, बार में उनका दो ओल्ड फैशनेड्स का आर्डर पहुँचाया, और पूछा कि मुझे "कचरा" कैसे उचित ढंग से डालना चाहिए—ड्रिंक की सजावटों के लिए बनी द्वारा इस्तेमाल किए जाने वाला सामान।" अपने हाथों से, और कैसे?" बारटेंडर ने कहा। मैंने दो संतरे के स्लाइस उठाए और पूरी तरह जूस से भरे बड़े पात्र में हर तरफ़ खोजती रही तब मुझे दो चेरी मिलीं।

अपनी ट्रे में पेय को संतुलित करते हुए, मैं उन दो वेटरंस की ओर गई। "क्या तुम शादीशुदा हो?" टेबल बजाने वाले ने पूछा। मैंने कहा नहीं। "खैर, वैसे भी इससे कोई फ़र्क़ नहीं पड़ता क्योंकि मैं भी शादीशुदा हूँ!" अपने दाएँ कूल्हे को टेबल पर टिकाते हुए, मैंने अपने घुटने मोड़े और अपने को पीछे की तरफ़ आवश्यक बनी-डिप मुद्रा में झुकाया, और ग्लासों को उचित रूप से नेपकिन में रख दिया। मैंने ख़ुद को एक बेवकूफ़ की तरह महसूस किया।

"तुम बिलकुल ठीक कर रही हो," मेरी बनी ट्रेनर प्यार से फुसफुसाई, और बारटेंडर पर चिल्लाई, "एक जे. एंड बी., एक सी.सी. और दो मार्टिनी जल्दी।"

मैंने तीन और पार्टियों को वेट किया जिनमें सभी पुरुष थे। दो ने कहा, "यदि तुम मेरी बनी हो तो क्या मैं तुम्हें घर ले जा सकता हूँ?" एक ने पूछा कि क्या बार के ऊपर मेरी तसवीर है।

मेरे वेटरंस ने मेरे लिए एक डॉलर की टिप छोड़ी। मैंने उन्हें धन्यवाद दिया और उन्हें बताया कि वे मेरे प्रथम ग्राहक थे। टेबल बजाने वाले ने अपने दोस्त को बाँहों में मुक्का मारा और हँसते-हँसते दोहरा हो गया। "ये लड़की," उसने कहा, वो अभी भी हँस रहा था, "ये लड़की एक कुँवारी बनी है!" उसने अपनी आँखों से आँसू पोंछे।

छः बजे, मैंने अपने चेक (कूपन) वापस ट्रेनिंग बनी को दे दिए। उनमें चार्ज की गई सारी टिप्स उसको गईं, शायद मुझे प्रशिक्षित करने के लिए उसका ईनाम। मैंने उसे बताया वेटरन एक डॉलर छोड़ गए हैं। "तुम उसे रख सकती हो," उसने उदारतापूर्वक कहा। मैंने उसे अपने 'वॉल्ट,' में खोंस लिया, जैसा कि मैंने अन्य बनीज़ को करते हुए देखा था, और कपड़े बदलने के लिए ऊपर चली गई।

जब मिस शेय ने बनी कक्ष में प्रवेश किया, मैं अपने वक्ष से प्लास्टिक का ड्राई-क्लीनर्स बैग खोल रही थी। मैंने उन्हें वहाँ पहले कभी नहीं देखा था। मेरे पहचान पत्रों की कमी ने मुझे फँसा तो नहीं दिया था? शायद वे मेरी आपातकालीन हैट-चेक ड्यूटी

से अनभिज्ञ थीं, लेकिन शायद उन्हें मेरे कल के आठ बजे से आधी रात तक ड्रिंक सर्व करने के असाइनमेंट के बारे में पता हो। मिस शेय मेरे बगल में रुकीं। ''ऐसे ही अच्छे से काम करती रहो,'' उन्होंने गुप्त रूप से कहा, ''मैंने सुना कि तुम एक बहुत अच्छी बनी हो।''

मैंने निर्णय लिया कि मैं उनसे मेरे पहले साक्षात्कार में उनके द्वारा बताई गई 'दूसरी मैरी ओच्स' के विषय में पूछने का जोख़िम लूँ। ''कौन दूसरी मैरी ओच्स ?'' उन्होंने कहा, और बनी मदर के कमरे में ग़ायब हो गईं।

मैं घर पर हूँ, और शेरली ने अभी-अभी ये बताने को फ़ोन किया है कि उन्होंने आज रात के लिए दूसरी हैट चेक बनी ढूँढ़ ली है। मेरा भाग्य अच्छा चल रहा है।

गुरुवार, 7

यह देखने के लिए कि अपनी अन्य बनी बहनों के बारे में मैं और क्या जान सकती हूँ आज मैं बनी कक्ष में एक घंटे पहले चली गई। समाचार पत्र ने उन्हें कॉलेज की लड़कियों, अभिनेत्रियों, कलाकारों यहाँ तक कि भाषाविदों के रूप में भी वर्णित किया था। मेरे बगल में मेकअप करती बनी से मैंने भाषाविदों के विषय में पूछा। उसने कहा कि हाँ, कुछ विदेशी लड़कियाँ हैं जो वी.आई.पी. कक्ष में काम करती हैं। (जैसा कि मैंने बनी बाइबल में पढ़ा था, ''बेशक, इसका मतलब अत्यधिक महत्त्वपूर्ण प्लेबॉय था।'') वास्तव में, उस कक्ष में काम करने के लिए डिनर और आधी रात के सपर में विशेषज्ञता के साथ उन्हें विदेशी उच्चारण के साथ अंग्रेजी बोलनी होती थी। क्या बनीज़ को वहाँ ढेर सारा पैसा मिलता है ? ''बिलकुल नहीं,'' उसने कहा। ''वहाँ केवल पचास सीटें हैं, और वे डिनर के लिए हैं, इसलिए कारोबार धीमा है। इससे बेहतर तो आप ड्रिंक्स सर्व करके और मूर्खों को जल्दी-जल्दी अंदर-बाहर करके कर सकते हैं।'' मैंने कॉलेज जाने वाली लड़कियों के बारे में पूछा। ''ओह, बिल्कुल,'' उसने कहा, ''मुझे लगता है ऐसी तीन या चार हैं जो सप्ताह के पाँच दिन क्लास जाती हैं और सप्ताहांत में यहाँ काम करती हैं।'' उन्हें हमेशा सप्ताहांत ही कैसे मिल जाता है, जो कि बहुत भारी टिप की रातें होती हैं ? ''देखो, दोस्त,'' उसने कहा, ''यहाँ आसपास कुछ ऐसे लोग हैं जो अपनी पसंद की शिफ़्ट ले सकते हैं, और हम बचे हुए दैनिक लंच और उस घटिया हैट चेक के काम में फँस जाते हैं। अधिकतर ये शिकागो की पुरानी लड़कियाँ होती हैं या ऐसी कोई जिनकी मैनेजमेंट के साथ अंदरूनी पहचान है।'' मैंने पूछा कि क्या यह केवल वरीयता के कारण नहीं हो सकता ? ''बिल्कुल,'' उसने अपनी हेयरस्टाइल के ऊपर बनी के कान लगाने की जगह ढूँढ़ते हुए कहा, ''लेकिन बात बस यह है कि यहाँ किसी वरीयता व्यवस्था के होने की उम्मीद नहीं है। 'तुम सब के साथ समान व्यवहार किया जाता है'—उन्होंने हमें यही तो बताया था।'' मैंने पूछा कि बनी बनने से पूर्व उसने क्या किया है। ''ज़्यादा कुछ नहीं, बस कभी-

कभी छोटी-मोटी मॉडलिंग।'' और उसने क्या सोचा, बनी बनने से क्या होगा ? ''मैंने सोचा कि शायद मैं इतना पैसा बचा सकती हूँ कि कुछ टेस्ट शॉट और एक कम्पोज़िट करवा सकूँ और एक असली मॉडल बन पाऊँ,'' उसने कहा। ''लेकिन इसके तीन महीने बाद, मैं शादी करना चाहती हूँ। जिन लड़कों को मैं पहले देखती तक नहीं थी, अब मुझे लगता है कि वे उतने बुरे भी नहीं हैं।''

मैं ड्रेसिंग टेबल के दूसरी ओर चली गई जहाँ चार लड़कियाँ डोनट्स खा रही थीं और चॉकलेट दूध पी रही थीं (''... बनी कक्ष में खाना, पाँच डिमेरिट्स...''), और अपना परिचय नई बनी के रूप में दिया। हर तरफ़ पहला नाम बताकर परिचय हुआ। वे इस मनोरंजन से ख़ुश लग रही थीं और मुझे डोनट्स पेश किए। मैंने फिर से कॉलेज वाली लड़कियों के बारे में पूछा। ''हाँ कुछ हैं,'' एक ने कहा, ''मैं एक दिन एक लड़की से मिली, वह फ़ोटोग्राफ़ी का एक कोर्स कर रही थी।'' मैंने पूछा कि उन्होंने पहले क्या किया है और वे क्या करना चाहती हैं। तीन ने कहा कि उनकी मॉडल बनने की तीव्र इच्छा है—उच्चस्तरीय फैशन में नहीं, बल्कि विज्ञापन या परिधान उद्योग में। चौथी ने कहा कि वह शादीशुदा है, उसका एक बच्चा है और बनी के रूप में इसलिए कमा रही है क्योंकि वह कुछ भी करने के लिए प्रशिक्षित नहीं थी। उन्होंने मेरे बारे में पूछा, मैंने लगभग वही सब दोहराया जो पृष्ठभूमि मैंने आवेदन पत्र में डाली थी, जोकि एक बनी की दृष्टि से सामान्य पृष्ठभूमि होगी न कि हैरान करनेवाली : कि मैंने एक वेट्रेस के रूप में कार्य किया है (सच, चाहे वो कॉलेज में किया था), कि मैंने नाइट क्लबों में नृत्य किया था और एक बार पेशेवर नृत्यांगना होने की भी आशा की थी (यह भी सच, बेशक मुझे अपने को युवा दिखाने के लिए तारीख़ें कुछ इधर-उधर करनी पड़ीं) और सबसे हाल में मैंने एक सेक्रेटरी के रूप में कार्य किया था (झूठ, लेकिन यही एक चीज़ थी जिसके लिए मैं संदर्भ बना सकती थी)।

''कहो कि, तुमने बहुत कुछ किया है,'' परिधान उद्योग को क्रैश करने की उम्मीद करनेवाली लड़की ने कहा, ''यदि तुम टाइपिंग कर सकती हो तो फिर तुम आख़िर किसलिए बनी बनना चाहती हो ?''

मैंने उन्हें बताया कि मैंने जो कुछ भी क्लब के विषय में सुना था सब बेहतरीन लग रहा था। मैंने उन्हें नवीनतम 'प्लेबॉय क्लब न्यूज़' का एक अंश पढ़कर सुनाया : ''बनीज़ ग्लैमर के लिए मज़दूरी नहीं छोड़तीं। एक बनी आसानी से एक हफ़्ते में उससे दुगना कमा सकती है जितना एक अच्छे सेक्रेटरी का औसत होता है... खोज लिए जाने की प्रत्याशा एक अतिरिक्त रोमांचक कारण है। कई बनीज़ मनोरंजन क्षेत्र में स्थानांतरित हो गई हैं और अब फ़िल्मों, नाइट क्लब नाटकों, या मॉडल के रूप में देखी जा सकती हैं...।'' वहाँ पर थोड़ी देर के लिए शांति हो गई।

''हाँ, बिलकुल,'' एक ने कहा, ''यदि वे ऐसा कहते हैं तो कुछ लड़कियों के साथ ऐसा हुआ होगा।'' दूसरी ने कहा कि लगभग एक वर्ष पहले एक शिकागो बनी

प्लेबॉय के मुखपृष्ठ पर थी और ज़ल्द ही मुखपृष्ठ पर फिर से एक बनी के होने की आशा की जा रही है।

"हाँ," तीसरी ने कहा, "लेकिन मैंने सुना है कि ऐसा केवल इसलिए है क्योंकि उनके पास बनीज़ का अभाव है और वे कुछ और पाना चाह रहे हैं।"

लगभग आठ बजे थे, नारंगी परिधान (मुझे उम्मीद थी कि यह पोशाक चमकीली नीली पोशाक से अधिक आरामदेह होगी) पहनकर लिविंग कक्ष में ड्रिंक्स सर्व करने का समय।

फिर से मेरे लिए एक ट्रेनिंग बनी थी जिसके चेक (कूपन) मैंने प्रयोग किए, लेकिन इस बार मेरे पास पूरा स्टेशन था, क्योंकि एक टेबल बनी नहीं आई थी। "क्या तुम नहीं जानती थीं," मेरी ट्रेनिंग बनी ने कहा, "एक लड़की का कार एक्सिडेंट हुआ है और जिसे मेरी शिफ़्ट में से ही होना था।"

मेरे टेबुल 'कार्टून कॉर्नर,' में था, जो कि लिविंग कक्ष का एक कोना था जिसकी दीवारों पर प्लेबॉय के माउंटेड कार्टून्स टँगे थे। और चूँकि वह बार से बिल्डिंग की गहराई में था जिसके बीच में चढ़ने के लिए चार सीढ़ियाँ थीं, इसलिए वह एक मुश्किल स्टेशन माना जाता था। बनी की ट्रे तकनीक में सीधे देखते हुए और स्टाइलिश, अस्पष्ट घुमावदार बनी वाक करते हुए अपनी छोटी गोल ट्रे को बाएँ हाथ की हथेली पर ऊँचे संतुलित करके उठाना था। यह काफ़ी आसान दिखता था, किंतु एक घंटे तक आइस क्यूब्स, मिक्स से भरी बोतलों और आधे दर्जन के क़रीब ड्रिंक्स से भरी ट्रे उठाने के बाद मेरा बायाँ हाथ काँपना शुरू हो गया और लगा कि मेरी उँगलियों में ख़ून स्थायी रूप से सूख गया हो।

इसके साथ ही, मुझे अभी तक वेतन नहीं मिला था। मैंने अपनी ट्रेनिंग बनी से शिकायत की, लेकिन उसने कहा कि मेरे पास इसका कोई आधार नहीं है। क्लब के दिसम्बर उद्घाटन से पूर्व काम पर रखी गई लड़कियों को बिना किसी वेतन के तीन सप्ताह तक प्रशिक्षित किया गया था।

मैंने काफ़ी कुछ सीखा। मैंने बाईस ग्राहकों को सर्व किया, दो ड्रिंक्स गिराईं (एक अपने पर और एक ग्राहक पर) और दो बार काम के निर्देश के लिए प्रस्ताव मिले। पियानो बार के संगीतकारों से मैंने ये भी जाना कि ऐसा एक गाना है जिसे 'प्लेबॉय की थीम' कहते हैं। उसके कुछ बोल निम्न हैं :

इफ योर बॉय इज अ प्लेबॉय,
लूज़ेन योर कंट्रोल।
इफ हिस आइज़ मिएंडर्स,
स्वीट गूज़ योर गैंडर्स,
जस्ट वन मोर ऑरिनरी क्रिटर,
हू गोज़ फॉर द ग्लिटर।

सो इफ यू हैव बीन ओवरहीटिंग योर ओवन
जस्ट रिमेम्बर दैट द बॉय इज़ अ प्लेबॉय,
एंड द गर्ल दैट मेक अ फायरसाइड लविन मैठ्ठ ऑफ़ द बॉय,
गेट्स हिम टू स्टे।
नेवर टॉक्स टू हिम बट स्वीटली,
व्हेन ही प्लेज़ इट इनडिस्क्रीटली,
नेवर टेक्स द प्ले कम्प्लीटली
अवे।

विलमार्क पुरुषों के विविध कर्तव्यों में से एक यह सुनिश्चित करना है कि प्रत्येक शाम के हर संगीतमय शो में यह थीम शुरुआत और अंत में बजाई जाती—जैसे 'गॉड सेव द क्वीन।'

शुक्रवार, 8

मैंने एक पूर्ण पेशेवर टेबल बनी के रूप में अपनी पहली रात समाप्त कर दी है, और अब मेरे पैर जवाब दे रहे हैं। वे ख़राब दाँत की तरह दर्द कर रहे हैं। वे इतने सूजे हुए हैं कि मैं अपनी जूती भी नहीं पहन सकती। मेरा सबसे महत्त्वपूर्ण डर यह है कि मेरे आर्क्स गिर सकते हैं। बहरहाल, इस अंतहीन शाम के बेतरतीब निशान वापस आते रहते हैं।

आइटम : मेरे पास साढ़े सात बजे से सुबह चार बजे तक बिना किसी ब्रेक के कार्टून कोने के सारे टेबुल थे, कल रात से दुगने के बराबर। भरी हुई ट्रे के साथ मैंने तब तक प्रति घंटा बार के सोलह चक्कर लगाये जब तक कि मैं गिनती नहीं भूल गई। मैंने अपनी पीठ के ऊपर अपने ग्राहकों से शाम-भर में तीन आइस्ड ड्रिंक्स भी गिरवाईं, उनसे जो मेरे या मेरी ट्रे के ऊपर दो ग्रीन ऑलिव खाने के लिए उछल पड़े थे। आख़िर क्यों नहीं मैंने हार मानी, लेट गई, लात मारी, मना कर दिया, छोड़ दिया? काश मैं जानती।

आइटम : लिविंग कक्ष का बारटेंडर एक कलाकार है। तेज़, आकर्षक, सतर्क और शांत, वह लगभग एक हाथ से कक्ष सँभाल सकता है। "पिछले सप्ताह, बोनस और ओवरटाइम सहित," उसने कहा, "मैंने एक सौ अस्सी डॉलर कमाए—और हाउस में मैं सबसे अधिक वेतन वाला बारटेंडर हूँ।" मैंने उससे पूछा कि वह छोड़ क्यों नहीं देता? "मैं छोड़ने जा रहा हूँ," उसने कहा।

आइटम : कर्मचारी काम करते-करते ही ग्राहकों के बुफ़े से उड़ाए गए भोजन को साझी प्लेटों में खाते हैं। हम एक बड़ा परिवार हैं।

आइटम : नकद में 29.85 डॉलर की टिप—सारी की सारी एक डॉलर के बिल या चाँदी के सिक्कों में—समृद्धि में बढ़ावा—एक बेहद असहज पोशाक पहने रहने

की क़ीमत पर। और फिर पिछली रात मैंने जाना कि मेरा पाँच पाउंड वजन भी कम हो गया।

शनिवार, 9

मेरे आर्क्स नहीं गिरे। मैंने अपने बरसाती जूते पहन लिये (इकलौते ऐसे जूते जो इतने लंबे और ढीले थे कि सहन किए जा सकें) और पैरों के डॉक्टर ("मैं सभी कोपा लड़कियों को करता हूँ") के पास गई, जिसने कहा कि मेरे पैरों में कुछ भी नहीं हुआ था, सिवाय काम के लंबे घंटों, ऊँची हील और मांसपेशियों के खिंचाव के। "इस तरह के पेशे में," उसने उत्साहपूर्वक कहा, "आपके पैरों का आकार थोड़ा बढ़ ही जाता है।"

मैंने आज फिर लिविंग कक्ष में काम किया, लेकिन बार के ठीक बगल वाले स्टेशन में। उधार के तीन साइज़ बड़े जूतों, पोशाक के भीतर अपनी पसलियों में गौज लपेटे और बस बॉयज को भारी प्लेटों को उठाने के लिए अपनी मदद हेतु फुसलाकर मैं रात बिताने में सफल रही। मैं निम्न जानकारियों द्वारा पुरस्कृत हुई :

1. एक बनी जो प्लेमेट रह चुकी है—अर्थात, जिसने प्लेबॉय के फ़ोल्डआउट के लिए पोज़ किया है—को अन्य बनीज़ से एक दिन का पाँच डॉलर अधिक मिलता है। वो इस हेतु भी विशेषाधिकृत है कि ग्राहकों के पास, "मैं आपकी बनी स्यू" के बजाय, "मैं आपकी प्लेमेट स्यू" कहकर जाए, और अनुरोध करने पर उसके सेंटरफ़ोल्ड में ऑटोग्राफ दे।

2. उन न्यूयॉर्क वालों को मनाने के लिए लिखे एक पत्र में, जिन्होंने सम्भावित निजी क्लब के लिए कुंजियाँ ख़रीदीं, जो अब सार्वजनिक है, ह्यू हेफनर ने कहा कि "ग़ैर सदस्यों को एक अस्थायी पास लेना होगा जो कि मात्र एक बार के भ्रमण के लिए ही मान्य है और इससे पहले कि उन्हें सर्व किया जाए उन्हें नकद का अग्रिम भुगतान करना होगा।" मिस्टर हेफनर के निर्देशों के विपरीत शायद, बनीज़ को कहा जाता है कि नगद बिक्रियों में हर दौर के बाद भुगतान एकत्रित किया जाए, लेकिन ऐसी कम ही हैं जो यह भी करती हों। ज़्यादातर नगद ग्राहकों को बार बिल को चलाने की अनुमति दे देती हैं ठीक वैसे ही जैसे कि वे कुंजीधारक हों। बल्कि, बनीज़ सर्व करने में नकद ग्राहकों को वरीयता देती हैं, क्योंकि वे चार्ज टिप को हाउस के साथ बाँटने के बजाय नगद टिप के प्रति आश्वस्त होती हैं।

3. बनीज़ और बस-बॉयज के बीच एक प्रेम-द्वेष संबंध है। एक अच्छा बस-बॉय नए ग्राहकों के लिए बनी की टेबल साफ़ रखकर उसको समृद्ध बना सकता है। एक बुरा बस-बॉय इससे पहले कि वो देखे नगद टिप को चुपके से उठा लेता है और अड़ जाता है कि ग्राहक ने उसे "बना दिया"। नतीजतन बनी अपना सारा काम का समय एक ऐसे लड़के को पटाने और लुभाने में ख़र्च कर सकती है जिसके साथ क्लब

के बाहर समय बिताना उसे किसी सूरत में गवारा न होगा। यह एक हॉट-हाउस लेकिन क़रीबी रिश्ता है। जैसा कुछ स्त्रियों और उनके हेयरड्रेसर्स के बीच होता है, वे एक दूसरे को सब कुछ बताते हैं।

4. कई बनीज़ वक्ष के लिए प्लास्टिक के ड्राईक्लीनर्स' बैग को ख़तरनाक मानती हैं, क्योंकि उनसे पसीना आता है, जिससे आपका उस जगह का वजन कम होता है जहाँ पर आप सबसे कम ऐसा चाहते हों। क्लीनेक्स या अवशोषक कॉटन को वरीयता दी जाती है।

5. जबकि आप एक टेबल बनी हों, फिर भी खाने के लिए कुछ पाने का रास्ता, ग्राहकों के बुफ़े से चुराना (हाल ही में आए एक ज्ञापन के अनुसार तत्काल बर्ख़ास्तगी की पीड़ा के साथ) और उसे आपूर्ति कमरे में छुपाना है। और फिर जब भी आप वहाँ से गुज़रो आप एक कौर हड़प सकती हैं। लगभग कोई भी स्टू खाने के लिए कर्मचारी-कमरे में नहीं जाता।

रविवार, 10

मैं सुबह चार बजे घर पहुँची और प्रचार तसवीरों के लिए पोशाक में ग्यारह बजे तक वापस मुझे क्लब में होना था। मैं पहले ग़ुस्से में थी (पच्चीस डिमेरिट्स, अगर मैं नहीं दिखी), लेकिन एक बार उठने और बाहर जाने के बाद, मैं ख़ुश थी। ये लगभग तीन दिनों में पहली बार था जब मैंने दिन का पूरा उजाला देखा था।

प्लेबॉय फ़ोटोग्राफ़र लॉबी के पीछे चौड़ी सर्पाकार सीढ़ी में लड़कियों को पोज़ कर रहा था। हममें से हर एक को एक चीज़केक सीरीज़ से गुजरना था : बाहर की तरफ़ पैर फैलाकर सीढ़ी में बैठना, रेलिंग में हाथ रखकर खड़े होना ("कमर से झुको, डियर, थोड़ी और ज़्यादा") और ट्रे को ऊँचे उठाकर सीढ़ियों से नीचे उतरना।

मैंने पूछा कि ये फ़ोटोग्राफ़ किस चीज़ के लिए प्रयोग में लाए जाएँगे? "मैं नहीं जानता," उसने कहा, "मुझे तो बस शिकागो से एक तुरंत आदेश मिला है।" एक रूटीन की तरह, नई बनीज़ को सारी फ़ोटोग्राफ्स के रिलीज़ में साइन करने को कहा गया। मैंने पूछा कि क्या हमारे चित्र किसी प्लेबॉय क्लब के प्रमोशन, या ख़ुद प्लेबॉय में दिख सकते हैं? कोई नहीं जानता था।

बार के अँधेरे में से मुझे एक आवाज़ ने पुकारा। ये मिस शेय थीं, जहाँ पहली बार मैंने उन्हें देखा था उसी डेस्क में बैठी हुईं, भावी बनीज़ के साक्षात्कार में आने का इंतज़ार करती हुईं। फ़ोटोग्राफ़र ने पूछा कि क्या हम टेप संगीत चला सकते हैं। "मैरी बजाएगी," उन्होंने कहा। "मैरी बहुत अच्छा पियानो बजाती है, नहीं क्या डियर?" "नहीं, मैं बिल्कुल भी नहीं बजाती," मैंने कहा। "मुझे अच्छे से याद है कि जब मैंने तुम्हारा साक्षात्कार लिया था तब तुमने मुझे बताया था," उन्होंने दृढ़ता से कहा।

पहले मेरी पहचान में भूल, एक दूसरी मैरी ओच्स, और अब मेरा पियानो बजाना। मैंने सोचा कि कुशल-सी दिखने वाली मिस शेय को कई बार मैंने बस-बॉयज़ को उनके ग़लत पहले नाम से पुकारते हुए सुना है। पहली बार, मैं निश्चिंत थी कि, यदि कोई मुझे न पहचाने तो, मैं जब तक चाहूँ तब तक प्लेबॉय क्लब में काम कर सकती हूँ।

फिर से बाहर खुली धूप में, मैं सोचने लगी कि मुझे कितने दिनों रहना है। यदि मैरी खोज नहीं ली जाती, तो मैरी को ख़ुद अपने कैरियर का अंत करना होगा।

फिर भी, मैंने इसकी सबसे निकृष्ट सप्ताहांत रातों को जी लिया था। इस हफ़्ते की बनी अनुसूची के अनुसार, मैं प्रतिदिन चार घंटे लंच सर्व करूँगी मगर इससे ज़्यादा नहीं। बुरी टिप्स के कारण यह एक ईर्ष्या करनेवाला असाइनमेंट नहीं था, बल्कि यह मुझे बनीज़ से बात करने के लिए अधिक समय देगा।

मैंने निर्णय लिया कि मैरी शुक्रवार तक रह सकती है।

सोमवार, 11

आज के दैनिक मेट्रोपोलिटन की एक कहानी में बनी कक्ष की बात थी। दो पूर्व बनीज़ बैक टिप्स और बनीज़ द्वारा कमाई जा सकने वाली राशि की 'ग़लतबयानी' के लिए क्लब पर मुक़दमा कर रही हैं। एक ने संवाददाताओं को बताया कि कि मुक़दमा दायर करने के तत्काल बाद उसे मौत की बेनाम धमकियाँ मिली हैं।

"मैं फिलिस सैंड्स को जानती हूँ," एक लड़की ने कहा, "लेकिन इस बेट्सी मैकमिलन को नहीं जिसे धमकियाँ मिलीं।" उसने उनके चित्रों को ग़ौर से देखा। "इन दोनों ने मशहूर होने के लिए बढ़िया हथकंडे अपनाए।" क्या वो सोचती है कि कथित धमकियाँ सिर्फ़ प्रचार के लिए थीं? "क्या पता?" उसने कंधे उचकाए। "हो सकता है कि उसे न बताया गया हो कि क्लब उसकी आधी टिप्स ले लेगा, और शायद उसका वेतन उसकी उम्मीद से बहुत कम था। दूसरी ओर, शायद उसको उसके बॉयफ्रेंड ने कॉल किया हो और धमकी दी हो इसलिए उसने अपना नाम समाचार पत्र में दे दिया हो। क्या पता?"

मैं नीचे प्लेकक्ष चली गई और लंच के लिए टेबल सजाने लगी। वहाँ काम कर रहीं छह अन्य बनीज़ में से तीन से मैं मिल चुकी थी : एक चीनी बनी, एक और जिसने घोषणा की कि उसे अपने वक्ष भरने की आवश्यकता नहीं है, और एक बड़ी, बच्चों-सी आवाज़ वाली रेड-हेड बनी जिससे मैं पहले दिन बनी कक्ष में मिली थी। कक्ष निदेशक ने हमें हमारे स्टेशन सौंपे और हम ग्राहकों के लिए प्रतीक्षा करने के लिए मंच के एप्रन पर बैठ गए। बिना भराव वाली बनी ने इस विषय पर बात की कि शिकागो में कितनी ज़्यादा बेहतर टिप्स थीं। "वहाँ वे अधिक बेवकूफ़ हैं," उसने कहा। "मेरा मतलब उनको ये विश्वास दिलाना ज़्यादा आसान है कि आप उनके साथ बाहर जाएँगे और फिर वे आपको अधिक टिप देते हैं।"

"मियामी क्लब भी घटिया है," बेबी आवाज़ वाली ने कहा, "एक बार हम सब मिलकर गए और कहा कि यदि वे हमें अधिक वेतन नहीं देंगे तो हम छोड़ देंगे, लेकिन उन्होंने कहा बिल्कुल अभी छोड़ दो, वे और लड़कियाँ रख लेंगे।"

मैंने कहा, "हो सकता है कि लड़कियों को बेवकूफ़ बनाया गया हो।"

एक छोटी-सी काले बालों वाली बनी ने कहा, "यक़ीनन, यदि हम सब एक साथ छोड़ दें तो उनको ये बहुत महँगा पड़ेगा। वे क्या करेंगे?"

"दूसरे क्लबों से लड़कियाँ ले आएँगे," बेबी आवाज़ ने कहा, "तुम नहीं जीत सकतीं।" सेंटर स्टेज पर एक पियानो रखा था। वह उसके पास गई और कमरे में आ रहे एक जैज़ अरेंजमेंट को बजाने का अभिनय करने लगी। "लाला-टी-टा-टी-टुम," बेबी आवाज़ ने गाया।

लंबे भूरे बालों वाली बनी उठी और एक बहुत ही पेशेवर स्ट्रिपटीज़ के स्टेप्स करने लगी। "एक बार उन्होंने मुझे प्लेमेट बनने के लिए पूछा," उसने कहा, "लेकिन अब मैं ऐसा नहीं कर सकती। मैं बहुत पतली हूँ।" काले बालों वाली छोटी बनी ने उसे बताया कि इससे कोई फ़र्क़ नहीं पड़ता क्योंकि वैसे भी वे हमेशा एक नकली संयोजित शरीर का इस्तेमाल करते हैं, और वो एक ऐसी लड़की को व्यक्तिगत रूप से जानती है जिसने अपने वक्ष करवाए हैं। मैंने कहा कि मुझे लगता है, आप एक एयरब्रश से भी बहुत कुछ कर सकते हैं। "खैर, वे दूसरी लड़कियों का प्रयोग करते होंगे," स्ट्रिपिंग बनी ने कहा, "क्योंकि वक्षों का आकार अलग होता है।"

"वे अलग आकार में आते हैं," बेबी आवाज़ ने गाते हुए कहा, और अपना ख़ुद का स्ट्रिपटीज़ करने के लिए उठ गई। वो हर बार एक एक्सपर्ट बम्प के साथ अपनी बो टाई, कॉलर और कफ़ उतार-उतार के स्टेज के बाहर उछालने लगी।

"ठीक है, लड़कियो," ठंडी-सी आवाज़ में कक्ष निदेशक ने कहा, "कट इट।" लंच टाइम में होनेवाली आक्रामक भीड़ में से सबसे पहले, तीन मध्यम आयु वर्ग के ग्राहक, दरवाज़े के रास्ते आने वाली स्पॉट-लिट की रौशनी में आँखें भींचकर देख रहे थे।

"तुमको नहीं पता," निराश बेबी आवाज़ ने कहा, "ये आए ख़ून चूसनेवाले।"

चार घंटे के लिए लंच सर्व करना मेरे पैर के पुराने घावों को ताज़ा करने के लिए ज़्यादा पर्याप्त नहीं था, लेकिन रोस्ट बीफ़ (एकमात्र ऐसी चीज़ जो हम सर्व करते हैं, हमारे कक्ष निदेशक को 'दी रोस्ट बीफ किंग' कहा जाता है) की एक के ऊपर एक रखी प्लेटें ट्रे को ढेर सारे ड्रिंक्स से भरी हुई से भी अधिक भारी बना देती हैं। सभी ग्राहक पुरुष हैं। शाम की भीड़ में डेट्स और पत्नियों की होनेवाली बरसात लंच में लुप्त हो जाती है। एक ने मुझे बार-बार बताया कि वह एक बीमा कंपनी का उपाध्यक्ष है और वह अपने होटल में एक निजी पार्टी में सर्व करने के लिए मुझे पैसे देगा। एक

अन्य मेरी गर्दन के नीचे भारी साँस लेने के लिए अपनी चौथी मार्टीनी पीते हुए उठ गया। मैंने उसे दूर कर दिया, वह सचमुच में ग़ुस्से में था। ''तुम्हें क्या लगता है मैं इसलिए यहाँ आया हूँ,'' उसने कहा, ''रोस्ट बीफ़ के लिए?''

तीन बजे, जब अंतिम टेबल समाप्त हो गई, मैं वापस बनी कमरे में चली गई। वार्डरोब मिस्ट्रेस ने मुझे रोक लिया। ''बेबी,'' उसने कहा, ''पोशाक तुम पर बहुत अधिक बड़ी है।'' यह सच था कि जिस दिन से पोशाक नापी गई थी उससे कुछ दिनों के भीतर मेरा वज़न दस पाउंड कम हुआ था और यह भी सच था कि पहली बार, यह एक तंग कमरबंद से अधिक असहज नहीं थी। उसने कमर को उन जगहों पर पिन से मार्क किया जहाँ पर उन्हें सिकोड़ा जाना था और मुझे इसे उतारने के लिए कहा। ''जब तुम कल आओगी तब तक मैं इसे तुम्हारे नाप का कर दूँगी,'' उसने कहा। ''हर तरफ़ दो इंच कम करने की ज़रूरत है।''

मैंने अपने लॉकर से 'प्लेबॉय क्लब न्यूज़' निकाला और ज़ोर से पढ़ने लगी : ''प्लेबॉय क्लब की दुनिया अच्छे मनोरंजन, सुंदर लड़कियों, और आनंद-पसंद प्लेबॉयज़ से भरी पड़ी है... जैसे कोई हमेशा चलने वाली हाउस पार्टी। हँसमुख बनीज़ को लगता है मानो वे भी आमंत्रित मेहमानों में से हैं...।''

प्लेकक्ष की मेरी सभी सहकर्मी खिलखिलाकर हँसने लगीं। ''कोई पार्टी,'' बेबी आवाज़ ने कहा, ''तुम्हें तो ग्राहकों के साथ बाहर जाने की भी इजाज़त नहीं है।'' मैंने पूछा कि क्या किसी विलमार्क प्रतिनिधि ने उसे फँसाने की कोशिश की थी? ''नहींईई,'' उसने सोच-समझकर कहा, ''लेकिन एक ने एक दूसरी बनी को केवल इस वादे के लिए कि वो उसे काम के बाद बाहर मिलेगी दो सौ डॉलर का प्रस्ताव ज़रूर दिया था— और उसने इसे ले लिया,'' बेबी आवाज़ ने नफ़रत से कहा, ''उसे पता होना चाहिए था। एक बेवकूफ़ या एक विलमार्क पुरुष के सिवाय कोई भी आपको पहले से ही पैसे नहीं देगा।''

मंगलवार, 12

मेरी बनी स्कूल की दो सहपाठिनें, ग्लोरिया और जादूगर की सहायिका, आज हमारे साथ प्लेकक्ष में शामिल हो गईं। मैंने पाया कि मैं सिखा रही थी कि रोस्ट बीफ को कैसे सर्व करें और ग्राहकों को कैसे समझाएँ कि ये कम, मध्यम या पूर्णत: पका हुआ है, जबकि, वास्तव में, था सब एक जैसा ही।

लिंकन का जन्मदिन था और काम धीमा था। मैंने अनस्टफ्ड बनी के वर्णन को सुना कि वो अधिक उम्र के आदमियों को पसंद करती हैं क्योंकि वे आपको पैसे देते हैं। ''मैं इस अधिक उम्र के आदमी के साथ बाहर गई जिससे मैं क्लब में मिली और दो अन्य बनीज़ का उसके दोस्तों के साथ मामला बैठाया। तुम जानती हो, सिर्फ़ इसलिए कि वह मुझे चाहता है उसने मुझे एक सौ डॉलर दिए?''

अनस्टफ्ड बनी ने यह भी स्पष्ट किया कि प्लेबॉय अधिकारियों में से एक ने उसे एक पोशाक ख़रीदने के लिए सात सौ डॉलर दिए थे। ''मेरे पास पाँच सौ डॉलर थे,'' उसने कहा, ''और मैंने बारह सौ की एक पोशाक ख़रीदी और वह उस पोशाक में मुझे एक पार्टी के लिए ले गया।'' एक काले बालों वाली बनी ने कहा हाँ, वह शिकागो में इसी आदमी को जानती है। ''कौन नहीं जानता उसे?'' अनस्टफ्ड बनी ने कहा, ''यदि आप उन सारी बनीज़ को गिनो जो उसके साथ बाहर गई हैं, तो आप...।''

काले बालों वाली बनी चिंताग्रस्त दिखी। ''ये सब अजीबोग़रीब चीज़ें हमारे साथ तीन हफ़्तों से चल रही हैं,'' उसने कहा, ''यह वाइल्ड था। मैं समझती हूँ कि मुझे समझ जाना चाहिए था कि इसका कोई निष्कर्ष नहीं निकलेगा।''

''सभी लड़कियों को लगता है कि इसका कोई निष्कर्ष निकलेगा,'' अनस्टफ्ड बनी ने दिलासा देते हुआ कहा, ''लेकिन ऐसा कभी नहीं होता।'' उन्होंने इस अधिकारी के विशाल अपार्टमेंट, ढेर सारे धन और रोमांटिक आवेगों के बारे में बात की। वह अत्यधिक विनाशकारी क्षमता वाला कलाकार लग रहा था।

अनस्टफ्ड एक ग्राहक को सर्व करने के लिए उठ गई और काले बालों वाली बनी ने उसे तिरस्कार के साथ देखा। ''मुझे विश्वास नहीं कि उसने कभी भी किसी पोशाक के लिए उसे सात सौ डॉलर दिए होंगे,'' उसने दृढ़ता से कहा, ''उससे कभी भी किसी को पैसे नहीं मिलते।''

बुधवार, 13

मैंने बनी वक्ष स्टफ की अपनी अनौपचारिक सूची पूरी कर ली है :

1. क्लीनेक्स
2. प्लास्टिक के ड्राई क्लीनर्स बैग
3. अवशोषक कॉटन
4. कट-अप बनी पूँछ
5. फ़ोम रबर
6. भेड़ का ऊन
7. कॉटेक्स हाफ
8. रेशमी स्कार्फ
9. जिम के मोजे

मैंने यह भी जाना कि न केवल हम नंबर वन-कुंजी धारकों के साथ बल्कि हर उस आदमी के साथ बाहर जा सकते हैं जिन्हें वे हमसे मिलवाते हैं। इसके अलावा, जिस किसी से भी हम विक लोएंस की पार्टियों में मिलते हैं। हालाँकि, मैं शोध के लिए बस इतनी दूर तक ही जाने के लिए तैयार हूँ।

शुक्रवार, 15

शुक्रवार होने के कारण प्लेकक्ष बहुत ज़्यादा शराब पीनेवालों से भरा हुआ था। मैं रोस्ट बीफ, और मात्र शुक्रवार के दिन उसके विकल्प, ट्राउट की प्लेटें ले जाती थी। बनी ग्लोरिया कप से भरे हुए ट्रे के साथ कॉफी मग के भरने के इन्तज़ार में खड़ी थी। ''तुम्हें पता है हम कौन हैं?'' उसने क्रोध से कहा, ''हम वेट्रेस हैं!'' मैंने कहा कि शायद हमें एक संघ में शामिल हो जाना चाहिए।

''संघ सिर्फ़ आपके पैसे आपसे लेते हैं,'' बेबी आवाज़ ने कहा, ''और आपको डबल शिफ़्ट में काम नहीं करने देंगे।''

जादूगर की सहायिका मेरे बगल की टेबल सर्व कर रही थी और इस बात पर गंभीरता से सहमत थी कि ''हमारी पोशाक इतनी होशियारी से बनाई गई थी, कि एक लड़की के रूप-रंग को और उभार देती थी।'' उसने चीज़ों को 'शालीन मेहमाननवाज़ की तरह' सबकुछ करने के लिए इतना अधिक प्रयास किया था, जैसा कि बनी बाइबिल द्वारा निर्देशित था, कि वो एक एक कुशल वेट्रेस नहीं हो पा रही थी। जैसा कि एक बनी ने कहा कि ''उन सभी ग्लैमरस गंदी चीज़ों से हमें क्रमादेशित करते हुए, क्लब अपने ही हाथों मात खा गया।''

यह लंच का मेरा आख़िरी दिन था और मैं ख़ुश थी। किसी वजह से, अक्सर ही होनेवाला पूँछ-खींचना और प्रपोज़ करना और च्यूँटी काटना और धृष्टता से देखना ज़्यादा निराशाजनक लग रहा था जब, इस खिड़की रहित कमरे के बाहर सूरज चमक रहा था।

शेरली मुझे अपने ऑफ़िस में मिली और मैंने उसे वो कहानी बताई जो इसलिए चुनी थी क्योंकि यदि मुझे अधिक जानकारी चाहिए होती, तो उसके लिए ये विकल्प खुले छोड़ती थी : कि मेरी माँ बीमार है और मुझे कुछ समय के लिए घर जाना है। वे निराश थीं। ''लेकिन अभी हमारा कारोबार बहुत पीछे चल रहा है,'' उसने कहा, और पूछा कि मैं कब तक वापस आ सकती हूँ। मैंने कहा कि मैं नहीं जानती मगर मैं कॉल करूँगी। उन्होंने मुझे मेरे पहले सप्ताह का वेतन चेक दिया : लिविंग कक्ष में दो रातों के कुल 35.90 डॉलर। मैंने हैट-चेक स्टैंड पर अपनी पहली रात के बारे में पूछा। ''आपको प्रशिक्षण के लिए पैसे नहीं मिलते हैं,'' शेरली ने कहा। मैंने विरोध किया कि यह प्रशिक्षण नहीं था। ''मैं मुनीम से बात करती हूँ,'' उसने आशंकित होकर कहा।

गुरुवार, 21

लगभग एक सप्ताह बीत चुका है। मैंने शेरली को यह बताने के लिए कॉल किया कि मैं सिर्फ़ अपने कपड़े लेने के लिए वापस आई थी और यह भी कि मुझे स्थायी रूप से पद छोड़ना होगा। उसने मुझे प्लेमेट बार में केवल एक और रात के लिए कार्य करने

का अनुरोध किया। किसी भी तरह (क्या पता मैं कुछ नया सीख सकूँ ?) मैंने अपने आप को हाँ कहते हुए पाया।

शुक्रवार, 22

लेकिन यह बिलकुल वैसा ही था :

कक्षनिदेशक : "वो रहा आपका स्टेशन, चार चार के और तीन दो के।"

ग्राहक : "यदि तुम मेरी बनी हो, तो क्या मैं तुम्हें अपने साथ घर ले जा सकता हूँ?"

बारटेंडर : "वे शॉट्स का आकार बदलते हैं -ऊपर और नीचे, ऊपर और नीचे। यह आपको पागल बनाने के लिए काफ़ी है।"

बनी : "मैंने उस लोलो कोला की निजी पार्टी में काम किया, और उन्होंने मुझे छः पैक दिए। क्या बड़ी बात ठहरी।"

ग्राहक : "मैं न्यूयॉर्कर होटल में हूँ, कमरा नम्बर सिक्स-ट्वेंटी-फाइव। क्या तुम्हें याद रहेगा ?"

आदमी : "यदि छोटी लड़कियाँ अंकुरित घास हैं, तो छोटे लड़के क्या होंगे ?"

बनी : "मम्म... घास काटने की मशीन ?"

आदमी : "नहीं। टिड्डे !"

आपूर्ति कक्ष का साइन :

यह आपका घर है।

कृपया कॉफी ग्रिन्ड्स सिंक में न फेंकें।

बस-बॉय : "स्वीटी, तुम्हारी पोशाक से पैसा बाहर निकल रहा है।"

बनी : "वो एक असली सज्जन है। चाहे आप उसके साथ सोये हों या नहीं, वो आपके साथ समान बर्ताव करता है।"

जब मैं बनी कक्ष में गई और मैंने अपनी पोशाक उतारी तब सुबह के चार बजे थे। एक सुंदर ब्लॉन्ड सोने के लिए कुर्सियों को एक साथ सजा रही थी। उसने अपनी आठ घंटे की प्लेमेट बार की नियमित शिफ़्ट करने के बाद दूसरी लड़की की लंच शिफ़्ट लेने का वादा किया था, और इसके बीच में घर जाने का समय नहीं था। मैंने पूछा कि उसने ऐसा क्यों किया ?

"वैसे," उसने कहा, "पैसा बहुत बुरा नहीं है। पिछले हफ़्ते मैंने दो सौ डॉलर कमाए।"

अंततः मुझे ऐसी लड़की मिल ही गई जिसने वादा किए गए वेतन का कम से कम निचला वाला स्तर तो कमाया है—लेकिन केवल चौबीसों घंटे काम करने के बाद।

शेरली के ऑफ़िस में बुलेटिन बोर्ड में पिन की हुई प्लेबॉय क्लब के लिए प्रस्तावित

शहरों की सूची थी (पिट्सबर्ग, बॉस्टन, डलास और वाशिंगटन डी.सी.) और एक पीले रंग की मुद्रित शीट जिसका शीर्षक था : क्या है एक बनी ?

"एक बनी," लेख की शुरुआत होती है, "प्लेबॉय प्लेमेट के जैसी ही... ख़ूबसूरत, आकर्षक... है। आपको—द बनी को—दुनिया के सबसे रोमांचकारी और ग्लैमरस वातावरण में काम करते हुए अमेरिका की सर्वाधिक ईर्ष्या जगाने वाली लड़की बनाने के लिए हम वो सब कुछ करेंगे जो कुछ भी हमारे सामर्थ्य में होगा।"

मैंने अंतिम बार अपनी पोशाक बदली। "हनी अपना ख़याल रखना," ब्लॉन्ड ने कहा, "फन्नीज़ में मिलते हैं।"

उपलेख (1999)

इस लेख के अल्पकालिक परिणामों में से थे :

1. ह्यू हेफनर की तरफ़ से एक लंबा पत्र यह कहते हुए कि "लड़कियों को काम प्रारंभ करने से पहले शारीरिक शिक्षा देने को लेकर आपकी शिकायत ने मुझे उसे हटाने को प्रेरित किया।" (लेकिन उसका एक 'अच्छे विचार' के रूप में बचाव किया, और लिखा कि "मेरा लेख पहला नहीं था जिसने, ग़लत समझा और इसे कुछ संदिग्ध में परिवर्तित कर दिया।") उन्होंने अपनी ख़ुद के प्लेबॉय दर्शन की पहली सात किस्तें भी शामिल कीं। हालाँकि, तीन पन्नों के पत्र में, उन्होंने अधिकतर इसी बात पर ज़ोर डाला कि उन्हें लेख से कोई आपत्ति नहीं थी।

2. मेरे और न्यूयॉर्क के एक छोटे-से (अब निष्क्रिय) अख़बार, जिसने मेरे लेख पर एक रिपोर्ट और इन आरोपों को छापा कि न्यूयॉर्क प्लेबॉय क्लब के स्पष्ट माफिया संबंध हैं, के ख़िलाफ़ एक मिलियन डॉलर का परिवाद मुक़दमा। जबकि वो आरोप मेरे किसी भी उद्धरण में नहीं थे, लगता था कि परिवाद मुक़दमे में मुझे शामिल करना एक उत्पीड़न संकेत था। मैंने बयानों में काफ़ी अप्रिय घंटे बिताए, और दंडात्मक क्षति के लिए धमकाई गई। नतीजतन अख़बार ने मेरे संज्ञान के बिना अदालत के बाहर सेटलमेंट कर लिया। अन्य पत्रकारों ने मुझे बताया कि, ऐसी उत्पीड़ित करनेवाली कार्यवाहियाँ, ठोस आधारों के साथ या बिना, पत्रकारों को हतोत्साहित अथवा दंडित करने का एक आम रास्ता थीं।

3. बनी के रूप में मुझे दिए गए लिखित आदेशों की पहचान के लिए, न्यूयॉर्क राज्य शराब प्राधिकरण हेतु मुझे एक गवाह के रूप में सेवारत होना जिससे कि वे (लिखित आदेश) प्लेबॉय क्लब के ख़िलाफ़ 'एक सार्वजनिक शराब लाइसेंस रखने किंतु एक निजी क्लब के रूप में विज्ञापन करने के' एक मुक़दमे में साक्ष्य के रूप में प्रस्तुत किए जा सकें। ये इस तथ्य से संबंधित था कि प्लेबॉय क्लब ने अपना शराब लाइसेंस पाने हेतु भुगतान किया, और फिर राज्य के साक्ष्य को उन्हीं अधिकारियों के ख़िलाफ़ मोड़ दिया। राज्य शराब प्राधिकरण ने वापस निजी/सार्वजिनक मुक़दमा लड़ा

जिसमें उन्होंने मुझे गवाही देने के लिए पूछा था। वकील ने मुझे बताया कि अन्य बनीज़ जिनसे उन्होंने संपर्क किया गवाही देने से डर रही थीं, उन निर्देश पृष्ठों की पहचान करने जैसे आसान सवाल पर भी जिसमें हमें क्लब की निजी, विशिष्ट प्रकृति पर बल देने को कहा गया था। अदालती कार्यवाहियों की कई ऐसी फ़िल्में देख चुकने के कारण जिसमें इंसाफ़ की जीत होती है मैंने हामी भर दी। एक प्लेबॉय क्लब के वकील ने जब ज़िरह में ये प्रदर्शित करने का प्रयास करते हुए समय बिताया कि मैं एक झूठी और चरित्रहीन महिला थी, तब मुझे समझ में आना शुरू हुआ कि क्यों अन्य बनीज़ ने मना किया होगा। अंत में प्लेबॉय क्लब ने अपना निजी शराब लाइसेंस रख लिया।

4. कई हफ़्तों तक प्लेबॉय क्लब की अत्यधिक अंदरूनी जानकारी रखने वाले एक आदमी से अश्लील और धमकी-भरे फ़ोन कॉल।

5. पत्रकारिता के गंभीर नियत कार्यों की हानि क्योंकि अब मैं बनी बन गई थी—और इससे कोई फ़र्क़ नहीं पड़ता कि क्यों।

इस लेख के दीर्घकालीन परिणामों में से हैं :

1. अत्यधिक ऊँची हील्स और भारी ट्रे के साथ लंबे समय तक चलने से पैर के पंजे स्थायी रूप से अपने आकार के आधे के बराबर और बढ़ गए थे।

2. संतुष्टि, दो दशक बाद, जब न्यू जर्सी के इस निर्णय के लिए न्यूयॉर्क राज्य शराब लाइसेंस के लिए किए गए भुगतान को एक कारण के रूप में प्रस्तुत किया गया कि, प्लेबॉय एंटरप्राइजेज अटलांटिक सिटी में एक जुआ कैसीनो संचालित करने के लिए तब तक अयोग्य था जब तक कि वो, ह्यू हेफनर (इसके संस्थापक और प्रधान स्वामी) के साथ रिश्ता नहीं तोड़ लेता।

3. प्लेबॉय पत्रिका द्वारा बनी के रूप में मेरे कार्यकाल के दौरान की तसवीरों का नित्य मुद्रण और दूसरी बनीज़ की पहले कभी से अधिक अश्लील तसवीरें। 1984 के चित्रों के संस्करण ने एक शीर्षक में ज़ोर डाला कि "मेरे लेख ने बनी की भर्ती में वृद्धि की।" 1984 संस्करण में डिनर के वक़्त लिया गया एक चित्र था, जब मैं ऊपर की तरफ़ पहुँच रही थी और मेरा ईवनिंग गाउन फ़िसल गया था, स्तन का भाग उजागर करता हुआ। वह मिस फाउंडेशन ऑफ़ विमेन हेतु लाभार्थ था, और मेरा पचासवाँ जन्मदिन भी था। किसी भी और प्रकाशक ने इसे प्रयोग नहीं किया। मगर प्लेबॉय कभी नहीं भूलती।

4. वर्तमान और नि:वर्तमान बनीज़ के उनकी कार्य परिस्थितियों और उनसे की गई यौन माँगों के खुलासे करते हुए प्रासंगिक फ़ोन कॉल्स के बीस वर्ष। प्रथम कुछ वर्षों में, मेरे कॉलर्स आश्चर्यचकित थे कि मैंने लेख में अपना ख़ुद का नाम प्रयोग किया था। एक ने कहा कि जब उसने बनीज़ के यौन प्रयोग की शिकायत की तो उसे "तुम्हारे चेहरे पर एसिड फेंक देंगे" कहकर डराया गया। एक अन्य ने बनीज़ का संगठन बनाने में मदद करने के प्रयास के प्रतिक्रियास्वरूप यही कथित धमकी उद्धृत

की। सभी ने कहा कि वो मेरा नाम फ़ोनबुक में पाए जाने को लेकर आश्चर्यचकित थे। अंततः, मुझे उसे एक असूचीबद्ध फ़ोन से बदलना पड़ा।

5. 1984 में, इस लेख का टेलीविज़न के लिए एक नाटकीय संस्करण बनाया गया, मेरे चरित्र के लिए क्रिस्टी अले, तब एक अज्ञात, द्वारा अभिनीत। इसका शीर्षक डराने वाला था,' अ बनी 'ज़ टेल, ' लेकिन यह एक अच्छी फ़िल्म थी, जिसका कारण मोटे तौर पर यह था कि निदेशक रेन आर्थर न केवल अभ्यास के बल्कि एक दूसरे को जानने के लिए भी महिलाओं को एक साथ लेकर आए थे; ऐसा कुछ जो टेलीवजन में अनसुना था। शिकागो प्लेबॉय मेन्शन की एक बनी ने भी तकनीकी निदेशक बनकर स्वयंसेवा की। उसने युवा स्त्रियों को ड्रग्स से अपने आप को बर्बाद करते हुए देखा था, और हमें इन स्त्रियों के जीवन की नेपथ्य की वास्तविकताएँ दिखाने में मदद करना चाहती थी। जबकि उसने कहा कि उसे धमकी-भरे फ़ोन कॉल आ रहे थे, वह सेट पर टिकी रही; वास्तुकार के चित्र से निर्मित की गई न्यूयॉर्क प्लेबॉय क्लब की एक सटीक प्रतिकृति। कहा गया कि ह्यू हेफनर ने ए.बी.सी. पर इसके निर्माण से हट जाने का दबाव डालने हेतु अपनी अन्य टेलीविज़न प्रॉपर्टीज का प्रयोग किया, लेकिन यह दिखाया गया, चार साल तक लगातार ए.बी.सी. पर प्रसारित किया गया, और अभी भी लाइफटाइम फिर से चलाया जाता है। पिछले साल, मेरे पड़ोस के कॉफी-शॉप की एक युवा स्त्री ने कहा कि यह उसके लिए बहुत मायने रखता है, कि उसके बॉयफ्रेंड ने भी देखा और अंततः समझा कि एक वेट्रेस के रूप में वह किस चीज़ से गुजरती है। इसके मेरे लिए बहुत मायने थे।

6. ये एहसास होने पर कि सभी स्त्रियाँ दरअसल बनीज़ हैं। मेरे जीवन में नारीवाद आने के बाद, मैंने अफ़सोस करना छोड़ दिया कि कभी मैंने ये लेख लिखा था। शुक्र है इसके टेलीविज़न संस्करण का कि मैं उन सम्पर्कों का आनंद लेने लगी जो टेलीविज़न संस्करण ने उन महिलाओं के साथ बनाए जिन्होंने शायद नारीवादी पुस्तक या पत्रिका नहीं पढ़ी होगी, लेकिन जिन्होंने दुर्लभ वास्तविक कार्य-दशा पर प्रतिक्रिया व्यक्त की और स्त्रियों के उस समूह को जानकर भी मुझे प्रसन्नता हुई जिसने एक दूसरे की सहायता की।

(आउटरेजियस एक्ट्स एंड एवरीडे रिबेलियंस, 1963)

शब्द और बदलाव : नारीवाद की इस लहर की शुरुआत से पहले आप कहाँ थे?

इस निबंध में स्टायनेम हमें याद दिलाती हैं कि नारीवाद के होने से हमारे जीवन में क्या फ़ायदे हुए हैं—इस शब्द ने किस तरह से हमारी चेतना को प्रभावित किया है, नारीवाद शब्द के उदय से पहले भाषा में घरेलू हिंसा जैसे अपराधों के लिए हमारे पास कोई शब्द न था। इन्हें हम कुल मिलाकर 'जीवन' कहते थे। स्टायनेम अंग्रेज़ी में Miss (कुमारी) या Mrs (श्रीमती) की जगह Ms. (सुश्री) शब्द को चर्चित करने के लिए लोकप्रिय हैं, जिससे कि स्त्रियों की पहचान उनकी वैवाहिक स्थिति के आधार पर न हो, ठीक वैसे ही जैसे Mr. (श्रीमान) से किसी पुरुष की वैवाहिक स्थिति का पता नहीं चलता।

—रुचिरा गुप्ता

ज़रा एक पल के लिए सोचिये। नारीवाद की इस लहर की शुरुआत से पहले आप कौन थीं?

अपने पिछले जीवन की वास्तविकताओं, पिछले जीवन के अनेक स्थानों और स्थितियों, पिछले विश्वासों को याद करने की कोशिश दरअसल बदलाव की गहराई को मापने के लिए उठाया गया पहला क़दम है। इस पैमाने के आधार पर घटित बदलावों को आपस में साझा करना—जिस तरह हमने अपनी समस्याओं और उनके उपायों को बाँटना सीखा है—शायद अपने इतिहास पर रोशनी डालने का वह तरीक़ा है जो पक्षपात से अप्रभावित रहता है। आख़िरकार, यदि अलग-अलग उम्र, पृष्ठभूमि और अनुभवों वाले लोग हमारे जीवन में आए बदलावों में एक उभरती हुई समानता देख सकें, यहाँ तक कि हमारे द्वारा प्रयोग की जाने वाली भाषा और शब्दों में भी, तो हम संभवत: एक सटीक ऐतिहासिक पैटर्न की राह पर हैं। यदि हम इन परिवर्तनों को अपने अनुभव के आधार पर लिखने लगें तो शायद इतिहास सिर्फ़ राष्ट्रीय नेताओं के दस्तावेज़ीकृत महान कार्यों या विद्वानों द्वारा किसी विशिष्ट सिद्धांत की व्याख्या तक सीमित नहीं रह

जाएगा। हम एक इतिहास औरतों का, और एक लोगों का बनाने की शुरुआत कर सकते हैं, ऐसा इतिहास जो सटीक और सुलभ हो।

नए शब्द और वाक्यांश दरअसल परिवर्तन के मौलिक मापक हैं। वे अनुभूतियों के बदलाव को और कभी-कभी तो वास्तविकता के बदलाव को भी गिरफ़्तार कर हमारे सामने रख देते हैं।

आज हमारे पास 'यौन-उत्पीड़न' और 'प्रताड़ित स्त्री' जैसे पद हैं।

कुछ साल पहले तक, इन सबको समग्र रूप से जीवन कहा जाता था, बस।

अब, हम ख़ुद को उन पुरुषों जैसा बना रहे हैं जिनसे हम विवाह करना चाहते थे। एक समय वह था जब स्त्रियों को डॉक्टर से विवाह हो जाने के लिए तौर-तरीक़े सिखाये जाते थे, न कि ख़ुद एक डॉक्टर बनने के लिए प्रेरित किया जाता था।

अब, केंद्र या अख़बार, नेटवर्क या रॉक बैंड जैसे शब्दों के सामने जब महिला लिखा होता है तो यह एक सकारात्मक चुनाव की ओर संकेत करता है। नारीवाद से पूर्व इस तरह के चुनाव को अपमानजनक समझा जाता था।

अब, हमने यह क्रांतिकारी विचार खोज लिया है कि बच्चों की देख-रेख के लिए अकेले माँ ही नहीं, पिता भी ज़िम्मेदार होते हैं। पहले तो अति विनम्र माने जाने वाले डॉक्टर स्पॉक भी सिर्फ़ माँ को ही बच्चों के प्रति ज़िम्मेवार मानते थे।

1972 में, अंतरिक्ष में महिलाओं के लिए कोई कार्य होने के संबंध में नासा के एक अधिकारी का कहना था कि महिलाएँ वहाँ 'मंगल जैसी लंबी यात्राओं के दौरान' सिर्फ़ 'काम विचलन' ही पैदा करेंगी। अब, महिलाएँ सहजता से 'अंतरिक्ष यात्रियों' के रूप में जाती हैं।

कुछ ही समय पूर्व तक, कॉलेज परिसर में किसी बड़ी उम्र की महिला को देखना अजीब लगता था। अब, इतनी सारी महिलाएँ कॉलेज की वह छूट गई पढ़ाई पूरी करने के लिए फिर से कॉलेज जाने लगी हैं, जिसे उन्हें पहले पूरा करने नहीं दिया गया था। इसका परिणाम यह रहा कि पूर्वस्नातक महिला छात्रों की औसत आयु अब सत्ताईस वर्ष हो गई है। कॉलेज अब सामुदायिक स्रोत स्थल जैसे हो गए हैं, जहाँ 'छात्रों' की एक नई परिभाषा अस्तित्व में आई है।

1970 तक, अधिकांश कॉलेजों ने कभी महिला अध्ययन जैसे किसी विषय का नाम भी नहीं सुना था। अब, इस तरह के दसों हज़ार पाठ्यक्रम हज़ार से भी अधिक कॉलेजों में पढ़ाए जा रहे हैं।

आज से कुछ साल पहले तक, महिलाओं के लिए आर्थिक लाभ की सीढ़ी में एक पायदान ऊपर होने का अर्थ डॉक्टर बनना होता था, नर्स बनना नहीं, मालिक बनना होता था, सेक्रेटरी बनना नहीं : वे प्रतीक बन सकती थीं, न कि अभियान। आज नर्सें एक साथ हड़ताल घोषित करती हैं, ऑफ़िस में सेक्रेटरी सबकुछ प्रबंधित करती हैं, इस सस्ता श्रम उपलब्ध कराने वाले अलग-थलग पड़े पिंक-कॉलर समूह

(न्यून वेतन पर काम करनेवाली महिलाओं का समूह) ने अब बगावत को अपनाया है और किसी भी काम का महत्त्व अब सिर्फ़ इसलिए नहीं रह गया है कि पुरुष उस काम को करते हैं।

कला को पुरुषों की रचनात्मकता के रूप में परिभाषित किया जाता था। शिल्प का काम महिलाओं और आदिवासियों द्वारा किया जाता था। हाल ही के वर्षों में हमने यह जाना और माना है कि शिल्प भी एक कला है, इसलिए अब हम शिल्प की तकनीक कला में ला रहे हैं और कला को अपने रोज़मर्रा के जीवन में।

अब पक्ष व विपक्ष दोनों ही दलों में गैर-समानता का पक्ष लेने वाले राजनीतिज्ञों को महिलाओं के वोट और लिंग के अंतर के बारे में सोचना पड़ता है। 1980 तक राजनीतिक विशेषज्ञों का मानना था कि ऐसा कुछ नहीं होता।

1970 के दशक में, पुलिस कर्मचारी, महिलाओं के साथ काम करने के विचार को लेकर विरोध कर रहे थे। अब, स्त्रियाँ हर बड़े और प्रमुख शहर में अपनी सेवाएँ दे रही हैं और पुलिसवाला (पुलिसमैन) की जगह अब पुलिस अधिकारी शब्द का प्रयोग होने लगा है।

1960 के दशक में, अमेरिका में उन श्वेत महिलाओं के बारे में चर्चा होती थी जो अर्थव्यवस्था को नियंत्रित करती थीं या उन अश्वेत महिलाओं की चर्चा होती थी जो मातृसत्तात्मक थीं, इस तरह शक्तिहीनता पर शक्ति के मिथक की चाशनी लपेटी जाती थी। सिर्फ़ दो दशकों बाद ही, सत्तर प्रतिशत से भी अधिक महिलाओं और पुरुषों ने इस बात पर सहमति जताई कि लैंगिक भेद किया जाता है—और यह ग़लत है।

1970 के दशक तक, महिलाओं को कुमारी या श्रीमती में से एक को चुनना पड़ता था, वे जो बच्चे को जन्म देने से बचने के लिए गर्भनिरोधक का इस्तेमाल करती थीं, वे पापी समझी जाती थीं और पितृसत्तात्मक परिवार और सभ्यता, दोनों को कमज़ोर करनेवाली भी।

सत्तर के दशक में, हालाँकि नारीवाद ने जनन-स्वतंत्रता को एक नारे और मानवाधिकार के रूप में लोकप्रिय बनाकर विमर्श की शर्तें बदल दीं, इस व्यापक शब्द युग्म में गर्भनिरोधक, गर्भपात और साथ ही जबरन गर्भाधान से मुक्ति (स्त्री व पुरुष दोनों के लिए) व गर्भ के दौरान समुचित देखभाल इत्यादि सब-कुछ शामिल है। दूसरे शब्दों में, जनन-स्वतंत्रता का अर्थ यह है कि किसी भी व्यक्ति को यह निर्णय लेने का अधिकार हो कि उसे बच्चा चाहिए या नहीं। हालाँकि निस्संदेह यह अधिकार महिलाओं के लिए ज़्यादा महत्त्व रखता है, लेकिन पुरुषों को भी सुरक्षित करता है। इतना ही नहीं, इस अधिकार के द्वारा हमारे देश और उन अन्य देशों में श्वेत एवं अश्वेत महिलाओं के बीच एक नए विश्वास और मेल की भावना को पनपने का मौक़ा मिला, जिनकी यह शंका उचित ही थी कि जनसंख्या नियंत्रण द्वारा लागू अधिकार कुछ समूहों की अपेक्षा अन्य समूहों पर अधिक प्रबलता के साथ निर्देशित किया जाएगा।

उदारवादी जनसंख्या विशेषज्ञों को चौंकाते हुए जनन-स्वतंत्रता के अधिकार का पालन उन स्त्रियों ने भी उत्सुकता के साथ किया जहाँ इसकी ज़रा भी छूट संभव थी। जनसंख्या जर्नलों में घटती हुई जनसंख्या दर के बारे में रहस्यमय लेख छपने लगे, यहाँ तक कि विश्व के उन हिस्सों में भी जहाँ महिलाओं के बीच निरक्षरता-दर अब भी त्रासद रूप से अधिक है। 1979 में हुए एक पूर्वी एवं पश्चिमी यूरोप के संयुक्त महिला अधिवेशन में यह निष्कर्ष निकलकर आया कि महिलाएँ अपने स्वास्थ्य कारणों के चलते न सिर्फ़ अपने गर्भधारण पर रोक लगा रही हैं बल्कि आँकड़ों के अनुसार वे एक तरह की 'बेबी स्ट्राइक' (गर्भाधान से हड़ताल) पर हैं। शायद ऐसा दोहरी भूमिका निभाने की दिक़्क़तों के कारण हुआ है; यानी कि, घर के बाहर और भीतर दोनों जगहों पर काम सँभालना। कुछ देश इसके इलाज के रूप में पुरुषों को बच्चे की देखभाल में हाथ बँटाने के लिए प्रोत्साहित करते हैं जिससे महिलाओं का बोझ हलका हो सके, लेकिन अन्य अधिक रूढ़िवादी देशों की सरकारों ने आवश्यक शिशु जन्म-दर सुनिश्चित करने के लिए गर्भनिरोधकों और गर्भपात को कुचलने का रास्ता चुना। चूँकि 1979 के दौरान कुछ अमेरिकी सरकारी विशेषज्ञ हमारी 'असंतोषजनक निम्न जन्म दर' के बारे में सार्वजनिक विमर्श कर रहे थे—और कुछ दक्षिणपंथी, गर्भपात का विरोध करनेवाले नेता खुले तौर पर इस बात से भयभीत थे कि जन्म-दर के इस अंतर से अमेरिका एक 'अश्वेत देश' बन जाएगा—भविष्य का प्रश्न बिलकुल स्पष्ट था : क्या जनन-स्वतंत्रता बच्चे पैदा करने और उनका पालन-पोषण करने को एक ऐसे महत्त्वपूर्ण, पुरस्कृत कार्य के रूप में स्थापित करेगी जो समुदाय (जिसकी वकालत नारीवादी करते हैं) द्वारा सहायता प्राप्त और समर्थित है? या उसे महिलाओं के ऊपर जबरन लादे गए कार्य जैसा ही बना देगी, ख़ासकर जातिगत रूप से 'वांछनीय' महिलाओं (जिसकी वकालत ग़ैर समतावादी दक्षिणपंथी करते हैं) के लिए?

निश्चय ही, जनन-स्वतंत्रता उस बात को कहने का एक तरीक़ा है जिसकी ओर नारीवाद हज़ारों साल से बढ़ रहा है। जादूगरनियाँ और जिप्सी (ख़ानाबदोश) स्त्रियों के पहले स्वतंत्रता सेनानी थीं क्योंकि उन्होंने ही गर्भनिरोधकों और गर्भपात के बारे में बताया। मुख्य रूप से इसी ज्ञान ने पूर्व की पितृसत्ताओं के लिए एक अभिशाप को जन्म दिया। उन्नीसवीं शताब्दी और बीसवीं शताब्दी के उत्तरार्ध में आई नारीवाद की लहर जो 'गर्भ निरोध' या 'जनन-क्षमता नियंत्रण' की वकालत करती है, यहाँ तक कि शादीशुदा महिलाओं के लिए भी, अनेक नारीवादी समाजसुधारकों को जेल भेजने के लिए पर्याप्त थी।

लेकिन आधुनिक योगदान जनन-स्वतंत्रता को एक व्यापक मानवाधिकार के रूप में आगे बढ़ाने का है, कम से कम भाषा और सभाओं की आज़ादी जैसे मूल अधिकारों की तरह। वैवाहिक स्थिति की फ़िक्र किए बिना, नस्लवादियों द्वारा जनसंख्या-विशेष में वृद्धि करनी होगी या उसे सीमित करने की आवश्यकताओं को दरकिनार करते हुए,

या अधिक अथवा कम सैनिक या मज़दूर जनसंख्या के राष्ट्रवादी लक्ष्य की चिंता से परे, प्रत्येक औरत के पास यह अधिकार है कि वह अपने स्वयं के शरीर के उपयोग का निर्णय करे, वह तय करे कि वह गर्भधारण करेगी या नहीं। वे पुरुष जो बच्चे चाहते हैं उन्हें इसके लिए कम से कम एक ऐसी स्त्री खोजनी होगी जो इसके लिए तैयार हो; इतना कर पाना कोई बहुत भारी ज़िम्मेदारी तो नहीं है। वे सरकारें जो बढ़ी हुई जनसंख्या वृद्धि दर चाहती हैं उन्हें ज़रूर शिशु मृत्यु-दर घटाने, गर्भ के दौरान स्वास्थ्य की देखभाल की व्यवस्था सुधारने, शिशु स्वास्थ्य केंद्र और बच्चे के पालन-पोषण में माता व पिता दोनों की समान सहभागिता और लोगों की औसत आयु में वृद्धि के लिए उपाय करने जैसे मानवीय समाधानों के बारे में सोचना चाहिए।

स्वाभाविक है कि, जनन को लेकर स्त्री का यह निषेधाधिकार ही वह चीज़ है जिससे पुरुष श्रेष्ठतावादी सबसे अधिक डरते हैं। यही कारण है कि पितृसत्तात्मक परिवार के भीतर उनका अधिकारवादी आवेग ऐसे सभी यौन संबंधों का बड़ा स्पष्ट विरोध करता है जिसके परिणामस्वरूप बच्चे पैदा नहीं हो सकते (यानी, विवाहेतर यौन संबंध, सभी प्रकार के समलैंगिक संबंध और साथ ही गर्भनिरोधक व गर्भपात भी)। इस समझ के द्वारा नारीवादियों ने यह जाना कि क्यों गर्भनिरोध और समलैंगिकता जैसे दो स्पष्टत: अंतर्विरोधी विचारों के विरोधी हमेशा लगभग एक ही होते हैं। इसके द्वारा हमें किसी भी समर्पित, मानव-अभिव्यक्ति के उचित माध्यम के रूप में चुने गए किसी भी लिंग के समर्थन में एक साथ आने की प्रेरणा भी मिली।

हाल के वर्षों में, कुछ शब्द जैसे प्रेमी (चाहे समलिंगी हों या विपरीतलिंगी), यौन प्राथमिकता और समलैंगिक अधिकार आदि का प्रयोग आमतौर पर दिखने लगा है। होमोफ़ोबिया नामक शब्द का आविष्कार समान लिंग वाले लोगों के बीच यौन अभिव्यक्ति के अचेतन भय का वर्णन करने के लिए हुआ—इस तरह का भय जो पूर्व में इतना सामान्य माना जाता था कि इसके लिए कभी किसी नाम की ज़रूरत नहीं महसूस की गई। साथ ही कुछ ऐसे कंठस्थ वाक्यांश लोगों के बीच प्रचलित थे जिनके प्रति सही समझ को विकसित कर पाना एक चुनौती थी, जैसे पुरुषों से घृणा करनेवाली समलिंगकामी स्त्रियाँ। जैसा कि रीटा में ब्राउन ने समझाया, समलिंगकामी स्त्रियाँ पुरुषों से नफ़रत नहीं करतीं बल्कि वे स्त्रियाँ जो पुरुषों पर निर्भर होती हैं, उनके द्वारा पुरुषों के दुखी व क्रोधित होने की संभावनाएँ अधिक हैं।[1]

1960 के दशक में, विवाह संबंध के अलावा कोई भी यौन संबंध यौन क्रांति समझा जाता था, जोकि एक ग़ैर-नारीवादी वाक्यांश है और जिसका सीधा अर्थ है : पुरुषों की शर्तों पर महिलाओं की बढ़ती उपलब्धता, यानी हमारे लिए उपलब्ध होने पर तुम क्रांति का हिस्सा बन जाओगी। सत्तर के दशक के अंत तक नारीवाद की सहायता से यह समझ विकसित हो चुकी थी कि स्वतंत्रता का अर्थ चुनाव का अधिकार है; कि पुरुषों या स्त्रियों के लिए लैंगिकता न तो वर्जित होनी चाहिए, न थोपी हुई। इस

विचार की पृष्ठभूमि में, कुँआरी, अविवाहित अवस्था, स्वायत्तता, विश्वसनीयता और प्रतिबद्धता सकारात्मक अर्थों में देखे जाने लगे। ठंडी (यौन समागम से विरक्त), कामी जैसे अपमानजनक शब्दों की जगह चरम सुख से वंचित और यौन सक्रिय जैसे शब्दों का इस्तेमाल होने लगा है। वास्तव में, चिकित्साशास्त्र के अनुसार कामी जैसा कोई शब्द नहीं है, लेकिन फिर भी इसका प्रयोग अक्सर यौन समागम का आनंद लेने वाली या यौन-सक्रिय महिलाओं के लिए किया जाता है।

इसके लिए शायद अभी और ज़्यादा व्याख्या की ज़रूरत हो सकती है, लेकिन अधिकांश महिलाएँ अब अपने जन्म के समय रखे गए नाम का ही इस्तेमाल करती हैं (और उसे अपना अविवाहित अवस्था का नाम कहकर नहीं बतातीं, क्योंकि ऐसा कहना निश्चय ही लैंगिक मामलों में दोहरे नैतिक सिद्धांत का परिचायक है)। कुछ महिलाओं ने तो अपने पितृसत्तात्मक नामों को बदलकर मातृसत्तात्मक नाम रखे हैं (जैसे 'मेरी रुथचाइल्ड'), या अश्वेतों की उस आंदोलन परंपरा का अनुसरण किया जिसमें वे अपने नाम में से पूर्व स्वामी का नाम हटाकर कोई और अक्षर या स्थान का नाम लगा लेते थे (जैसे, 'जूडी शिकागो' या 'लॉरा एक्स')। अनेक महिलाओं ने सुधारवादी क़दम लेकर नामकरण की इस दुविधा का हल खोजने की कोशिश कि और उन्होंने अपने नाम के आगे अपने पति का सिर्फ़ पहला नाम जोड़ लिया ('मेरी स्मिथ फेंस'), लेकिन अब भी, यह तब तक विवाह का एक असमान प्रतीक था जब तक कि उनके पति भी दोनों नाम न लगाते।

बच्चों के नामकरण की पितृसत्तात्मक धारा में दख़लंदाज़ी में आज तक शायद ही कोई सफल हो सका हो : बच्चों का नाम आज भी उनके पिता के नाम पर रखा जाता है, या उनकी माँ के नाम को नाम व उपनाम के बीच नगण्य रूप से जोड़ दिया जाता है। यह अब भी भविष्य की ही ज़िम्मेदारी होगी कि वह नामकरण में एक समतावादी विकल्प को वैधता दे, जैसा कि कुछ यूरोपीय देशों में बच्चों को अपने माता व पिता दोनों का नाम देकर किया गया है। इस तरह वास्तव में उनके वंश का पता लगता है (और जिससे इस तरह की बराबर दी जाने वाली व्याख्याओं से भी छुटकारा मिल सकता है कि 'ये मेरी बेटी है जो मेरी पहली शादी' से हुई थी; या 'ये मेरे बेटा है जो दूसरी शादी से हुआ था')। आगे चलकर जब बच्चे मतदान की आयु प्राप्त कर लेंगे या सामाजिक सुरक्षा कार्डधारक हो जाएँगे तो वे ख़ुद ही अपने वयस्क नाम का चुनाव कर सकते हैं। वह उनका वंश आधारित नाम हो सकता है या फिर बिलकुल अलग कोई नया नाम भी। आख़िरकार, हममें से प्रत्येक को अपने नामकरण में समर्थ होना ही चाहिए। नामकरण की परंपरा पर यह अधिकारवाद बहुत गहराई तक जाता है।

एक विशेषण के रूप में प्रो-एबॉर्शन (गर्भपात के वैधीकरण का समर्थन) के स्थान पर प्रो-चॉयस (स्त्रियों को गर्भधारण करने या न करने के चुनाव का अधिकार)

का उपयोग किया जाने लगा, प्रो-एबॉर्शन मीडिया द्वारा बनाया गया शब्दयुग्म था जो गर्भधारण के विधिसम्मत चुनाव के स्थान पर गर्भपात की वकालत करता था। गर्भपात शब्द का प्रयोग सम्मानजनक ढंग से करने के लिए कुछ अन्य वाक्यांश भी थे, जैसे, सुरक्षित और वैध गर्भपात। और वह दशक जो फ्रॉयड द्वारा निर्धारित यौनिक ऑर्गेज्म को शारीरिक रूप से अवास्तविक सिद्ध करने और क्लिटॉरिस से होनेवाले ऑर्गेज्म को वास्तविक सिद्ध करने की आवश्यकता के साथ शुरू हुआ था, अंततः सिर्फ़ ऑर्गेज्म (बग़ैर फ्रॉयड या क्लिटॉरिस जैसे किसी विशेषण के) के ऊपर चर्चा होने और उसके अनुभव पर विमर्श की ओर बढ़ने के द्वारा अपेक्षा से कहीं अधिक समानता के स्तर पर पहुँचकर ख़त्म हुआ।

नारीवाद की भावना ने चुनौती और हास्य के द्वारा कुछ शब्दों का पुनर्निर्माण किया। डायन, कुतिया, समलैंगिक और अन्य पुरानी अपमानसूचक उपाधियों को छोटे नारीवादी समूहों की साहसिक उपाधियों में स्थान मिलने लगा। कुछ महिला कलाकारों ने सभी लैंगिक चिह्नों के लिंगीय नहीं होने की इस खोज के उत्सव के रूप में अपने नए काल्पनिक स्त्री-चित्रों को योनि-कला का नाम दिया। हास्य की प्रेरणा से जॉकोक्रेसी जैसा शब्द ईजाद हुआ जो कि दौड़ और जीत के प्रति एक ख़ास पुरुषवाची सनक की ओर इशारा करता है; साथ 'हीलूसरिज्म' (हारने की आदत) का भी ईजाद हुआ जिसका अर्थ सफलता जैसे 'अस्त्रैण' गुण के प्रति स्त्रियों की सांस्कृतिक असहजता की दुखद पहचान थी। सुपरमॉम और सुपरवूमन वे शब्द थे जिनकी ईजाद ने हमें राहत दी क्योंकि इन शब्दों ने सर्वोत्तम पत्नी, बेहतरीन माँ और साथ ही एक कामयाब पेशेवर स्त्री के मिश्रण को मानवीय रूप से असंभव बताया।

कार्य की प्रवृत्ति इस नई समझ का एक मुख्य क्षेत्र रहा है, और इस समझ की शुरुआत इसी शब्द से होती है। नारीवाद से पहले आमतौर पर कार्य उसे ही कहा जाता था जो पुरुष करते थे। इस प्रकार, एक कामकाजी महिला वह कही जाती थी जो पुरुषों की शैली में घर से बाहर निकलकर धन के लिए श्रम करती हो। हालाँकि यह धारणा और इस शब्द का उपयोग अब भी ख़तरनाक ढंग से आम है। इसका विरोध ख़ासकर गृहणियों द्वारा किया जा रहा है जो किसी भी अन्य श्रमिक वर्ग से कहीं अधिक मेहनत करती हैं और फिर भी उन्हें 'ग़ैर-कामकाजी' कहा जाता है। नारीवादी कार्य के बारे में बात करते हैं, फिर चाहे वह घर के भीतर किया गया हो या बाहर, चाहे वैतनिक हो या अवैतनिक। घर पर किए जाने वाले कार्य को कोई आर्थिक श्रेय दिए जाने के लिए पहले विवाह को एक समान साझेदारी के रूप में स्वीकार करना होगा और ग़ैर-कामकाजी महिलाओं जैसे वाक्यांशों में निहित शब्दार्थ संबंधी ग़ुलामी को समाप्त करना होगा। इससे उन करोड़ों महिलाओं की दोहरी भूमिका की समस्या के सुलझने की शुरुआत भी हो जाएगी, जिन्हें घर के भीतर और बाहर दोनों जगह काम करना पड़ता है। मनुष्यों की देखभाल और घर की देख-रेख को स्वयं में एक ज़रूरी काम के रूप

में परिभाषित करने से यह भी स्पष्ट हो जाता है कि जिस तरह महिलाएँ यह काम करती हैं, उसी तरह पुरुष भी कर सकते हैं।

समान कार्य के लिए समान वेतन, वह सिद्धांत था जिसके साथ हमने साठ के दशक में प्रवेश किया लेकिन यह सिद्धांत महिला बहुल, असंगठित नौकरियों में संलग्न महिलाओं और सस्ता श्रम उपलब्ध कराने वाले महिला समूहों—एक और नया वाक्यांश—की मदद करने में असफल रहा। शारीरिक श्रम करनेवाले मज़दूर, जिनमें ज़्यादातर संख्या पुरुषों की ही होती है, आमतौर पर प्रतिदिन महिला श्रमिकों से अधिक कमाई करता है। उदाहरण के लिए, एक समान वेतन से भला उस नर्स को क्या फ़ायदा होगा जो अपने साथ ही काम करनेवाली महिला की तरह ही कम तनख़्वाह पा रही है? तुलनीय कार्यों के लिए समान तनख़्वाह अब नया लक्ष्य है और तुलनीयता के अध्ययन पुरुषों द्वारा आमतौर पर किए जा रहे कई कार्यों पर किए गए हैं, ऐसे कार्य जिनमें कम शिक्षा और कम कौशल की ज़रूरत होती है लेकिन फिर भी इसके लिए पुरुषों को आमतौर पर महिलाओं द्वारा किए गए कार्यों की तुलना में अधिक तनख़्वाह मिलती है।

एक महत्त्वपूर्ण विशेषण जोड़ने से कई विचारों में परिवर्तन हुआ है—महिलाओं का बैंक, महिलाओं का संगीत, महिला अध्ययन, महिलाओं की बैठक। इसने बहुत सी नई सामग्री की ओर इशारा किया : शिशु की देखभाल, काम के आरामदेह घंटे, ऋण-पात्रता के नए मानक, नई प्रतीकात्मकता, गीतों के नए बोल। ऐसे समूहों ने नए ढाँचे के साथ भी प्रयोग किए। पितृसत्ता में वर्गीकरण की जड़ों के जमने के चेतन विश्वास या अधिकार के प्रति एक अनजान असहजता के कारण, महिलाओं के समूह ने अक्सर लम्बवत वर्गीकृत संगठनों को क्षैतिज वर्गीकरण में बदल दिया।

एकजुट, सामुदायिक, मददगार, मतदाता वर्ग और कौशल साझाकरण का महत्त्व सांगठनिक चार्ट, परिचय-पत्र या आदेश-शृंखला से अधिक था। हालाँकि इस तरह के प्रारूपों की प्रायः अव्यावहारिक कहकर आलोचना की जाती थी, लेकिन, प्रत्येक व्यक्ति को और अभी अधिक उपयोगी बनाने में इसकी उपयोगिता के साथ, उद्योग में परंपरागत वर्गीकरण के चलते पैदा हुई उत्पादकता के संकट को साथ जोड़कर देखने पर, कुछ प्रबंध परामर्शकारों ने इसे एक संभावनाशील मॉडल के रूप में स्वीकार किया है।

संक्षेप में, सत्य बोलने और वैकल्पिक संस्थाओं के निर्माण ने एक महिला संस्कृति को और परिप्रेक्ष्यों के एक समूह को आकार देना शुरू कर दिया था, जो रूढ़ परंपरावादी, पुरुषवादी विचारधारा से भिन्न था और यह भिन्नता जीवविज्ञान के कारण नहीं अपितु लिंग के प्रति समझ की गहरी पैठ के कारण थी। ठीक है कि हमें सीखने की ज़रूरत है, लेकिन यह ज़रूरत पुरुषों को भी है। मिलकर हम ऐसी संस्कृति का निर्माण कर सकते हैं जो पुरुष व स्त्री दोनों के सर्वाधिक सर्जनात्मक पक्षों का मिश्रण हो।

सत्ता और अधिकार पुनर्परिभाषित हो रहे हैं। स्त्रियाँ प्रायः चिंतित होकर यह समझाती हैं कि हमारा अधिकार अपने जीवन को नियंत्रित करने के लिए है, न कि दूसरों पर अपनी हुकूमत चलाने के लिए।

भाषा के माध्यम का प्रयोग कुछ बोझ वापस वहीं प्रतिस्थापित करने के लिए भी किया गया है जहाँ से वह पैदा हुआ था। निर्वाह-व्यय (एलिमनी) को कभी-कभी पूर्व की सेवाओं हेतु देय वेतन (बैक सैलरी) या मुआवज़ा भी कहा जाता है। यदि अमरीकी श्रम विभाग भी एक गृहिणी के प्रतिस्थापन मूल्य की गणना कम से कम 18 हज़ार डॉलर प्रतिवर्ष करता है तो एक पत्नी भला क्यों पूर्व में की गई सेवाओं हेतु देय वेतन की अधिकारी नहीं होनी चाहिए? इसी तरह, कई नारीवादियों ने सहयोग के लिए संस्थाओं और पेशेवर समूहों से अनुरोध करना बंद कर दिया और महिलाओं को पूर्व में पहुँचाई गई क्षति के बदले में मुआवज़े की माँग शुरू कर दी। स्त्री-अध्ययन, अश्वेत अध्ययन, अमरीकी मूल निवासी अध्ययन और इस तरह के अन्य कई अध्ययनों की ओर अक्सर प्रतिकारक अध्ययनों के रूप में संकेत किया जाता था जिससे कि दोष का ठीकरा सही जगह पर फोड़ा जा सके और यह दिखाया जा सके कि मानव-इतिहास में एक दिन इन सभी पाठ्यक्रमों को बुनियादी पाठ्यक्रम के रूप में एकीकृत करना अपरिहार्य होगा। अधिकारवादी और असमानतावादी प्रतिघात की प्रो-फैमिली (गर्भपात व गर्भनिरोध का विरोध) के रूप में स्व-व्याख्या ने कई नारीवादियों ने विभिन्न पारिवारिक स्वरूपों के प्रदर्शन के लिए बहुस्त्री विवाह वाले परिवारों का उदाहरण लेने से हतोत्साहित किया। पितृसत्तात्मक एकल परिवार जो दक्षिणपंथ (पालनकर्ता पिता, घर पर रहकर बच्चों की देखभाल करनेवाली गृहिणी माँ) को स्वीकार थे, उनमें कुल अमरीकी घरों के लगभग 85 प्रतिशत घर शामिल नहीं थे। 'परिवार' द्वारा दक्षिणपंथ का आशय क्या है, यह समझने के द्वारा हमें यह जानने में मदद मिलती है कि क्यों उनके अनुसार महिलाओं के व्यक्तिगत अधिकारों के लिए दी गई सभी गारंटी परिवार की संरचना के विरुद्ध है, समान अधिकारों में संशोधन से लेकर बच्चों के उत्पीड़न के ख़िलाफ़ बनाए गए क़ानून तक, सभी कुछ।

निस्संदेह, शब्दों का एक ज़रूरी महत्त्व उनके वर्जन की ताक़त से है। 'आदमी', आदमियत' और 'आदमी का परिवार' जैसे शब्दों ने, आमतौर पर ज़रूरी कारणों से, स्त्री को उपेक्षित महसूस कराया है। 'लोग', 'मानवता' और 'इनसान' जैसे शब्द इनकी तुलना में अधिक समावेशी लगते हैं। इसी तरह 'धरती पर शांति, प्राणियों में सद्भावना' जैसे पुनर्लेखन भी ऐसा ही भाव पैदा करते हैं। नारीवादियों ने इस संबंध में पुरुषों को शिक्षित करने के लिए उनसे कहा कि वे 'स्पिंस्टर ऑफ़ आर्ट्स' या 'मिस्ट्रेस ऑफ़ साइंस' जैसी डिग्रियाँ प्राप्त करने की कल्पना करें और फिर एक सिस्टरशिप (फैलोशिप) पाने के लिए कड़ी मेहनत के बारे में सोचें। क्या ऐसा सोचने पर वे उपेक्षित महसूस नहीं करते?

जातीय अल्पसंख्यकों, पुरुष व महिलाओं दोनों, को कभी-कभी नकारात्मक ढंग से अश्वेत के रूप में परिभाषित किया जाता है (क्या हम कभी श्वेत लोगों के लिए अ-श्याम शब्द का उपयोग करेंगे?), और वैसे भी, वे जो इस देश में अल्पसंख्यक माने जाते हैं, वे दरअसल इस दुनिया के बहुसंख्यक समुदाय से हैं। अधिक सटीक और पार-सांस्कृतिक होने के लिए नारीवादी अक्सर अश्वेत लोगों के वर्णन और उदाहरण को अपनाती थीं। कुछ वक़्त तक, पितृसत्तात्मक दुनिया में सभी स्त्रियों की समानता को व्यक्त करने के लिए 'चौथी दुनिया' का भी इस्तेमाल किया जाता था और इसमें कोई भी जातिसूचक भाव नहीं होता था, पर बाद में इस शब्द का प्रयोग उन सर्वाधिक ग़रीब, ग़ैर-औद्योगीकृत देशों के लिए किया जाने लगा जिन्हें तीसरी दुनिया या विकासशील देशों में शामिल नहीं किया गया था। इस संदर्भ को जारी रखने के लिए, अब कभी-कभी महिलाओं की स्व-व्याख्या पाँचवीं दुनिया के रूप में की जाती है—आबादी का वह आधा हिस्सा जिसका उपयोग सस्ते श्रम के रूप में किया जाता है, जिसका पूँजी या तकनीक पर नियंत्रण सबसे कमज़ोर है, चाहे वे दुनिया के किसी भी हिस्से में रह रही हों।

सीमाओं के पार एक-दूसरे तक पहुँचने के लिए, नारीवादियों ने भाषा के माध्यम से विभाजन पैदा करनेवाली आदतों के प्रति संवेदनशील रहने का प्रयास किया है : उदाहरण के तौर पर, नकारात्मकता (मानव-स्वभाव का रहस्यमय पक्ष, एक काला दिल, डरावना चित्र) दर्शाने के लिए गहरे अथवा काले रंग की छवियों का इस्तेमाल और सफ़ेदी को सकारात्मकता (सफ़ेद झूठ, सफ़ेद जादू, उजले बालों वाला लड़का) के प्रतीक के रूप में प्रस्तुत करने की जातिवादी आदत। यदि एक समूह को किसी विशेषण (एशियाई-अमरीकी कवि) की आवश्यकता है, तो अन्य सभी (यूरोपीय-अमरीकी शिक्षक) को भी है।

इसी तर्ज पर, योग्य एक ऐसा शब्द था जिसका उपयोग 'वर्जित' समूह के लिए ही किया जाता था, जैसे कि श्वेत पुरुष जन्म से ही योग्य हों। वे हमेशा वयस्क, पेशेवर (श्रमिक, चिकित्सक, कवि) रहे, जबकि शेष सभी को अब भी योग्य बनाने वाले एक विशेषण की ज़रूरत थी जो अक्सर अयोग्य (महिला श्रमिक, अश्वेत चिकित्सक, कवयित्री) रह जाती थीं।

भाषा को और भी अधिक सटीक बनाने के कठिन प्रयासों में प्रायः कुछ शब्दों के विकल्पों की ईजाद भी शामिल होती थी, जैसे : चेयरपर्सन या स्पोक्सपर्सन। स्पष्ट है कि, किसी एकलिंगी संगठन (जहाँ सभी कर्मचारी या तो पुरुष हों या महिला हों) में ही चेयरमैन या चेयरवूमन का पद हो सकता है। जबकि किसी भी एकीकृत संगठन में ऐसे पद का होना ज़रूरी होता है जो इसके किसी भी सदस्य (महिला या पुरुष) द्वारा ग्रहण किया जा सके—इस प्रकार, चेयरपर्सन का इस्तेमाल हर तरह से सटीक था या इसे सिर्फ़ चेयर भी कहा जा सकता था। हालाँकि सत्ता के असंतुलन को देखते

हुए, इन लिंग-रहित शब्दों का प्रयोग महिलाओं की उपाधियों को लैंगिक विभेद से मुक्त करने और पुरुषों की उपाधियों में यथास्थिति बनाए रखने के लिए भी किया जाता था। जैसे कि, एक महिला तो 'स्पोक्सपर्सन' हो सकती थी लेकिन एक पुरुष फिर भी 'स्पोक्समैन' ही था, स्त्रियाँ लोगों में समावेशित की जा सकती थीं, पर पुरुष फिर भी केवल पुरुष ही थे।

कभी-कभी महिलाओं ने लैंगिक विभेद से मुक्त शब्दों के उपयोग में जल्दबाज़ी के लिए हमारे अपने ही अपवादों से सहयोग लिया। इस लिहाज से 'मनुष्यत्व' शब्द का एक ख़ास आकर्षण था (जैसे, 'डरने की ज़रूरत नहीं है, नारीवादी वाक़ई सिर्फ़ मनुष्यता के गुणों के बारे में बात कर रही हैं')। उभयलिंगी शब्द के प्रचलन ने भी ऐसी आशा जगायी कि स्त्री और पुरुष के संस्कारों का बिलकुल बढ़िया मिश्रण हो सकता है लेकिन चूँकि इसमें स्त्री-पक्ष का समीकरण अब भी दृढ़ नहीं था, इसलिए उभयलिंगी शब्द आमतौर पर सदैव पुरुषों की ओर झुका रहा, अर्थात उनके प्रति अधिक संकेतवाचक रहा। एक सिद्धांत के रूप में, इस शब्द के आने से चिंताओं में वृद्धि हुई क्योंकि यह एक उभयलिंगी या नपुंसकता को मोहक आभास के रूप में प्रस्तुत कर रहा था, और यह उस वैयक्तिकता व स्वतंत्रता के बिलकुल विपरीत था जो नारीवाद की सोच में निहित है।

जीवन में हो या भाषा में, असमान अधिकारों या शक्तियों के बीच होनेवाले एकीकरण का नतीजा यही होता है कि दोनों पक्ष श्रेष्ठता-क्रम में वापस अपनी-अपनी जगहों पर पहुँच जाते हैं। एक बार यह सीख पक्की हो जाए, तो संघर्ष के भय द्वारा 'मैनक़ाइंड' (मनुष्यों) के साथ दिखावे की एकता या यहाँ तक कि 'वूमनकाइंड' के रूप में नकली एकता के चक्कर में पड़ने की हमारी संभावना काफ़ी कम हो जाएगी। यह सबक हमें ख़ास भाषाओं द्वारा चेतना जागृत करने की आवश्यकता को स्पष्ट करने में सहायता करता है। उदाहरण के लिए, 'न्यायाधीशों का चयन उनकी ख़ासियतों के आधार पर किया जाएगा', यह एक बिलकुल दुरुस्त वाक्य है। समस्या सिर्फ़ यह है कि हमारी आदत है कि हम न्यायाधीश के रूप में सिर्फ़ पुरुषों की ही कल्पना कर पाते हैं, और हमारी इस चेतना को दुरुस्त करने के लिए कोई भी लैंगिक विभेद-मुक्त वाक्य कुछ नहीं कर सकता। कुछ समय के लिए, हमें अलग तरह के वाक्यों की ज़रूरत होगी, जैसे, 'न्यायाधीश के पद के लिए महिला या पुरुष का चुनाव उनकी विशेषताओं के आधार पर किया जाएगा' इस तरह के वाक्य हमें यह समझने और स्वीकार करने के लिए बाध्य करेंगे कि महिला न्यायाधीश का भी अस्तित्व होता है, ठीक वैसे ही जैसे, विभेद को स्पष्ट करने के लिए हमें जाति को गिनने की ज़रूरत हो सकती है।

मेल शौविनिस्ट पिग (पुरुष लिंगवादी सूअर) की ईजाद एक और प्रतीकात्मक भ्रम था। यह एक तरीक़े का संकर उत्पाद था जो नारीवाद को वामपंथी शब्द-प्रलाप के साथ मिलाने के प्रयास में बना है, जो प्राय: स्वयं में ही नारीवाद-विरोधी था : इस

मामले में, विरोधी को मनुष्य से गिराकर जानवर बना देने की इच्छा उनके प्रति हिंसा को उचित ठहराने का पहला चरण है। (अरसे तक चिक, डॉग और काउ कहे जाने के बाद स्थिति को उलट देने की इच्छा स्वाभाविक हो सकती है लेकिन इस अनुभव ने हमें यह भी सिखाया था कि अमानवीयकरण किए जाने पर कैसा बुरा महसूस होता है)। साठ के दशक में पुलिस वालों के लिए 'पिग्स' का इस्तेमाल किया जाता था—जैसे, 'ऑफ़ द पिग्स'—इसलिए कुछ समय के लिए सभी पूर्वग्रही पुरुष यही हो गए थे; शुक्र है कि यह समय सामान्य रूप से गुज़र गया।

वास्तव में तो मेल शौविनिस्ट स्वयं में ही एक समस्या है, क्योंकि शौविनिस्ट एक परम राष्ट्रभक्त की ओर संकेत करनेवाला शब्द है। इसका कुल मतलब यही निकल कर आता था कि यह किसी उग्र राष्ट्रवादी पुरुष को संबोधित है। इसके बदले में, कई नारीवादी लेखिकाओं ने इस समस्या की अधिक सटीक व्याख्या के लिए पुरुष श्रेष्ठतावादी शब्द का उपयोग शुरू कर दिया। कुछ पुरुष श्रेष्ठतावादी पूर्व में हुई इस ग़लती का फ़ायदा उठाते हुए टाई और पिन पहनकर 'मेल शौविनिस्ट पिग' होने की घोषणा करने लगे। निश्चय ही यह इस बात का संकेत था कि लैंगिकवाद के मुद्दे के प्रति कितनी अगम्भीरता व्याप्त थी। उनमें से कुछ पुरुषों ने प्रसन्नतापूर्वक यह घोषणा भी की थी : 'मैं यहूदी विरोधी हूँ' या 'मैं जातिवादी हूँ'। 'प्रताड़ित स्त्रियाँ'—वह वाक्यांश था जो प्रमुख और लंबे समय से छिपी अहिंसा को व्यक्त करता था। इस वाक्यांश ने यह समझने में भी हमारी मदद की कि यदि आँकड़ों के अनुसार बात करें तो किसी भी महिला के लिए सबसे असुरक्षित स्थान शहर की कोई गली नहीं, बल्कि ख़ुद उसका घर है। कार्यक्षेत्र में यौन-उत्पीड़न ने भी एक तरह के भय का ख़ुलासा किया जिससे लगभग एक तिहाई स्त्रियाँ गुज़र रही हैं। इसे नाम देकर स्त्रियों को इसके विरोध में आने और इसके उपायों पर विचार करने का मौक़ा मिल सका। पोर्नोग्राफ़ी (शब्दश:, 'स्त्री दासता के विषय में लिखना') को महिलाओं के प्रति घृणा का उपदेश समझते हुए, और इसी कारण इसे प्रेम व पारस्परिकता का भाव रखने वाले कामुक साहित्य से अलग रखने के द्वारा, इस समझ का भी उदय हुआ कि पोर्नोग्राफ़ी वह प्रमुख माध्यम है जिसके द्वारा लिंग विशेष को प्रभुत्व की शिक्षा दी जाती है और उसका वैधीकरण भी किया जाता है; और यह कि पोर्नोग्राफ़ी भी सामाजिक रूप से उतनी ही नुक़सानदेह है जितना नाज़ी साहित्य यहूदियों के लिए या क्लैन साहित्य अश्वेतों के लिए।

यहाँ तक कि स्त्रियों की यौन दासता (उन्नीसवीं शताब्दी में इसे जातिवादी पद श्वेत दासता के नाम से भी जाना जाता था क्योंकि यह ग़ुलामी का एकमात्र प्रकार था जो गोरी चमड़ी वालों पर भी लागू होता था) का ख़ुलासा भी नारीवाद की इस लहर द्वारा किया गया। अब हम यह जानते हैं कि स्त्रियों की यौन दासता उन कई शहरों में फल-फूल रही है जहाँ वेश्यावृत्ति और पोर्नोग्राफ़ी बड़े व्यवसाय हैं और अंतर्राष्ट्रीय जीवन का यथार्थ हैं।

अन्याय के इन अनुभवों की प्रतिक्रिया में यदि सुधारवाद अधिकता या अविवेक के कारण अपने कुछ समीकरणों से भटकने लगा तो इसमें भला क्या आश्चर्य। लैंगिक जाति-व्यवस्था के अन्याय का ख़ुलासा और जाति व वर्ग पर आधारित अन्य 'स्वाभाविक' नाइंसाफियों की जड़ में इसकी भूमिका होने का ख़ुलासा करके, सुधारवादी नारीवाद ने विभिन्न महिलाओं के बीच एक साझा कार्य के लिए आधार स्थापित किया। और इस पुरुषवाचक-स्त्रीवाचक, प्रभावी-शांत, ढाँचे को हिंसा का प्रमुख कारण और इसे न्यायोचित समझाए जाने के तर्क के रूप में चुनौती देकर, यह भी साबित कर दिया कि सुधारवाद सिर्फ़ अहिंसात्मक रूप ही नहीं लेता बल्कि यह हिंसा की पैदाइश को चुनौती देने का एकमात्र तरीक़ा भी है।

स्त्रियों के मध्य यह नया नारीवादी जुड़ाव बहुत ही सूक्ष्म लेकिन व्यापक था। उन्नीसवीं शताब्दी और बीसवीं शताब्दी के उत्तरार्ध में अपनी व्यापक प्रगति के दौरान नारीवाद अंतर्राष्ट्रीय और राष्ट्र का प्रतिपक्षी दोनों रहा है। ('यदि उसे हम पहली लहर मानें', तो इसका एक ही कारण दिया जा सकता है कि हमारे देश की आयु अभी ख़ुद ही ज़्यादा नहीं है—हज़ार वर्षों के इतिहास में, नारीवाद की क्रांति संक्रमण की तरह फैली और एक प्रगतिशील घटना रही।) पिछली लहर ने विश्व की अनेक स्त्रियों को मनुष्यों के रूप में क़ानूनी पहचान दिलाई है, न कि किसी की संपत्ति के रूप में। अब हम यह चरण दुनिया की प्रत्येक महिला के लिए पूरा करना चाहते हैं और क़ानूनी रूप से समानता प्राप्त करना चाहते हैं। लेकिन पुरुष श्रेष्ठतावादी संस्कृति ऐसा संभव होने दे, उससे पूर्व अभी ऐसी कई लहरें आएँगी।

इस लहर में, शब्दों और चेतना ने महत्त्वपूर्ण और स्थायी प्रगति की, अतः वास्तविकता सामने आएगी ही। नए और पुराने के बीच की दूरी नापने से इतिहास का वह अद्वितीय अंश ताज़ा हो जाता है जो हम सब के भीतर जीवित है।

इसके बारह वर्ष बाद, आज कितने ही ऐसे पाठक हैं जो अब इस सवाल का जवाब नहीं दे सकते : 'नारीवाद की इस लहर के शुरू होने से पहले आप कौन थीं?' इसका स्पष्ट कारण यह है कि उनका जन्म नारीवादी चेतना की शुरुआत के बाद हुआ और उनकी उच्च अपेक्षाएँ, उनमें स्त्री-संबंधी सांस्कृतिक समस्या के संबंध में जानकारी की कमी, जिसे 'टर्मिनल ग्रैटीट्यूड' कहते हैं, आगे के लंबे रास्ते के लिए बहुत ज़रूरी है।

उदाहरण के लिए : हाँ, आज बहुत सारी स्त्रियाँ ख़ुद उन पुरुषों जैसी योग्य बन रही हैं, जिनसे वे विवाह करना चाहती थीं, लेकिन बहुत ही कम पुरुष उन स्त्रियों जैसे बन रहे हैं जिनसे वे विवाह करना चाहते हैं। इसके फलस्वरूप अधिकांश स्त्रियों के लिए दो ही काम बचते हैं, एक घर के बाहर काम और दूसरा घर के भीतर। वह समस्या जो ग़रीब औरतों के साथ हमेशा होती है, लेकिन अब यह समस्या मध्यम वर्ग की स्त्रियों के साथ भी होती है—जिसका अर्थ यह है कि हमें इसका हल निकालना ही होगा। और गहराई में सोचने पर, हम में से अधिकांश ने अपनी बेटियों को बेटों की

तरह पाला है, लेकिन हम में से कितने लोगों ने अपने बेटों को बेटियों की तरह पाला है। जब तक कि पुरुष इतने सामाजिक नहीं हो जाते कि वे महिलाओं की तरह बच्चों को पालने-पोसने लगें तब तक यह दोहरा बोझ महिलाओं को बाधित करता रहेगा, बच्चे अपने पिता से मिलने वाले लालन-पालन से वंचित रहेंगे और लैंगिक भूमिकाएँ इसी तरह से चलती रहेंगी।

कई क्षेत्रों में, अब वे तरीक़े ज़्यादा अपनाए जाते हैं जो मानव स्वभाव को 'स्त्रियोचित' और 'पुरुषोचित' में बाँटने की दृष्टि से बनाए गए *या यह/या वह* विकल्पों, को ध्रुवीकृत करते हैं और अब उनके स्थान पर अथवा उनके साथ *'और'*—एक अवर्गीकृत, पूर्णचक्रीय उदाहरण, का प्रयोग करते हैं। जैसे या पुरुष या स्त्री के स्थान पर, स्त्री और पुरुष। विज्ञान में, नई भौतिकी और केयोस सिद्धांत ने हमारी पुरानी एक रेखीय, संवेदनाहीन और वर्गीकृत धारणाओं को ध्वस्त कर दिया। हमें वर्गीकरण की जगह जुड़ाव के बारे में सोचने में सहायता की। नारीवादी वैज्ञानिक हमें फ़ील्ड डिपेंडेंसी का अवसर देते हैं : यह समझ कि किसी भी चीज़ का अध्ययन उसकी परिस्थितियों के बग़ैर नहीं किया जा सकता। लैंगिकता में, यह धारणा कि एक व्यक्ति को विषमलिंगकामी या समलिंगकामी ही होना चाहिए, अब इतनी उदार होने लगी है कि यह द्विलैंगिकता की प्राचीन परंपरा और साथ ही ख़ुद को विपरीतलिंगी बताने वाले नए लोगों का भी सम्मान कर सके, जोकि अब तक एक दृढ़, अपरिवर्तनशील रेखा मानी जाती थी, इस उदारता ने उसके दायरे को बढ़ा दिया। समलैंगिक स्त्रियों और समलैंगिक पुरुषों के आंदोलन में कई समूह अब अपने परिचय और विवरण में इन दोनों शब्दों को भी जगह देते हैं। इस तरह के जोड़े बनाकर रहने वाले युगल भी एक-दूसरे का ज़िक्र साथी या जीवनसाथी के रूप में करते हैं, यानी एक ऐसा संबंध जो प्रेमी होने के सीमित संकेतार्थ से बढ़कर है। होमोफ़ोबिक, समलैंगिकों से डरने या घृणा करने वाले, और विषमलैंगिकतावाद का समर्थन करने वाले, जो विषम लिंग कामुकता को ही केंद्र में रखते हैं, या मानते हैं कि इससे इतर कोई भी लैंगिकता या तो अस्तित्वहीन है या गौण है, दोनों को एक कर दिया गया। इसी के साथ, लैंगिक वरीयता शब्दयुग्म की जगह अक्सर 'लैंगिक पहचान' का इस्तेमाल किया जाने लगा, जिससे किसी लैंगिकता के साथ पैदा हुए लोग और अपनी लैंगिकता स्वयं चुनने वाले, दोनों ही इसमें शामिल हो गए।

अब विषम लिंग कामुकता की भाषा भी बदल रही है। शादीशुदा जोड़े भी सांस्कृतिक रूप से भारी-भरकम शब्द पति-पत्नी की जगह अब साथी कहलाना पसंद करते हैं। अन्य लोग 'पेनेट्रेशन' (प्रवेश) की जगह 'एनवलप' (ढक लेना या आवृत्त कर देना) जैसी शब्दावली सुझाकर लैंगिकता की निष्क्रिय और समाज पर हावी शब्दावली को बदलने का प्रयास कर रहे हैं। उनकी कोशिश है कि कम से कम हम प्राचीन अश्लील भाषा को छोड़ दें जो सेक्स को एक विजय के रूप में प्रतिष्ठित करती है।

हम उस रास्ते को ग़ौर से देख रहे हैं जिससे भाषा ने पीड़ित के माध्यम से ही उसकी पहचान खुलने दी, न कि पीड़ा पहुँचाने वाले के द्वारा। जैसे कि, 'कितनी महिलाओं के साथ बलात्कार हुआ है' के बारे में बात करने के साथ, हम इस बारे में भी बात करेंगे कि कितने 'पुरुषों ने बलात्कार किया।' 'स्त्रियाँ हिंसात्मक परिस्थितियों से क्यों नहीं निकल पातीं' के साथ हम यह भी बात करेंगे कि 'पुरुष हिंसक क्यों है।' घरेलू हिंसा शब्दयुग्म ख़ुद में ही महत्त्वहीन और अपर्याप्त लगने लगा है, जैसे यह हिंसा कोई निचले दर्जे की हिंसा हो। चूँकि घर में होनेवाली हिंसा कई अन्य हिंसात्मक कार्यों के लिए प्रशिक्षण भूमि की तरह कार्य करती है और हर हिंसा की जड़ में इसकी भूमिका होती है, चाहे यह आपराधिक आचरण हो या कुछ और, इन सब के पीछे प्रारंभिक हिंसा एक ज़रूरी कारण होता है। पिछले बारह सालों में, घृणा के फलस्वरूप किए गए अपराधों के अंतर्गत अंततः महिलाओं के साथ किए गए अपराध और वे अपराध जो किसी ख़ास जाति, धर्म, नस्ल या लिंग के प्रति किए जाते हैं, शामिल किए जाने लगे हैं; ये सभी वे श्रेणियाँ हैं जिन्हें पूर्व में बहुत गंभीरता के साथ लिया जाता था क्योंकि इसमें पुरुष शामिल होते थे। अब गर्भपात क्लीनिक पर बम गिराए जाने की कार्यवाही को भी आतंकवादी कार्यवाही क़रार दिया जाता है, न कि सिर्फ़ उन गतिविधियों को जो पुरुष गठित परिभाषा के आधार पर राजनैतिक गतिविधियाँ हों।

नारीवादी शिक्षक नारीवाद में एक कृत्रिम पर शायद बेहद ज़रूरी शब्दों का समूह लेकर आए हैं। विखंडन की क्रिया का अर्थ किसी को उसकी वास्तविक परिस्थिति/संबंध और अर्थ से पृथक करना होता है। 'महिलाओं की संस्था का निर्माण' जैसे वाक्यांशों के स्थान पर सशक्तीकरण; सिर्फ़ समस्याओं और उनके कारणों पर चर्चा की जगह 'प्रॉब्लेमटाइज़' (किसी बात को समस्या की तरह लेना; और यहाँ तक कि ठीक-ठाक वाक्यांश 'फेमिनिस्ट प्रैक्टिस' की जगह 'फेमिनिस्ट प्रैक्सिस')। अकादमिक और अन्य सामान्यीकृत भाषाएँ अक्सर अंतर को अस्पष्ट कर देती हैं और इससे उन पाठकों के लिए जानकारी और परख इसमें नहीं रह जाती, जिसकी इन्हें अधिक ज़रूरत है, लेकिन शायद अकादमिक जगत में गंभीरता से लिये जाने और बने रहने के लिए यह सब आवश्यक है।

दूसरी ओर, 'राजनैतिक रूप से उचित' ऐसा वाक्यांश है जो आंदोलन के समावेशी प्रयासों को बताने के एक स्वविरोधी और हास्यमय तरीक़े के रूप में पैदा हुआ है। आजकल यह वाक्यांश बहुत गंभीरता से लिया जाने लगा है क्योंकि जो समूह वर्जन को प्राथमिकता देते हैं उन्होंने इसे आरोप में बदल दिया है।

यदि भाषा की महत्ता को लेकर कोई संदेह रहा हो तो समानताविरोधी दक्षिण पंथ ने 'बिनब्याही माँ' और 'नाजायज़ बच्चे' जैसी शब्दावलियों को 'एकल माँ और बच्चे' की जगह उपयोग करने पर ज़ोर देकर उसे शांत कर दिया है। संयुक्त राज्य अमरीका में स्थायी रूप से माने जाने वाले इकलौते धर्म के प्रतिनिधि के रूप में

वेटिकन ने जनन अधिकार और जनन तंत्र स्वास्थ्य सुरक्षा का वाक्यांश के रूप में प्रयोग किए जाने का विरोध किया है और संयुत राष्ट्र के दस्तावेजों में 'लिंग' शब्द के प्रयोग को चुनौती देने की भी बात की है। ज़ाहिर-सी बात है कि, हमारे द्वारा प्रयोग किए जाने वाले शब्द ही यह निर्धारित करेंगे कि हम अपने किन सपनों को अभिव्यक्त कर सकते हैं।

अपनी भाषा में अब तक हुए परिवर्तनों या आगे प्रकाश में आने वाले परिवर्तनों पर ग़ौर कीजिए। वे इस बात के सच्चे संकेतक हैं कि हम कहाँ थे और हमें कहाँ पहुँचना है।

(आउटरेजियस एक्ट्स एंड एवरीडे रिबेलियंस, 1995)

तीसरी राह : देहव्यापार एवं वेश्यावृत्ति का अंत; पारस्परिक लैंगिकता का प्रारंभ*

भारत में तीन मिलियन स्त्रियाँ वेश्यावृत्ति की दलदल में फँसी हुई हैं, जिनमें से, सीबीआई के आकलन के अनुसार 1.4 मिलियन लड़कियाँ नौ से तेरह वर्ष आयु वर्ग की है। राष्ट्रीय मानवाधिकार आयोग, भारत के अनुसार, वयस्क स्त्रियाँ भी दरअसल वेश्यावृत्ति में तब ही ले आई गई थीं जब वे बच्चियाँ थीं।

कोलकाता में सोनागाछी, एशिया के सबसे बड़े रेड लाइट क्षेत्रों में से एक है। वेश्यावृत्ति और अवैध देह-व्यापार ने भारत में अपनी जड़ें और मज़बूती से जमा लीं क्योंकि सेक्स-उद्योग ने बिल एवं मेलिंडा गेट्स फाउंडेशन द्वारा चलाए जा रहे कॉन्डोम वितरण कार्यक्रमों द्वारा दी जा रही भारी आर्थिक सहायता से जैसे एक वैधता ही प्राप्त कर ली है, जबकि इस बात का कोई प्रमाण नहीं है कि वेश्यावृत्ति में संलग्न स्त्रियों में इतनी सामर्थ्य है कि ग्राहकों को कॉन्डोम पहनने को बाध्य कर सकें। हक़ीक़त में, दलाल और वेश्यालयों के मालिक लोगों से बिना कॉन्डोम का उपयोग किए सेक्स के लिए अधिक पैसा वसूलते हैं। इन कार्यक्रमों ने दलालों और इन वेश्यालयों के संचालकों को 'शिक्षा गुरुओं' के तौर पर कोष मुहैया कराया है और ऐसा करने में उसने वेश्यालय-संचालन तंत्र से जुड़े दासता और नियंत्रण के तथ्य को नज़रअंदाज़ कर दिया है। उन्होंने इस अवधारणा को पोषण देने के ज़रिए कि सेक्स की ख़रीदारी में कुछ भी ग़लत नहीं है यदि आप कॉन्डोम का प्रयोग करते हैं, 'नैतिक माँग' की एक झूठी धारणा को भी जन्म दे दिया है।

जब से गेट्स फाउंडेशन द्वारा 500 मिलियन डॉलर सेक्स उद्योग को सहायता प्रदान करनेवाली संस्थाओं को दिए गए, उसके पश्चात स्त्रियों एवं

---

* इस निबंध में सोनागाछी, कोलकाता में ग्लोरिया स्टायनेम के उन वक्तव्यों के अंश शामिल हैं जो कि उन्होंने 'अपने आप' विमेन वर्ल्डवाइड की दसवीं वर्षगाँठ के अवसर पर, जवाहरलाल नेहरू विश्वविद्यालय में, 2012 में और देह-व्यापार एवं वेश्यावृत्ति के दलदल से बचकर निकली हुई स्त्रियों के समूहों को यू.एस. एवं फोरबिसगंज, बिहार में 1997 में दिए।

बच्चों के अवैध देह-व्यापार में 300 प्रतिशत की वृद्धि हुई है। कुछ महिला संगठनों ने जो कि ऐसे सेक्स और यौन-उत्पीड़न के बीच में कोई फ़र्क़ नहीं करती हैं, के द्वारा उन कार्यक्रमों को प्रोत्साहित किया गया है जिनका उद्देश्य एड्स नियंत्रण है। अब तक इस बात का कोई भी स्वतंत्र साक्ष्य नहीं है कि यह कार्यक्रम एड्स की रोकथाम करता है।

इन महिला संगठनों ने, ग़रीब और निम्न जाति की स्त्रियों और लड़कियों का यौन-उत्पीड़न और वेश्यावृत्ति में होना अवश्यंभावी तौर पर स्वीकार किया है, और वे सरकार के साथ मिलकर एक जनमत खड़ा कर रही हैं कि न केवल इसकी पीड़िताओं को वरन दलालों एवं वेश्यालय-संचालकों को अपराधी के दायरे से बाहर रखा जा सके। हालाँकि यह ध्यान में रखना चाहिए कि संगठनों में से बहुतों ने इस बात के लिए सड़कों पर मोर्चे निकाले हैं कि पुरुषों को अन्य सभी तरह के बलात्कारों एवं यौन हमलों से मिलने वाली छूट को समाप्त किया जाए।

स्टायनेम अमेरिका के एक राज्य में वेश्यावृत्ति को एक पेशे की तरह का क़ानूनी जामा पहनाए जाने के सभी संभावित परिणामों की व्याख्या करती हैं, और एक तीसरे रास्ते का सुझाव देती हैं जो कि पीड़ितों को गिरफ़्तारियों से बचाता है और दूसरे विकल्पों को सामने लाता है, जो कि दलालों, वेश्यालय मालिकों और उन सभी को जो दूसरों की देह को बेचते हैं, को अभियोजित करके, दंड देकर, शिक्षित करके और इस तरह की माँगों को कम करके संभव होगा।

—रुचिरा गुप्ता

चूँकि मैं यहाँ एक जीवन-मरण जैसे आधारभूत बदलाव के प्रश्न पर बात कर रही हूँ, जिसके बारे में ऐसा माना जाता है कि वह असंभव है—अवैध देह-व्यापार का, वेश्यावृत्ति और एक असमान सेक्स जीवन की माँग, जो कि इन दोनों के लिए एक बाज़ार को जन्म देती है, का अंत—आइए, समझते और बात करते हैं उन भारी बदलावों पर जो कि मेरे ख़ुद के जीवनकाल में हुए हैं।

उदाहरण के लिए, जब मैं दिल्ली विश्वविद्यालय की कक्षाओं का निरीक्षण कर रही थी, वहाँ पर बहुत सारे ऐसे विद्यार्थी थे जो पहले कभी इस तरह की कक्षाओं में नहीं बैठे थे जहाँ तथाकथित 'विपरीत लिंगी' उनके साथ वाली सीटों पर हों। तनाव और अपने प्रति अतिरिक्त सजगता वहाँ तकलीफ़देह तौर पर मौजूद थी, और महसूस की जा सकती थी। कुछ युवा स्त्रियाँ पीछे की सीटों पर बैठी हुई थीं और उन्होंने पूरी कक्षा के दौरान एक भी शब्द नहीं बोला। एक प्रोफ़ेसर ने मुझे बताया कि ऐसे लैंगिक तनाव के बीच पढ़ाना अस्वाभाविक और असंभव है। हो सकता है कि सह-शिक्षा दूसरी संस्कृतियों में अपना काम ठीक प्रकार करती हो—लेकिन यहाँ उसका चल पाना संभव नहीं है।

अब मैं समझती हूँ कि हमारे दोनों ही देशों (भारत व अमेरिका) में स्त्री और पुरुष के लिए एक साथ अध्ययन, विमर्श एवं सीखना संभव हुआ है, वास्तविक तौर पर मित्र होना भी। इससे कोई फ़र्क़ नहीं पड़ता कि उनके बीच में कोई शारीरिक अथवा रूमानी रिश्ता है या नहीं। यह एक-दूसरे को संपूर्ण मनुष्य के तौर पर पहचानने की दिशा में एक बहुत बड़ा क़दम है।

1950 के अंत में जब मैं यहाँ रह रही थी, यहाँ तब भी सती होने की घटनाएँ होती रहती थीं और उन्हें विशेष चुनी गई स्त्रियों या, यहाँ तक कि रूमान-भरे नज़रिए से देखा जाता था। थोपी हुई सती प्रथा के विरुद्ध साहसिक विरोधों और ब्रिटिश राज में इसके विरुद्ध बने क़ानूनों के बावजूद, कुछ लोग अभी भी इसे संस्कृति के अपरिहार्य और सम्मानजनक अंश के रूप में देखते और मानते थे—यहाँ तक कि मानवीय प्रकृति का हिस्सा भी मानते थे। आख़िरकार बात वही थी कि एक स्त्री की पूरी की पूरी पहचान उस पुरुष के ज़रिये ही अस्तित्व में थी जिससे कि उसने विवाह किया था, और इसके अलावा उसके पास कोई दूसरा रास्ता भी नहीं था कि इस तरह सती होकर वह अपने लिए एक सम्मानजनक जीवन चुने अथवा एक अदद बोझ में तब्दील हो जाए। फिर 1980 में एक साहसिक नारीवादी आंदोलन के दबाव में, भारत में सती प्रथा के विरुद्ध क़ानून बनाए गए, और तब यदा-कदा की होनेवाली घटनाएँ दुर्लभ और निंदनीय हो गईं। नारीवादियों ने पुलिस और न्यायालय तक जाना और अधिक ढकी-छुपी दहेज़ हत्याओं के मामलों को उठाना भी शुरू किया।

जब मैं यहाँ पर एक विद्यार्थी थी, हमारे दोनों मुल्कों में पत्नी को मारने-पीटने की घटनाएँ सामान्य और अपरिहार्य समझी जाती थीं, इस हद तक कि वे इसी के योग्य हैं, क्योंकि पत्नियों का परम कर्तव्य था अपने पतियों की आज्ञाओं का पालन, और पुरुष अपनी पत्नियों को शारीरिक रूप से सबक़ सिखा कर अनुशासित करने में न्यायसंगत माने जाते थे। पूर्व-नारीवादी अमेरिका में, पुलिस को हस्तक्षेप के लिए बुलाया जा सकता था लेकिन घरेलू हिंसा एक ऐसा अपराध था जहाँ शिकार और अपराधी को पुनः एक साथ कर देने में ही सफलता शब्द की परिभाषा सिद्ध होती थी। हक़ीक़त में शब्द 'घरेलू हिंसा' और 'प्रताड़ित महिला' अभी तक आपस में जोड़े नहीं गए थे। प्रकट तौर पर कोई नारी आंदोलन अब तक नहीं जन्मा था, और घरों से भागकर शरण लेने के लिए जगहें भी नहीं थीं। सबसे आम सवाल जो मौजूद थे : तुमने ऐसा क्या किया जिससे उसे ग़ुस्सा आ गया? अथवा : आख़िर तुम चली क्यों नहीं जातीं?

अभी भी, तय करने के लिए एक लंबा रास्ता है—एक अमेरिकन स्त्री को किसी अजनबी द्वारा चोट पहुँचाने अथवा मार डाले जाने की संभावना के मुक़ाबले उसके किसी परिचित पुरुष द्वारा ऐसा किए जाने की संभावना कहीं अधिक हैं—लेकिन यहाँ कम से कम घरेलू हिंसा के विरुद्ध क़ानून हैं, शरणस्थली टैक्स-पोषित हैं, पुलिस आरोप

लगाने में समर्थ है, वहाँ भी जहाँ पर महिला गवाही देने के लिए बेहद भयभीत हो, और 'मर्दाने' नियंत्रण से बचकर भागना इस तरह समझा जाता है कि जैसे उस महिला को मार डाले जाने की पूरी-पूरी संभावना रही हो; इसलिए इस भागने की योजना को बेहद सावधानी से योजित किया जाना चाहिए।

उस वक़्त जब कि मैं यहाँ पर एक विद्यार्थी थी, हमारे दोनों मुल्कों की पुलिस बलात्कार और यौन हमलों की बाबत चुप थी, या फिर इसका दोष महिला के सर मढ़ा जाता था, या पहले ही यह धारणा बना ली जाती थी कि इसका यौन संबंधों से कुछ न कुछ लेना-देना होगा। अब एक बहुत बड़ा वर्ग हमारे दोनों ही मुल्कों में इस बात को समझता है कि बलात्कार हमलावर की ग़लती है न कि इसके शिकार की, और यह भी कि, यह हिंसा का मामला है, सेक्स से इसका कोई लेना-देना नहीं है। 'मर्दानगी' की माँग है स्त्रियों के ऊपर वर्चस्व, और चूँकि यह एक अदद छल है, इसलिए इसे सिर्फ़ हिंसा या हिंसा की धमकी के ज़रिये ही क़ायम रखा जा सकता है। अधिकांशत: बलात्कार लड़कों और पुरुषों के ऐसे समूहों द्वारा किए जाते हैं जो एक-दूसरे के सामने अपनी 'मर्दानगी' को सिद्ध करते हैं। बलात्कारी अक्सर चीज़ों को महिला की योनि में शिश्न/लिंग के स्थान पर प्रविष्ट कराता है और स्त्री देह को चीर-फाड़ डालने के लिए इस्तेमाल करता है—इसके लिए किसी शिश्न-तनाव(erection) या स्खलन (ejaculation) की आवश्यकता नहीं होती है—और वे बहुत बुजुर्ग या बहुत छोटी लड़कियों, यहाँ तक कि दुधमुँही बच्चियों का भी; बलात्कार कर सकते है। बलात्कार हुई स्त्रियों की संख्या बलात्कार करनेवाले पुरुषों की संख्या का प्रमाण नहीं हो सकती। यू.एस. में एक अध्ययन यह बताता है कि एक औसत बलात्कारी द्वारा चौदह बार बलात्कार किया जा चुका था।

अंतत: हम इस समझ पर पहुँच रहे हैं कि एक पुरुष-सत्तात्मक संस्कृति, पुरुषों में अपनी सत्ता की शाश्वतता बनाए रखने के लिए, उन्हें दमन की लत डालती है, और पुरुषों को युद्धों में अपना जीवन जोख़िम में डालने को उत्प्रेरित करती है जबकि इसमें उन लोगों का कोई भी निजी फ़ायदा नहीं होता है। इसी कारण युद्धरत क्षेत्रों में स्त्री-देह सबसे अधिक जोख़िम में होती है। परंतु कम से कम अब हम बोस्निया, रवांडा और कांगों में स्त्रियों से हुए सामूहिक बलात्कारों और चीज़ों से उनकी अँतड़ियों को बाहर निकाल डालने के बारे में जानते हैं। यदि उस यौनजनित हिंसा के साक्ष्य, जो कि होलोकास्ट के दौरान यहूदी महिलाओं के ऊपर की गई थी, न्यूरेम्बर्ग के मुक़दमों में सैंतीस वर्षों पूर्व दबा नहीं दिए गए होते तो संभवत: आज हम कहीं अधिक बेहतर ढंग से युद्ध क्षेत्रों में होनेवाली यौन हिंसा के लिए तैयार होते।[1]

यह इस दिशा में हुई एक बहुत महत्त्वपूर्ण घटना थी जब भारतीय मूल की एक दक्षिण अफ्रीकी न्यायाधीश नावेंथेमपिल्लै, जो अपने देश के न्यायिक तंत्र में पहली अश्वेत महिला के रूप में आईं, और फिर रवांडा ट्रिब्यूनल में और अंतरराष्ट्रीय

आपराधिक न्यायालय में भी पहली महिला के रूप में आईं। वह बलात्कार को एक युद्ध अपराध के रूप में परिभाषित कराने के पीछे का मुख्य दबाव कारक सिद्ध हुईं। उन्होंने कहा कि "बलात्कार को हमेशा युद्ध से आई बर्बादी ही माना गया।" "अब यह एक युद्धकालीन अपराध है, कोई पुरस्कार नहीं।"

यह हमारे दोनों ही मुल्कों में आगे बढ़ने की दिशा में लिया गया एक अन्य अति महत्त्वपूर्ण और अब तक का सबसे बड़ा क़दम था, जब हमने बलात्कार के उन क़ानूनों में सुधार शुरू किए जो एक तृतीय पक्ष, चश्मदीद गवाह की माँग करते थे। औरतें इतने अधिक अविश्वास की पात्र थीं, और इस तरह के क़ानूनों को चुनौती देना शुरू की जो इस विचार पर आधारित थे कि केवल अच्छी जाति की कुंआरी या विवाहित स्त्रियों का ही बलात्कार किया जा सकता है। हमारे नारी आंदोलनों ने उन क़ानूनों की माँग को अपने लिए मुद्दा बनाया जिनमें यौन हमलों में पीड़ित को ही परीक्षण से गुज़ारने की बजाय हमलावर को जाँच के घेरे में लिया जाए, और हम स्वयं अपने यौनजनित हिंसा के विरोध को सड़कों-गलियों तक ले गए।

इस साल, मैं गर्व से, अपने चरम पर पहुँचती हुई उस विशाल और लगातार बढ़ती प्रदर्शनों की उग्र क्रोध की लहर को देखती हूँ, जो 2012 में नई दिल्ली में एक बस में पैरामेडिकल की एक छात्रा की अँतड़ियाँ निकाल लेने और क़त्ल के बाद, उस बीभत्स सामूहिक बलात्कार कांड में उठी। इस क्रोध की अग्नि ने आए दिन की यौनजन्य हिंसा से तैयार पड़े विस्फोटकों में आग लगा दी, और सरकार को क़दम उठाने पर विवश किया। कुछ समय बाद मैं वर्मा कमीशन की अंतिम रिपोर्ट पढ़ रही थी। इसने सामूहिक बलात्कारों, तेज़ाब के हमलों, घूरने एवं अवैध देह-व्यापार के लिए नए दंडों की और लैंगिक समानता एवं समान राजनीतिक भागीदारी की अनुशंसा की। इससे भी आगे इसने पितृसत्तात्मक शिक्षाओं एवं विद्यालयों में पुरुष-प्रभुता के विरोध में भी अनुशंसा की। इस त्रिसदस्यीय आयोग के एक सदस्य, गोपाल सुब्रमणियम 2013 में जब न्यूयॉर्क गए, तब उन्होंने कहा कि यौनजन्य हिंसा की चर्चा अब बाहर खुलेआम थी, और अब पीड़ित नहीं वरन आक्रमणकर्ता शर्मसार थे। और सच में, जिन लोगों द्वारा इस अतिवादी असमानता के विरुद्ध लड़ाई लड़ी गई उन्हें नायक की दृष्टि से देखा गया। यह बदलाव का एक समंदर था।

अपने जीवनकाल में देखे इस तरह के और चेतना को बदलने वाले अन्य उदाहरणों से, मैं कल्पना कर सकती हूँ कि वेश्यावृत्ति अथवा 'अपने जीवन को बचाने के लिए किया गया सेक्स'—साथ ही धोखे या दबाव के ज़रिए अवैध देह-व्यापार—धीमे-धीमे धूमिल पड़ेगा और फिर अपने ख़ात्मे पर पहुँच जाएगा। आज भी, जहाँ कहीं भी स्त्री और पुरुष के बीच में अधिक समानता है, वहाँ अवैध देह व्यापार एवं वेश्यावृत्ति कम है। जहाँ कहीं भी कम समानता है, वहाँ ये दोनों ही ज़्यादा हैं। जैसे कि औपनिवेशिक काल में पुरुषों को बिना स्त्रियों के दूसरे देशों में भेजा गया जहाँ पर

उन पुरुषों ने या तो वेश्यावृत्ति को जन्म दिया या फिर उसे बढ़ावा दिया। पुरुष-प्रधान संस्कृतियाँ, अब बेटों की वृद्धि और बेटियों की कमी की स्थिति का निर्माण कर रही हैं। यह स्थिति भी स्त्रियों की ख़रीदारी, विक्रय और अपहरण को बढ़ावा दे रही है।

वेश्यावृत्ति सबसे प्राचीनतम व्यवसाय नहीं है वरन यह सबसे प्रचीनतम उत्पीड़न है।

*

वेश्यावृत्ति एवं अवैध देह-व्यापार से लड़ाई में एक बाधा यह झूठी धारणा है कि इस तरह की असमानता सदैव अस्तित्व में रही है। पितृसत्ता में, कुछ स्त्रियाँ केवल बच्चा पैदा करने और सत्ताधारी नस्ल या जाति को 'शुद्ध' बनाए रखने तक सीमित कर दी जाती हैं, जबकि अन्य स्त्रियों का शारीरिक तौर पर सेक्स के लिए या और ज़्यादा कामगार मज़दूर पैदा करने के लिए दोहन किया जाता है। लेकिन जब यूरोपियन उपनिवेशवादी, उत्तरी अमेरिका की 500 या कुछ इतनी ही जनजातियों के मध्य आए, उन्होंने जैसे स्वयं को लगे एक सदमे में अपने देश को लिखा कि 'ये असभ्य' बलात्कार नहीं करते थे, अपनी महिला क़ैदियों के साथ भी नहीं। कोलंबस ने ख़ुद अपने घर अपनी शिकायतें भेजीं कि पराजित होने के बाद वहाँ की मूल निवासी स्त्रियों ने उनके दल के साथ उनका यौन ग़ुलाम बनने के विरुद्ध लड़ाई लड़ी।

यह सच है कि दुनिया के भिन्न भूभागों पर आनुपातिक रूप से निर्भर होते हुए पितृसत्ता पाँच सौ से पाँच हज़ार सालों तक से अस्तित्व में है, लेकिन फिर भी यह मानव-इतिहास का पाँच ही प्रतिशत है। केरल से केन्या तक मातृवंशीय संस्कृतियों के अवशेष मौजूद हैं, जिनमें स्त्रियों का खेती पर नियंत्रण था और वे यह निर्णय लेने का अर्थ समझती थीं कि उन्हें बच्चे पैदा करने हैं या नहीं, और पुरुषों के समान शक्ति संतुलन में ही उनका भी जीवन था। मेरे देश में, चेरो.की एवं अन्य मूल भाषाओं में लैंगिक बोध वाले सर्वनाम नहीं हैं, और किसी भी प्राचीन जड़ों वाली भाषा में नहीं है; उदाहरण के लिए, पर्शियन, बंगाली, फिन्निश। योरूबा, बास्क और भी बहुत सारी। इनमें लैंगिक बोध की अवधारणा संभवतः उपनिवेशवादियों के आने के बाद ही आई, जैसे कि टागालॉग ने स्पैनिश को समाहित करके किया। लेकिन फिर भी वे फ्रेंच से बहुत-बहुत दूर थे जो प्रत्येक चीज़ को एक लैंगिकता प्रदान करती है, क़लम से लेकर काँटे, कुर्सी और मेज तक को।

वास्तव में, व्यक्ति/वस्तु, सक्रिय/निष्क्रिय, लैंगिक भूमिकाएँ विस्तृत सांस्कृतिक आविष्कार हैं, जो स्त्री के शरीर और उसकी आज़ादी को नियंत्रित करके प्रजनन में पुरुष वर्चस्व के लिए सदियों में निर्मित हो पाए हैं।

यहाँ तक कि हमारी आधुनिक कल्पनाओं/धारणाओं में, लिंगबोध और वेश्यावृत्ति मानव स्वभाव का अपरिहार्य अंश प्रतीत होने लगे हैं। वेश्यावृत्ति से सिर्फ़ दो ही अकेले

तरीक़ों से निपटा जा सकता है : क़ानूनी या आपराधिक। एक बार फिर द्वैधता में संभावनाओं का एक पूरा चक्र छिपा है, पर यही एकमात्र विकल्प है जिसके बारे में मैंने अब तक सुना है।

*

जब मैंने एक नारीवादी संचालक के रूप में यात्रा करना शुरू किया, जैसा कि मैंने भारत में सुना था, इसको क़ानूनी जामा पहना देना कहीं अधिक मानवीय प्रतीत होने लगा। अन्यथा वेश्यावृत्ति में संलग्न स्त्रियों के पास केवल दलाल, जो कि उन्हें गिरफ़्तारी से बचाता था या जमानत पर बाहर निकालता था—और फिर उनकी आमदनी हजम कर जाता था और उन पर इस काम को करने का दबाव डालता था—और वास्तविक क़ैदख़ाने की कोठरी के बीच ही चयन उपलब्ध था। दो जेलख़ानों के बीच के चयन में एक को ग़ायब कर देना भी एक अच्छा ख़याल था।

मेरा कुछ प्रबुद्ध अधिकारियों से मिलना हुआ जिन्होंने बीच के विकल्प खोज निकाले। उदाहरण के लिए एक अफ्रीकन अमेरिकन महिला न्यायाधीश ने एक रात्रिकालीन अदालत में एक वेश्या को आरोपित करने से तब तक के लिए इनकार कर दिया जब तक कि उसके ग्राहक को भी गिरफ़्तार न कर लिया जाए। यह देखना बेहद आश्चर्यजनक था कि कितनी तेज़ी से उसके विरुद्ध आरोप हवा में ग़ायब हो गए। लेकिन अधिकांशत:, वेश्यावृत्ति में संलग्न स्त्रियाँ सहमत होती हैं कि इस पेशे का वैधानिक किया जाना कहीं बेहतर होगा, हालाँकि कुछ अपने दलालों से बुरी तरह डरती हैं और इस बारे में कोई भी सोच नहीं रखती हैं, अन्य को इससे कोई भी फ़र्क़ पड़ता हुआ प्रतीत नहीं होता है क्योंकि उन्हें अपने को गिरफ़्तार करनेवाले अधिकारियों के साथ यौन संबंध क़ायम करना पड़ता है, और कुछ का कहना था कि जेल के कुछ दिन उनको सुकून के दिन महसूस होते हैं।

फिर मुझे, राष्ट्रीय कल्याणकारी अधिकारों की संस्था से, जॉनी टिलमान की आकस्मिक कॉल आई। बँटाई पर खेती करनेवाले एक अश्वेत परिवार की बेटी, वह एक बेहद तेज़-तर्रार संगठनकर्ता बन चुकी थी, सरकारी सहायता राशियों को बढ़ाने के लिए दलीलें सामने ला रही थी, ख़ासतौर पर अकेली माँओं के लिए। वह छोटे बच्चों को पाल रही थी, और जैसा कि उसने स्पष्ट किया कि राज्य को इसकी लागत बहुत ही ज़्यादा पड़ेगी यदि वह इस कार्य को घर पर करना बंद कर दे; तब भी भुगतान राशियाँ इतनी कम थीं कि हर माह के अंत तक उन्हें कूलऐड और आलुओं पर गुज़ारा करना पड़ता था। उसने 'मिस' मैगजीन के लिए कल्याणकारी तंत्र पर एक घातक विश्लेषण लिखा था और उसे एक ऐसे भीमकाय ईर्ष्यालु पति के रूप में चित्रित किया था जो कि तुम्हारे बिस्तर के नीचे पर-पुरुष के जूते खोजता था, तुम्हारे जीवन को एक अंतहीन काग़ज़ी काम के नीचे से नियंत्रित करता था, और खैरात रूपी एक

अपर्याप्त भत्ता फेंक देता था। फ़ोन पर उसने मुझे बताया कि नेवादा, एक अकेला ऐसा राज्य जहाँ कि वेश्यावृत्ति वैधानिक थी, वहाँ यह दोहरे अभिशाप की तरह हो गया है। क्योंकि वेश्यावृत्ति को पढ़े-लिखे लोगों, दलालों और कुछ वेश्यावृत्ति में संलग्न स्त्रियों की मिलीभगत के द्वारा 'सेक्स कार्य' के रूप में वर्णित किया जाने लगा है, एक काम बिलकुल दूसरे अन्य कामों की तरह। स्त्रियों को कहा जाने लगा कि या तो वे इस काम को करें या फिर स्वयं को मिलने वाले सरकारी सहायता, बेरोज़गारी चेकों या अन्य इसी तरह के लाभों को जो कि उन्हें बेरोज़गार होने के एवज में मिलते थे, को भूल जाएँ। राज्य अपने पैसे को बचा भी रहा था और ठीक उसी समय एक पर्यटक आकर्षण का निर्माण भी कर रहा था।

एनडब्लूआरओ के सभी सदस्यों के साथ लॉस वेगास होटलों की बाह्य पट्टी पर विरोध यात्राएँ निकालने में दो दिन लगे, मेरे वक्तव्यों के साझेदार फ्लो केनेडी ने उग्र भाषण दिए, मशहूर कलाकार जिन्होंने प्रेस को अपनी ओर खींचा, और पर्यटकों के लिए रचे गए उन्मुक्त वातावरण में एक आम खलल पैदा किया।

मस्टांग रैंच जो कि नेवादा का पहला वैधानिक वेश्याघर था, वहाँ अपनी अतियथार्थवादी सोच के साथ हमने कुछ घंटे मार्च किया। यदा-कदा कुछ स्त्रियाँ जो हमें उन घरों से उत्सुकतापूर्वक घूर रही थीं उन्हें देखते हुए और एक ट्रेलर घर जो कि एक निजी वेश्यालय था, के भीतर से हमें घूरती हुई स्त्रियों को देखते हुए। और अंततः मीडिया के ध्यानाकर्षण ने राज्य पर अपने द्वारा प्रस्तुत इस आशंका को वापस लेने का दबाव बनाया।

*

जितनी दूर तक मेरी स्मृति जाती है वहाँ तक, दुनिया-भर के तमाम महिला आंदोलनों द्वारा आपराधिक एवं विश्वव्यापी अवैध देह व्यापार के ख़िलाफ़ लड़ाई लड़ी जा रही है। जर्मनी में मैंने सुना था बिलकुल इसी तरह का दबाव बेरोज़गारी एवं अन्य सरकारी कार्यक्रमों में शामिल महिलाओं पर बनाया गया था। वहाँ वेश्यावृत्ति को 'आतिथ्य कार्य' कहा जाता है। उस समृद्ध देश में इस कार्य को करनेवाले बहुत अधिक लोग नहीं रहे होंगे। जब 2006 में वहाँ विश्व फुटबाल कप हुआ, तब लगभग 40,000 महिलाएँ और बच्चे वहाँ अवैध रूप से लाए गए। ज़्यादातर सोवियत रूस के आसपास के और ग़रीब देशों से लाए गए थे; ये सभी दुनिया-भर से एकत्र हुए खिलाड़ियों एवं उनके प्रशंसकों को सेवाएँ देने के लिए थे।

2008 में मैं वापस नेवादा गई और एक ऐसी अनुभवी कार्यकर्ता के साथ वैधानिक वेश्यावृत्ति वाली काउंटी में गई, जिसने सोचा था कि उसे किसी नए वेश्यालय में प्रवेश करने की युक्ति मिल जाएगी। लेकिन क़िस्मत ने साथ नहीं दिया। हालाँकि यह वैधानिक है, फिर भी ग़ैरक़ानूनी ढंग से दूसरे देशों से व्यापार के लिए लाई गई स्त्री संभवतः

'उतारे जाने' के लिए वहाँ थी, इसलिए वहाँ का मालिक, एक आदमी जिसने अपनी बेल्ट में एक बंदूक खोंस रखी थी, बेहद सतर्क था। कहा जाता है कि वह नेवादा राज्य के जजों के अभियानों में अकेला सबसे बड़ा अंशदाता था, और उसने हमें ख़ाली बार में भी एक ड्रिंक तक लेने की इजाज़त नहीं दी।

यह वेश्यालय भी एक बहुत ऊँची उठी बाड़ के पीछे बहुत सारे पंक्तिबद्ध ट्रेलर घरों के संयोजन से बना था। हम इसके सबसे दूरस्थ किनारे पर गए जहाँ पर एक रेस्तराँ और सैलून वहाँ बरसों से रह रही एक महिला द्वारा चलाए जा रहे थे। उसने हमें बताया कि उसने मालिक को किसी शॉपिंग सेंटर पर रैमन नूडल्स की पेटियाँ ख़रीदते देखा था, इसलिए वह जानती है कि वह 'अपनी लड़कियों' को क्या खिलाता है। उसने ख़ुद भी सूप ख़रीदा और उनकी अलग-अलग पेटियाँ बाड़ के उस पार फेंक दी थीं। उसने कहा, ''मैं जानती हूँ कि इन लड़कियों को भरपेट खाने को नहीं मिलता है,'' और इस तरह से मदद करने से किसी को पता भी नहीं चलेगा।

यही वे बेहतर स्थितियाँ हैं जिनके आने की उम्मीद हमें इस पेशे के वैधानिक हो जाने पर थी।

बच्चों के अवैध व्यापार के विरुद्ध कुछ क़ानूनों का प्रवर्तन काफ़ी सफल रहा है। यहाँ तक कि वो लोग भी जो इस बात में यक़ीन करते हैं कि इस पेशे को क़ानूनी स्वीकृति मिलने से स्थितियाँ बेहतर हो जाएँगी, संभवत: बच्चों के लिए यह जीवन नहीं चाहते। लेकिन चूँकि यू.एस. में वेश्यावृत्ति में प्रवेश के लिए औसत उम्र बारह से तेरह वर्ष के बीच है—और भारत में नौ से बारह के बीच—ये कितनी सफलता हासिल कर सकेंगे? और यदि वे सफल हो जाते हैं तो कोई अठारह वर्ष की एक लड़की को कैसी नज़रों से देखेगा? यह बिलकुल ऐसा कहने जैसा होगा : कि मुझे माफ़ कीजिए, मैं आपके लिए मदद और इससे बाहर निकलने का रास्ता कल बता पाऊँगा, लेकिन आज आप को ख़ुद ही जूझना है।

और विश्वव्यापी स्तर पर जो घटित हो रहा है वह यह है कि स्त्रियों को इससे भी कहीं कम उम्र में इस देह व्यापार के पेशे में खींचा जा रहा है—आंशिक रूप से इसलिए क्योंकि उनमें एड्स के होने की संभावना न्यूनतम होती है या, इन सब में सबसे ज़मीनी हक़ीक़त के तौर पर, यह धारणा कि एक कुआँरी लड़की के साथ सम्भोग एड्स को ठीक कर देगा। बेटों के जन्म को दी जा रही प्राथमिकता ने भी चाइना में लिंग अनुपात को गड़बड़ा दिया है, और इन सब के परिणामस्वरूप उत्तरी कोरिया से धोखे और जबदस्ती से स्त्रियों और लड़कियों को इस पेशे में लाया जा रहा है।

हक़ीक़त में, स्त्रियों का यह आनुपातिक असंतुलन भारत में दक्षिण से उत्तर तक अपनी जड़ें जमा चुका है।

और वहाँ अभी भी दो विपरीत बल मौजूद हैं अपराधीकरण और वैधानीकरण। पहले को उसका आधार पितृसत्तात्मक धार्मिक शक्ति से मिलता है जो कि उन सभी

यौन व्यवहारों को पाप की श्रेणी में रखकर उनकी भर्त्सना करती है, जिनका परिणाम गर्भधारण में नहीं होता है, और जो पितृसत्तात्मक विवाह संबंध के अंदर नहीं बन रहे हैं। दूसरा भी समान रूप से पितृसत्तात्मक है लेकिन इसमें एक निरपेक्ष विचार के तहत स्वतंत्रता और लोकतंत्र और यहाँ तक कि मानवाधिकारों को भी इस तरह से व्याख्यायित किया गया है जिसमें कि स्त्रियों की पुरुषों को अधिकतम यौन उपलब्धता हो—पुरुषों के नियम-क़ानूनों के अधीन। उदाहरण के लिए, ऐसे समूह भी हैं जो इस बाबत बात करते हैं, 'यौन कर्मी होने का मानवाधिकार,' लेकिन वह एक यौनकर्मी न बनने के मानवाधिकार के बारे में बिलकुल बात नहीं करते हैं। इस दृष्टिकोण के पीछे धर्म नहीं है, लेकिन इसके पीछे सेक्स उद्योग से आया बेशुमार पैसा है, और इसके साथ ही साथ पोर्नोग्राफ़ी का दिन-दूना रात चौगुना बढ़ता वर्चस्व, जिसने स्त्रियों पर स्थापित यौन प्रभुत्व का सामान्यीकरण कर इस उपभोग को चलताऊ बना दिया है। पोर्न का मतलब है ग़ुलाम स्त्रियाँ, जबकि कामुक/EROTIC का अर्थ प्रेम से है, जिसका आशय पारस्परिक सुख एवं स्वतंत्र चयन से होना चाहिए। पोर्नोग्राफ़ी, कामुकता से उतनी ही अलग है जितना बलात्कार से संभोग है।

अधिकांश महिला आंदोलनों द्वारा तीसरे रास्ते के लिए मोर्चा खोला गया है : वेश्यावृत्ति से बाहर एक जीवन बनाने के लिए, रहने की सुरक्षित जगहों के लिए या वेश्यालयों से बाहर कहीं मिलने-जुलने के लिए, बच्चों के विद्यालयों के लिए ताकि लड़कियों को वेश्यावृत्ति में संलग्न न होना पड़े और लड़कों को दलाल बनने की आवश्यकता न हो, स्वास्थ्य की देख-रेख, भ्रष्ट पुलिस से सुरक्षा, और इतने ही महत्त्वपूर्ण स्तर पर सम्मान, उन्हें सुना जाना, और उनसे मित्रता। फिर भी क्योंकि महिला आंदोलनों द्वारा सामान्यतया वेश्यावृत्ति एवं अवैध देह-व्यापार के ख़िलाफ़ मुहिम छेड़ी गई है इसलिए निरपेक्ष समूहों द्वारा इनकी सेक्स-विरोधी के रूप में भर्त्सना की गई है, क्योंकि उनके द्वारा सुख-संतुष्टि पर ज़ोर दिया जाता है न कि मात्र प्रजनन पर, इस कारण इनकी अक्सर ही पितृसत्तात्मक धार्मिक जगत द्वारा निंदा की जाती है।

लेकिन यह सुनने और विकल्पों को सामने रखने का तीसरा रास्ता—ख़रीदारों को इस दुनिया की क्रूरताओं और वास्तविकताओं से अवगत करा कर शिक्षित करना जो ख़रीदारों के सहयोग पर चलती है—माँग को कम कर रहा है और शिकागो से स्वीडेन तक जीवन बचा रहा है। यहाँ तक कि बहुत सारे ऐसे देश जो कि वेश्यावृत्ति के क़ानूनीकरण में ही आस्था रख रहे थे उन्होंने भी पाया कि इसे क़ानूनी जामा पहनाने से काम नहीं चलेगा। उदाहरण के लिए 2003 में, एम्स्टर्डम के मेयर ने स्वीकार किया कि उनका शहर अवैध देह-व्यापार के लिए चुंबक बन गया है, और यह असंभव हो गया है कि स्त्रियों के लिए एक सुरक्षित और क़ाबू में रहने वाला क्षेत्र बनाया जा सके जहाँ उनका सुनियोजित अपराधों से उत्पीड़न न हो।

इसमें से कुछ भी आसान नहीं है। यह एक भीमकाय विश्वव्यापी उद्योग है, और इसके लाभों के साथ दख़लंदाजी ख़तरनाक सिद्ध हो सकती है। बहुत सारी स्त्रियों, बच्चों, और पुरुषों का भी अपना स्टॉकहोम सिंड्रोम हो सकता है जिससे उन्हें पार पाना है। हो सकता है एक महिला जिसका एक बच्ची के तौर पर शारीरिक उत्पीड़न हुआ हो और अब वह यक़ीन करती है कि उसके पास और कोई भी साधन नहीं है, या फिर वह एक ऐसे समूह से आई है जो पीढ़ियों से वेश्यावृत्ति में ही संलग्न था। लेकिन यह मानवीय संवेदनाओं को एक श्रद्धांजलि है—कार्यकर्ताओं और वेश्यावृत्ति में संलग्न लोगों, दोनों के मध्य—कि मेरे देश में जीईएमएस (गर्ल्स, एजूकेशन एंड मेंटरिंग सर्विस) की तरह के समूह, और आपके यहाँ 'अपनेआप' जैसे समूह, स्त्रियों को वस्तु से परे अपनी स्वयं की इच्छाओं वाले इनसानों में तब्दील होते देख रहे हैं।

हम समझ रहे हैं कि बहुत सारे मिथक ग़लत हैं : घरेलू वेश्यावृत्ति बाहर की जाने वाली वेश्यावृत्ति से जरा-सी भी कम तकलीफ़देह नहीं है, और कमरों में बजर्स का लगा होना अवसादी ग्राहकों के उत्पीड़न और उनके द्वारा पहुँचाई जाने वाली क्षतियों से बचने का तरीक़ा है। वेश्यावृत्ति में संलग्न स्त्री की जीवन-प्रत्याशा की समग्र दर युद्धरत पुरुष के साथ ही तुलनात्मक है। हक़ीक़त में, शरीर का अतिक्रमण बाहरी/ऊपरी मार-पीट से कहीं अधिक पीड़ादायी होता है। हमारी त्वचा हमारा रक्षा-तंत्र है, हमारी देह हमारा हक़, हमारे एक अस्तित्व होने का एहसास।

एड्स या बाल वेश्यावृत्ति का कम होना अभी तक स्वतंत्र रूप से अभिलिखित कर पाना संभव नहीं हो सका है। वेश्यालय मालिकों को कॉन्डोम वितरण के लिए निधि मुहैया कराने के बावजूद, और इस तरह के संगठनों की ऐसी घोषणाओं के बावजूद जो बच्चों के यहाँ से बाहर हो जाने का दावा करती हैं। उदाहरण के लिए, जब मैं सोनागाछी में थी, मैंने खुले दरवाज़ों से अंदर झाँका और बच्चों को वहाँ मौजूद देखा। लेकिन हाँ, मैंने बिल गेट्स की तरह अपने आगमन की घोषणा नहीं की थी।

और ये सभी चिह्न बंगाली में भी मिलते है—सिर्फ़ दो बड़े अंग्रेज़ी शब्दों के अलावा : सेक्स वर्कर्स (SEX WORKERS)। हालाँकि मैं अक्सर ही अपने देश की विदेश नीति से शर्मसार होती रही हूँ, मैं कभी अपने देश के और स्वयं अपने नारी आंदोलन से शर्मिंदा नहीं हुई जब तक कि मैंने इन यूनाइटेड स्टेट्स से आयातित शब्दों को नहीं देख लिया। किसी के शरीर का एक अजनबी द्वारा अतिक्रमण किया जाना सिर्फ़ कोई काम नहीं हो सकता। सेक्स वर्कर शब्द को, उन लोगों को जो इस 'काम' से इनकार करते हैं, बेरोज़गारी एवं कल्याणकारी एवं अन्य लाभ देने से इनकार करने के लिए इस्तेमाल किया जा सकता है और किया भी गया है। मैं ऐसा मानती हूँ कि एक वक़्त पर इन शब्दों को स्त्री द्वारा सिर्फ़ शाब्दिक गरिमा के नाम पर खोजा गया था, लेकिन अब यह शब्द अवैध देह व्यापार करनेवालों और वेश्यालय से आमदनी की असीमित माँग का पीछा करने वालों की संपत्ति बन गए हैं। जब भी मैं स्त्रियों को

जानवरों की तरह सड़कों-गलियों में क़तारों में ठीक सेक्स वर्कर लिखे हुए बोर्ड के बगल में देखती हूँ, और बच्चों को उन दरवाज़ों और उन शब्दों के नीचे बैठा हुआ पाती हूँ, मुझे एहसास होता है कि मैं, कम से कम स्वयं, इन शब्दों को दोबारा नहीं बोलूँगी। सिवाय माफ़ी माँगने के।

किसी वयस्क स्त्री या पुरुष द्वारा अपनी सेक्स सेवाएँ बेचना या न बेचना क़ानूनी या ग़ैरक़ानूनी हो सकता है, पर यह कभी भी क़ानूनी नहीं हो सकता कि कोई दूसरों के शरीरों को बेचे। इसलिए दलालों, वेश्यालय स्वामियों और निश्चित ही अवैध देह व्यापारियों का पूरे क़ानूनी दबाव के साथ पीछा किया जाना चाहिए। स्कैंडिनेवियन देशों में, सेक्स बेचना ग़ैरक़ानूनी नहीं है, लेकिन इसे ख़रीदना ग़ैरक़ानूनी है और जुर्माने के द्वारा दंडनीय है। फ़्रांस ने भी ग्राहकों पर जुर्माना लगाने का क़ानून बनाया है। यह मनमाना नहीं है; यह बस असमान सामर्थ्य और असमान ज़िम्मेदारी की पहचान करना भर है। और गिरफ़्तारी का मतलब उन पुरुषों के लिए जेल नहीं है जिन्होंने और कोई अपराध नहीं किया है, इसकी मंशा एक जुर्माना लगाने और यह समझाने की है कि इस उद्योग को चलाने में लगे मानवीय जीवन का क्या मोल है, एक ऐसा उद्योग जो दूसरे मनुष्यों को रौंदने का अधिकार बेचता है। पहली बार, ध्यान अशक्त तबक़े से हटा है और वह इस शक्तिशाली माँग का आपराधिक आपूर्तिकर्ता भी नहीं है।

हम इतिहास में एक निर्णायक जगह पर पहुँच चुके हैं। हम जानते हैं कि वेश्यावृत्ति अनिवार्य नहीं है, यह एक असमान शक्ति का संचालन है। अभी भी मेरे देश में ऐसी लड़कियाँ और स्त्रियाँ है—ख़ासतौर पर अश्वेत औरतें और मूल निवासी औरतें—जिनके शरीर पर किसी दलाल के विशिष्ट चिन्ह वाले गोदने गुदे हैं जिससे कि दूसरे दलालों को चेतावनी मिल सके; कभी-कभी कोई गोदना एक प्रकार का मूल्य संकेत भी होता है। यह सब देखने के लिए आपको अमानुष और पत्थर होना पड़ेगा।

ध्यान रखने वाली बात यह है कि मूल मंत्र, सुनना है और परिवर्तन हमेशा नीचे से ऊपर की ओर होते है। उदाहरण के लिए, मैं अवैध देह-व्यापार पर एक सभा के लिए ज़ाम्बिया गई।

बाद में, मैं अपने दोस्तों से मिलने गई जो जाम्बेजी नदी के किनारे रहते थे, और वहाँ मैं एक गर्म और धूल-भरे मैदान में बीस या कुछ इतनी ही गाँव की स्त्रियों के घेरे में तिरपाल पर बैठी हुई थी। वे संकोची थीं, हमारी भाषा अलग थी, और मैंने सोचा कि : यह एक ऐसा वक़्त है जिसमें घेरे में बैठी स्त्रियों में अपने आप संवाद पैदा हो जाने वाला जादू काम नहीं करेगा।

तब एक स्त्री ने अपना अनकहा कहना शुरू कर दिया कि उसका पति उसे पीटता था और उसे कुछ पता नहीं था कि वह क्या करे। औरों ने भी उसका साथ दिया और अपना भी सच कहना शुरू किया।

धीरे-धीरे मुझे पता चला कि वो चीज़ जिसने स्त्रियों को लुसास्का के देह व्यापार में धकेला था वह थी अपने बच्चों के खाने और स्कूल फीस को भरने के लिए पैसे की आवश्यकता। फसलों में दो-तिहाई की कटौती हो गई है क्योंकि विश्व बैंक ने जाम्बेजी नदी पर बिजली पैदा करने के लिए बाँध बना दिया है, उन्होंने सिंचाई व्यवस्था के वायदे किए थे पर वो कभी पूरे नहीं किए। औरतें ज्वार उगाने के लिए बाल्टियों में पानी ला रही थीं, और जब यह बढ़त पर आ जाती तो इसे हाथी खा जाते थे।

मैंने उनसे पूछा कि उनकी आवश्यकता क्या है तो उन्होंने कहा कि एक बिजली की बाड़ जो हाथियों को दूर रख सके। इस तरह से वे अपने लिए और बेचने के लिए भी पर्याप्त ज्वार उगा सकेंगी।

घर पहुँचने पर मैंने कुछ हज़ार डॉलर उस बाड़ के लिए जमा किए। लेकिन यह काफ़ी नहीं थे।

जब मैं अगले साल फिर वहाँ वापस गई तो मैंने देखा कि औरतों ने अपने हाथों से एकड़ों ज़मीन को खरपतवार से साफ़ कर दिया था, और ज्वार की एक जबरदस्त पैदावार की थी, इतनी पर्याप्त कि अपने परिवार को पूरे वर्ष भर की भोजन सुरक्षा दे सकें और स्कूल की फीस भी भर सकें।

वे ज्वार के लिए गीत गा रही थीं। हमने ज्वार के लिए नृत्य किया।

अगर आपने मुझसे पूछा होता कि उन ग्रामीण औरतों को लुसास्का जाने और देह-व्यापार में उतरने से कैसे रोकें तो मैंने यह कभी नहीं कहा होता, ''एक बिजली की बाड़।'' यह बिलकुल ऐसा ही था जैसा कि यह था।

हमें एक-दूसरे की बात सुननी होगी। हमें एक-दूसरे के साथ ऐसे ही खेतों में जाना होगा, और ऐसे कमरों में भी होना होगा। हमें एक ऐसे वक़्त में पीछे और आगे दोनों ओर जाना होगा, जहाँ कामुकता पारस्परिक सुख-संतुष्टि की बात हो, और आपके चयन पर प्रजनन की भी। यह फिर से हमारे बीच का मानवीय बंधन होगा। सेक्स इसका अपना एक पुरस्कार होगा।

(2013)

एक मीडिया पर्यवेक्षक के देर रात ख़याल

स्टायनम का यह निबंध, उन्हीं मुद्दों पर रोशनी डालता है जिनका सामना हम भारतीय मीडिया में कर रहे हैं, मुख्यतया उपभोक्ताओं की खोज में रहने वाले विज्ञापनकर्ताओं के प्रभाव में और विवादों की गैरमौजूदगी के कारण। उदाहरण के लिए वह लिखती हैं कि टेलीविज़न ने मार्ग्रेट मीड्स के इस निष्कर्ष को सही साबित किया है कि पितृसत्ता में, मात्र विधवाएँ ही ऐसी स्त्रियाँ हैं जो अपनी प्रभुता में सम्माननीय हैं। कलर्स पर आने वाला 'बालिकावधू' इस बात का पूर्ण प्रत्यक्षीकरण है। कुछ बात करते हुए लोगों के बीच किसी मुद्दे के अच्छे व बुरे दोनों पक्षों पर समान रूप से विमर्श, बस यही भारतीय मीडिया का चलन है और इस चलन ने गंभीर कार्यक्रमों या खोजी पत्रकारिता की जगह ले ली है।

भारतीय मीडिया में अल्पसंख्यकों और स्त्रियों का चित्रण या दलित अथवा पिछड़े वर्ग की अनुपस्थिति, स्टायनेम द्वारा, यूएस टीवी पर प्रजाति या सेक्स/लिंग चित्रण के गहन अध्ययन की तरह ही है।

—रुचिरा गुप्ता

रेडियो धारावाहिकों को सुनने में गुज़रे बचपन और सरायों के कमरों में ठहरने के एक दशक के बाद, जिसमें उसी तरह की कहानियाँ टीवी पर देखी गईं, अंततः मैं यह समझ पाई कि आख़िर धारावाहिक किसलिए, घरेलू महिलाओं की पीढ़ियों के बीच इतने अधिक लोकप्रिय हैं, और तर्कसंगत रूप से होने भी चाहिए। वो हमारी संस्कृति में एकमात्र ऐसी जगह है जहाँ वयस्क पुरुष उन सभी चीज़ों को गंभीरता से लेते हैं जिनका वयस्क स्त्रियों को अपने दिन-भर के क्रियाकलापों के दौरान सामना करना पड़ता है। परिवार में होनेवाली बीमारियाँ, बच्चों की समस्याएँ, पड़ोसियों के साथ निभाव, सेक्सुअल ईर्ष्या, अपने ख़ुद के काम को तलाक़ के कारण खो देने की चिंता, पति की नौकरी छूट जाने और नतीजतन घर की आय के बारे में चिंता; शयनकक्ष में, खाने की मेज पर, अस्पताल के कमरों में घटने वाली बातें—यही सब कुछ एक स्त्री के जीवन का साज़ो-सामान है। हर रोज़ दिन-भर में कम से कम कुछ घंटे ही सही, पुरुषों की काल्पनिक दुनिया उन्हें भी गंभीरता से लेती है।

1920 और 30 के दशकों के दौरान अश्वेत दर्शकों के लिए बनाई गई 'जातिवादी फ़िल्मों' की तरह—जो बहुत तड़क-भड़क और रहस्यपूर्ण कहानियों वाली और अश्वेत अभिनेताओं के साथ ही कुछ अतिउत्साही श्वेत अभिनेताओं के ज़रिये लोकप्रिय हुई थीं—धारावाहिक एक अलग ही दुनिया की तारीफ़ करते हैं और उसी को वैधता प्रदान करते हैं। चूँकि कम सामर्थ्यवान लोग इसके साथ किसी न किसी तरह जुड़े हुए हैं तो हम सभी इसके लिए एहसानमंद हैं और इसे लेकर उत्सुकता से भरे हैं।

ठीक इसी तरह का नुस्ख़ा प्राइम टाइम टीवी के लिए भी 'डलास' जैसे सभी अतिनाटकीयता-भरे धारावाहिकों के रूप में इस्तेमाल किया गया, लेकिन यह बिलकुल एक जैसा नहीं था। पुरुषों के रुझान को आकर्षित करने के लिए (अथवा कम से कम इसके योग्य समझे जाने का विचार), रात्रिकालीन द्वंद्व ऐसे वयस्क सरोकारों पर केंद्रित हैं जैसे कि व्यावसायिक लेन-देन, अपराध, हिंसा, या एक शक्तिशाली पिता के उत्तराधिकार को हासिल करने के लिए पुरुषोचित प्रतिद्वन्द्विता। दिन के समय के मुख्य विषय गुमराह बच्चे, बेवफाई, शराब की लत और बीमारी जैसे उपकथानकों के रूप में उतारे गए हैं।

लैंगिक राजनीति सुबह से शाम के बीच में बदल सकती है, लेकिन वर्ग और जाति की राजनीति वैसी ही रहती है। हालाँकि एक वस्तुतः ग़रीब व्यक्ति या परिवार किसी भी समय बमुश्किल ही किसी टीवी धारावाहिक का प्रमुख हिस्सा होते हैं, (उन्हें देखना बहुत ही निराशाजनक होता है), एक पीएचडी शोध इस बात पर हो सकता है कि क्यों हास्य (कॉमेडी) के केंद्र में श्रमिक वर्ग या मध्यवर्गीय परिवार (कभी-कभार अश्वेत भी) ही हैं, जबकि पारिवारिक नाटकों के केंद्र में अमीर और शक्तिशाली (हमेशा श्वेत) होते हैं। निजी तौर पर, मेरा विचार है कि यह सामाजिक व्यवस्था के संरक्षण के लिए अर्धचेतना से निकली योजना है जिसका उद्देश्य हमें इस बात से सहमत करना है कि ग़रीब होना या बस्तियों में रहना बड़े मज़े की बात है, लेकिन अमीर होना एक बहुत खौफनाक भार है जिसे उठाने का हमें प्रयास क़तई नहीं करना चाहिए।

टेलीविज़न मार्ग्रेट मीड्स के इस निष्कर्ष को भी साबित करता है कि किसी पितृसत्ता में, विधवाएँ एकमात्र ऐसी स्त्रियाँ हैं जो अपनी प्रभुता में सम्मानित हैं। यदि आपने एक स्त्री के रूप में जन्म लिया है, तो आपको यह करना है कि आप किसी अख़बार के प्रकाशक, सीनेटर, कार्पोरेट स्टॉकहोल्डर या जिस किसी भी आदमी के पास किसी तरह का कोई आपका इच्छित पद हो, उससे विवाह कर लें और फिर अपना जीवन एक पत्नी-माँ-मालकिन के रूप में बिताएँ। जब उस व्यक्ति की मृत्यु होगी, आपको उसकी जगह पर काम करने की अनुमति होगी। अभी हाल तक एक विधवा होना किसी स्त्री के कांग्रेस में पहुँचने के लिए बहुत बड़ा अस्त्र था। टेलीविज़न पर भी, बहुत शक्तिशाली महिलाएँ आमतौर पर अपनी शक्ति को किसी पुरुष से ही उत्तराधिकार में हासिल करती हैं।

कहानियों और हक़ीक़त दोनों में ही, शायद पुरुषों को हमारे लिए शक्ति और अधिकार प्राप्त करने का एकमात्र अवसर वैधव्य के बाद उपलब्ध होने का रास्ता खोलने और बताने से पहले दो बार सोचना चाहिए।

समान अधिकारों के संशोधन ने अपनी लंबी अनुसमर्थन प्रक्रिया 1972 में शुरू की थी, अभी तक की मेरी जानकारी के अनुसार, किसी भी बड़े अख़बार या रेडियो स्टेशन, न ही किसी भी नेटवर्क समाचार विभाग या राष्ट्रीय टेलीविज़न कार्यक्रम ने इस संदर्भ में कोई भी स्वतंत्र खोजी रिपोर्ट की है कि इआरए क्या करेगा और क्या नहीं करेगा।

उसके बजाय, अधिकांश मीडिया ऐसे वर्तमान सामयिक साक्षात्कारों, वाद-विवादों और परस्पर विरोधी रिपोर्टों से ही संतुष्ट रही जो कि या तो उसके पक्ष में थे या फिर विपक्ष में। एक विशेषज्ञ यह कहते हुए दिखाए गए कि इआरए सामान्यतया सभी स्त्रियों के विधिक अधिकारों को मज़बूती देगा और न्यायालयों को विवाह को साझेदारी के दृष्टिकोण से देखने का नज़रिया देने के द्वारा घरेलू महिलाओं को विशेष तौर पर समर्थ करेगा। एक अन्य ने कहा कि इआरए पत्नियों पर घर से बाहर काम करने के लिए दबाव डालेगा और भरण-पोषण में सहायता के लिए किए जाने वाले भुगतान समाप्त हो जाएँगे। एक राजनीतिक नेता ने कैमरे पर कहा कि इआरए स्त्री-पुरुष विभेदकारी संघीय क़ानूनों से संरक्षण करता है; तब एक दूसरे राजनेता ने कहा कि इआरए संघीय शक्ति का ऐसा शिकंजा है जिससे वैयक्तिक अधिकार कमज़ोर होंगे। एक कार्यकर्ता ने कहा कि इआरए बस प्रजातंत्र की एक गारंटी है अधिकारों के बिल का हिस्सा होता अगर संविधान संपत्ति स्वामी श्वेतों के द्वारा और उनके लिए ही नहीं लिखा गया होता, और एक अन्य ने ज़ोर देते हुए कहा कि, यह (इआरए) परिवार को नष्ट कर देगा, विषमलिंगी आकर्षण को ख़त्म कर देगा और स्नानघरों को एक ही में कर देगा।

स्वाभाविक रूप से, दर्शक भ्रमित हुए। हमने शुरुआत करते समय सोचा था कि आकाश नीला है, लेकिन उतना ही समय और महत्त्व इस बात की झक को भी दिया गया कि यह हक़ीक़त में तो हरा है, और अंततः इसी ने हमारे इस संदर्भबोध में भ्रम पैदा किए। यह सच है कि बहुसंख्यक स्त्री-पुरुषों ने इआरए को अपना समर्थन देना जारी रखा (उस अंतर के साथ जो रीगन प्रशासन के उस प्रदर्शन द्वारा बढ़ता ही गया जिसमें यह बताया गया था कि इस बिल के बिना विकास का रुख़ पलट सकता है), लेकिन मैं संशय में हूँ कि मीडिया को इस तथ्य के लिए कोई ज़्यादा श्रेय दिया जा सकता है। इस बात के कुछ साक्ष्य हैं कि तथाकथित लक्ष्यपरक रिपोर्टिंग, 50-50, ने दरअसल एक बड़े बहुमत निर्माण को बाधित ही किया है।

उदाहरण के लिए, इआरए के वास्तविक चौबीस शब्दों को सुनना या पढ़ना ही इसका समर्थन तैयार करने के लिए सबसे विश्वसनीय मार्ग है। बहुत सारे लोग यह

जान कर अभी भी अचंभे में हैं कि उभयलिंगी या गर्भपात या प्रतिरोध का इसके पाठ में कोई भी ज़िक्र नहीं है; इआरए विरोधी तर्कों द्वारा निर्मित किए गए भ्रमों का हाल यह था। फिर भी बहुत सारे समाचार प्रसारणों ने इआरए के पाठ का कोई भी ज़िक्र कभी किया ही नहीं।

हालाँकि, पत्रकारों और समाचारकर्मियों के मध्य, दंभ अत्यधिक है। उन्होंने तथाकथित निष्पक्षता के सिद्धांत का अनुसरण किया। उन्होंने 'दोनों पक्षों के मुद्दों को' बिलकुल समान समय या समान जगह देकर 'पक्ष' और 'विपक्ष' को प्रस्तुत किया है। ये सब सच भी है, बावजूद इसके कि बहुमत का समर्थन इआरए के लिए होने पर हाल यह होता है कि एक भी विपक्ष को खोजना अक्सर मुश्किल होता है। एक साक्षात्कारकर्ता अक्सर मुझसे संपर्क करने पर पूछते हैं कि ''क्या आप अपने साथ एक 'विपक्षी' को भी लेती आएँगी?''

पुरस्कार-स्पर्धा जैसी इस पत्रकारिता का एक परिणाम यह हुआ कि फिलिस श्लैफ़ली, जो कि इआरए से पहले राष्ट्रीय स्तर पर कोई नामचीन हस्ती नहीं थीं, अब यह सवाल पूछे जाने पर ज़्यादातर अमेरिकियों के ज़ेहन में इकलौती महिला के रूप में उभरती हैं कि किस महिला ने इआरए का विरोध किया। वास्तव में, वे निष्पक्षता के सिद्धांत द्वारा खड़ी की गई एक कृत्रिम रचना हैं। एक दूसरा परिणाम लोगों के मध्य इस विचार के रूप में सामने आया कि स्वयं स्त्रियों ने भी इआरए के विरुद्ध मतदान किए। यहाँ उन लगभग दो दर्जन उम्रदराज श्वेत पुरुष राज्य विधायकों और आर्थिक और धार्मिक हितों की चर्चा नहीं हुई जो इसके विरोध के मुख्य दोषी थे। एक तीसरा परिणाम इस धारणा के तौर पर हुआ कि अश्वेत अमेरिकी इआरए का समर्थन नहीं करते हैं, जबकि अश्वेत राज्य विधायकों ने इसके लिए अत्यधिक उत्साह से मतदान किया। यदि अश्वेत स्त्रियों और पुरुषों की वर्तमान आबादी की आनुपातिक संख्या का प्रतिनिधित्व विधायिका में होता, ख़ासतौर पर दक्षिणी राज्यों में तो इआरए बहुत पहले ही पास हो गया होता।

नागरिक अधिकार आंदोलन के प्रारंभिक दिनों में, ज़्यादातर पत्रकारों ने उसी 'समान समय' वाले नुस्ख़े का पालन किया। इसकी एक बानगी यह है कि, जब उन्होंने अश्वेत मतदाताओं के पंजीकरण की रिपोर्ट प्रस्तुत की तो उन्होंने नागरिक अधिकारों के कार्यकर्ताओं को कहते दर्शाया कि उन्हें जेल में पीटा गया। फिर उन्होंने शेरिफ को यह कहते हुए दिखाया कि उन युवाओं ने पुलिस पर हमला किया या एक-दूसरे से मार-पीट की। इन सब का नतीजा यह कि पाठकों को उनके संशयों के साथ छोड़ दिया गया या उनके मूल पूर्वग्रहों को ज्यों का त्यों रहने दिया गया।

हालाँकि आख़िर में, सबसे गंभीर मीडिया ने स्वयं अपनी जाँच-पड़ताल का दायित्व लिया। उन्होंने अपनी बेहतरीन क्षमता के इस्तेमाल के साथ, जो वास्तविक तथ्य थे, उन्हें सामने रखा।

बदक़िस्मती से ऐसा कुछ भी इआरए के लिए कभी भी नहीं किया गया। ऐसा भी नहीं था कि इस तरह की स्वतंत्र पत्रकारिता मुश्किल थी। विधायिका के 50 से भी अधिक वर्षों के उपलब्ध इतिहास से कांग्रेस के प्रभाव को समझा जा सकता है। येल लॉ जर्नल का एक अंक और अन्य कई प्रामाणिक किताबें पूरी तत्परता से इसके प्रभाव को बौद्धिक विवरणों में प्रस्तुत करती रही हैं। आख़िरकार, कुछ राज्यों ने संघ द्वारा प्रस्तावित शब्दों में या लगभग वैसे ही शब्दों में राज्य स्तर पर इआरए को प्रवर्तित करना शुरू कर दिया है।

पेनेसिल्वेनिया ने अपना इआरए एक दशक से भी पहले अपना लिया था, और उनके यहाँ महिलाओं और पुरुषों के प्रसाधन कक्ष एक नहीं किए गए, गर्भपात एवं उभयलिंगियों के अधिकार प्रभावित नहीं हुए, चाहे इसे अच्छे के लिए समझें या बुरे के लिए। बल्कि दूसरी तरफ़ स्त्रियों के आर्थिक अधिकार मज़बूत हुए; शिक्षा में समानता, रोजगार एवं बीमा लाभों में प्रगति; और लिंग के आधार पर पुरुषों के विरुद्ध पक्षपातपूर्ण क़ानून भी समाप्त किए गए।

फिर क्यों स्वतंत्र और पूरी गहराई तक जाकर रिपोर्टें नहीं बनाई गईं? क्यों आपके शहर की (और मेरे शहर की) मीडिया ने इस ऐतिहासिक मुद्दे को गंभीरता से नहीं उठाया? जैसा कि स्वतंत्र मतदानों में परिलक्षित हुआ, मीडिया ने विधायकों को बहुसंख्यक राय के विरुद्ध जाकर उनके ख़ुद के राज्यों में मतदान क्यों करने दिया, क्यों विधायकों के मन में यह भय नहीं पैदा हुआ कि जिन विशेष हितों के लिए वे मतदान कर रहे थे उसके कारण उन्हें पत्रकारों की ओर से प्रदर्शन का सामना करना पड़ सकता है।

उनसे सवाल होने चाहिए। एक पूरा भविष्य इआरए के साथ या उसके बग़ैर दाँव पर लगा है। और ठीक वैसे ही अच्छी या घटिया पत्रकारिता भी।

मैंने यह ग़ौर किया है कि दोस्तोयेव्स्की के उपन्यासों से लेकर लास वेगास के बारे में आने वाले टीवी धारावाहिकों तक सभी में उच्च स्तरीय जुआबाज़ी को केवल पुरुषों के जुनून के रूप में दिखाया गया है। एक बार किसी ने मुझसे पूछा कि स्त्रियाँ उतना जुआ क्यों नहीं खेलतीं जितना कि पुरुष खेलते हैं? मैंने सहज बुद्धि से जवाब दिया कि हमारे पास इतना अधिक पैसा ही नहीं होता है। यह एक सच्चा, लेकिन अधूरा जवाब था। हक़ीक़त यह है कि स्त्री की जुआ खेलने की संपूर्ण चाहत विवाह के ज़रिये संतुष्ट हो जाती है।

यदि पुरुषों को इस जुए की अहमियत समझने में ज़रा भी संदेह हो तो एक बार इस तरह से विचार करके देखें कि आप किसी से विवाह करनेवाले हैं, जो कि परंपरा के मुताबिक़ और आर्थिक विकल्पों की कमी के कारण आपकी जीवन-भर की पहचान और भोजन का टिकट का होगा, उसके बारे में यह जान पाना या अंदाज़ा कर पाना कितना मुश्किल है कि आगे चलकर वह क़ानूनी नौकरी करेगा या फोरमैन का काम

करेगा या वह राजनीतिक कार्यालय सँभालेगा जो कि आपने अपने लिए और अपनी सुरक्षा के लिए चाहा था। जवाब आसान नहीं है, है न?

1950 में मुझे अपने ऐसे कॉलेज के दोस्तों की याद है जो अपने मंगेतर की कविताओं, वास्तुकला संबंधी रेखाचित्रों, या प्रधान शोधों को संबंधित प्रोफ़ेसरों के पास ले जाकर पूछती थीं कि "क्या यह शख़्स किसी लायक़ है?"

निश्चित तौर पर, हमारे द्वारा आत्मनिर्भर होने से इस जुए में कमी आई है। लेकिन जब तक तनख़्वाहें और सत्ता व अधिकार समान नहीं हैं, जब तक स्त्रियों को पुरुषों के नाम लादने की या उनके पेशे की पहचान को अपने साथ लगाने की बाध्यता समाप्त नहीं की जाएगी, यह सब ख़त्म नहीं होनेवाला है। उपन्यास और अन्य माध्यम अब भी इस मक़सद से (जिस पद पर महिलाएँ ख़ुद होना चाहती थीं वैसे ही पुरुष से विवाह) विवाह करनेवाली स्त्रियों को 'बुरी स्त्री' के रूप में चित्रित करते हैं।

उन्हें नहीं पता कि ऐसा सोचने के कारण अनेक रोचक कथानक उन्होंने खो दिए।

नारीवाद के लिहाज से समय वाक़ई अपने उफान पर है, ऐसा इस आधार पर कहा जा रहा है कि किसी ने गे टैलेस को अपने अव्यक्तिगत सेक्स के विस्तृत कैटलॉग को 'दाय नेबर्स वाइफ' नाम देने के लिए सार्वजनिक रूप से शुक्रिया अदा किया। चूँकि स्त्रियों की पत्नियाँ नहीं होती हैं, हमें लेखक की ओर से चेतावनी (हालाँकि अप्रत्यक्ष तौर पर) दी गई है कि स्त्रियों को यह किताब ख़रीदने की ज़रूरत नहीं है। और इसी तर्ज पर उन पुरुष पाठकों के लिए भी यह चेतावनी लागू होती है जो कि स्त्रियों को अब किसी दूसरे पुरुष की संपत्ति नहीं मानते हैं। यह श्रीमान टैलेस के लिए पाठकों का दायरा सीमित कर देता है लेकिन जो पाठक उन्हें मिलते हैं उनमें इस किताब को लेकर बेहद जोश देखा जा सकता है : यदि यौन दृष्टि से कहा जाए तो, ऐसे पुरुष जो सेक्स के संबंध में बग़ैर दिमाग़ का इस्तेमाल किए हरदम किसी मशीन की तरह तैयार रहते हैं।

हालाँकि, *सोफ़ीज च्वायस* (जिस पर फ़िल्म भी बनी) एक और बेस्टसेलर और अधिक धोखे से भरी किताब थी। इस किताब के शीर्षक में एक स्त्री का नाम रखकर विलियम स्टायरन (लेखक-क़िस्सागो-नायक) हमें यह यक़ीन करने के लिए प्रोत्साहित करता है कि वह एक स्त्री की बाबत समानुभूति से लिख सकता है। अपने अंतिम उपन्यास, द *कन्फेशंस ऑफ़ नैट टर्नर* में श्वेत स्टायरन, एक अश्वेत व्यक्ति के लिए ऐसा ही होने की संभावना दिखाते हैं। इसके लिए उनकी बेहद आलोचना हुई कि उन्होंने दासता विद्रोह के एक साहसी नेता के चरित्र को एक श्वेत पुरुष की कोरी कल्पना के आधार पर बदल दिया, यहाँ तक कि उसे एक युवा श्वेत महिला के प्रति यौन रूप से आसक्त और उसी का हत्यारा दिखाया, जबकि इन सब बातों के कोई भी ऐतिहासिक साक्ष्य नहीं थे कि वह इनमें से कुछ भी था।

बदक़िस्मती से, सोफ़ी (अगर स्टायरन के आग्रह पर यह मन लिया जाए कि वह असल में अस्तित्व में थी) अपने ग़ुलाम होने का रंचमात्र भी कोई ऐतिहासिक

साक्ष्य नहीं छोड़ गई है, बल्कि वह भी स्टायरन के क्रोध पैदा करनेवाले और घिसे-पिटे पारम्परिक पूर्वग्रहों की क़ैदी भर मालूम पड़ती है। टर्नर की ही तरह उसे भी यौनिकता से ही उत्प्रेरित और मनोवैज्ञानिक मूल्यों वाली स्त्री के रूप में दिखाया गया है, न कि ऐतिहासिक कार्यकर्ता की तरह। स्टायरन की अन्य नायिकाओं की तरह ही, लाइ डाउन इन डार्कनेस के बाद उसे परपीड़क कामुक और आत्मघातक भी दिखाया गया है।

स्टायरन द्वारा उपन्यास में दी हुई उसके जीवन की तथ्यात्मक रूपरेखा को मान लेने पर भी, यह मानना मेरे लिए बेहद मुश्किल होगा कि सोफ़ी के बारे में कही गई इन बातों में से कुछ भी सच है। उदाहरण के लिए, जबकि सोफ़ी ने अपने दो बच्चों को खो देने के कष्ट को सहा और नाज़ी यंत्रणा कैम्प में बरसों की भुखमरी और यातनाएँ बर्दाश्त कीं, उसने ऐसी विषम परिस्थितियों में भी उस घृणित कमांडेंट से लंबी उम्र जीने की कसम खाई थी (और जीवित रही भी) ताकि उस कमांडेंट की जीत न हो सके। यह सब देखने के बाद, फिर हमसे यह यक़ीन करने की उम्मीद की जाती है कि वह अपनी स्वतंत्र इच्छा से एक कामुक फ़ासिस्ट के साथ प्रेम करने और न्यूयॉर्क में रहने का चुनाव करती है, एक नशेड़ी और चिकित्सीय तौर पर पागल प्रेमी जो कि उसे कुपोषण से सिर्फ़ इसलिए बचाता है ताकि उसे मार-पीट सके और अपने उस ग़ुस्से को उस पर उतार सके जिसके कारण उसे लगता है कि यंत्रणा कैम्पों में अपने को बचाने के लिए सोफ़ी ने ज़रूर यौन संबंधों का इस्तेमाल किया होगा।

(यदि उसने अपनी जान बचाने के लिए समझौते से यौन संबंध बनाए भी तो? लेखक-क़िस्सागो उस पागल प्रेमी के इस आधार को स्वीकार करता प्रतीत होता है कि एक स्त्री के संदर्भ में कोई भी चीज़ उसके यौन व्यवहार से अधिक महत्त्वपूर्ण नहीं है। वास्तव में, लेखक ख़ुद भी उसके प्रेमी के परपीड़क और नियंत्रणकारी व्यवहार को एक सामान्य पुरुष की समागम शैली के रूप में प्रस्तुत करता है।)

यद्यपि सोफ़ी लगभग शून्य विकल्पों वाली एक शरणार्थी है, फिर भी उसमें इतनी हिम्मत और स्वाभिमान है कि जब उसका हिंसक प्रेमी अस्थायी रूप से चला जाता है तो वह सुकून व्यक्त करती है। इस बेवफ़ाई के लिए लेखक-कथाकार उसे झाड़ लगाता है।* लेखक सोफ़ी के प्रेमी के भाई के साथ मिलकर सोफ़ी से उसके प्रेमी की असलियत छिपाए जाने को सही ठहराता है और सोफ़ी को नहीं बताता कि उसका प्रेमी जो ख़ुद को नोबेल स्तरीय जीवविज्ञानी बताता है वह दरअसल एक मनगढ़ंत

* वो पाठक जिन्होंने यह फ़िल्म देखी है, जो कि इस निबंध के प्रकाशित होने के बाद सिनेमाघरों में आई, इस बात को देखेंगे कि यह घटना किताब से छोड़ दी गई थी. वास्तव में, मेरिल स्ट्रीप की सोफी के रूप में उत्कृष्ट अदाकारी ने उसे परदे पर संरक्षित कर लिया है, और दोनों परपीड़क प्रेमी और कथाकार, वो भी नरम पड़ जाते हैं और पाकदिल भी हो जाते हैं। इस सबके बावजूद उनकी नैतिकताओं और सोफी की स्वपीड़क कामुकता के मूल सवाल शेष रह जाते हैं।

कहानी-भर है और असल जीवन में वह एक हिंसक मानसिक रोगी है जो अपनी सारी ज़िंदगी पागलों के अस्पतालों के अंदर बाहर आता-जाता रहा है।

यद्यपि क़िस्सागो (ईश्वर जाने) यौन रूप से सोफ़ी पर आसक्त है और उससे प्रेम करने का दावा करता है, वह 'प्यार' उसे इस चाहना के स्वरूप में ले जाता है कि वह सोफ़ी को सिर्फ़ अपने लिए चाहने लगता है, और अपनी प्रेमिका को उसके जीवन के वास्तविक ख़तरों के बारे में नहीं बताता है और अपने पैरों पर खड़े हो पाने में भी उसकी कोई मदद नहीं करता है। हक़ीक़त में, क़िस्सागो सिर्फ़ तभी सतर्क होता है जब सोफ़ी का प्रेमी न केवल सोफ़ी को बल्कि उसे भी मार डालने की धमकी देता है।

जब क़िस्सागो सोफ़ी को उसके पागल प्रेमी की पहुँच से दूर ले जाकर 'बचाता' है, उस वक़्त भी यह बेहद स्पष्ट शर्त रखता है कि वह क़िस्सागो से विवाह करेगी। इन दो पुरुषों के बीच चयन के लिए विकल्प दिए जाने पर, सोफ़ी का आत्महत्या के लिए किया गया निर्णय लगभग विश्वसनीय हो उठता है। (निश्चय ही क़िस्सागो उसकी आत्महत्या को किसी भी हाल में न टाली जा सकने वाली घटना के रूप में दर्शाता है : वह इसे सोफ़ी की ओर से यंत्रणा कैम्प में रहने के बावजूद जीवित बच जाने की वजह से जन्मे ख़ुद को दंडित करनेवाले अपराधबोध की तरह दिखाता है। हालाँकि क़िस्सागो आत्महत्या के हर अन्य कारण की एक अविश्वसनीय स्तर तक जाँच-पड़ताल करता है, पर वह इस संभावित सूत्र पर कोई सवाल नहीं उठाता है कि क्यों उसके साथ पहली बार हमबिस्तर होने के कुछ ही घंटों बाद सोफ़ी ख़ुद को ख़त्म करने का निर्णय ले लेती है।) इस सबके बावजूद, सोफ़ीज़ च्वायस का एकमात्र अर्थ सोफ़ी द्वारा आत्महत्या का चुनाव नहीं है।

यंत्रणा कैम्प की बीती झलकियों में, हम देख पाते हैं कि एक नाजी अधिकारी ने सोफ़ी को अपने दो बच्चों में से किसी एक के जीवन को चुनने के लिए विवश किया। यदि वह उनमें से किसी एक को गैस भट्टी में नहीं भेजेगी तो वे दोनों को ही मार डालेंगे।

सोफ़ी अपने बेटे को बचाने का निर्णय करती है। और अभी जिस तरह मैं सोफ़ी के इस चुनाव पर ज़्यादा बात नहीं कर रही हूँ उसी तरह क़िस्सागो ने भी सोफ़ी के इस निर्णय का ख़ास विश्लेषण नहीं किया।

यह ख़ासतौर पर बहुत अजब-सी बात है क्योंकि स्टायरन ने बाक़ी सभी चीज़ों को व्यापक विवरणों के साथ जाँचा है। (यह भी उसकी उसी दिखावटी शैली का हिस्सा है कि जहाँ एक छोटे वाक्य या कहन से काम चल जाए उसे जबरन दो लंबे वाक्यों में कहा जाए।) उदाहरण के लिए वह बहुत गहराई तक इस अनुमान के उद्देश्य पर विचार करता है कि क्यों उस नाज़ी अधिकारी ने इस न सोचे जा सकने वाले चुनाव का दबाव बनाया होगा, और एक और बेढंगा निष्कर्ष निकालता है कि यह एक पापमय निर्णय को दूसरे पर लादने की धार्मिक इच्छा थी।

इसके अतिरिक्त, वह एक शब्द भी उस लैंगिक राजनीति पर ख़र्च करने की ज़हमत नहीं उठाते हैं जो कि सोफ़ी के अपनी बेटी को न बचाने के उस चयन के मूल में बैठी हो सकती है। लेखक के दिमाग़ में, लड़के को प्राथमिकता देना इतना स्वाभाविक है कि इसके लिए किसी टिप्पणी की आवश्यकता नहीं। उतना ही सहज जितना कि स्त्री का स्वपीड़न, पुरुष का परपीड़न और एक आत्मघाती स्त्री।

एक ऐसे लेखक पर क्रोधित हो पाना भी मुश्किल है जो अपने स्वयं के पूर्वग्रहों से इतना गाफ़िल है। *सोफ़ीज च्वायस* को पढ़ना बिलकुल फ्रायड की किसी 'केस हिस्ट्री' को पढ़ने सरीखा है, जिसमें कि वह हठधर्मितापूर्वक यह कहते हैं कि एक महिला मरीज का वास्तव में उसके पिता द्वारा बचपन में बलात्कार किया ही नहीं गया बल्कि उसने यह कहानी ख़ुद गढ़ी क्योंकि वह मन ही मन उम्मीद करती थी कि ऐसा घटित होगा। हालाँकि, अब हम फ्रायड के पत्रों से यह खोज पा रहे हैं कि वह जानते थे कि वह सब महिला मरीज सच बोल रही थी, लेकिन वे लगातार ये दोषारोपण उन महिला मरीजों पर करते रहे क्योंकि वह अपनी केस-हिस्ट्रीज़ को समाज से स्वीकृत करवाना चाहते थे। यह संभव है कि स्टायरन जानते हों कि वे क्या कर रहे हैं। (यदि ऐसा है, तो स्टायरन भी फ्रॉयड की ही तरह दोषी हैं)। अंत में, पाठक को इस उदास संशय के साथ छोड़ दिया जाता है कि, यदि सोफ़ी ख़ूबसूरत न रही होती तो क्या लेखक एक लंबी गर्मियों का मौसम उसे बिस्तर तक लाने की कोशिश में बरबाद करता, वह उसकी मौजूदगी तक पर अपनी आँख फिराने की परेशानी मोल न लेता। यंत्रणा कैंप के एक वृहद् कैनवस पर, जिसमें मानवीय यंत्रणाएँ, बच्चों के क़त्ल और वहशी पागलपन था, लेखक ने यौन-आसक्ति के शिकार एक दक्षिणी अश्वेत युवा लेखक का चित्रण किया जो कि अंत में अपने कौमार्य को खोने में सफलता हासिल करता है।

मेरा सबसे पहले मानना यह है कि वास्तव में सोफ़ी कोई थी ही नहीं, स्टायरन ने ही उसे पूरी तरह से रचा-गढ़ा था। ठीक फ्रायड के महिला मरीजों की तरह, हालाँकि सोफ़ी इतनी असल और विश्वसनीय तो है कि उसके लिए आपके दिल में दर्द हो; और उसके प्रति करुणा का एक और कारण यह भी बनता है कि उसे एक ऐसे व्यक्ति द्वारा अभिलिखित किया गया जिसने उसका वर्णन तो किया पर उसे समझा बिलकुल भी नहीं।

शायद हमें, *द कंफेशंस ऑफ़ नैट टर्नर* और *सोफ़ीज च्वायस* दोनों के ही जैकेट स्टिकर्स छपवाने चाहिए, जिन पर लिखा हो : "कृपया मेरी मदद करें। विलियम स्टायरन ने अपनी किताब में मुझे क़ैद कर लिया है।"

इस सीमा तक कि स्त्रियाँ किसी राष्ट्रीय विमर्श की शर्तें निर्धारित कर सकती हैं, मुझे लगता है कि हमने समान अधिकार संशोधन के दुश्मनों की इस संशोधन के संबंध में महिलाओं की अर्हता का समर्थन करने की चाल में फँसकर इस मसौदे के प्रति

अपनी अनुपयुक्त स्वीकृति दे दी और एक मीडिया संबंधी त्रुटि कर बैठे।

यह मसौदा उनका आधार है हमारा नहीं, जबकि ज़्यादातर अमेरिकी स्त्रियाँ (और पुरुष) इस शांतिकालीन मसौदे के ख़िलाफ़ हैं, और नारीवादियों ने रस्मी खंडन के साथ मसौदे पर आधारित इआरए विरोधी तर्क शुरू कर दिए, "मैं स्त्री या पुरुष के लिए मसौदे के विरोध में हूँ", हम अक्सर इन रक्षात्मक तर्कों में उलझ जाते थे कि यदि कोई राष्ट्रीय आपदा होती है, तो स्त्रियाँ भी उन्ही शर्तों के अंतर्गत सेवा देंगी जिनमें पुरुष देते हैं—जैसे, अभिभावकता, उम्र और स्वास्थ्य अदि के लिए मिलने वाली छूट। ऐसा करके हम फिर से मुसीबत में आ गए थे, बहुत सारे अभिभावकों को यह लग रहा था कि अब वह बेटियों को भी बेटों के साथ-साथ खो देंगे, और बहुत सारी स्त्रियाँ डरी हुई थीं कि उन्हें अहिंसा के प्रति अपने दृढ़ विश्वास के बावजूद जबरन युद्ध के लिए भेजा जा सकता है जबकि वे तो यह मानती हैं कि हिंसा से किसी संघर्ष को प्रभावी तरीक़े से हल नहीं किया जा सकता।

मीडिया से और लंबे समय तक नारीवादी होने के दृष्टिकोण से, हमारा आधार चयन की स्वतंत्रता होना चाहिए था—और भविष्य में भी यही हमारा आधार होना चाहिए। इसके पीछे विचार यह है कि चयन क्या है, यह सोच किसी पर थोपी न जाए, बल्कि हर व्यक्ति को चुनाव का अधिकार दिया जाना चाहिए। इसका मतलब है कि हमारा सबसे प्रभावशाली तर्क स्त्रियों के लिए स्वेच्छा से सेना में जाने का अधिकार है, जिसमें लड़ाकू भूमिकाएँ शामिल हैं, ठीक उन्हीं आधारों पर जैसे कि पुरुषों के लिए।

इस तर्क का एक बड़ा मीडिया लाभ यह है कि समानता विरोधी प्रतिवादियों को रक्षात्मक स्तर पर खींचा जा सकेगा। वे बिलकुल एकमत से स्त्रियों के युद्ध में शामिल होने के विरुद्ध हैं, और आमतौर पर सशस्त्र सेना में किसी भी रूप में स्त्रियों की हिस्सेदारी के विरोध में हैं। इस पर भी वे देशभक्ति का दावा करते हैं और हर नागरिक के शस्त्र रखने के अधिकार का समर्थन भी।

थोड़ा आगे बढ़कर यदि हम अपने को इस तर्क के साथ जाने की अनुमति दें कि मसौदा समान नागरिकता की एक पूर्व शर्त है, तो हम वास्तविकता को नज़रअंदाज़ करते हैं। पुरुषों के ज़्यादातर अधिकार सेना की सेवा से बँधे हुए नहीं हैं। यह मसौदा इस देश के 200 वर्षों के इतिहास में सिर्फ़ 30 ही वर्षों से अस्तित्व में रहा है, और वे पुरुष जो सेना में हैं उनमें से केवल 5 प्रतिशत को ही कभी जंग में शामिल होने का अवसर मिला है। दायित्वों को अवसरों से अधिक तरजीह देना या एक पहले से ही अलोकप्रिय संस्था के प्रति लोगों के अंदर असुरक्षा की भावना को बढ़ाना, यह क़तई एक आंदोलन को बनाने का रास्ता नहीं है।

दूसरी ओर, पुरुषों जैसी ही शर्तों व आधारों पर बग़ैर किसी कोटा या युद्ध प्रतिबन्ध के स्त्रियों की स्वैच्छिक सेवा के अधिकार का समर्थन, चुनाव की स्वतंत्रता के सिद्धांतों पर खरा उतरता है, स्त्रियों व पुरुष दोनों के लिए ही।

यह समान उन्नति के अवसरों की उस माँग का भी समर्थन करता है जो पहले ही सेना को अपनी सेवाएँ दे रही महिलाओं द्वारा उठाई जा रही है, और यह उस पुरुष-प्रधान तर्क को भी चुनौती देता है जिसके अनुसार स्त्रियों को पलटकर वार या युद्ध नहीं करना चाहिए। बहुत सारे युद्ध संबंधी अनुभव रखने वाले सेना में रहे पुरुषों (उन कांग्रेसमैन के मुक़ाबले जिनको सिर्फ़ आरामकुर्सियों पर बैठने का अनुभव है) का ऐसा यक़ीन है कि यदि सेना में ज़्यादातर जंगी दस्ते बग़ैर अपनी मर्जी के वहाँ लड़ रहे हैं तो ऐसे में कोई भी युद्ध जीतना संभव नहीं है। एक व्यवस्था जो कि स्त्री और पुरुष दोनों की स्वैच्छिक सेवा पर आधारित होगी, निश्चित ही वह सेना के अंदर बेहतर तनख़्वाह और स्थितियाँ प्रदान करने में समर्थ होगी, और एक लक्ष्य देने में भी जिससे कि स्वेच्छाकर्मियों को उपयुक्त मक़सद भी मिलेगा जो उन्हें युद्ध के लिए राज़ी करेगा—यह सेना के लापरवाह और जोख़िमपूर्ण इस्तेमाल वाले देशों पर एक ज़रूरी प्रतिबन्ध भी लगाएगा जैसे कि पहले वियतनाम करता था और अल सल्वाडोर जैसे देश जिस ओर बढ़ रहे हैं।

अंततोगत्वा, इच्छुक और योग्य महिलाओं को युद्ध संबंधी पद दिए जाने पर लगा कि वर्तमान प्रतिबन्ध दरअसल महिला स्वेच्छाकर्मियों की संख्या को सीमित रखने का और महिलाओं को छोटे-मोटे पदों तक ही सीमित रखने का एक सुनियोजित बहाना है। इस प्रकार पुरुषों के लिए सेना के सर्वश्रेष्ठ प्रशिक्षण केंद्र और सभी निर्णय संबंधी कार्यों को संरक्षित रखा जाता है। सेना द्वारा बहुप्रचारित शिक्षित सैनिकों के अभाव और सेना द्वारा धन के बचाने की महती आवश्यकता के बावजूद पुरुषों के लिए निम्नस्तरीय शिक्षा मानक एवं परीक्षा में निम्न अंक सेना द्वारा सहजता से स्वीकार कर लिए जाते हैं।

अभी भी सेना में पुरुष रंगरूटों की माँग अधिक है। एक महिला रंगरूट की बजाय एक पुरुष रंगरूट की भर्ती पर सेना को पैंतीस सौ डॉलर अतिरिक्त ख़र्च करने पड़ते हैं।

वास्तव में, यदि स्त्रियों की वह संख्या जो सेना के लिए योग्य और इच्छुक है स्वेच्छाकर्मी के रूप में भर्ती हो जाए तो, सेना की वर्तमान आधिकारिक आवश्यकताएँ पुरुषों की अनिवार्य भर्ती के बिना ही पूरी की जा सकेंगी।

क्लिफ्फोर्ड एलेक्ज़ेंडर, सेना के भूतपूर्व सचिव, यह रिपोर्ट देते हैं कि भर्ती के लिहाज से अपने सबसे बुरे वर्षों के स्वेच्छाकर्मियों के दौर में भी, सेना में लक्षित भर्ती से केवल 16,000 सैनिक ही कम थे। बिना प्रतिबंधित कोटा के, स्त्रियाँ बहुत आसानी से इस कमी को भर सकती हैं। हम पुरुषों को अनिवार्य भर्ती से बचा सकते हैं—और यह प्रस्ताव बुरा भी नहीं है। स्त्रियों को सेना से दूर क्यों रखा जाता है इस संबंध में उनके संशयों के लिए निश्चित रूप से उन्हें माफ़ किया जा सकता है।

क्यों वे दक्षिणपंथी सेनाएँ जो मृत्युदंड के संबंध में स्त्री व पुरुष दोनों के प्रति समान व्यवहार के लिए अभियान चलाती हैं और प्रताड़ित स्त्रियों के लिए आश्रयस्थलों

की सुविधा का विरोध करती हैं, वे ही सेना में महिलाओं की किसी भी स्तर पर भर्ती और ख़ासकर युद्ध संबंधी पदों पर भर्ती से चिंतित होकर महिलाओं की 'सुरक्षा' की बात कर रही हैं? मार्ग्रेट मीड एव अन्य मानवविज्ञानियों ने पार-सांस्कृतिक अध्ययन किए हैं जो दर्शाते है कि अपनी आत्मरक्षा में लड़ने वाली स्त्री भी उतनी ही ख़ूँख़ार होती है जितना कि एक पुरुष। स्त्रियों ने ज़्यादातर उन सभी युद्धों में भाग लिया है जिनमें आम नागरिक शामिल रहे हैं, और कुछ में तो उन्हें मुख्य मोर्चों पर भी भेजा गया है। यहाँ तक कि द्वितीय विश्वयुद्ध में, कोरिया, और वियतनाम में, कुछ स्त्रियों ने युद्ध क्षेत्रों में नर्सों एवं संचार अधिकारियों के तौर पर सेवाएँ दी थीं। स्पष्ट रूप से, ऐसे में हम पर निशाना लगाया जा सकता था—और मृत्यु भी हो सकती थी। पर हम जवाब में वापस गोली मारने के लिए अधिकृत नहीं हैं।

कोई आश्चर्य नहीं कि बहुत सारी स्त्रियों के अंदर यह धारणा गहरी बैठी हुई है कि यह समाज नहीं चाहता है कि हम शक्ति का उपयोग करना सीखें। क्या होगा यदि सभी अल्प वेतन वाली वेट्रेस, बलात्कार की शिकार, और प्रताड़ित पत्नियों के पास ज़रा भी सैन्य प्रशिक्षण हो? क्या होगा यदि सरकारी सहायता पर गुज़ारा कर रही माएँ भी वही हुनर सीख लें जो वियतनाम के ग़रीबों ने सीखे थे? आपकी साधारण बेचारी पराश्रित पत्नियाँ किस क़दर बदल जाएँगी यदि वे एक या दो वर्षीय वैश्विक राष्ट्रीय सेवा में रह लें तो?

संभवत: अब स्त्रियों द्वारा सेना में स्वेच्छाकर्मियों के रूप में भर्ती और युद्ध संबंधी पदों पर भर्ती के लिए एक दमदार मुक़दमा दायर किए जाने की ज़रूरत है। आख़िरकार, नारीवाद का आशय चयन की शक्ति से ही तो है।

(आउटरेजियस एक्ट्स एंड एवरीडे रिबेलियंस, 2013)

बहनापा

हम चाहे कहीं भी हों, अपने स्त्रियोचित बेचारेपन, अपने शरीर पर पूर्ण अधिकार व नियंत्रण न होने, पूँजी व अन्य संसाधनों तक पहुँच के अभाव और उन राजनैतिक आंदोलनों से भी बाहर रखे जाने; जिनमें हमारी सक्रियता किसी तरह से पुरुषों से कम नहीं है, जैसे कारणों से कभी भी पुरुषों के बराबर नहीं हो सकते। अच्छी बात यह है कि हम तमाम संस्कृतियों और देशों के बीच अपनी असमानताओं के एक जैसे कारणों को चुनौती देने के लिए संगठित हो रहे हैं। उदाहरण के तौर पर, सेक्स का अवैध कारोबार, एफजीएम (स्त्री जननांग विकृति, Genital Mutilation), बाल विवाह और प्रवासी मज़दूरों के अधिकारों के हित में एकजुट होकर हम सामूहिक रूप से विश्व के पदाधिकारियों और अपनी सरकारों पर दबाव बनाते हैं कि वे निष्पक्ष नीतियाँ व कार्यप्रणाली बनाएँ। हमारे अपने देशों के भीतर भी बड़ी-बड़ी रैलियों में हिस्सा लेने या छोटे समूहों में एकत्रित होने और बैठने से हमें बल मिलता है, वहाँ हमें समर्थन मिलता है और हम अपनी रणनीतियाँ साझा करते हैं, हम अपनी साझा कहानियों से सबक ले रहे हैं और सर्वनिष्ठ योजनाएँ बना रहे हैं।

भारत में 16 दिसंबर, 2012 को हुए बलात्कार कांड के पश्चात एक के बाद एक महिलाएँ सड़कों पर उतरने लगीं और उन कमज़ोर क़ानूनों को बदलने की माँग उठाने लगीं जो यौन-उत्पीड़न के लिए ज़िम्मेदार व्यक्ति को सज़ा से बचा लेते हैं। पूरे विश्व से उठी ऐसी आवाज़ों ने उनके साथ अपना समर्थन जताया। वर्मा कमीशन आश्चर्यजनक रूप से इतने सीमित समय में अपनी अनुशंसा प्रस्तुत कर सका क्योंकि भारत में महिलाओं और कुछ पुरुषों ने 80,000 से भी अधिक सुधार और सर्वोच्च आचरण के सुझाव कमीशन को भेजे। अफ्रीका, यूरोप और अमेरिका की वकील बहनों ने भी अपने देशों में हुए अनुभवों के आधार पर सुझाव प्रेषित किए।

भारत में, ख़ासकर नवयुवतियों को इस बहनापे की भावना के रूप में एक आवाज़ मिली। हर रोज़ साहस के साथ यह आवाज़ और भी तेज हो रही है।

—रुचिरा गुप्ता

बहुत-बहुत समय (लगभग तीन या चार साल) पहले मैं वे बातें कहने में एक ख़ास सुरक्षित और ईमानदार क़िस्म का आनंद महसूस करती थी जिन्हें औरतों से सुनने की अपेक्षा रखी जाती है। बहुत तकलीफ़ के साथ आज मैं उन्हें याद करती हूँ :

'मेरे काम से मेरे वैवाहिक जीवन पर कोई असर नहीं आएगा। आख़िर मैं अपना टाइपराइटर तो अपने घर पर रख ही सकती हूँ।'

या :

'मैं औरताना चीज़ों के बारे में नहीं लिखना चाहती। मैं विदेश नीति के बारे में लिखना चाहूँगी।'

या :

'अश्वेत परिवारों पर जबरन मातृसत्ता थोपी गयी थी, मैं समझती हूँ कि इसीलिए अश्वेत महिलाओं को अपने पुरुषों को आगे करके ख़ुद पीछे होना पड़ रहा है।'

या :

'मैं जानती हूँ कि हम उस चिकानो समूह की मदद कर रहे हैं जो महिलाओं के प्रति सख़्त हैं, लेकिन यह तो उनकी संस्कृति है।'

या :

'महिलाओं के समूह से आख़िर कौन जुड़ना चाहेगा ? मैं तो कभी उनमें शामिल नहीं हुई, तुम हुईं क्या कभी ?'

या (शेखी बघारते हुए) :

'वह कहता है कि मैं पुरुषों की तरह लिखती हूँ।'

मुझे लगता है कि मेरे इस तरह के कथनों को चुनने से यह स्पष्ट है कि मैं गुप्त रूप से विद्रोही थी। मैं अविवाहित थी, एक ऐसे पेशे के ज़रिये ख़र्च चला रही थी जिसके प्रति मेरे मन में सम्मान था, और मेरे दोस्त भी ग़ैर जाति के थे। मैंने मूलतः—या चुपचाप—'स्त्रियोचित' भूमिका के दायरे से बाहर रहना चुन लिया था। लेकिन ऐसा करने के कारण परंपरागत रूप से बुद्धिसंगत इन सूक्तियों को बार-बार दोहराना भी ज़रूरी हो गया था, यहाँ तक कि यदि मैं समाज द्वारा बनाए गए नियमों का उल्लंघन कर रही थी तो इसके लिए समाज द्वारा आरक्षित दंड से बचने के लिए मैं जितना भी हो सके उतना ज़्यादा रूढ़िवादी दिखने की कोशिश करने लगी थी। इसीलिए, मैंने परंपरावादी होने का नाटक करना ख़ूब बारीक़ी, तर्क और हास्य के साथ सीख लिया। कभी-कभी, मैं ख़ुद भी इन बातों पर यक़ीन करने लगती थी।

अगर महिलाओं के आंदोलन की बात न होती, तो शायद मैं अब भी बहकावे में पड़ी होती। लेकिन महिलाओं द्वारा ख़ुद को सोचने और देखने के नज़रिए में इतने विशाल परिवर्तन वाला यह विचार बेहद संक्रामक और सम्मोहक है। ये महिलाओं पर एक रहस्य के उद्‍घाटन की तरह असर करता है, जैसे कि हम एक अँधेरे कमरे को छोड़कर सूरज की रोशनी में निकल आए हों।

शुरू में मेरे सामने जो भी खुलासे होते वे सब मुझे निजी लगते। जबकि असल में, वे ऐसी बातें थीं जिनका सामना लाखों-करोड़ों महिलाओं ने किया था और रोज़ कर रही थीं। अगर उनका अत्यधिक सामान्यीकरण कर दिया जाए तो वह इस तरह होगा : औरतें भी पहले एक इनसान हैं, पुरुषों के बरअक्स जो थोड़ी-सी भिन्नता उनमें है वह मुख्यत: बच्चे पैदा करने को लेकर है। हम भी और इनसानों की तरह सपने देखती हैं, हमारी अपनी क्षमताएँ हैं, कमज़ोरियाँ हैं, लेकिन हमारे जीवन में किसी समय घटित हो जाने वाली गर्भावस्था और इसकी वजह से पैदा होनेवाले दृश्य-परिवर्तनों का इस्तेमाल हमें बाक़ी इनसानों से अलग करने के लिए उसी तरह से किया गया जिस तरह नस्ली भेदभाव का उतना व्यापक नहीं, पर निर्दलीय इस्तेमाल करके एक अलग 'निम्न' वर्ग बनाया गया और उसके भीतर श्रम का विस्तृत विभाजन किया गया। यह विभाजन प्राय: एक अचेतन पर स्पष्ट कारण की वजह से जारी रहा : पितृसत्ता, पुरुषों को एक समूह के रूप में आर्थिक और सामाजिक लाभ।

एक बार इस नारीवादी अनुभूति का उदय हो जाने के बाद, मेरी प्रतिक्रिया का अंदाज़ अपेक्षित ही था। पहले मैं रोज़ाना के इन रहस्यों के प्रकटीकरण, जो अंतत: मेरे जीवन अनुभव को कुछ अर्थ देते थे, की सामान्यता और स्वाभाविकता पर हैरान थी। मैं समझ नहीं पाती थी कि सबकुछ इतना प्रत्यक्ष होते हुए भी मैं पहले कभी इसे क्यों न देख सकी ? फिर मैंने महसूस किया कि जीवन के बारे में यह नई दृष्टि हमारे चारों ओर के सामाजिक ढाँचे और व्यवस्था से कितनी अलग है, और इस नारीवादी अनुभूति के बारे में किसी को भी कुछ भी समझा पाना कितना कठिन होगा, इतने बड़े परिवर्तन का इरादा करने के लिए उन्हें (हालाँकि सिर्फ़ पुरुष नहीं, पर ख़ासकर पुरुष) तैयार कर पाने का तो सवाल ही पैदा नहीं हो सकता।

लेकिन मैं फिर भी समझाने की कोशिश करती थी। ईश्वर को पता है (ईश्वर जानता है) कि स्त्रियाँ सच्ची कोशिश करती हैं। हम अपनी ठहरी हुई कल्पनाओं की मदद के लिए दूसरे पराधीन समूहों के साथ समतुल्यताएँ निरूपित करते हैं। हम अन्याय को साबित करने के लिए अनगिनत तथ्य और आँकड़े देते हैं, और तब तक बताते रहते हैं जब तक हम ख़ुद को सूचना देने वाली किसी मानव मशीन जैसा अनुभव नहीं करने लगते। तब्दीली के माध्यम में हमारा गहरा विश्वास होता है। (अगर कोई भी ऐसा पुरुष पाठक है जिसे मेरे अनुभूति-पूर्व कहे गए सारे कथन बिलकुल तार्किक लगते हैं तो एक बार उसे ये सारे कथन 'महिलाओं' की जगह 'पुरुष' कहते हुए पढ़ने दिए जाएँ—या मेरी जगह वह ख़ुद को रखकर इन कथनों को पढ़े—और फिर देखिए कि उसे कैसा महसूस होता है : 'मेरे काम से मेरे वैवाहिक जीवन पर कोई असर नहीं आएगा'; 'चिकाना समूह जो पुरुषों के प्रति सख़्त है...' बात अब समझ आ रही होगी।)

हम इसके लिए तर्क तक करते हैं। अगर एक औरत बच्चे को अपने गर्भ में रखने और फिर उसे पालने में अपने जीवन का एक वर्ष समर्पित कर देती है, तो उसके पास

उस बच्चे को उसकी वयस्क उम्र तक पालने का प्राथमिक दायित्व होना चाहिए। यह पुरुष द्वारा दी गई परिभाषा का तर्क है, लेकिन इस तर्क की आड़ में अक्सर महिलाएँ बाध्य हो जाती हैं कि बच्चे पालना ही उनके जीवन का प्रमुख उद्देश्य बन जाता है। इस वजह से वे अन्य किसी काम का दायित्व नहीं ले पातीं, या फिर ऐसी परिभाषा की वजह से वे मातृत्व के प्रति निरुत्साहित हो जाती हैं। क्या ऐसा कहना तार्किक नहीं माना जाएगा कि किसी भी बच्चे के पास माता-पिता के रूप में देख-रेख करनेवाले दो होते हैं, इसलिए बच्चे के पालन-पोषण के लिए दोनों समान रूप से ज़िम्मेदार हैं। और पिता को तो उस अतिरिक्त की भरपाई के रूप में जब बच्चा माँ के गर्भ में था, अब अपने हिस्से से अधिक समय बच्चे को देना चाहिए और उसकी देख-रेख करनी चाहिए। इससे जुड़ी बात यह भी है कि तर्क को तर्क करनेवाले की आँखों से ही देखा जाता है।

कभी-कभी इस तरह से समझाने के प्रयासों के फलस्वरूप सफलता भी मिलती है। लेकिन अक्सर तो मुझे यही लगता है कि ज़्यादातर महिलाएँ उर्दू बोल रही हैं और आदमी पाली बोल रहे हैं।

चाहे आनन्ददायक हों या पीड़ादायी, हमारे इन रहस्योद्घाटनों पर मिलने वाली दोनों ही तरह की प्रतिक्रियाएँ हमारा पारितोषिक हैं। वे हमारे बीच बहनापे की भावना को जन्म देती हैं।

पहले, हम अपने विकास व आत्मान्वेषण का उल्लास मनाते हैं, अचानक सच्चाई हमारी समझ में आने लगती है जिसका रोमांच हमें महसूस होता है। चाहे हम अपनी खोजी यह नई जानकारी दूसरी स्त्रियों से साझा कर रहे हों या कोई अन्य स्त्री हमारे सामने इन रहस्यों का ख़ुलासा कर रही हो, इस सरोकार से संबंधित सभी लोगों को महसूस होनेवाला आनंद बेहद मार्मिक होता है।

दूसरे चरण में, उन पुरुषों को जिन्हें हम अब तक प्रगतिशील और बुद्धिमान समझते थे, उनके संबंध में जब तथ्यों और बहसों को कुरेद-कुरेद कर निकालने से हम थक जाते हैं, तो हम एक दूसरा साधारण अन्वेषण करते हैं : बहुत सारी महिलाएँ यह समझती हैं, जो हमने अब जाना है। हम अपने अनुभव साझा कर सकती हैं, मज़ाक़ उड़ा सकती हैं, घटनाओं की विशिष्ट व्याख्या कर सकती हैं और सहे गए अपमान के बारे में विस्तार से बता सकती हैं, इन सब बातों का अर्थ पुरुषों के लिए बहुत मामूली है, लेकिन महिलाएँ इन भावनाओं को समझती हैं और तवज्जो देती हैं।

पितृसत्ता के माहौल में रहने वाली स्त्रियों के बीच इन गहरे और आत्मीय संबंधों में जो अजीब बात थी वह यह कि ये संबंध प्रायः उम्र, आर्थिक स्तर, सांसारिक अनुभव, जाति, संस्कृति आदि के प्रतिबंधों से आगे निकल जाता था—वे सभी प्रतिबंध जिन्हें पार कर पाना किसी पुरुष या मिश्रित समाज में लगभग असंभव जान पड़ता है।

मुझे याद आता है, मिसौरी में महिलाओं के एक समूह से मेरी मुलाक़ात हुई थी।

चूँकि वे एक छोटे क़स्बे और उस क़स्बे से लगे एक कैंपस से लगभग समान संख्या में आई थीं इसलिए ऐसा लग रहा था जैसे वे कलाइयों से बँधे सफ़ेद दस्तानों वाली पत्नियों और बूट पहने हुई छात्राओं के समूहों में बँटी हुई हों, जो बराबर 'साम्राज्यवाद' और 'अत्याचार' जैसे शब्दों का इस्तेमाल कर रही थीं। एक शिशु कल्याण केंद्र खोलने की योजना के तहत ये दोनों समूह एक साथ आए थे, लेकिन मुलाक़ात नाउम्मीद करनेवाली ही लग रही थी जब तक कि बूट पहने हुईं तीन नवयुवतियाँ आपस में एक नौजवान प्रोफ़ेसर को लेकर बहस नहीं करने लगीं। यह प्रोफ़ेसर कैंपस के सुधारवादियों का नेता था। वे सभी स्त्रियाँ जो मिमियोग्राफ़ मशीन (चक्रलेखन के लिए प्रयोग किया जाने वाला उपकरण) का इस्तेमाल करने के प्रति अनिच्छुक थीं, यह नेता उन सभी महिलाओं पर आरोप लगाता था कि वे अपने कार्य के प्रति पर्याप्त रूप से समर्पित नहीं हैं।

जहाँ तक शिशु कल्याण केंद्रों की बात थी, उस प्रोफ़ेसर को लगता था कि इस तरह के केंद्र खुल जाने से स्त्रियों को नौकरी के लिए पुरुषों के साथ प्रतिस्पर्धा का मौक़ा मिलेगा जो अमेरिकी पुरुषों और अमेरिकी समाज के 'स्त्रीकरण' जैसी ख़तरनाक प्रक्रिया का हिस्सा होगा।

सफ़ेद दस्तानों वाली एक महिला ने कहा, "यह तो बिलकुल मेरे पति जैसी बातें करता है। मेरा पति चाहता है कि मैं उसकी रिपब्लिकन पार्टी के लिए चंदा इकट्ठा करनेवाले अवसरों पर घर के बने केक और कुकीज़ बेचूँ और घर-घर जाकर पैसे इकट्ठा करूँ।"

उन नवयुवतियों में इतनी समझ थी कि वे इन घटनाओं को समझकर इनका आपसी संबंध स्थापित कर सकें। बूट पहनने वाली और सफ़ेद दस्ताने पहनकर आई उन स्त्रियों में भला क्या फ़र्क़ था जब उन सभी को पुरुषों और समाज के द्वारा वही नौकरों जैसा और बचकाना व्यवहार झेलना पड़ता था? मतभेद से पहले वे सब उन विषयों पर चर्चा कर रही थीं जो उन सबको प्रभावित करते हैं (जैसे यौनिक आर्गेज़्म का मिथक) और हर सप्ताह एक बार मिलने की योजना बना रही थीं। उनमें से एक गृहिणी ने कहा, "पुरुषों को लगता है कि हम सिर्फ़ उतने के लिए ही हैं, जो काम हम उनके लिए करते हैं। सिर्फ़ दूसरी महिलाओं से मिलने-जुलने से ही हम अपनी वास्तविक पहचान हासिल कर पाएँगे।"

यहाँ तक कि जब स्त्रियों के रूप में हम अपने जीवन की पारस्परिकता को एक-दूसरे में देख पाते हैं तो जाति और नस्ल भी हमारे बीच रुकावट नहीं डाल पाते। घरेलू अश्वेत महिलाएँ जिन्होंने अल्बामा में एक रोजगार सहकारिता का गठन किया था, द्वारा आयोजित एक बैठक में एक श्वेत गृहिणी मुझसे चेतना-जागृति सत्रों या 'रैप-ग्रुप्स' के बारे में पूछ रही थी जो प्रायः नारीवाद का सहज स्वाभाविक मार्ग माना जाता है। मैंने उसे समझाया कि जहाँ एक ओर पुरुषों, यहाँ तक कि 'ग़लत' समूहों में फँसे

पुरुषों के पास भी कोई न कोई ऐसी जगह होती है—कोई आस-पड़ोस, बार, नुक्कड़ या कोई अन्य जगह—जहाँ वे एक साथ मिल लेते हैं और अपने मूल स्वभाव में रहकर बात करते हैं, वहीं सभी समूहों की महिलाएँ अपने घर और परिवार के बीच रहती हैं और इस तरह अन्य महिलाओं से अलग-थलग पड़ी रहती हैं। हमारे पास ऐसा कोई नुक्कड़, कोई बार, कोई ऑफ़िस या जगह नहीं है जिसे हम अपनी जगह का नाम या पहचान दे सकें। रैप समूह हमारा इसी दिशा में किया गया प्रयास है कि हम अपने लिए एक मुक्त जगह पा सकें—हमारी बहनों के साथ एक पूर्ण ईमानदारी और समर्थन के माहौल में मिलने का मौक़ा।

जब मैं एकांत, और यदि हम एक गृहिणी और माँ बनकर संतुष्ट नहीं हैं तो ज़रूर कुछ न कुछ है जो सही नहीं है, जैसी भावनाओं के बारे में बात कर रही थीं, उन सम्मानित महिलाओं के गालों पर आँसुओं की धार बहने लगी—और यह ज़ाहिरा तौर पर हमारे लिए जितना हैरान करनेवाला था, उतना ही उनके ख़ुद के लिए भी। अश्वेत महिलाओं ने जब एक श्वेत महिला को इस तरह रोते देखा तो उन्हें यह भी एहसास हुआ कि वास्तव में उन दो समूहों के बीच की दूरी बहुत कम है।

उस महिला की बगल में बैठी अश्वेत महिला ने उसके कंधों को अपनी बाँहों में समेटते हुए कहा, "हम दोनों के ही समाजों के पुरुष हमारे साथ ऐसा ही व्यवहार करते हैं, प्रिय। चाहे वह तुम्हारी अपनी रसोई हो या किसी और की, तुम्हारे साथ मनुष्यों जैसा व्यवहार नहीं किया जाता। स्त्रियाँ जो काम करती हैं उनकी गिनती कहीं की ही नहीं जाती।"

बैठक की समाप्ति के दौरान गृहिणियों ने श्वेत महिलाओं का एक सहायता समूह बनाया जो अपने पतियों से घरेलू मज़दूरों के लिए तय एक निर्वाह वेतन लेंगी और ऐसे किसी भी स्थानीय अधिकारी के साथ संघर्ष की स्थिति में उनकी मदद करेंगी जो इस तरह वेतन में वृद्धि के ख़िलाफ़ हो; यह एक ऐसा सहायता समूह था जिसके बग़ैर घरेलू मज़दूरों को अपने छोटे और साहसिक सहकारिता प्रयास को बचाने का कोई तरीक़ा नहीं सूझ रहा था।

अपने पूर्व-नारीवादी दिनों में 'मातृसत्ता' के जिस मुद्दे पर मैंने अपना तर्क दिया था, उसके लिहाज से अब मुझे समझ आ रहा था कि अश्वेत महिलाओं को मातृसत्ता क्यों नापसंद है, उन्हें क्यों लगता है कि यह श्वेत समाजवादियों का एक तरीक़ा है जिससे अश्वेत समुदाय एक श्वेत पितृसत्तात्मक जीवन-शैली के सामने नीचा महसूस करे। शिकागो से आई एक अश्वेत कवयित्री ने कहा, "अगर मैं सारा जीवन क्रांतिकारियों के लिए ग्रिट्स (मक्के के दानों से बनाया जाने वाला एक व्यंजन) पकाती रहूँ तो भी यह मेरी क्रांति नहीं होगी। अश्वेत पुरुषों और स्त्रियों को एक साथ आने की ज़रूरत है। आप सिर्फ़ आधी जाति के लिए आज़ादी नहीं पा सकते।" वास्तव में कुछ अश्वेत महिलाएँ आश्चर्य प्रकट करती हैं कि जो क्षमता उन्हें मजबूरन विकसित

करनी पड़ी क्या उसकी आलोचना आधे अश्वेत समुदाय को निम्न दर्जे का कम वेतन वाला काम करवाते रहने का एक तरीक़ा नहीं है, और इसके साथ ही अश्वेत पुरुषों की कठिनाइयों के लिए भी समस्या की वास्तविक जड़ नस्लवाद की जगह अश्वेत महिलाओं को ज़िम्मेदार ठहराना भी एक ऐसी ही युक्ति तो है।

अब जब मैं अपने मुँह से निकले उन वक्तव्यों के बारे में सोचती हूँ जो श्वेत पुरुषों द्वारा अभिस्वीकृत होते थे तो मुझे वह मूल नाज़ुक समस्या अपने स्पष्ट रूप में दिखाई पड़ती है—मैं स्त्रियों के सम्मान के प्रति चिंतित नहीं थी, चाहे वे किसी भी जाति या नस्ल की हों, इस तरह मैं अपने प्रति भी सम्मान का वह भाव नहीं रखती थी।

यह उन त्रासद सज़ाओं में सबसे गंभीर है जो समाज द्वारा किसी द्वितीय श्रेणी के समुदाय को दी जाती हैं। अंततः ज़बरदस्ती किया गया मत-परिवर्तन सफल हो जाता है और हम ख़ुद ही यह सोचने लगते हैं कि हम एक नीच या तुच्छ समूह हैं। अगर हमें कोई छोटी-सी भी सफलता मिलती है, तो हम ख़ुद को 'भिन्न' समझने लगते हैं और अन्य समूहों से घुलने-मिलने के प्रति अनिच्छुक हो जाते हैं। हम अपने से श्रेष्ठ समूहों से पहचान स्थापित करना चाहते हैं, उससे नीचे नहीं (यही मेरी समस्या थी जिसकी वजह से मैं महिला समूहों में शामिल नहीं होना चाहती थी)। हम इस तरह सोचने लगते हैं कि जैसे हम ही अपने ऑफ़िस में इकलौती महिला बनी रहें, या अपने ब्लॉक में इकलौता अश्वेत परिवार, या फिर क्लब में इकलौते यहूदी सदस्य।

उन बरबाद किए गए सीखने वाले सालों पर अब यूँ पीछे मुड़कर देखना बेहद तकलीफ़देह है। पुरुषों की तरह लिखना। ख़ुद का और अन्य महिलाओं का मूल्यांकन सामाजिक, राजनैतिक और हमारे पेशेवर क्षेत्रों में पुरुषों की नज़रों में हमारी स्वीकार्यता के आधार पर करना। आज भी यह देखकर उतना ही दुख होता है जब दो वयस्क महिलाएँ अपने पतियों के रुतबे को आधार बनाकर एक-दूसरे के साथ प्रतिस्पर्धा करती हैं, जैसे वे दो नौकर हों जिनकी पहचान अपने मालिकों की संपत्ति और उपलब्धियों पर निर्भर हो।

और सम्मान की यह कमी जो हमें एक-दूसरे को नीचा दिखाने को प्रेरित करती है, आज भी बहनापे की भावना की सबसे बड़ी बाधा है। महिलाएँ जो समाज की अपेक्षाओं के अनुकूल आचरण करती हैं वे ऐसा न करनेवाली महिलाओं को एक स्वाभाविक चेतावनी की दृष्टि से देखती हैं। वे शोरगुल करनेवाली और औरतों सी न दिखने वाली औरतें, अन्य महिलाएँ उनके बारे में इसी तरह के संबोधन प्रयोग करती हैं, ये हम लोगों के लिए सिर्फ़ मुसीबतें ही खड़ी करेंगी। वे महिलाएँ जो चुपचाप इन सामाजिक अपेक्षाओं को अस्वीकार करती हैं, और सोचती हैं कि कोई भी इस ओर ध्यान नहीं देगा, वे और भी ज़्यादा सजग और चौकन्नी रहती हैं, क्योंकि उन्हें लगता है कि इस बात के ज़ाहिर हो जाने से उन्हें सबसे ज़्यादा नुक़सान उठाना होगा। उनका ऐसा सोचना उचित भी है।

सभी चुनौती देने वालों को सज़ा देकर यथास्थिति अपने को सुरक्षित रखती है, ख़ासकर स्त्रियाँ जिनका विद्रोह सर्वाधिक बुनियादी सामाजिक ढाँचे पर प्रहार करता है : लैंगिक भूमिका जो आधी आबादी को यह विश्वास दिलाती है कि उनकी पहचान काम या युद्ध में प्रथम आने से है, और बची आधी आबादी को यह यक़ीन दिलाती है कि उसे पूरे विश्व में अनिवार्य रूप से अवैतनिक रूप से या कम वेतन पर अपना श्रमदान करना चाहिए।

विद्रोह करनेवाली स्त्रियों का जैसा उपहास किया जाता है और उनके साथ जो निजी क्रूरता बरती जाती है उसके समकक्ष कोई ऐसा दंड नहीं है जो श्वेत पुरुषों के लिए आरक्षित हो। आकर्षक महिलाएँ या नवयुवतियाँ जो सशक्त व्यवहार का परिचय देती हैं उन्हें या तो अस्वाभाविक कहा जाता है या पुरुष-नियंत्रित। यदि वे पुरुषों पर अपना राज चला लेती हैं, तो यह बस यौन संबंधों में ही हो पाता है। वृद्ध महिलाओं या पुरुषों की दृष्टि में अनाकर्षक महिलाओं पर यह आरोप रहता है कि वे अपनी कड़वाहट या दुर्भावना से प्रेरित व्यवहार करती हैं, क्योंकि अब वे किसी पुरुष को हासिल नहीं कर सकती हैं। कोई भी स्त्री जो ख़ुद को एक संपूर्ण मनुष्य मानते हुए व्यवहार करती है उसे चेतावनी दी जानी चाहिए कि यथास्थिति की वकालत करनेवाली सेनाएँ उसे एक गंदे भद्दे मज़ाक़ की तरह उड़ा देंगी। उपहास उनका स्वाभाविक और पहला हथियार है, जिसके बाद अन्य गंभीर प्रतिरोध आते हैं। उसे अन्य स्त्रियों के साथ ख़ुद को जोड़ने वाली बहन-भावना की ज़रूरत पड़ेगी।

इन सब बातों को कहने का अर्थ सजग बनाना और चेतावनी देना था, न कि हतोत्साहित करना। सज़ा से ज़्यादा पुरस्कार हैं इस राह में।

मेरे लिए, अब मैं अपने क्रोध को स्वीकार कर उसका सृजनात्मक उपयोग कर सकती हूँ, जबकि यदि मैं पहले जैसी होती तो मैं इसे भीतर दबाकर अपराधबोध के रूप में पकने देती, या किसी विनाशकारी विस्फोट के लिए भीतर जमा करती रहती।

मैं ऐसी साहसी स्त्रियों से मिली हूँ जो मानव-संभावना के बाहरी छोरों को तलाश रही हैं, उन्हें निर्देशित करने को कोई इतिहास नहीं है, और उनका साहस उन्हें और भी असुरक्षित बना देता है, इतना वेध्य कि जिसे व्यक्त कर पाने के लिए मेरे पास शब्द नहीं हैं।

अब मैं यह नहीं सोचती कि मेरा कोई अस्तित्व नहीं है, जो मेरे अनुसार सम्मान की कमी का ही एक रूप है और कई महिलाएँ इससे पीड़ित भी हैं। (यदि पुरुषों के आदर्श मेरे लिए सहज नहीं थे—और वही एकमात्र आदर्श थे—तो फिर भला मैं अस्तित्व में कैसे हो सकती थी?) इसका अर्थ है कि मुझे बाहरी महत्त्व और स्वीकार्यता मिलने की संभावना तुलनात्मक रूप से कम है, और पारंपरिक विमर्शों के प्रति मेरी संवेदनशीलता भी कम होगी। (''यदि तुम मुझे पसंद नहीं करतीं तो तुम असल मायने में स्त्री नहीं हो'' : यौन संबंध का प्रस्ताव देने वाले एक पुरुष द्वारा कही गई बात।

''यदि तुम मुझे पसंद नहीं करतीं, तो तुम अन्य लोगों से भी तारतम्य नहीं बिठा सकोगी'' : अभी किसी ऐसे व्यक्ति द्वारा कहा गया जो जानता है कि भयादोहन एक कला है।)

कभी-कभी मैं पुरुषों से बराबरी के स्तर पर बात-व्यवहार कर पाती हूँ, और इसलिए उन्हें व्यक्तिगत तौर पर एक इनसान के रूप में पसंद करने का साहस कर सकती हूँ।

मैंने ऐसी राजनीति पा ली है जो बुद्धिजीवी या ऊपर से थोपी हुई न हो। वे सहज हैं, मौलिक हैं। अंततः मैं समझ पाती हूँ कि क्यों वर्षों तक मैं 'बाहरी/बहिष्कृत' समूहों के साथ अबूझ ढंग से अपनापन महसूस करती थी : क्योंकि, मैं भी उन्हीं में से एक थी। और मुझे पता है कि ऐसे अनेक समूहों को मिलाकर ही हम उस समाज का निर्माण कर पाएँगे जहाँ, कम से कम, जाति, लिंग या ऐसे अन्य दृश्यांतर के कारण कोई भी द्वितीय श्रेणी की भूमिका के साथ पैदा नहीं होगा।

अब मैं ख़ुद से या सार्वजनिक रूप से महिलाओं के किसी समूह के संपर्क में आने पर अजनबीयत महसूस नहीं करती। मुझे यह सहज और अच्छा लगता है।

मैं बराबर यह जानकर द्रवित और प्रेरित महसूस करती हूँ कि मेरे पास इस दुनिया में कितनी बहनें हैं जो मुझ जैसी ही हैं।

ये मेरी ख़ुद को पहचान पाने की, ख़ुद के साक्षात्कार की शुरुआत है, बस शुरुआत भर।

(आउटरेजियस एक्ट्स एंड एवरी डे रिबेलियंस, 1972)

अगर पुरुषों को मासिक धर्म होता

इस निबंध में स्टायनेम ने एक सबक दिया है : किसी शक्तिशाली समूह के पास जो भी होता है उसे अच्छा समझा जाता है, फिर इससे कोई फ़र्क़ नहीं पड़ता कि वह दरअसल है क्या, और जो कुछ भी किसी कमज़ोर समूह के पास होता है उसे अच्छा नहीं समझा जाता, कोई फ़र्क़ नहीं पड़ता कि अपने सहज आंतरिक रूप में वह गुण/वस्तु कितनी महान है। इसी तरह, मासिक धर्म स्त्रियों के शरीर में होनेवाली वह प्रक्रिया है जिसके लिए स्वाभिमानी व अपने शरीर पर गर्व करनेवाली महिलाओं को भी अक्सर शर्मिंदा किया जाता है, पर अगर पुरुषों में भी यह प्रक्रिया शुरू हो जाए तो अचानक ही इसे शानदार और महान समझा जाने लगेगा।

भूमिकाओं में की जाने वाली सभी प्रकार की अदला-बदली एक समानुभूति पैदा करती है और पक्षपात को सामने लाने का एक बेजोड़ तरीक़ा है, ख़ुद हम में और दूसरों में भी, क्योंकि इसके द्वारा सामान्य होने के चलते अदृश्य रहने वाले अन्यायों का ख़ुलासा हो पाता है। वास्तव में, पक्षपात जितना गहरा और कम दृश्यमान होता है, किसी जाति, धर्म, लिंग, वर्ग, प्रजाति, नस्ल, लैंगिकता, क्षमता, किसी के भी बारे में सामान्य रूप से स्वीकार्य मत/मतों पर यक़ीन करना उतना ही आसान कर देता है—और देखिये कि जब इसका स्थानांतरण दूसरे पर होता है तो यह सुनने में कैसा लगता है।

—रुचिरा गुप्ता

भारत में रहने के दौरान मुझे यह एहसास हुआ कि विश्व के एक गोरे अल्पसंख्यक समूह ने शताब्दियों तक हमारे मन में यह सोच डालकर हमें ठगा है कि सफ़ेद चमड़ी लोगों को श्रेष्ठ बनाती है, जबकि गोरी चमड़ी की ख़ासियत बस यह है कि उस पर पराबैगनी किरणों और झुर्रियों का प्रभाव अधिक पड़ता है।

फ्रॉयड को पढ़ते हुए मेरे मन में शिश्न ईर्ष्या को लेकर कई संदेह जागे। स्त्रियों में जन्म देने की क्षमता को देखते हुए मुझे लगता है कि 'गर्भाशय ईर्ष्या' अधिक तार्किक होगी, और इसके अलावा शिश्न जैसा बाह्य और अरक्षित अंग ज़रूर ही पुरुषों को बहुत असुरक्षित करता होगा।

लेकिन अभी हाल में एक महिला द्वारा अपने मासिक धर्म के अचानक शुरू हो जाने (जब वह एक सार्वजनिक मंच पर उत्तेजनापूर्ण बहस में लगी थी तब उसकी ड्रेस पर एक लाल धब्बा उभर आया) के वाक़िये को सुनते हुए मैं शर्मिंदगी के मारे ख़ुद को सिकुड़ता हुआ महसूस करने लगी। तब तक, जब तक उस महिला ने आगे यह नहीं बताया कि, अंततः जब फुसफुसाते हुए किसी ने उसे यह बताया तो उसने वहाँ उपस्थित भीड़, जिसमें सिर्फ़ पुरुष ही थे, से कहा कि "और आपको गर्व होना चाहिए कि इस वक़्त जो महिला आपके मंच पर खड़ी है वह मासिक धर्म से गुज़र रही है। यह शायद इस समूह के साथ वर्षों में हुई अकल्पनीय घटनाओं में से एक होगी!"

ठहाके फूट पड़े। उसने नकारात्मक को सकारात्मक में बदल दिया था। कुछ ऐसा हुआ कि उस महिला की कहानी भारत और फ्रॉयड की बातों में इस तरह घुल गई कि अंततः मैं सकारात्मक सोच की शक्ति को समझ सकी। किसी श्रेष्ठ समूह के पास जो भी है उसे उस समूह की श्रेष्ठता सिद्ध करने के लिए इस्तेमाल किया जाएगा और कमज़ोर समूह के पास जो भी होगा उसका इस्तेमाल उस समूह की दुर्दशा को सिद्ध करने के लिए किया जाएगा। अश्वेत पुरुषों को कम तनख़्वाह वाले काम दिए जाते थे क्योंकि यह माना जाता था कि श्वेत पुरुषों की तुलना में वे अधिक 'मेहनतकश' होते हैं, जबकि दूसरी ओर सभी महिलाओं को इसलिए कम योग्यता और तनख़्वाह वाली नौकरियाँ दी जाती थीं क्योंकि उन्हे पुरुषों की तुलना में 'कमज़ोर' माना जाता था। जब छोटे बच्चे से पूछा गया कि क्या तुम अपनी माँ की तरह वकील बनोगे तो उसने कहा, "ओह, नहीं वो तो औरतों वाला काम है।" तर्क का दमन से कोई लेना-देना नहीं।

इसलिए अगर किसी जादू से अचानक पुरुषों में मासिक धर्म शुरू हो जाए और स्त्रियों में बंद हो जाए, तो सोचो भला क्या होगा?

ज़ाहिर है कि, मासिक धर्म एक ईर्ष्या योग्य, गौरव करने लायक़ और पुरुषोचित घटना हो जाएगी।

पुरुष इस बारे में शेखी बघारेंगे कि उन्हें कितने दिनों तक और कितना रक्तस्राव हुआ।

नौजवान लड़के ईर्ष्या योग्य मर्दानगी की शुरुआत के दिनों में इस पर चर्चा करेंगे। तोहफ़े, धार्मिक संस्कार, पारिवारिक रात्रिभोज और कुँवारे लड़कों की अश्लील पार्टियों का आयोजन करके इसके होने के दिन को उत्सव के रूप में मनाया जाएगा।

प्रभावशाली वर्ग में काम के मासिक नुक़सान को रोकने के लिए कांग्रेस मासिक धर्म के दौरान होनेवाली ऐंठन के लिए एक राष्ट्रीय संस्था का वित्तपोषण करेगी। चिकित्सक दिल के दौरों के बारे में कम शोध करेंगे, जिसके प्रति पुरुष अपने हारमोन के कारण सुरक्षित हैं, बल्कि वे अपना सारा शोध इस ऐंठन पर केंद्रित कर देंगे।

मासिक धर्म के दौरान प्रयोग की जाने वाली सैनिटरी नैपकिन की आपूर्ति का ख़र्च संघ द्वारा उठाया जाएगा और यह मुफ़्त मिलेगी। निश्चित रूप से, इसके बावजूद कुछ पुरुष पॉल न्यूमैन टैम्पून, मुहम्मद अली के रोप-अ-डोप पैड, जॉन वेन के मैक्सी पैड और जो नामथ जॉक शील्ड–'कंवारेपन के उन हलके दिनों के लिए' जैसे व्यावसायिक ब्रांड के इस्तेमाल द्वारा अपनी प्रतिष्ठा सिद्ध करने के लिए रुपये ख़र्च करेंगे।

सांख्यिकीय आँकड़े दिखाएँगे कि मासिक धर्म के दौरान पुरुषों ने खेलकूद में बेहतरीन प्रदर्शन किया और कई सारे ओलम्पिक पदक जीतकर लाए।

सेनाध्यक्ष, दक्षिणपंथी राजनीतिज्ञ और धार्मिक रूढ़िवादी यह हवाला देंगे कि मेनस्ट्रूएशन (मेन-स्ट्रूएशन) इस बात का प्रमाण है कि सिर्फ़ पुरुष ही ईश्वर की खिदमत कर सकते हैं और अपने देश के लिए संघर्ष ('खून लेने के लिए आपको ख़ून बहाना भी पड़ता है') कर सकते हैं। पुरुष ही उच्च राजनीतिक पद ('क्या मंगल ग्रह के प्रभाव में होनेवाले मासिक धर्म के बग़ैर महिलाओं में वह तेजस्विता आ पाएगी?') पा सकते हैं, पुजारी हो सकते हैं, ख़ुद ईश्वर हो सकते हैं ('वह हमारे पापों के बदले यह ख़ून बहाएँगे'), या रब्बी बन सकते हैं ('अशुद्धियों के मासिक शुद्धिकरण के बग़ैर स्त्रियाँ निर्मल नहीं हैं')।

उदारवादी और सुधारवादी पुरुष इस बात पर अड़े रहेंगे कि स्त्रियाँ समान हैं, बस ज़रा अलग हैं; वे कहेंगे कि कोई भी स्त्री यदि मासिक धर्म के अधिकारों ('इसके अलावा और सब कुछ एकल मुद्दा है') की प्रमुखता को समझ ले या हर महीने ख़ुद को गंभीर रूप से घायल करके अपना ख़ून बहाये ('क्रांति के लिए ख़ून बहाना अनिवार्य है') तो वह उनके समान दर्जा पा सकती है।

गली के शोहदे इसके लिए भी वक्र भाषा ईजाद कर लेंगे (ये हर महीने तीन पैड इस्तेमाल करता है) और कोने में खड़े होकर, "वाह, आज तो तुम जम रहे हो!", "हाँ, यार, मेरे वो दिन चल रहे हैं!" जैसे संवादों पर तालियाँ पीटेंगे।

टीवी पर आने वाले कार्यक्रमों में इस विषय पर खुलकर चर्चा होगी। (हैप्पी डेज़ : रिची और पौट्सी फॉन्ज़ी को ये समझाने की कोशिश कर रहे हैं कि वह अब भी 'फॉन्ज़' ही है, हालाँकि यह अलग बात है कि उसे लगातार दो महीने मासिक धर्म नहीं हुआ। हिल स्ट्रीट ब्लूज़ : इस क्षेत्र के सभी लोगों का मासिक चक्र एक ही समय पर होता है।) अख़बार में भी ऐसी ही ख़बरें होंगी (गर्मियों में शार्क के भय से माहवारी से गुज़रते पुरुष डरे हुए हैं। बलात्कारी को माफ़ी देने के लिए जज ने मासिक धर्म का हवाला दिया।) और फ़िल्मों में भी ऐसा ही कुछ होगा (ब्लड ब्रदर्स में न्यूमैन और रेडफोर्ड!)।

पुरुष महिलाओं को इस बात के लिए राजी करने की कोशिश करेंगे कि महीने के उन दिनों में सेक्स सबसे आनंददायक होता है। समलैंगिक स्त्रियों के बारे में कहा

जाएगा कि उन्हें ख़ून से डर लगता है और इसीलिए जीवन से भी डरती हैं, हालाँकि उन्हें बस एक अच्छे पुरुष की ज़रूरत है जिसे मासिक धर्म होता हो।

मेडिकल विद्यालयों में स्त्रियों के प्रवेश पर रोक लगा दी जाएगी ('वे ख़ून देखकर बेहोश हो सकती हैं')।

निश्चित रूप से, बुद्धिजीवी सबसे नैतिक और तार्किक दलीलें देंगे। चन्द्रमा और ग्रहों का चक्र मापने की इस जैविक प्रतिभा के बग़ैर भला कैसे कोई स्त्री किसी भी ऐसे क्षेत्र में कुशलता प्राप्त कर सकती है जिसके लिए समय, स्पेस और गणित की समझ ज़रूरी है—या इसके बग़ैर वे किसी भी चीज़ को मापने का कौशल भी आख़िर कैसे सीख सकती हैं? दर्शन और धर्म में, ब्रह्मांड की लय से असंगत होने की कमी को कैसे पूरा करेंगी स्त्रियाँ? या हर महीने इस सांकेतिक मृत्यु और पुनर्जीवन की कमी को कैसे पूरा करेंगी?

रजोनिवृत्ति को एक महत्त्वपूर्ण उत्सव के रूप में मनाया जाएगा, जो इस बात का संकेत होगा कि पुरुषों ने कई वर्षों की चक्रीय बुद्धिमत्ता अर्जित कर ली है, इतनी कि उससे अधिक की ज़रूरत नहीं है।

हर क्षेत्र से उदारवादी पुरुष महिलाओं से अपनी सहानुभूति दिखाएँगे। वे कहेंगे, यह तथ्य कि 'इन महिलाओं' के पास जीवन के मापन की नैसर्गिक प्रतिभा नहीं है, ख़ुद में ही इनके लिए एक पर्याप्त दंड है।

और महिलाओं को इस पर कैसे प्रतिक्रिया करनी है इसका प्रशिक्षण दिया जाएगा। कोई भी कल्पना कर सकता है कि दक्षिणपंथी महिलाएँ एक कट्टर और मुस्कान पूर्ण परपीड़क भाव के साथ इन सभी विचारों से सहमत होंगी। ('समानता के अधिकार में हुआ संशोधन गृहिणियों को बाध्य करेगा कि वे हर महीने ख़ुद को ज़ख्मी करें' : फिलीस शालफ्लाई।[1] 'तुम्हारे पति का ख़ून उतना ही पवित्र है जितना यीशु का—और बहुत ही सेक्सी भी!' : मार्बल मॉर्गन[2]।) सुधारक और महारानियाँ अपने जीवन को अपने आसपास रहने वाले पुरुषों के मासिक धर्म के आधार पर संचालित करने लगेंगे। नारीवादी अनवरत यह चीखते रहेंगे कि जिस तरह महिलाओं को 'मासिक धर्म से ईर्ष्या' की बाध्यता से मुक्त होने की ज़रूरत है उसी तरह पुरुषों को भी मंगल की आक्रामकता से आज़ाद होने की ज़रूरत है। उग्र नारीवादी यह जोड़ देंगी कि मासिक धर्म से वंचित लोगों पर किया जाने वाला अत्याचार, अन्य सभी तरह के अत्याचारों के लिए नमूना है ('रात को मनुष्यों का ख़ून पीने वाले कल्पित भूत (वैम्पायर) दरअसल हमारे पहले स्वतंत्रता सेनानी थे!')। सांस्कृतिक नारीवादी कला और साहित्य में स्त्री के रक्तहीन काल्पनिक चित्र का प्रचार और सराहना करेंगे। समाजवादी नारीवादी इस बात पर अड़े रहेंगे कि एक बार पूँजीवाद और साम्राज्यवाद को परास्त कर देने पर, स्त्रियों में भी मासिक धर्म शुरू हो जाएगा। (वे समझाएँगे कि 'यदि रूस में अब तक स्त्रियों को मासिक धर्म शुरू नहीं हुआ है

तो इसका एकमात्र कारण यही है कि सच्चा समाजवाद कभी भी पूँजीवाद के घेरे में नहीं रह सकता।')

संक्षेप में, हम पाएँगे कि, जैसा हमें पहले ही अनुमान लगा लेना चाहिए था, तर्क हमेशा तर्क करनेवाले की आँखों में होता है। (जैसे कि, यहाँ सिद्धान्तवादियों और तर्कशास्त्रियों के लिए एक विचार है : यदि यह माना जाता है कि मासिक चक्र की शुरुआत में स्त्री विषयक हारमोन का स्तर उसके न्यूनतम पर पहुँच जाने के कारण स्त्रियाँ उस दौरान अधिक भावुक और कम तर्कशील होती हैं तो फिर भला यह कहना किस तरह से अतार्किक हुआ कि उन कुछ दिनों स्त्रियों का व्यवहार वैसा ही होता है जैसा व्यवहार पुरुष पूरे महीने करते हैं (आगे के ऐसे तात्कालिक उपाय और तर्क मैं आप पर छोड़ती हूँ।)।[3]

सच तो यह है कि यदि पुरुषों में मासिक धर्म होता तो इसके लिए एक से एक शक्तिशाली तर्क देकर इसे महान प्रक्रिया सिद्ध किया जाता।

अगर हम उन्हें यह करने देते।

(मूविंग बियॉन्ड वर्ड्स, 1978)

हिटलर यदि जीवित होते—तो वे किसका पक्ष लेते?

इस निबंध में स्टायनेम ने समग्र वर्गीकृत नेतृत्व के प्रति सहनशीलता अथवा उसके लिए इच्छा का विश्लेषण किया है, जो उस वाइमार गणतंत्र का एक प्रमाणचिह्न भी था जिसमें राष्ट्रीय समाजवाद पनपा, और ऐसी सभी लालसाएँ पारंपरिक दक्षिणपंथी दलों की ओर से ही नहीं आई थीं।

हमारी अपनी राष्ट्रीय स्थिति से असंतुष्टि—निर्धनों और धनवानों के बीच बढ़ती असमानता, निरंतर यौन हिंसा और महिलाओं और लड़कियों के बलात्कार की निरंतर घटनाएँ, रहने हेतु घरों की कमी, भोजन और ईंधन के दाम, निर्बलों और अधिकारहीनों के लिए क़ानून और व्यवस्था का पतन—को हमें, जो सामाजिक न्याय-प्रेमी-भारतीय हैं, इसकी अनुमति नहीं देनी चाहिए कि हम दक्षिणपंथी शब्दाडम्बर—वर्गीकरण द्वारा व्यवस्था के वचन—से मुग्ध हो जाएँ। आज के धार्मिक कट्टर दक्षिणपंथी, व्यक्ति के चुनाव करने के अधिकार के अंतर को राष्ट्र के थोपने के अधिकार द्वारा बदल सकते हैं—चाहे वह जो कपड़े हम पहनते हैं, जिन स्थानों पर हम जाते हैं, जो कार्य हम करते हैं, जो संपत्ति हम उत्तराधिकार में पाते हैं, जिन देवी-देवताओं की हम आराधना करते हैं अथवा नहीं करते हैं, या जिस व्यक्ति से हम विवाह करते हैं, इनमें से कुछ भी हो।

—रुचिरा गुप्ता

जैसे हिटलर ने *मीन काम्फ़* में लिखा, 'सच्ची आदर्शवादिता और कुछ नहीं बल्कि समाज के सम्मुख व्यक्तिगत रुचियों और जीवन की परवशता है... प्रजाति के परिरक्षण को सुरक्षित करने के लिए व्यक्तिगत अस्तित्व का बलिदान आवश्यक है।'[1]

हिटलर का राष्ट्रीय समाजवादी आंदोलन गर्भनिरोध, समलैंगिकता, कोई भी महिला जिसके जीवन का मूल उद्देश्य मातृत्व नहीं था, पुरुष, जिन्होंने कई बच्चों का पिता बनकर अपना पौरुष प्रमाणित नहीं किया हो, और अन्य कुछ भी, जो 'आर्यों' और जर्मन राष्ट्र को परिरक्षित और विस्तृत करने में असफल हुआ हो, इन सब के विरुद्ध प्रचार करता था और इनके लिए दंड देता था।

उन्होंने जिस नाज़ी सिद्धांत की रचना की, वह सुस्पष्ट रूप से सभी व्यक्तिगत अधिकारों का विरोध करता था। *मीन काम्फ़* में हिटलर ने लिखा : 'हमें इस अवधारणा को भी रद्द कर देना चाहिए कि देह के साथ होनेवाला हर सलूक व्यक्तिगत मामला है।'[2]

यह विचार उन्नीसवीं सदी के अंत और बीसवीं सदी के प्रारंभ में जर्मनी के नारीवादी आंदोलन पर सीधा तमाचा था, जो अन्य समस्याओं के अलावा तलाक़, गर्भनिरोध और गर्भपात के लिए—दूसरे शब्दों में, एक महिला द्वारा अपनी देह पर नियंत्रण रखने के अधिकार के लिए—एक प्रभावकारी दबाव था।

जर्मन नारीवादी दूसरे देशों में बसी अपनी बहनों के साथ न केवल इन लक्ष्यों पर सहमत थीं बल्कि उन्होंने पहले ही कुछ अधिक बड़ी सफलताएँ प्राप्त कर ली थीं। उदाहरण के लिए, उन्होंने 1918 में वोट डालने का अधिकार प्राप्त कर लिया था, जो प्रथम विश्वयुद्ध के बाद बनने वाले वाइमार संविधान के भाग के रूप में उन्हें प्राप्त हुआ था।

1926 तक नरमपंथी नारीवादियों ने राइचस्टाग में बत्तीस महिला प्रतिनिधियों का चुनाव कर लिया था। राइचस्टाग वह राष्ट्रीय संसदीय संस्था थी, जो राजनीतिक रूप से लोकतंत्र की इस अल्पकालीन बौछार का प्रतीक थी, ठीक वैसे ही जैसे उसे सांस्कृतिक रूप से महान जर्मन उपन्यासकारों, बाउहाउस और युद्धों के मध्य होनेवाले साहित्य और कला के विकास का प्रतीक माना जाता था (उसी युग में ब्रिटिश संसद में केवल पंद्रह महिला सदस्य थीं, और संयुक्त राष्ट्र कांग्रेस में महिलाओं की संख्या कुल मिलाकर तीन तक ही पहुँची थी)।

उग्र सुधारवादी जर्मन नारीवादियों ने भी उस रक्षात्मक क़ानून के विरुद्ध एकजुट होना प्रारंभ कर दिया था, जो महिलाओं को कई नौकरियों से दूर रखता था। साथ ही, उन्होंने अंतर्राष्ट्रीय लक्ष्यों जैसे कि दूसरे देशों में अपने प्रतिस्थानियों के साथ गठबंधन, विसैन्यीकरण और शांतिवादिता के लिए कार्य करना आरंभ कर दिया था।

जर्मन परिवार अधिक छोटे हो गए थे, विवाहित महिलाओं ने अपना वेतन अपने पास रखने का क़ानूनी अधिकार प्राप्त कर लिया था, और विवाहित और अविवाहित महिलाएँ दोनों ही वैतनिक श्रमिक शक्ति में अभूतपूर्व संख्याओं में भाग लेने लगी थीं।

कोई संदेह नहीं कि चूँकि ऐसे बदलाव रोज़मर्रा की जीवनशैलियों में प्रत्यक्ष थे और अपने संभावित प्रभाव में प्रगाढ़ थे, इन्हें उन लोगों द्वारा अक्सर नापसंद किया जाता था, जो पुराने पुरुष-श्रेष्ठता वाले, वर्गीकृत, 'अपरास्त' दिनों के लिए तरसते थे।

जैसे-जैसे बेरोज़गारी और मुद्रास्फीति बदतर हुई, विशेष रूप से नारीवादियों और व्यापक रूप से श्रमबल में महिलाओं को मार्क्सवादियों, यहूदियों और ऐसे सभी समूहों के साथ बलि का बकरा बनाया गया, जो जाति और लिंग पर आधारित शक्ति की आर्य धारणा को चुनौती देते थे।

दक्षिणपंथ के दबाव के कारण वाइमार गणतंत्र ने सरकारी नौकरियों के लिए विवाहित महिलाओं की पुरुषों के साथ प्रतिस्पर्धा करने पर रोक लगाना प्रारंभ कर दिया। उस दबाव और कम होती जन्म-दर से होनेवाले भय के कारण गर्भनिरोध तक पहुँच पर भी नियंत्रण लगा दिया गया। लेकिन नाज़ी पार्टी ने और अधिक वायदे किए, जो और भी बदतर थे।

मीन काम्फ़ में हिटलर ने व्याख्या की, 'जाति के परिरक्षण के कर्तव्य के समक्ष व्यक्तिगत स्वतंत्रता का अधिकार धुँधला पड़ जाता है।'[3] नाज़ी नेताओं ने कहा कि वे महिलाओं को वोट से वंचित नहीं करेंगे, लेकिन उन्होंने नारीवादियों, उदारपंथियों और समाजवादियों का मज़ाक़ उड़ाया, जो महिलाओं के साथ पुरुषों के समान व्यवहार करके उन्हें पुरुष बना रहे थे। महिलाओं के लिए उनकी अपनी प्रतिक्रिया 'gleichwertig aber nicht gleichartig' थी—अर्थात् 'समतुल्य लेकिन समान नहीं।'

एक दृढ़ पारिवारिक जीवन की ओर वापसी; महिलाओं की प्राथमिक पहचान एक माता के रूप में; अविवाहित रहने पर जुर्माना; अल्पवयस्क विवाहित जोड़ों के लिए ऋण और गर्भधारण करने पर अनुदान; वेश्यावृत्ति, समलैंगिकता, गर्भनिरोध और गर्भपात पर निषेध; ये सभी ऐसे दृष्टिकोण थे जिन पर रोमन कैथलिक चर्च, कैथलिक केंद्र पार्टी और नाज़ी पार्टी सहमत हो सकते थे और हुए भी। सच है, वे इस बात पर अत्यधिक असहमत थे कि किस पितृतंत्र की व्यापकता होनी चाहिए, चर्च की अथवा राष्ट्र की, लेकिन महिलाओं का स्थान और तानाशाह परिवार की आवश्यकता तो गठबंधन का एक साझा मंच, बंधन और कारण था।

जैसा ब्रिटिश इतिहासकार टीम मेसन ने लिखा : 'एक मूलभूत मुद्दे पर विभिन्न वर्गवादी स्वार्थों और कुलीन समूहों के बीच इस प्रकार की आंशिक अथवा स्पष्ट सर्वसम्मति नाज़ी राज की सबसे महत्त्वपूर्ण नीवों में से एक थी...नारी-अधिकारवादिता का विरोध राष्ट्रीय समाजवादिता का एक सूक्ष्म अथवा अवसरवादी अंग ही नहीं था, बल्कि उसका केंद्रीय भाग था।'[4]

चाहे नरमवादी हो अथवा उग्र सुधारवादी, नारीवादी संगठनों को तितर-बितर कर दिया गया। नारीवादी प्रकाशनों को या तो बंद कर दिया गया या नियंत्रित कर दिया गया। साथ ही, पारंपरिक महिला संगठनों जैसे इवैंजेलिकल महिला समिति अथवा जर्मन गृहिणियों की राष्ट्रीय समिति, को नाज़ी महिला समिति, फ्रौएनफ्रौंट, में स्वीकार करके सुदृढ़ किया गया। 1933 में क़ानून द्वारा नारीवादियों को शिक्षण और अन्य सरकारी पदों से हटा दिया गया : वही क़ानून जिसने सभी 'अनार्य' लोगों को ऐसी नौकरियों से हटाया था। सभी महिलाओं को, चाहे वे नारीवादी हों या न हों, राइचस्टाग से, न्यायिक और अन्य निर्णय लेने वाले पदों से हटा दिया गया।

श्रमिक शक्ति की आवश्यकता ने जितनी सीमा तक अनुमति दी, विवाहित महिलाओं को घर पर रहने और वैतनिक नौकरियों को पुरुषों के लिए छोड़ देने के

लिए या तो राज़ी कराया गया या बाध्य किया गया। प्रचारों में एक आदर्श महिला का चित्रण एक स्वस्थ, सुनहरे बालों वाली, बिना शृंगार किए हुए नारी के रूप में होता था; एक पवित्र और चुस्त कर्मी जब तक अविवाहित हो, जितनी जल्दी हो सके एक समर्पित पत्नी और माता बने। गर्भनिरोध के लिए पत्रिकाओं में विज्ञापनों को, जो बहुत प्रचलित हुआ करते थे, अश्लील (जैसे कई दक्षिणपंथी समूह आजकल सुझाते हैं) बताकर ग़ैरक़ानूनी घोषित कर दिया गया। गर्भनिरोध और गर्भपात क्लीनिकों पर ताले लगाये गए (जैसा कई गर्भपात-विरोधी समूह आजकल माँग कर रहे हैं)।

हिटलर के राज में गर्भपात का चुनाव करना तोड़-फोड़ के समान अपराध बन गया—एक ऐसा अपराध, जो महिला के लिए कड़ी मेहनत और कारावास, और गर्भपात करनेवाले के लिए संभावित मृत्युदंड द्वारा दंडनीय था। यह एक व्यक्ति द्वारा राष्ट्र के विरुद्ध किया गया कार्य था; वर्तमान रूढ़िवादी तर्क, जो हद दर्जे तक अतिशयोक्ति है, पर फिर भी उतना नहीं जितने निम्न वर्तमान रूढ़िवादी तर्क हैं कि महिलाओं को 'ईसा और चर्च' के लिए संतानें अवश्य जन्म देनी चाहिए; अथवा, जैसे सर्वोच्च न्यायालय ने 'वैध सरकारी स्वार्थ' के लिए ग़रीब महिलाओं को मेडिकेड द्वारा पोषित गर्भपात के चुनाव पर इनकार करने के पक्ष में निर्णय दिया।

जैसा हिटलर ने लिखा, 'राष्ट्र को स्वस्थ बच्चे देने से परहेज़ करने को अवश्य ही निंदनीय कार्य माना जाना चाहिए।'[5]

मुख्य शब्द, निश्चय ही, स्वस्थ था। चूँकि अनार्य 'जातीयता की दृष्टि से अशुद्ध' थे इसलिए अस्वस्थ भी। यहूदी, बंजारे, पोल लोगों और गंभीर विकलांगता और रोगों (उदाहरण के लिए, हिटलर सिफिलिस से अभिभूत था) से पीड़ित लोगों को प्रजनन करने से ऐसी विधियों द्वारा निरुत्साहित अथवा रोका जाता था जिनकी विविधता लिंगों के बीच पृथक्करण, धमकियों, श्रम शिविर और बलपूर्वक गर्भपात अथवा नसबंदी से लेकर नज़रबंदी शिविर में कारावास अथवा मृत्यु तक थी। विधि का चुनाव अधिकतर इस पर निर्भर करता था कि क्या और कब तक 'अस्वस्थों' की श्रमिकों के रूप में आवश्यकता थी। यह सुविधा पर भी निर्भर करता था। एक गर्भवती श्रमिक को गर्भपात के लिए बाध्य करने की तुलना में गैस द्वारा मारना सरल था।

मज़े की बात यह है कि हिटलर मृत्युदंड का समर्थन करते थे, 'उसके निवारक प्रभाव के कारण।'

तानाशाही के समर्थकों के बीच केवल यही तर्क है कि किस स्तर और किस प्रकार की पितृसत्तात्मक शक्ति सर्वोपरि होगी—राष्ट्रीय अथवा अंतर्राष्ट्रीय, धर्मनिरपेक्ष अथवा धार्मिक। लेकिन जिस पर सभी सहमत होते प्रतीत होते हैं, वह यह है कि पितृसत्तात्मक परिवार किसी भी तानाशाही का आधार और प्रशिक्षण स्थल है। यह जर्मनी के राष्ट्रीय समाजवादिता के लिए राष्ट्र की मूलभूत कोशिका (Keimzelle) थी। ईगल फोरम के अधिक मिश्रित दर्शनशास्त्र के अनुसार, यह केवल 'समाज की मूलभूत इकाई' है।

यदि हमें तानाशाही को उसके सभी रूपों में पहचानना हो तो हमें दबंग इकाइयों के तीन चरणों वाले आरोहण का अध्ययन करना चाहिए—'परिवार, राष्ट्र, ईश्वर के यथार्थ नियम।'

लेकिन परिवार के उस प्रथम स्तर पर—उसके भीतर महिलाओं के लिए किसी भी आत्मनिर्णय का प्रतिरोध—अधिकारवादी प्रवचन एक-जैसे सुनाई पड़ते हैं। उसी संदर्भ में, कई असैनिक स्वातंत्र्यवादी भी, जो राष्ट्र के विरुद्ध व्यक्तिगत अधिकारों को सँजोते हैं, राष्ट्र अथवा परिवार के भीतर महिलाओं के लिए व्यक्तिगत और समान अधिकार की गारंटी नहीं देंगे। पुरुष की अपनी व्यक्तिगत सत्ता है, परिवार उनकी मूलभूत सुरक्षा की इकाई है जिसमें राष्ट्र को हस्तक्षेप करने का कोई अधिकार नहीं है, और महिलाएँ कहीं नहीं हैं। यह ऐसा लगता है जैसे कि पुरुषों का एक मूलभूत अधिकार महिलाओं और परिवार पर प्रभुत्व रखना है।

यदि बाख की माता ने अपनी पाँचवीं अथवा छठी अथवा यहाँ तक कि बारहवीं संतान के बाद कहा होता 'इतने काफ़ी हैं, बहुत हो गया'—बाख की कृतियाँ तो कभी लिखी ही नहीं जातीं।

यह आख़िरी उद्धरण हाइनरिश हिम्मलर की ओर से आया है, जो एसएस के संस्थापक, सभी नज़रबंदी शिविरों के मुखिया और लेबेन्सबोर्न गृहों के आरंभकर्ता थे जहाँ आर्य गर्भवती महिलाओं को, जो अविवाहिता, परित्यक्ता थीं अथवा जिनकी अपने पतियों के बजाय प्रेमियों द्वारा संतानें होनेवाली थीं, प्रोत्साहित किया जाता था कि वे संतानों को जन्म दें जिनके बारे में हिम्मलर भयग्रस्त थे कि अन्यथा जिनका ग़ैरक़ानूनी रूप से गर्भपात करा दिया जाएगा। वे बच्चे को पास रखने का चुनाव कर सकती थीं और राष्ट्र द्वारा सहायता पा सकती थीं, अथवा सावधानी से मेल कराये गए सामाजिक पृष्ठभूमि वाले एक अच्छे आर्य परिवार को गोद देने के लिए छोड़ सकती थीं।

वे जो नहीं कर सकती थीं वह था संतान को जन्म न देने का चुनाव, और इस प्रकार पितृसत्तात्मक राष्ट्र की अवज्ञा करके प्रजनन के माध्यम, निज देह पर नियंत्रण हासिल करना।

प्रथम विश्वयुद्ध से पहले जर्मनी में जब अडॉल्फ़ हिटलर स्वयं एक बच्चे ही थे, उन्नीसवीं शताब्दी का नारीवाद पहले ही बहुत कुछ हासिल कर रहा था। उद्योगों, दफ्तरों और व्यवसायों में महिलाओं का होना विचित्रता नहीं रह गई थी, और नेता और प्रेस धीरे-धीरे उनके लक्ष्यों के प्रति अधिक सहानुभूतिशील होते जा रहे थे। अन्य अधिकतर पश्चिमी देशों में नारीवादी आंदोलनों से भिन्न यह आंदोलन यौन और आर्थिक समानता, विवाहित माता-पिता की संतानों के समान 'नाजायज़' संतानों को भी समान अधिकार, इस धारणा का अंत कि संतान का जन्म ही महिलाओं अथवा विवाह का एकमात्र उद्देश्य था, और एक 'नई नैतिकता' जिसे विवाह के भीतर और बाहर महिलाओं

और पुरुषों के लिए समान अधिकारों और महत्त्व की आवश्यकता थी, के लिए उग्र सुधारवादी नारीवादी माँगों को संगठन-संबंधी समर्थन दे रहा था।

साथ ही, अधिकतर सक्रिय प्रतिभागी महिलाएँ उन मुद्दों पर ध्यान केंद्रित किए हुई थीं, जो वोट डालने के अधिकार को प्राप्त करने की तुलना में अधिक तत्कालीन प्रतीत होते थे। समग्र बदलाव हमेशा अधिक से अधिक सुदूरवर्ती प्रतीत होता है, और प्रथम विश्वयुद्ध से पहले जर्मनी में संसदीय लोकतंत्र एक बहुत ही नवीन और सीमित संभावना थी, लेकिन जर्मन नारीवादियों ने वेश्यावृत्ति (इसके ग़ैरक़ानूनी घोषित होने से पुलिस द्वारा वेश्यालयों को सुरक्षा देना अथवा चलाने का जाना-पहचाना परिणाम निकला था) को अपराध न घोषित करने के अपने अभूतपूर्व अभियान के लिए जन समर्थन प्राप्त कर लिया था, और यह तर्क कि 'आधुनिक राष्ट्र की क्षमता...अपनी देह पर व्यक्ति की स्वतंत्रता को परिरक्षित करने की आवश्यकता द्वारा सीमित है,' देकर गर्भपात को आपराधिक कोड से पूर्ण रूप से निकाल देने के सावधानी से किए गए प्रचार के प्रयास में लगभग सफल हो गए।

यौन जाति-व्यवस्था की इस चुनौती को जर्मन समाज के अधिक कृषि-संबंधी, धार्मिक और सैन्य भागों से अत्यधिक विरोध का सामना करना पड़ा, साथ ही कुछ सुधारवादी अथवा धार्मिक महिलाओं से दुराव का भी, जो राष्ट्रीय संगठनों के उग्र सुधारवादी नारीवादी नेताओं की जगह उनको लाने के लिए काम करते थे, जो महिलाओं को अधिक (लेकिन समान नहीं) अधिकार देने के कारणों के रूप में मातृत्व और 'श्रेष्ठतर नैतिकता' का उल्लेख करते थे। घटती हुई जन्म-दर के लिए राष्ट्रीय जुनून ने नवीन डार्विन के सिद्धांत, जो किसे प्रजनन के लिए प्रोत्साहित किया जाना चाहिए और किसे नहीं, के बारे में थे, ने संयुक्त रूप से इन नारीवाद विरोधी सुधारकों को प्रोत्साहित किया कि वे शिक्षा और अन्य अधिकारों की अपनी न्यायसंगतता के रूप में स्वस्थ जर्मन मातृत्व का उल्लेख करें।

फिर भी, 1900 के प्रारंभिक दौर में सक्रिय कार्यकर्ता अभियान की लगभग अर्धशती के अंत के समीप नारीवादियों के विचारों में बदलाव आते जा रहे थे और जन विद्वेष को उखाड़ा जा रहा था। अर्थात यह जारी रहा जब तक कि 1912 में नारी प्रतिस्पर्धा से चिढ़े हुए सैन्य अफसरों, रूढ़िवादी नेताओं, जातिवादी अनुवांशिकी वैज्ञानिकों और शिक्षकों (सब के सब, जैसा प्रेस ने ध्यान किया, अज्ञात अथवा इतने पुराने और अनुपयोगी थे कि 'जीवंत मृतों में' गिने जाने वाली प्रतिष्ठा के सहभागी थे) ने 'लीग फॉर द प्रिवेंशन ऑफ़ द इमैंसिपेशन ऑफ़ वीमेन' का गठन किया।

पहली बार, एक संगठित नारीवाद विरोधी समूह समानता-विरोधी प्रचार कर रहा था। जर्मन रूढ़िवाद और नारीवाद की सफलताओं को श्रद्धांजलि के रूप में 'विरोधी-लीग़' ने नारीवाद विरोधी एक घोषणापत्र जारी करने की बाध्यता अनुभव

की। इसकी प्रथम कांग्रेस की एक प्रेस रिपोर्ट में एक कट्टर दक्षिणपंथी अभिजात वर्ग के व्यक्ति ने व्याख्या की : 'जर्मन साम्राज्य रक्त और लोहे से बनाया गया। वह पुरुषों का काम था! यदि महिलाओं ने सहायता की, [वे] युद्ध में अपने पुरुषों के पीछे खड़ी हुईं और जितने संभव हो सकें उतने शत्रुओं को मारने के लिए उन्हें जोश दिलाया (जोश भरी तालियाँ)।'

1913 तक विरोधी-लीग ने पुरुष क्लर्कों के एक सफ़ेदपोश संघ का समर्थन हासिल कर लिया था, जो निश्चित थे कि यहूदी, निचले वर्ग और 'व्यवसाय में नारी तत्त्वों की घुसपैठ' उनकी नौकरियाँ ले जा रहे थे। संघ नेताओं ने नारीवादियों की 'पुरुष-महिला', 'पतित' और 'विकृत' कह कर निंदा की।

1914 में विरोधी-लीग ने एक अंग्रेज मताधिकार-विरोधी, लेडी ग्रिसेल्डा चीप—शायद अपने समय की फ़िलिस शैलफ़्लाई—को बर्लिन में भाषण देने और देश का दौरा करने के लिए आयात किया।

यद्यपि नारीवादी इस बात पर भिन्नमत थे कि इस चुनौती को गंभीरता से लिया जाए अथवा अनदेखा किया जाए (कई लोग सोचते थे कि यह इतना बेतुका है कि अनजाने में फ़ायदेमंद भी हो सकता है), इसके नारी-घृणा के मूल विषय ने पितृसत्तात्मक समाज के दिलों को गहराई से छुआ। विरोधी-लीग जैसे समूहों में कभी भी बहुत ज़्यादा सदस्य नहीं थे (जैसे 1970 में बने ईगल फोरम अथवा बील नारियाँ और अन्य समानता-विरोधी समूहों में नहीं थे), लेकिन उन्होंने आधुनिक जीवन में सब कुछ जो कठिन था उसके लिए नारीवादियों को विशेष रूप से और क्रियाशील महिलाओं को व्यापक रूप से खुले आम बलि का बकरा अवश्य बनाया। यह ऐसा कुछ था जिस पर सेना, चर्च और अन्य परंपरावादी सहमत हो सकते थे, तब भी जब वे किसी अन्य बात पर सहमत नहीं हो पाते थे।

महिलाओं के इतिहास को गंभीरता से लेने वाले थोड़े-से पुरुष विद्वानों में से एक, रिचर्ड एवंस ने द *फेमिनिस्ट मूवमेंट इन जर्मनी* में व्याख्या की : 1894-1933, (पुस्तक/लेख?) 'ये नारीवाद-विरोधी तर्क इस विश्वास पर आधारित थे कि जर्मनी देश के भीतर और बाहर से बढ़ते हुए विद्वेष और संकट के अधीन था... महिलाओं के आंदोलन नए विभाजन उत्पन्न कर रहे थे... परिवार को नष्ट करके... विवाहित महिलाओं को नौकरियाँ करने के लिए प्रोत्साहित करके, अविवाहित माताओं को समर्थन देकर, और सामान्य तौर पर महिलाओं को आत्मनिर्भर बनने के लिए प्रेरित करके। यह विवाह को निरुत्साहित करके [साथ ही, परिवार नियोजन को बढ़ावा देकर और उससे जन्म-दर को घटाकर] जर्मनी की अंतर्निहित सैन्य शक्ति को विपत्ति में डाल रहा था। यह लिंगों के सुनियोजित समीकरण के लिए प्रचार करके और महिलाओं को वह सब कुछ करने के लिए जिनके लिए वे अनुपयुक्त थीं, उकसा कर प्रकृति का उल्लंघन कर रहा था। यह भाव से अंतराष्ट्रीय और देशद्रोही था'।[6]

दूसरे शब्दों में, प्रथम विश्वयुद्ध के पश्चात् जर्मन-विरोधी, विनाशक के रूप में नारीवाद के विरुद्ध उत्तरकालीन नाज़ी प्रचार—और, इसलिए, एक कम्युनिस्ट-यहूदी षड्यंत्र का प्रत्यक्ष उत्पाद—हिटलर अथवा राष्ट्रीय समाजवाद के दर्शनशास्त्र द्वारा नहीं खोजा गया था। महिलाओं को 'बच्चे, भोजन बनाना, चर्च' ('Kinder, Küche, Kirche') की ओर वापस भेजने और एक तानाशाह समाज के मॉडल के रूप में पुरुष-प्रधान परिवार को बहाल करने की हिटलर की प्रतिश्रुति एक निवेदन था उस धार्मिक और अन्य कट्टर दक्षिणपंथी असंतोष को, जो बीसवीं सदी के आरंभ से उपस्थित था। सच है, प्रथम विश्वयुद्ध के दौरान और बाद में जर्मनी के अपमान के कारण वह असंतोष गहरा बनकर कड़वाहट बन गया था, लेकिन पुरुष सर्वोच्चता और 'पितृभूमि' को बहाल करने के पूर्वज प्रत्यावर्ती तत्त्व पहले से उपस्थित थे। इसके लिए बस एक ऐसे राष्ट्रीय नेता की ज़रूरत पड़ी जो ऐसी इच्छाओं को बढ़ावा देने का इच्छुक था, जिसने उस पार्टी के मंच की प्रतिष्ठा को इससे जोड़कर इस मुद्दे को साधा जिसमें उस नेता की भूमिका एक मुख्य भावनात्मक आधार वाली थी।

हिटलर ने उत्तराधिकार में प्राप्त धन और शक्ति (अतः, उनका 'समाजवाद') के और साथ ही शक्तिशाली यहूदियों के 'अंतराष्ट्रीय षड्यंत्र' के विरुद्ध स्वयं को निम्न वर्गों के एक उत्साही समर्थक के रूप में प्रस्तुत किया। स्वयं एक श्रमजीवी वर्ग से आने वाले हिटलर ने उच्च वर्ग की श्रेष्ठता के बदले में जातीय श्रेष्ठता को ला खड़ा किया और इस प्रकार स्वयं शिखर पर होने के अपने अधिकार को जायज़ ठहराया। मौलिक पुस्तकों जैसे द *नाज़ी प्राइमर* ने कड़ी मेहनत और प्रतिभा पर यह कहकर ज़ोर दिया कि यही वे विधियाँ हैं जिनके द्वारा कोई भी सच्चा जर्मन—अर्थात् कोई भी आर्य-जर्मन—सफल हो सकता है (अतः, 'राष्ट्रीय समाजवाद')।

म्यूनिख में व्याप्त दुराचरण से क्षुब्ध एक वास्तुकला का भावी दमित छात्र; एक शाकाहारी, जो न सिगरेट पीता था और न ही शराब और सुशील जर्मन लड़कियों पर कल्पित यौन आक्रमण के प्रति आसक्त था (यद्यपि तभी जब आक्रमण 'काले बालों वाले यहूदी नौजवान द्वारा हो [जो] शिकार की ताक में रहता है', जैसा हिटलर ने *मीन काम्फ़* में लिखा); एक अप्रसिद्ध और नाराज़ श्रमिक, जो अमीर और शक्तिशाली द्वारा शोषित अनुभव करता था—ऐसे थे अडॉल्फ़ हिटलर जब उन्होंने शहर के बियर हॉल्स और श्रमिकों के क्लब्स में प्रवेश किया। उनकी भावोत्तेजक भाषण देने की प्रतिभा ने बदला लेने के सपनों पर लगे तालों को खोल दिया।

बुराई केवल वक़्त में पीछे मुड़कर देखने से ही समझ आती है। यह याद रखने की आवश्यकता हे कि हिटलर, अमीर और अभिजात के विरुद्ध साधारण जनता के उत्साही समर्थक, अक्सर निस्स्वार्थी और मनोहर लगते थे। 'मेरा अभिनन्दन करने के लिए फ्यूरर हाथ आगे बढ़ाये हुए आते हैं', पेरिस-सोआर की एक महिला

पत्रकार ने 1936 में लिखा। 'मैं आश्चर्यचकित और भौचक्की हूँ उनकी आँखों के नीलेपन से, जो फ़ोटोग्राफ़्स में भूरी लगती हैं, और मुझे सच्चाई अधिक पसंद है—चेहरा जो बुद्धिमत्ता और ऊर्जा से भरा है और जो चमक उठता है जब वे बात करते हैं। इसी क्षण, मैं उनके चमत्कारी प्रभाव को समझ रही हूँ...और जनता पर उनकी शक्ति को।'

साक्षात्कार लेने वाली के एक महिला होने के कारण उसके द्वितीय श्रेणी के दर्जे के संदेश को चाशनी में लपेटकर अच्छा बनाया गया और यह राष्ट्रीय समाजवाद के अनार्यों के विवरण के तुल्य था : 'गुणवत्ता में सच्चा अंतर नहीं है, बल्कि प्रकार में अंतर है।'

''मैं महिलाओं को पुरुषों की तरह वही अधिकार देता हूँ, लेकिन मुझे नहीं लगता कि वे समरूप हैं,'' हिटलर ने प्रसन्नतापूर्वक व्याख्या की, ''जीवन में महिला पुरुष की संगिनी है। उस पर उन कार्यों का बोझ नहीं लादा जाना चाहिए जिनके लिए पुरुष को बनाया गया था। मैं किसी महिलाओं के बटालियन की संभावना पर भी विचार नहीं कर सकता...महिलाएँ समाज-सेवा के लिए अधिक उपयुक्त हैं।''

चाहे कितनी भी चाशनी चढ़ायी जाए, तानाशाही के प्रत्येक स्वरूप का प्रारंभ किसी समूह द्वारा शक्ति पर अधिक अधिकार के विश्वास से ही होता है, चाहे वह अधिकार लिंग, जाति, वर्ग, धर्म, अथवा सभी चारों द्वारा उचित सिद्ध किया गया हो। चाहे जितनी भी दूर तक यह फैल जाए, प्रगति अनिवार्य रूप से असमान शक्ति और परिवार में वायुरुद्ध भूमिकाओं पर टिकी होती है।

''यदि पुरुष की दुनिया राष्ट्र बताई जाती है...[नारी की] दुनिया उसका पति, उसका परिवार, उसके बच्चे, और उसका घर है... प्रत्येक बच्चा जिसे एक नारी दुनिया में लाती है एक युद्ध है, उसके लोगों के अस्तित्व के लिए लड़ा जाने वाला एक युद्ध...यह सच नहीं है...कि सम्मान लिंगों के कार्यवृत्तों के अतिच्छादन पर निर्भर करता है; यह सम्मान माँग करता है कि किसी भी लिंग को वह करने का प्रयास नहीं करना चाहिए जो दूसरे के वृत्त का भाग होता है,'' सितम्बर 1934 में हिटलर ने राष्ट्रीय समाजवादी महिला संगठन के भाषण में कहा।

यदि हम अपनी सबसे प्रारंभिक, सबसे अंतरंग दुनिया में अपने परिवार के सदस्यों के बीच शक्ति के अंतर को लेकर संवेदनहीन हो जाते हैं, तो अन्य सभी वर्गीकरणों को स्वीकार करना कितना सरल हो जाता है ? यदि एक लिंग अधिक शक्ति के साथ जन्म लेता है, तो एक जाति क्यों नहीं ले सकती ? यदि महिलाओं को अपनी पसंद के पुरुषों से विवाह करने और संतानें पैदा करने की अनुमति दे दी जाए, तो जाति और वर्ग को 'शुद्ध' कैसे रखा जा सकता है ? यदि एक पुरुष को अपने तले अपनी पत्नी और बच्चों पर हुक्म चलाने की अनुमति नहीं दी गई, तो वह उस हुक्म को कैसे सहन करेगा, जो उसे ऊपर से अवश्य स्वीकार करना है ?

" 'महिलाओं का उद्धार' नारा यहूदी बुद्धिजीवियों द्वारा खोजा गया था...हमारे राष्ट्रीय समाजवादी महिला आंदोलन का वास्तव में केवल एक तथ्य है," हिटलर ने अपने 1934 के भाषण में महिलाओं से कहा, "और वह तथ्य है बच्चा।" *मीन काम्फ़,* जिसकी एक प्रति जर्मनी में प्रत्येक नवविवाहित जोड़े को उपहार में दी जाती थी, में उन्होंने लिखा, 'जिस प्रकार [यहूदी] स्वयं सुनियोजित ढंग से महिलाओं और लड़कियों को नष्ट करता है...उसे देखते वे यहूदी ही थे और हैं जो नीग्रोज़ को राइनलैंड में लाते हैं...आवश्यक रूप से प्रेरित होनेवाले नाजायज़ीकरण द्वारा घृणित श्वेत जाति को नष्ट करते हुए...[स्वयं] को उसका स्वामी बनाकर ऊँचा उठते हुए।"[7]

यह विश्वास कि पुरुषों को महिलाओं को अवश्य नियंत्रित करना चाहिए—यदि पुरुषों को जाति और वर्ग विभाजनों को बनाए रखना है, राष्ट्र के लिए श्रमिकों और सैनिकों की आपूर्ति को नियंत्रित करना है, और अपने स्वयं के बच्चों पर स्वामित्व रखना है—अन्याय की वह जड़ है जहाँ से बुराई के ये सभी पुष्प प्रस्फुटित होते हैं।

सत्तर साल पहले महिलाओं की स्वतंत्रता के लिए निवेदन करते समय एक जर्मन नारीवादी ने कहा, "महिलाओं का दर्जा हमेशा गिराया जाता रहा है—संवेदनहीन ढंग से, यदि जान-बूझकर न हो तो भी—एक संतान को जन्म देने वाली मशीन के स्तर तक, गर्भ में रहते हुए ही उसकी संतानों को राष्ट्र की संपत्ति मान लिया जाता है।" दूसरे ने ग़ुस्से में कहा, "यदि हम महिलाएँ यहाँ अपने लिए, अपने दायित्व के लिए एक आवाज़ न उठाएँ, जीवन के सभी कार्यों में सबसे अधिक नारीसुलभ कार्य के लिए, जो कि 'जीवन देना' है, यदि हम स्वयं को केवल तोप के गोलों के भोजन के अनैच्छिक उत्पादक के रूप में माने जाने के विरुद्ध आवाज़ न उठाएँ, तो मेरी राय में हम कुछ और माने जाने की योग्यता नहीं रखते!"

हिटलर के जर्मनी में कई महिलाओं ने उनकी यौन जाति-व्यवस्था के विरुद्ध और साथ ही यहूदी-विरोध, सजा के तौर पर कई पुरुषों ने जिसे भुगता था, और जो, एक अन्याय के रूप में बेहतर जाना जाता था, के विरुद्ध खुले आम आवाज़ उठाई। "यहूदियों और महिलाओं के विरुद्ध लड़ाई में राष्ट्रीय समाजवाद बड़ा बन गया है," जर्मनी के सबसे बड़े नारीवादी संगठन के एक नेता ने कहा, "आज, मैं संघर्ष के समर्थन में हूँ।"

हिटलर द्वारा परिवार नियोजन चिकित्सालय बंद करा दिए जाने के विरुद्ध कई लोगों ने सड़कों पर प्रदर्शन किए, एक कार्य जिसे एक जर्मन नारीवादी, जो अब इस देश की एक निवासी हैं, 'पहली चीज़ जो हिटलर ने की' के रूप में याद करती हैं। गर्भपात का व्यक्तिगत अधिकार इतना दबाया गया था कि जिन महिलाओं का गर्भस्राव हो जाता था उनको भी यह प्रमाणित करना पड़ता था कि उन्होंने गर्भपात कराने का प्रयास नहीं किया था वरना आपराधिक अभियोग का ख़तरा उठाना पड़ता था।

दूसरी सक्रिय प्रतिभागी महिलाओं ने कम 'राजनीतिक' बनकर, शुष्क 'तथ्यात्मक सुधारों' द्वारा अपने विरुद्ध नाज़ी आक्षेप से लड़कर, अथवा यहाँ तक कि आर्य महिलाओं को प्रभावी पदों पर लाने के लिए जहाँ वे भीतर से सुधार ला सकें, हिटलर के अपने जातिवादी तर्कों का प्रयोग करके, अपने संगठनों को बचाने का असफल प्रयास किया।

जर्मनी में यहूदी महिलाएँ न केवल महत्त्वपूर्ण नौकरियों से हटा दी गई थीं बल्कि अक्सर अपने गैर-यहूदी पतियों अथवा मित्रों द्वारा छोड़ दी गई थीं। पहले उन्हें विवाह अथवा संतान को जन्म देने से निरुत्साहित किया गया, फिर दोनों से निकल जाने के लिए बाध्य किया गया। अंततः, उन्हें बाध्य श्रमिक के रूप में प्रयोग किया गया अथवा नज़रबंदी शिविर में भेज दिया गया (रावंसबुक्क, जो केवल महिलाओं के लिए एक शिविर था, अधिकतर नाज़ी 'चिकित्सीय परीक्षणों' का स्थान भी था। यद्यपि यहूदी पुरुष समरूप अत्याचार अन्य स्थानों पर सहते थे। आर्य पुरुष चिकित्सक उन शरीरों से, जो इतने भिन्न और तिरस्कृत थे, अलग होने में अधिक योग्य प्रतीत होते थे)।

इतने में हिटलर ने अनुमान किया कि महिलाएँ उनकी सैन्य छवि से आकर्षित थीं अथवा होनी चाहिए थीं। उनके अविवाहित रहने का आंशिक कारण महिला अनुगामियों की निष्ठा और रूमानी कल्पनाओं को प्रेरित करना था (एकांत में उन्हें यह कहते हुए पाया गया कि वे संतान नहीं करेंगे क्योंकि उनका कोई भी पुत्र, आंशिक रूप से एक महिला का उत्पाद होने के कारण, उनके जैसा महान नहीं हो सकेगा)। यद्यपि कुछ राष्ट्रीय समाजवादियों ने दावा किया कि 'यह महिलाओं का वोट ही था जिसने हिटलर को विजय दिलाई', वह वर्तमान तर्क से अधिक सच्चा नहीं है कि महिला वोटर्स ने ईआरए को हराया। 1925 से 1934 तक जर्मनी के राष्ट्रपति हिंडनबर्ग को महिलाओं के वोट हिटलर से अधिक प्राप्त हुए, संख्या और प्रतिशत दोनों में।

लेकिन कुछ महिलाओं ने राष्ट्रीय समाजवाद के लिए वोट तो किया। ये अधिकतर युवतियाँ थीं, जो भूतपूर्व नारीवादी संघर्ष के बारे में थोड़ा अथवा कुछ भी नहीं जानती थीं, और हिटलर के जर्मन नारीत्व की नायिका-देवी छवियों की कल्पित कथा से उत्तेजित थीं। अन्य महिलाएँ बहुत कम वेतन पाने वाली श्रमिक और गृहिणी बनने की बजाय सिर्फ़ गृहिणी बनकर घर पर रहना चाहती थीं। उधर, कई और महिलाएँ हिटलर की प्रत्येक युवती के लिए एक वर के वायदे द्वारा आकर्षित थीं, एक लुभावना पर शायद असम्भाव्य प्रचारात्मक वायदा, एक ऐसे देश में जहाँ प्रथम विश्वयुद्ध ने पुरुष जनसंख्या को बहुत कम कर दिया था।

विडम्बनात्मक रूप से महिलाओं के पारंपरिक कार्यभार और किसी पुरुष, राष्ट्रीय समाजवादी भी सम्मिलित, से कोई सहायता लेने के बारे में संदेह ने कई महिलाओं

को नाज़ी सहभागिता से बचा लिया। 'जर्मन महिलाओं का समूह सुनियोजित नहीं होना चाहता था,' इतिहासकार जिल स्टीफेंसन ने लिखा, 'और घर से बँधी गृहिणी को, विशेष रूप से 'राष्ट्र के लिए महिलाओं के कार्य' में, शामिल करने के प्रयासों के विरुद्ध उनके निष्क्रिय प्रतिरोध ने यह निश्चित कर दिया कि नाज़ी महिला संगठन एक अल्पसंख्यक मामला रहे।'

इस बारे में कोई संदेह नहीं हो सकता है कि हिटलर का विरोध करने में नारीवादी अधिक प्रभावकारी हो सकती थीं यदि उनके पास स्थानीय केंद्र होते जैसे कि चर्चों के पास थे, अथवा कार्य समुदाय होते जैसे यूनियनों के पास थे, अथवा एक अंतर्राष्ट्रीय नेटवर्क होता जो दोनों के पास था।

वास्तविकता यह थी कि उनके प्रमुख संगठन सार्वजनिक बैठकों के स्थानों और संचारों पर आश्रित थे, इसलिए उन्हें सरलता से ग़ैरक़ानूनी घोषित कर दिया गया अथवा उन पर क़ब्ज़ा कर लिया गया। और विरोधियों की सरल, प्रबल भावुकता से उनके विविध, बहु-समस्याओं वाले दृष्टिकोण का कोई मेल नहीं था। 'जबकि महिलाओं के उद्धार का अभियान,' इतिहासकार टीम मोरिसन ने व्याख्या की, 'विभिन्न आंशिक लक्ष्यों और राजनीतिक दृष्टिकोणों वाले छोटे और सामान्यत: असंगठित समूहों के एक बहुत विस्तृत परिसर द्वारा प्रचारित [किया गया था], पुरुषों की श्रेष्ठता को बहाल करने के अभियान को एक अपेक्षाकृत सरल एकल समस्या के रूप में दिखाया जा सकता था और अतुलनीय रूप से अधिक शक्ति वाले एक एकल राजनीतिक आंदोलन द्वारा पहले ही प्रारंभ किया जा सकता था।'[8]

परिणाम पुरुषों के लिए और साथ-साथ महिलाओं के लिए दुखद था, केवल जर्मनी में ही नहीं, बल्कि जर्मन प्रसार द्वारा नष्ट किए गए प्रत्येक क्षेत्र में। एक तानाशाह समाज की मूलभूत इकाई के रूप में पितृसत्तात्मक परिवार को चुनौती देने में और उसके प्राधान्य को व्यक्तिगत अधिकारों द्वारा बदल देने के प्रयास में नारीवादी स्त्रियाँ वस्तुत: अकेली थीं, और इसलिए, लोकतांत्रिक परिवारों की संभावना में भी अकेली थीं। कई शक्तिशाली धार्मिक समूहों ने हिटलर के परिवार और महिलाओं के लिए दृष्टिकोण का समर्थन किया—और इसके कारण राष्ट्रीय समाजवाद के शीघ्र विकास का समर्थन किया। सच है, वे चर्च पर राष्ट्र की सर्वोच्चता पर असहमत थे—एक परिवृद्धि, जो Kinder, Küche, Kirche के बाद आई—लेकिन तब तक बहुत देर हो चुकी थी। यहाँ तक कि उदारपंथी, उग्र सुधारवादी और श्रमिक संघ जिन्होंने बाज़ार और वोटिंग बूथ्स में महिलाओं के अधिकारों का समर्थन किया था, उन्होंने परिवार के द्वार पर उस समर्थन को छोड़ दिया।

जैसा जर्मनी में हुआ, उनके बीच में भी एक अशांत कर देने वाली समानता है, वे जो पारंपरिक परिवार को लागू करना चाहते हैं, और वे, जो बढ़ा हुआ सैन्य व्यय और दुनिया के प्रति एक अधिक झगड़ालू प्रवृत्ति चाहते हैं। सबसे अधिक बेचैन

करनेवाली बात यह है कि यही समानता ऊँचे स्तरों पर पाई जाती है। रोनाल्ड रेगन को एक राजनीतिक कार्टून में एक वेस्टर्न टोपी में यह कहते हुए दर्शाया गया : 'प्रत्येक खोल में एक बंदूक, प्रत्येक घर में एक गर्भवती महिला। अमेरिका को दोबारा पुरुष बनाइये।' यह नारीवाद-विरोधी और सैन्यवाद के बीच की कड़ी का उत्कृष्ट संक्षिप्तीकरण था।

यह सब कुछ काफ़ी जाना-पहचाना लगता है। लेकिन कम से कम हम जानते हैं कि नारीवाद का एक इतिहास है। किसी भी चिरस्थायी लोकतंत्र की मुख्य शिला यही है।

(आउटरेजियस एक्ट्स एंड एवरीडे रिबेलियंस,1980)

रुथ का गीत
(क्योंकि वह इसे गा नहीं सकीं)

स्टायनेम ने यह निबंध अपनी माँ की मृत्यु के कुछ ही दिनों बाद लिखा था। अपनी माँ के बारे में लिखते समय उन्होंने अपनी माँ की निजी कहानी को एक ऐसी कहानी में तब्दील किया जो बहुत सारे ऐसे लोगों की साझा कहानी हो सकती है जिन्हें अपनी योग्यताओं/प्रतिभाओं के उपयोग की अनुमति नहीं दी गई, और इसी वजह से वह हमें एक ऐसे अनहुए के लिए उदासी में छोड़ गईं जिसे कि होना चाहिए था। उनके सपनों के प्रभाव की छाया में हममें से बहुतों द्वारा उनके अनजिये जीवन को ख़ुद जिया जा रहा है। लेकिन यहीं पर एक अन्य सवाल भी है जिसके जवाब का कोई उपाय एक बेटी के पास नहीं है : कि उसकी माँ का जीवन कैसा होता यदि वह स्टायनेम के बाद जन्म लेती ?

—रुचिरा गुप्ता

सुख में या दुख में, सभी परिवार रहस्यमय होते हैं। हमारे पास इस बात की सिर्फ़ कल्पना ही हो सकती है कि हमें हमारी मृत्यु के बाद उन्हीं पारिवारिक सदस्यों के द्वारा, जो ऐसा यक़ीन करते हैं कि वो हमें जानते हैं, कितने अलग नज़रिए से देखा और समझा जाएगा। एक अकेला प्रश्न यही है : कि क्यों कुछ रहस्य अन्य रहस्यों से अधिक महत्त्वपूर्ण होते हैं ?

हमारे परिवार में, मेरे अंकल एड का भाग्य ऐसा ही एक महत्त्वपूर्ण रहस्य था। हमने वर्षों इस बात को आँकने में लगाए कि आख़िर वह क्या बात थी जिसने एक बेहतरीन इलेक्ट्रिकल इंजीनियर को एक क़स्बे के हरफनमौला मेकैनिक-भर में तब्दील करके रख दिया ? वह क्या था, जिसने मेरी याद में बसे उस शानदार लिंकन शैली के एक ऐसे विद्यार्थी को, जिसे उसके सहपाठियों ने 'बेहतरीन पोशाक पहनने वाला' की उपाधि दी हो, इस क़दर एक दुबले-पतले और दढ़ियल इनसान में बदल दिया ? क्यों उन्होंने एक 'विशिष्ट (कुलीन)' वर्ग और धर्म की अपनी पहली पत्नी और छोटे-से बेटे को छोड़ दिया था, और एक कम शिक्षित 'ख़राब' वर्ग एवं धर्म की स्त्री से विवाह कर लिया था, और अपने दूसरे परिवार के साथ एक वीरान हवाई पट्टी के

पास वाले घर में रहने लगे; एक ऐसा घर जिसकी दीवारों पर हवा को रोकने के लिए धातु की चिप्पियाँ लगी हुई थीं ? अपने इस बदलाव के बारे में उन्होंने कभी बात क्यों नहीं की ?

बरसों तक मैं बस यही मानती रही कि शायद वह एक वर्ष जो उन्होंने अलास्का में बिताया, वहीं घटी कुछ रहस्यमय और नाटकीय घटनाओं के चलते ही उनमें ये तब्दीलियाँ आई होंगी। फिर मैंने पाया कि यह यात्रा उनके बदलाव के बाद की है, और शायद यह यात्रा इस बदलाव की वजह से ही की गई थी। वह अजनबी जो अपने इस बेहद पसंदीदा हरफनमौला मेकैनिक के साथ काम करते थे उन्हें अवसाद का दुखांत कहा करते थे। यह हक़ीक़त थी कि अंकल एड के पिता, मेरे दादा, ने अपना पैसा सट्टा बाजार में 1929 में आई अचानक गिरावट के चलते गँवा दिया था, और फिर निमोनिया या इस हादसे के फलस्वरूप पहुँचे सदमे से मर गए थे (उनकी मृत्यु की कहानी इस पर निर्भर करती थी कि उनकी मृत्यु की कहानी सुना कौन रहा है)। लेकिन यह गिरावट वाली घटना भी अंकल एड की तब्दीली के बहुत बाद हुई थी। एक दूसरी कहानी यह थी कि शायद वह किसी मानसिक समस्या से ग्रस्त थे। फिर भी वे अपने काम में जबरदस्त हुनरमंद थे, और उन्होंने एक स्वतंत्र, आत्मनिर्भर जीवन जिया, बिना किसी से मदद माँगे।

संभवतः सदी के शुरुआती दिनों में ही वे एक उग्र सुधारवादी प्रोफ़ेसर के सम्मोहन में आ गए थे। वह समय जब इस देश में समाजवाद और अराजकतावाद के प्रति प्रेम अपनी पराकाष्ठा पर था। यह मेरी माँ की तरफ़ के एक और अंकल की दूसरी कहानी थी। मुझे याद है कि इस बात से कोई फ़र्क़ नहीं पड़ता कि अंकल एड को पैसे की कितनी ज़्यादा ज़रूरत है, वह अपने काम के लिए लगी हुई सामग्री की लागत और उस पर दस प्रतिशत के अलावा एक भी पाई नहीं लेते थे, और मैंने उन्हें उनके बाबा आदम के ज़माने के बूट और पूरी तरह से सेफ़्टी पिनों से सँभाले गए कोट के अलावा अन्य किसी पोशाक में कभी नहीं देखा। क्या वह सचमुच एक व्यक्ति में समाजवाद लाने के द्वारा एक देश में समाजवाद लाने की कोशिश कर रहे थे ? यदि ऐसा था तो क्यों मेरी दादी माँ जो कि स्वयं समाजवादियों और अराजकतावादियों के गठबंधन में स्कूल के बोर्ड को सँभालती थीं, उनके निर्णयों पर इतना अधिक अविश्वास करती थीं कि उन्होंने संपत्ति में उनका हिस्सा भी एक ट्रस्ट में छोड़ा था, जबकि उनकी मृत्यु के समय वह पचास वर्ष से ऊपर के थे ? और क्यों अंकल एड सभी राजनीतिक विचारों और गतिविधियों में अरुचि रखते थे ? सच कहीं यही तो नहीं था और जिस पर एक अन्य रिश्तेदार द्वारा ज़ोर दिया जाता था, कि यहूदियों और पैसे के बारे में प्रचलित मिथकों को असत्य सिद्ध करने के लिए अंकल एड ने ग़रीबी का चयन किया था ?

मेरे अंकल की मृत्यु के बरसों बाद मैंने उनके दूसरे परिवार के एक बेटे से पूछा— कि क्या उसे इस पारिवारिक रहस्य की बाबत कभी कोई सूत्र मिल पाया। उसने कहा,

नहीं, उसने अपने पिता को किसी और रूप में कभी नहीं जाना। मेरे उस भाई के पास इस संबंध में कोई सवाल था ही नहीं। और बाक़ी हम सब के लिए, वहाँ कोई जवाब नहीं था।

बहुत सालों तक मैं ख़ुद भी अपनी माँ की किसी और रूप में कल्पना नहीं कर सकती थी सिवाय उस व्यक्तित्व के, जैसी वे मेरे जन्म से पहले से रहती आई थीं। जब मैं बड़ी हो रही थी, उस समय वह मेरे लिए जीवन का एक यथार्थ–भर थीं। ऐसा एक इनसान जिसकी चिंता और परवाह किए जाने की ज़रूरत थी; एक ऐसा अवांछित प्राणी जो बंद आँखों के साथ बिस्तर पर लेटा रहता था और जिसके होंठ उसके कानों में यदा-कदा पड़ती कुछ ऐसी आवाज़ों के प्रत्युत्तर में हिला करते थे, जो कि सिर्फ़ उसे ही सुनाई पड़ती थीं। एक ऐसी स्त्री जिसके लिए मेरे द्वारा कॉफ़ी और टोस्ट, बोलोग्ना सैंडविच और डाइम पाई लाए जाने का सिलसिला अंतहीन था। एक बच्चे की समझ में भोजन का जो अर्थ होना चाहिए था, यह सब कुछ तो कुछ वैसा ही था उनके लिए। वैसे वह एक बेहद प्यार करने वाली, बुद्धिमान, सहमी हुई महिला थीं, जो अपनी उस निजी दुनिया से बाहर आते ही बेतरह कोशिश करती थी कि हमारा बहुत ज़्यादा गन्दा घर साफ़ रह सके, लेकिन वह बमुश्किल किसी एक काम को पूरी तरह से ख़त्म कर पाती थीं। बहुत सारे अर्थों में हमारी भूमिकाएँ पलट गई थीं : मैं एक माँ थी और वह बच्ची थीं। लेकिन इससे भी उनकी कोई मदद नहीं हुई, क्योंकि वह अपने पूरे आवेग में एक डरी हुई माँ की तरह मेरी चिंता किया करती थीं। इस चिंता में उनकी अपनी उस गुप्त दुनिया की आशंकाएँ और विरोधों से भरे विशेष भय भी शामिल थे।

फिर भी, मैं चाहती थी कि उनके पैंतीस वर्ष की होने और मेरे जन्म के पूर्व के उन वर्षों के बारे में मैं जान पाऊँ, जब वह एक जीवन से भरी हुई, जोख़िमों से खेलने वाली ऐसी स्त्री थीं जिसने एक मज़दूर वर्ग के परिवार से कॉलेज तक संघर्ष किया था, और जिसने अपना पसंदीदा काम हासिल किया और उसे अपने विवाह और मेरी बड़ी बहन के पालन की ज़िम्मेदारी आ जाने के बाद भी जारी रखा। निश्चित रूप से हमारे अपने परिवार और निकट संबंधियों को, जिनमें मैं ही सबसे छोटी थी उनका वह दिन–भर काम के पहिये में घूमता जीवन याद होगा। वह तीस साल की रही होंगी जब उन्होंने मेरे पिता के मिशिगन वाले समर रिसॉर्ट को चलाने के लिए अपना काम छोड़ दिया था। यह मेरै पिता के बहुत सारे सपनों में से सबसे ज़मीनी और यथार्थ से जुड़ा सपना था, और मेरी माँ ने वहाँ किताबों के रख–रखाव से लेकर बार संचालन तक का कार्य बेहद कड़ी मेहनत से किया। परिवार ने अवश्य ही इस ऊर्जावान, मौज-मस्ती पसंद करनेवाली और किताबों से प्यार करनेवाली स्त्री को किसी ऐसे व्यक्ति में बदलते देखा होगा जो अकेले हो जाने से डरती थी, किसी काम को कर पाने के लिए वास्तविक दुनिया में रह ही नहीं पाती थी और किसी पुस्तक को पढ़ने के लिए ज़रूरी एकाग्रता में लगभग असमर्थ थी।

फिर भी मेरी माँ के बदलाव के रहस्य के बारे में कोई भी पारिवारिक धारणा हो ऐसा मुझे याद नहीं पड़ता। दयालु हृदय वाले उन लोगों के लिए जो उसे पसंद करते थे, यह नई रूथ एक दुःखद घटना जैसी थी, शायद एक मानसिक रोगी, एक पारिवारिक समस्या जिसको स्वीकार करना और जिसकी देखभाल करना ज़रूरी था, जब तक कि कोई प्राकृतिक प्रक्रिया उसे ठीक न कर देती। कम दयालु हृदय वाले उन लोगों के लिए जो पहले से ही उसको मिली हुई आज़ादी को नापसंद करते थे, यह एक हठधर्मी की असफलता थी। एक ऐसा कोई जो एक गंदे घर में रहता था, एक ऐसी औरत जिसने अपने को ठीक-ठाक रखने से पूरी तरह इनकार कर दिया था।

अंकल एड की कहानी से अलग, बाह्य घटनाओं से कभी भी उनकी समस्याओं की बाबत कोई पर्याप्त कारण नहीं मिल सका। अपना काम, अपना कैरियर छोड़ देना कभी भी उनके निजी स्तर पर उनके अवसाद के कारण के रूप में नहीं समझा गया (वहाँ अवसाद के बारे में कोई बातचीत भी कभी नहीं होती थी, जबकि लाखों अन्य लोगों की ही तरह मेरी माँ भी अपने परिवार के लिए आलू का शोरबा बनाती थीं, और उन्होंने कम्बलों को काट कर मेरी बहन के लिए जाड़ों के कपड़े भी बनाए थे)। उनकी परनिर्भरता और ग़रीबी के वास्तविक भयों का अंकल एड के संभावी राजनीतिक विश्वासों से कोई मेल नहीं था। अख़बार के संपादकों, जोकि उनकी रिपोर्टिंग की बढ़-चढ़कर तारीफें किया करते थे, उनकी तारीफ़ों से प्रेरित उम्मीदों पर, कभी भी उस तरह से विचार नहीं किया गया जैसे कि अंकल एड पर उस उग्रसुधारवादी प्रोफ़ेसर के प्रभाव की बाबत किया गया था।

यहाँ तक कि मानसिक रोग का कारण भी मेरी माँ के सर-माथे मढ़ दी गई उनकी अपनी ग़लतियाँ थी। उन्हें अपना पहला, 'नर्वस ब्रेकडाउन,' जैसा कि उन्हें और अन्य सभी को याद था, मेरे जन्म से पहले और मेरी बहन की लगभग पाँच वर्ष की उम्र में हुआ था। यह एक बच्चे की वर्षों से की जा रही देख-भाल, एक ऐसे आदमी की पत्नी होने जो कि दयालु था पर आर्थिक रूप से बेहद ग़ैरज़िम्मेदार और चकाचौंध से भरे व्यवसायों के सपनों में डूबा हुआ, और अपने समाचारपत्र के संपादक और पत्रकार होने के बेहद प्रिय कार्यों में लगे प्रयासों के दबावों का परिणाम था। एक पागलखाने (सेनिटोरियम) में महीनों बिताने के बाद, उन्हें 'ठीक हो गया' घोषित किया गया। इसका परिणाम यह हुआ कि वह फिर से मेरी बहन की देख-भाल कर सकती थीं, और अपने पसंदीदा काम और शहर से दूर, मिशिगन में एक उजाड़ और ग्रामीण लेक के पास मेरे पिता के साथ काम करने जा सकती थीं, जिसे पिता एक ऐसे सफल रिसॉर्ट में तब्दील करने की कोशिश कर रहे थे जो 1930 के बड़े डांस बैंड के लायक़ बन सके।

लेकिन मुझे याद है कि वह फिर कभी पूरी तरह से अवसाद, व्यग्रता और किसी दूसरी दुनिया के ऐसे दृश्यों, जो उन्हें जैसे एक अस्तित्वहीन व्यक्ति में बदल देता था, के शिकंजों से बाहर नहीं निकल सकीं। और फिर वह कभी भी उस गहरे रंग वाली

बोतल के बिना भी नहीं रहीं जिसमें एक कसैली गंध वाला तरल था जिसे वे "डॉ. हॉवर्ड की दवाई" कहती थीं—क्लोरल हाइड्रेट का एक घोल, जिसके बारे में बाद के दिनों में मैंने जाना कि वह 'मिक्की फिन्स' या 'नॉकआउट ड्रॉप्स' का मुख्य घटक होता है और जिसने शायद मेरी माँ और उनके चिकित्सक को आधुनिक प्रशांतिकारक दवाओं का अगुआ बना दिया। यद्यपि उनके मित्र और रिश्तेदार उस दवा को उनकी कमज़ोरी और पर-निर्भरता का साक्ष्य मानते थे, पर मेरे लिए वह हमेशा एक लज्जास्पद लेकिन आवश्यक बुराई की तरह थी। इस दवा की वजह से उनकी बोली अस्पष्ट हो गई थी, और उनके शारीरिक समन्वयन की गति धीमी हो गई थी, जो मेरे पड़ोसियों और स्कूल के दोस्तों के यह मानने के लिए पर्याप्त था कि वह शराबी हैं। लेकिन इसके बिना वह कई-कई दिन नहीं सोती थी, कभी-कभार एक हफ़्ते तक भी, और उनकी वह ज्वर से चढ़ी हुई जैसी आँखें सिर्फ़ अपनी उसी निजी दुनिया के दृश्य देखने लगती थीं जिसमें केवल युद्ध और शत्रुओं के स्वर थे और वे उसके प्रियजनों के लिए ख़तरा उत्पन्न करते थे।

मेरे माता-पिता में तलाक़ हो गया था और मेरी बहन एक दूर-दराज के शहर में काम करने लगी थी—तो इन सारे सालों में मैं और मेरी माँ एक साथ अकेले रह रहे थे, और माँ की मिशिगन में बची-खुची ज़मीन से आने वाले किराए की एक निश्चित अतिअल्प आय से अपना गुज़ारा कर रहे थे। मुझे एक बेहद लंबा थैंक्सगिविंग सप्ताह याद है, जिसे मैंने एक हाथ से अपनी माँ को सँभालते और दूसरे में अपनी आठवीं कक्षा के एसेसमेंट की किताब *ए टेल ऑफ़ टू सिटीज़* को पकड़े हुए बिताया था, क्योंकि मेरी माँ के लिए हमारे घर से बाहर दिखने वाला युद्ध इतना वास्तविक था कि उन्होंने एक खिड़की पर प्रहार करके हाथ घुसा दिया था, और अपनी बाँह को हमारे वहाँ से बचकर भाग निकलने की ख़ातिर बुरी तरह ज़ख़्मी कर लिया था। और सिर्फ़ तब जब वह अपनी दवा निगलने को तैयार हुईं तभी सो सकीं, और ठीक उसी समय मैं ख़ुद भी अपनी उस डरावनी शांति को समाप्त कर सकी और अपने से यह स्वीकारोक्ति भी कर पाई कि मैं कितना अधिक डरी हुई थी।

कोई अचंभा नहीं कि मेरी याद में किसी भी रिश्तेदार ने इस दवा को लिखने वाले चिकित्सक से कभी कोई प्रश्न नहीं पूछा, न ये पूछा कि उसकी इन तकलीफ़ों और मतिभ्रम की स्थितियों में इस दवा की अधिक मात्रा या इसे बंद किए जाने का कितना योगदान था, न ही किसी अन्य डॉक्टर से इसके उपयोग की बाबत कोई सलाह ली। यह दवा हमारे साथ-साथ उनके लिए भी बस राहत सी थी।

लेकिन वह कभी भी अपने पहले वाले सैनिटोरियम वापस क्यों नहीं गईं? या फिर ऐसी किसी अन्य सहायता के लिए जो दूसरे डॉक्टर से मिल सकती थी? कहना कठिन है। आंशिक रूप से, यह उनका अपना एक डर था उसी दर्द में फिर से वापस लौटने को लेकर, फिर बहुत कम पैसा और परिवार की एक आम धारणा कि मानसिक

रुग्णता किसी व्यक्ति के व्यक्तित्व का ही एक अपरिहार्य हिस्सा होता है। या फिर अन्य सभी पारिवारिक सदस्यों को भी मेरी ही तरह के उस अनुभव का भय रहा होगा जो कि मुझे तब हुआ जब मैं छठी या सातवीं कक्षा में थी। एक गर्मियों की बेहद परेशान दोपहर में, मैंने माँ को उस सैनिटोरियम के इकलौते डॉक्टर के पास चलने के लिए मना लिया जिसको वह बिना किसी भय के याद करती थीं।

और इस रूखे बूढ़े आदमी ने मेरी अन्यमनस्क और डरी हुई माँ से बीस मिनट तक बात करने के बाद मुझे बताया : कि वह निश्चित रूप से अस्पताल में भर्ती किए जाने लायक़ स्थिति में हैं। मुझे उन्हें वहाँ तुरंत भर्ती करा देना चाहिए। लेकिन तब उस उम्र में भी, लाइफ़ मैगजीन और अन्य अख़बारों में इन अस्पतालों के अंदर चलने वाली भयानक बातों के बारे में खुलासे हो चुके थे। किसी और विकल्प के न होने के बारे में एक अनुमान लगा कर मैं उन्हें वापस घर ले आई और फिर कभी भी कोशिश नहीं की।

पीछे मुड़कर उन वाक़यात पर नज़र डालने पर, बीस साल तक मेरी माँ की देखभाल होने, लेकिन उनकी मदद न किए जाने का जो सबसे बड़ा साधारण सा कारण था, वह यह कि : उनका अपने जीवन को जीना, जीवन में काम करना इस दुनिया के लिए जरा भी महत्त्व की बात थी ही नहीं। बिलकुल महिला शराबियों की तरह, वे जो अपनी रसोइयों में शराब पीती हैं, बनिस्बत शराब के लती पुरुष कार्यकारियों के, जिनके लिए शराब छुड़ाने के महँगे कार्यक्रम बनाए और चलाए जाते हैं, अथवा घर में रहने वाली घरेलू महिलाओं की तरह जिन्हें प्रशांतिकारक दवाओं से शमित किया जाता है जबकि पुरुष मरीजों को इसके स्थान पर उपचार और व्यक्तिगत तवज्जो प्राप्त होती है, सिर्फ़ इसलिए क्योंकि मेरी माँ एक महत्त्वपूर्ण ज़रूरी कर्मी नहीं थीं। वह तो एक बहुत छोटे बच्चे की देख-भाल करनेवाली भी नहीं थीं, जैसे कि वह उस वक़्त थीं जबकि वह पहली बार अस्पताल में भर्ती हुई थीं। मेरे पिता धैर्यपूर्वक सब्जियाँ और चीज़ें घर लाते और हमारे असामान्य घर को तब तक चलाते रहे जब तक मैं लगभग आठ बरस की हुई और मेरी बहन कॉलेज के लिए चली गई। दो वर्षों के बाद, जब युद्धकाल की तेल की कटौती ने उनका गर्मियों का रिसॉर्ट बंद करा दिया और उन्हें सर्दियों और गर्मियों दोनों में ही ख़रीद और बिक्री के लिए यात्राएँ करनी पड़ीं, उन्होंने कहा : मैं कैसे यात्राएँ और तुम्हारी माँ को सँभालना, दोनों काम कर सकता हूँ? मैं इस तरह से जीविका कैसे अर्जित कर सकता हूँ? वह सही थे। दोनों काम करना असंभव था। मैं उन्हें इसका दोष नहीं देती हूँ कि जैसे ही मैं थोड़ी बड़ी हुई उन्होंने मुझे घर में खाना लाने वाला और मेरी माँ के सवालों के जवाब देने वाला बना दिया ("क्या तुम्हारी बहन किसी कार दुर्घटना में मारी गई है?" "क्या बाहर जर्मन सैनिक हैं?")। मैंने अपने पिता की जगह ले ली। मेरी माँ एक और तरह की बेहद उदास यथास्थिति को बनाए रखने के लिए छोड़ दी गई थीं, और दुनिया, वो तो बिना किसी व्यवधान के चलती रही।

इसी वजह से, मेरी माँ का तिरालिस साल से तिरपन साल तक का और मेरा ख़ुद का दस से सत्रह साल तक का जीवन एक साथ, पर अकेले ही बीता। वहाँ उस किराये के घर में, जो मेसाचुसेट्स में मेरी बहन के कॉलेज के पास था, एक सुकूनपरस्त सर्दी बीती, फिर एक परेशान हाल गर्मी उस छोटे क़स्बे में, घर में बैठे हुए अपनी माँ की तीमारदारी में बीती जब मेरी बहन सिर्फ़ गर्मी-भर के लिए एक छोटी नौकरी खोजने के लिए संघर्ष कर रही थी और माँ अपनी मानसिक बीमारी से जूझ रही थीं। लेकिन बाक़ी के सारे साल टोलेडो में बिताए गए जहाँ मेरे माता-पिता का जन्म हुआ था, और जिसके अख़बारों में उस पहले वाली रूथ ने काम किया था।

पहले हम निचले तल्ले के अच्छे पड़ोसियों वाले एक अपार्टमेंट में रहने के लिए गए। उन कमरों में एक अँगीठी के पीछे मैंने अपने बचपन का गला अंतिम बार, हमेशा के लिए घोंट दिया था। मैंने बहाना बनाया कि मैं सर्दी-ज़ुक़ाम से बहुत ज़्यादा ही पीड़ित हूँ, जितनी थी उससे कहीं ज़्यादा। मुझे कहीं एक आस थी कि मुझे ऐसा देखकर मेरी माँ अपने पागलपन से बाहर आ जाएँगी और एक ख़ुशगवार औरत में तब्दील हो जाएँगी और हॉलीवुड की तर्ज पर मेरे लिए चिकन सूप लेकर आएँगी। निश्चित ही वो ऐसा कुछ भी नहीं कर सकती थीं। और इस बात के एहसास ने उनकी हालत को और बदतर ही किया कि वो ऐसा कर पाने में असमर्थ हैं। मैंने बहाना बनाना बंद कर दिया। और मैं सच में आगे फिर कभी बीमार नहीं पड़ी।

पर सबसे ज़्यादा समय तक हम उस घर के ऊपरी माले में रहे जहाँ मेरी माँ पली-बढ़ी थीं और जो उनके माता-पिता से विरासत में उन्हें मिला था—यह एक जीर्ण-शीर्ण फ़ार्महाउस था जिसे अब शहर के बढ़ते घेरे ने निगल लिया था और जिसके आस-पास ग़रीब लेकिन नए घरों की क़तारें लग गई थीं। और एक विशाल हाइवे ने इसके आगे के लटके हुए छज्जे को क्षति पहुँचा दी थी। कुछ समय के लिए हमने नीचे के दो कमरों के हिस्से को एक नए शादीशुदा कारख़ाना मज़दूर और उसकी पत्नी को और एक स्थानीय कसाई के परिवार को किराए पर दे दिया था। स्वास्थ्य विभाग ने हमारी बाबा आदम के ज़माने की अँगीठी को अब अंततः नकार ही दिया और उस को इस बुरी तरह से सीलबंद किया कि मेरे जुगाड़ू अंकल एड भी इसके लिए कुछ करके इससे ग़ैरक़ानूनी गर्मी पैदा नहीं करा सकते थे।

उस घर में, मुझे याद है :

हम उस इकलौते बिस्तर पर लेटे थे जिसे मैं और मेरी माँ दोनों सोने के लिए इस्तेमाल करते थे। हम लाइव रेडियो प्रसारण से राजकुमारी एलिजाबेथ और राजकुमार फिलिप की शाही शादी को सुनते हुए, और नीचे रहने वाले उस कारख़ाना मज़दूर के अपनी गर्भवती पत्नी को मारने-पीटने और कमरे में बंद करने की असंदिग्ध आवाज़ों को अनसुना करते हुए, एक-दूसरे को सुरक्षित अनुभव कर रहे थे।

...डाइम स्टोर से ख़रीदे हुए काग़ज़ के पर्दों को लटकाना; किताबों और काग़ज़ों

को दो आरामकुर्सियों के आकार में लगाना और उन पर कम्बल उनके लिहाफ की तरह चढ़ाना; और मेरे ख़ुद के बर्तन माँजने की मशीन का आविष्कार (मैं घर के सारे बर्तन गंदे होने तक इन्तज़ार करती और फिर उन्हें बाथ टब में रख देती); अपनी माँ से अपनी इस अव्यवस्था से व्यवस्था बनाने के प्रयासों की गृहकार्य दक्षता के लिए मैं बहुत अधिक तारीफ़ हासिल करती, लेकिन अब पलट कर सोचने पर मैं पाती हूँ कि ये सब काम उन्हें और ज़्यादा अवसाद में ढकेलते थे।

...ईगल क्लब के प्रदर्शनों से लौटना जहाँ मैं और टैप-नृत्य स्कूल के अन्य स्थानीय अनुभवी, एक रात के दो प्रदर्शनों से दस डॉलर कमा लिया करते थे, और लौटने पर देखती कि मेरी माँ उस बस स्टॉप के गहरे घने सर्द अंधकार में फ्लैशलाइट के साथ, बिना कोट के मेरी प्रतीक्षा में हैं, मेरे सुरक्षित घर वापस लौटने की फ़िक्र में।

...एक अच्छे वक़्त में, जब मेरी माँ की मूल साहसिकता वाली प्रवृत्ति वापस आई, हम दोनों ने एक शौकिया नाटक करनेवाली मंडली के वर्गीकृत विज्ञापन का जवाब दिया। वे बाइबिल संबंधी नाटकों का प्रदर्शन करते थे। हमने कई दिखने-भर की ठाठदार भूमिकाएँ नोहा की आर्क में कीं। मेरी माँ मंच के पीछे बेहद गर्व से दो धातु की पट्टियों को बिजली की गड़गड़ाहट के लिए हिलाती रहतीं...।

...गर्मियों की एक गर्म रात में, उस चूहे का काटना जो हमारे साथ हमारे घर का साझेदार था, और पीछे वाली गली। वह एक डरावनी रात थी जो एक दिल को छू लेने वाली रात में बदल गई थी, जब किसी अनजान प्रेम के स्रोत से हिम्मत माँगती हुई मेरी माँ, एक शांत और तसल्ली बँधाती हुई माँ, एक माँ जो घर छोड़कर निकलने के अपने समस्त भयों के बावजूद मुझे अस्पताल के आकस्मिक कक्ष तक ले गईं।

...स्थानीय पुस्तकालय से सप्ताह में एक बार तीन पुस्तकों के साथ लौटना, जिससे कि मैं निरंतर बचती थी, और एक बार लौटने पर पाना कि इससे बचकर भागने की कोई ज़रूरत ही नहीं थी। मेरी माँ शांतिपूर्वक घर के पास वाली ख़ाली ज़मीन में ऑलीहक के पौधे लगा रही थी।

लेकिन कुछ ऐसे भी दिन थे जाड़ों के सर्द अँधेरे में जब माँ जल्दी जाग जातीं, यह याद रख पाने के लिए बेहद डरी और बिखरी हुईं कि अब मैं स्कूल के बाद वाले अपने रूटीन काम पर जाती हूँ, वह मुझे खोजने के लिए पुलिस को बुला लेतीं। अपने दोस्तों के सामने पुलिस वालों और साइरन की आवाज़ों से बेहद शर्मिंदा, मैं उन पर चिल्ला पड़ती, और वो अपना सर सहम कर झुका लेती और कहतीं, "मुझे माफ़ कर दो, मुझे माफ़ कर दो, मुझे माफ़ कर दो," ठीक वैसे ही जैसे कि तब कहती थीं जब ऐसे तो एक रहमदिल इनसान रहे मेरे पिता उन पर निराशा में चिल्ला पड़ते थे। शायद तकलीफ़ों का सबसे बुरा पहलू यह होता है कि वे इनसे घिरे लोगों के दिलों को पत्थर कर देती हैं।

और बहुत-बहुत बार ऐसे दिन भी थे जब मैं उनके पीछे पड़ी रहती जब तक कि

वो अपने काँपते हाथों से कोने की दुकान के लिए एक छोटा-सा चेक नकद कराने के लिए न लिख देतीं, और मैं उन्हें अकेला छोड़कर अपनी सहेलियों के साथ उन सुकूनदेह भरे-पूरे डाइम-स्टोर की ओर भागती जो ताज़े डोनट्स की महक में डूबे होते थे, या फिर एक वातानुकूलित शनिवार की दोपहर-बाद की फ़िल्मों के लिए, जो कि मेरे लिए एक बिलकुल ही अलग दुनिया का झरोखा थीं।

लेकिन मेरा अंतिम सुरक्षा घेरा तो यहाँ था : कि मैं बस यहाँ से गुज़र रही थी; कि मैं इस घर में बस एक मेहमान थी; शायद वह मेरी माँ थीं ही नहीं बिलकुल। जबकि मैं बहुत अच्छे से जानती थी कि मैं उनकी ही बेटी हूँ, मैं कई बार ऐसी कल्पना करती कि मुझे गोद लिया गया है और एक दिन मेरे असल माता-पिता मुझे खोज कर ले जाएँगे। एक ऐसी कोरी कल्पना जिसे जबसे मैंने जाना इसमें गुम होना मेरे लिए आम बात थी (अगर बच्चों ने ज़्यादा लिखा होता और बड़ों ने कम तो संभवत: किसी के द्वारा गोद लिया जाना केवल डर के नज़रिए से ही नहीं देखा जाता बल्कि एक उम्मीद के नज़रिए से भी देखा जाता)। निश्चित ही मैंने उस स्त्री के व्यर्थ में ख़त्म हो गए जीवन का शोक नहीं मनाया जो मुझसे अब जिस उम्र में मैं हूँ उससे कुछ ही बड़ी रही होंगी। मैंने सिर्फ़ उन दिनों के बारे में सोचा जब वह बदतर हालत में थीं।

करुणा दूरियाँ तय कराती है और ज़िंदगी में बचे रहने की निश्चितता भी। यह सिर्फ़ तब हुआ जब हमारे घर को पास के चर्च ने गिराने के लिए ख़रीद लिया, और मेरी बहन ने मेरे पिता को इस बात के लिए मना लेने का चमत्कार कर दिया कि वो मेरी माँ को अपने साथ एक साल के लिए कैलीफोर्निया ले जाएँ ताकि कॉलेज जाने से पहले मुझे बिना किसी चिंता के जीवन जीने को मिले। तभी मैं उनके उदास जीवन के बारे में कुछ सोचने-समझने का वक़्त निकाल पाई। अचानक मैं सुदूर वाशिंगटन में थी, अपनी बहन के बहुत सारे दोस्तों के साथ। जब मैंने हाईस्कूल पास किया, मैंने जाना कि मेरे सहपाठी मेरे लिए बुरा महसूस करते है क्योंकि मेरी माँ मेरे साथ नहीं थीं, और मैंने यह भी जाना कि मेरी बहन ने कम से कम अपने बचपन के शुरुआती दिनों में एक बिलकुल ही अलग व्यक्ति के साथ जीवन जिया है जो हमारी माँ के अंदर बसता था, वह पहले वाली 'रुथ'।

वह एक स्त्री थी जिससे मैं बाल्टीमोर के पास एक मनोरोग अस्पताल में पहली बार मिली थी। एक मानवीय बोध, बगीचों और पेड़ों से भरी जगह जहाँ मैं कॉलेज के पहले साल के बाद वाली गर्मियों में हर सप्ताहांत उससे मिलने जाती थी। क़िस्मत से उस समय मेरी बहन कोई काम कर पाने में असमर्थ थी और मेरी माँ की देख-भाल करनेवाली भी वही थी। मेरे पिता के साथ रहने का एक वर्ष गुज़र जाने पर मेरी बहन ने अस्पतालों के बारे में सतर्कतापूर्वक छान-बीन की, और अपने परिवार में माँ की इस हालत को बस झेलते रहने की बेड़ियों को तोड़ दिया।

शुरू में, यह रुथ बिलकुल वही गुमसुम, सहमी हुई स्त्री थी जिसके साथ मैंने वो

सारे साल जिए थे, उन ताले लगे दरवाजों और अस्पताल के लंबे बरामदों के पार पहुँचने पर पूरी तरह से उदासी में घिरी। लेकिन धीरे-धीरे उन्होंने अपने बीते वक़्त के बारे में बात करना शुरू किया, और उन यादों को बताना भी जो कि निश्चित रूप से वहाँ के डॉक्टरों ने जगाई होंगी। मेरी मुलाकात उस रुथ से होने लगी जिसे मैं नहीं जानती थी :

...एक लम्बी, जिजीविषा से भरी, सुनहरे भूरे बालों वाली हाई स्कूल में पढ़ने वाली लड़की जिसको फ़ुटबाल और किताबें पढ़ने से प्यार था; जिसने अपने अंकल की स्टैनली स्टीमर तब चलाने की कोशिश की थी जब वह आस-पास के क्षेत्र में पहली कार थी; जिसमें बागबानी की प्रतिभा थी और अपने पिता की रूढ़िवादिता के विरोध में वह उनके ही कपड़े पहन लेती थी; एक लड़की जो नृत्यों के लिए जाने का साहस रखती थी, वह भी तब जबकि उसके चर्च ने उसे बता रखा था कि संगीत अपने आप में पाप है, जिसके प्यार ने उसे उसकी सुरुचिपूर्ण काले बालों वाली बहन के आगे बिलकुल भद्दा और असुंदर बना दिया था।

...एक बहुत छोटी सी लड़की जो चलना सीख रही थी, जान और समझ रही थी अपनी ही देह के उन हिस्सों को जिन्हें छुआ जाना सुखद था, और उसका अपनी माँ के उस जबरदस्त थप्पड़ से सजा पाना जिसने उसे रसोई के फ़र्श पर धकिया कर गिरा दिया था।

...एक आकर्षक रेलरोड इंजीनियर की और ऐसी स्कूल अध्यापिका जो महसूस करती थी कि उसने एक 'अपने से नीचे स्तर' के व्यक्ति से शादी की है, की बेटी; ऐसी माँ जो अपनी दो बेटियों को सुदूर न्यूयॉर्क की क्रिसमस सैर पर एक इंजीनियर के निःशुल्क रेलरोड पास के ज़रिये ले जाती थी, उन्होंने इन्हें वो रेस्तराँ और थियेटर दिखाए जिनकी कामना की जा सकती है—तब जबकि वह सिर्फ़ उनके बाहर, बर्फ़ में खड़े होने से ज़्यादा की सामर्थ्य नहीं रखती थी।

...ओबरलिन कॉलेज की एक अच्छी विद्यार्थी, जिसकी स्वतंत्रचेता वैचारिकी से उसे प्यार था, जहाँ दोस्तों ने उसका प्यार का नाम 'बिली' रखा था। एक विद्यार्थी जिसमें गणित और काव्य दोनों के लिए पर्याप्त प्रतिभा थी, और वह एक बड़ी प्रॉम नाइट से पहले अपनी डोरमेट्री में शौचालय की सीटों पर कारो सीरप की अदृश्य परत फैलाने वालों से किसी तौर पर अलग नहीं थी, एक बेटी जिसे टोलेडो लौटना ही था, अपने परिवार के साथ रहना था, और स्थानीय विश्वविद्यालय में जाना था, यह सब उस हाल में जब उसकी महत्त्वाकांक्षी माँ—जिसने किफ़ायत से रहकर कुछ बचत की थी और एक मंत्री के उपदेशों के अदृश्य लेखन (किसी और के लिए लेखन करना) करके, अपनी बेटियों के कॉलेज जाने के लिए कपड़े बनवा रखे थे—के पास पैसे बिलकुल ख़त्म हो गए थे। घर पर, यह रुथ, बेहद अमीर लोगों के लिए खुली, एक लॉन्जरी शॉप पर अंशकालिक तौर पर बहीखाते सँभालने का काम करने लगी, और इसके साथ ही अपनी कक्षाएँ लेने और एक शिक्षिका बनने से मिलने वाली सुरक्षा

के बारे में अपनी माँ के तल्ख़ भाषण भी सुनने लगी। लेकिन वह एक जवान लड़की भी थी जो फिर भी मेरे पिता के प्रेम में पड़ जाने के लिए पर्याप्त बाग़ी हो चली थी। वह उनके ही विश्वविद्यालय के अख़बार के संपादक थे, एक मजाकिया और आकर्षक नौजवान और एक बहुत बुरे विद्यार्थी, जिसका ग्रेजुएट होने का रत्ती-भर भी इरादा नहीं था, सारे कैंपस को नचाने वाला, और एक अस्वीकृत यहूदी।

अपने परिवार से प्राप्त जानकारी के आधार पर मैं जानती थी कि मेरी माँ ने मेरे पिता से दो बार विवाह किया था : एक बार चोरी-छिपे, तब, जब उन्होंने उन्हें अपने कैंपस अख़बार का साहित्यिक संपादक बनने के लिए आमंत्रित किया था, दूसरी बार बाद में एक सार्वजनिक समारोह में, जिसमें शामिल होने से कुछ पारिवारिक सदस्यों ने मना कर दिया था क्योंकि अपने समय का यह एक ही 'मिश्रित विवाह' था।

और मैं यह भी जानती हूँ कि मेरी माँ ने आगे चलकर अध्यापन का प्रमाणपत्र भी हासिल किया था। इसका इस्तेमाल वह उन बिगड़ैल अधिकारियों को डराने के लिए तब करती थीं, जब मेरे पिता समर रिसॉर्ट को सीजन के लिए बंद कर देते थे। हम एक हाउस ट्रेलर में रहते थे और फ्लोरिडा और कैलिफोर्निया के बीच में आते-जाते प्राचीन वस्तुएँ बेचकर अपना काम चलाते थे।

लेकिन बाल्टीमोर के उस मानसिक रोग अस्पताल की बढ़ती हुई अपनी सप्ताहांत की यात्राओं में—ख़रीदारी, दोपहर के खाने और फ़िल्मों के लिए जाते हुए मैंने जाना कि अपनी माँ की जिद का मान रखने के लिए और 'उनकी सुरक्षा के लिए' अध्यापन ज़रूरी है। उन्होंने एक साल तक कॉलेज में कैलकुलस पढ़ाया था। और ठीक तभी मैं समझ पाई कि मेरे पिता के साथ-साथ उन्हें अख़बारों से भी प्यार हो गया है। विश्वविद्यालय से ग्रेजुएट होने के बाद वह एक छोटे समाचारपत्र (टैब्लॉइड) के लिए डंकन मैकेंजी के नाम से एक गॉसिप स्तंभ लिखने लगी। उन्हें यह नाम इसलिए चुनना पड़ा क्योंकि स्त्रियों का इस तरह गॉसिप स्तंभ लिखना अच्छा नहीं माना जाता था। जल्दी ही, उन्होंने टोलेडो के दो बड़े दैनिक समाचारपत्रों में सोसाइटी रिपोर्टर का काम हासिल कर लिया। जब तक मेरी बहन चार वर्ष की हुई, वह अपने काम के ज़रिये अपने लिए रविवासरीय संपादक का पद हासिल कर चुकी थी, जो बेहद महत्त्वपूर्ण था और हर कोई उस पद पर होने की इच्छा रखता था।

उनकी उन भूरी आँखों में देखना एक बहुत ही अनजान-सा अनुभव था, जिन्हें मैं अक्सर ही देखती थी और समझ गई थी कि वह बिलकुल मेरी तरह थीं। पहली बार मैं जान सकी कि वो सचमुच मेरी माँ थीं।

मैंने बहुत सारे उन दबावों के बारे में सोचना शुरू कर दिया, जो उन्हें, उनके इस पहले नर्वस ब्रेकडाउन तक ले गए होंगे : अपनी बेहद प्यारी बेटी को उस दादी के साथ छोड़कर जाना जिनके मूल्यों से वह बिल्कुल भी सहमत नहीं थी; उस काम को

जारी रखने की कोशिश जिससे उन्हें प्रेम था, लेकिन उनके पति द्वारा उसे ही छोड़ देने का दबाव; अपनी एक महिला मित्र के साथ अपने सपनों को पूरा करने के लिए न्यूयार्क जाने की अपनी बेपनाह इच्छा के बावजूद अपने को इस ख़याल मात्र के लिए कोसना, अपने अख़बार के एक सहकर्मी के साथ प्रेम में पड़कर, जिसने बेहद यौनाकर्षण के फलस्वरूप उन्हें डरा दिया था और जो उनके काम के प्रति मेरे पिता से कहीं ज़्यादा सहयोगी रवैया रखता था, और शायद वही वह आदमी था जिससे उन्हें शादी करनी चाहिए थी; और आख़िर में एक गर्भपात के दौरान रक्तस्राव से लगभग मौत के दरवाज़े तक सिर्फ़ अपनी स्वयं की माँ के कारण पहुँचना जिनको डॉक्टरों पर रत्ती-भर भी भरोसा नहीं था और उन्होंने इस मामले में डॉक्टरों की मदद लेने से इनकार कर दिया था। कैसे एक अकेली औरत इन सारे दबावों के साथ जी रही होगी?

क्या सैनिटोरियम में बिताए गए महीनों ने उन्हें फ्रायड के या किसी बेहद परंपरावादी तरीक़े से जबर्दस्ती उनके मन की स्लेट को साफ़ कर दिया और उन्हें अपने लिए लगभग सभी ग़लत चुनाव करने को विवश कर दिया था? मैं नहीं जानती। इससे कोई फ़र्क़ भी तो नहीं पड़ता। इसके विपरीत, बग़ैर किसी असाधारण बाहरी समर्थन या प्रभाव के वह पूरी बात पर पूरी तरह अडिग थीं कि तलाक़ के बारे में तो सोचा भी नहीं जा सकता है। एक पति को दूसरे आदमी के लिए नहीं छोड़ा जा सकता है, और निश्चित रूप से कैरियर जैसी एक निजी स्वार्थपूर्ति के लिए तो बिलकुल भी नहीं। एक बेटी को उसके पिता से वंचित नहीं किया जा सकता, और निश्चित ही उसे अपनी ज़मीन से उखाड़कर न्यूयॉर्क जैसे सहारा में एक अनिश्चित भविष्य के लिए नहीं ले जाया जा सकता। एक दुल्हन के लिए कौमार्य ज़रूरी है (उसे 'घिसा-पिटा-इस्तेमालशुदा' नहीं होना चाहिए, ऐसा ही मेरी उत्साही माँ कहती), और यदि आपका पति एक दयालु व्यक्ति निकला है, लेकिन किसी स्त्री के निजी सुखों की समझ और तलाश से अनजान है तब भी आपको उसकी दयालुता के लिए शुक्रगुज़ार होना चाहिए।

निस्संदेह, दूसरी औरतों ने ख़ुद को अपने पसंदीदा काम और अपने प्रिय लोगों से जबरन दूर किया है और इसके बावजूद जीवन को जिया है। लेकिन एक कहानी जो मेरी माँ ने मुझे बरसों बाद सुनाई उसने मुझे उन साहस तोड़ देने वाली विकट ताक़तों के बारे में संकेत दिया जो उनके विरुद्ध लामबंद थीं।

''ये बसंत के शुरुआती दिन थे और अब तक कुछ भी नहीं खिला था। मीलों दूर तक वहाँ कोई नहीं था। उन सर्दियों में हम झील पर ही रुके थे, इस कारण मैंने काफ़ी वक़्त तुम्हारी बहन के साथ तुम्हारे पिता के व्यापार के दौरान कार से यात्रा पर निकल जाने के बाद अकेले बिताया। तुम बस एक दुधमुँही बच्ची थीं। तुम्हारी बहन स्कूल में थी और वहाँ कोई फ़ोन नहीं था। और उस पर इंतिहा ये कि रेडियो भी बिगड़ा हुआ था। अचानक, ऐसा एहसास होने लगा जैसे कि सदियाँ बीत गई हैं किसी से बात किए या किसी और की आवाज़ सुने।

"मैंने तुम्हें लपेटा, कुत्ते को लिया और ब्रुकलिन की सड़क पर चल पड़ी। मैंने सोचा कि मैं सब्जी की दुकान तक चार-पाँच मील पैदल चली जाऊँगी, कुछ लोगों से बात करूँगी और फिर किसी ऐसे को खोज लूँगी जो मुझे यहाँ तक अपनी गाड़ी में छोड़ देगा। मैं फ्रिटज़ी के साथ चलती चली जा रही थी, वह ख़ाली सड़क पर आगे-आगे दौड़ रहा था, अचानक तभी जाने कहाँ से एक कार पहाड़ी से नीचे प्रगट हुई। इसने फ्रिटज़ी को सर पर टक्कर मारी और सड़क के किनारे की ओर उछाल दिया। मैं उस ड्राइवर पर चीखी और चिल्लाई, लेकिन उसने गाड़ी धीमी तक नहीं की। उसने हमें देखा तक नहीं।

"बेचारा फ्रिटज़ी, वह अधमरा हो गया था और ख़ून बह रहा था, लेकिन वह अभी भी जीवित था। मैंने उसे उठाया और सड़क के बीचोबीच बैठ गई, उसका सर मेरी बाँहों में था। मैं अगली कार को रोकने और उससे मदद लेने वाली थी।

"लेकिन कोई कार आई ही नहीं। मैं वहाँ घंटों बैठी रही, मुझे नहीं पता कितनी देर, तुम्हें अपनी गोद में लिए और फ्रिटज़ी को सँभाले, जो रिरिया रहा था और मदद के लिए मेरी ओर ताक रहा था। फिर अँधेरा हो गया और आख़िरकार वह मर गया। मैंने उसे सड़क के किनारे की ओर खींच कर छोड़ दिया और तुम्हारे साथ घर वापस लौट आई, अपने कपड़ों से ख़ून धो कर साफ़ किया।

"मुझे नहीं पता उस एक दिन में ऐसा क्या था—यह जैसे मेरे टूटने का एक बिंदु था। जब तुम्हारे पिता घर आए, मैंने कहा : 'अब से, मैं तुम्हारे साथ जाया करूँगी। मैं तुम्हें परेशान नहीं करूँगी। मैं बस कार में बैठी रहूँगी। लेकिन अब मैं दोबारा फिर से अकेले रहना बर्दाश्त नहीं कर पाऊँगी।'"

मुझे लगता है उन्होंने यह कहानी मुझे यह समझाने के लिए बताई कि उन्होंने अपने को बचाने की कोशिश की थी, या फिर शायद वह उस घटना के बारे में बताकर इस दर्दनाक याद को मिटा डालना चाहती थीं। लेकिन इसे सुनकर मुझे समझ में आया कि वह क्या था जिसने उन्हें उस औरत में बदल दिया था जिसे मैं जानती थी : एक अकेली आकृति, कार में बैठी हुई, गर्मियों में पसीने में नहाई हुई, ठंड में गठरी बनी हुई, जाने कैसी-कैसी पुरानी चीज़ों की दुकानों से मेरे पिता के वापस लौटने का इन्तज़ार करती हुई, शुक्रगुज़ार महसूस करती हुई मात्र अकेले न होने के लिए। मैं भी साथ जाती, क्योंकि घर पर छोड़े जाने के लिए मैं बहुत ही छोटी थी, और मुझे उन नीलामियों में ख़रीदे हुए चाइना और छोटी चीज़ों के चारों और लिपटे हुए अख़बार को खोलने या बाँधने में अपने पिता की मदद का काम बहुत पसंद था, जिन्हें वे डीलर्स को बेचते थे। इसने मुझे महत्त्वपूर्ण और बड़े होने का एहसास दिया। लेकिन कई बार कार तक वापस लौटने का यह वक़्त घंटों लंबा होता, और मेरी माँ वहाँ हमेशा सब्र और शांति से इन्तज़ार करती।

अस्पताल में और बाद के वर्षों में, जब रूथ ने मुझे अपने बीते हुए दिनों की

कहानियाँ बताईं, मैं कहा करती थी : "लेकिन तुम छोड़कर चली क्यों नहीं गईं? तुमने काम क्यों नहीं किया? तुमने उस दूसरे आदमी से शादी क्यों नहीं की? वह हमेशा ज़िद पर अड़ी रहतीं कि ये सब फालतू के ख़यालात हैं, वह बहुत क़िस्मतवाली थी कि मैं और मेरी बहन उनके पास थे। यदि मैं इन बातों पर और ज़ोर डालती, तो वह कहतीं, "अगर मैं छोड़कर चली गई होती तो तुम्हारा जन्म कभी हुआ ही नहीं होता।"

मैंने हमेशा यह सोचा पर कभी कहने का साहस नहीं जुटा पाई : लेकिन हो सकता है कि मेरी जगह पर तुम्हारा जन्म हो गया होता।

मैं आपको यह बताना चाहती हूँ कि इस कहानी का अंत सुखद है। सबसे बेहतर जो मैं कर सकती हूँ वह इसका अंत ही है जो कि इसकी शुरुआत से अधिक सुखद हो।

बाल्टीमोर के उस अस्पताल में कई महीनों तक रहने के बाद, मेरी माँ एक छोटे अपार्टमेंट में दो वर्षों तक अकेली रहीं, जब मैं कॉलेज में थी और मेरी बहन की शादी हो चुकी थी और वह पास में रहती थी। जब उसने अपने पुराने डरों को फिर महसूस किया, वह ख़ुद ही अनुरोध करके अस्पताल वापस चली गईं। जब वो वहाँ से और क्वेकर फ़ार्म पुनर्सुधार गृह से लौटीं तो साठ की उम्र पर पहुँच रही थी, और उन्होंने अपने चिकित्सकों की इन भविष्यवाणियों को दो कौड़ी का साबित कर दिया कि उनके अस्पताल से बाहर रहने के अंतराल निरंतर संक्षिप्त होते जाएँगे। इसके बाद वह बीस वर्ष और जीवित रहीं। उनमें से छह साल तो वह ख़ूब भली-चंगी रहीं, इतनी कि किराए के कमरों वाले घर में पूरी निजता और लोगों के साहचर्य में रही मेरी बहन और उसके पति के एक बड़े ऐसे घर में चले जाने के बाद भी जहाँ उन्होंने उसके लिए सदाशयतापूर्वक, अपना दो कमरों वाला बेसमेंट एक अपार्टमेंट में तब्दील कराया था, उन्होंने काफ़ी कुछ अपना स्वतंत्र जीवन बनाए रखा और बहुत सारे दोस्त भी। उन्होंने अंशकालिक 'सेल्सगर्ल' के तौर पर एक चाइना शॉप में काम भी किया; मेरे साथ सालाना छुट्टियों पर गईं, और रिश्तेदारों के साथ यूरोप की एक यात्रा की; महिला क्लबों की सभाओं में गईं, एक बहुजातीय चर्च भी खोज निकाला जहाँ हर रविवार जाना उनका पसंदीदा काम था; वो ध्यान की कक्षाओं में गईं; बहुत सारी किताबों को पढ़ने का आनंद उठाया। वह अभी भी कोई उदास फ़िल्म देखना बर्दाश्त नहीं कर पाती थीं, अपने छह नाती-नातिनों में किसी एक के साथ अकेले रह पाने को भी जब तक वे छोटे थे, बहुत सारी प्रशांतिकारक दवाओं के बिना रहना, और टोलेडो निवास के अपने बुरे दिनों के बारे में बात करने को भी। पुराने जीवन के भय अभी भी उनके दिमाग़ में कहीं पीछे रखे हुए थे, और उनके जीवन का हर दिन एक जंग जैसा ही था— उन डरों को भगाए रखने की एक जंग।

यह उनकी बीमारी का लंबा खिंचते जाना ही था जिसने डॉक्टरों को निराशावादी बना दिया था। लेकिन वास्तव में, वह किसी भी गंभीर मानसिक समस्या को मेरी माँ

में परिलक्षित नहीं कर सके थे, और उनका डायग्नोसिस केवल 'एंग्जायटी न्यूरोसिस' के लिए था : निम्न-स्तरीय आत्मसम्मान, परनिर्भता का एक भय, अकेले होने का आतंक, पैसे की बाबत निरंतर एक चिंता। उन्हें ऐसे दौरे भी पड़ते थे जिन्हें आज के जमाने में अगोराफोबिया कहा जाता, एक ऐसी समस्या जो केवल, परनिर्भर स्त्रियों को ही होती है : घर से बाहर निकलने का खौफ़, अनजान या सार्वजनिक स्थानों पर अपने को एक बेबसी में जकड़ लेने वाली चिंता के दौरे।

मैंने उनके एक डॉक्टर से पूछा कि क्या आप ऐसा कहेंगे कि उनकी आत्मा कुचल दी गई थी ? उसने कहा, "मुझे लगता है यह बात एक डायग्नोसिस जितनी ही सटीक है। और ऐसी किसी चीज़ को बनाना मुश्किल होता है जो पूरे बीस वर्षों तक छिन्न-भिन्न रही हो।"

लेकिन क़िस्मत से एक बार उस अस्पताल से बाहर आने के बाद, वह अपने अंदर की उस अलहदा स्त्री की झलक और चमक हमें दिखाती रहीं; वह जिसमें व्यंग्यात्मक हास्य था, साहसिक चीज़ों के लिए एक उमंग और सीखने के लिए प्यार। गणित, भौतिकी और रहस्यवाद की किताबें उनके वक़्त का बहुत सारा हिस्सा ले जाती थीं। (वह पूरी दृढ़ता से कहती थीं, "धर्म, प्रयोगशाला से शुरू होता है।") जब अपनी साठ और सत्तर की उम्र के दशकों में वो मेरे पास न्यूयॉर्क आईं, उन्होंने टैक्सी ड्राइवरों को हमेशा यही बताया कि वो अस्सी बरस की हैं, (ऐसा इसलिए ताकि वो उनसे कहें कि वो कितनी युवा दिखती हैं), और थियेटर के टिकट विक्रेताओं को हमेशा यह समझाने में सफल रहीं कि उनको कम सुनाई देता है, उन्हें ऊँचा सुनाई देने के बहुत पहले से ही, (ताकि वो हमें आगे की क़तारों की कुर्सियाँ दें)। अपने कमसिन आकर्षण से वह एक ऐसे व्यक्ति के रूप में, जो कि हमेशा दूसरों के स्वीकार किए जाने पर ही अवलंबित हो, वह बहुत आसानी से दोस्त बना लेती थीं। उनकी एक यात्रा के बाद ही मेरे अपार्टमेंट से कई ब्लॉक तक सभी दुकानदार मुझे कहते : "अरे हाँ, मैं आपकी माँ को जानता हूँ!" घर पर, उन्हें यह शिकायत रहती कि उनकी उम्र के लोग उनके लिए बहुत उबाऊ और बूढ़े हैं। उनके बहुत सारे मित्र उनसे बहुत ज़्यादा छोटे थे। यह बिलकुल ऐसा था जैसे कि वह अपने उन खो चुके दिनों को जी रही हों।

वह उन उपहारों की बहुत-बहुत प्रशंसा करती थीं जो उनको दिए जाते थे—और इस बात ने उनको उपहार देने को अत्यंत सम्मोहक बना दिया था। मुझे उन्हें कपड़े, जेवर, मोहक साबुन और उनके टैरोकार्ड के संग्रह के लिए कुछ और कार्ड भेजना बेहद पसंद था। उन्हें उनको पाना बहुत प्रिय था, जबकि हम दोनों ही जानते थे कि ये उपहार बक्सों में या दराजों में रखे रहने वाले हैं, फिर भी। उन्होंने जर्मन भाषा में अपने यूरोपियन रिश्तेदारों से पत्राचार किया और बहुत सारे मित्रों से उनका पत्रों का आदान-प्रदान रहा, सबके सब उनकी काँपती हुई धीमी हस्तलिपि में बहुत तकलीफ़ उठा कर लिखे गए थे। उन्हें ख़ुद भी उपहार देना पसंद था। हालाँकि उन्हें पैसे की चिंता रहा करती

थी, वो पाई-पाई बचाती थीं और रेस्तराँ से चीनी घर ले जाया करती थीं, वह बहुत सावधानी से दोस्तों और अपने नाती-नातिनों के लिए उपहार ख़रीदतीं या बनाती थीं।

ऐसे स्वस्थ जीवन के ज़रिये, वह उसे भूलने लगीं जो क़ीमत उन्होंने अब तक के जीवन में चुकाई थी। टोलेडो के उन बुरे सालों की ओर एक छोटा-सा इशारा भी उन्हें कई दिनों के अवसाद में ले जाता। एक ऐसा भी समय था जब इन बातों ने मेरे लिए भी बेहद अकेलापन खड़ा कर दिया था जो केवल हम दोनों ने मेरे लगभग पूरे बचपन को एक-दूसरे के साथ जिया था। अब हममें से सिर्फ़ एक को ही याद था। लेकिन बाद के सालों में ऐसा भी हुआ कि मैंने रिपोर्टरों से कितनी ही मिन्नतें की कि वह टोलेडो में हमारे पड़ोसियों और रिश्तेदारों के साक्षात्कार न लें, ऐसा न कहें कि मेरी माँ अस्पताल में भर्ती रही थीं, लेकिन उन्होंने ऐसी ही बातें प्रकाशित कीं जिन्होंने मेरी माँ को बहुत चोट पहुँचाई, और उन्हें एक दूसरी खाई में ढकेलने का काम किया।

दूसरी ओर बात यह थी कि, वह अपनी माँ की भी तो बेटी थीं, इसलिए उनमें सामाजिक गुरूर और मिथ्याभिमान भी था। उनकी कुछ आपत्तियों का संबंध उनके अवसाद से कम, उनके झूठे अभिमान से ज़्यादा होता था। उन्होंने एक रिपोर्ट पर बेहद कड़वाहट में उँगली उठाई जिसमें हमारे हाउस ट्रेलर में रहने के बारे में लिखा गया था। उन्होंने ग़ुस्से में पूछा, "कि क्या वह यह नहीं लिख सकते थे 'वैकेशन मोबाइल होम'?" तलाक़ उनके लिए अभी भी एक शर्मनाक बात थी। वह बेहद ख़ुशी के साथ दोस्तों को कहतीं कि "मुझे नहीं पता ग्लोरिया क्यों यह कहती है कि उसके पिता और मेरा तलाक़ हो गया था—हमारा तलाक़ कभी नहीं हुआ था।" मेरे ख़याल से इस बात को वह अपने अंदर इस तरह से तर्कपूर्ण मानती होंगी कि अपनी दो शादियों के समारोहों, एक गुप्त और सार्वजनिक रूप से किए जाने के कारण से, क्योंकि उनका तलाक़ तो एक ही बार हुआ था। जब कि वास्तव में वो निश्चित रूप से तलाक़शुदा थे, और मेरे पिता ने किसी और से शादी भी कर ली थी।

उन्हें मेरे प्रकाशित लेखिका होने पर बेहद गर्व था, और हमारे ज़्यादातर मूल्य एक जैसे थे। उनकी मृत्यु के बाद, मेरे पास एक माँ-बेटी की नैतिकताओं की पहेली थी और मैंने उस पर एक स्त्री संबंधी पत्रिका में लिखा भी था। उनकी सुस्पष्ट काँपती लिखाई में, उन्होंने अपने जवाब दर्ज किए थे, उनकी बिलकुल सटीक कल्पना इस संदर्भ में कि मेरे जवाब क्या होंगे, और एक ऐसा परिणाम जो इस निष्कर्ष को दर्शाता था कि हमारे बीच के मतभेद उनसे कहीं बहुत कम थे जो बीस बेहद बुरे वर्षों के ज़रिये अलग-थलग रही स्त्रियों के बीच सामान्यतया हो सकते थे। इतने सब के बाद भी वो इतनी समर्थ थीं कि अपने परंपरागत महिला क्लब में जाने के लिए एक छद्म नाम की पट्टी अपने नाम पर लगा लेतीं ताकि हमारी जुड़ी हुई पहचान किसी तरह के विवाद या सवालों को उत्पन्न न करे। जब आख़िरकार हिम्मत जुटाकर मैंने उन्हें बताया कि मैं 1972 की स्त्रियों की एक याचिका पर हस्ताक्षर कर रही हूँ जो सार्वजनिक रूप

से यह कहेंगी कि हाँ मैंने गर्भपात कराया है, और हम उन क़ानूनों को ख़त्म किए जाने की माँग करेंगे जिनकी वजह से गर्भपात कराया जाना अवैध और ख़तरनाक हो गया है, तो उनका एकमात्र जवाब चुभने और चोट पहुँचाने के लिए ही था। उन्होंने कहा, ''हर नई अभिनेत्री कहती है कि 'उसने' गर्भपात कराया है'' और ''यह सब केवल लोकप्रियता हासिल करने के लिए होता है।'' मुझे पता था कि वो इस बात पर सहमत हैं कि गर्भपात एक वैधानिक चुनाव होना चाहिए, लेकिन सार्वजनिक रूप से इस तरह उन्हें शर्मसार करने के लिए वह मुझे कभी माफ़ नहीं करेंगी।

हक़ीक़त में, उनका ग़ुस्सा और दूसरों को अपने शब्दों के ज़रिये ज़ख़्मी करने की एक बहुत कमाल की कल्पनात्मक क्षमता उनके जीवन के उन अंतिम वर्षों में बहुत अधिक बढ़ गई थी जब वो सबसे ज़्यादा परनिर्भर थीं, सिर्फ़ अपने पर केंद्रित थीं, और उन्हें दूसरों की ओर से पूरे ध्यान की ज़रूरत भी थी। मेरी बहन ने जब पचास की उम्र में विधि स्कूल जाने का साहसिक निर्णय किया, मेरे माँ को एक ऐसे घर में छोड़कर जाने के साथ जहाँ न केवल बहुत सारे प्यार करनेवाले नाती-नातिनें थे, वरन एक तनख़्वाह पर रखी हुई नेक साथी भी थी, माँ ने उसे रुलाकर ही दम लिया यह कह कर कि यह एक ऐसा परिवार है जिसमें प्यार नाम की कोई चीज़ नहीं है, फ्रिज में घर के पके खाने के नाम पर कुछ नहीं है और यह एक सच्चा परिवार है ही नहीं। मुझ पर उनका यह घर पर खाना पकाने वाला पैंतरा असर नहीं करता था। उन्होंने मेरे लिए एक सजा निर्धारित की जो रचनात्मक और अलहदा दोनों थी। वह न्यूयॉर्क टाइम्स को फ़ोन करनेवाली थीं, उन्होंने कहा कि वह उन्हें बताएँगी, कि नारीवाद ने ये किया है : एक बूढ़ी और बीमार स्त्री को बिलकुल अकेला छोड़ देना।

सुविधाओं की इस असफलता से उपजी कड़वाहट को बहुत हद तक मेरी बहन के घर के पास ही मौजूद एक नर्सिंग होम ने हल किया, जहाँ न केवल मेरी माँ को अपनी कमज़ोर पड़ती देह के लिए चौबीसों घंटे की देख-भाल प्राप्त हुई, साथ ही नर्सों की देख-भाल और परवाह भी। माँ ने उन्हें सम्मोहित कर लिया, वे लोग उन्हें प्यार करने लगीं, और वो सामयिक रूप से होनेवाले शादी-ब्याह के पारिवारिक आयोजनों में अभी भी चली जाती थीं। यदि मुझे कभी कोई संदेह उन नर्सों द्वारा की जा रही मेरी माँ की देख-भाल से मुझ पर चढ़े कर्ज पर रहा भी होगा तो वो भी उनके अंतिम दिनों में ख़त्म हो गया।

मेरी माँ की मृत्यु उनके बयासीवें जन्मदिन से ठीक पहले अस्पताल के एक कमरे में हुई जहाँ मैं और मेरी बहन समय-समय पर बारी-बारी से उनके साथ थे। उनके दिल का ज़ख़्म अपनी अंतिम साँसों के साथ बंद हो गया, हम कुछ घंटों के लिए अकेले एक साथ थे जब मेरी बहन सो रही थी। मेरी माँ अपने चारों तरफ़ के माहौल से और उन नलियों से जो कि उनके शरीर में पड़ी हुई थीं बौखलाई हुई थीं, पर फिर भी उनकी चेतना इतनी बची हुई थी कि उन्होंने हमसे कहा : ''मैं घर जाना चाहती हूँ, प्लीज़ मुझे

घर ले चलो।'' एक आख़िरी बार उनसे झूठ बोलते हुए मैंने कहा, ''हाँ मैं ले जाऊँगी।'' उन्होंने कहा, ''ठीक है मेरी प्यारी बेटी। मुझे तुम पर भरोसा है।'' ये उनके आख़िरी समझ में आ सकने वाले शब्द थे।

नर्सों ने मुझे और मेरी बहन को उनकी साँस बंद होने के बाद भी काफ़ी देर तक उस कमरे में रहने दिया। मेरी माँ ने हमें ऐसा ही करने को कहा था। उनके बहुत सारे डरों में से एक यह, बचपन में सुनी हुई एक कहानी से उपजा भय भी था जिसमें एक व्यक्ति जो कोमा में था उसे मरा हुआ मान कर लगभग जिंदा दफ़न कर दिया गया था। उन्होंने अपने जीने के संबंध में एक वसीयत बनाई थी कि उनके लिए कोई भी असाधारण सुविधाएँ उन्हें जीवित बनाए रखने के लिए प्रयोग न की जाएँ, और यह कि उनकी राख को उसी जलधारा में प्रवाहित किया जाए जहाँ मेरे पिता की राख प्रवाहित की गई थी।

उनकी मेमोरियल सर्विस एक एपिस्कोपैलियन चर्च में हुई, जिसे कि वह बहुत अधिक पसंद करती थीं क्योंकि वह ग़रीबों को खाना खिलाता था, बेघर लोगों को अपनी बैठक में सोने के लिए जगह देता था, इसके सदस्य तक़रीबन हर जाति के थे, और एपिस्कोपैलियन के उच्च पादरियों द्वारा एक महिला पादरी बनाने के लिए कचहरी में घसीटे भी जा चुके थे। इन सबसे कहीं अधिक वह इस बात के लिए उन्हें प्यार करती थीं कि वहाँ के सदस्यों ने उनका स्वागत किस तरह किया था, उनके घर उनसे मिलने आते थे और उन्हें अपनी कार में प्रार्थनाओं के लिए भी ले जाते थे। मुझे लगता है कि उन्हें क्वेकर शैली की वह अनौपचारिकता पसंद आई होती जिसके तहत लोग उठ कर उनके बारे में उनकी स्मृति को ताज़ा कर रहे थे। मुझे पता है कि उन्हें अपने इतने सारे दोस्तों की मौजूदगी बहुत अच्छी लगती। इसी चर्च को उन्होंने अपनी मिशिगन की बची हुई संपत्ति इस उम्मीद में दान दी थी कि इसे एक बहुजातीय कैम्प के काम में इस्तेमाल किया जाएगा, और इस तरह से अपने उन पड़ोसियों से अपने हिसाब चुकता किए थे जिन्होंने मेरे पिता के यहूदी होने के कारण नाक-भौं चढ़ाई थी और उन्हें अनदेखा किया था।

मेरे ख़याल से वह भी अपने को दी गई इस श्रद्धांजलि से बेहद प्रसन्न हुई होतीं। यहाँ उनके शुरुआती महिला पत्रकारों में से एक होने पर उनके छोटे-से कैरिअर के बारे में प्रमुखता से बताया गया, ओबरलिन स्कॉलरशिप कोष के लिए चंदे के लिए भी कहा गया ताकि दूसरे लोग इस कॉलेज में पढ़ने जा सकें जिससे उन्हें इतना प्यार था, पर जिसे उन्हें छोड़ना पड़ा था।

मैं जानती हूँ कि मैं आगे आने वाले वर्ष यह समझने में लगाने वाली हूँ कि उनके जीवन ने मुझमें क्या छोड़ा है।

अब आकर मैं यह जान पाई हूँ कि क्यों मैं हमेशा वृद्ध लोगों की ओर झुकाव महसूस करती रही बजाय बच्चों के। उन नाकाम होते शरीरों के अंदर बंद प्रतिभा और

उम्मीदें और उनके अस्थिर दिमाग़ वो चीज़ें है जो मुझे उनसे जोड़ती हैं—एक मर्मस्पर्शी विरोधाभास जो कि मुझे हमेशा मेरी माँ की याद दिलाता है, तब भी जब वे समर्थ थीं।

इस दुनिया में अपने दम पर खड़ी किसी भी माँ-बेटी की कहानी की ओर मेरा ध्यान खिंच जाता है। मैंने *अ टेस्ट ऑफ़ हनी,* नाटक और फ़िल्म दोनों ही रूपों में अनेक बार देखी है, और इसके दुख और उदासी को हर बार उतनी ही शिद्दत से महसूस किया है। मैंने *जिप्सी* फ़िल्म भी बार-बार देखी है, गीत-संगीत के लिए परदे के पीछे ताक-झाँक करते हुए, और बाक़ायदा जाकर भी। मैंने अपने-आप से कहा कि मैं टैप नृत्य की मुद्राएँ सीख रही हूँ लेकिन दरअसल मेरी आँखें आँसुओं में डूबी हुई थीं।

मुझे एक बार एक व्यक्ति से सिर्फ़ इसलिए प्रेम हो गया क्योंकि वह मेरे साथ बच्चों के एक ऐसे विशाल और गुप्त क्लब से जुड़ा था जिनकी माँ पागल थीं। हम एक-दूसरे को अपनी वे कहानियाँ सुनाते जिनमें अपनी शर्मनाक घरेलू परिस्थितियों के कारण हम कभी भी अपने दोस्तों को अपने घर आमंत्रित नहीं करते थे। उसके जन्म से पहले ही उसकी माँ को अपनी अमनपसंद धारणाओं के कारण जेल में डाल दिया गया था। फिर उन्होंने उस युवा, राजनीतिक महत्त्वाकांक्षाओं वाले और अपनी प्रतिरक्षा में खड़े वकील से शादी कर ली, घर पर रहीं, कई सारे बेटों को बड़ा किया और धीरे-धीरे एक दूसरी तरह की जेल में रहते हुए पागल हो गईं। मैं अपने इस दोस्त के साथ प्रेम में नहीं रह पाई जब उसने मुझसे सिगरेट न पीने और अपशब्दों को न बोलने की माँग रखी, और यह भी उम्मीद की कि मैं अपने काम पर नहीं जाऊँगी। उसकी माँ की हालत ने उसे आत्म-दया के अलावा कुछ भी नहीं सिखाया था।

बहुत सालों तक मैं इस भय की गिरफ़्त में रही कि एक दिन मैं भी उसी टोलेडो जैसे घर के हालात में पहुँच जाऊँगी। अब, मैं ऐसी बहुत सारी चीज़ों की गिरफ़्त में हूँ जो कि मैं अपनी माँ के लिए कर सकती थी जब वो जीवित थीं या वो बातें जो मुझे उनसे कहनी चाहिए थी।

मुझे अभी भी यह बात बिलकुल समझ में नहीं आ पाती कि क्यों इतने सारे साल बीतने के बाद मैं अपनी माँ को एक व्यक्ति के तौर पर देख सकी, और मुझे यह समझ में बहुत देर से आया कि उसके जीवन में मौजूद बहुत सारे दबाव ऐसे थे, जिनका अन्य औरतों के जीवन से साझा है। बहुत सारी बेटियों की तरह, मेरे लिए भी कहना आसान नहीं है कि मेरी माँ के साथ जो कुछ हुआ वह किसी भी नज़रिए से व्यक्तिगत या दुर्योगवश नहीं था। यह स्वीकार करने का अर्थ यह होगा कि मैं यह मानती हूँ कि ऐसा मेरे साथ भी हो सकता है।

एक रहस्य अब हमेशा के लिए खुल चुका है। मैं कभी भी इस बात को नहीं समझ सकी कि क्यों मेरी माँ की कोई भी मदद उनकी सास पॉलिन ने नहीं की, एक महिला जो कि उनकी ख़ुद की माँ से कहीं ज़्यादा प्यार उनसे करती दिखती थी। मेरी दादी तभी मर गई थीं जब मैं पाँच बरस की थी, मेरी माँ की सबसे बुरी समस्याएँ शुरू होने

के पहले पर उनका 'नर्वस ब्रेकडाउन' होने के काफ़ी बाद। मैं जानती हूँ कि पॉलिन महिलाओं के वोट के अधिकार के लिए अपना पक्ष रखकर कांग्रेस को संबोधित कर चुकी थीं, वोट के लिए मार्च करने वालों में थीं और और वे ओहिओ स्कूल कोष के लिए चुनी गई पहली महिला थीं। वे एक बहुत साहसी और आत्मनिर्भर महिला रही होंगी, पर मेरी माँ की यादों में से मुझे कुछ भी ऐसा नहीं मिला जो बता सके कि पॉलिन ने कभी उसकी कोई मदद उसका अपना जीवन पाने में की हो या उसके लिए प्रोत्साहित ही किया हो।

आख़िरकार मैंने यह जाना कि मेरी दादी-माँ ने अपने ख़ुद के जीवन की राजनीति को ही कभी भी नहीं बदला। वह एक ऐसी नारीवादी थीं, जिसने अपने घर को बेहद सलीके से रखा अपने एक पति और चार नारीवाद विरोधी बेटों के लिए, एक शाकाहारी, पाँच माँस-भक्षी पुरुषों के बीच एक स्त्री जो शराब पीने के ख़तरों को इतनी भली-भाँति जानती और मानती थी कि वैनीला पेस्ट के अलावा कुछ भी इस्तेमाल नहीं करती थी, फिर भी घर के मर्दों को माँस और शराब परोसती थी। उन्होंने यह सुनिश्चित रखा कि उनका जीवन और आराम बिना किसी खलल के जारी रहे। वोट का अधिकार मिलने के बाद, पॉलिन ने अपनी सारी नारीवादी गतिविधियाँ जैसे रोक दीं। मेरी माँ इस बात की बहुत बड़ी प्रशंसक थीं कि उनकी सास एक चमकता हुआ, दाग-धब्बे रहित घर रखती हैं और एक सप्ताह का भोजन एक बार में तैयार कर लेती हैं। उनके अपने निजी जीवन की चाहे जो भी अंदरूनी यंत्रणाएँ रही हों, मेरी माँ के लिए पॉलिन एक ऐसी योग्य स्त्री थीं जो "यह सबकुछ कर सकती थीं।" मेरी माँ, बाइबल में रुथ के कहे ये शब्द और अपनी सास के इन सबसे पसंदीदा शब्दों को बार-बार कहती थीं : "चाहे जो कुछ भी हो जाए मैं चलती रहूँगी," ("Whither thou goest, I shall go,") और अंततः उनकी सास ने सिर्फ़ मेरी माँ के अपराध-बोध के भार को ही बढ़ाया था।

बाद की अन्य कई मताधिकारवादियों की तरह, मेरी दादी माँ सार्वजनिक रूप से एक नारीवादी थीं पर अपने निजी जीवन में एकांतवादी। यह अपने आप में बेहद साहसिक रहा होगा, और संभवतः यही करने की उनसे अपेक्षा भी थी, लेकिन मताधिकार और काम करने का विधिक अधिकार ही वे सहारे नहीं थे जो मेरे माँ के लिए ज़रूरी थे।

इसलिए, इस दुनिया ने उस व्यक्ति को अभी भी खो ही दिया है जिसका नाम रूथ था। हालाँकि, वह न्यूयॉर्क में रहने और यूरोप की यात्रा के लिए सोचती और तड़पती थी, पर अब वह एक ऐसी स्त्री में तब्दील हो गई जो क़स्बे तक जाने के लिए एक बस में चढ़ने से भी डरती थी। उसने पहली स्टैनले स्टीमर कार चलाई थी लेकिन उसने ऐसे आदमी से शादी की जिसने उसे कभी कार चलाने ही नहीं दी।

मैं सिर्फ़ अंदाजा ही लगा सकती हूँ कि वह क्या बन सकती थीं। उनकी झलक

मुझे उनकी जीवेष्णा और मौज-मस्ती में मिलती है। इतने सारे डर से भरे हुए वर्षों के बाद भी वो मेरे साथ ओबरलिन आईं जब मैं वहाँ अपना वक्तव्य देने के लिए गई। उन्हें इसके इतिहास के बारे में सब कुछ याद था, अश्वेत लोगों को और स्त्रियों को सबसे पहले दाख़िला देने वाला कॉलेज होने से लेकर विद्यार्थियों को प्रोफ़ेसर होने का सम्मान देने वाले तक, एक पत्रकार होने के लिए उनकी पात्रता और वह आकर्षण भी जो उनका अपना था।

जब वह वाशिंगटन के पुस्तकालयों की समृद्धि के बीच ख़ुद आवाजाही करने में समर्थ थीं, वह एक प्रसिद्ध वंशावली विशेषज्ञ बन गईं, ख़ासतौर पर अपनी ख़ुद की पारिवारिक वंशावली में आवारा और विद्रोही लोगों को खोजने का आनंद लेती हुई।

एक कहानी थी जो वह बड़े संतोष के साथ सुनाती थीं। मेरे जन्म से पहले, जब मेरे पिता के रिसॉर्ट पर वह किसी लोकप्रिय डांस बैंड के सदस्यों के लिए एक और लम्बा-चौड़ा भोज आयोजित कर चुकी थीं और उन लोगों ने चाट पोंछकर तश्तरियाँ साफ़ नहीं की थीं, तो माँ ने रसोई की दीवार से एक शॉटगन उतारी और उसे तब तक उन बेचारे डरे हुए लोगों के सर पर लगाये रहीं जब तक कि उन्होंने स्ट्रॉबेरी शॉर्टकेक का आख़िरी टुकड़ा तक नहीं खा लिया। और इसके बाद ही माँ ने उन्हें बताया कि उस बंदूक में गोलियाँ नहीं थीं।

हालाँकि सेक्स एक ऐसा विषय था जिस पर वह प्रत्यक्ष रूप से कभी बात नहीं करना चाहती थीं लेकिन उन्हें कामुकता का संचार करनेवाले पुरुष बहुत पसंद थे। एक बार जब मैं अपने किसी दोस्त को घर लाई और वह उनसे खाना पकाने के बारे में बात कर रहा था तो वह ख़ासी नाराज़ हो गई थीं (वह रसोई में आ गया और मुझसे स्ट्यू के बारे में बात करने लगा!)। लेकिन फिर जब हम तैरने के लिए गए तो माँ ने उसे माफ़ कर दिया। उन्होंने फुसफुसाते हुए कहा, ''इसके पैर बहुत आकर्षक हैं!''

अपने पचहत्तरवें जन्मदिन पर, वे बीच पर अपने नाती-नातिनों के साथ सॉफ्टबॉल खेल रही थीं, और समुद्र में फ़नकार होमरन लेने पर बहुत ख़ुश हो रही थीं और अभिमान कर रही थीं।

अपने जीवन के अंतिम साल में भी जब मेरी बहन उन्हें एक पड़ोसी के नए और भव्य घर की सैर के लिए लेकर गई तो वह हॉल में लगी एक गूढ़ तसवीर की सीधी धारियों को देखने लगीं और कुछ तीखेपन से कहा, ''क्या ये इसका प्राइसकोड है?''

वह ख़ुद सामाजिक रूप से स्वीकार्य होने के लिए बहुत परेशान रहा करती थीं लेकिन अगंभीर कारणों के बावजूद भी कभी किसी व्यक्ति या वस्तु के प्रति अपनी स्वीकृति देने या न देने में पीछे नहीं रहती थीं। ग़रीबी या शैली या शिक्षा की कमी कभी भी उनके और उनके किसी नए दोस्त के बीच नहीं आ पाते थे। हालाँकि वे जहाँ रहती थीं वहाँ ज़्यादातर श्वेत परिवार ही रहते थे और उन्हें हमेशा यह चिंता भी रहती कि मैं कहीं किसी 'ग़लत' नस्ल के पुरुष के साथ प्रेम में न पड़ जाऊँ। वैसे ही जैसे

उन्होंने एक 'ग़लत' धर्म के पुरुष से विवाह कर लिया था, फिर भी वह प्रत्येक व्यक्ति के अस्तित्व का सम्मान करती थीं।

"क्या वह बहुत साँवला है?" एक बार उन्होंने मेरे एक दोस्त के विषय में चिंतित होते हुए पूछा। लेकिन जब वह इस बहुत साँवले व्यक्ति से मिलीं तो बाद में उन्होंने कहा : "कितना अच्छा और दयालु इनसान है!"

मेरे पिता हमारे परिवार का आधा यहूदी हिस्सा थे, लेकिन यहूदी धर्म पर गर्व करना मुझे माँ ने सिखाया। वह माँ ही थीं जिन्होंने बचपन में मुझे रेडियो पर आने वाले उस नाटक को सुनने के लिए प्रोत्साहित किया जो कि यातना शिविरों के बारे में था। "तुम्हें पता होना चाहिए कि जीवन में ऐसा भी हो सकता है," माँ ने कहा। फिर भी उनकी कोशिशें ऐसी होतीं कि हम सब कुछ जान और सीख जाएँ, पर हमारे भीतर किसी भी चीज़ के प्रति डर पैदा न हो।

माँ ने ही मेरा परिचय किताबों की दुनिया से कराया और मुझे उनका सम्मान करना सिखाया, मुझे उन कविताओं के बारे में बताया जो उन्हें जुबानी याद थीं, और यह विचार भी माँ का ही बोया हुआ है कि हम तब तक किसी की निंदा नहीं कर सकते जब तक कि "उसके जैसी परिस्थितियों में कुछ समय न गुज़ारा हो।"

वह माँ ही थीं जिन्होंने टोलेडो का वह घर बेच दिया, इकलौता घर जो उनके पास था, इस दृढ़निश्चय के साथ कि इससे मिलने वाले रुपयों से वे मुझे कॉलेज भेजेंगी। उन्होंने अपनी दोनों बेटियों को घर से दूर जाकर उस चार साल की आज़ादी को जीने के लिए प्रोत्साहित किया जो उन्हें ख़ुद कभी नहीं मिली थी।

उनकी मृत्यु के बाद, मुझे और मेरी बहन को माँ का एक जर्नल मिला जो उन्होंने अपनी पुरानी विलंबित और प्रिय यूरोप यात्रा की याद में सँभालकर रखा हुआ था। जब वे इस यात्रा से लौटकर घर आईं तो उन्होंने इसके बारे में बहुत ही कम बताया था शायद इसलिए क्योंकि उन्हें हमेशा ऐसे लोगों से बेहद चिढ़ होती थी जो अपनी निजी यात्राओं की बातें बताकर और तसवीरें दिखाकर सामने वाले को बोर कर देते थे। फिर भी, उन्होंने एक विवरणात्मक निबंध लिखा था, जिसका शीर्षक था 'नानी माँ की यूरोप यात्रा।' इतने वर्षों के बाद, वह अब भी ख़ुद को एक लेखक के रूप में पहचानती थीं। फिर भी उन्होंने अपना यह विस्तृत जर्नल किसी को नहीं दिखाया।

मैं उनकी कमी बहुत महसूस करती हूँ—लेकिन मौत के बाद यह कमी उतनी नहीं खलती जैसी उनके जीवित रहते हुए खलती थी। जीवित रहते हुए भी बहुत कम जी पाना, मृत्यु से भी अधिक दुखद लगता है। लेकिन कम से कम अब हम सब अपने पारिवारिक रहस्यों में दबी ऐसी सभी स्त्रियों के बारे में सवाल तो कर रहे हैं।

अगर रुथ का यह गीत हमें प्रेरणा दे सका है तो, मुझे लगता है सबसे पहले वह ख़ुद ही कहेंगी : ये गीत तो गया जाना चाहिए था।

(आउटरेजियस एक्ट्स एंड एवरीडे रिबेलियंस, 1981)

संदर्भ

परिचय : यह किताब अस्तित्व में क्यों आई ?

1. Valerie M. Hudson, Bonnie Ballif-Spanvill, Mary Caprioli and Chad F. Emmett, *Sex and World Peace* (New York: Columbia University Press, 2012).
2. Ibid.
3. Ibid.
4. Marianne E. Lien and Brigitte Nerlich, *The Politics of Food,* (London: Bloomsbury Publishing, 2004).
5. Diana E.H. Russell and Roberta A. Harmes (eds.) *Femicide in Global Perspective* (New York: Teachers College Press, 2001).
6. United Nations Office on Drugs and Crime, Global Report on Trafficking in Persons', February 2009. The full report is available online at <http://www.unodc.org/documents/Global_Report_on_TIP.pdf>.
7. As quoted on the website of the Polaris Project: A Life without Slavery. The statistics are available on <http://www.polarisproject.org>.

वह भारत जिसने मुझे आकार दिया

1. Manabendra Nath Roy, *The Russian Revolution,* (Calcutta: Renaissance Publishers, 1949), p. X.
2. Gandhi's response to a reader in *Hind Swaraj,* a newspaper of which he was editor, quoted in *The Collected Works of Mahatma Gandhi* Volume 10 (New Delhi: Government of India, 1958–1984), p. 43
3. Anne Koedt, 'The Myth of the Vaginal Orgasm', reprinted in *Radical Feminism,* Anne Koedt, Ellen Levine and Anita Rapone (eds.) (New York: Quandrangle Books, 1973), pp. 198–207.
4. Steinem travelled with other feminist organizers to meetings and rallies and they would often address audiences in pairs or in groups.
5. To contact the recently formed Prathisthan or coordinating body for these grassroots groups, write to the Principal Coordinator, Nirmala Deshpande, A-233 Pandara Road, New Delhi, India.
6. Devaki Jain, 'Remembering Kamaladevi', *The Indian Express,* 11 March 1988.

सम्पत्ति का पितृकरण

1. 'India's Richest', *Forbes,* available online at <http://www.forbes.com/ india-billionaires/list/>

2. Susan A. Ostrander, *Women of the Upper Class* (Philadelphia: Temple University Press, 1984), p. 151.
3. Robin Morgan, *The Demon Lover: The Roots of Terrorism* (New York: W.W. Norton, 1989), p. 159
4. This fifteen-year old study began in 1981. A ten-year report has now been published. Karen D. Arnold, Academic Achievement-A View from the Top: The Illinois Valedictorian Project', North Central Regional Education Library, 1900 Spring Road, Suite 300, Oak Brook, IL 60521. 'Higher Education: Colder by Degrees', Myra and David Sadker, *Failing at Fairness: How Our Schools Treat Girls* (New York: Charles Scribner's Sons, 1994), pp. 161-196.
5. Joan Jacobs Brumberg, *Fasting Girls: The History of Anorexia Nervosa* (Cambridge, Mass.: Harvard University Press, 1988), pp. 12-13.
6. Linda Tschirhart Sanford and Mary Ellen Donovan, *Women and Self Esteem: Understanding and Improving the Way We Think and Feel about Ourselves* (New York: Anchor Press/Doubleday, 1984), p. 74.
7. Ibid., p. 47.
8. "Relating to Our Family, Money, and Communities', Selected Highlights of the Third Annual Women Managing Wealth Conference, 1990. A programme of the Ms. Foundation for Women, 141 Fifth Avenue, New York, NY 10010
9. G. William Donhoff, *Who Rules America Now?* (New York: Simon & Schuster/Touchstone, 1983), p. 42.
10. Ibid., p. 27.
11. Ibid., p. 77.
12. Ann D. Gordon (ed.) *The Selected Papers of Elizabeth Cady Stanton and Susan B. Anthony, Volume II: An Aristocracy of Sex,* 1866-1873 (New Jersey: Rutgers, the State University of New Jersey, 2000).
13. Gunnar Myrdal, *An American Dilemma: The Negro Problem and Modern Democracy* (New York: Harper and Brothers, 1944).
14. Library of Congress. The Learning Page. *Lesson Two: Changing Methods and Reforms of the Woman's Suffrage Movement, 1840-1920.*
15. Aileen S. Kaditor, *The Ideas of the Woman Suffrage Movement: 1890–1920* (New York: W.W. Norton, 1981), pp. 153–54.
16. Ibid., p. 153.
17. Madeleine B. Stern, *Queen of Publisher's Row: Mrs. Frank Leslie* (New York: Messner, 1965), p. 186.
18. For information about local or national meetings of women managing wealth, contact: Resourceful Women, 3543 18th Street #9, San Francisco, CA 94110, 415-431-5677, fax 415-431-9634.; National Network of Women's Funds, 1821 University Avenue, Suite 409 North, St. Paul MN 55104, 612-641-0742, fax 612-647-1401; Funding Exchange, 666 Broadway, Suite 500, New York, N.Y. 10012, 212-529-5300.
19. Tracy Gary and Nancy Adess, *Inspired Philanthropy: Your Step by Step Guide to Creating a Giving Plan and Leaving a Legacy* (San Francisco: Jossey-Bass, 2007).

काम का महत्त्व

1. The Reserve Bank of India, 'Handbook of Statistics on the Indian Economy', 2012–2013. The full report is available online at <http:// rbidocs.rbi.org.in/ rdocs/Publications/PDFs/FHB160913FLS.pdf>.
2. Howard Spodek, 'Shramshakti: Report of the National Commission on Self Employed Women and Women in the Informal Sector', *Economic Development and Cultural Change*, Volume 38, Number 4 (Chicago: The University of Chicago Press, July 1990), pp. 896–901.
3. Ibid.
4. World Economic Forum, "The Global Gender Gap Report 2012". The full report is available online at <www3.weforum.org/docs/ WEF_GenderGap_ Report_2012.pdf>.
5. Ibid.
6. The Reserve Bank of India, 'Handbook of Statistics on the Indian Economy', 2012–2013.
7. Ibid.
8. This turned out to be an underestimation. By 1990, females of alls made up 57.5 per cent of the labour force. According to the US Bureau of Labor Statistics, this had increased slightly in the 1990s, and is projected to reach 63 per cent by the year 2005. Nonetheless, more media attention has been paid to a statistically insignificant trend of women leaving paid work to raise children-something parents, women or men, should be able to choose, especially in the absence of flexible work schedules and adequate childcare-than to women's positive reasons for staying in the paid labour force.
9. Francine S. Hall and Douglas T. Hall, *The Two-Career Couple* (Boston: Addison-Wesley Pub. Co., 1979).
10. Now the representative of the District of Columbia in the US Congress.

भोजन की राजनीति

1. United Nations Population Fund, 'Adolescents in India: A Profile'. The full report is available online at <http://web.unfpa.org/focus/ india/facetoface/ docs/adolescentsprofile.pdf>.
2. United Nations Children's Fund, Progress for Children: A Report Card on Adolescents', 2012. The full report is available online at <http:// www.unicef.org/media/files/PFC2012_A_report_ card_on_adolescents.pdf>.
3. Amol Sharma, 'In Slowing India, a Fast-Growing Star', *The Wall Street Journal*, 29 August 2012. The report is available online at <http:// online.wsj.com/news/articles/SB10000872396390444327204577616060613980088>.
4. International Institute for Population Sciences (IIPS) and Macro International National Family Health Survey (NFHS-3), India, 2005–06'(Gujarat.Mumbai: IIPS, 2008). The full report is available online at <http://www.rchiips.org/ nfhs/NFHS-3%20Data/gujarat_state_ report_for_website.pdf>.

मर्लिन मुनरो

1. Martin Amis, Diana Trilling at Claremont Avenue', *The Moronic Inferno: And other Visits to America* (London: Jonathan Cape, 1986).

आत्मसम्मान क्या है

1. Watch the video in which Kavita Krishnan expresses this sentiment on YouTube at <http://www.youtube.com/watch?v=fD6YlpgxdYI>.
2. Susanne K. Langer (tr.) *Language and Myth* (London: Harper and Brothers, 1946).
3. Susan Sontag, 'Illness as Metaphor', *Illness as Metaphor and AIDS and Its Metaphors* (New York: Picador, 1988), p. 57.
4. Barbara Boggs Sigmund, 'I Didn't Give Myself Cancer', *The New York Times*, 30 November 1989.
5. The 1971-72 Virginia Slims Poll, the first national survey of women's opinions on women's issues. Designed by Carolyn Setlow, Louis Harris and Associates, 630 Fifth Avenue, New York.
6. Ryszard Kapuscinski, 'Revolution', William R. Brand and Katarzyna Mcoczkowska-Brand (trans.), *The New Yorker*, 4 and 11 March 1985.
7. Stendhal, *The Red and the Black,* Roger Gard (trans.), (London: Penguin, 2002).
8. Alice Walker, *The Color Purple* (New York: Harcourt Books, 1970).
9. W. Hugh Missildine, *Your Inner Child of the Past* (New York: Simon and Schuster, 1963).
10. Gloria Steinem, *Marilyn: Norma Jeane* (New York: Henry Holt, 1986).
11. Missildine, p. 222.
12. Ibid., p 224.
13. Marilyn Murphy, *Are You Girls Travelling Alone?: Adventures in Lesbianic Logic,* (Los Angeles: Clothespin Fever Press, 1991), p. 20. For her current columns, write to *The Lesbian News,* P.O. Box 1430, Twenty nine Palms, California 92277.
14. Mohandas Karamchand Gandhi, *An Autobiography or The Story of My Experiments with Truth,* Mahadev Desai (trans.) (Ahmedabad: Navajivan Publishing House, 1982), p. 14.
15. Mohandas Karamchand Gandhi, *Harijan,* 3 October 1936.
16. Gandhi, *An Autobiography,* p. 31.
17. Ibid., p. 20.
18. Ibid., p. 162
19. Kalima Rose, *Where Women Are Leaders: The SEWA Movement in India* (New Delhi: Sage Publications, 1991).

रोमांस बनाम प्रेम

1. Simone de Beauvoir, *The Second Sex,* H.M. Parshley (trans.) (New York: Knopf, 1989), p. 667.

2. G.D. Klingopulos, "The Novel as Dramatic Poem', quoted in Emily Brontë, *Wuthering Heights* (New York: Random House, Modern Library Edition, 1978), p. xvii.
3. Royal A. Gettmann, 'Introduction', (New York: Random House, Modern Library Edition, 1950) *Wuthering Heights,* p. ix.
4. Charlotte Brontë, 'Biographical Notice of Ellis and Acton Bell', *Wuthering Heights* (London: Smith, Elder & Co. 1850), pp. XXV-xxvi.
5. Ibid., p. xxv.
6. Ibid., p. xx.
7. Ibid., p. xxiv-xxv.
8. Adrienne Rich, Jane Eyre: The Temptations of a Motherless Woman,' *On Lies, Secrets, and Silence* (New York: W.W. Norton, 1979), p. 90.
9. Emily Brontë may have had in mind a racial distance greater than that between the gently bred Catherine and a 'dark-skinned gypsy', as Heathcliff was described. Jamaican-American writer Michelle Cliff points out in her unpublished essay, 'Caliban's Daughter', that Liverpool was a centre of the slave trade, where discarded Africans, perhaps also children fathered by slave traders, lived in the streets. Catherine's father brought home this boy who was 'dark as if it came from the devil and speaking 'some gibberish that nobody could understand' only after he had unsuccessfully 'enquired for its owner'. Later, when Heathcliff runs away to become rich enough to marry Catherine, what trade other than slave ships could have earned him such a fortune in three years? And if that self-betrayal was the source of his wealth, no wonder he was in such pain when he returned to find even this blood money couldn't give him Catherine. Perhaps Emily Brontë, wandering over moors she must have known were part of a slave trader's estate, was drawing parallels between a Heathcliff who could be bought (and forced to see others) and a Catherine who could be sold in marriage. Or perhaps as an outsider by sex who had written imaginary stories about Africa as a child, she was simply finding within herself the emotions of an outsider by race—just as Aphra Behn, the first professional woman writer in England had done almost two hundred years earlier.
10. "Survey: Sex and Self-Esteem', *Medical Aspects of Human Sexuality,* Volume 17, Number 5, May 1983, pp. 197–211.
11. Mary McCarthy, *The Company She Keeps* (Boston: Houghton Mifflin Harcourt, 2003).
12. Helen Handley (ed.), *The Lovers' Quotation Book* (New York: Pushcart Press, 1986), p. 63.
13. Linda Sanford and Mary Ellen Donovan, *Women and Self-Esteem* (New York: Anchor/Doubleday, 1984), p. 123.
14. Virginia Goldner, Peggy Penn, Marcia Sheinberg and Gillian Walker, 'Love and Violence: Gender Paradoxes in Volatile Attachments, *Family Process,* December 1990, Volume 20, Number 4, p. 343.
15. Handley, *Lovers' Quotation Book,* p. 45.

16. Charlotte Davis Kasl, Women, *Sex, and Addiction: A Search for Love and Power* (New York: Ticknor & Fields, 1989) p. 130.
17. Frank Pittman, *Private Lies: Infidelity and the Betrayal of Intimacy* (New York: W.W. Norton, 1989) p. 183.
18. Q.D. Leavis, 'Introduction', Charlotte Brontë, *Jane Eyre* (London: Penguin, 1966), p.11.
19. Rich, Jane Eyre', p. 96.
20. Ibid.
21. For a view of this story as it might have looked through the mad wife's eyes, see the Jean Rhys novel, *Wide Sargasso Sea.*
22. Robin Morgan, *The Anatomy of Freedom: Feminism in Four Dimensions* (New York: W.W. Norton & Co., 1982).
23. Albert Camus, *The First Man,* (New York: Vintage International, 1995)
24. Clare Boothe Luce, *Stuffed Shirts,* (New York: Horace Liveright. Inc, 1931), p. 78.
25. Simone de Beauvoir, *The Second Sex,* Constance Borde and Sheila Malovany-Chevallier (trans.) (New York: Vintage, 2009).
26. Margaret Caroline Anderson, *Forbidden Fires,* Mathilda M. Hills (ed.) (Missouri: Naiad Press, 1996).
27. Phyllis Rose, *Woman of Letters: A Life of Virginia Woolf* (Oxford University Press, 1978).
28. For a critical look at measures of masculinity and androgyny, see Joseph Pleck, *The Myth of Masculinity* (Cambridge, Mass.: MIT Press, 1983).
29. For conditions of creativity in our children and ourselves, see Teresa M. Amabile, *Growing Up Creative: Nurturing a Lifetime of Creativity* (New York: Crown, 1989).
30. For more about the case for and tradition of androgyny, see Carolyn G. Heilbrun, *Toward a Recognition of Androgyny: A Search into Myth and Literature to Trace Manifestations of Androgyny and to Assess Their Implications for Today* (New York: Harper Colophon Books, Harper & Row, 1974).
31. Barbara Risman, 'Intimate Relationships from a Microstructural Perspective: Men Who Mother', *Gender and Society,* Volume 1, 1987, pp. 6–32.
32. Dorothy Dinnerstein, *The Mermaid and the Minotaur,* (New York: Other Press, 1999).
33. Rainer Maria Rilke, *Letters to a Young Poet,* Mark Harman (tr.), (Library of the Congress, USA, 2011).
34. Marilyn French, 'Self-respect: A Female Perspective', *The Humanist,* November/December, 1986, p. 22.
35. Alice Walker, *Revolutionary Petunias and other Poems,* (New York: Harcourt Brace Jovanovich, 1973), p. 66.

कामुकता बनाम अश्लीलता

1. Melinda Tankard Reist and Abigail Bray (eds.) *Big Porn Inc: Exposing the*

Harms of the Global Porn Industry (North Melbourne: Spinifex Press, 2011), pp. 239–49.

2. Some of Tiger's works have included controversial concepts, including the biological origins of social interactions. Tiger published a work, *The Imperial Animal,* with Robin Fox in 1972 which advocated a "social carnivore theory of human evolution. Tiger has predicted the higher status of women within society in books such as *The Decline of Males and Men in Groups.* He has also written books such as *The Pursuit of Pleasure,* which discussed the concept that evolution has established the biological mechanisms of pleasure and that they have survival origins. Lionel Tiger lives in New York City, and regularly contributes to mainstream media such as *Psychology Today* and *The New York Times.*
3. Kinsey's research went beyond theory and interview to include observation of and participation in sexual activity, sometimes involving co-workers. The data published in the *Kinsey Reports* as his *Sexual Behavior* books later revealed that Kinsey used data from a single paedophile and presented it as being from various sources. Kinsey collected sexual material from around the world, which brought him to the attention of US Customs when they seized some pornographic films in 1956—he died before this matter was legally resolved. 4. For a history of this controversial and misunderstood ordinance that was passed by the City Council of Minneapolis but vetoed by its Mayor—as well as a compendium of research on pornography—see Franklin Mark Osanka and Sara Lee Johann, *Sourcebook on Pornography* (Lexington, Mass.: Lexington Books, 1989).

लिंडा लवलेस का असली चरित्र

1. Catharine MacKinnon and Andrea Dworkin, *Pornography and Civil Rights: A New Day for Womens' Equality* (Minneapolis: Organizing against Pornography, 1988).
2. Linda Lovelace, *Ordeal: The Truth behind Deep Throat* (New York: Citadel Press, 1980).

तीसरी राह : देहव्यापार एवं वेश्यावृत्ति का अंत

1. 'Chiffon Drapes India's Bunnies', *Mumbai Mirror,* 3 January 2013.

एक मीडिया पर्यवेक्षक के देर रात ख़याल

1. Sonja Hedgepeth and Rochelle Saidel (eds.), *Sexual Violence against Jewish Women during the Holocaust,* (Massachusetts: Brandeis University Press, 2011).

अगर पुरुषों को मासिक धर्म होता

1. Phyllis McAlpin Stewart Schlafly, born 15 August 1924, is an American

constitutional lawyer, conservative activist, author, and founder of the Eagle Forum. She is known for her opposition to modern feminism and for her campaign against the proposed Equal Rights Amendment. Schlafly argued that the ERA would take away gender specific privileges currently enjoyed by women, including 'dependent wife' benefits under Social Security and the exemption from Selective Service registration.

2. Marabel Morgan is an American author of self-help books for married women, including *The Total Woman* (1973), *Total Joy* (1983), *The Total Woman Cookbook* (1980) and *The Electric Woman* (1986). *The Total Woman* reportedly sold more than ten million copies and was the bestselling non-fiction book of 1974. Grounded in evangelical Christianity, it taught that 'a total woman' caters to her man's special quirks, whether it be in 'salads, sex or sports', and is perhaps best remembered for instructing wives to greet their husbands at the front door wearing sexy outfits, or draped in transparent saran wrap, with nothing (but herself) underneath. 'It's only when a woman surrenders her life to her husband, reveres and worships him and is willing to serve him, that she becomes really beautiful to him,' Morgan wrote.
3. With thanks to Stan Pottinger for many of the improvisations already here.

हिटलर

1. Adolf Hitler, *Mein Kampf,* The Noontide Press: Books On-Line. The full text of the book is available online at <http://www.angelfire.com/ folk bigbaldbob88/Mein Kampf.pdf>.
2. Ibid.
3. Ibid.
4. Tim Mason, Women in Germany, 1925-1940: Family, Welfare and Work. Part I', *History Workshop,* Number 1, Spring 1976, pp. 73–113.
5. Hitler, *Mein Kampf.*
6. Richard Evans, *The Feminist Movement in Germany: 1894-1933* (London: Sage Publications, 1976).
7. Hitler, *Mein Kampf.*
8. Tim Mason, Women in Germany, 1925-1940', *Nazism, Fascism and the Working Class: Essays by Tim Mason* (Cambridge: Cambridge University Press, 1995).

आभार

In alphabetical order, the people without whom this book would not have been possible:

Abhilasha Kumari, Amelia Richards, Anuradha Joshi, Ashley Lott, Bob Levine, Francesca Tarrant, Jennifer Buffet, Kanishka Gupta, Laura Fischer, Madhu Prasad, Md Kalam, Pamela Shifman, Peter Buffet, Rajni Gupta, Rakshanda Jalil, Ranjan Prasad, Samantha Oddi, Samta Gupta, Sujata Prasad, Sunil Narula, Tinku Khanna and Vidyasagar Gupta.

*

The author and the publisher wish to acknowledge the following for permission to reproduce copyright material:

Bloomsbury Publishing Plc. for 'The Masculinization of Wealth' and 'The India That Shaped Me' (originally published as 'Doing Sixty') which first appeared in *Moving beyond Words: Age, Rage, Sex, Power, Money, Muscles: Breaking the Boundaries of Gender* (1995).

Henry Holt and Company, Inc. for 'The Importance of Work', 'The Politics of Food', 'In Praise of Women's Bodies Again', 'Marilyn Monroe: The Woman Who Died too Soon', Erotica versus Pornography', 'The Real Linda Lovelace', 'I Was a Playboy Bunny', 'Words and Change: Who Were You before This Wave of Feminism Began?' 'Sisterhood', 'If Men Could Menstruate', 'Hitler and the Cult of Masculinity' (originally published as 'If Hitler Were Alive, Whose Side Would He Be On?') and 'Ruth's Song (Because She Could Not Sing It)' which first appeared in *Outrageous Acts and Everyday Rebellions* (1983).

Little, Brown Book Group for 'What Is Self-esteem?' and 'Romance versus Love' which first appeared in *Revolution from Within: A Book of Self-Esteem* (1992).

Ruchira Gupta for 'The Third Way: An End of Trafficking and Prostitution, a Beginning of Mutual Sexuality'.

ooo